Experiencias

Intermediate Spanish

Experiencias

Intermediate Spanish

DIANE CEO-DIFRANCESCO, PhD
Xavier University

GREGORY L. THOMPSON, PhD
Brigham Young University

KATHY BARTON, PhD
Professor Emerita Indiana University of Pennsylvania

ALAN V. BROWN, PhD
University of Kentucky

WILEY

SENIOR DIRECTOR WORLD LANGUAGES	Veronica Visentin
ACQUISITIONS EDITOR	Elena Herrero
DEVELOPMENTAL EDITOR	Miriam Olesiejuk Ayuso
EDITORIAL ASSISTANT	Jannil Perez
PRODUCT DESIGN LEAD	Karen Staudinger
SENIOR MARKETING MANAGER	Carolyn Wells
SENIOR CONTENT MANAGER	Valerie Zaborski
SENIOR PRODUCTION EDITOR	Sandra Rigby
PHOTO EDITOR	Kristin Piljay
SENIOR OPERATIONS MANAGER	Nancy Perry
SENIOR CREATIVE PRODUCT DESIGNER	Wendy Lai
COVER DESIGN	Wendy Lai

Cover Photo: © PeopleImages / Getty Images

This book was typeset in 9.5/12.5 Source Sans Pro at codeMantra and printed and bound by Quad/Graphics.

The cover was printed by Quad/Graphics.

Founded in 1807, John Wiley & Sons, Inc. has been a valued source of knowledge and understanding for more than 200 years, helping people around the world meet their needs and fulfill their aspirations. Our company is built on a foundation of principles that include responsibility to the communities we serve and where we live and work. In 2008, we launched a Corporate Citizenship Initiative, a global effort to address the environmental, social, economic, and ethical challenges we face in our business. Among the issues we are addressing are carbon impact, paper specifications and procurement, ethical conduct within our business and among our vendors, and community and charitable support. For more information, please visit our website: www.wiley.com/go/citizenship.

This book is printed on acid-free paper.

Library of Congress Cataloging-in-Publication Data
Names: Ceo-DiFrancesco, Diane, author. | Barton, Kathy, author. | Thompson, Gregory L. (College teacher), author. | Brown, Alan V., author.
Title: Experiencias : intermediate Spanish / Diane Ceo-DiFrancesco, Kathy Barton, Gregory L. Thompson, Alan V. Brown.
Description: First edition. | Hoboken : Wiley, 2019. | Includes index.
Identifiers: LCCN 2019032243 (print) | LCCN 2019032244 (ebook) | ISBN 9781118517826 (paperback) | ISBN 9781119512516 (adobe pdf) | ISBN 9781119471097 (epub)
Subjects: LCSH: Spanish language—Textbooks for foreign speakers—English.
Classification: LCC PC4129.E5 C425 2019 (print) | LCC PC4129.E5 (ebook) | DDC 468.2/421—dc23
LC record available at https://lccn.loc.gov/2019032243
LC ebook record available at https://lccn.loc.gov/2019032244

ISBN 13 978-1-119-47109-7

The inside back cover will contain printing identification and country of origin if omitted from this page. In addition, if the ISBN on the cover differs from the ISBN on this page, the one on the cover is correct.

Printed in the United States of America.

V10014721_101719

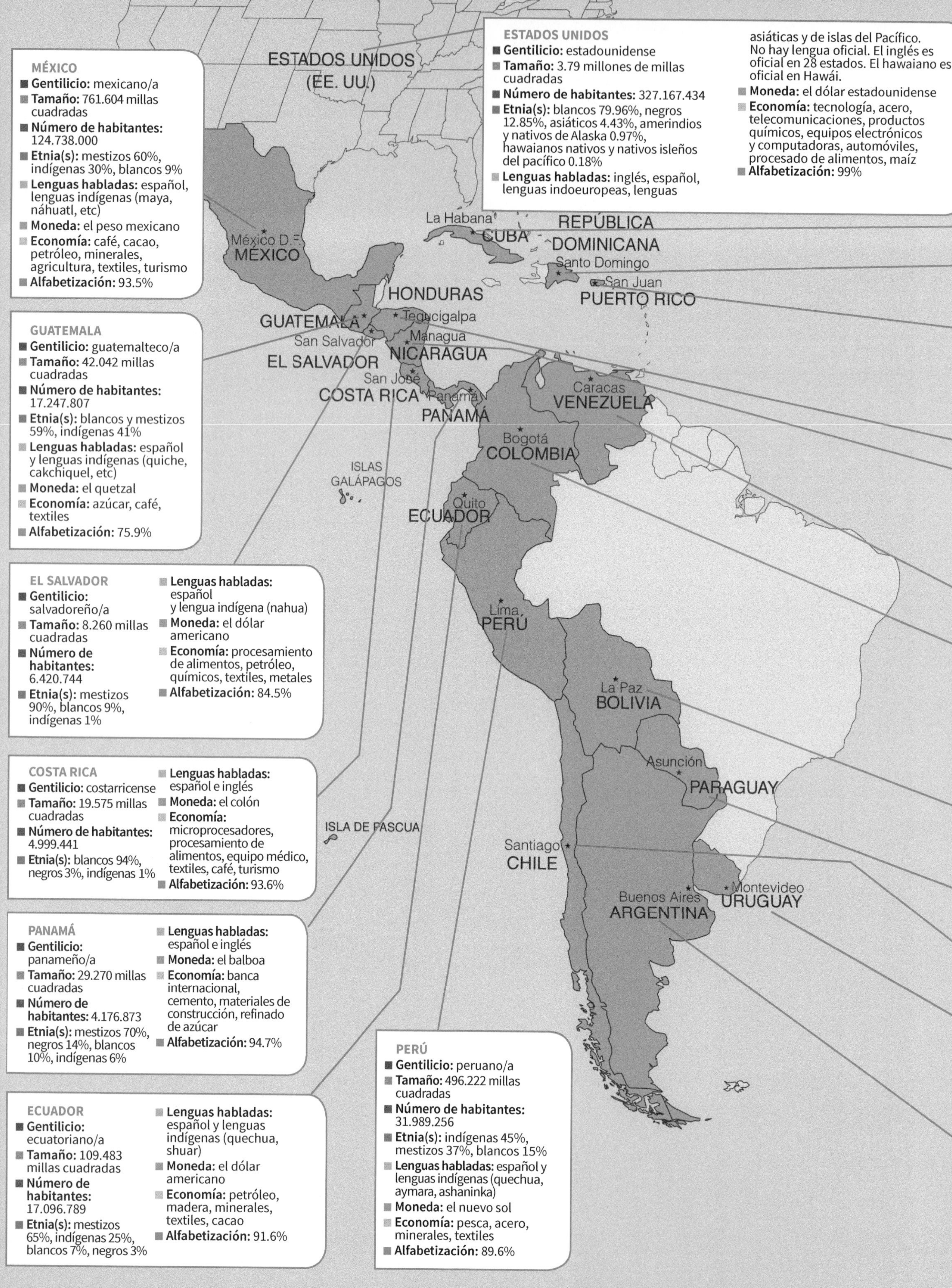

ESTADOS UNIDOS
Gentilicio: estadounidense
Tamaño: 3.79 millones de millas cuadradas
Número de habitantes: 327.167.434
Etnia(s): blancos 79.96%, negros 12.85%, asiáticos 4.43%, amerindios y nativos de Alaska 0.97%, hawaianos nativos y nativos isleños del pacífico 0.18%
Lenguas habladas: inglés, español, lenguas indoeuropeas, lenguas asiáticas y de islas del Pacífico. No hay lengua oficial. El inglés es oficial en 28 estados. El hawaiano es oficial en Hawái.
Moneda: el dólar estadounidense
Economía: tecnología, acero, telecomunicaciones, productos químicos, equipos electrónicos y computadoras, automóviles, procesado de alimentos, maíz
Alfabetización: 99%
MÉXICO
Gentilicio: mexicano/a
Tamaño: 761.604 millas cuadradas
Número de habitantes: 124.738.000
Etnia(s): mestizos 60%, indígenas 30%, blancos 9%
Lenguas habladas: español, lenguas indígenas (maya, náhuatl, etc)
Moneda: el peso mexicano
Economía: café, cacao, petróleo, minerales, agricultura, textiles, turismo
Alfabetización: 93.5%
GUATEMALA
Gentilicio: guatemalteco/a
Tamaño: 42.042 millas cuadradas
Número de habitantes: 17.247.807
Etnia(s): blancos y mestizos 59%, indígenas 41%
Lenguas habladas: español y lenguas indígenas (quiche, cakchiquel, etc)
Moneda: el quetzal
Economía: azúcar, café, textiles
Alfabetización: 75.9%
EL SALVADOR
Gentilicio: salvadoreño/a
Tamaño: 8.260 millas cuadradas
Número de habitantes: 6.420.744
Etnia(s): mestizos 90%, blancos 9%, indígenas 1%
Lenguas habladas: español y lengua indígena (nahua)
Moneda: el dólar americano
Economía: procesamiento de alimentos, petróleo, químicos, textiles, metales
Alfabetización: 84.5%
COSTA RICA
Gentilicio: costarricense
Tamaño: 19.575 millas cuadradas
Número de habitantes: 4.999.441
Etnia(s): blancos 94%, negros 3%, indígenas 1%
Lenguas habladas: español e inglés
Moneda: el colón
Economía: microprocesadores, procesamiento de alimentos, equipo médico, textiles, café, turismo
Alfabetización: 93.6%
PANAMÁ
Gentilicio: panameño/a
Tamaño: 29.270 millas cuadradas
Número de habitantes: 4.176.873
Etnia(s): mestizos 70%, negros 14%, blancos 10%, indígenas 6%
Lenguas habladas: español e inglés
Moneda: el balboa
Economía: banca internacional, cemento, materiales de construcción, refinado de azúcar
Alfabetización: 94.7%
ECUADOR
Gentilicio: ecuatoriano/a
Tamaño: 109.483 millas cuadradas
Número de habitantes: 17.096.789
Etnia(s): mestizos 65%, indígenas 25%, blancos 7%, negros 3%
Lenguas habladas: español y lenguas indígenas (quechua, shuar)
Moneda: el dólar americano
Economía: petróleo, madera, minerales, textiles, cacao
Alfabetización: 91.6%
PERÚ
Gentilicio: peruano/a
Tamaño: 496.222 millas cuadradas
Número de habitantes: 31.989.256
Etnia(s): indígenas 45%, mestizos 37%, blancos 15%
Lenguas habladas: español y lenguas indígenas (quechua, aymara, ashaninka)
Moneda: el nuevo sol
Economía: pesca, acero, minerales, textiles
Alfabetización: 89.6%
ESTADOS UNIDOS (EE. UU.)
La Habana
CUBA
REPÚBLICA DOMINICANA
Santo Domingo
San Juan
PUERTO RICO
México D.F.
MÉXICO
HONDURAS
Tegucigalpa
GUATEMALA
San Salvador
EL SALVADOR
Managua
NICARAGUA
San José
COSTA RICA
Panamá
PANAMÁ
Caracas
VENEZUELA
Bogotá
COLOMBIA
ISLAS GALÁPAGOS
Quito
ECUADOR
Lima
PERÚ
La Paz
BOLIVIA
Asunción
PARAGUAY
ISLA DE PASCUA
Santiago
CHILE
Buenos Aires
ARGENTINA
Montevideo
URUGUAY

PAÍSES DE HABLA HISPANA

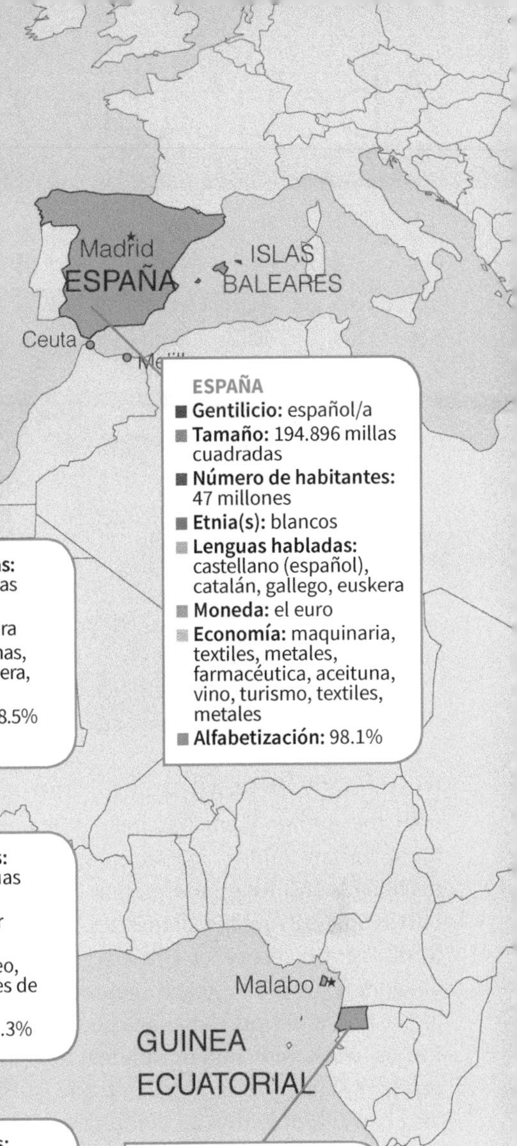

CUBA
- **Gentilicio:** cubano/a
- **Tamaño:** 44.218 millas cuadradas
- **Número de habitantes:** 11.5 millones
- **Etnia(s):** blancos 37%, mulatos 51%, negros 11%
- **Lenguas habladas:** español
- **Moneda:** el peso cubano, el peso convertible
- **Economía:** azúcar, tabaco, turismo
- **Alfabetización:** 99.8%

REPÚBLICA D OMINICANA
- **Gentilicio:** dominicano/a
- **Tamaño:** 18.816 millas cuadradas
- **Número de habitantes:** 10.6 millones
- **Etnia(s):** mulatos 73%, blancos 16%, negros 11%
- **Lenguas habladas:** español
- **Moneda:** el peso dominicano
- **Economía:** azúcar, café, cacao, tabaco, cemento
- **Alfabetización:** 91.8%

ESPAÑA
- **Gentilicio:** español/a
- **Tamaño:** 194.896 millas cuadradas
- **Número de habitantes:** 47 millones
- **Etnia(s):** blancos
- **Lenguas habladas:** castellano (español), catalán, gallego, euskera
- **Moneda:** el euro
- **Economía:** maquinaria, textiles, metales, farmacéutica, aceituna, vino, turismo, textiles, metales
- **Alfabetización:** 98.1%

PUERTO RICO
- **Gentilicio:** puertorriqueño/a
- **Tamaño:** 3.435 millas cuadradas
- **Número de habitantes:** 3.38 millones
- **Etnia(s):** blancos 76%, negros 7%, otros 17%
- **Lenguas habladas:** español e inglés
- **Moneda:** el dólar americano
- **Economía:** manufactura (farmacéuticos), turismo
- **Alfabetización:** 93.3%

HONDURAS
- **Gentilicio:** hondureño/a
- **Tamaño:** 43.277 millas cuadradas
- **Número de habitantes:** 9.5 millones
- **Etnia(s):** mestizos 90%, indígenas 7%, negros 2%, blancos 1%
- **Lenguas habladas:** español y 9 lenguas indígenas
- **Moneda:** el lempira
- **Economía:** bananas, café, azúcar, madera, textiles
- **Alfabetización:** 88.5%

NICARAGUA
- **Gentilicio:** nicaragüense
- **Tamaño:** 50.193 millas cuadradas
- **Número de habitantes:** 6.4 millones
- **Etnia(s):** mestizos 69%, blancos 17%, negros 9%, indígenas 5%
- **Lenguas habladas:** español y 3 lenguas indígenas
- **Moneda:** el córdoba
- **Economía:** procesamiento de alimentos, químicos, metales, petróleo, calzado, tabaco
- **Alfabetización:** 82.8%

VENEZUELA
- **Gentilicio:** venezolano/a
- **Tamaño:** 362.143 millas cuadradas
- **Número de habitantes:** 28.9 millones
- **Etnia(s):** mestizos 69%, blancos 20%, negros 9%, indígenas 2%
- **Lenguas habladas:** español y 40 lenguas indígenas
- **Moneda:** el bolívar fuerte
- **Economía:** petróleo, metales, materiales de construcción
- **Alfabetización:** 96.3%

COLOMBIA
- **Gentilicio:** colombiano/a
- **Tamaño:** 439.735 millas cuadradas
- **Número de habitantes:** 49 millones
- **Etnia(s):** mestizos 58%, blancos 20%, mulatos 14%, negros 4%, indígenas 4%
- **Lenguas habladas:** español y 65 lenguas indígenas
- **Moneda:** el peso colombiano
- **Economía:** procesamiento de alimentos, petróleo, calzado, oro, esmeraldas, café, cacao, flores, textiles
- **Alfabetización:** 94.7%

BOLIVIA
- **Gentilicio:** boliviano/a
- **Tamaño:** 424.165 millas cuadradas
- **Número de habitantes:** 11 millones
- **Etnia(s):** mestizos 30%, indígenas 55%, blancos 15%
- **Lenguas habladas:** español y 39 lenguas indígenas incluyendo quechua y aymara
- **Moneda:** el boliviano
- **Economía:** gas, petróleo, minerales, tabaco, textiles
- **Alfabetización:** 95.7%

GUINEA ECUATORIAL
- **Gentilicio:** guineano/a, ecuatoguineano/a
- **Tamaño:** 10.830 millas cuadradas
- **Número de habitantes:** 1.3 millones
- **Etnia(s):** fang 86%, otras etnias africanas 14%
- **Lenguas habladas:** español, y lenguas indígenas (fang, bubi)
- **Moneda:** el franco CFA
- **Economía:** petróleo, madera, cacao, café
- **Alfabetización:** 95.3%

PARAGUAY
- **Gentilicio:** paraguayo/a
- **Tamaño:** 157.047 millas cuadradas
- **Número de habitantes:** 6.9 millones
- **Etnia(s):** mestizos 95%
- **Lenguas habladas:** español y guaraní
- **Moneda:** el guaraní
- **Economía:** azúcar, carne, textiles, cemento, madera, minerales
- **Alfabetización:** 93.9%

CHILE
- **Gentilicio:** chileno/a
- **Tamaño:** 292.257 millas cuadradas
- **Número de habitantes:** 18.7 millones
- **Etnia(s):** mestizos 65%, blancos 25%, indígenas 5%
- **Lenguas habladas:** español y 9 lenguas indígenas
- **Moneda:** el peso chileno
- **Economía:** minerales (cobre), agricultura, pesca, vino
- **Alfabetización:** 97.5%

URUGUAY
- **Gentilicio:** uruguayo/a
- **Tamaño:** 68.037 millas cuadradas
- **Número de habitantes:** 3.5 millones
- **Etnia(s):** blancos 88%, mestizos 8%, negros 4%
- **Lenguas habladas:** español
- **Moneda:** el peso uruguayo
- **Economía:** carne, metales, textiles, productos agrícolas
- **Alfabetización:** 99.5%

ARGENTINA
- **Gentilicio:** argentino/a
- **Tamaño:** 1.065.000 millas cuadradas
- **Número de habitantes:** 44.3 millones
- **Etnia(s):** blanco 97%
- **Lenguas habladas:** español
- **Moneda oficial:** el peso argentino
- **Economía:** carne, trigo, lana, petróleo
- **Alfabetización:** 97.9%

1 milla = 1.6 km

- **Gentilicio:** Nationality
- **Tamaño:** Size
- **Número de habitantes:** Population
- **Etnia(s):** Ethnic group(s)
- **Lenguas habladas:** Spoken Languages
- **Moneda oficial:** Currency
- **Economía:** Economy
- **Alfabetización:** Literacy

About the Authors

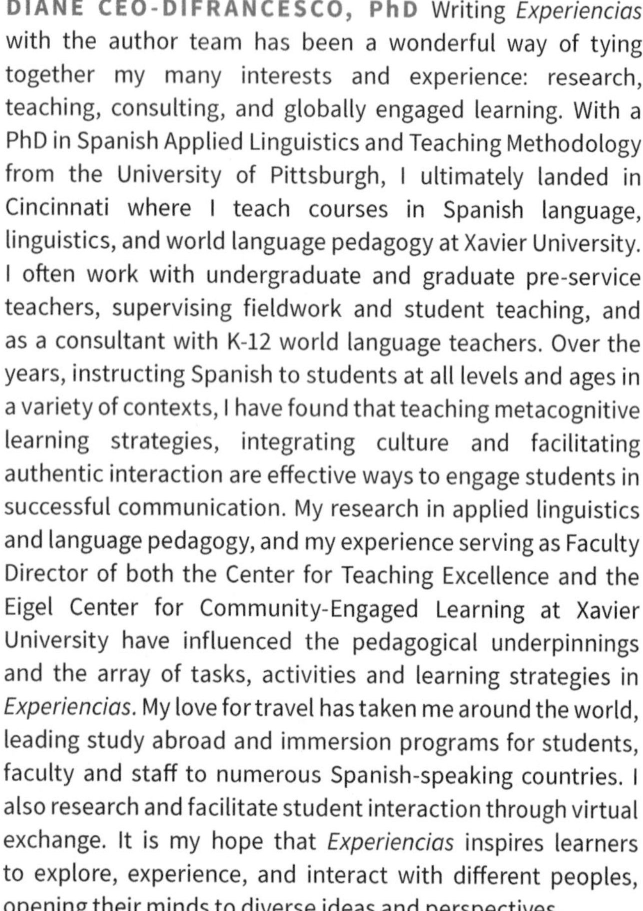

DIANE CEO-DIFRANCESCO, PhD Writing *Experiencias* with the author team has been a wonderful way of tying together my many interests and experience: research, teaching, consulting, and globally engaged learning. With a PhD in Spanish Applied Linguistics and Teaching Methodology from the University of Pittsburgh, I ultimately landed in Cincinnati where I teach courses in Spanish language, linguistics, and world language pedagogy at Xavier University. I often work with undergraduate and graduate pre-service teachers, supervising fieldwork and student teaching, and as a consultant with K-12 world language teachers. Over the years, instructing Spanish to students at all levels and ages in a variety of contexts, I have found that teaching metacognitive learning strategies, integrating culture and facilitating authentic interaction are effective ways to engage students in successful communication. My research in applied linguistics and language pedagogy, and my experience serving as Faculty Director of both the Center for Teaching Excellence and the Eigel Center for Community-Engaged Learning at Xavier University have influenced the pedagogical underpinnings and the array of tasks, activities and learning strategies in *Experiencias*. My love for travel has taken me around the world, leading study abroad and immersion programs for students, faculty and staff to numerous Spanish-speaking countries. I also research and facilitate student interaction through virtual exchange. It is my hope that *Experiencias* inspires learners to explore, experience, and interact with different peoples, opening their minds to diverse ideas and perspectives.

I dedicate *Experiencias* to my family. I deeply appreciate their patience and encouragement throughout the development of this project. I thank my supportive colleagues around the globe who continue to inspire me. To my students, for all the fun that we have had learning together. Thank you for helping me to grow as an educator.

GREGORY L. THOMPSON, PhD I am the son of a teacher, the brother of a teacher, the nephew of several teachers, and likely the father of future teachers as my daughters are interested in following in my footsteps. I always wanted to be a teacher growing up and received my bachelors with a double major in math and Spanish teaching in 1999. I then decided to continue my education receiving an MA in Spanish Pedagogy from Brigham Young University (2001), and then a PhD in Second Language Acquisition and Teaching from the University of Arizona (2006). I have taught classes in language pedagogy, bilingualism, Spanish phonetics, applied linguistics, as well as classes on the development of language skills. I have published articles in areas including code-switching in the foreign language classroom; heritage language learners; service-learning and language acquisition; bilingualism and languages in contact; and placement exams and language testing. I have also published three books titled *Intersection of Service and Learning: Research and Practice in the Second Language Classroom*; *Spanish in Bilingual and Multilingual Settings around the World*; and *The Changing Landscape of Spanish Language Curricula: Designing Higher Education Programs for Diverse Students*. Currently I am working at Brigham Young University in the pedagogy section of the Department of Spanish and Portuguese. I have had the opportunity to supervise intermediate Spanish since 2012. I feel strongly that the training I have received, my research experience, and my 20+ years of teaching experience have helped me in working on this extensive textbook project of *Experiencias*. Working with this author team on *Experiencias* has helped not only as a professional in the field but also as a professor and as a supervisor of instructors.

I dedicate this work to my family for their loving support, to my students who teach me every day, and to all of those educators who have changed my life and continue to inspire me.

KATHY BARTON, PhD It was a six grade trip to watch the Pittsburgh Pirates play baseball that would later spark my passion for the Spanish language, people and culture. Sitting in my bleacher seat I was dazzled by the performance of right fielder, Roberto Clemente and from that afternoon I carried the dream of meeting him one day. My passion for teaching became evident during choice of Spanish Education followed by an MA in Hispanic Literature at Indiana University of Pennsylvania (IUP) and a PhD in Spanish Applied Linguistics and Teaching Methodology from the University of Pittsburgh. My professional life had been the main focus of my years and, until my retirement, had revolved around 32 years as a faculty member in the Department of Foreign Languages at IUP teaching Spanish language courses, conversation, and methodology along with observing student teachers and supervising interns in Mexico and Costa Rica. I always considered the time well spent and so very worthwhile and fulfilling, knowing they would be bringing to fruition their years of study. In addition, two special experiences have brought me great professional fulfillment: the initiation and development of an after school Spanish program for the benefit of 2nd graders at a local elementary school and, the opportunity to work with the *Experiencias* team. Although I never had the opportunity to meet Roberto Clemente and still, at times, mourn his untimely death, he would never know the impact his life, his God given talents and his humanitarian gifts have had on my life path. I have much to be thankful for and IUP, my students, my colleagues many travel experiences over the years have added much to my fulfillment in teaching and my happiness.

I dedicate *Experiencias* to Morgan and Scarlett, both a constant source of joy in my life. May they grow to love and experience the Spanish language and culture as much as their grandmother.

ALAN V. BROWN, PhD I was raised in Southern California by a Spanish teacher though I rarely got to see my father in the classroom. I knew he was rather well liked by his students and his colleagues, and a bit loony in the classroom as compared to how he was at home. It never crossed my mind as a child and teenager that I might follow a similar path as my dad. But when I got my first taste of teaching Spanish in 1995 working as a part-time instructor of small groups of volunteer missionaries during college, I fell in love. It was then that I realized that language teaching, specifically Spanish language teaching brought out the parts of my personality that I enjoyed most. I then became certified as a secondary Spanish teacher at Brigham Young University, received a Master's in Spanish Pedagogy from the same university, and subsequently completed a doctorate in Second Language Acquisition and Teaching from the University of Arizona. All during this time I taught Spanish, and ESL at times, at the post-secondary level. I am currently on faculty at the University of Kentucky as a member of the Hispanic Studies Department and enjoy teaching and learning about all things related to Spanish applied linguistics, Spanish language teaching and learning, and Spanish second language acquisition. I have published my research in a variety of journals on language pedagogy, curriculum development, and assessment. I also co-authored a book with Greg entitled *The Changing Landscape of Spanish Language Curricula: Designing Higher Education Programs for Diverse Students*.

I want to thank my co-authors for inviting me to form part of the team and for their patience with me as I learned, at times hesitantly, the rigors of writing a language textbook. I dedicate this work to those tireless, underpaid Spanish teachers, regardless of level, who truly believe in the transformative power of multi-lingualism.

Preface

What if your students had a mentor while acquiring Spanish? In ***Experiencias***, students meet Daniel and Sofía, mentors who guide them through the language learning process and offer learning strategies and insights into Spanish-speaking cultures. Focusing on meaningful and authentic communication, ***Experiencias*** provides a four-semester sequence that uses research in second language acquisition, metacognition, and learner-centered pedagogy to create a student-centered text.

In ***Experiencias Intermediate***, students follow Sofía, a 23-year-old heritage learner of Spanish from the U.S., who travels extensively. Like Daniel in ***Experiencias Beginning***, Sofía introduces each chapter's main strategy and shares her blog on the Spanish-speaking world. Through her video segments, Sofía poses questions to Spanish speakers and invites students to compare others' perspectives to their own.

Guided by the *ACTFL Proficiency Guidelines* (2012), ***Experiencias*** concentrates on what students can realistically communicate after two to four semesters of classroom-based Spanish language instruction. ***Experiencias Beginning*** develops oral communication and literacy through a variety of authentic tasks. With the help of ***Experiencias Intermediate*** students continue to develop communicative competencies while also focusing on practical literacies, digital humanities, and job-related skills. The communicative nature of the tasks found in the book encourages students to begin using Spanish immediately in the classroom as they express their own personal meaning.

Conceptual Foundation of *Experiencias*

Experiencias utilizes the findings from the authors' own classroom-based research in designing a program that allows students' language proficiency to develop efficiently and effectively. This program focuses on what students perceive as one of the most interesting aspects of learning Spanish: the cultures of Spanish-speaking countries and the perspectives of native speakers. ***Experiencias*** allows students to experience language in an authentic way, weaving culturally relevant topics throughout each chapter.

Experiencias presents students with strategies that encourage them to take charge of their language learning experience. The text offers a rich and rewarding language-learning experience in which students are likely to feel a sense of accomplishment, experience the Spanish language and associated cultures, and develop as life-long learners beyond the classroom setting.

How does *Experiencias* achieve its goals?

Experiencias utilizes the goals of the *ACTFL World-Readiness Standards for Learning Languages* (2015) as its organizational framework, embraces the *ACTFL Proficiency Guidelines* (2012) and fosters active, student-centered learning. By extending the language learning experience beyond the traditional grammatical syllabus, ***Experiencias*** addresses the frequent complaint from students after completing introductory programs that though they have some knowledge of Spanish grammar and basic comprehension skills, they cannot effectively communicate in the language. In every chapter, ***Experiencias*** offers realistic interactive encounters that relate to topics of interest to today's language students.

Key Features of the Program

Video Components

Appealing to the 21st century learner, the unique videos in ***Experiencias Beginning*** present Daniel and his Spanish-speaking friends sharing their life experiences on Daniel's 'how-to' show. In a casual setting featuring cross-cultural comparisons, Daniel's videos allow students to practice real-life skills. In ***Experiencias Intermediate***, real students narrate short video segments throughout the chapters, offering language acquisition tips and strategies. In ***Experiencias Intermediate*** Sofía presents native speakers from the community with contemporary issues and asks for their perspectives on each topic.

Language Learning Strategies

Today's students may have very specific and rigid ideas on how languages are learned and when their favorite strategies do not work they become overwhelmed. They may need specific strategies to help them build on their potential. Students can quickly benefit from the useful suggestions and hints. I think this sentence should read: In order to guide students to be more effective learners, each chapter of ***Experiencias Intermediate*** presents students with a key metacognitive strategy, as well as ideas and suggestions from real students.

Culture as Content

Culture is the point of departure for the entire language learning experience in ***Experiencias***, with relevant cultural information integrated into authentic tasks and activities. Each chapter focuses on a theme, as learners experience a variety of perspectives and rich contexts of the Spanish-speaking world through videos, blogs, realia, country-specific information, and other sources of media.

Technology

Experiencias addresses the unique technology needs of 21st century language learners through *WileyPLUS*. Students are provided with guided learning paths in a mobile and accessible environment. They are provided with opportunities to collaborate and practice virtually, at times that suit their schedule. Instructors can test students speaking skills as they complete video assignments synchronously and asynchronously on their own or with their peers. They have access to adaptive practice to identify and focus on areas that challenge them and engage with that content.

Reduced Grammatical Syllabus

Experiencias limits its grammatical syllabus, deliberately focusing on high frequency structures and devoting more time to challenging areas through recycling and creative communication. Grammatical explanations include both inductive and deductive approaches, while avoiding overly technical terminology when possible. In ***Experiencias***, students devote more time to interaction with others and literacy development rather than completing grammar exercises.

Activities and Tasks

Experiencias offers carefully sequenced activities, pre-tested in the authors' own classes, that focus on personal interaction and real communication. All face-to-face activities are easily adaptable for digital environments and writing assignments.

Recycling

Throughout both volumes, ***Experiencias*** incorporates activities that recycle previously learned material but with new topics, which allows students to continue mastering vocabulary and structures encountered earlier in the program.

Independent Practice

For flipped and hybrid courses, additional activities follow the organizational framework of the textbook and complement classwork by providing extended and independent practice both in the text and in *WileyPLUS*.

Experiences

Experiencias is designed to lead students on a journey through the Spanish-speaking world using the Spanish language as they broaden their horizons and truly experience the Spanish language, its cultures, and peoples.

The Complete Program

The textbook is available in various formats to ensure student access at a price point that meets their needs. For a desk copy or to access our online platform, *WileyPLUS*, please contact your local Wiley sales representative, or call our Sales Office at 1-800-CALL-WILEY (800-225-5945).

If you want to find out more about this title, visit https://www.wileyplus.com/world-languages/ceo-difrancesco-experiencas-1e-eprof17281

Student Textbook

978-1-118-5178-4-0
The textbook is organized into 12 chapters.

Annotated Instructor's Edition

978-1-118-5178-2-6
The Annotated Instructor's Edition includes a variety of marginal annotations with teaching tips, scripts for the listening activities, expansion activities, notes for flipping the classroom, and answers to discrete point exercises.

WileyPLUS

For details on the *WileyPLUS* platform, visit https://www.wileyplus.com/platforms/wileyplus/

What Do Students Receive with *WileyPLUS*?

An easy-to-navigate presentation of all the course materials, which is organized by modules at the learning objective level. Each module provides:

- Access to the relevant chapter content in an enhanced eText with embedded audio and video
- Related resources and media that engage students and reinforce the module's learning objective

- Innovative features such as self-evaluation tools that improve time management and strengthen areas of weakness.

With *WileyPLUS*, students receive 24/7 access to resources that promote positive learning outcomes. WileyPLUS provides students with a clear path through the course material and assignments, helping them stay engaged and on track. All the material found in *WileyPLUS* is also fully accessible.

WileyPLUS for *Experiencias*

Enhanced e-text:

- **Audio Program:** The e-text features links to all recordings for the listening activities in the textbook, as well as the vocabulary in the *Exploremos el vocabulario* sections, and the *Repaso de vocabulario* list at the end of the chapters.
- **Video Program:** The unique videos in ***Experiencias Intermediate*** present Sofía and native speakers from the community with contemporary issues and asks for their perspectives on each topic.

Students are also provided with a suite of tools that allow them to easily search content, highlight and take notes, and read offline.

Resources and Media:

- **Interactive vocabulary presentations** allow students to engage with *Exploremos el vocabulario* items via embedded audio and drag and drop activities.
- **Animated grammar tutorials** reinforce key grammatical lessons.
- **Audio flashcards** offer pronunciation, English/Spanish translations, and chapter quizzes.
- **Verb conjugator** provides guidance and practice for conjugating verbs.
- ***La pronunciación*** offers basic rules and practice for pronouncing the alphabet, diphthongs, accent marks, and more.
- **English grammar checkpoints** allow students to review their use of the major grammar points from the textbook in the English language.
- **Orthographic Accents** helps students learn the basic concepts of the Spanish written accent system so that they can improve their pronunciation.

Practice

In-text activities have been programmed and presented for student practice along with the associated section content.

Assignment Material

- **Video assignments** provide synchronous and asynchronous options allowing instructors to test students speaking skills as students complete assignments, either on their own or with their peers.
- **Prebuilt assignments** created from questions available on in *WileyPLUS* can be used as-is or easily customized to meet specific course goals.
- **Adaptive practice** provides students with a personal, adaptive learning experience so they can build their language skills and use their study time most effectively. *WileyPLUS* Adaptive Practice helps students learn by learning about them.

What Do Instructors Receive with *WileyPLUS*?

WileyPLUS gives instructors the freedom and flexibility to tailor curated content and easily manage their course to keep students engaged and on track. It provides reliable, customizable resources that reinforce course goals inside and outside of the classroom as well as tracking of individual student progress. Pre-created materials and activities help instructors optimize their time. All Instructor Resources are also available via *WileyPLUS*. These include:

- **Sample Syllabi** are included for quarters and semesters.
- **Image Gallery:** Collection of the photographs, illustrations, and artwork from each chapter of the textbook.
- **Test bank:** Collection of assignable questions that allow instructors to build custom exams; select Test bank questions are also available in Word documents.
- **Printable exams with answer keys, audio files, and scripts:** There are two different exam versions per chapter, two partial and two final exams, and one IPA exam every 3 chapters.
- **Lab Manual audio script:** Script for each of the listening activities in the chapter.

Acknowledgments

The ***Experiencias*** authors wish to express a very sincere and heartfelt thank you to the many individuals who were instrumental in making this first-edition project possible.

First, we gratefully acknowledge the indispensable contributions of members of the Wiley team: Elena Herrero, for her leadership and dedication to all aspects of this project, for sharing her innumerable creative insights, her enthusiasm, patience and encouragement; Miriam Olesiejuk Ayuso, our Development Editor, for her careful eye, incredible energy, diligence and commitment. We are also grateful to Amy Huseman, for her organization, support, and loyalty to our project; and to Maruja Malavé for her commitment on the first stages of the program.

We wish to thank Janet Robbins, Photo Editor, for her assistance in locating beautiful images for our book; to Karen Staudinger, Product Design Lead for guiding us in resource development; and to Sandra Rigby and Valerie Zaborski for coordinating all the technical aspects of production.

We wish to recognize Teresa Roig-Torres, PhD and Angie Woods, PhD for their creative work on designing the testing program. We are tremendously grateful for their expertise and experience.

For their generous assistance in providing photos, we acknowledge and thank Edwin Aguilar, Mark DiFrancesco, Vincent DiFrancesco and Oscar Kennedy Mora.

Special gratitude is extended to Vincent DiFrancesco for filming and producing the student strategies, and for the following students who generously shared their time and helpful suggestions to encourage their peers: Shaan Dahar, Gina Deaton, Sofia DiFrancesco, Vincent DiFranceso, Maria Fraulini, Rubina Ghasletwala, Katie Kennedy, Anton Mays, Noah Michalski, Rachel Petranek, Catherine Sholtis, and Nathalie Solorio.

We want to thank all of the reviewers listed below, as well as additional colleagues, who took time out of their busy schedules to carefully pour over preliminary drafts of the manuscript. As educators ourselves, we appreciate the numerous demands on their time, energy, and expertise, and we want to assure them that their efforts have not gone unnoticed. Their insightful feedback has helped us to make *Experiencias* more relevant to their needs and the needs of their students. Nevertheless, we take full responsibility for any errors, omissions, or inaccuracies.

Amy Carbajal, *Western Washington University*
Susana Blanco-Iglesias, *Macalester College*
Todd Hernández, *Marquette University*
Dolores Flores-Silva, *Roanoke College*
Lilian Baeza-Mendoza, *American University*
Sean Dwyer, *Western Washington University*
Ryan LaBrozzi, *Bridgewater State University*
D. Eric Holt, *University of South Carolina, Columbia*
Karina Kline-Gabel, *James Madison University*
Jealynn Liddle Coleman, *Wytheville Community College*
Linda McManness, *Baylor University*
Julio Hernando, *Indiana University South Bend*
Robert Turner, *University of South Dakota*
Bridget Morgan, *Indiana University South Bend*
Jorge Muñoz, *Auburn University*
Barry Velleman, *Marquette University*
Catherine Wiskes, *University of South Carolina - Columbia*
Mirna Trauger, *Muhlenberg College*
Rachel Payne, *University of St. Joseph*
Patricia Orozco, *University of Mary Washington*
Héctor Enríquez, *University of Texas at El Paso*
Ava Conley, *Harding University*
Chelsa Ann Bohinski, *Binghamton University*
Ron Cere, *Eastern Michigan University*
Terri Wilbanks, *University of South Alabama*
Rebecca Carte, *Georgia College & State University*
James Davis, *Howard University*
Mónica Millán, *Eastern Michigan University*
Jorge González del Pozo, *University of Michigan-Dearborn*
Deyanira Rojas-Sosa, *SUNY New Paltz*
Luz Marina Escobar, *Tarrant County College Southeast Campus*
Louis Silvers, *Monroe Community College*
Julia Farmer, *University of West Georgia*
Alan Hartman, *Mercy College*
Chesla Ann Bohinski, *Binghamton University - Main Campus*
Jeff Longwell, *New Mexico State University*
John Burns, *Rockford College*
Martha Simmons, *Xavier University*
Rosa María Moreno, *Cincinnati State Tech*
Teresa Roig-Torres, *University of Cincinnati*
Francisco Martínez, *Northwestern Oklahoma State University*
Dana Monsein, *Endicott College*
David Schuettler, *The College of St. Scholastica*
Kenneth Totten, *The University of Cincinnati and The Art Institute of Ohio - Cincinnati*
Marlene Roldan-Romero, *Georgia College & State University*
Aurora Castillo, *Georgia College & State University*
Jorge González del Pozo, *University of Michigan-Dearborn*
Marta Camps, *George Washington (Foggy Bottom)*
Carla Aguado Swygert, *University of South Carolina ~ Columbia, SC*
Nuria R. López-Ortega, *University of Cincinnati*
Terri Rice, *University of South Alabama*
Deanna Mihaly, *Virginia State University Petersburg*
Simone Williams, *William Paterson University*
Rafael Arias, *Los Angeles Valley College*
Lourdes Albuixech, *Southern Illinois University*
Cristina Sparks-Early, *Northern Virginia Community College-Manassas*
Melany Bowman, *Arkansas State University*

Visual Walkthrough

Experiencias provides an intentionally designed learner-centered experience through metacognitive strategies, active learning activities, real-world tasks and culturally authentic contexts. Each chapter opens with photos taken in the featured countries. Questions are posed to activate students' previous knowledge, while at the same time, introducing them to the cultural themes that will be explored in each chapter.

OBJETIVOS COMUNICATIVOS

By the end of this chapter, you will be able to...

- give commands.
- talk about what has happened.
- describe your educational background.

OBJETIVOS CULTURALES

By the end of this chapter, you will be able to...

- identify the challenges of education globally.
- investigate the history of higher education in the Americas.
- examine a successful literacy program.

Objetivos

Communicative and cultural objectives are written with students in mind and are aligned with the *ACTFL World-Readiness Standards for Learning Languages* (2015).

Encuentros Video

Sofia interviews Spanish-speakers from different countries who share their opinions and experiences regarding the themes and topics of each chapter. In an outdoor setting, Sofía's interviews of native speakers provide students with the opportunity to delve into challenging questions, examine their own perspectives and make cross-cultural comparisons. Comprehension and personalized activities based on the videos are included here. Through the *Encuentros* section, students experience contextualized language before examining specific vocabulary themes and grammar points.

ENCUENTROS

Video

WileyPLUS

Go to WileyPLUS to watch this video.

Sofía sale a la calle a preguntar

6.1 Entrando en el tema. Entrevista a un/a compañero/a de clase usando las siguientes preguntas. Después de ver el video, compara sus respuestas con las de las personas entrevistadas por Sofía.

1. ¿Te gusta viajar? ¿Por qué sí o no?
2. ¿Cuál es tu lugar favorito para pasar las vacaciones?
3. ¿Has ido a algún lugar donde no hablas el idioma y cómo fue la experiencia?

6.2 Sofía sale a la calle. Fíjate en las entrevistas de Michelle, Viviana y Patricia para completar los siguientes **Pasos**.

Paso 1: A Michelle, Viviana y Patricia les encanta recorrer el mundo. Escribe sus lugares favoritos según las entrevistas. Recuerda que no necesariamente tienen más de un lugar favorito.

Personas entrevistadas	Lugar favorito	Lugar favorito
Michelle		
Viviana		
Patricia		

Pablo Montoya Villahermosa

Conozcamos a...

Antes de escuchar

10.4 El Salvador. ¿Sabes algo de El Salvador? Escribe tres datos que conozcas sobre ese país. Si no sabes mucho, busca un poco de información en Internet.

1. ________________
2. ________________
3. ________________

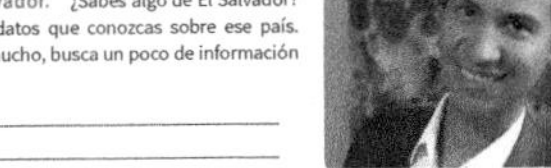

Pablo es el director de un programa de aprendizaje-servicio en El Salvador.

Christian J. Portillo / Shutterstock

Mientras escuchas

10.5 ¿Quién es Pablo? WP Decide cuál es la respuesta correcta según lo que escuchaste.

1. ¿De dónde es Pablo?
   a. San Vicente b. San Marcos c. San Salvador
2. ¿Cuál es una de las atracciones más impresionantes de la región?
   a. La catedral de San Miguel
   b. El volcán Chinchontepec
   c. Las ruinas de Cihuatán
3. ¿Qué es lo que motivó a Pablo a fundar su organización?
   a. Un tornado b. Las guerras en la región c. Un terremoto
4. ¿Qué reciben los voluntarios al ofrecer servicio?
   a. Clases de cocina y de historia
   b. Un certificado reconociendo su servicio
   c. La oportunidad de trabajar en el futuro en el país
5. ¿Qué es lo que le ha dado más satisfacción a Pablo de su organización?
   a. Enseñar a las personas la belleza de El Salvador y sus diferentes pueblos
   b. Conocer a diferentes personas de otros países y otras culturas
   c. Hacer una diferencia en la vida de los salvadoreños y los voluntarios extranjeros

Conozcamos a...

Conozcamos a... integrates vocabulary, culture, and grammar through contextualized listening that allows students to preview the chapter's theme. Each chapter gives students the opportunity to get to know a native speaker from one of the countries highlighted in the chapter through listening segments containing pre-, during, and post-listening activities that engage the students as they learn about the highlighted person. Also included in this section, students examine country specific information related to the chapter theme, compare and critically analyze statistical information and describe relevant photos of featured countries.

¿Qué sabes de Costa Rica, Nicaragua, la República Dominicana y El Salvador?

WP Repasa los mapas, las estadísticas y las descripciones de Costa Rica, Nicaragua, la República Dominicana y El Salvador en WileyPLUS.

Sitios interesantes

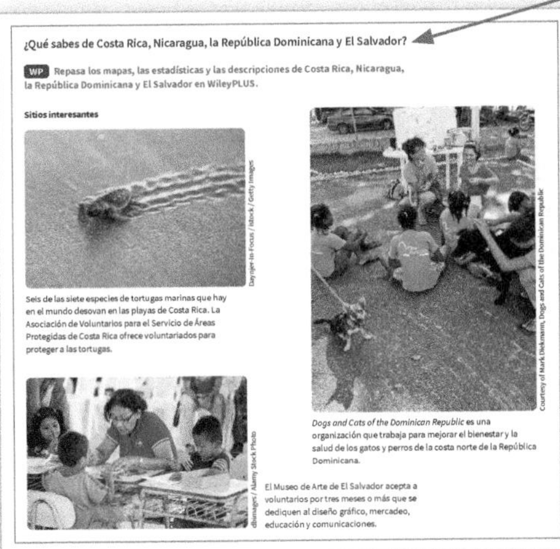

Seis de las siete especies de tortugas marinas que hay en el mundo desovan en las playas de Costa Rica. La Asociación de Voluntarios para el Servicio de Áreas Protegidas de Costa Rica ofrece voluntariados para proteger a las tortugas.

Dogs and Cats of the Dominican Republic es una organización que trabaja para mejorar el bienestar y la salud de los gatos y perros de la costa norte de la República Dominicana.

El Museo de Arte de El Salvador acepta a voluntarios por tres meses o más que se dediquen al diseño gráfico, mercadeo, educación y comunicaciones.

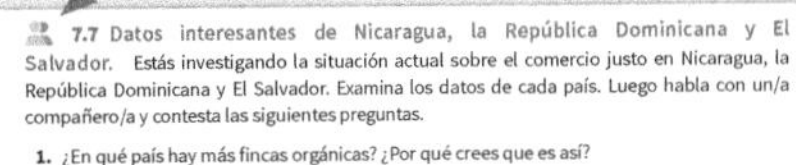

7.7 Datos interesantes de Nicaragua, la República Dominicana y El Salvador. Estás investigando la situación actual sobre el comercio justo en Nicaragua, la República Dominicana y El Salvador. Examina los datos de cada país. Luego habla con un/a compañero/a y contesta las siguientes preguntas.

1. ¿En qué país hay más fincas orgánicas? ¿Por qué crees que es así?
2. ¿Cómo se comparan estos datos con los de Estados Unidos?
3. ¿Dónde hay más productos agrícolas? ¿Por qué crees que es así?
4. ¿Cuántas tazas de café se toman en los tres países? ¿Qué conclusiones puedes sacar de estos datos?

Datos interesantes: Nicaragua	**Datos interesantes: El Salvador**
Número de productos agrícolas: 14	Número de productos agrícolas: 13
Número de fincas orgánicas: 12 160	Número de fincas orgánicas: 384
Número de negocios de comercio justo: 30	Número de negocios de comercio justo: 6
Número de tipos de café: 7	Número de tipos de café: 6
Número de tazas de café servido en un día: (consumido/persona: 0,53 tazas/día)	Número de tazas de café servido en un día: (consumido/persona: 0,63 tazas/día)
Datos interesantes: República Dominicana	**Datos interesantes: Estados Unidos**
Número de productos agrícolas: 32	Número de productos agrícolas: 20
Número de fincas orgánicas: 9442	Número de fincas orgánicas: 12,634
Número de negocios de comercio justo: 31	Número de negocios de comercio justo: Más de 1000
Número de tipos de café: 5	Número de vendedores: 1098
Número de tazas de café servido en un día: (consumido/persona: 1,38 tazas/día)	Número de tazas de café servido en un día: (consumido/persona: 3,1 tazas/día)

Exploraciones

Each *Exploraciones* section begins with a vocabulary presentation. Thereafter, vocabulary and grammar are presented for students to interact by engaging in contextualized and authentic tasks. At the end of the *Exploraciones* section, interactive situations are included to prompt the communicative use of new structures and vocabulary from the chapter, as well as recycled lexical and grammatical items.

EXPLORACIONES

Preparativos y trámites para viajar

Exploremos el vocabulario 1

WileyPLUS Go to WileyPLUS Resources to access an interactive version of these illustrations to review these vocabulary words and practice their pronunciation.

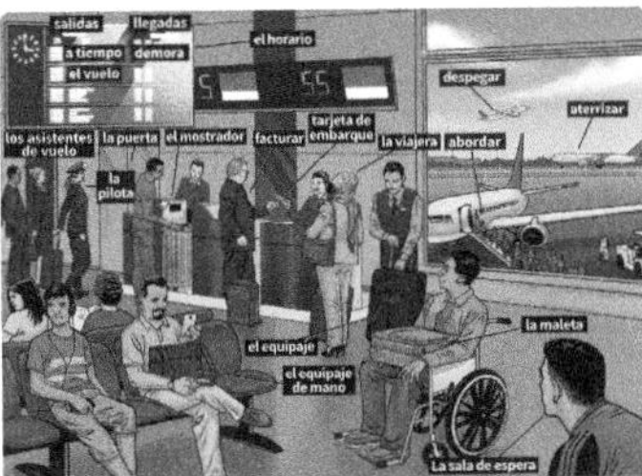

Los cognados	
la conexión (escala)	el metro
la excursión	el transporte público
el itinerario	

Exploremos el vocabulario

New lexical items are introduced in contextualized and creative ways with activities that move students from input to output and additional student interaction. This section equips students with the basic lexicon for communication without excessively long lists. Throughout the text, students are encouraged to pay attention to cognates and to apply metacognitive strategies to aid in their acquisition of new lexical items.

10.15 Situaciones. Haz el papel **A** o **B** con tu compañero/a para participar en la conversación.

A- Eres una persona bastante optimista y positiva. El futuro te da esperanza y te gusta imaginar las cosas lindas que habrán pasado al alcanzar ciertos hitos[2] en la vida. Estás hablando con un/a amigo/a muy cínico/a y pesimista en cuanto al futuro. Él/Ella suele concentrarse en todo lo negativo. Trata de animarle/la detallándole todas las cosas que la sociedad habrá alcanzado para lograr la justicia social en determinados momentos, como cuando termine la universidad, empiece su carrera profesional, se jubile, etc.

B- Por naturaleza eres una persona bastante pragmática y realista y te gusta estar preparado/a para cualquier circunstancia que se te presente, sean positivas o negativas. Prefieres no contar con un futuro perfecto y al hablar con un/a amigo/a sumamente postivo/a, te das cuenta de que no se está preparando bien para el futuro de la sociedad. Trata de convencer a tu amigo/a identificando posibles realidades sociales para las que se debe preparar en el futuro. Por ejemplo, tal vez para cuando tenga hijos habrá aumentado el nivel de racismo entre los niños, o al graduarse en la universidad la libertad de prensa se habrá debilitado.

Situaciones

Real world, interactive tasks are strategically placed throughout each chapter so that students communicate in new contexts. These tasks are open-ended, requiring students to interact in creative conversations.

Exploraciones | doscientos setenta y tres **273**

Si Clauses

Exploremos la gramática 1

Si clauses are a very useful communication tool in Spanish. They state a condition that must be met for the action in another clause to take place. Remember, a clause is typically a portion of a sentence with a verb. In English the sentences in which these two clauses appear are sometimes called "if/then" sentences. The **Si** clause can appear before or after the main clause with the resulting action. When used in the present indicative, both actions are assumed to be highly probable, expected, and even routine.

WileyPLUS
Go to WileyPLUS to review this grammar point with the help of the Animated Grammar Tutorial.

Si clause	Resulting action
Si pierdo mi teléfono móvil,	la empresa lo reemplaza gratis.
Si mis amigos me mandan un correo electrónico,	siempre respondo de inmediato.
Si el nuevo juego interactivo ya ha salido,	seguro que mi mejor amigo ya lo ha comprado.
Si no leo el foro en línea,	sacaré una mala nota en el examen.
Si descargo el archivo,	se grabará en el disco duro.
Si llevo mi teléfono a clase,	me distraeré durante la lección.

¿Qué observas?

1. Which verb tenses appear together in each of the sentences in the table?
2. Which verb tenses do *not* occur together?

Notice the guide in the **Verb tenses** column that can help you choose which verbs to use together in a sentence with a **Si** clause.

Verb tenses	*Si* clause + Resulting action
present + present	Si **pierdo** mi celular, la empresa lo **reemplaza** gratis.
present perfect + present perfect	Si el nuevo juego interactivo ya **ha salido**, seguro que mi mejor amigo ya lo **ha comprado**.
present + future	Si no **leo** el foro en línea, **sacaré** una mala nota en el examen.
	Si **descargo** el archivo, se **grabará** en el disco duro.
past subjunctive + conditional	Si **llevara** mi teléfono a clase, **me distraería** durante la lección.

9.13 Orientación. El rector de la Universidad Nacional Autónoma de México (UNAM) se dirige a los nuevos estudiantes de primer año para darles la bienvenida y también hacerles unas advertencias[1] para que tengan éxito durante su carrera universitaria.

Exploremos la gramática

Grammar explanations are written in English, incorporating useful and comprehensible terminology. Concise, easy to follow explanations with contextualized examples are incorporated and serve as a guide or road map to communication. Authentic and contextualized tasks and culturally-based activities engage students in communicative use of featured and recycled grammatical items.

¿Qué observas?

Strategically located within the grammar explanations are boxes with guiding questions, prompting students to observe and analyze grammar elements in order to co-construct an understanding of the structures that are explored.

Cultura viva

El Día Internacional del Perro

En Costa Rica se celebra el Día Internacional del Perro para concienciar sobre el tema del bienestar animal. Tomando en cuenta que hay aproximadamente dos millones de perros callejeros en el país, el motivo de la celebración es educar a niños y adolescentes. Dos retos para solucionar este problema son aumentar el número de perros castrados para, así, reducir el número de perros callejeros, y enseñar a los jóvenes qué hacer cuando encuentran un perro en malas condiciones.

ZCHE / Territorio de Zaguates (Supplied by WENN) / Newscom

Cada perro es de una raza única, según Territorio de Zaguates, un refugio en Costa Rica para los perros sin hogar.

Cultura viva

Information boxes throughout the chapter remind students that language and culture are inextricably connected. Students receive basic tips for getting along in the target culture. Each tip reveals thematically-based practices and perspectives and aids students in deepening their understanding of the target cultures.

Estrategia de estudio: Starting a New Chapter *by Sofia DiFrancesco*

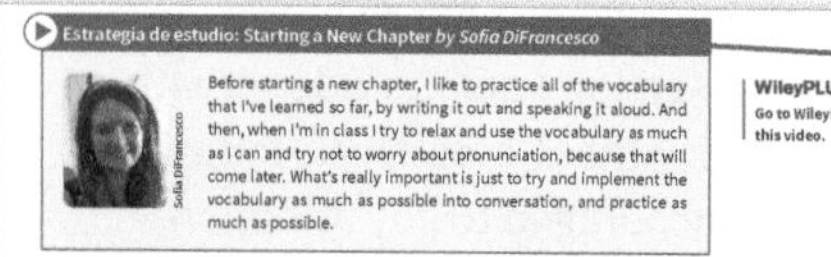

Sofia DiFrancesco

Before starting a new chapter, I like to practice all of the vocabulary that I've learned so far, by writing it out and speaking it aloud. And then, when I'm in class I try to relax and use the vocabulary as much as I can and try not to worry about pronunciation, because that will come later. What's really important is just to try and implement the vocabulary as much as possible into conversation, and practice as much as possible.

WileyPLUS
Go to WileyPLUS to watch this video.

Estrategias de estudio

Strategically located throughout each chapter are boxes with metacognitive strategies, presented by university students. The featured students share their suggestions in order to guide, encourage and support Spanish language learners during their classroom experience.

10.18 El español cerca de ti. Investiga en línea o en tu comunidad una organización sin fines de lucro. Según tu investigación de los siguientes datos, prepara un resumen y evaluación de la organización.

- Nombre de la organización:
- Ubicación de la organización:
- Número aproximado de miembros:
- Grupo(s) representado(s) por la organización:
- Objetivos principales de la organización:
- Otros detalles:
- ¿La organización ofrece servicios en español?
- ¿La organización recibe fondos del gobierno para realizar su trabajo?
- En tu opinión, ¿cumple la organización un servicio necesario en la sociedad? ¿Por qué sí o por qué no?

El español cerca de ti

Students are presented with a task that allows them to examine the Spanish language and Spanish-language cultures in students' own communities and beyond. Tasks involve investigations of chapter themes and the presence of the Spanish language in the local community, or through the internet, in a broader setting.

EXPERIENCIAS

Manos a la obra Puentes entre culturas

6.26 Carteles de propaganda. Para tu nuevo trabajo en una organización sin fines de lucro, tu jefe te pide preparar propaganda para una campaña a favor del turismo responsable. Sigue los **Pasos** para organizar tu plan de propaganda en español para el público.

Paso 1: Selecciona entre 5 y 8 fotos que representen el turismo responsable bajo tu punto de vista.

Paso 2: Escribe un pie de foto para cada una de ellas.

Paso 3: Escribe una descripción de cada foto y el motivo por el cual la seleccionaste.

Paso 4: Busca la mejor herramienta tecnológica para crear carteles (PhotoScape, Adobe Illustrator, PhotoShop…) y crea un cartel con las fotos que seleccionaste.

Paso 5: Presenta tu cartel a la clase.

6.27 Búsqueda virtual de tesoros. ¿Has participado alguna vez en una búsqueda de tesoros? Una de las actividades que te toca preparar para el campamento de inmersión donde vas a trabajar como voluntario/a es una búsqueda de tesoros. Piensas que vale la pena, ya que los niños pueden practicar la geografía y aprender sobre cómo utilizar la tecnología de forma creativa. Sigue los **Pasos** para completar este trabajo.

Paso 1: Selecciona varios lugares donde quieres que los niños busquen el tesoro en un mapa virtual.

Paso 2: Busca una aplicación o software en línea para organizar la búsqueda.

Paso 3: Diseña 10 pistas con fotos para su búsqueda.

Paso 4: Comparte tu búsqueda con tu compañero/a.

Experiencias profesionales Una reflexión

6.28 Una reflexión. En la sección **Experiencias profesionales** del Capítulo 5 entrevistaste a una persona de tu área de interés profesional. En esta experiencia profesional vas a grabar una reflexión sobre todas las experiencias profesionales que has tenido hasta este momento. Completa los siguientes **Pasos**.

Paso 1: Antes de hacer la grabación, prepara una lista con las cosas más relevantes que hayas aprendido durante las últimas semanas. Piensa en todas las experiencias que has tenido durante el semestre, incluyendo la entrevista, la búsqueda en Internet, la lista de vocabulario, entre otras, y elige las tres que más te hayan gustado para hacer tu grabación.

Paso 2: Prepara un video de entre 4 y 5 minutos en español que incluya lo que has aprendido sobre la cultura y la lengua hispana, así como lo que has aprendido acerca de tu área de interés profesional y el uso del español en esa área. Esta reflexión debe basarse en las tres experiencias que más te hayan gustado durante el semestre, y pueden incluir la entrevista, la búsqueda en Internet, la lista de vocabulario, etc. Además de la reflexión, contesta las siguientes preguntas durante la grabación.

- ¿Cuáles son las destrezas que necesitas mejorar en español para poder usarlo en tu área de interés profesional?
- ¿Qué tipo de vocabulario se utiliza en tu área de interés profesional?
- ¿Cuáles son las ventajas de ser bilingüe según tus investigaciones y observaciones?
- ¿Cómo te puede ayudar en tu área de interés profesional tener más conocimiento de las diferentes culturas hispanas?

Paso 3: Sube tu reflexión al foro, mira tres de las reflexiones de tus compañeros de clase y haz un comentario sobre cada una de ellas acerca de lo que te gustó y aprendiste de sus experiencias.

190 ciento noventa

Experiencias

Extending the cultural information of each chapter, *Experiencias* develops literacy through authentic readings, literature, film, visuals, cultural contexts, and unique perspectives. Reading and writing strategies and culminating task-based activities are also included in this section. *Estrategias de escritura* guide students through the writing tasks and facilitates the development of presentational writing.

Students prepare to work with the text by making predictions about the content and the new vocabulary and relating their own experiences with the topic. Incorporating the interpretive mode, students attempt to move beyond basic comprehension of the text by applying higher order thinking skills. In the presentational mode, students develop and create a one-way written or oral presentation based on their investigations of cultural information related to the topic. The contextualized tasks reinforce the cultural, literary, functional, and lexical knowledge of the chapter as they involve students in target language interactions from the very beginning of instruction.

Manos a la obra

Students use the vocabulary and grammar as they apply higher order thinking skills to complete real-world, task-based activities. Tasks involve use of technology in creative ways. Utilizing the presentational mode, students develop and create a one-way written or oral presentation, which integrates cultural information, chapter themes and authentic tasks. These contextualized tasks reinforce the cultural, literary, functional, and lexical knowledge of the chapter as they involve students in target language interactions from the very beginning of instruction.

Experiencias profesionales

In this section, students are presented with a task that allows them to explore the application of the Spanish language as it pertains to their selected academic major or future profession. Through a variety of tasks, students are able to discover the utility of their Spanish studies and how language learning and intercultural competence can provide a lifetime of enriching professional experiences.

Los bribris

Noticias Información Fotos Amigos Archivos

El blog de Sofía

Courtesy of Diane Ceo-DiFrancesco

Para los bribris, la educación de sus hijos es muy importante. Esta es la escuela en su comunidad.

Courtesy of Diane Ceo-DiFrancesco

Plato típico hecho por una familia bribri en Costa Rica.

6.29 Mi propio blog. Completa los siguientes **Pasos**.

Paso 1: Lee el blog de Sofía.

El pueblo bribri es uno de los grupos indígenas más grandes de Costa Rica. Aunque están separados en varios enclaves dentro del país, hay un grupo de bribris que vive en la reserva de Kekoldi, en la cordillera de Talamanca, muy cerca de Puerto Viejo. Durante uno de mis viajes a Costa Rica, decidí visitarlos para conocer su cultura y sus costumbres, y a la vez participar en el turismo rural. Gracias a una organización sin fines de lucro pude planificar la visita. Llegamos a Bambú, un pequeño pueblo a las orillas del río Yorkín, donde nos esperaba un grupo de indígenas con sus canoas. El viaje duró una hora en canoa por el río Sixaloa, que marca la frontera con Panamá.

Al llegar a su comunidad, vimos sus casas, hechas de madera sobre pilotes[1] con techos de hojas secas. Los bribris conservan su propio idioma, tanto oral como escrito, y tienen una pequeña escuela para los niños de su comunidad. Su principal actividad económica es la agricultura y sus cultivos más importantes son el cacao y el banano. Las mujeres de la comunidad estaban ansiosas por mostrarnos su proyecto: Casa de las mujeres. Ellas toman las decisiones y tienen el poder en su comunidad, aunque los hombres también participan. Cerca de la Casa de las mujeres hay un puente colgante que nos llevó a una cascada maravillosa. Nos bañamos en el río para refrescarnos, pero ¡qué fría estaba el agua! Un joven de la comunidad nos enseñó la planta del cacao y abrió el fruto. Después de la pequeña excursión en la comunidad, almorzamos con las familias. Nuestro plato era una hoja de banano. Comimos arroz, pollo, frijoles y plantas de la selva. Para el postre, las mujeres nos enseñaron cómo hacer chocolate de las semillas tostadas de cacao. No sabía que el proceso fuera tan complicado, pero al final disfrutamos del delicioso chocolate que untamos encima de unos bananos. ¡Qué rico!

(continuación)

El blog de Sofía

Each chapter presents a new entry of Sofía's blog, highlighting unique people, places and cultural products in Spanish-speaking countries. Students view the countries and cultures through Sofía's eyes and experiences: photos, authentic places, and new cultural information. Students will interact directly with the content and create their own blog of interesting places and information.

Experiencias | doscientos ochenta y siete **287**

Connecting people

Cortometraje

Antes de ver el cortometraje

9.33 La tecnología. Contesta las siguientes preguntas con un/a compañero/a de clase.

1. ¿Cuál es el avance en la tecnología que más te ha afectado?
2. ¿Cuántos años tenías cuando recibiste tu primer teléfono móvil? ¿Fue un teléfono inteligente? ¿Por qué?
3. ¿Para qué usaste tu primer teléfono?
4. ¿Cuánto usas tu teléfono cada día? ¿Te parece mucho o poco?
5. ¿Cuáles son los usos más comunes para ti con tu teléfono móvil hoy en día?
6. ¿Crees que al tener un teléfono móvil hablas más o menos con tus amigos y familiares? ¿Por qué?
7. ¿Hay aspectos negativos de tener un teléfono móvil?

FotoAndalucia / Shutterstock

La tecnología puede afectar las relaciones personales.

Mientras ves el cortometraje

9.34 ¿Qué mencionan? Usa tu buscador favorito para ver este cortometraje. Mientras lo ves, marca cuáles de las siguientes palabras y actividades se mencionan en el mismo.

____ pijama	____ ir en avión
____ ir de compras	____ casarse
____ Stephen King	____ va a hacer frío
____ cenar con los padres	____ quedarse en casa
____ buscar un trabajo	____ tranquila
____ ver películas	____ champán
____ tomar café	____ lavarse los dientes

Después de ver el cortometraje

9.35 Conexiones. Con un/a compañero/a de clase, contesta las siguientes preguntas del cortometraje.

1. ¿Cuáles son los planes que tiene el hombre para la noche?
2. ¿Cómo es una noche ideal para la mujer?
3. ¿Qué es lo que le gusta llevar a la mujer debajo de su ropa?
4. ¿Por qué cree el hombre que no tiene éxito con las chicas?
5. ¿Por qué lo dejó su novia?
6. ¿Qué busca la mujer en una pareja?
7. El título del cortometraje es *Connecting people*. Este fue el eslogan de Nokia, una compañía telefónica internacional. ¿Crees que los teléfonos móviles promueven la comunicación entre las personas?
8. ¿Cuál es el mensaje del cortometraje?

Cortometraje

Each chapter includes an authentic *cortometraje* related to the theme of the chapter. The *Cortometraje* sections have pre-, during, and post-activities that engage students with visual and audio to help them recognize different accents and types of speech as well as learn more about the culture of the countries highlighted in each chapter.

194 ciento noventa y cuatro | **CAPÍTULO 6** Puentes entre culturas

Página informativa

La Isla de Pascua en Chile

6.34 Isla de Pascua. Este artículo describe la belleza del Parque Nacional Rapa Nui, mejor conocido como Isla de Pascua. Completa los siguientes **Pasos** antes de leer el artículo.

Las estatuas moái en la Isla de Pascua, Chile.

Alberto Loyo / Shutterstock

Antes de leer

Paso 1: El título de esta lectura es *Rapa Nui, el ombligo del mundo*. Varias culturas denominan "el ombligo[2] del mundo", una expresión indígena, a la Isla de Pascua. Con un/a compañero/a, habla sobre las diferentes razones por las cuales otras civilizaciones usan este simbolismo. ¿Qué significa? ¿Qué simboliza el ombligo? ¿Tienes algo parecido en tu cultura?

Paso 2: Con un/a compañero/a, habla de las siguientes preguntas.

1. La Isla de Pascua se conoce por las estatuas moái. ¿Por qué crees que construyeron estas estatuas? ¿Qué otros monumentos/estructuras de origen desconocido conoces?
2. La Isla de Pascua se considera una de las islas más aisladas del mundo. Está a más de 2.100 millas de la costa de Chile, casi la distancia entre Nueva York y Los Ángeles. ¿Por qué crees que a las personas les gustaría vivir allí? ¿A ti te gustaría vivir en un sitio tan aislado? ¿Por qué?
3. La Isla de Pascua ha tenido muchos nombres diferentes a lo largo de los años: Isla de San Carlos, Rapa Nui, Tepito Ote Henua, etc. Si encontraras una isla, ¿cómo la llamarías? ¿Por qué?

Paso 3: Antes de leer el artículo, selecciona los nombres propios que aparezcan en el mismo. Pueden ser nombres de lugares, personas, eventos, etc. Después, usa Internet para encontrar estos lugares o personas y lee información sobre ellos. Comparte con un/a compañero/a la información que hayas encontrado.

Rapa Nui, el ombligo del mundo

Rapa Nui o "Tepito Ote Henua" ("Ombligo del Mundo"), como la llamaban sus antiguos habitantes, es la isla habitada más remota del planeta. No hay otra porción de tierra en el mundo tan aislada en el mar y esa misma condición le otorga un aura de fascinante misterio.

Es un Parque Nacional, declarado Patrimonio Mundial por la UNESCO (United Nations Educational, Scientific and Cultural Organization), y que tiene de todo y para todos: playas con arenas de color rosa, como la de Ovahe, o de encanto paradisíaco como la de Anakena, volcanes y praderas para recorrer a pie o a caballo, flora y fauna marina para descubrir buceando, cavernas para recorrer en silencio, y moáis que fueron testigos del auge y la caída de una sociedad estratificada y compleja.

Se estima que los primeros habitantes de Rapa Nui llegaron desde las Islas Marquesas en el siglo VI y que durante más de mil años no tuvieron contacto con el exterior. Eso hasta que el domingo de Pascua de 1722 fue descubierta para el mundo occidental por el navegante holandés Jakob Roggeveen, quien describió a los rapa nui como "un sutil pueblo de mujeres hermosas y hombres amables".

En la isla se desarrolló una cultura compleja, que tras su apogeo[3] cayó en la escasez[4] de alimentos y las consecuentes luchas tribales. El espíritu de esta cultura sigue vivo en sus habitantes, su lengua, sus vestimentas, su música, sus bailes, su artesanía y sus comidas. Cada mes de febrero, la vuelta a las raíces alcanza su punto máximo en la Tapati, una fiesta de dos semanas cuyo corazón son las tradiciones y donde los rapa nui se pintan el cuerpo como lo hacían sus ancestros, compiten en pruebas asombrosas, cantan, bailan y eligen a su reina.

El resto del año, el encanto de la isla no disminuye. Su clima es permanentemente cálido, su infraestructura turística y de servicios mejora de forma sostenible, y la tranquilidad y belleza del entorno, junto a la gracia de sus habitantes, hacen que uno quiera volver siempre.

[EL MUNDO © *Unidad Editorial*]

Página informativa

This is an authentic reading passage that allows students to engage with a text written by and for natives. The *Página informativa* section includes scaffolding activities that guide students through the reading process in order to experience success with reading. Literacy activities encourage deeper analysis and cultural comparisons.

196 ciento noventa y seis | **CAPÍTULO 6** Puentes entre culturas

Página literaria

Juan Balboa Boneke

6.35 Juan Balboa Boneke, miembro de la generación perdida. Juan Balboa Boneke nació en Rebola, en la Isla de Fernando Poo (Bioko). Estudió Peritaje Mercantil en España donde empezó a escribir. Fue un novelista, ensayista y poeta. Sigue los **Pasos** para descubrir por qué se exilió en España y qué piensa de su país.

Juan Balboa Boneke, autor guineano.

Antes de leer

Paso 1: El siguiente diálogo es parte de una narrativa sobre el viaje del autor a Guinea Ecuatorial después de más de diez años de exilio en España. En este diálogo habla con un grupo de jóvenes, todos entre los once y catorce años aproximadamente, quienes le preguntan al autor sobre la situación política del país y las tensiones entre los grupos étnicos que ahí existen. Revisa rápidamente los primeros cinco inicios de los diálogos y contesta las siguientes preguntas.

1. ¿Cómo se llaman los jóvenes?
2. ¿Por qué utiliza el autor las expresiones 'vuestro origen', 'vuestro pueblo', 'vuestro país'?
3. ¿Qué otros ejemplos lingüísticos hay en la selección que representan la colonización española?

Paso 2: Selecciona los cognados y después lee la selección.

El reencuentro

"... –Sois Bôhôbes y sois guineanos. El amor a vuestro origen y, por tanto, a vuestro pueblo no impide el amor hacia vuestro país. Guinea, amigos míos, es una, pero es diversa.

–¿Qué significa esto de que es diversa?, yo no lo entiendo –dijo Santi levantando la mano.

–Esto significa que nuestro país no está constituido por una sola tribu. Son varias tribus en un mismo país. Vamos a ver, ¿habéis visto algún jardín? Pues nuestro país es un jardín.

–¿Cómo un jardín? ¿Por qué?

–Porque en el jardín hay una gran variedad de flores y de plantas, ¿verdad?

–Así es.

–Las distintas plantas y flores dan belleza, colorido y alegría al lugar. El jardín es uno, pero las plantas y flores son diversas. Cada planta constituye su propia vida dentro del conjunto. Todas en su conjunto, bien tratadas, respetando la realidad de cada una, forman una bella franja de paz y de sosiego. Creedme, así debería ser nuestro país: cada etnia es una flor. El gran problema es que nosotros lo sepamos comprender y reconocer. Y, como, tal, con la debida delicadeza, tratarlo.

–Todo esto nunca lo había escuchado —intervino de nuevo Pablo—. ¿Estas cosas las ha aprendido en España?

–En España se estudian muchas cosas. Pero no sólo en ese país se puede aprender cosas. Aquí mismo se puede estudiar y profundizar en los conocimientos. Cuando se normalice la situación del país, cuando haya librerías deberéis leer mucho.

–¿Puedo hacerle una pregunta? –dijo Ribobe.

–Claro que sí, hazla, si puedo te contestaré.

–¿Existe la posibilidad de que todo el mal que hemos vivido y que ha producido tanta destrucción vuelva a nuestro país?

–No sé qué decirte, Ribobe. Sí, es posible. Cometiendo los mismos errores de ayer, claro que volveremos a sufrir esos mismos males. De todos modos, os puedo decir que nos faltó el diálogo. Es diálogo entre todos nosotros. Entre las distintas tribus de nuestro país. Sabéis que fuimos colonizados por España, que la colonización duró casi doscientos años; pues en ese tiempo no hubo un intercambio cultural entre nuestros respectivos pueblos. Apenas nos conocemos. Somos unos extraños tribu a tribu...".

[Excerpt from *El reencuentro: El retorno del exiliado*, Juan Balboa Boneke (Malabo, Ediciones Guinea: 1985)]

Después de leer

Paso 3: Con tu compañero/a contesta las siguientes preguntas sobre *El reencuentro*.

1. ¿Qué comparaciones hace el autor en la selección?
2. ¿Qué le recomienda a los jóvenes?

Página literaria

Given the need to expose students to authentic literature as their proficiency increases, each chapter includes a reading from an author who is from one of the countries highlighted in the chapter. These literary excerpts encourage the appreciation of the vast literature available to them as their literacy skills increase.

Cultura y sociedad

Students are exposed to language presented through authentic readings, visuals, and cultural contexts. Extending the cultural information of each chapter, this content includes cultural readings which exposes students to unique perspectives from each country.

164 ciento sesenta y cuatro | **CAPÍTULO 5** Expresiones artísticas

Cultura y sociedad

Fernando Botero

5.34 Fernando Botero. Vas a leer un artículo sobre el gran pintor y escultor Fernando Botero. Completa los **Pasos** para aprender más.

age fotostock / Alamy Stock Photo

Monna Lisa all'età di Dodici Anni. La Mona Lisa con 12 años desde el punto de vista de Fernando Botero.

Antes de leer

Paso 1: Con un/a compañero/a de clase, observa el cuadro de Botero de la Mona Lisa. Contesta las siguientes preguntas.

1. Describe este cuadro a tu compañero/a de clase.
2. ¿Por qué Botero decidió hacer esta versión de esta obra famosa?
3. ¿Te gusta esta versión? ¿Por qué?
4. Muchas de las obras de Botero se caracterizan por tener personas con facciones exageradas. ¿Por qué piensas que dibuja sus figuras así?

Fernando Botero: Artista, escultor y pintor

Fernando Botero Angulo nació el 19 de abril en 1932 en Medellín, Colombia. Fue el segundo de los tres hijos de su familia y cuando tenía cuatro años, falleció su padre. Su tío tuvo un papel muy importante en su crianza y a los doce años, lo matriculó en una escuela de toreros. Botero estuvo allí durante dos años y sus primeras pinturas son de esos años en la escuela. Al empezar a pintar, Botero se dio cuenta de que su talento no se encontraba en la plaza de toros, sino entre pinturas y esculturas.

A los 16 años, Botero realizó su primera exposición en su ciudad natal de Medellín. Al empezar a ganar fama, Botero vendió varias de sus obras y viajó a España en 1952. Al llegar, se establece en Madrid, donde se inscribe en la Academia de Arte de San Fernando y para ganar dinero suficiente para sobrevivir vende varios dibujos y pinturas que hace a las afueras del Museo del Prado. En 1953, Botero viajó a Francia y allí pudo estudiar las obras de los grandes artistas en el Museo del Louvre. Luego, vivió durante un año en Italia, donde se matriculó en la Academia de San Marcos de Florencia.

Después de vivir por más de un año en Europa, volvió a Colombia y allí se le empezó a reconocer como artista. Se casó en 1955 y junto con su esposa se mudó a Ciudad de México, donde nació su primer hijo. Fue allí donde empezó a experimentar con su propio estilo, que llegaría a conocerse como "boterismo", el cual se basa en representar a las personas como figuras de gran volumen y de forma exagerada. A veces lo hace solamente para llamar la atención, y otras veces con la finalidad de representar una crítica política o simplemente una forma humorística de presentar la pieza.

De 1977 a 1979, Botero deja la pintura y se dedica a la escultura. Durante ese periodo, produjo esculturas no solo espectaculares, sino también enormes, algunas de ellas de más de 3000 libras de peso. Su fama continuó creciendo y hoy en día se le considera el artista más reconocido y citado de América Latina, y su arte se puede encontrar en lugares de todo el mundo. De 2000 a 2012, donó obras suyas cuyo valor superaba los 200 millones de dólares a dos museos colombianos y al museo de la Universidad de Berkeley. Su arte es recogido por muchos de los principales museos internacionales, corporaciones y coleccionistas privados.

Después de leer

Paso 2: WP Durante la vida de Fernando Botero hay muchos años importantes. Escribe un evento importante de la vida de Botero en los siguientes años.

1932: __________
1948: __________
1952: __________
1955: __________
1977–1979: __________
2000–2012: __________

Película

Each chapter contains a description of a movie from the Spanish-speaking world to entice further exploration of contextualized language and cultural themes. Students are encouraged to view a trailer of each movie and work together with a classmate to discuss and complete a series of interactive activities.

166 ciento sesenta y seis | **CAPÍTULO 5** Expresiones artísticas

Película

El laberinto del fauno

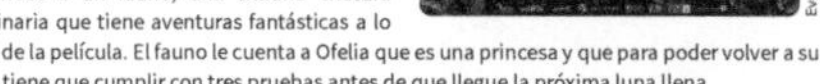

Everett Collection Inc / Alamy Stock Photo

5.35 *El laberinto del fauno.* Lee la descripción de la película y sigue los **Pasos** para aprender más.

La película *El laberinto del fauno* está ambientada en el norte de España en el año 1944, durante la posguerra española tras la Guerra Civil. Ofelia, el personaje principal, es una niña de 13 años que experimenta dos vidas, una basada en la realidad trágica de vivir bajo la violencia del nuevo dictador Francisco Franco, y la otra basada en una fantasía parecida a la de los cuentos que lee constantemente. Durante un sueño, Ofelia descubre un laberinto, y en él conoce a un fauno, una extraña criatura imaginaria que tiene aventuras fantásticas a lo largo de la película. El fauno le cuenta a Ofelia que es una princesa y que para poder volver a su reino tiene que cumplir con tres pruebas antes de que llegue la próxima luna llena.

Mientras tanto, el capitán Vidal, un cruel militar del policía militar franquista se casa con la mamá de Ofelia y continúa su encargo de destruir y matar a todos los vestigios de la resistencia republicana, escondidos alrededor del pueblo, en los Pirineos. El capitán maneja una serie de torturas y actos violentos mientras espera el nacimiento de su nuevo hijo, el hermanastro de Ofelia. Ofelia, que vive entre estos dos mundos, intenta cumplir con las tres pruebas, evitando la violencia de Vidal. *El laberinto del fauno* es una película que mezcla lo histórico con la fantasía para crear un contraste entre lo bueno y lo malo, la violencia y la guerra frente a la paz y la felicidad.

Paso 1: Avance en español de la película. Busca en Internet un avance en español de la película. Míralo y con tu compañero/a, contesta las siguientes preguntas.

1. ¿Qué tipo de libros leía Ofelia?
2. ¿Cómo sabes que la película tiene lugar en el año 1944?
3. ¿Qué detalles ves en el avance que implica que es época de una guerra civil?
4. ¿Por qué crees que la madre de Ofelia se casó con el capitán?
5. ¿Qué tipo de persona es el capitán? ¿Cómo trata a Ofelia?
6. ¿Cómo es el fauno?
7. ¿Qué otros personajes de fantasía notas en el avance?
8. ¿Cuántas pruebas tiene que pasar Ofelia?

Paso 2: Ya que has visto la realidad y la fantasía en el avance de la película, escribe cinco reacciones, dudas y recomendaciones para Ofelia, el personaje principal, para ayudarle a cumplir con las tres pruebas asignadas por el fauno. Utiliza frases introductorias como: **Es bueno que…**, **Puede ser que…**, **Es recomendable que..**, **Dudo que…**

Paso 3: Cuenta a tu compañero/a una película de fantasía que te guste. ¿Quiénes son los personajes principales? ¿Qué sucede en la película? ¿Por qué te gusta? ¿Tiene tanta violencia como *El laberinto del fauno*?

5.36 El cuaderno electrónico. Abre tu cuaderno electrónico y empieza una nueva página.

Paso 1: Utilizando tu libro de texto e Internet, sigue estos **Pasos**:

1. Escribe información básica de los países que has estudiado en este capítulo: Colombia, Ecuador, España y México.
2. Incluye un mapa de estos cuatro países.

REPASOS

Repaso de objetivos

Check off the objectives you have accomplished.

I am able to...

	Well	Somewhat
• express future plans.	☐	☐
• describe how to organize and plan my travels.	☐	☐
• identify the challenges of sustainable tourism.	☐	☐
• analyze guidelines for practicing responsible tourism.	☐	☐
• examine a UNESCO World Heritage Site in Chile.	☐	☐

Repaso de vocabulario

WileyPLUS
Go to WileyPLUS to review these vocabulary words and practice their pronunciation.

Preparativos y trámites para viajar ***Preparations and formalities to travel***

abordar *to board*
el asiento de pasillo *aisle seat*
el asiento de ventanilla *window seat*
el/la asistente de vuelo *flight attendant*
a tiempo *on time*
aterrizar *to land*
el cinturón de seguridad *seat belt*
el compartimento superior *upper compartment*
la demora *delay*
despegar *to take off (airplane)*
el equipaje (de mano) *(carry on) luggage*
facturar *check in*
el horario *schedule*
la llegada *arrival*
la maleta *suitcase*
el mostrador *counter*
el pasillo del avión *aisle of the plane*
la puerta *gate*
la sala de espera *waiting area*
la salida *departure*
la tarjeta de embarque *boarding pass*
el viajero *the passenger*
el/la viajero/a *traveler*
el vuelo *flight*

Los cognados
la conexión (escala)
la excursión
el itinerario
el metro
el/la piloto/a
el transporte público

Turismo responsable ***Responsible tourism***

el alojamiento *lodging*
apoyar *to support*
aventurarse *to venture out*
el comportamiento *behavior*
la conciencia *awareness*
consciente *aware of/conscious of*
desperdiciar *to waste*
disminuir *to reduce*
los envases retornables *reciclable packaging*
erradicar *to eradicate*
la estancia *stay*
grave *serious*
el/la guía de turismo *tourist guide*
el lujo *luxury*
el/la operador/a *operator*
el país en vías de desarrollo *developing country*
promover *to promote*
sensible *sensitive*
la tarifa *rate, price*

Los cognados
el agroturismo
erradicar
minimizar
el/la operador/a
el voluntariado

Repasos: Repaso de objetivos / Repaso de vocabulario / Repaso de gramática

At the end of each chapter is a checklist of tasks and functions practiced in the chapter, along with vocabulary lists and a quick grammatical guide, including verb charts and grammatical formulae, for easy reference. Students are encouraged to use the checklist for self-assessment.

202 doscientos dos | **CAPÍTULO 6** Puentes entre culturas

Repaso de gramática

Future

Subject pronouns	-ar	-er/ir
yo	estudiar**é**	leer**é**
tú	estudiar**ás**	leer**ás**
él/ella, usted	estudiar**á**	leer**á**
nosotros/as	estudiar**emos**	leer**emos**
vosotros/as	estudiar**éis**	leer**éis**
ellos/as, ustedes	estudiar**án**	leer**án**

Verbs with altered stems

The following verbs have an altered stem in the future.

Verb	Altered stem
poner	*pondr-*
poder	*podr-*
querer	*querr-*
saber	*sabr-*
tener	*tendr-*
venir	*vendr-*
salir	*saldr-*
hacer	*har-*

Subjunctive with adverbial conjunctions: implied future actions

Adverbial conjunctions that express future

Antes de que: *Before*	Hablaremos **antes de que** te vayas. *We will talk before you leave.*
Después de que: *After*	**Después de que** termine la guía, almorzaremos. *After the tour ends, we will have lunch.*
Cuando: *When*	Te llamaré **cuando** aterricemos en Santiago. *I will call you when we land in Santiago.*
En cuanto/Tan pronto como: *As soon as*	**En cuanto** haya acceso a Internet, ella le mandará un correo electrónico a su jefe. *As soon as there is Internet access, she will send an email to her boss.*
Hasta que: *Until*	El avión no puede despegar **hasta que** todos los pasajeros estén sentados con el cinturón abrochado. *The plane cannot take off until all passengers are seated with their seatbelts fastened.*

Adverbial conjunctions that express habitual or completed actions

Cuando: *When*	Siempre tomamos muchas fotos **cuando** viajamos. *We always take a lot of photos when we travel.*
Después de que: *After*	Volvimos al hotel **después de que** terminó la guía. *We returned to the hotel after the tour ended.*
En cuanto/Tan pronto como: *As soon as*	Normalmente cenamos **tan pronto como** llegamos a casa. *Normally we eat as soon as we get home.*
Hasta que: *Until*	Nadamos en el mar **hasta que** bajó el sol. *We swam in the sea until the sun went down.*

When there is no change of subject, the conjunctions **antes de**, **después de**, **sin** and **hasta** are followed by the infinitive.

Consider the following examples:

Compararemos los precios **antes de comprar** un billete.
We will compare prices before buying a ticket.

Después de sacar una foto que me guste, se la mando a mi amiga.
After taking a picture that I like, I send it to my friend.

Capítulo	Encuentros	Video	Exploremos el vocabulario
CAPÍTULO 1 Relatos de una vida mejor **p. 1** (Johnny Greig/ Getty Images)	¿Qué sabes de España, Estados Unidos y México? **p. 5** **Conozcamos a...** Alejandro Rosales Guillén **p. 3**	Sofía sale a la calle a preguntar sobre la migración **p. 2**	1. La identidad cultural **p. 6** 2. El cruce de la frontera **p. 11**
CAPÍTULO 2 Otro mundo, otra experiencia **p. 34** (B&M Noskowski/iStock/ Getty Images Plus)	¿Qué sabes de Cuba y Venezuela? **p. 38** **Conozcamos a...** Ernesto García Rosales **p. 36**	Sofía sale a la calle a preguntar sobre las repercusiones de las crisis económicas y políticas **p. 35**	1. El hogar y la familia **p. 40** 2. El entorno laboral **p. 48**
CAPÍTULO 3 Hacia un mundo más saludable **p. 66** (Courtesy of Edwin Aguilar)	¿Qué sabes de Bolivia, Guatemala y Perú? **p. 70** **Conozcamos a...** José Rolando Monterroso Vargas **p. 69**	Sofía sale a la calle a preguntar sobre la salud **p. 67**	1. La anatomía **p. 72** 2. Las enfermedades y los síntomas **p. 74** 3. Los remedios y los servicios médicos **p. 75** 4. La nutrición **p. 81**

Exploremos la gramática	Experiencias	Experiencias profesionales	El blog de Sofía
1. Present indicative **p. 8** 2. Asking questions **p. 10** 3. Preterit **p. 14** 4. Imperfect **p. 15**	**Manos a la obra:** Relatos de una vida mejor **p. 18** **Cortometraje:** *El Día de los Muertos* **p. 20** **Página informativa:** ¿Es México un destino de inmigración global? **p. 22** **Página literaria:** Organización Internacional para las Migraciones **p. 25** **Cultura y sociedad:** César Chávez **p. 28** **Película:** *La misma luna* **p. 30**	Nuevos mundos **p. 18**	Ser bilingüe y bicultural es la mejor alternativa **p. 19**
1. Subjunctive: Concept and formation **p. 43** 2. Subjunctive for expressing wants and needs **p. 50**	**Manos a la obra:** Otro mundo, otra experiencia **p. 54** **Cortometraje:** *Adiós, mamá* **p. 56** **Página informativa:** La economía cubana **p. 58** **Página literaria:** Cristina García **p. 59** **Cultura y sociedad:** Los jóvenes y el hogar **p. 61** **Película:** *Viva Cuba* **p. 63**	Explorando el mundo **p. 54**	La crisis en Venezuela **p. 55**
1. Subjunctive to give suggestions and recommendations **p. 77** 2. Subjunctive with impersonal expressions **p. 77** 3. Formal commands **p. 83** 4. *Se* for unplanned occurrences **p. 88**	**Manos a la obra:** Hacia un mundo más saludable **p. 90** **Cortometraje:** *María desde Perú* **p. 92** **Página informativa:** El acceso al agua potable **p. 94** **Página literaria:** Daniel Alarcón **p. 96** **Cultura y sociedad:** La medicina tradicional **p. 98** **Película:** *También la lluvia* **p. 100**	Nuevo vocabulario y nuevas frases **p. 90**	El restaurante Cerro San Cristóbal **p. 91**

Capítulo	Encuentros	Video	Exploremos el vocabulario
CAPÍTULO 4 Cuidando de nuestro planeta **p. 103**	¿Qué sabes de Argentina, Paraguay, Perú y Uruguay? **p. 108** **Conozcamos a...** Elisa Rosales Gómez **p. 105**	Sofía sale a la calle a preguntar sobre una vida más sostenible **p. 104**	1. Los recursos naturales **p. 110** 2. Los problemas medioambientales y la ecología **p. 117**
CAPÍTULO 5 Expresiones artísticas **p. 138**	¿Qué sabes de Colombia, Ecuador, España y México? **p. 141** **Conozcamos a...** Rafael Gutiérrez Godoy **p. 140**	Sofía sale a la calle a preguntar sobre las distintas expresiones artísticas **p. 139**	1. El arte **p. 144** 2. El bazar de arte **p. 151**
CAPÍTULO 6 Puentes entre culturas **p. 169**	¿Qué sabes de Chile, Costa Rica y Guinea Ecuatorial? **p. 173** **Conozcamos a...** Natalia Guillén Ramos **p. 171**	Sofía sale a la calle a preguntar sobre las sugerencias para proteger el planeta al viajar **p. 170**	1. Preparativos y trámites para viajar **p. 175** 2. Turismo responsable **p. 183**

Walter Diaz/ AFP/Getty Images

Peter Barritt / Alamy Stock Photo

Courtesy of Mark DiFrancesco

Exploremos la gramática	Experiencias	Experiencias profesionales	El blog de Sofía
1. Double object pronouns **p. 112** 2. Expressing doubt and uncertainty **p. 120**	**Manos a la obra:** Cuidando de nuestro planeta **p. 123** **Cortometraje:** *Entre latas y madres* **p. 126** **Página informativa:** La energía limpia **p. 127** **Página literaria:** Cristina Rodríguez Cabral **p. 129** **Cultura y sociedad:** La presa de Itaipú **p. 131** **Película:** *Diarios de motocicleta* **p. 133**	Un diálogo **p. 123**	La Casa Uruguaya **p. 124**
1. Expressing thoughts with verbs like *gustar* **p. 147** 2. Subjunctive for expressing emotions **p. 153**	**Manos a la obra:** Expresiones artísticas **p. 155** **Cortometraje:** *Bienvenidos al Museo Nacional del Prado* **p. 158** **Página informativa:** El arte para todos **p. 159** **Página literaria:** María Dueñas **p. 161** **Cultura y sociedad:** Fernando Botero **p. 164** **Película:** *El laberinto del fauno* **p. 166**	Una entrevista **p. 155**	¡Me fascina la cerámica! **p. 156**
1. Future **p. 179** 2. Subjunctive with adverbial conjunctions: implied future actions **p. 186**	**Manos a la obra:** Puentes entre culturas **p. 190** **Cortometraje:** *Costa Rica y el éxito del turismo ecológico* **p. 192** **Página informativa:** La Isla de Pascua en Chile **p. 194** **Página literaria:** Juan Balboa Boneke **p. 196** **Cultura y sociedad:** El turismo responsable **p. 197** **Película:** *Feguibox* **p. 199**	Una reflexión **p. 190**	Los bribris **p. 191**

CAPÍTULO 7	Encuentros	Video	Exploremos el vocabulario
El comercio justo **p. 203** Christophe Boisvieux / Corbis NX / Getty Images	¿Qué sabes de Nicaragua, la República Dominicana y El Salvador? **p. 206** **Conozcamos a...** Lilia Meléndez Molina **p. 205**	Sofía sale a la calle a preguntar sobre las compras y los alimentos orgánicos **p. 204**	1. La finca y los productos agrícolas **p. 208** 2. El comercio y el consumidor **p. 213**

CAPÍTULO 8	Encuentros	Video	Exploremos el vocabulario
Educación para todos **p. 231** Canadastock / Shutterstock	¿Qué sabes de Colombia, España, México y Nicaragua? **p. 235** **Conozcamos a...** Luis Santinelli Castillo **p. 234**	Sofía sale a la calle a preguntar sobre las oportunidades educativas **p. 232**	1. La educación y la alfabetización **p. 237** 2. Los estudios universitarios **p. 243**

CAPÍTULO 9	Encuentros	Video	Exploremos el vocabulario
La sociedad cambiante **p. 264** antoniodiaz / Shutterstock	¿Qué sabes de Honduras, Paraguay y México? **p. 268** **Conozcamos a...** Anabel Alonso Morales **p. 267**	Sofía sale a la calle a preguntar sobre el efecto de la tecnología en la sociedad **p. 265**	1. Las tecnologías modernas **p. 270** 2. La comunicación virtual **p. 276**

Exploremos la gramática	Experiencias	Experiencias profesionales	El blog de Sofía
1. Subjunctive to express possibility and probability **p. 210** 2. Present perfect and Past participle **p. 216**	**Manos a la obra:** El comercio justo **p. 219** **Cortometraje:** *Cooperativa Los Pinos* **p. 221** **Página informativa:** Los alimentos orgánicos **p. 222** **Página literaria:** Julia Álvarez **p. 224** **Cultura y sociedad:** La quinua: la nueva supercomida **p. 226** **Película:** *Voces inocentes* **p. 227**	Un negocio internacional **p. 219**	UTZ Market **p. 220**
1. Informal commands **p. 240** 2. Past perfect **p. 247**	**Manos a la obra:** Educación para todos **p. 250** **Cortometraje:** *Vidas paralelas* **p. 253** **Página informativa:** Estudiando por un sueño **p. 255** **Página literaria:** Sandra Cisneros **p. 256** **Cultura y sociedad:** Las universidades más antiguas **p. 258** **Película:** *Entre maestros* **p. 260**	La cultura en la comunidad **p. 250**	La Cruzada Nacional de Alfabetización **p. 251**
1. *Si* clauses **p. 273** 2. Conditional **p. 278** 3. Imperfect subjunctive **p. 281**	**Manos a la obra:** La sociedad cambiante **p. 284** **Cortometraje:** *Connecting people* **p. 287** **Página informativa:** Nuevas tecnologías: cómo afectan a los jóvenes **p. 288** **Página literaria:** Chiquita Barreto Burgos **p. 290** **Cultura y sociedad:** Los juegos y las experiencias virtuales **p. 292** **Película:** *No se aceptan devoluciones* **p. 293**	Las habilidades con la lengua **p. 284**	La 'netiqueta' **p. 285**

	Encuentros	Video	Exploremos el vocabulario
CAPÍTULO 10 Servicio en la comunidad **p. 298**	¿Qué sabes de Costa Rica, Nicaragua, la República Dominicana y El Salvador? **p. 302** **Conozcamos a...** Pablo Montoya Villahermosa **p. 301**	Sofía sale a la calle a preguntar sobre las experiencias de trabajar en la comunidad **p. 299**	1. Los programas sociales y las agencias de alivio **p. 304** 2. Los buenos modales **p. 311**
CAPÍTULO 11 Actividades artísticas y musicales **p. 331**	¿Qué sabes de España y México? **p. 335** **Conozcamos a...** Lidia Sánchez Molina **p. 334**	Sofía sale a la calle a preguntar sobre la música, los conciertos y las películas internacionales **p. 332**	1. La industria del cine y la música **p. 337** 2. Los medios de comunicación **p. 344**
CAPÍTULO 12 Diversas experiencias **p. 363**	¿Qué sabes de Chile, Cuba y Panamá? **p. 367** **Conozcamos a...** Elena Menéndez Pelayo **p. 366**	Sofía sale a la calle a preguntar sobre el aprendizaje de otras culturas **p. 364**	1. Los estudios en el extranjero **p. 369** 2. Expresiones idiomáticas **p. 375**

asiseeit / E+ / Getty Images

John Parra / Getty Images

NKS_Imagery / E+/ Getty Images

Appendix: Syllable (Word-level) Stress and Written Accent Marks in Spanish **p. A-1**
Glossory: Spanish-English **p. G-1**
Glossory: English-Spanish **p. G-6**
Index **p. I-1**

Exploremos la gramática	Experiencias	Experiencias profesionales	El blog de Sofía
1. Future and conditional perfect **p. 306** 2. Past perfect subjunctive **p. 313**	**Manos a la obra:** Servicio en la comunidad **p. 317** **Cortometraje:** *¡Participá en programa de Servicio Comunitario!* **p. 320** **Página informativa:** Siete razones por las que hacer voluntariado **p. 322** **Página literaria:** Quince Duncan **p. 323** **Cultura y sociedad:** El aprendizaje a través del servicio **p. 325** **Película:** *Living on One dollar* **p. 326**	Una visita **p. 317**	Café de las Sonrisas **p. 318**
1. Summary of the subjunctive **p. 340** 2. Passive voice and uses of *se* **p. 346**	**Manos a la obra:** Actividades artísticas y musicales **p. 351** **Cortometraje:** *El vendedor de sueños* **p. 353** **Página informativa:** La industria musical **p. 354** **Página literaria:** María Amparo Escandón **p. 355** **Cultura y sociedad:** El papel de la mujer en la industria del cine **p. 357** **Película:** *Volver* **p. 358**	Una reflexión **p. 351**	Juan Magán en concierto **p. 352**
1. Uses of the infinitive **p. 372** 2. Relative pronouns **p. 378**	**Manos a la obra:** Diversas experiencias **p. 382** **Cortometraje:** *¿Por qué decidiste estudiar en el extranjero?* **p. 384** **Página informativa:** ¿Por qué estudiar en el extranjero? **p. 385** **Página literaria:** Isabel Allende **p. 387** **Cultura y sociedad:** El choque cultural **p. 389** **Película:** *Salsipuedes* **p. 390**	Una presentación **p. 382**	Estudiar en el extranjero **p. 383**

CAPÍTULO 1

Relatos de una vida mejor

Johnny Greig / Getty Images

Como resultado de la tecnología y los medios de comunicación, el mundo está mejor conectado y nos transformamos cada día más en ciudadanos globales.

Note for Instructors: In **Experiencias Intermedio**, students follow Sofia, a 23-year-old recent college graduate from the United States. Because of her extensive travels, Sofía has been chosen to share her expertise with students. Sofia introduces the main chapter strategy and shares her blog on the Spanish-speaking world. In addition, the video segments feature Sofia, a curious extrovert who poses questions to Spanish speakers. Students gain access to multiple native speaker perspectives regarding topics related to chapter themes and are challenged to compare those perspectives to their own.

Contesta las siguientes preguntas basadas en la foto.

1. Para ti, ¿qué significa la cultura?
2. ¿Qué culturas están presentes en tu vida diaria?
3. ¿Qué significa ser bilingüe o bicultural?
4. ¿Cuál es el resultado de la fusión de culturas?
5. ¿De dónde son tus antepasados?
6. ¿Cuándo inmigraron a tu país?

OBJETIVOS COMUNICATIVOS

By the end of this chapter, you will be able to...

- talk about your cultural identity and heritage.
- narrate past stories.
- describe life experiences.

OBJETIVOS CULTURALES

By the end of this chapter, you will be able to...

- compare the immigration stories of others.
- examine the advantages of being bilingual and bicultural.
- describe the challenges of teenage migrants.
- become aware of global immigration.

ENCUENTROS

Video: Sofía sale a la calle a preguntar

Conozcamos a... Alejandro Rosales Guillén

EXPLORACIONES

Exploremos el vocabulario

La identidad cultural

El cruce de la frontera

Exploremos la gramática

Present indicative

Asking questions

Preterit

Imperfect

EXPERIENCIAS

Manos a la obra: Relatos de una vida mejor

Experiencias profesionales: Nuevos mundos

El blog de Sofía: Ser bilingüe y bicultural es la mejor alternativa

Cortometraje: *El Día de los Muertos*

Página informativa: ¿Es México un destino de inmigración global?

Página literaria: Organización Internacional para las Migraciones

Cultura y sociedad: César Chávez

Película: *La misma luna*

ENCUENTROS

Video ▶

WileyPLUS
Go to WileyPLUS to watch this video.

Note for Encuentros, Chapter 1: World Readiness Standards addressed in this chapter include: Communication: All three modes. Culture: Examining cultural identity and immigration. Connections: Connecting with the disciplines of sociology, history and anthropology. Comparisons: Comparing and contrasting the immigration issues in various Spanish-speaking countries. Communities: Interviewing a Hispanic in U.S. society. Acquiring the life-long skills of investigating, reading and reporting on a given topic in the target language.

Sofía sale a la calle a preguntar

1.1 Entrando en el tema. Piensa en las razones por las cuales la gente migra a otro país. Selecciona las tres razones más lógicas de la siguiente lista que, según tu opinión (**Paso 1**), impulsarían a una persona o familia a emigrar de su país natal. Después, comparte la lista con tu compañero/a (**Paso 2**) y compara tu lista con la suya.

- Prosperar económicamente con mejores oportunidades laborales y profesionales.
- Reunificar a la familia. Answers will vary.
- Escapar de los desastres naturales.
- Evitar los conflictos familiares.
- Evadir la violencia en su país de origen.
- Huir de un gobierno corrupto e injusto en su país.
- Ganar más dinero en el nuevo país.
- Buscar una mejor calidad de vida.
- Escapar de la represión, el racismo o el prejuicio.

1.2 Sofía sale a la calle. Sofía entrevista a tres personas sobre el tema de la inmigración.

Paso 1: WP ¿Puedes identificar cuál es la persona que ofrece cada una de las siguientes ideas en el video? Escribe el nombre la persona delante de la cita que le corresponda: Sofía, Steve, Patricia o Dan.

Sofía

Steve

Patricia

Dan

Sofía **1.** "...la inmigración no es fácil ni para los inmigrantes ni para los países que los reciben".

Steve **2.** "...la gente ya está cansada del sistema que están viviendo y quieren mejores oportunidades económicas en otros países".

Dan **3.** "...cada gobierno tiene un sistema diferente para controlar la población y la economía. Y esto crea fronteras".

Dan **4.** "...y se mudan por ambas razones, tanto económica como política, aunque es más frecuente la económica".

Patricia **5.** "...la inmigración definitivamente ayuda a un país a prosperar porque sirve como una herramienta de enriquecimiento cultural y esto es muy útil para el progreso".

Steve **6.** "Pienso que la inmigración no se debe limitar y en contrario de perjudicar, ayuda a la economía de cualquier otro país".

Dan **7.** "Creo que es necesario limitar la inmigración siempre y cuando sea para proteger de los delincuentes a la gente honesta y trabajadora".

Paso 2: Pregúntale a tu compañero/a si está de acuerdo con las siete citas de las personas y pídele que te indique por qué. Answers will vary.

1.3 ¿Qué piensas? Conversa con tu compañero/a sobre el tema de la inmigración contestando las siguientes preguntas. Answers will vary.

1. En países como Estados Unidos, parece que hay un número mayor de personas que inmigran al país comparado con las que emigran de él. ¿Por qué es así? ¿En qué países existe el fenómeno inverso? ¿Por qué?
2. ¿Cómo son los inmigrantes en tu ciudad/región? ¿De dónde son y por qué inmigraron a tu ciudad/región? ¿Cómo es su calidad de vida?
3. Hay opiniones muy controvertidas sobre la inmigración en los Estados Unidos y en otros países como España o Argentina. ¿Qué tipo de opinión crees que tiene la gente de tu comunidad sobre la inmigración: positiva, negativa o neutra? ¿Cómo forman las personas sus opiniones sobre la inmigración? ¿En qué factores se basan?
4. Sofía termina el video preguntándonos sobre la posibilidad de emigrar a otro país. ¿Has pensado tú en emigrar a otro país o a otra ciudad? ¿Por qué?

Estrategia de estudio: Setting Goals for Your Learning

Hi! I'm Sofía. I'm from the United States, but I lived in Mexico, and that's why I learned Spanish. So now, I'm bilingual! I'm going to give you some helpful strategies to learn Spanish.

What is the best way to organize your learning? The best way is to set some learning goals. This process will help you choose what you want to achieve and why. Knowing this, you also will know what to concentrate on and what you need to improve. So, with all of these advantages, you may ask: "How do I get started?"

The first step is to state your goal positively, like "To increase vocabulary in Spanish". List steps to achieving your goals, including dates, times and amounts to measure your achievement of the goals. Start small, so your goals are achievable. Give each goal a priority so that you don't feel overwhelmed. Write goals down to make them more meaningful. Finally, revisit your goals to determine if they need to be adjusted or to analyze them for alternative actions.

WileyPLUS
Go to WileyPLUS to watch this video.

Conozcamos a...

Alejandro Rosales Guillén

Antes de escuchar

1.4 El autorretrato de Alejandro. Piensas hacer una entrevista virtual a Alejandro sobre su vida en México. ¿Qué tipo de información quieres saber de él? Escribe tres preguntas para guiar tu entrevista. Answers will vary.

1. ______________________
2. ______________________
3. ______________________

Erik Isakson / Getty Images

Alejandro trabaja como abogado en la Ciudad de México.

Follow-up for 1.4: Review students' ideas with the class to prepare them for the audio segment.

Mientras escuchas

1.5 ¿Cierto o falso? WP Tu amigo escuchó la entrevista con Alejandro, pero no entendió todo muy bien. Decide si la información que dice tu amigo es **cierta** (**C**) o **falsa** (**F**), según lo que escuchaste decir a Alejandro.

1. La situación económica en España es mala porque el país dejó de ser competitivo en el mercado internacional. C
2. Según Alejandro, hay menos personas pagando impuestos porque la población es muy joven. F
3. El desempleo en España es peor en el sur. C
4. Alejandro trabajó en una tienda de comestibles después de graduarse de la Universidad de Sevilla. F
5. Alejandro encontró trabajo en Ciudad de México y se fue a vivir allí. C
6. España perdió más de 3 000 000 de personas tan solo en 2010. F
7. El 40 % de los inmigrantes en España volvieron a sus propios países a causa de la crisis económica, entre ellos ciudadanos de Perú, Ecuador o Bolivia. F
8. Hoy día España tiene una población envejecida. C
9. Alejandro está feliz en su nuevo país con su puesto de abogado. C

Después de escuchar

1.6 ¿Qué piensas tú? Estás investigando el fenómeno de la migración global. Habla con un/a compañero/a sobre las ventajas y desventajas de emigrar a otro país. Completa la siguiente tabla con sus ideas y después compártelas con otro grupo.

Answers will vary.

Ventajas	Desventajas

Estrategia de estudio: Staying on Top of the Workload *by Shaan Dahar*

Courtesy of Shaan Dahar

Here's a tip that will help you with not only Spanish, but really all of your classes: stay on top of the workload. Don't procrastinate and don't wait to get things done until the last minute. If you get behind, it is so hard to catch up because you've got so many things going on in life, so many activities and clubs. Just stay on top of it. If you want my advice, work ahead so that you can make time for other activities.

In **Experiencias Intermedio** you will find strategy tips from actual students. These students offer what has worked for them as they learn Spanish. Perhaps some of these tips will work for you too!

Audioscript for 1.5: Me llamo Alejandro Rosales Guillén y soy de España. Me crié en Sevilla, una de las principales ciudades del país. Sevilla es una ciudad ubicada en el sur de España muy cerca de donde Cristóbal Colón partió hacia las Américas. La situación económica en España ha sido muy mala durante muchos años debido a varias razones. Durante el principio de este milenio, el precio de las casas se triplicó y también hubo un aumento en los salarios de los españoles. Esta combinación causó que los productos españoles costaran demasiado para países del exterior y el país dejó de ser competitivo. Además, España tiene una población envejecida, pues hay más personas jubiladas que personas pagando impuestos. La tasa de desempleo es bastante alta, especialmente en el sur. Me gradué en la Universidad de Sevilla hace tres años, pero no pude encontrar trabajo en ningún bufete del país. Trabajé varias horas a la semana en una tienda de ropa, pero tenía que seguir viviendo en la casa de mis padres. Un amigo mío mexicano me contó de un trabajo con un abogado que él conocía en la Ciudad de México, así que acepté el puesto y me mudé. Jamás me hubiera imaginado ser inmigrante y estar viviendo en otro país, pero me ha gustado mucho. Aunque he tenido que adaptarme a costumbres diferentes a las de España, también tengo muchas cosas en común con la gente de aquí. Lo triste es que no soy la única persona que ha salido de mi país. En 2008, España experimentó un aumento de casi 600.000 inmigrantes de otros países. Sin embargo, la crisis comenzó en ese mismo año y en 2010 emigraron 1,5 millones de españoles, provocando un descenso en la población. Según el Padrón de Españoles en el Extranjero, a fecha de 1 de enero de 2018, son aproximadamente 2 500 000 personas españolas las que viven en el extranjero. El 60 % de las personas que emigraron de España volvió a su país de nacimiento, un 32 % nació en España, y el 8 % restante emigró a un país diferente al de su nacimiento. Muchos de los que también salieron del país eran inmigrantes de Perú, Ecuador y Bolivia quienes se fueron a otros países o volvieron a sus propios hogares, pero un gran número de españoles se ha ido también. De hecho, aquí en Ciudad de México conozco a un grupo de españoles que llegó aquí buscando mejores oportunidades igual que yo. No sé cómo va a ser el futuro de España debido a los problemas económicos y a una población española que cada día envejece más, pero por ahora estoy muy feliz en una de las ciudades más grandes del mundo.

WileyPLUS

Go to WileyPLUS to watch this video.

¿Qué sabes de España, Estados Unidos y México?

WP Repasa los mapas, las estadísticas y las descripciones de España, Estados Unidos y México en WileyPLUS.

Suggestion for ¿Qué sabes de España, Estados Unidos y México?: Use the statistics and maps found in *WileyPLUS* to elicit country comparisons. Students can review basic information, such as size, type of government, languages, population, etc. You can recycle comparisons at the same time by comparing countries to one another and to the United States.

Sitios interesantes

Daniel Hernanz Ramos / Moment / Getty Images

España recibe un gran número de inmigrantes de Sudamérica y África.

Martin Meyer / Getty Images

Martín y Guillermo escaparon de la crisis económica en España y se establecieron en Ciudad de México.

1.7 Datos interesantes de España, Estados Unidos y México. Estás investigando la situación de la inmigración en España, Estados Unidos y México (Lee los datos interesantes de estos tres países). Luego, contesta las siguientes preguntas con un/a compañero/a.

1. ¿En qué país hay más inmigrantes? ¿Por qué crees que es así?
2. ¿Cómo se comparan estos datos con los de EE. UU.?
3. En tu opinión, ¿cuáles son las razones más comunes para inmigrar a estos países?
4. Compara la tasa de crecimiento de inmigración de estos países con la de EE. UU. ¿Qué conclusiones puedes sacar de estos datos? Answers will vary.

Datos interesantes: España

Número de inmigrantes: 4 719 418

Origen de los mayores grupos de inmigrantes: Marruecos, Rumanía, Reino Unido, Italia, China

Porcentaje de inmigrantes: 10 %

Datos interesantes: Estados Unidos

Número de inmigrantes: 49 776 970

Origen de los mayores grupos de inmigrantes: México, China, India, Filipinas

Porcentaje de inmigrantes: 15 %

Datos interesantes: México

Número de inmigrantes: 1 224 169

Origen de los mayores grupos de inmigrantes: Estados Unidos, Guatemala, España, Colombia

Porcentaje de inmigrantes: 0,99 %

Cultura viva

Ciudadanía infantil de EE. UU.

En EE. UU., la nacionalidad de los niños está determinada según su lugar de nacimiento o su origen étnico. Todas las personas nacidas en Estados Unidos son ciudadanas del país, a pesar del estado legal de los padres. Esta ley no incluye a los hijos de diplomáticos. Las personas que nacen y viven en las Islas Vírgenes y el archipiélago de Puerto Rico también son ciudadanas estadounidenses. Se puede otorgar la ciudadanía estadounidense a un niño que no nació en EE. UU. si uno de sus padres es ciudadano. En 2000, el Congreso aprobó el Acta de la Ciudadanía Infantil que permite a cualquier niño menor de edad que haya sido adoptado por ciudadanos o inmigrantes norteamericanos obtener la ciudadanía americana inmediatamente.

Courtesy of Diane Ceo-DiFrancesco

Todas las personas que nacen en EE. UU., Puerto Rico y las Islas Vírgenes pueden conseguir un pasaporte estadounidense.

EXPLORACIONES

Exploremos el vocabulario 1

WileyPLUS
Go to WileyPLUS Resources to access an interactive version of this illustration to review these vocabulary words and their pronunciation.

Teaching tip for Exploremos el vocabulario 1: Encourage students to guess the meaning of cognates to eliminate the need to memorize these vocabulary items. Also, remind them to focus on the differences in their spelling.

Audioscript for 1.8:
1. Estereotipo es un sinónimo de costumbre.
2. Una persona de ascendencia mexicana mantiene las tradiciones de la cultura de sus antepasados.
3. A veces existen conflictos generacionales sobre los valores y costumbres que se conservan.
4. Para tener éxito en su nuevo país, mis antepasados no trabajaron mucho.
5. Una persona de herencia mexicana siempre es bilingüe y bicultural.
6. Cuando una persona se adapta a la vida en otro país, tiene que respetar las tradiciones y costumbres de la nueva cultura.
7. El término mestizo significa una mezcla de raíces diferentes.

WileyPLUS
Go to WileyPLUS to watch this video.

Warm-up for 1.8: Have students investigate their cultural heritage and the countries and nationalities associated with them.

La identidad cultural

WP **Repasar: La familia, Capítulo 5 en *Experiencias Introductorio*.**

Shanti Hesse / Shutterstock

Seguramente nuestros **antepasados** tienen varias **mezclas** de **raíces**. Para **tener éxito** muchas personas **se adaptan** a las **costumbres** cuando **se establecen en** un país. También es importante **respetar** las **costumbres** y los **valores** de todas las culturas.

La identidad cultural	***Cultural identity***	**Los cognados**
la ascendencia	*ancestry*	bicultural
la herencia	*heritage*	bilingüe
el/la mestizo/a	*mixed ancestry*	la celebración
Las acciones	***Actions***	los conflictos generacionales
crecer	*to grow*	conservar
identificarse con	*to identify oneself with*	la diversidad
mantener contacto con	*to maintain contact with*	el estereotipo
mudarse	*to move / to relocate*	la libertad
recordar	*to remember*	

1.8 ¿Cierto o Falso? **WP** A veces cuando obtenemos nueva información, especialmente a través de Internet, dudamos si lo que se dice es cierto o no. Escucha estas explicaciones extraídas de Internet y decide si cada una es **cierta** o **falsa**.

1. falsa 2. cierta 3. cierta 4. falsa 5. falsa
6. cierta 7. cierta

Estrategia de estudio: Learning a Foreign Laguage *by Sofia DiFrancesco*

Courtesy of Sofia DiFrancesco

I've learned that it takes a lot of patience and practice to learn a foreign language and it's really important to not be shy in class, even if you feel like you are wrong because the professor gives you lots of opportunities to engage and the only way that you're going to learn is if you take advantage of them.

Suggestion for 1.8: For hybrid or flipped classes, you may want to assign students to listen to the audio and complete this activity prior to the class session.

1.9 Una gráfica visual. Siempre es de ayuda utilizar algún tipo de gráfica para organizar la información que estudias. Mira la lista de vocabulario de la sección **Exploremos el vocabulario 1** y escribe cada término en la categoría que corresponda en la siguiente gráfica. Answers will vary.

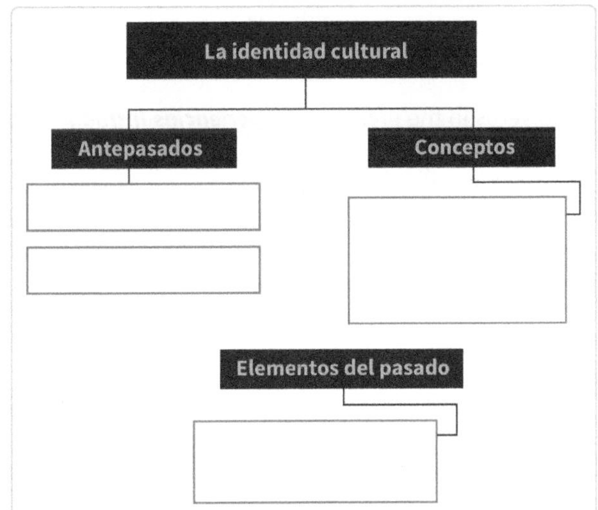

1.10 Los antepasados y las costumbres. Muchas veces las familias mantienen las costumbres de sus antepasados. Utiliza las preguntas preparadas y pregúntale a tu compañero/a qué costumbres existen en su familia. Answers will vary.

1. ¿De qué origen étnico es tu familia?
2. ¿Cuándo llegaron tus antepasados a tu país?
3. ¿Por qué vinieron?
4. ¿Qué costumbres mantienen de su país de origen?
5. ¿Qué expresiones utiliza tu familia del idioma de su país de origen?
6. ¿Cómo te identificas con el país de origen de tu familia?
7. ¿Hay conflictos generacionales en tu familia? ¿Qué hacen para resolverlos?

1.11 El español cerca de ti. En muchas comunidades hay celebraciones culturales. Investiga si existe algún festival o una exhibición de arte hispano en tu comunidad, universidad o estado. Después, completa la siguiente tabla con la información que encuentres y busca una foto relevante para compartir con tu compañero/a. Answers will vary.

Nombre del festival o exhibición de arte	Lugar	Fecha	Razón para celebrar	Descripción

Estrategia de estudio: Focusing on Verb Endings ***by Catherine Sholtis***

Courtesy of Catherine Sholtis

What works for me is getting a strong foundation for the verb endings for each tense. Once you have an understanding of the subjects/verb endings, it is a lot easier to build off of when trying to speak, read and write. And the more you practice the endings, the more automatic it becomes and the easier it gets!

WileyPLUS
Go to WileyPLUS to watch this video.

Exploremos la gramática 1

WileyPLUS

Go to WileyPLUS to review this grammar point with the help of the Animated Grammar Tutorial and the Verb Conjugator.

Suggestion for Exploremos la gramática 1: It is common for heritage learners to be unfamiliar with grammatical terms. Unless they have taken a class or two of Spanish, they may be unaware of the names of the different types of sentences as well as the kinds of verb conjugations. Help them to connect the knowledge they have of grammar to the words that are commonly used to describe these terms so that they can feel more confident and successful. This is especially important given that many assessments employ grammatical terminology. If heritage learners have not been prepared, they may not do well simply because they don't know the lingo.

Present indicative

WP Repasar: Los verbos en el presente indicativo, los verbos irregulares, Capítulos 3, 4, 5 y 6 en *Experiencias Introductorio*.

You were introduced to verbs in the present in ***Experiencias Introductorio***. Now you will use present tense verbs to talk about your life and your cultural identity.

You will find a chart of the verb form that is used with each person. Notice that at the top, the three verbs are listed in their dictionary form (**conservar, aprender, escribir**), and below these, the endings have been added to the stem of each verb. Remember that the stem is what remains after you remove the **-ar**, **-er** or **-ir** endings.

Verbs in the present indicative

Pronouns	conserv**ar**	aprend**er**	escrib**ir**
yo	conserv**o**	aprend**o**	escrib**o**
tú	conserv**as**	aprend**es**	escrib**es**
él/ella, usted	conserv**a**	aprend**e**	escrib**e**
nosotros/as	conserv**amos**	aprend**emos**	escrib**imos**
vosotros/as	conserv**áis**	aprend**éis**	escrib**ís**
ellos/as, ustedes	conserv**an**	aprend**en**	escrib**en**

Note the following examples:

1. Con la ayuda de tu familia, **escapas** de una mala situación en tu país.
   With the help of your family, you escape from a bad situation in your country.
2. Ella **cree** en las tradiciones y los valores de sus padres.
   She believes in the traditions and values of her parents.
3. Nosotros **compartimos** una casa con nuestros abuelos.
   We share a house with our grandparents.

Verbs in the present indicative with other formation changes

The following verbs include some you are already familiar with and some new verbs introduced in this chapter.

- "Yo" form changes – notice the changes that take place with the following verbs in the present.

  mantener: manten**g**o, mantienes, mantiene, mantenemos, mantenéis, mantienen

  poner: pon**g**o, pones, pone, ponemos, ponéis, ponen

  salir: sal**g**o, sales, sale, salimos, salís, salen

  tener: ten**g**o, tienes, tiene, tenemos, tenéis, tienen

- Stem Changes

  pensar (ie): p**ie**nso, p**ie**nsas, p**ie**nsa, pensamos, pensáis, p**ie**nsan

  perder (ie): p**ie**rdo, p**ie**rdes, p**ie**rde, perdemos, perdéis, p**ie**rden

  tener (ie): tengo, t**ie**nes, t**ie**ne, tenemos, tenéis, t**ie**nen preferir (ie): pref**ie**ro, pref**ie**res, pref**ie**re, preferimos, preferís, pref**ie**ren

recordar (ue): rec**ue**rdo, rec**ue**rdas, rec**ue**rda, recordamos, recordáis, rec**ue**rdan

mover (ue): m**ue**vo, m**ue**ves, m**ue**ve, movemos, movéis, m**ue**ven

morir (ue): m**ue**ro, m**ue**res, m**ue**re, morimos, morís, m**ue**ren

pedir (i): p**i**do, p**i**des, p**i**de, pedimos, pedís, p**i**den

- Spelling Changes

  crecer: cre**z**co, creces, crece, crecemos, crecéis, crecen

  merecer: mere**z**co, mereces, merece, merecemos, merecéis, merecen

1.12 ¿Qué haces? Cada año tus abuelos te mandan un regalo de $100 por tu cumpleaños y te dicen que tienes que usar el dinero para divertirte durante tu día especial. Answers will vary.

Paso 1: Este año piensas invitar a unos amigos a pasar el día contigo. Primero, escribe a tus abuelos una tarjeta postal (porque no tienen ni computadora ni Internet) para agradecerles el regalo de $100 y comparte con ellos cuáles son tus planes para disfrutar del regalo.

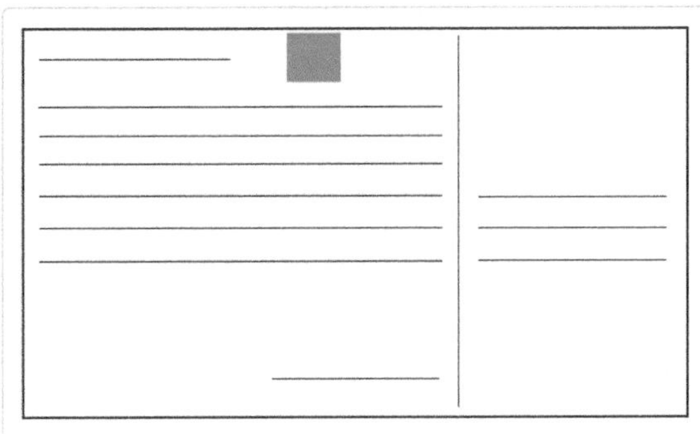

Paso 2: Comparte tu tarjeta postal con un/a compañero/a. ¿Tienen ideas similares o son diferentes?

Paso 3: Durante tu día especial con tus amigos vas a grabar un video corto enseñando las actividades con tu teléfono celular. Para planificar tu video, contesta las siguientes preguntas.

1. ¿Quiénes son los amigos que quieres incluir en el video?
2. ¿Por qué quieres invitar a estas personas? ¿Cómo son?
3. ¿A dónde van? ¿Por qué van a este lugar? Describe el lugar.
4. ¿Qué actividades piensan hacer en este lugar?
5. ¿Para qué vas a utilizar el dinero?
6. ¿Cómo te gustaría terminar el día?

1.13 ¿Qué tienen en común? Conversa con tus compañeros sobre las actividades típicas y preferidas de cada uno/a. Haz una lista de las actividades que tienen en común para compartirla con la clase. Answers will vary. GAME

Suggestion for 1.13: In this game, have the team with the most things in common report to the class. Other groups listen and may object to grammar mistakes. If the objection is correct and the original group does not meet the number that they claimed, the next group in line with the total number of activities in common, reports to the class. This continues until one group gets through their list of things in common without other teams successfully objecting, in which case they win the game.

Exploremos la gramática 2

WileyPLUS
Go to WileyPLUS to review this grammar point with the help of the Animated Grammar Tutorial.

Asking questions

WP **Repasar: Las palabras interrogativas, Capítulo 2 en *Experiencias Introductorio*.**

In your previous Spanish studies you were introduced to interrogative words in Spanish. You will use these to ask questions about the life experiences and cultural identity of others.

Review the following table.

Spanish interrogatives	English interrogatives	Examples
¿Cómo?	*How? /What?*	¿**Cómo** es la situación económica de México?
		¿**Cómo** fue tu experiencia en la aduana?
¿Cuál(es)?	*Which? /What?*	¿**Cuál** es la capital de Costa Rica?
		¿**Cuáles** son los documentos necesarios para entrar en otro país?
¿Cuándo?	*When?*	¿**Cuándo** es la clase de español?
¿Cuánto/a?	*How much?*	¿**Cuánto** cuesta el pasaporte de tu país?
¿Cuántos/as?	*How many?*	¿**Cuántas** personas llegaron de España?
¿De dónde?	*From where?*	¿**De dónde** eres?
¿De qué?	*From what?*	¿**De qué** país es tu familia?
¿Dónde?	*Where?*	¿**Dónde** están tus documentos?
¿Por qué?	*Why?*	¿**Por qué** decidiste salir de tu país natal?
¿Qué?	*What?*	¿**Qué** tipo de empleo buscas?
¿Quién(es)?	*Who?*	¿**Quién** fue la primera persona de tu familia en llegar a este país?
		¿**Quiénes** son los inmigrantes indocumentados?

Audioscript for 1.14:
Número 1: ¿Quién es tu mejor amiga?
Número 2: ¿Cuántas personas hay en tu familia?
Número 3: ¿Cuánto tiempo duró tu viaje?
Número 4: ¿De qué país vino tu primo?
Número 5: ¿Qué opinan ustedes sobre EE. UU.?
Número 6: ¿Cómo te sentiste al llegar a este país por primera vez?
Número 7: ¿En qué parte de EE. UU. quieres vivir?
Número 8: ¿Por qué emigraste a este país?
Número 9: ¿Cuál es el aspecto que más te gusta de tu nuevo país?
Número 10: ¿De dónde eres?

1.14 Preguntas y respuestas. WP Quieres conocer mejor y saber más de una familia inmigrante recién llegada de México. Escucha las preguntas y escribe el número de la respuesta más lógica.

__6__ **A.** Estaba nervioso/a.
__10__ **B.** Soy de San José, Costa Rica.
__9__ **C.** Me gusta la hospitalidad de la gente.
__4__ **D.** Pasó por México, pero salió de Guatemala.
__3__ **E.** Viajé durante 24 horas.
__1__ **F.** Su nombre es María Elena.
__2__ **G.** Somos siete.
__5__ **H.** Todo es conveniente y fácil.
__8__ **I.** Quiero mejorar mi situación profesional y vivir mejor.
__7__ **J.** Prefiero vivir en Texas.

Note for 1.15: Students may need to research at their university in order to answer these questions. Most universities have international student centers or language schools that teach English where students can find people to interview.

1.15 Respuestas y más respuestas. Trabajas en la oficina de estudios internacionales de tu universidad. Un/a estudiante recién llegado/a faltó a la sesión de orientación y, como consecuencia, te hace varias preguntas sobre la universidad. Escribe las respuestas de las siguientes preguntas. Answers will vary.

1. ¿Cuántos estudiantes internacionales hay en la universidad?
2. ¿Cuáles son los países que están representados aquí?
3. ¿Cuál es el horario de la cafetería?
4. ¿Hay algún club para estudiantes internacionales?
5. ¿Hay oportunidades para practicar inglés?
6. ¿Qué clases de idiomas se pueden tomar?
7. ¿Dónde es posible trabajar como estudiante internacional?
8. ¿De qué países hispanohablantes son los profesores que enseñan aquí?

1.16 Mi compañero/a de cuarto. Vives solo/a en un dormitorio en la residencia estudiantil por un semestre, pero el próximo semestre vas a tener un/a compañero/a de cuarto de Costa Rica. Tú no conoces a esta persona, pero tu amigo Alejandro sí lo/la conoce. Answers will vary.

Paso 1: Escribe preguntas para saber más del/de la nuevo/a compañero/a de cuarto antes de que llegue él/ella.

¿Quién? ______________________

¿De dónde? ______________________

¿Cómo? ______________________

¿Cuántos? ______________________

¿Qué? ______________________

¿Cuál? ______________________

Paso 2: Ahora, sin mostrarle tus preguntas, trabaja con un/a compañero/a de clase y hazle tus preguntas. Él/ella va a hacer el papel de Alejandro. Despues, túrnense haciendo el papel de Alejandro y anoten las respuestas.

1.17 Situaciones. Haz el papel de **A** o **B** con tu compañero/a para participar en la conversación. Answers will vary.

A- Eres el/la editor/a del periódico de una universidad y tienes que entrevistar a un/a estudiante de un país hispanohablante que llegó recientemente con su familia a tu ciudad. En otoño, el/la estudiante empieza sus estudios universitarios en inglés. Prepara una lista de, al menos, diez preguntas para conocerlo/la y para saber algo de su experiencia viviendo en esta ciudad.

B- Eres hispanohablante y el/la editor/a del periódico de la universidad te va a entrevistar para saber más sobre cómo tú y tu familia llegaron a EE. UU. El/la editor/a quiere saber tus impresiones sobre este país y la ciudad donde vives. Contesta sus preguntas. ¿Tienes preguntas para él/ella?

Suggestion for 1.16: This activity is broken down into two steps for students to complete. For hybrid or flipped classes, you may want to assign **Paso 1** for students to prepare prior to the class session.

Follow-up for 1.16: Consider assigning this activity to be used as an actual interview out of class. Students can be instructed to record or video tape their interview and write an article based on what they learn about the person. Have students upload the video or simply the article to your learning management system discussion board and have students comment regarding what they have in common with the person interviewed.

Suggestion for 1.17: For flipped or hybrid courses, students can prepare this activity outside of class. During the next class session, they can practice and present their situation to the class.

El cruce de la frontera

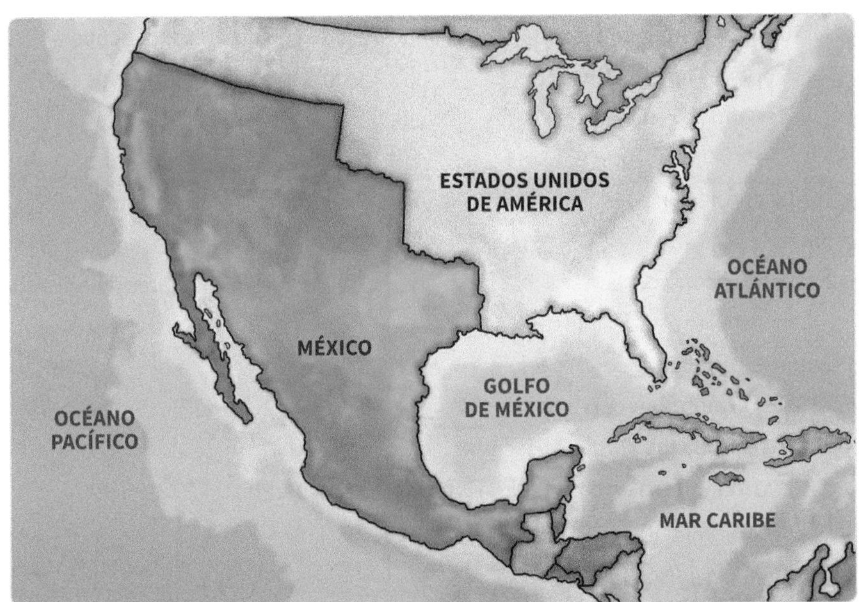

Antes de 1848, México era un país mucho más grande que en la actualidad. Como resultado de la Guerra Mexicana-Americana de ese año, México perdió un tercio de su tierra incluyendo lo que ahora son los estados de California, Nevada, Utah, Arizona y Nuevo México.

Exploremos el vocabulario 2

WileyPLUS

Go to WileyPLUS Resources to access an interactive version of this illustration to review these vocabulary words and their pronunciation.

Teaching tip for Exploremos el vocabulario 2: Encourage students to guess the meaning of cognates to eliminate the need to memorize these vocabulary items. Also, remind them to focus on the differences in their spelling.

Audioscript for 1.18:
Oficial: Buenos días, Raúl. Mi nombre es Michelle Montes y trabajo para la embajada estadounidense. Hemos recibido su solicitud para una Visa B2 junto con el recibo de su pago de los ciento sesenta dólares en efectivo. Tengo algunas preguntas adicionales para usted para determinar si podemos autorizar su visita a nuestro país.
Raúl: Está bien. ¿Qué más necesitan saber? Ya les entregué una copia de mi diploma universitario, mi cédula profesional, mi pasaporte mexicano y una carta oficial de la oficina donde trabajo.
Oficial: En este momento estamos revisando sus papeles. Pero queremos saber su intención de viajar a EE. UU.
Raúl: Tengo varias razones. Estoy muy orgulloso de trabajar en México con una organización sin fines de lucro, pero quiero visitar a algunos amigos que conocí aquí en México que viven en Ohio y Michigan.
Oficial: ¿Cuánto tiempo piensa estar en Ohio?
Raúl: Una semana. Disculpe, pero no quiero emigrar ni escaparme de ninguna guerra. Tampoco soy exiliado. Me encanta mi trabajo y mi vida aquí en México. Mi única meta es visitar a mis amigos y conocer su país.
Oficial: Parece que vamos a necesitar unos documentos adicionales: una copia certificada del acta de nacimiento y pruebas económicas, como el estado de sus cuentas bancarias.
Raúl: Ustedes se imaginan que toda esta información es muy fácil de conseguir. Voy a tardar meses en conseguir lo que piden. Mire usted, soy extranjero, ciudadano mexicano, y sólo quiero visitar su lindo país. Pienso respetar sus leyes.
Oficial: ¿Cómo se llaman sus amigos en Ohio?

Hay un gran número de inmigrantes que **cruzan** las **fronteras** de sus países con la **esperanza** de **lograr** una vida mejor, pues **escapan de guerras, desigualdades** y **riesgos**.

El cruce de la frontera	***Border crossing***
ansioso/a	*anxious*
animado/a	*animated*
agotado/a	*exhausted*
asustado/a	*afraid*
la ciudadanía	*citizenship*
el coyote	*person who is hired to get someone across the border*
las expectativas	*expectations*
el/la exiliado/a	*exiled*
el/la extranjero/a	*foreigner*
la incertidumbre	*uncertainty*
las leyes	*laws*
la mayoría	*majority*
la meta	*goal*
la minoría	*minority*
el orgullo	*pride*
el prejuicio	*prejudice*
las razones	*reasons*
la tarjeta de residencia	*residence card*
Las acciones	***Actions***
compartir	*to share*
enfrentar	*to confront, to face*
revisar	*to check, to review*
salir adelante	*to get ahead*
Los cognados	
discriminar	
emigrar	
inmigrar	
el pasaporte	
el/la refugiado/a	
la visa/el visado	

1.18 Entrevista. WP Tu amigo Raúl Sánchez quiere viajar a EE. UU. para visitarte. Solicitó una visa en la embajada de los EE. UU. Escucha la entrevista que Raúl tuvo con la oficial en la embajada y contesta las preguntas.

1. ¿Por qué está Raúl en la embajada de EE. UU.?
   - a. Quiere una visa B1 para hacer negocios.
   - b. Quiere una tarjeta de residencia.
   - c. Quiere un pasaporte.
   - (d.) Quiere una visa B2.
2. ¿Cuánto dinero tuvo que pagar por la solicitud?
   - a. 170 dólares americanos.
   - (b.) 160 dólares americanos.
   - c. 156 dólares americanos.
   - d. 165 pesos mexicanos.
3. Raúl ya les entregó su…
   - a. pasaporte mexicano.
   - b. diploma universitario.
   - c. cédula profesional.
   - (d.) todas las respuestas.
4. La oficial le pidió…
   - (a.) pruebas económicas.
   - b. otros 160 dólares americanos.
   - c. su pasaporte estadounidense.
   - d. su tarjeta de residencia.
5. ¿Por qué es problemático para Raúl?
   - a. No tiene más dinero.
   - b. No tiene muchos días de vacaciones.
   - (c.) Va a tardar meses en conseguir la información requerida.
   - d. Quiere trabajar inmediatamente.

Suggestion for 1.18: For hybrid or flipped classes, you may want to assign students to listen to the audio and complete this activity prior to the class session.

Imperfect

WP **Repasar: Los verbos en el imperfecto, Capítulo 11 en *Experiencias Introductorio.***

Review the following endings chart for similarities and differences.

Imperfect verb endings

Pronouns	-ar	-er	-ir
yo	-aba	-ía	-ía
tú	-abas	-ías	-ías
él/ella, usted	-aba	-ía	-ía
nosotros/as	-ábamos	-íamos	-íamos
vosotros/as	-ábais	-íais	-íais
ellos/as, ustedes	-aban	-ían	-ían

Remember there are only three verbs in the imperfect that are not formed in the same way as all others in the imperfect:

- **ir:** iba, ibas, iba, íbamos, ibais, iban
- **ser:** era, eras, era, éramos, erais, eran
- **ver:** veía, veías, veía, veíamos, veíais, veían

1.22 Las etapas de la vida. Para tu curso de sociología, tienes que comparar tus actividades con las de otras culturas. Sigue los **Pasos** para escribir tus actividades.

Answers will vary.

Paso 1: Escribe las principales actividades que se hacen en cada etapa de la vida.

La infancia	La niñez	La adolescencia	La juventud	La madurez

Paso 2: Compara tus actividades con las de tu compañero/a y descubran durante qué etapa tienen más actividades en común.

Exploremos la gramática 4

WileyPLUS

Go to WileyPLUS to review this grammar point with the help of the Animated Grammar Tutorial and the Verb Conjugator.

Estrategia de estudio: Speaking Spanish by Yourself *by Sofia DiFrancesco*

Courtesy of Sofia DiFrancesco

I think that it's important to try to speak Spanish whenever possible, even if you are by yourself. Just practicing the vocabulary and thinking about things that you would normally think about in English, but just replace them with Spanish throughout your daily life.

WileyPLUS

Go to WileyPLUS to watch this video.

Audioscript for 1.23:
1. Fui de turista a Nueva York. Al llegar a Estados Unidos tuve que ir primero a la agente de inmigración. Allí le presenté mi visa y mi pasaporte.
2. Josefina y su familia inmigraron a Los Ángeles para vivir y trabajar, y Josefina entró en la universidad para estudiar.
3. Cuando era estudiante en la Universidad de Argentina Valparaíso, Miguel siempre se levantaba a las 6:00 y escuchaba el radio. Entonces se bañaba y se vestía. Comía el desayuno en la cocina con su familia y tomaba el autobús para ir a la universidad.
4. En las noticias siempre dicen que algunos mexicanos indocumentados pagan a un coyote y cruzan el río Grande o el río Bravo para entrar a Estados Unidos.
5. Antes de llegar aquí, mis amigos vivían en la ciudad de Jalapa y asistían a una escuela primaria bilingüe, así que aprendieron a hablar inglés muy bien.
6. José y María fueron a Washington, D.C. la semana pasada. Visitaron los museos y comieron en restaurantes elegantes.
7. Los estudiantes puertorriqueños no necesitan visa para entrar a Estados Unidos porque son ciudadanos de ese país.
8. Hay muchos estudiantes que no quieren olvidar las costumbres de su país de origen, así que se consideran biculturales.
9. Cuando era niño, Carlos soñaba con estudiar en Estados Unidos para hacerse diplomático.

Preterit and imperfect together: Narrating and describing in the past

WP **Repasar: El pretérito y el imperfecto, Capítulo 12 en *Experiencias Introductorio*.**

In Spanish, when telling a story or describing events that occurred in the past, the preterit and the imperfect, both past tenses, will be used but in different ways. The choice is based on the point of view of the speaker or writer.

The **imperfect** is used to describe past events without reference to their having a beginning or an ending point. The imperfect is used to...

- set the background for the events of a story.
- describe past actions that were continuing, ongoing, or repeated; actions without reference to their beginning or ending.
- describe actions that used to take place, actions not bound by time or duration.
- tell clock time in the past.
- to tell someone's age.

The **preterit** is used to indicate that an event had a beginning and an ending point, that is, the event terminated, it came to an end in the past even though the exact time and date may not be expressed. The preterit is used to...

- view a singular action or a series of actions that may have continued in the past but are now viewed as a completed whole.
- view an action from the point of view of its beginning or end.
- narrate a sequence of completed events or actions in the past.
- focus on the event itself or specify an important event in the story line.

1.23 Estudiantes internacionales. **WP** Estás en la oficina de Estudios Internacionales de tu universidad para ayudar al director con las entrevistas del nuevo grupo de estudiantes de Centroamérica. A pesar de tu poca experiencia con el español, te invitó a interpretar unos aspectos de las entrevistas. Escucha partes de las conversaciones e indica si hablan de asuntos en el presente o el pasado.

1.	presente	[pretérito]	imperfecto
2.	presente	[pretérito]	imperfecto
3.	presente	pretérito	[imperfecto]
4.	[presente]	pretérito	imperfecto
5.	presente	pretérito	[imperfecto]
6.	presente	[pretérito]	imperfecto
7.	[presente]	pretérito	imperfecto
8.	[presente]	pretérito	imperfecto
9.	presente	pretérito	[imperfecto]

Suggestion for 1.23: For hybrid or flipped classes, you may want to assign students to listen to the audio and complete this activity prior to the class session.

1.24 Experiencias del pasado. Escoge una de las tres ilustraciones que aparecen a continuación junto con tu compañero/a. Después, tenéis que crear una historia sobre el dibujo contestando a las siguientes preguntas. No se olviden de añadir detalles y creatividad a su historia. Answers will vary.

Technology tip for 1.24: Students could post their group stories on your learning management system discussion board.

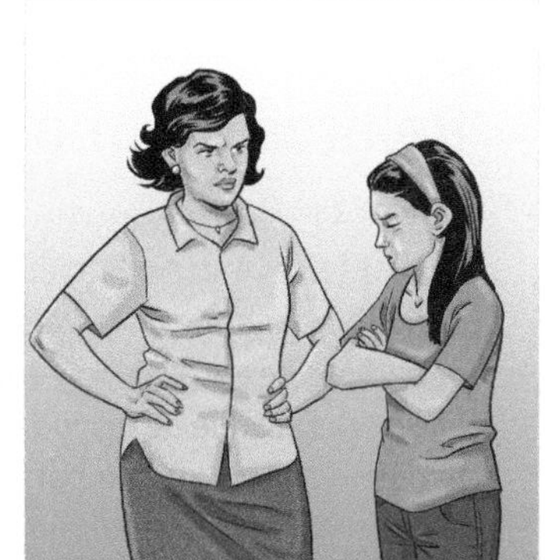

1. ¿Dónde estaban estas personas?
2. ¿Cómo estaban? ¿Por qué?
3. ¿Qué pasó?
4. ¿Cuál fue el resultado?

1.25 Colaboración. En grupos, lean la primera oración de la historia de Natalio. Cada miembro del grupo tiene que escribir una oración para completar la historia. Cuando todos los estudiantes hayan participado y la historia esté terminada, cada grupo lee su historia en voz alta a la clase. Answers will vary.

Modelo: *Había una vez un chico español que recibió una beca Fulbright para estudiar y enseñar español en una universidad estadounidense.*

1.26 El español cerca de ti. La inmigración global es un fenómeno muy impactante en la sociedad. Busca una persona de tu comunidad o en Internet que sea de un país hispanoparlante. Hazle una entrevista sobre sus experiencias para averiguar cómo llegó, cómo se sentía, a qué fue más difícil adaptarse. Escribe un pequeño reporte sobre la persona entrevistada e incluye una foto. Answers will vary.

Technology tip for 1.26: Students can post their report and photo on your learning management system discussion board. Require students to comment or write a question for 2-3 other students' posts to encourage some online interaction.

1.27 Situaciones. Haz el papel de **A** o **B** con tu compañero/a para participar en la conversación. Answers will vary.

A- Eres el/la director/a de una escuela privada en Buenos Aires. En una entrevista, hazle preguntas a un/una candidato/a para averiguar si tiene las cualidades necesarias para enseñar inglés en tu escuela con niños de 9 años de edad.

B- El/la director/a de una escuela privada en Buenos Aires te entrevista para un puesto de maestro/a de inglés por un año. Descríbele cómo tus experiencias te hacen el candidato adecuado para este puesto. Contesta las preguntas del/de la director/a.

Suggestion for 1.27: For hybrid courses, students can prepare this activity outside of class. During the next class session, they can practice and present their situation to the class.

EXPERIENCIAS

Manos a la obra

Suggestion for 1.28: Students could form panels and video record their panel presentations.

Suggestion for 1.28 and 1.29: These are task-based activities broken down into small steps in order to assist the students with strategies for completion. For **1.28**, students can prepare **Pasos 1** through **5** outside of class and then present to either small groups or to the entire class. For **1.29**, students can prepare **Pasos 1** through **4** outside of class. They can present their videos to small groups or to the class. For hybrid or online classes, students could also record a video presentation and upload it to your learning management system discussion board. In order to encourage student interaction, have classmates provide feedback or recommendations on peers' videos.

Relatos de una vida mejor

1.28 El proceso de asimilación. Durante los últimos cuatro años, tu ciudad ha recibido más de 5000 inmigrantes. Algunos de ellos han encontrado trabajo, mientras que otros todavía tienen problemas de asimilación y adaptación cultural. Recientemente empezaste un nuevo puesto en la oficina del alcalde de tu ciudad y te asignaron trabajar sobre el tema de la inmigración. El alcalde te pide diseñar un plan para ayudar a los inmigrantes con sus mayores retos: el alojamiento, la educación, el aprendizaje del inglés, la identidad cultural, el entrenamiento profesional y el cuidado médico. Tienes 15 minutos para presentarle tus ideas al alcalde. Debes incluir una lista de posibles gastos y un presupuesto para el proyecto. Completa los **Pasos.** Answers will vary.

Paso 1: Prioriza la lista de los mayores retos de los inmigrantes.

Paso 2: Crea una red de ideas con las posibles soluciones.

Paso 3: Escribe un plan con tus recomendaciones.

Paso 4: Diseña una presentación del plan con los gastos y un presupuesto para el proyecto.

Paso 5: Practica tu presentación.

Paso 6: Preséntales tus ideas a tus compañeros de clase.

1.29 Debate. Vas a participar en una simulación de la asamblea general de la Organización de Estados Americanos (OEA) y tienes que prepararte para un debate sobre la inmigración en las Américas. Completa los siguientes **Pasos** para participar en el debate. Answers will vary.

Paso 1: Primero, escoge el país que vas a representar en la simulación.

Paso 2: Investiga la situación de la inmigración en el país que escogiste. Prepara tu presentación para ser un/a buen/a representante de tu país.

Paso 3: Practica en voz alta tu presentación. Es preferible que tengas un público que te pueda avisar de tus errores y de tu presencia personal. Con un cronómetro, determina cuántos minutos dura la presentación.

Paso 4: Graba tu presentación y después súbela a tu foro.

Paso 5: Mira el video de dos compañeros. ¿Qué países representan? ¿Tienen las mismas ideas? ¿Hay algunas que sean diferentes?

Experiencias profesionales **Nuevos mundos.** Bienvenidos a **Experiencias profesionales**. El objetivo de esta sección del libro es examinar cómo puedes usar el español en tu área de interés profesional y qué necesitas saber de la cultura para tener éxito en el trabajo.

Suggestion for 1.30: For flipped or hybrid courses, **assign Paso 1** to be completed in preparation for the in-class interaction in **Paso 2**.

Suggestion for 1.30, Paso 2: Use this opportunity to have students group themselves by professional interests.

1.30 Nuevos mundos. Para explorar el uso del español en tu área de interés profesional, completa los siguientes **Pasos.** Answers will vary.

Paso 1: Selecciona una profesión en la que te vas a enfocar en esta sección. Debe estar relacionada con tu especialización en la universidad, como por ejemplo la salud, la educación, los deportes, los negocios, la política, el turismo o las ciencias naturales. Escribe un resumen de entre 150 y 200 palabras que: 1) describa la profesión, 2) explique por qué la seleccionaste y 3) incluya cómo crees que puedes utilizar el español en esa profesión.

Paso 2: Busca un/a compañero/a con una especialización semejante a la tuya y comparte tus ideas con él/ella.

Ser bilingüe y bicultural es la mejor alternativa

Noticias Información Fotos Amigos Archivos

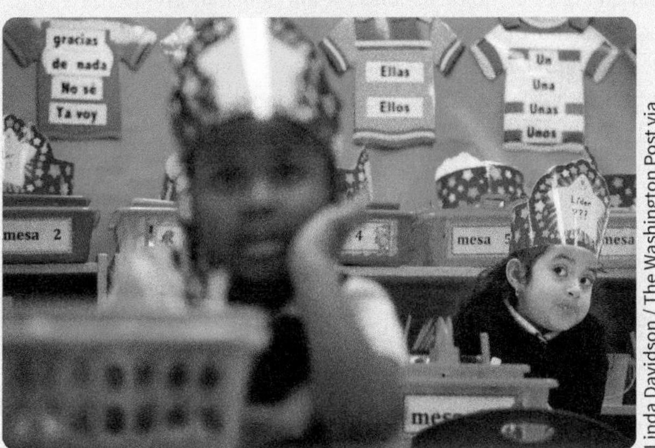

Linda Davidson / The Washington Post via Getty Images

Hoy en día hay muchos programas escolares de inmersión dual, inglés-español, en donde los niños aprenden a comunicarse en ambos idiomas.

1.31 Mi propio blog. Como dice Sofía, ser bilingüe y bicultural hoy en día es una gran ventaja para vivir y trabajar en nuestra sociedad global. Completa los **Pasos** para investigar más.

Paso 1: Lee el blog de Sofía.

El otro día leí un artículo en el periódico sobre la importancia de ser bilingüe y bicultural. Aquí, en la comunidad hispana de EE. UU., hay un gran debate sobre el idioma que se debe hablar en casa y el énfasis que se debe dar a cada idioma en el desarrollo de los niños. En algunas casas, los padres dan mucha importancia al aprendizaje del inglés. Sus hijos asisten a escuelas en donde se habla inglés, y así se adaptan a pasar la mayor parte de su día hablando en este idioma. La desventaja de estas circunstancias es que crean una barrera en la comunicación entre las generaciones. A veces, los niños rechazan el uso del español en casa y, como resultado, crecen sin poder comunicarse en español con sus padres y sus parientes monolingües.

Según las estadísticas, la globalización de la economía y el número de hispanos en EE. UU. está aumentando y existe una necesidad de conectar con este mercado. Una persona que hable español y tenga experiencia viviendo sumergida en otra cultura tiene grandes ventajas en cuanto a su capacidad de comunicarse con los hispanos. Algunos estudios científicos también destacan la importancia de ser bilingüe y bicultural. Varias investigaciones aseguran que ser bilingüe beneficia la función cognitiva de la mente. Las ventajas en el mundo del trabajo son múltiples. Por ejemplo, el número de clientes y las ofertas de trabajo pueden aumentar considerablemente. Y para una empresa con un nivel mínimo de internacionalización, los profesionales bilingües y biculturales son importantes no sólo para el mercado, sino también para responder mejor ante la diversidad dentro de la empresa.

(continuación)

El blog de Sofía

Suggestion for El blog de Sofía: Ser bilingüe y bicultural es la mejor alternativa: Sofía's friend Silvia has a lot in common with many heritage learners, students who grew up with both languages and cultures. Ask them to compare their experiences to those of Silvia. Some questions to consider are: How was Spanish used at home? Who spoke to you in Spanish? In English? How did you use the language? What are some cultural elements that come from being bicultural? These characteristics can be seen as an asset to the class and shared as motivation to help other students learn the language.

Technology tip for 1.31: Assign students to create a blog using any web application. Students will utilize this blog and post items to it for every chapter of *Experiencias*. You may ask your students to share the link to that blog on your learning management system discussion board. Then in class, ask students to compare their information.

(continuación)

Mi amiga Silvia tuvo mucha suerte porque creció en un ambiente bilingüe y bicultural, en una casa donde sus padres reconocieron las ventajas de hablar dos idiomas. Las escuelas tuvieron un papel muy importante en su desarrollo académico, pero sus padres jugaron un papel fundamental con su deseo de que perteneciera a dos culturas y de que hablara ambos idiomas. Cuando era niña, leían libros tanto en inglés como en español, veían películas en los dos idiomas, y sus padres le enseñaron a leer y escribir en español. Cuando entró en la escuela intermedia, no tuvo miedo de empezar a tomar cursos de español y estudiar la estructura del idioma. Ahora está muy agradecida de que sus padres reconocieran las ventajas de ser bilingüe en este gran país.

Paso 2: Escribe tres ventajas de ser bilingüe o bicultural en nuestra sociedad.

1. Nos permite comunicarnos con más personas.
2. Es beneficioso para la función cognitiva.
3. Permite aumentar nuestras oportunidades laborales.

Technology for 1.31, Paso 3: Students can create their own blog for ***Experiencias*** and then upload a link to your learning management system discussion board. They are instructed to post specific items for each chapter and to review and comment on their classmates' postings.

Paso 3: Busca en Internet una escuela bilingüe en tu comunidad, estado o país y contesta las siguientes preguntas.

Suggestion for 1.31, Paso 3 and 4: For flipped or hybrid courses, students can prepare these **Pasos** outside of class. During the next class session, they can practice and present their situation to the class.

1. ¿Dónde se encuentra la escuela?
2. ¿Qué clases se enseñan en inglés?
3. ¿Qué clases se enseñan en español?
4. ¿Te gustaría asistir o trabajar en una escuela bilingüe? ¿Por qué?

Paso 4: En tu propio blog, busca ejemplos del uso de español en tu comunidad o en Internet. Por ejemplo, anuncios, emisoras de radio, televisión, periódicos, restaurantes o tiendas. Puedes incluir fotos de los ejemplos. Escribe sobre la presencia o ausencia del español en tu comunidad.

Cortometraje

El Día de los Muertos

Maogg / E+ / Getty Images

En México, se utilizan calaveras de azúcar para celebrar el Día de los Muertos.

Antes de ver el cortometraje

1.32 Entrando en el tema. El título de este cortometraje evoca muchas imágenes en la mente de las personas. Escribe cuatro oraciones que describan qué te viene a la mente al leer el título de este cortometraje, *El Día de los Muertos*. Answers will vary.

1. ______________ **3.** ______________

2. ______________ **4.** ______________

Suggestion for 1.32: This video does not have any speaking but it is a visual representation of some of the traditions associated with the **Día de los Muertos**. Many of the students will not be familiar with this celebration. You may choose to prepare students beforehand by discussing traditional items associated with the celebration. For example **altares**, **ofrendas**, **calaveras**, **pan de muerto**, **máscaras**, **flor de muerto**, **calacas**, and **papel picado**.

Mientras ves el cortometraje

1.33 Adivinanzas. Usa tu buscador favorito para ver este cortometraje. En este cortometraje, una niña visita la tumba de una pariente muy especial. Mientras ves el video, revisa la lista y selecciona las cosas que la niña ve durante su viaje.

[el pan de muerto]	el altar	[la fotografía]	[las flores]
las máscaras	[las calacas]	[los esqueletos]	las bebidas
[el papel picado]	el árbol		

1.34 Los símbolos. Vuelve a ver el cortometraje con la lista de cosas que ya apuntaste y completa los siguientes **Pasos**. Answers will vary.

Paso 1: Decide cuál es el significado de las diferentes cosas que aparecen en el video. Anota su significado al lado de la lista que ya tienes hecha.

Paso 2: Comparte tu lista con un/a compañero/a y conversa sobre el significado de esta celebración tan importante en México.

Después de ver el cortometraje

Dina Julayeva / Shutterstock

En las fiestas de México durante el Día de los Muertos usan esqueletos y calaveras como decoraciones.

1.35 Reflexiones. Con tu compañero/a, lee la siguiente cita de Octavio Paz, el famoso escritor, poeta y ganador del Premio Nobel de Literatura. Luego, comenta las siguientes preguntas. Answers will vary.

"Para el habitante de Nueva York, París o Londres, la muerte es palabra que jamás se pronuncia porque quema los labios. El mexicano, en cambio, la frecuenta, la burla, la acaricia, duerme con ella, la festeja, es uno de sus juguetes favoritos y su amor más permanente. Cierto, en su actitud hay quizá tanto miedo como en la de los otros; más al menos no se esconde ni la esconde; la contempla cara a cara con paciencia, desdén o ironía" (Octavio Paz. *El laberinto de la soledad*. Ediciones Cuadernos Americanos, México, 1950: 22).

1. ¿Cuáles son los ejemplos del cortometraje que reflejan las ideas de esta cita de Octavio Paz?
2. Según Octavio Paz, muchas personas en el mundo temen hablar de la muerte. ¿Por qué no les gusta hablar de la muerte?
3. ¿Cómo se visten las personas en el cortometraje?
4. ¿Cómo comparas el cementerio del cortometraje con cementerios que has visto[1]?

Página informativa

¿Es México un destino de inmigración global?

1.36 Inmigración en México. El siguiente artículo describe el aumento del número de inmigrantes en México que provienen de otros países, como el ejemplo de Alejandro que leíste al principio del capítulo. Completa los **Pasos** que siguen.

Suggestion for 1.36: This activity has numerous steps attached to it; some are specifically designed for students to do independently in flipped, hybrid and online classes, and to support students through the reading process. For instance, you can have students complete **Pasos 1** and **2** prior to class. **Paso 6** can be assigned for follow-up work outside of class and students can post their work to your learning management system discussion board.

Antes de leer

Paso 1: Mira el mapa y contesta las preguntas que aparecen a continuación.

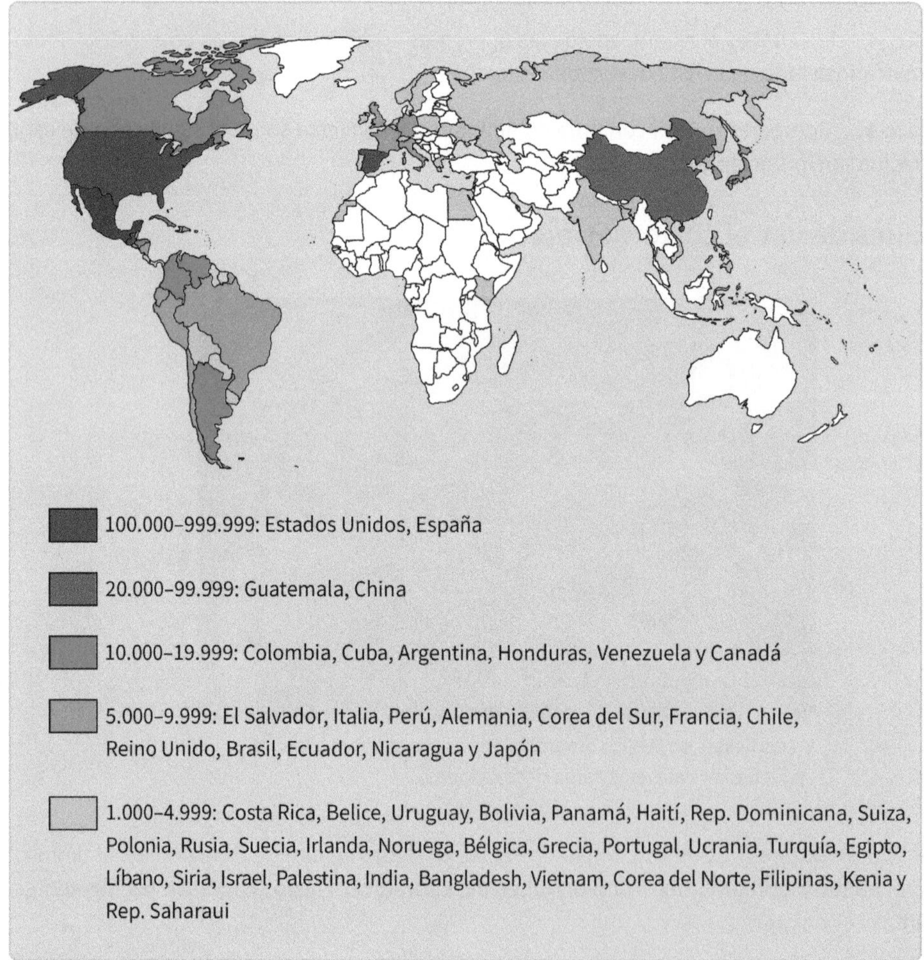

1. ¿De dónde son la mayoría de los inmigrantes que viven en México? ¿Por qué crees que es así?
2. ¿De qué países son la minoría de inmigrantes que viven en México? ¿Por qué crees que es así?
3. Según este mapa, ¿cómo es la situación en cuanto a inmigración en México?

Answers for 1.36, Paso 1: 1. España y Estados Unidos. Answers will vary; 2. India y Asia. Answers will vary; 3. Answers will vary.

[1]**has visto:** have seen

Paso 2: **WP** Busca el significado de las siguientes palabras en un diccionario. Luego, escribe la letra correcta para cada palabra. Finalmente, búscalas en la lectura y márcalas.

C **1.** nefasta	**A.**	origen de algo
E **2.** los xenófobos	**B.**	digno de ser deseado
F **3.** el bienestar	**C.**	una persona o una cosa que es desgraciada o detestable
D **4.** el ambiente	**D.**	condiciones o circunstancias físicas, humanas, sociales, culturales, que rodean a las personas, animales o cosas
G **5.** el sueldo	**E.**	personas que sienten hostilidad hacia los extranjeros
B **6.** envidiable	**F.**	estado o situación de satisfacción o felicidad
A **7.** la fuente	**G.**	dinero que una persona recibe de su trabajo

¿Es México un destino de inmigración global?

Cada vez más, México se está convirtiendo en un destino de inmigración global gracias a su inmejorable ambiente. Todavía no se puede comparar con Estados Unidos, Canadá o Australia, pero el incremento de turistas demuestra que esta tendencia va en aumento. El número total de habitantes que viven en México es de 130 759 000 (*World Population Prospects* de Naciones Unidas, 2018). En el año 2015, según un informe creado por este mismo organismo, el número de extranjeros en México sobrepasaba la cifra de 1 100 000 personas.

De acuerdo con el INEGI (Instituto Nacional de Estadística y Geografía), el número de extranjeros que vive de forma legal en Mexico duplicó su cifra en apenas 10 años, pasando de aproximadamente medio millón en el año 2005 a más de un millón en el año 2015. Cabe destacar, sin embargo, que fuentes no oficiales afirman que la cifra asciende a 4 millones de extranjeros, sin incluir a aquellos que están nacionalizados.

Datos extraídos de la Secretaría de Gobernación de México (Segob) revelan que en el año 2011 apenas había 300 000 extranjeros trabajando de forma legal. De todos ellos, 70 000 procedían de América del Sur, 70 000 eran de Estados Unidos, 60 000 eran europeos, 15 000 canadienses, 32 000 centroamericanos, 18 000 caribeños, y 35 000 asiáticos. Además, en estas cifras no se incluye el número de gente indocumentada.

Varios reportajes señalan a México como un lugar perfecto para ir en busca de oportunidades. Sin embargo, mucha gente puede preguntarse cuáles son esas oportunidades. México es un país de grandes desigualdades: hay corrupción y violencia; los sueldos[2] son bajos y los servicios son caros; la calidad de vida es mala y la educación básica es nefasta[3]. ¿Qué persona en su sano juicio querría emigrar a México?

A pesar de todo lo negativo, México goza de libertades realmente valiosas, tanto económicas como sociales, religiosas, políticas, e incluso étnicas y de pensamiento. Nuestros habitantes no pelean entre ellos, no son xenófobos y tampoco estamos peleados con ningún otro país. Tenemos universidades excelentes, así como algunas de las empresas más importantes del mundo. Nuestra cultura es muy diversa, y tenemos a nuestro alcance servicios, productos y tecnologías de primer nivel. Y, por último, pero no por ello menos envidiable, nuestro clima y nuestra comida son un verdadero manjar que estimulan el bienestar.

Tanto si el auge migratorio[4] es beneficioso como si no, es necesario que se estimule más la inmigración. Deberíamos aprovechar el auge reformista para cambiar ciertas restricciones de la política migratoria. Sería perfecto vivir en un México multicultural y global que fuera una fuente segura de ideas, riqueza, cultura, sabiduría y desarrollo.

Después de leer

Paso 3: Con un/a compañero/a, identifica tres razones por las cuales las personas emigran a México. Answers will vary.

1. ______________________

2. ______________________

3. ______________________

[2]**sueldos:** salaries [3]**nefasta:** disastrous [4]**auge migratorio:** immigration boom

Answers for 1.36, Paso 4: Answers will vary.

Paso 4: El futuro de México como lugar para la inmigración tiene muchos desafíos. Con un/a compañero/a, identifica tres problemas que enfrenta México para atraer a los inmigrantes de otros países.

1. ____________________
2. ____________________
3. ____________________

Annedehaas / istock / Getty Images

Un muñeco de nieve que quiere ir a México para escaparse del frío.

Answers for 1.36, Pasos 5 and 6: Answers will vary.

Paso 5: Hay muchas personas que se mudan a otros países por el costo de vida más bajo. Algunas personas se van por razones de trabajo, familia, ambiente, aventura, etc. ¿Qué opinas de esta idea? ¿Has pensado alguna vez en salir de tu país para vivir en otro sitio? ¿Dónde te gustaría vivir? ¿Por qué?

Paso 6: Quieres invitar a personas de otros países a que visiten tu ciudad natal. Escribe un párrafo describiendo los lugares más interesantes de tu ciudad y las razones por las cuales a una persona le gustaría ir allí de visita.

Estrategia de lectura: PQR3

PQR3 stands for preview, question, read, recite, and review. It is an effective, research-based technique for reading comprehension. First, survey or preview a reading by skimming it for cognates, headings, photos and tables to find out what it is about and how it is organized. The question part means making up questions for yourself about the reading based on your preview. The read stage will then involve reading with the intention of answering the questions that you wrote. After reading, put down the book and recall all that you can, reciting it aloud or writing down what you remember. Finally, go back and review the reading, looking for important points you may have missed.

Organización Internacional para las Migraciones

Página literaria

La Organización Internacional para las Migraciones (OIM), fundada en el año 2010, trabaja en 7 países de Centroamérica para dirigir programas sobre migración en el mundo. También, intenta apoyar a los migrantes más vulnerables y responder a emergencias migratorias.

1.37 *Caminos de luces y sombras.* El tema de la inmigración puede ser muy complicado. Esta colección de testimonios, publicada por la OIM, contiene descripciones personales de niños y adolescentes migrantes. Sigue los **Pasos** para aprender un poco más sobre el tema.

Suggestion for 1.37: For flipped or hybrid classes, **Pasos 1-4** can be assigned to be completed prior to class. **Paso 6** is a follow-up writing assignment that can be assigned for out of class work.

Antes de leer

Paso 1: Las reflexiones que forman parte de *Caminos de luces y sombras: Historias de niñas, niños y adolescentes migrantes* están basadas en experiencias personales. En la siguiente lista, marca las ideas que crees que vas a encontrar en la selección. Answers will vary.

_____ la familia	_____ las clases
_____ la ciudad de origen	_____ los amigos
_____ la escuela	_____ la vida diaria
_____ las vacaciones	_____ la casa
_____ los juguetes	_____ los maestros

Paso 2: Revisa la selección y selecciona todos los cognados que encuentres.

Follow-up for 1.37, Paso 2: Review the cognates that students selected and ask students to identify the focus of the selection:

La familia de Lucas
Los pasatiempos de Lucas

La ciudad de origen de Lucas
El cruce de la frontera

Paso 3: Revisa la selección y busca las siguientes palabras. Escribe una definición en español para cada una de ellas. Answers will vary.

la travesía	las patrullas
el sueño	la pesadilla
la pandilla	

Technology tip for 1.37: Tell students to watch a video clip of the *Bestia* in order to understand more precisely the dangers of traveling on this train.

LUCAS

El derecho a soñar nos pertenece a todas las personas, al igual que el de ser parte de una familia y satisfacer nuestras necesidades básicas. Cuando continuamente vemos negadas[5] nuestras posibilidades, buscamos en todas direcciones con la esperanza de hallar una respuesta, una luz, una guía.

Lucas, a sus 17 años, reconoce que lo más parecido a una familia que llegó a tener, fue la pandilla de la que llegó a formar parte y que operaba en la zona norte de su país. Irónicamente, ese mismo grupo en donde creyó encontrar refugio e identidad, se convirtió con el tiempo en una fuente de temor, de amenazas de muerte.

En medio de la necesidad y el peligro, Lucas decidió migrar. Quería encontrar un trabajo, escapar de la muerte, perseguir un sueño. A como pudo pagó a los coyotes unos $4000, para que le ayudaran a cruzar la frontera.

"Tantas cosas me habían pasado que no encontré otra salida. Era mi única alternativa y no había mucho que pensar. Con un cambio de ropa como equipaje y los últimos $25 que me quedaron para llegar a la frontera, inicié mi aventura. La primera parte me fue fácil. Eso me hizo pensar que me iría igual de bien en el trecho que faltaba. Pero el dinero se te va acabando y las fuerzas también. Cruzar la frontera por el río, escondiéndote por trillos, veredas[6] y matorrales para que no te atrapen las patrullas de la frontera, no es para débiles".

Este tipo de viajes se convierten en travesías peligrosas, atravesando caminos de luces y sombras.

"Lo peor es cuando en medio de toda aquella pesadilla, se te aparece "la Bestia". ¿Por algo le llaman así, no? Pero hasta que no lo vives, no lo crees. Yo antes pensaba que no era más que un tren, una máquina que cruza de país a país. Pensaba que era un viaje en tren, como cualquiera. Hasta que estando ahí te das cuenta que el miedo, los secuestros[7], los asaltos y la muerte también se suben. Mientras uno va colgando de las escaleras o subido en el techo. Yo fui uno de los atrevidos que montaron a la Bestia. Pero también uno de los que tuvo un poco más de suerte. No me morí, ni perdí ninguna parte de mi cuerpo, a pesar de que vi el terror con mis propios ojos y la muerte me anduvo así de cerquita, fíjese".

Aun así, Lucas no logró llegar a su destino. Después de montar a la Bestia, se quedó un tiempo en el país de tránsito, tratando de conseguir algo de dinero para poder continuar su viaje. Al principio, las 91 iglesias y personas altruistas le ayudaron. Luego un señor le dio un trabajo, vendiendo jugos, pero solo le pagaba $5 diarios, muy poco para subsistir. Mientras trabajaba fue detenido y referido a un centro para personas migrantes.

"Después de 8 meses de estar en el centro, me llevaron al consulado de mi país y me mandaron de vuelta. Nunca me había subido en un avión, hasta ese día. ¿Qué me iba a imaginar yo que así sería mi primera vez? No iba para el lugar que yo quería, pero bueno… a pesar de todo, en ningún momento he renunciado a mi sueño de llegar a los Estados Unidos. La idea me sigue dando vueltas en la cabeza. No sé si estoy retando a la suerte. No sé qué me espera. Pero yo aquí no puedo estar. Porque aquí ni soñar puedo. ¡Que se agarre la Bestia, porque yo no me voy a rendir! Si ya la monté una vez y viví para contarlo, ¿por qué no otra?".

La osadía[8] con que Lucas piensa desafiar a la Bestia delata también su inocencia. En el fondo sigue siendo solo un niño que necesita una familia que le apoye y lo quiera. Necesita hacer valer su derecho a soñar.

[*Caminos de luces y sombras: Historias de niños, niñas y adolescentes migrantes* © Organización Internacional para las Migraciones, 2015]

Después de leer

Paso 4: Repasa la lista del **Paso 1** y verifica qué información aparece realmente en la selección.

Paso 5: WP Selecciona la respuesta más lógica para cada una de las siguientes preguntas.

1. La única familia de Lucas era…
   - **a.** su abuela
   - **b.** su tío
   - **(c.)** su pandilla
   - **d.** su primo
2. ¿Cómo viajó hacia la frontera?
   - **(a.)** Tomó un tren.
   - **b.** Viajó en avión.
   - **c.** Manejó un carro.
   - **d.** Caminó y corrió por el desierto.
3. Según el testimonio, ¿por qué decidió migrar?
   - **a.** Temía la muerte.
   - **b.** Quería encontrar un trabajo.
   - **c.** Quería perseguir un sueño.
   - **(d.)** Todas las anteriores respuestas.

[5]**negadas:** denied [6]**veredas:** paths [7]**secuestros:** kidnappings [8]**osadía:** boldness

4. ¿Por qué no logró llegar a su destino?

- **a.** Se cayó de la Bestia.
- **(b.)** Fue detenido.
- **c.** No pudo nadar en el río.
- **d.** No le ayudó nadie.

5. ¿Cuál es el sueño de Lucas?

- **a.** Comprar mucha ropa
- **b.** Obtener su propio carro
- **(c.)** Llegar a Estados Unidos
- **d.** Tener una familia

6. Le mandaron de vuelta a su país en…

- **a.** la Bestia
- **(b.)** avión
- **c.** autobús
- **d.** tren

Paso 6: Conversa con tu compañero/a sobre las siguientes preguntas. Answers will vary.

1. ¿Cuáles son las indicaciones de la situación económica de Lucas?
2. ¿Cuál es la pesadilla de Lucas?
3. ¿Por qué publicó la OIM el testimonio de Lucas?
4. Describe el significado del 'sueño americano'.
5. Después de las experiencias de Lucas, ¿por qué piensa en su sueño con osadía?

Cultura viva

¿Qué es la Bestia?

La Bestia, o el tren de la muerte, es una red de trenes utilizada por los migrantes que quieren llegar al norte de México, a la frontera con EE. UU. Es un viaje del sur al norte que dura unas tres semanas muy intensas de alto peligro para realizar 'el sueño americano'.

John Moore / Getty Images

La Bestia es el tren que muchos migrantes utilizan como transporte para atravesar México.

Estrategia de escritura: Organizing Your Writing

Write your answers to the guiding questions found in activity **1.37, Paso 7**. Then, use your answers to compose well-formed paragraphs. You will need to include transition words and conjunctions (words like **and**, **or**, **but**) to combine your thoughts.

Paso 7: Igual que Lucas, escribe sobre un viaje que hiciste durante tu niñez. Incluye la siguiente información: Answers will vary.

- el lugar a donde viajaste
- las personas que te acompañaron
- por qué decidiste viajar
- cómo te sentías
- lo que hiciste durante el viaje
- qué llevaste

Cultura y sociedad

Suggestion for Cultura y sociedad: César Chávez: César Chávez was born of immigrant parents from Mexico who worked hard to succeed in the United States. Have the heritage students as well as the non-heritage students find out who in their families are the most recent immigrants to the United States. Also, ask the heritage speakers to find out if their relatives who immigrated to the United States had similar challenges to those of César Chávez and his family. Since over 60% of all Hispanics in the US are of Mexican decent, there should be some interesting stories from the students. Help students to see some of the challenges immigrants face when coming to a new country.

César Chávez

Arthur Schatz / The LIFE Picture Collection / Getty Images

César Chávez fue un líder de los sindicatos de los campesinos.

1.38 César Chávez. Vas a leer sobre César Chávez, un líder reconocido de los sindicatos para los campesinos que trabajaron en las cosechas de California. Completa los **Pasos** para aprender más.

Antes de leer

Paso 1: Antes de leer la selección completa, lee la primera oración de cada párrafo e intenta adivinar otros detalles de la vida de César Chávez. Answers will vary.

¿Quién era César Chávez?

César Chávez nació el 31 de marzo de 1927 en Yuma, Arizona, de padres de ascendencia mexicana. Después de unos años viviendo en Arizona, él se mudó con su familia a California y durante los años siguientes ellos fueron por todo el estado trabajando en campos agrícolas. Durante ese tiempo, Chávez asistió a varias escuelas, pero debido a la necesidad de ayudar a su familia, dejó los estudios antes de finalizar la enseñanza obligatoria para poder trabajar con sus padres. Durante esos años, pudo observar no solamente las condiciones miserables de trabajo de los campesinos, sino también las pésimas condiciones bajo las cuales vivían en los campamentos migrantes. Muchos de los campesinos no tenían agua limpia y no había baños ni en los campos donde trabajaban ni tampoco en los campamentos migrantes. Aparte de esto, los campesinos tenían que lidiar con los contratistas corruptos que a veces les quitaban el poco dinero que ganaban y el racismo que era común en ese tiempo. En muchas ocasiones, los mismos agricultores echaban pesticidas mientras los campesinos estaban en el campo con sus niños trabajando a su lado.

(continuación)

(continuación)

Después de pasar dos años en la marina estadounidense durante la Segunda Guerra Mundial, César Chávez regresó para trabajar de nuevo en el campo. Durante ese tiempo conoció a muchas personas importantes relacionadas con los sindicatos. En 1962, Chávez, junto con Dolores Huerta, fundaron la Asociación Nacional de Trabajadores de Campo, que luego se convirtió en la Unidad de los Trabajadores Agrícolas[9]. En 1968, César Chávez obtuvo una importante relevancia pública al iniciar un boicot de ámbito nacional contra los productores de uva de mesa de California. Él creía en la no-violencia y usó una huelga de hambre para atraer la atención de todo el país y conseguir mejores salarios y condiciones para los trabajadores agrícolas. Sus iniciativas a favor de los campesinos legales le llevaron a hacer tres huelgas de hambre, la más larga por 36 días.

Irónicamente, también Chávez fue uno de los que más promovió la deportación de los indocumentados en su tiempo. Consideraba que los indocumentados perjudicaban a los trabajadores legales, por quitarles trabajo a los miembros de los sindicatos y aceptar menores sueldos.

César Chávez murió el 23 de abril de 1993 en San Luis, Arizona. Por su lucha por los campesinos y sus derechos sociales, es considerado uno de los líderes más importantes para los campesinos de Estados Unidos. Hoy día hay muchos estados que le reconocen como un gran líder de los movimientos para los campesinos. California y otros estados celebran el día de su cumpleaños como un día festivo y hay muchas calles y escuelas que llevan su nombre en todo el país.

Después de leer

Paso 2: Un amigo tuyo no entendió bien la lectura y escribió varias oraciones con errores. Vuelve a leer el artículo entero y después corrige las siguientes oraciones cambiando la información errónea.

1. César Chávez emigró de México a EE. UU.
   Los padres de César Chávez migraron de México a EE. UU.
2. César Chávez recibió toda su educación obligatoria en la misma escuela.
   César Chávez asistió a varias escuelas, pero finalmente no terminó sus estudios.
3. Los campamentos para inmigrantes tenían todos los servicios necesarios para los campesinos.
   Los campamentos para inmigrantes no tenían todos los servicios necesarios.
4. César Chávez luchó para conseguir el derecho a trabajar para los indocumentados.
   César Chávez luchó por los trabajadores legales, y eso hizo que aumentara la deportación de los indocumentados.
5. Muchos estados admiran a César Chávez por su trabajo con los militares.
   Muchos estados admiran a César Chávez por su trabajo en nombre de los campesinos.

Paso 3: En muchas ciudades hay calles, escuelas, parques, y otros lugares que llevan el nombre de una persona famosa. Answers will vary.

A. Busca en tu ciudad natal o la ciudad en la que estás viviendo ahora cuatro sitios diferentes que lleven el nombre de una persona famosa y apunta los nombres y el lugar que lleva ese nombre.

B. Luego, escoge a una de estas personas y escribe un pequeño párrafo (4-5 oraciones) sobre su importancia y por qué hay una parte de tu ciudad que lleva su nombre.

C. Finalmente, comparte lo que escribiste con un/a compañero/a de clase.

[9]**Unidad de los Trabajadores Agrícolas:** United Farm Workers

Película *La misma luna*

1.39 *La misma luna.* Esta película trata varios temas a la vez. Lee la descripción y sigue los **Pasos** para aprender más sobre ella.

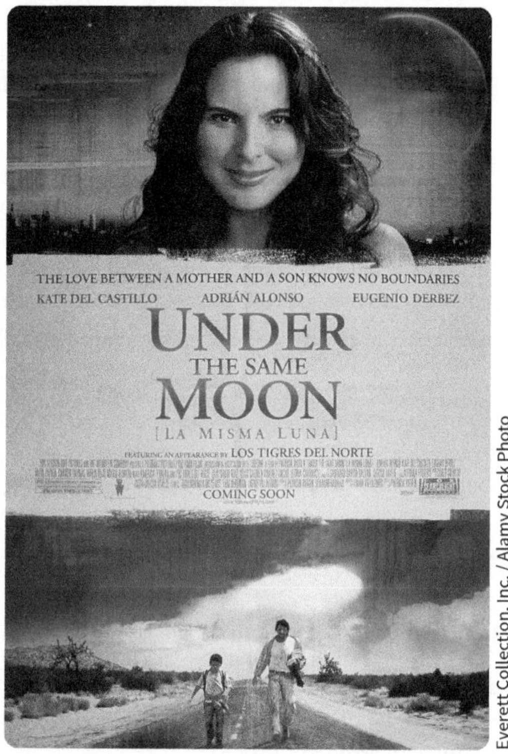

Everett Collection, Inc. / Alamy Stock Photo

La misma luna trata sobre la vida de los mexicanos indocumentados que viven en Estados Unidos.

En la película *La misma luna*, Rosario es una madre que hace todo lo posible para que su hijo Carlitos tenga una vida mejor en México. Ella cruzó la frontera para entrar en EE. UU. hace cuatro años y ahora vive y trabaja en Los Ángeles, limpiando casas y cosiendo vestidos como trabajadora indocumentada. Dejó a Carlitos con su mamá, pero cada mes le manda dinero y todos los domingos lo llama por teléfono. Él tiene muchas cosas que no tienen sus amigos, como zapatos deportivos nuevos, pero aun así echa de menos a su mamá. Una mañana se despierta y descubre que su abuelita ha fallecido en su cama durante la noche y entonces decide viajar por sus propios medios a EE. UU. para encontrar a su mamá. La película documenta las dificultades de un niño que cruza la frontera solo, sin papeles, sin dinero y sin la guía de su madre. En la película, la madre y su hijo enfrentan muchos retos y obstáculos, pero su determinación y su gran amor les ayudan a conservar su esperanza de un día estar juntos de nuevo.

Answers for 1.39, Paso 1: 1. Para reunirse con su mamá; 2. Con unos coyotes; 3. Answers will vary.; 4. En coche; 5. Un indocumentado; 6. Sí, Answers will vary; 6. Answers will vary.

Paso 1: Busca en Internet un avance en español de la película. Míralo y con tu compañero/a, contesta las siguientes preguntas.

1. ¿Por qué quería ir Carlitos a EE. UU.?
2. ¿Cómo cruzó la frontera?
3. ¿Qué dificultades enfrentó Carlitos durante su viaje?
4. ¿Cómo viajó a Los Ángeles?
5. ¿Quién lo acompañó?
6. ¿Carlitos logró encontrar a su mamá? Explica cómo lo hizo o por qué no pudo hacerlo.
7. ¿Quiénes lo ayudaron durante su viaje?

Paso 2: Explica por qué la película se llama *La misma luna.* Answers will vary.

Technology tip for 1.40: Have your students use the tool of their choice to compile their electronic notebook. This is a great way to keep students organized as they create a portfolio of photos and material regarding the countries presented throughout the book.

1.40 El cuaderno electrónico. Abre tu cuaderno electrónico y empieza una nueva página. Answers will vary.

Paso 1: Utilizando tu libro de texto e Internet, sigue estos **Pasos**:

1. Escribe información básica de los países que has estudiado en este capítulo.
2. Incluye un mapa de los tres países.
3. Selecciona dos lugares que quieres ver en esos países y explica por qué los seleccionaste.
4. Escribe información sobre los lugares que quieres visitar.
5. Sube dos fotos de cada país.
6. Incluye información básica sobre los temas del capítulo.
7. Escribe tres hechos nuevos que aprendiste.
8. Escribe tres temas adicionales que te interesen investigar.

Paso 2: Lee y comenta sobre la información de dos compañeros.

REPASOS

Repaso de objetivos

Teaching tip for Repaso de objetivos: Although this self-assessment is designed for the students to evaluate their progress, teachers might poll students informally as a group to gauge how students are feeling about the material. This could be done orally with eyes closed and hands raised or by simply asking students to leave a slip with their answers at the end of class.

Check off the objectives you have accomplished.

I am able to...

	Well	Somewhat
• talk about my cultural identity and heritage.	☐	☐
• narrate past stories.	☐	☐
• describe life experiences.	☐	☐
• compare the immigration stories of others.	☐	☐
• examine the advantages of being bilingual and bicultural.	☐	☐
• describe the challenges of teenage migrants.	☐	☐
• become aware of global immigration.	☐	☐

Repaso de vocabulario

WileyPLUS
Go to WileyPLUS to review these vocabulary words and practice their pronunciation.

La identidad cultural ***Cultural Identity***

adaptarse *to adapt*
el/la antepasado/a *ancestor*
la ascendencia *ancestry*
las costumbres *traditions*
crecer *to grow*
establecerse en *to establish*
la herencia *heritage*
identificarse con *to identify oneself with*
mantener contacto con *to maintain contact with*
el/la mestizo/a *mixed ancestry*
la mezcla *mixture*
mudarse *to move, to relocate*
las raíces *roots*
recordar *to remember*
respetar *to respect*
tener éxito *to be successful*
los valores *values*

Los cognados

bicultural
bilingüe
la celebración
los conflictos generacionales
conservar
la diversidad
el estereotipo
la libertad

El cruce de la frontera ***Border crossing***

ansioso/a *anxious*
animado/a *animated*
agotado/a *exhausted*
asustado/a *afraid*
la ciudadanía *citizenship*
compartir *to share*
el coyote *person hired to arrange border crossing*
cruzar *to cross*
la (des)igualdad *(in) equality*
enfrentar *to confront, to face*
escapar de *to escape from*
la esperanza *hope*
las expectativas *expectations*
el/la exiliado/a *exiled*
el/la extranjero/a *foreigner*
la frontera *border*
la guerra *war*
la incertidumbre *uncertainty*
las leyes *laws*
lograr *to achieve*
la mayoría *majority*
la meta *goal*
la minoría *minority*
el orgullo *pride*
el prejuicio *prejudice*
las razones *reasons*
revisar *to check, to review*
el riesgo *risk*
salir adelante *to get ahead*
la tarjeta de residencia *residence card*

Los cognados

discriminar
emigrar
inmigrar
el pasaporte
el/la refugiado/a
la visa/el visado

Repaso de gramática

Present indicative

Verbs in the present indicative

Pronouns	conserv**ar**	aprend**er**	escrib**ir**
yo	conserv**o**	aprend**o**	escrib**o**
tú	conserv**as**	aprend**es**	escrib**es**
él, ella, usted	conserv**a**	aprend**e**	escrib**e**
nosotros/as	conserv**amos**	aprend**emos**	escrib**imos**
vosotros/as	conserv**áis**	aprend**éis**	escrib**ís**
ellos/as, ustedes	conserv**an**	aprend**en**	escrib**en**

Verbs in the present indicative with other formation changes

- "yo" form changes – notice the changes that take place with the following verbs in the present.
  mantener: manten**g**o, mantienes, mantiene, mantenemos, mantenéis, mantienen
  poner: pon**g**o, pones, pone, ponemos, ponéis, ponen
  salir: sal**g**o, sales, sale, salimos, salís, salen
  tener: ten**g**o, tienes, tiene, tenemos, tenéis, tienen
- Stem Changes
  pensar (ie): p**ie**nso, p**ie**nsas, p**ie**nsa, pensamos, pensáis, p**ie**nsan
  perder (ie): p**ie**rdo, p**ie**rdes, p**ie**rde, perdemos, perdéis, p**ie**rden
  tener (ie): tengo, t**ie**nes, t**ie**ne, tenemos tenéis, t**ie**nen
  preferir (ie): pref**ie**ro, pref**ie**res, pref**ie**re, preferimos, preferís, pref**ie**ren
  recordar (ue): rec**ue**rdo, rec**ue**rdas, rec**ue**rda, recordamos, recordáis, rec**ue**rdan
  mover (ue): m**ue**vo, m**ue**ves, m**ue**ve, movemos, movéis, m**ue**ven
  morir (ue): m**ue**ro, m**ue**res, m**ue**re, morimos, morís, m**ue**ren
  pedir (i): p**i**do, p**i**des, p**i**de, pedimos, pedís, p**i**den
- Spelling Changes
  crecer: cre**z**co, creces, crece, crecemos, crecéis, crecen
  merecer: mere**z**co, mereces, merece, merecemos, merecéis, merecen

Asking questions

Spanish interrogatives	English interrogatives	Examples
¿Cómo?	*How?/What?*	¿**Cómo** es la situación económica de México?
		¿**Cómo** fue tu experiencia en la aduana?
¿Cuál(es)?	*Which?/What?*	¿**Cuál** es la capital de Costa Rica?
		¿**Cuáles** son los documentos necesarios para entrar a otro país?
¿Cuándo?	*When?*	¿**Cuándo** es la clase de español?
¿Cuánto/a?	*How much?*	¿**Cuánto** cuesta el pasaporte de tu país?
¿Cuántos/as?	*How many?*	¿**Cuántas** personas llegaron de España?
¿De dónde?	*From where?*	¿**De dónde** eres?
¿De qué?	*From what?*	¿**De qué** país es tu familia?

Spanish interrogatives	English interrogatives	Examples
¿Dónde?	*Where?*	¿**Dónde** están tus documentos?
¿Por qué?	*Why?*	¿**Por qué** decidiste salir de tu país natal?
¿Qué?	*What?*	¿**Qué** tipo de empleo buscas?
¿Quién(es)?	*Who?*	¿**Quién** fue la primera persona de tu familia en llegar a este país?
		¿**Quiénes** son los inmigrantes indocumentados?

Preterit

Narrating and describing your past activities

Preterit verb endings

Subject pronouns	-ar	-er	-ir	Altered stem endings*
yo	-é	-í	-í	-e
tú	-aste	-iste	-iste	-iste
él/ella, usted	-ó	-ió	-ió	-o
nosotros/as	-amos	-imos	-imos	-imos
vosotros/as	-asteis	-isteis	-isteis	-isteis
ellos/as, ustedes	-aron	-ieron	-ieron	-ieron/-eron

*andar (anduv-), decir (dij-), estar (estuv-), haber (hub-), hacer (hic-), poder (pud-), poner (pus-), querer (quis-), saber (sup-), tener (tuv-), venir (vin-)

- **Ser** and **ir** have the exact same forms in the preterit: fui, fuiste, fue, fuimos, fuisteis, fueron.
- Spelling change from **i** to **y** in the **él**, **ella**, **usted**, **ellos**, **ellas**, **ustedes** of:

  creer: creí, creíste, cre**y**ó, creímos, creísteis, cre**y**eron

  leer: leí, leíste, le**y**ó, leímos, leísteis, le**y**eron

  oír: oí, oíste, o**y**ó, oímos, oísteis, o**y**eron
- Spelling change in the **yo** form of some verbs in the preterit:

-car c → qu	buscar - yo bus**qué**	[comunicar, indicar]
-gar g → gu	llegar – yo lle**gué**	[jugar, lograr]
-zar z → c	cruzar – yo cru**cé**	[comenzar, empezar]

Imperfect

Imperfect verb endings

Pronouns	-ar	-er	-ir
yo	-aba	-ía	-ía
tú	-abas	-ías	-ías
él/ella, usted	-aba	-ía	-ía
nosotros/as	-ábamos	-íamos	-íamos
vosotros/as	-ábais	-íais	-íais
ellos/as, ustedes	-aban	-ían	-ían

Remember there are only three verbs in the imperfect that are not formed in the same way as all others:

ir: iba, ibas, iba, íbamos, ibais, iban

ser: era, eras, era, éramos, erais, eran

ver: veía, veías, veía, veíamos, veíais, veían

CAPÍTULO 2

La Habana es la capital de Cuba.

B&M Noskowski / iStock / Getty Images Plus

Otro mundo, otra experiencia

World Readiness Standards addressed in this chapter include:
Communication: All three modes
Culture: Examining the importance of family.
Connections: Connecting with the disciplines of sociology, history and anthropology.
Comparisons: Comparing and contrasting issues of families separated due to political and economic concerns in various Spanish-speaking countries.
Communities: Interviewing a Hispanic in U.S. society. Acquiring the life-long skills of investigating, reading, and reporting on a given topic in the target language.

Contesta las siguentes preguntas basadas en la foto.

1. ¿Conoces las marcas de los coches?
2. ¿Están en buenas condiciones?
3. ¿Por qué existen en Cuba coches tan antiguos hoy en día?
4. ¿Qué notas en los edificios de la foto?
5. ¿Qué te dice esta foto sobre La Habana?
6. ¿Es parecida a alguna ciudad que conozcas?

OBJETIVOS COMUNICATIVOS

By the end of this chapter, you will be able to...

- express wants, needs and desires.
- describe family and home environment.
- describe life experiences.

OBJETIVOS CULTURALES

By the end of this chapter, you will be able to...

- discuss the challenges faced by families separated due to political issues.
- examine economic challenges in Cuba and Venezuela.
- talk about the importance of family.
- describe the economic challenges of young people today.

ENCUENTROS

Video: Sofía sale a la calle a preguntar

Conozcamos a... Ernesto García Rosales

EXPLORACIONES

Exploremos el vocabulario

El hogar y la familia

El entorno laboral

Exploremos la gramática

Subjunctive: Concept and formation

Subjunctive for expressing wants and needs

EXPERIENCIAS

Manos a la obra: Otro mundo, otra experiencia

Experiencias profesionales: Explorando el mundo

El blog de Sofía: La crisis en Venezuela

Cortometraje: *Adiós, mamá*

Página informativa: La economía cubana

Página literaria: Cristina García

Cultura y sociedad: Los jóvenes y el hogar

Película: *Viva Cuba*

ENCUENTROS

Sofía sale a la calle a preguntar

Video

WileyPLUS
Go to WileyPLUS to watch this video.

2.1 Entrando en el tema. A continuación encontrarás las preguntas hechas a las personas entrevistadas en el video sobre las repercusiones de una crisis económica y/o política. Antes de escuchar las respuestas de la gente del video, contéstalas con un/a compañero/a.

1. ¿Cuáles son algunas de las repercusiones de una economía en crisis?
2. ¿Conoces a alguien que haya tenido que separarse de su familia por cuestiones políticas o económicas?
3. En tu opinión, ¿cuándo deben salir los jóvenes de la casa de sus padres?
4. ¿En qué ocasiones es mejor no separarse de los padres?

2.2 Sofía sale a la calle. Sofía entrevista a cuatro personas sobre las repercusiones de las crisis económicas y políticas: Patricia, Gastón, Michelle y Steve.

Answers for 2.1 and 2.2: Answers will vary.

Paso 1: Escribe las respuestas que has proporcionado en la actividad 2.1. en la columna izquierda de la siguiente tabla. A continuación, escucha el video cuidadosamente y marca debajo del nombre del entrevistado cuya opinión sea similar a la tuya.

Respuestas a las preguntas de 2.1	Patricia	Gastón	Steve	Michelle
1.				
2.				
3.				
4.				
Total				

Paso 2: Ahora suma el número de selecciones de cada columna para determinar con quién compartes más o menos la misma opinión con respecto al impacto de las crisis económicas y políticas en la vida de los jóvenes y sus familias. ¿Quién tiene opiniones más parecidas a las tuyas? ¿En qué cuestiones estaban en desacuerdo?

2.3 ¿Qué piensas? Al final de las entrevistas, Sofía nos pregunta si alguna vez hemos tenido que tomar alguna decisión difícil en momentos de crisis. Reflexiona sobre una crisis económica, política, social o interpersonal que hayas experimentado tú, un/a amigo o algún familiar y relata la experiencia a un/a compañero/a de clase contestando las siguientes preguntas: Answers will vary.

1. ¿Quién pasó por la crisis?
2. ¿Qué tipo de crisis fue: social, económica, política o interpersonal?
3. ¿Cuál o cuáles fueron las causas de la crisis?
4. ¿Cuál fue la reacción inicial de la persona frente a la crisis?
5. ¿La persona encontró una solución para los problemas ocasionados por la crisis? ¿Cuál fue?

WileyPLUS
Go to WileyPLUS to watch this video.

Estrategia de estudio: Applying Learning Strategies

What's the quickest way to learn a language?

Learning a language is not an effortless process, but there are some things you can do to speed up the process. Here are a few tips:

1. Immerse yourself in various resources available online. You may want to try some of these resources, such as an application that presents a new word each day of the year.
2. Watch a telenovela or TV series episode in Spanish with Spanish subtitles.
3. Find a magazine that focuses on a topic you enjoy.
4. Listen to music in Spanish. There are many crossover artists in Spanish. Try writing down the words and phrases you recognize in order to get the general theme of the song.
5. Find a conversation partner. Visit the center for international education on your campus or an online resource to locate a native speaker.
6. Quiz yourself. Use an online quiz application or simply make up your own questions for short quizzes on chapter themes.

Conozcamos a...

Ernesto García Rosales

Audioscript for 2.5 and 2.6: Me llamo Ernesto García Rosales y tengo diecinueve años. Soy de la capital de Cuba, la Habana, y allí vivo con mi familia desde que nací. Tengo pensado mudarme de la casa algún día, pero siendo estudiante universitario, el dinero no me alcanza para poder alquilar mi propio apartamento. Mis padres trabajan como profesores en la universidad, pero ese trabajo no

Antes de escuchar

2.4 Una autobiografía corta. Imagina que alguien te pide que le hables de ti. Describe tu personalidad y tus actividades favoritas en el espacio siguiente. Answers will vary.

____

____

____

____

____

Ajr_images / iStock / Getty Images Plus

Los cubanos jóvenes de hoy en día tienen más contacto con el mundo que sus antepasados.

2.5 Comparaciones. Escucha los primeros 15 segundos del audio. ¿Qué tienes en común con Ernesto? ¿Cuáles son algunas diferencias entre ustedes? Answers will vary.

Mientras escuchas

2.6 ¿Cierto o falso? WP Escucha el audio completo y decide si la información es **cierta (C)** o **falsa (F)**, según lo que dice Ernesto. Si la oración es falsa, corrígela en el espacio dado.

1. F Ernesto vive en las afueras de la ciudad.
   Ernesto vive en La Habana.
2. F La hermana de Ernesto quiere ser profesora.
   La hermana de Ernesto quiere ser ingeniera.
3. F Ernesto no trabaja mientras estudia.
   Ernesto trabaja en un hotel.
4. C Los padres de Ernesto son profesores.
5. C Ernesto quiere ir a Miami un día para visitar a sus familiares allí.
6. C El gobierno de Cuba ya permite más visitas de ciudadanos de Estados Unidos que en el pasado.
7. C Ernesto quiere viajar por el mundo y practicar medicina después de graduarse.

Después de escuchar

2.7 Mi vida versus la vida de Ernesto. Con un/a compañero/a, compara la vida de Ernesto con la tuya. Toma en cuenta los siguientes temas. Answers will vary.

- El trabajo
- Los estudios
- Las profesiones de sus padres
- Sus hermanos
- Sus planes para el futuro

2.8 Mis planes para el futuro. Escribe un breve párrafo sobre tus planes para el futuro. ¿Dónde te ves en 5 años? ¿Y en 10 años? ¿Cuáles son los posibles obstáculos que encontrarás para lograr tus sueños? Answers will vary.

Suggestion for 2.8: Have students post their paragraphs on your learning management system discussion board and/or share their paragraphs in class with a partner.

me llama la atención. Estudio medicina y me gustaría explorar el mundo después de graduarme. Mi hermana estudia en la universidad también, y quiere ser ingeniera. Durante los veranos cuando no tengo clases, trabajo en un hotel en la playa. Me encanta mi trabajo, pero no me gusta tener que levantarme muy temprano para llegar a tiempo a mi empleo. Debido a los cambios recientes del gobierno cubano, hemos visto un aumento en el número de visitantes en este país, especialmente de Estados Unidos. Esto me fascina porque tengo familiares en Miami que se fueron de Cuba cuando Fidel Castro tomó el poder. Nunca los he visitado, pero me gustaría ir allí algún día. Lo bueno de trabajar en un hotel es que puedo practicar mi inglés. Quiero seguir aprendiendo inglés no solamente para poder comunicarme mejor con los americanos, sino también para poder hablar con mis familiares de Estados Unidos. La otra cosa que he visto es la llegada de nuevos productos a este país, como diferentes marcas de coches y todo tipo de aparatos electrónicos. Antes, estas cosas no se veían en las tiendas. Me parece que va a haber muchos cambios en el futuro en mi país. No tengo dinero para comprar todas estas cosas todavía, pero estoy deseando ver lo que me depara el futuro.

Estrategia de estudio: Pronouncing Words and Phrases *by Shaan Dahar*

Courtesy of Shaan Dahar

One of the best ways to learn how to pronounce Spanish words and phrases is to go to class and listen, because when you're in class you'll hear the professor using these words correctly, you'll hear the inflection of the voice and where to roll your r's. And a great way to practice this outside of class is to study out loud. You sound so much better inside your head than outside it, so practice out loud and you'll hear yourself forming words, not in your head, but outside it, and you'll remember how to pronounce these words and it will be easier in the long run.

WileyPLUS
Go to WileyPLUS to watch this video.

Suggestion for Cultural section ¿Qué sabes de Cuba y Venezuela?: Use the statistics and maps provided in *WileyPLUS* to elicit country comparisons. Students can review basic information, such as size, type of government, languages, population, etc. You can recycle comparisons at the same time by comparing countries to one another and to the United States.

¿Qué sabes de Cuba y Venezuela?

WP Repasa los mapas, las estadísticas y las descripciones de Cuba y Venezuela en WileyPLUS.

Sitios interesantes

Jon Arnold / AWL Images / Getty Images

La Plaza Vieja de La Habana, Cuba, tiene muchos ejemplos de arquitectura colonial.

Eye Ubiquitous / UIG via Getty Images

Salto Ángel, en Venezuela, es el salto de agua más alto del mundo.

2.9 Datos interesantes de Cuba y Venezuela. Estás investigando la situación actual en Cuba y Venezuela. Examina los datos de cada país. Luego habla con un/a compañero/a y contesta las siguientes preguntas.

1. ¿En qué país hay más hijos por familia? ¿Por qué crees que es así?
2. ¿Cómo se comparan estos datos con los de EE. UU.?
3. ¿Cuáles son las razones más comunes para la separación de las familias?
4. Compara la tasa de personas menores de 18 años. ¿Qué conclusiones puedes sacar de estos datos?

Answers for 2.9: 1. En Venezuela, answers will vary; 2–4. Answers will vary.

Datos interesantes: Cuba	**Datos interesantes: Estados Unidos**
Número de matrimonios: 53 684 (2017)	Número de matrimonios: 2 236 496 (2017)
Número de divorcios: 32 183 (2017)	Número de divorcios: 787 251 (2017)
Número de personas menores de 18 años: 2 507 906 (2017)	Número de personas menores de 18 años: 22,6 %/73 612 534 (2017)
Media de hijos por familia: 1,7 (por mujer, 2017)	Media de hijos por familia: 1,76 (por mujer, 2017)
Datos interesantes: Venezuela	
Número de matrimonios: 57 637 (2011)	
Número de divorcios: 30 660 (2012)	
Número de personas menores de 18 años: 11 213 569 (2013)	
Media de hijos por familia: 2,3 (por mujer, 2018)	

Cultura viva

La familia en Cuba

La familia es la base de la estructura social y constituye la base de la estabilidad para la mayoría de los cubanos. La familia cubana incluye no solo el núcleo familiar, sino también la familia extensa o extendida, a la que se puede acudir en caso de necesitar ayuda. En los pueblos es común que los miembros de la familia extendida vivan cerca, a menudo en la misma cuadra. Usar la influencia y posición para ayudar a los familiares no se ve como algo negativo, ya que se considera que la contratación de personas que uno conoce y en las que se confía es de primordial importancia.

Suzy Bennett / Alamy Stock Photo

Familia extendida de cubanos.

Suggestion for Cultura viva: La familia en Cuba: Family life and customs vary broadly across individuals and situations. However, many heritage language learners even with lower proficiency have many characteristics that reflect traditional family life and ideals found in many Hispanic countries even though they reside in the US. Have both heritage and non-heritage students compare family life and customs. After they talk together, have both groups share what they have learned and include similarities and differences.

EXPLORACIONES

Exploremos el vocabulario 1

WileyPLUS
Go to WileyPLUS Resources to access an interactive version of this photo to review these vocabulary words and practice their pronunciation.

Teaching tip for Exploremos el vocabulario 1: Encourage students to guess the meaning of cognates to eliminate the need to memorize these vocabulary items. Also, remind them to focus on the differences in their spelling.

El hogar y la familia

WP **Repasar: La familia, Capítulos 5 y 10 en *Experiencias Introductorio.***

Hill Street Studios / DigitalVision / Getty Images

Las **reuniones** familiares a veces se organizan para celebrar el **nacimiento** de un bebé, el **bautizo**, el **aniversario** de una pareja o por otro motivo. Toda la familia está invitada: los **bisabuelos**, los **suegros** y hasta los **padrinos**, que juegan un papel importante en la vida de su **ahijado** o **ahijada**. Se celebra con comida y brindis.

Las descripciones	***Descriptions***	**Los cognados**
(bien) educado/a	*well behaved*	la adopción
desordenado/a	*unorganized*	la custodia
embarazada	*pregnant*	la educación
estar unidos/distanciados	*to be close knit/distant, occasional contact*	respetar
insoportable	*unbearable*	socializar
maleducado/a	*bad-mannered*	
parecido/a a	*resembles someone*	
Para hablar de la familia	***Talking about family***	
el apodo	*nickname*	
la autoestima	*self-esteem*	
la bendición	*blessing*	
el beso	*kiss*	
el cariño	*affection*	
castigar	*to punish*	

crecer	*to grow*	**parecerse a**	*to look like someone else/resemble*
criar	*to raise*		
disciplinar	*to discipline*	**portarse bien/mal**	*to behave well/badly*
discutir	*to discuss/argue*	**quejarse**	*to complain*
el embarazo	*pregnancy*	**el recuerdo**	*memory, recollection*
mandón/mandona	*bossy*	**regañar**	*to reprimand/scold*
la mascota	*pet*	**reunirse**	*to meet*
mimar	*to spoil*		

Suggestion for 2.10: For hybrid or flipped classes, you may want to assign students to listen to the audio and complete this activity prior to the class session.

2.10 Definiciones. WP Tu amigo quiere estudiar contigo. Escucha sus definiciones e indica qué palabra de las siguientes opciones está describiendo.

1. **a.** el beso **b.** el apodo **c.** el hogar **(d.)** el cariño
2. **a.** el entierro **(b.)** el apodo **c.** el recuerdo **d.** el brindis
3. **a.** la adopción **b.** disciplinar **c.** la custodia **(d.)** el embarazo
4. **(a.)** el yerno **b.** el sobrino **c.** la nuera **d.** mandón
5. **a.** socializar **b.** disciplinar **(c.)** mimar **d.** regañar
6. **a.** la mandona **(b.)** la mascota **c.** la reunión **d.** la bendición
7. **a.** el embarazo **b.** el cariño **(c.)** el nacimiento **d.** la autoestima
8. **(a.)** la madrina **b.** la nuera **c.** la bisabuela **d.** la mascota

Audioscript for 2.10:
1. Otra manera de decir amor.
2. Cuando tu amigo tiene otro nombre.
3. Este fenómeno dura 40 semanas o 9 meses.
4. Es el esposo de tu hija.
5. Cuando le das a tu hijo todo lo que quiere.
6. Un animal que cuidas y que vive en tu casa.
7. Se produce típicamente después de 9 meses, cuando el bebé termina su desarrollo.
8. Mujer que presenta o acompaña a una persona cuando esta recibe un sacramento.

Estrategia de estudio: Attending and Participating in Class *by Katie Kennedy*

Courtesy of Katie Kennedy

The biggest thing is to get to class and pay attention. Participating and taking risks is always helpful because you get direct feedback in class.

WileyPLUS
Go to WileyPLUS to watch this video.

2.11 Una reunión familiar. Quieres investigar más sobre las celebraciones familiares en el mundo hispano.

Paso 1: Con tu compañero/a, describe las ilustraciones que aparecen a continuación contestando las siguientes preguntas.

1. ¿Dónde están las personas?
2. ¿Qué miembros de la familia están reunidos?
3. ¿Por qué se reúnen?
4. ¿Qué ropa llevan los miembros de la familia?
5. ¿Qué están haciendo?

Answers for 2.11: 1. A: en casa. B: en la iglesia. C: en un cementerio.; 2. Abuelos, padres, hijos; 3. A: Aniversario de boda. B: Bautizo. C: Entierro.; 4. A: Llevan ropa de colores. B: Llevan ropa elegante. C: Llevan ropa oscura y formal. 5. A: comiendo. B: bautizando al bebé. C: enterrando a un ser querido.

A. 

B. ________________

C. ________________

Paso 2: Ahora describe un día especial en el que te reuniste con tu familia y cuéntaselo a tu compañero/a. ¿Cuánto tiempo hace que se reunió tu familia? ¿Por qué se reunieron? ¿Fue parecida a los momentos que aparecen en las ilustraciones? Answers will vary.

2.12 Comparaciones. Las gráficas de Venn nos ayudan a organizar las ideas. Sigue los **Pasos** para completar la gráfica que aparece a continuación. Answers will vary.

Paso 1: Completa la gráfica de Venn con tus ideas sobre las ilustraciones que aparecen en la actividad 2.11. ¿Qué tienen en común? ¿En qué se diferencian las celebraciones?

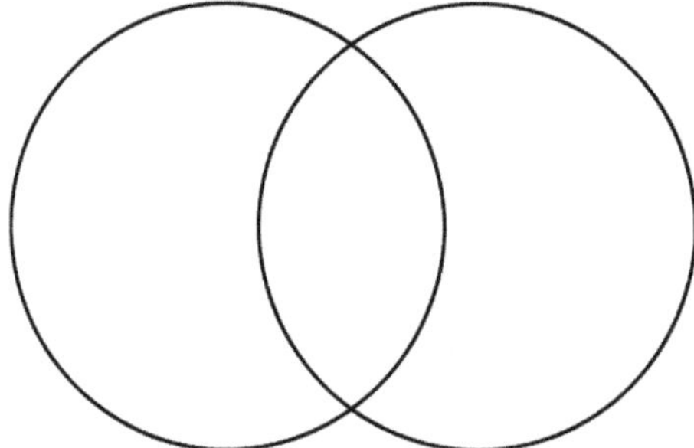

Paso 2: Conversa con tu compañero/a y compara tu gráfica con la suya.

2.13 El desarrollo del niño/de la niña. Para tu clase del desarrollo humano, tienes que entrevistar a dos personas sobre sus ideas en cuanto a la educación de los/as niños/as. Busca a dos compañeros/as y pídeles su opinión sobre la crianza de los/as niños/as.

Answers will vary.

Paso 1: Escribe una lista de preguntas para entrevistar a dos compañeros/as de clase, según la información que aparece en la siguiente tabla.

Paso 2: Ahora, entrevista a tus compañeros/as con las preguntas que escribiste en el **Paso 1** y completa la siguiente tabla con sus respuestas.

Estudiantes	Descripción: niño/a bien educado/a	Descripción: niño/a maleducado/a	Medios de disciplinar a los niños
Estudiante 1			
Estudiante 2			

2.14 El español cerca de ti. En Cuba y Venezuela hay familias separadas por cuestiones políticas y económicas. Busca a personas de tu comunidad o universidad que sean de otro país. ¿Están separadas de su familia? ¿Por qué? Answers will vary.

Suggestion for 2.14: For flipped or hybrid courses, students can prepare this activity outside of class. During the next class session, they can present their findings to pairs or to the whole class.

Estrategia de estudio: Going to Office Hours ***by Rubina Ghasletwala***

Courtesy of Rubina Ghasletwala

Another way to get ahead in Spanish is by visiting your professor during their office hours. This can help clear up any confusion, you can ask questions and you can truly understand the content that is being taught.

WileyPLUS
Go to WileyPLUS to watch this video.

Exploremos la gramática 1

Subjunctive: Concept and formation

WP Repasar: Los verbos en el presente indicativo, los verbos irregulares, Capítulos 3, 4, 5 y 6 en ***Experiencias Introductorio.***

WileyPLUS
Go to WileyPLUS to review this grammar point with the help of the Animated Grammar Tutorial and the Verb Conjugator.

Up until now, all verbs you have been exposed to and used have been in the indicative mode. The indicative mode is used to state facts and to express what is considered to be certain. The indicative is also used for actions, events, people or things that the speaker or writer considers to be objective, real, factual and part of his/her existence.

The subjunctive mode, on the other hand, is used with elements of subjectivity or when the speaker or writer has doubts, is uncertain, not sure of, or expresses a feeling or emotion about the existence of people and events. Events, people and things considered to be unreal or non-existent, and anticipated or hypothetical situations will also be expressed using the subjunctive. The subjunctive is also used for direct or implied commands where the speaker intends to impose his/her will on someone or something else.

Suggestion for Exploremos la gramática 1: Subjunctive: concept and formation: The subjunctive is one of the first parts of language lost by heritage learners and even native speakers of Spanish when they come into contact with English and spend time outside of a native Spanish-speaking country. Many heritage language students will be unfamiliar with this use of the language even though they may have heard this from other Spanish speakers around them. These students may even have less knowledge about the subjunctive than non-heritage students who have learned about this structure in previous classes. Even if heritage students use the subjunctive in some settings, they will need support to understand the use of this mode.

Examine the following chart of endings.

	Present indicative			Present subjunctive		
Subject pronouns	**-ar**	**-er**	**-ir**	**-ar**	**-er**	**ir**
yo	-o	-o	-o	-e	-a	-a
tú	-as	-es	-es	-es	-as	-as
él/ella, usted	-a	-e	-e	-e	-a	-a
nosotros/as	-amos	-emos	-imos	-emos	-amos	-amos
vosotros/as	-áis	-éis	-ís	-éis	-áis	-áis
ellos/as, ustedes	-an	-en	-en	-en	-an	-an

Answers for ¿Qué observas? box:

1. The endings are very similar. The difference is that the vowels *-a* and *-e* are used differently for indicative and subjunctive.
2. These forms use only an *-a*, *-e*, *-as* or *-es*. There is no *-o* used for **yo**.

¿Qué observas?

1. What similarities and differences do you notice between the two present forms?
2. What do you notice about the **yo** and **él/ella, usted** forms of the present subjunctive?

Present subjunctive formation is based on the present indicative **yo** form of the verb: remove the "o" of the **yo** form and replace it with the endings indicated chart of endings which you have just reviewed.

Some present subjunctive forms cannot be formed directly from the present indicative **yo** form. The present subjunctive has a change in the vowel of the verb ending. In the following chart notice the use of the vowel *e* with **-ar** verbs, the vowel *a* with **-er** and **-ir** verbs. These are some examples of verb forms in the subjunctive:

Verb forms of the present subjunctive

-ar mimar (*to spoil*)	**-er correr (*to run*)**	**-ir discutir (*to discuss/argue*)**
mimar → mim~~o~~ → mime	correr → corr~~o~~ → corra	discutir → discut~~o~~ → discuta
mime mimemos	corra corramos	discuta discutamos
mimes miméis	corras corráis	discutas discutáis
mime mimen	corra corran	discuta discutan
tener → tengo	crecer → crezco	
tenga tengamos	crezca crezcamos	
tengas tengáis	crezcas crezcáis	
tenga tengan	crezca crezcan	

Some forms in the subjunctive have changes just to keep the pronunciation the same.

Verbs ending in -gar, -car, -zar

-gar → gu: castigar	**-car → qu: sacar**	**-zar→ c: socializar**
castigue castiguemos	saque saquemos	socialice socialicemos
castigues castiguéis	saques saquéis	socialices socialicéis
castigue castiguen	saque saquen	socialice socialicen

Verbs with stem vowel changes

Verbs with vowel changes in the stem follow the pattern similar to the present indicative.

Verbs with e › ie stem change

-ar	pensar (*to think*)	-er	querer (*to want*)	-ir	preferir (*to prefer*)
piense	**pensemos**	quiera	**queramos**	prefiera	**prefiramos**
pienses	**penséis**	quieras	**queráis**	prefieras	**prefiráis**
piense	piensen	quiera	quieran	prefiera	prefieran

Verbs with o › ue stem change

-ar	almorzar (*to eat lunch*)	-er	volver (*to return*)	-ir	dormir (*to sleep*)
almuerce	**almorcemos**	vuelva	**volvamos**	duerma	**durmamos**
almuerces	**almorcéis**	vuelvas	**volváis**	duermas	**durmáis**
almuerce	almuercen	vuelva	vuelvan	duerma	duerman

Verbs with e › i stem change

-ir	pedir (*to ask for, to order*)
pida	pidamos
pidas	pidáis
pida	pidan

Verbs with *yo* forms not ending in "o"

Some exceptions with verbs whose **yo** form does not end in *o* and have a different stem are:

Infinitive	*Yo* form		Subjunctive form
dar	doy	→	dé, des, dé, demos, deis, den
estar	estoy	→	esté, estés, esté, estemos, estéis, estén
ir	voy	→	vaya, vayas, vaya, vayamos, vayáis, vayan
haber	he	→	haya, hayas, haya, hayamos, hayáis, hayan
saber	sé	→	sepa, sepas, sepa, sepamos, sepáis, sepan
ser	soy	→	sea, seas, sea, seamos, seáis, sean

Uses of the subjunctive

The subjunctive is used to express:

a. expert opinions and to give advice used to influence others

El médico recomienda *que* **tomemos** mucha agua.

The doctor recommends that we drink a lot of water.

Mamá no quiere *que* la familia **hable** de su enfermedad.

Mama does not want the family to talk about her illness.

b. emotional reactions to future events

Siento *que* no **puedas** ir al bautizo.
I am sorry that you cannot come to the baptism.

Me alegro de *que* **llegues** a tiempo.
I am happy that you are arriving on time.

c. doubt, disbelief, denial and unknown or non- existence

Dudo *que* **volvamos** a reunirnos pronto.
I doubt that we will get together soon.

Él no cree *que* su jefe le **dé** un aumento de sueldo.
He doesn't believe that his boss will give him a raise in salary.

Busco una mascota *que* **sea** juguetona.
I'm looking for a pet that is playful.

No hay nadie aquí *que* **tenga** una familia grande.
There is no one here who has a large family.

d. with certain conjunctions

En caso de que	*In case that*
Sin que	*Without*
Con tal (de) que	*Provided that*
A menos que	*Unless*
Para que	*So that*
Antes (de) que	*Before*

Suggestion for Uses of the subjunctive with certain conjunctions: Point out to students that the order of the conjunctions listed spells the word **ESCAPA**. This may assist students in remembering the conjunctions.

No voy a la celebración *a menos que* tú **vayas** también.
I'm not going to the celebration unless you go also.

Los padres hablan con su hijo *para que* (él) **se porte** bien durante la ceremonia.
The parents talk with their son so that he behaves well during the ceremony.

Suggestion for 2.15: For hybrid or flipped classes, you may want to assign students to listen to the audio and complete this activity prior to the class session.

Audioscript for 2.15:
1. Quiero que el niño crezca en un hogar con mucho cariño.
2. Ustedes no deben enojarse mucho con los hijos.
3. Mi madrina prefiere comprar un perro como mascota.
4. Dudo que los padres disciplinen a sus hijos en público.
5. Mi tío no nos invita a su casa a menos que todo esté en orden.
6. A los abuelos les gusta mimar a nuestros hijos.
7. Tengo mucho sueño y quiero dormir más.

2.15 ¿Qué haces? WP Escucha las historias que te cuenta tu bisabuela. Como tiene 95 años, sabe mucho de la vida en general. Indica si las siguientes oraciones contienen una forma verbal en el presente de subjuntivo o no.

1. Sí **2.** No **3.** No **4.** Sí **5.** Sí
6. No **7.** No

Suggestion for 2.16: For hybrid or flipped classes, you may want to assign students to complete this activity prior to the class session.

2.16 Un cuento. Siempre es bueno entender las ideas de los demás. Lee el cuento de Leonardo sobre sus experiencias y marca los verbos que aparezcan en subjuntivo.

Leonardo dice que ya no puede aguantar a su novia porque ella es insoportable. No lo entiendo. Siempre está confuso y no sabe lo que quiere. Pero ahora busca a una chica que tenga un buen empleo y gane un buen sueldo. Leonardo también quiere que ella se interese por los deportes, como el fútbol y el atletismo. Leonardo es un chico un poco raro. Él dice que sus padres quieren ayudarlo. Así que ellos buscan a una chica que sea de Venezuela y que hable inglés y español. Ellos quieren que sea venezolana para que ambos puedan comunicarse bien. Y algo más, es necesario que su novia sepa jugar al ajedrez.

2.17 Dibujos. Describe los siguientes dibujos con un/a compañero/a para decidir lo que cada persona necesita o quiere. Intenta crear dos oraciones por dibujo.

Modelo: *Carlos quiere que Pablo limpie el apartamento.*
Pablo quiere que Carlos se vaya.

Suggestion for 2.17: For hybrid or flipped classes, you may want to assign students to complete this activity prior to the class session.

A.

B. Gregorio quiere que María seleccione un deporte.
María está feliz de que Gregorio vaya con ella de vacaciones.

C. Javier busca un refresco que no tenga azúcar.
David quiere que su padre le compre una chocolatina.

D. Rosa quiere que Mateo deje de hablar por teléfono.
Mateo está esperando a que Rosa llegue a la reunión.

Exploremos el vocabulario 2

WileyPLUS

Go to WileyPLUS Resources to access an interactive version of this illustration to review these vocabulary words and practice their pronunciation.

Teaching tip for Exploremos el vocabulario 2: Encourage students to guess the meaning of cognates to eliminate the need to memorize these vocabulary items. Also, remind them to focus on the differences in their spelling.

El entorno laboral

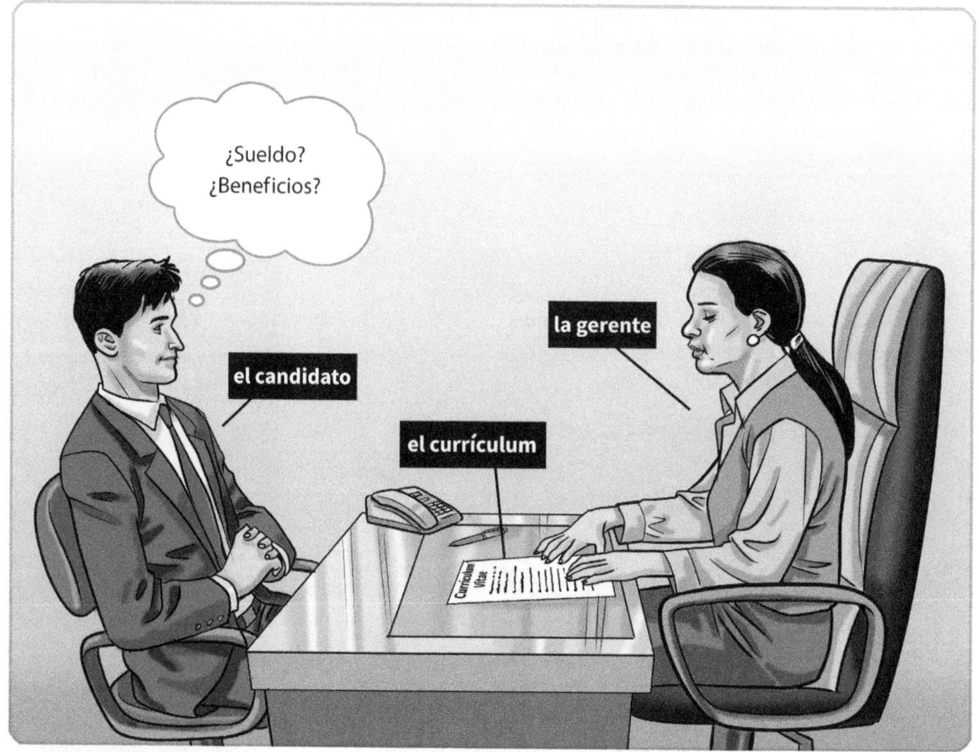

La **gerente** de la **empresa se entrevista con** el **candidato** para determinar si su experiencia coincide con la descripción del **puesto**. Cuando el candidato recibe una **oferta de trabajo**, a veces puede **negociar** el **sueldo**, especialmente si el **puesto** es de **tiempo completo**.

El entorno laboral	*Working environment*	Los cognados
aumentar	*to increase*	el/la cliente
el aumento de sueldo	*raise*	el contrato
el desempleo	*unemployment*	la imagen
despedir	*to fire*	
entrenar	*to train*	
la fábrica	*factory*	
la huelga	*strike*	
jubilarse	*to retire*	
la práctica laboral	*internship*	
el seguro (de vida/dental/médico)	*insurance (life/dental/health)*	
el/la socio/a	*partner*	
solicitar	*to apply*	
tiempo parcial	*part time*	
la venta	*sale*	

Suggestion for 2.18: For hybrid or flipped classes, you may want to assign students to listen to the audio and complete this activity prior to the class session.

2.18 Entrevista. WP Tu amigo Andrew Tellman está en Cuba en un programa especial del gobierno. Quiere solicitar un puesto de maestro bilingüe en una escuela norteamericana. Escucha la entrevista que Andrew tuvo con el director de la escuela e indica si las oraciones siguientes corresponden a Andrew o al director, el señor Ramírez.

Audioscript for 2.18:
Entrevistador: Buenos días. Soy el señor Ramírez. Soy el encargado de entrevistarle y el director de la escuela.
Andrew: Buenos días. Mi nombre es Andrew Tellman. Tengo 22 años y soy de Estados Unidos. Vine a Cuba para perfeccionar mi español y enseñar inglés.
Entrevistador: ¿Cuál es su nivel de español?
Andrew: Avanzado. Desde que llegué, asisto a clases de español cinco días a la semana. Trabajo como voluntario en el hospital general.
Entrevistador: ¿Habla otros idiomas, además de inglés y español?

Oraciones	El señor Ramírez	Andrew Tellman
1. Asisto a clases de español cinco días a la semana.		✓
2. ¿Qué le ha motivado a solicitar este puesto de trabajo?	✓	
3. Realmente no tengo mucha experiencia. Solo la experiencia de las clases particulares.		✓
4. ¿Por qué piensa que usted puede ser la persona ideal para ocupar este puesto de trabajo?	✓	
5. La convicción de poder enseñar a todos los niños a tener éxito en su vida.		✓
6. ¿El puesto incluye seguros?		✓
7. Es un sueldo por un trabajo a tiempo parcial.		✓

2.19 En práctica. WP Estás trabajando en el centro de servicios profesionales de tu universidad. El centro ofrece entrenamiento profesional para las entrevistas de trabajo. Lee las siguientes sugerencias de los apuntes que tomaste en la última reunión con ellos y decide si son **lógicas (L)** o **ilógicas (I)**. **Suggestion for 2.19:** For hybrid or flipped classes, you may want to assign students to listen to the audio and complete this activity prior to the class session.

__IL__ **1.** No es importante cubrirse los tatuajes para las entrevistas de trabajo.

__IL__ **2.** Es mejor preguntar por el sueldo al principio de la entrevista para aclarar las dudas.

__L__ **3.** Es recomendable mirar al entrevistador a los ojos, pero sin intimidar.

__L__ **4.** Si se tienen dudas, hay que preguntar sobre las posibilidades de promoción, la empresa o el puesto de trabajo.

__IL__ **5.** Es una buena idea dejar el teléfono móvil encendido durante la entrevista para recibir mensajes de texto.

__L__ **6.** Por regla general, es recomendable llegar unos 5 o 10 minutos antes de la hora a la que estás citado.

__IL__ **7.** La imagen dice poco del solicitante. Nunca debe llevar un traje formal para las entrevistas.

2.20 Tu futura profesión. En muchas ocasiones los estudiantes piensan en sus metas profesionales. Completa los **Pasos** para conversar con tu compañero/a. Answers will vary.

Paso 1: Completa la siguiente tabla con tus expectativas en cuanto a tu primer empleo después de graduarte.

Profesión:	
Sueldo ideal:	
Beneficios:	
Días feriados:	

Paso 2: Describe el trabajo ideal para ti. ¿Cuáles son las circunstancias perfectas para lograr tus metas profesionales?

Andrew: Hablo un poco de italiano.
Entrevistador: Bien. ¿Cuál es su formación académica?
Andrew: Me gradué de la universidad de Colorado con un título en Psicología. También estudié español.
Entrevistador: ¿Ha trabajado como psicólogo?
Andrew: No, aún no. Pero doy clases particulares de inglés dos veces a la semana por la tarde.
Entrevistador: ¿Cuál ha sido su último trabajo?
Andrew: Trabajo como maestro de inglés. Es un trabajo de tiempo parcial.
Entrevistador: ¿Cuál es su experiencia como maestro bilingüe?
Andrew: Realmente no tengo mucha experiencia. Solo la experiencia de las clases particulares.
Entrevistador: Entonces, ¿por qué piensa que usted puede ser la persona ideal para ocupar este puesto de trabajo?
Andrew: Mis estudios de Psicología y los idiomas que hablo me proporcionan un conocimiento del desarrollo del niño y de las técnicas de enseñar idiomas. Además, estudio mucho y me gustan los juegos educativos.
Entrevistador: ¿Qué le ha motivado a solicitar este puesto de trabajo?
Andrew: Bueno, en primer lugar, necesito empleo. Y, en segundo lugar, la convicción de poder enseñar a todos los niños a tener éxito en su vida.
Entrevistador: ¿Le parece adecuado el sueldo?
Andrew: Es un sueldo por un trabajo a tiempo parcial. Es adecuado, aunque prefiero un puesto de tiempo completo.
Entrevistador: Bien. Aunque no es un puesto a tiempo completo, los beneficios son muchos.
Andrew: ¿Cuáles son?
Entrevistador: Puede trabajar con un montón de personas interesantes, los niños se portan bien y es un ambiente muy profesional.
Andrew: ¿El puesto incluye seguros?
Entrevistador: Hay seguro médico para todos en este país. ¿Todavía está interesado a seguir en el proceso de selección?
Andrew: Claro que sí.
Entrevistador: Muy bien, entonces, vuelva mañana por la mañana para contestar unas pruebas psicológicas y una evaluación oral y escrita. Después, le comunicaremos nuestra decisión en una semana.
Andrew: De acuerdo. Hasta mañana, entonces.

Exploremos la gramática 2

WileyPLUS

Go to WileyPLUS to review this grammar point with the help of the Animated Grammar Tutorial and the Verb Conjugator.

Subjunctive for expressing wants and needs

Just as an adjective can describe a noun, full phrases or clauses can also be used to describe a noun.

A	B
Vivo en una casa roja. *I live in a red house.*	Vivo en una casa **que** es roja. *I live in a house **that** is red.*
Busco una casa blanca. *I'm looking for a white house.*	Busco una casa **que** sea blanca. *I'm looking for a house **that** is white.*

What differences do you notice in the construction of the sentences in column A compared to column B?

In column A a single adjective, **roja** or **blanca,** describes **casa.** There is one verb in each sentence.

In column B an entire phrase, **que es roja** or **que sea blanca** describes **casa.** There are two verbs in each sentence and two different subjects.

What differences do you notice in the form of the verb **ser** that is used in each phrase in column B?

Describing with indicative and subjunctive

Indicative	Subjunctive
known	***unknown***
Tengo un amigo que (sabe)...	Busco un amigo que (sepa)... Deseo... Necesito... Prefiero... Quiero... Me interesa...
existent	***nonexistent***
Hay una persona que (tiene)... Conozco a alguien que (estudia)... Sé de alguien que (trabaja de)...	No hay nadie que (tenga)... No conozco a nadie que (estudie)... No sé de nadie que (trabaje de)...

Imagine that you and your family are searching for a new house. Since you have not found the house yet, you would use the subjunctive to express your thoughts about the house you are looking for.

- Buscamos una casa que **tenga**, por lo menos, tres dormitorios y dos baños completos.
- No queremos que la casa **sea** muy antigua porque las reparaciones salen muy caras.
- Necesitamos que la casa **tenga** un garaje para dos autos y un jardín mediano.

As you now know, in Spanish, the speaker in his/her mind divides reality into two sets:

1. What is known, what exists or has been experienced, and
2. What is unknown, does not yet exist or is yet to be experienced.

The examples you have read describe the house you prefer but have not yet found. Such a house may not even exist.

Compare the following sentences:

1. **a.** Vivo en una casa grande que **está** cerca de la ciudad.

   I live in a house that is near the city.

   (The house I live in is near the city. It exists and the indicative is used in the phrase describing the house.)

   b. Prefiero una casa grande que **esté** cerca de mi oficina.

   I prefer a large house that is near my office.

   (The subjunctive is used in the phrase describing the house because the house may or may not exist.).

Can you explain the use of the indicative and the subjunctive in the following pair of sentences?

2. **a.** Busco la fábrica que **produce** suéteres de lana fina.

   b. Busco una fábrica que **produzca** suéteres de lana fina.

2.21 El aniversario de los padres. Dos hermanas, Sandra y Anita, planifican una celebración para el aniversario de sus padres. Escucha su conversación y contesta las preguntas siguientes.

Suggestion for 2.21: For hybrid or flipped classes, you may want to assign students to listen to the audio and complete this activity prior to the class session.

1. ¿Qué tipo de celebración planean?
2. ¿Qué tipo de restaurante prefieren?
3. ¿Por qué no pueden venir los buenos amigos de sus padres?
4. ¿Quiénes son las personas que piensan invitar?
5. ¿Para cuándo es la reserva?
6. ¿A quién va a llamar Anita?

2.22 Familias. Lee la siguiente tabla para saber si las descripciones pertenecen a tu familia o a personas de tu familia. Marca todas las descripciones que sean verdaderas para ti.

Suggestion for 2.22: For hybrid or flipped classes, you may want students to complete this activity prior to the class session.

Tengo una familia que...	No hay nadie en mi familia que...
está muy unida.	respete a los abuelos.
celebra todos los aniversarios y bautizos.	esté embarazada.
mima a los niños/as.	sea bisabuelo.
socializa mucho con otras familias.	se jubile este año.
habla de los problemas financieros.	se porte mal.
se queja de la situación política en EE. UU.	sea desordenado/a.
siempre tiene una mascota en casa.	participe en huelgas.
le pone apodos a sus hijos.	tenga una nuera o un yerno.
es insoportable.	se reúna con el presidente este fin de semana.
se reúne cada fin de semana.	se parezca a una persona famosa.

Answers for 2.22: Answers will vary.

Audioscript for 2.21:
Sandra: Necesitamos hacer planes para el aniversario de mamá y papá. ¿Qué piensas?
Anita: Creo que debe ser una celebración grande. Prefiero un salón o un restaurante que sea elegante y grande, para cincuenta personas o más.
Sandra: ¿Por qué es necesario tener un salón grande? Yo deseo que los invitados sean los buenos amigos de mamá y papá, pero sé que muchos no pueden venir porque viven en Venezuela.
Anita: Pues es verdad. Creo que no hay nadie de Venezuela que pueda viajar a Estados Unidos ahora porque cuesta mucho dinero. De todos modos, invitemos a todos los familiares y amigos que viven cerca de aquí. Vamos a planear una fiesta muy divertida.
Sandra: ¿Y dónde deseas hacer la celebración? ¿Qué restaurante prefieres?
Anita: Prefiero un restaurante que sirva comida de nuestro país: arepas, pabellón criollo y tajadas.
Sandra: ¡Perfecto! A mamá y papá les gusta mucho la comida venezolana.
Anita: Ah, pues, hay un restaurante cerca del centro que sirve arepas deliciosas. Se llama "Arechísimo".
Sandra: Magnífico. ¿Puedes hacer una reserva para el próximo domingo? Entonces, me pongo en contacto con los invitados.
Anita: De acuerdo. Conozco a un cocinero que trabaja allí en Arechísimo. Lo voy a llamar para confirmar todo.
Sandra: ¡Excelente! Estoy segura de que va a ser una celebración inolvidable.

Answers for 2.21: 1. Planean una celebración para el aniversario de sus padres; 2. Prefieren un restaurante venezolano; 3. Sus amigos viven en Venezuela y cuesta mucho dinero viajar a EE. UU.; 4. Piensan invitar a los familiares y a los amigos de sus padres que vivan cerca; 5. La reserva es para el próximo domingo; 6. Anita va a llamar al cocinero que trabaja en el restaurante Arechísimo.

Suggestion for 2.23: For hybrid or flipped classes, students can be asked to prepare **Paso 1** and **2** in order to be ready to interact with their partners in class.

2.23 Tu media luna. En una cadena de oraciones de Twitter ves comentarios de varias mujeres sobre el tipo de novio/a que quieren. Answers will vary.

Paso 1: Lee las cualidades que mencionan las mujeres. Luego, con tu compañero/a selecciona las cualidades que buscas en un novio/a y explica por qué las seleccionaste.

#QuieroUnNovioQue no mienta (imposible).

#QuieroUnNovioQue me haga el desayuno, almuerzo, merienda y cena.

#QuieroUnNovioQue me llame a las 3 a.m. para decirme que soy lo más importante en su vida.

#QuieroUnNovioQue me haga reír, baile bien y cocine rico.

#QuieroUnNovioQue me acepte tal y como soy.

#QuieroUnNovioQue me invite a sus partidos de fútbol.

#QuieroUnNovioQue me ayude a hacer mis tareas.

#QuieroUnNovioQue me regale chocolates.

#QuieroUnNovioQue toque la guitarra.

#QuieroUnNovioQue mire películas conmigo los días de frío y lluvia.

#QuieroUnNovioQue me cante canciones de amor.

Paso 2: ¿Qué características buscas en un/a novio/a? Escribe 4 oraciones con tus ideas.

Busco un/a novio/a que...

Quiero un/a novio/a que...

Necesito que mi novio/a...

Prefiero un/a novio/a que...

Deseo un/a novio/a que...

Paso 3: Comparte tus ideas y preferencias con un/a compañero/a y escucha bien lo que dice. Debes tomar apuntes.

Paso 4: Escribe un breve párrafo para explicar el tipo de novio/a que tu compañero/a prefiere o busca. No te olvides de añadir detalles para que sea una descripción interesante.

Paso 5: Lee el párrafo a tu compañero/a para ver si está de acuerdo con lo que escribiste sobre él/ella.

Estrategia de estudio: Thinking in Spanish *by Vincent DiFrancesco*

WileyPLUS
Go to WileyPLUS to watch this video.

Courtesy of Vincent DiFrancesco

One thing that works for me is to try and use Spanish when I'm alone. So I'll try to think of how I'm feeling or what I'm doing and even if I don't know the exact words or the correct way to get that information across, I can use other words and still find a way to make my point. And this is similar to full immersion where you're forced to say something in a different language, even if you don't know the exact way or correct way to say it.

2.24 Mi trabajo ideal. Estás en el centro de servicios profesionales de tu universidad. Quieres recomendaciones para obtener un buen puesto después de graduarte. Completa los **Pasos** para poder obtener una cita con el director. Answers will vary.

Suggestion for 2.24: This activity is broken down into two steps for students to complete. For hybrid or flipped classes, you may want to assign **Paso 1** for students to prepare prior to the class session.

Paso 1: Rellena el siguiente formulario antes de hablar con el director.

Nombre y apellido: ______________________

Fecha: ______________________

Años de estudio: ______________________

Especialización: ______________________

Experiencias prácticas: ______________________

Estudios en el extranjero: ______________________

Idiomas: ______________________

¿Qué tipo de trabajo buscas? ______________________

¿Qué sueldo deseas? ______________________

¿Qué tipo de actividades te interesan? ______________________

Paso 2: Entrevista a tres compañeros/as de clase para averiguar sus opiniones sobre algunos aspectos del trabajo que buscan. Completa la tabla con tus respuestas y las de ellos/as.

Nombre	Quiere un trabajo que...	Desea un sueldo que...	Le interesan actividades que...

Paso 3: Comparte con la clase la información que Uds. tienen en común.

2.25 El español cerca de ti. ¿Qué profesiones tienen los hispanos de tu comunidad? Habla con diversas personas para presentar en clase cuántas personas de cada país entrevistaste y la profesión de cada una. Answers will vary.

Technology tip for 2.25: Students can post their report on your learning management system discussion board. Require students to comment or write a question for 2-3 other students' posts to encourage some online interaction.

2.26 Situaciones. Haz el papel de **A** o **B** con tu compañero/a para participar en la conversación. Answers will vary.

A- Eres un/a estudiante en tu primer año de la universidad. Vives en la residencia junto con dos compañeros/as. Pero estás un poco triste porque uno/a de tus compañero/as de cuarto abandonó sus estudios y vuelve a casa. Así que necesitas buscar otro/a compañero/a de cuarto. Habla con el estudiante B sobre qué tipo de compañero/a prefieres que viva contigo.

B- Eres un/a estudiante en tu segundo año en la universidad. Tienes los/las mejores compañeros/as de cuarto, pero uno/a cambió de universidad. Habla con el estudiante A sobre las cualidades que quieres que tenga el/la nuevo/a compañero/a.

Suggestion for 2.26: For hybrid courses, students can prepare this activity outside of class. During the next class session, they can practice and present their situation to the class.

EXPERIENCIAS

Manos a la obra

Suggestion for Manos a la obra: Otro mundo, otra experiencia: The topics in this chapter address some of the political and economic issues in other countries that have impacted families in the US such as the situation in Cuba and Venezuela. Some of the heritage learners are likely to have family that has been divided due to political or financial issues. Great care needs to be taken in addressing these issues as well as in asking the heritage language learners to share experiences. The heritage language learners may have some very valuable experiences with this that they may have experienced or that their family members may have shared with them. They may also have family in some Hispanic countries whose experiences they can share with the class.

Suggestion for 2.27: Students could form groups to complete this activity.

Suggestion for 2.27 and 2.28: These authentic, task-based activities are broken down into small steps to support the student in its completion. You can assign students to complete **Pasos 1-5** outside of class to prepare for the in-class portion in **Paso 6**. Alternatively, students can record a video presentation and post their finished products to your learning management system discussion board.

Suggestion for 2.29: For flipped or hybrid classes, assign **Paso 1** to be completed in preparation for the in-class interaction in **Paso 2**.

Otro mundo, otra experiencia

2.27 Página web. Hay muchas familias separadas debido a la situación política o económica en Cuba y Venezuela, como la familia de la amiga de Sofía. Para ayudarles y con motivo de un proyecto de servicio a la comunidad de tu universidad, te asignaron crear una página web para las familias afectadas. Crea tu página web y preséntala a la clase. Completa los **Pasos** para diseñar tu página. Answers will vary.

Paso 1: Prioriza la lista de los servicios y el apoyo que necesitarán las familias.

Paso 2: Crea una red de ideas con las posibles secciones de la página.

Paso 3: Escribe un plan con el formato de la página.

Paso 4: Diseña la página en Internet con fotos, diferentes secciones y enlaces a otros sitios de apoyo.

Paso 5: Practica tu presentación.

Paso 6: Presenta tus ideas a los compañeros de clase.

2.28 Programa para familias. Conseguiste una práctica laboral con una organización no gubernamental para el verano. El director quiere que comiences a diseñar un programa de verano para las familias hispanas en tu comunidad. Completa los **Pasos** para planificar el programa. Answers will vary.

Paso 1: Primero, prioriza una lista de objetivos y actividades para el programa.

Paso 2: Planifica tu programa, pensando en las clases de lengua y cultura, las actividades, el alojamiento y el presupuesto.

Paso 3: Diseña tu plan para presentárselo al director.

Paso 4: Practica en voz alta tu presentación. Es preferible que tengas un público que te pueda avisar de tus errores y de tu presencia personal. Cronometra cuántos minutos dura la presentación.

Paso 5: Graba tu presentación y después súbela al foro.

Paso 6: Mira el video de dos compañeros. ¿Tienen las mismas ideas? ¿Hay algunas que sean diferentes?

Experiencias profesionales Explorando el mundo

2.29 Explorando el mundo. En la sección **Experiencias profesionales** del Capítulo 1 seleccionaste un área de interés profesional. Usa esa área profesional para completar los siguientes **Pasos**. Answers will vary.

Paso 1: Encuentra cuatro sitios web en español relacionados con tu área de interés y observa cómo se utiliza la lengua española. Lee la información disponible en cada sitio web. Luego, prepara una pequeña presentación, entre 2 y 4 minutos, para compartir con un grupo de tus compañeros de clase lo que encontraste en línea. Cuando prepares la presentación, reflexiona sobre lo siguiente: describe las habilidades lingüísticas en español (hablar, leer, escribir, escuchar) que vas a necesitar para poder trabajar con la comunidad de habla hispana en tu área de interés. ¿Cómo te puede ayudar el conocimiento cultural?

Paso 2: Forma un grupo con otros tres estudiantes de la clase. Por turnos, presenten la información que encontraron en los sitios web. Pueden hacerse preguntas sobre la información que presenten sus compañeros de clase.

El blog de Sofía

La crisis en Venezuela

Noticias Información Fotos Amigos Archivos

Juan Barreto / AFP / Getty Images

Hay una escasez[1] de alimentos y productos básicos en los supermercados de Venezuela.

2.30 Mi propio blog. La crisis económica tiene un efecto enorme en la sociedad venezolana. Completa los **Pasos** para investigar más.

Paso 1: Lee el blog de Sofía.

Una amiga mía se fue de Venezuela hace 10 años. Primero vivió en Canadá y después llegó a Ohio, donde su esposo consiguió empleo. Siguen viviendo en Ohio porque piensan que la situación económica en Venezuela es realmente difícil. La economía venezolana disminuirá al menos un 10 por ciento en el año 2020. Venezuela está sufriendo la subida de la tasa de inflación más rápida del mundo, y el bolívar es prácticamente inútil a pesar de la tasa de cambio propuesta por el gobierno de Maduro de 6.3 bolívares por dólar. Un tipo de cambio más preciso muestra el bolívar a 817.65 bolívares por dólar (2019).

Venezuela está sufriendo recientemente una recesión económica, que está causando una inestabilidad importante dentro de la nación. Mi amiga dice que el pueblo venezolano es el que lleva la peor parte de la recesión, y pues, según su opinión, esta situación se debe en gran parte a la incompetencia del gobierno y a su mala gestión. Los supermercados carecen de productos básicos, y la escasez de alimentos agobia[2] a la población. Una moneda sin valor ha dado lugar a una fuerte disminución del poder adquisitivo y a la creciente demanda de dólares. Por último, la falta de oportunidades en el país ha llevado a una migración de la clase media, como en el caso de mi amiga y su esposo.

[1]**escasez:** shortage [2]**agobia:** overwhelms

Suggestion for 2.30, Paso 2: Consider providing students with some examples of other Latin American countries facing economic crisis.

Technology tip for 2.30, Paso 4: Assign students to create a blog using any web application. Students will utilize this blog and post items to it for every chapter of *Experiencias*. You may ask your students to share the link to that blog on your learning management system discussion board. Then in class, ask students to compare their information.

Paso 2: ¿Cuáles son tres repercusiones de una economía en crisis? Possible answers are:

1. Falta de productos básicos en los supermercados.
2. Disminución del poder adquisitivo.
3. Las personas de clase media se ven obligadas a emigrar.

Paso 3: Investiga en Internet una crisis cultural o económica que afecte a otro país de habla hispana y contesta las siguientes preguntas. Answers will vary.

1. ¿Qué repercusiones tiene en la sociedad?
2. ¿Qué recursos hay para combatir la crisis?
3. ¿Dónde se encuentra el mayor número de programas de asistencia?
4. ¿Conoces a alguien que vivió en Venezuela?
5. ¿Te gustaría trabajar con familias recién llegadas de Venezuela?

Paso 4: En tu propio blog, escribe ejemplos de una crisis económica en tu propia comunidad. Puedes incluir fotos de los ejemplos, artículos de periódicos y otros detalles pertinentes. Answers will vary.

Cortometraje

Adiós, mamá

Danita Delimont / Alamy Stock Photo

Los supermercados son un buen lugar para encontrarse y conocer a gente.

Antes de ver el cortometraje

2.31 En el supermercado. Piensa en tus experiencias en un supermercado y comenta las siguientes preguntas con un/a compañero/a de clase. Answers will vary.

1. ¿Hablas con desconocidos en el supermercado? ¿Por qué?
2. ¿Qué haces si una persona desconocida intenta hablar contigo en el supermercado?
3. ¿Cuál es la experiencia más interesante que has tenido en un supermercado?
4. Describe a la persona más extraña que has visto en un supermercado.
5. ¿Has visto algún accidente o robo en un supermercado? ¿Qué pasó?

2.32 Entrando en el tema. Define las siguientes palabras que se usan en el cortometraje. Puedes usar un diccionario para ayudarte con las palabras desconocidas.

1. afligirse: ____________________
2. repentina: ____________________
3. timbre: ____________________
4. borracho: ____________________
5. facciones: ____________________
6. gerente: ____________________
7. choque: ____________________

Mientras ves el cortometraje

2.33 A verificar. Usa tu buscador favorito para ver este cortometraje. El vocabulario de la actividad anterior son algunas de las palabras que se usan en el cortometraje. Mientras lo ves, verifica si tus definiciones tienen sentido en el contexto del cortometraje.

Suggestion for 2.33: As the students watch the video have them focus on the supermarket and compare and contrast it with the supermarkets that they go to. This will provide a valuable cultural comparison to show that many countries have similar stores to the ones in the United States in addition to open air markets.

Answers for 2.33–2.35: Answers will vary.

Después de ver el cortometraje

pathdoc / Shutterstock

Un hombre sorprendido.

2.34 El robo. Imagínate que eres reportero/a y te acaban de contar esta historia. Inventa un título para el artículo que se va a publicar sobre estos acontecimientos. Recuerda que debe captar la atención de los lectores.

____

2.35 ¡Analicemos! En grupos de cuatro, contesta las siguientes preguntas sobre el cortometraje.

1. ¿Por qué es sorprendente el final de esta película?
2. ¿Qué pensabas que iba a pasar al final?
3. ¿Hablas frecuentemente con personas desconocidas en el supermercado o en otros lugares? ¿Cuál ha sido tu experiencia?
4. ¿Crees tú que es peligroso hablar con personas desconocidas?
5. ¿Alguien te engañó alguna vez? ¿Cómo? ¿Qué pasó?

Página informativa

La economía cubana

Walter Bibikow / The Image Bank / Getty Images

En muchas partes de Cuba, todavía se ven las influencias arquitectónicas de los españoles y los coches antiguos de los años 50 y los 60. Los coches son de Estados Unidos.

Estrategia de lectura: Writing Questions

Writing questions before you read a passage is an effective strategy for reading comprehension and study. There are several simple steps. First, survey the title and photo accompanying the reading and look over the tasks you need to complete. Then, read the first sentence of each paragraph in the reading. Next, create and write one or two questions you have about the topic for each paragraph. Finally, read each paragraph to find the answers to your questions.

Suggestion for 2.36: This reading task is broken into numerous steps to aid and support the student in the reading process. **Pasos 1** and **2** are pre-reading tasks and advanced organizers to prepare students for the topic of the reading. For hybrid or flipped classes, **Pasos 3-6** could be assigned for out of class work to prepare for **Paso 7** as an in-class activity. **Paso 8** is a follow-up writing assignment that could be assigned for homework.

2.36 La economía cubana. Este artículo describe la situación actual de la economía de Cuba y habla un poco de la historia del embargo contra ese país. Completa los **Pasos** que siguen. Answers will vary.

Antes de leer

Paso 1: Habla brevemente con un/a compañero/a sobre lo que saben de Cuba y sus relaciones con EE. UU.

Paso 2: Lee el título del artículo y habla con un/a compañero/a sobre sus posibles significados.

Paso 3: Ahora, lee el artículo y escribe las palabras nuevas en tu cuaderno electrónico.

La economía de Cuba a la deriva

Cuba es uno de los países más grandes del Caribe, con una población de 11 200 000 de habitantes (Anuario Estadístico de Cuba, 2016). Se proyecta que en 2030 la cifra aumente a 11 300 000.

Durante más de 50 años, las relaciones diplomáticas entre Cuba y Estados Unidos se han visto paralizadas a causa de la revolución proclamada por Fidel Castro tras sustituir a Fulgencio Batista en 1959. Tras la subida al poder de Fidel Castro y la anulación de varios acuerdos internacionales, Estados Unidos impuso numerosas sanciones económicas a Cuba, haciendo que su economía esté estancada. Desde 1960, las exportaciones de Cuba se han visto bloqueadas por Estados Unidos, al igual que otros asuntos. El resultado de este embargo ha sido la pérdida de millones de dólares en ventas para la economía de ambos países.

Para mantener el control sobre la isla cubana y reducir la debilitación[3] del sistema político, el gobierno ha implementado varias reformas. Sin embargo, aunque los ciudadanos cubanos ya tienen acceso a productos tecnológicos, y a la compraventa de autos usados, entre otras cosas, Cuba continúa siendo uno de los países con menos autoempleo debido al deterioro[4] de su libre comercio (Expansión, CNN en español, 2014).

(continuación)

[3]**debilitación:** weakening [4]**deterioro:** deterioration

(continuación)

Por otro lado, uno de los sectores más importantes para la economía cubana es la agricultura, pues productos de gran demanda como el azúcar, el pescado, el tabaco, el café y el arroz son producidos en el archipiélago cubano. También exporta petróleo, níquel y productos médicos. Sus principales aliados son Canadá, China, Brasil, Venezuela, España y Holanda, entre otros.

A lo largo de los últimos años, la mejora del gobierno del país caribeño ha permitido una mejora en la relación con Estados Unidos, el cual decidió restablecer las relaciones diplomáticas con Cuba en 2014 con el gobierno de Barack Obama. Tras la subida al poder como presidente de Cuba de Miguel Díaz-Canel en 2018, los ciudadanos esperan que sea un líder efectivo para el país.

Después de leer

Paso 4: Escribe la idea principal del artículo.

Paso 5: Las siguientes oraciones contienen un error. Lee cada oración y corrígela.

1. Estados Unidos impuso un embargo contra Cuba después de la caída del gobierno de Fidel Castro.
2. Cuba permite el libre comercio para todas las personas del país.
3. Cuba importa muchos productos importantes como azúcar, pescado y café de EE. UU.
4. El gobierno de Cuba no permite que sus ciudadanos tengan teléfonos móviles.
5. Cuba es el único país que sufre económicamente debido al embargo.

Paso 6: Basándote en el artículo, explica el significado de las siguientes palabras.

1. las ventas: ______________________
2. los acuerdos: ______________________
3. estancada: ______________________
4. el autoempleo: ______________________
5. la debilitación: ______________________

Paso 7: Con un/a compañero/a, habla sobre las siguientes preguntas. Recuerda incluir detalles del artículo en tu conversación.

1. ¿Por qué crees que EE. UU. todavía mantiene el embargo económico contra Cuba?
2. ¿Cómo afecta la economía de EE. UU. el embargo contra Cuba?
3. ¿Qué puede hacer el gobierno de Cuba para mejorar su economía?

Paso 8: Escribe un mensaje al actual (2019) presidente de Cuba, Miguel Díaz-Canel. En tu mensaje, explícale tu opinión sobre la causa de los problemas económicos en Cuba. Dale sugerencias acerca de cómo puede mejorar la economía de su país y cuáles son algunas de las industrias que podrían establecerse en Cuba si el gobierno fuera menos estricto. Menciona también lo que él debería hacer para que EE. UU. levante el embargo a Cuba. Termina tu mensaje con una despedida.

Possible answers for 2.36, Paso 5:
1. …después de la caída de Fulgencio Batista en 1959;
2. Cuba limita el libre comercio…;
3. Cuba produce muchos productos importantes como azúcar, pescado y café en el propio país;
4. …el gobierno permite que los ciudadanos tengan teléfonos móviles;
5. Estados Unidos y Cuba pierden millones de dólares debido al embargo económico.

Answers for 2.36, Pasos 6, 7 and 8: Answers will vary.

Página literaria

Cristina García

2.37 Cristina García. El tema de la separación de las familias puede ser muy complicado. La novela *Soñar en cubano* trata de una familia dividida política y geográficamente por la revolución cubana. Sigue los **Pasos** para conocer un poco de su obra.

Courtesy of Cristina Garcia

Cristina García, autora cubanamericana

Suggestion for 2.37: For flipped or hybrid classes, **Pasos 1, 2, 3** can be assigned outside of class to prepare for **Paso 4** as an in-class activity. **Paso 5** can serve as a follow-up writing assignment either in-class or out-of-class.

Antes de leer

Paso 1: A los dos años, la protagonista Pilar Puente se fue de Cuba con su mamá. Luego, a los trece años decidió irse de Nueva Jersey para volver a Cuba y estar con su abuela. Quiere conocer su país de origen. En la siguiente lista, selecciona las ideas que piensas encontrar en la selección. Answers will vary.

_______ la familia de Pilar
_______ la ciudad de origen
_______ la casa original
_______ los abuelos de Pilar
_______ el vecindario antiguo
_______ una descripción de la isla
_______ los amigos de su familia
_______ la vida diaria en Cuba

Paso 2: Revisa la selección y selecciona todos los cognados.

WP Repasar: Narration in the past, Capítulo 12 en *Experiencias Introductorio*, y Capítulo 1 en *Experiencias Intermedio*.

Eso es. Ya lo entiendo. Regresaré a Cuba. Estoy harta de todo. Saco todo mi dinero del banco, 120 dólares, el dinero que he ahorrado esclavizada en la pastelería de mi madre, y compro mi billete de autocar para irme a Miami. Calculo que, una vez allí, podría gestionar[5] mi viaje a Cuba alquilando un bote o consiguiendo un pescador que me lleve. Imagino la sorpresa de Abuela Celia cuando me escurriera a hurtadillas[6] por detrás de ella. Estaría en su columpio de mimbre mirando al mar, y olería a sal y a agua de violetas. Habría gaviotas y cangrejos en la orilla del mar. Acariciaría[7] mis mejillas con sus manos frías y cantaría silenciosamente en mis oídos.

Cuando salí de Cuba tenía sólo dos años, pero recuerdo todo lo que pasó desde que era una cría, cada una de las conversaciones, palabra por palabra. Estaba sentada en la falda de mi abuela jugando con sus pendientes de perlas, cuando mi madre le dijo que nos iríamos de la isla. Abuela Celia la acusó de haber traicionado la revolución. Mamá trató de separarme de la abuela, pero yo me agarré a ella y grité a todo pulmón. Mi abuelo vino corriendo y dijo:

<<Celia, deja que la niña se vaya. Debe estar con Lourdes.>>

Esa fue la última vez que la vi.

Mi madre dice que Abuela Celia ha tenido un montón de oportunidades de salir de Cuba, pero que es terca[8] y que El Líder le ha sorbido el seso. Mamá dice <<comunistas>> de la misma manera que alguna gente dice <<cáncer>>, lenta y rabiosamente. Lee los periódicos página por página intentando detectar las conspiraciones de la izquierda, hinca su dedo sobre la posible evidencia, y dice <<¿Ves lo que te digo?>> El año pasado, cuando El Líder encarceló a un famoso poeta cubano, ella, tratando de salvarle, se burló con desprecio de <<esos izquierdosos intelectuales hipócritas>>: <<Crearon esas prisiones para que ellos se pudrieran en ellas – gritaba, sin que sus palabras tuvieran demasiado sentido--. ¡¡Son subversivos peligrosos, rojos hasta el tuétano[9]!!>>

Blanco o negro, así es la visión de Mamá. Es su forma de sobrevivir.

[Cristina García. *Soñar en cubano*. Ballantine Books, 1994: 44–46.]

Después de leer

Paso 3: **WP** Decide si las siguientes oraciones son **ciertas (C)** o **falsas (F)**.

__C__ **1.** Pilar piensa llegar a Cuba en bote.
__F__ **2.** Tenía cinco años cuando se fue de Cuba. Tenía dos años.
__F__ **3.** Su mamá está a favor de la revolución cubana.
__C__ **4.** Pilar tiene muy buenos recuerdos de su abuela y de Cuba.
__C__ **5.** La mamá de Pilar no quiere volver a Cuba nunca.
__C__ **6.** Para la mamá de Pilar, las decisiones son absolutas.

Paso 4: Conversa con tu compañero/a sobre las siguientes preguntas. Answers will vary.

1. ¿Por qué se fueron de Cuba Pilar y su mamá?
2. ¿Cuál es la opinión de Cuba que tiene la mamá de Pilar?
3. ¿Por qué crees que Pilar quiere volver a Cuba?
4. ¿Conoces a alguien que considere las decisiones de la vida como blancas o negras? ¿Quién? ¿Cómo es?
5. ¿Siempre compartes la misma perspectiva política que tus padres? ¿Por qué?

[5]**gestionar:** manage [6]**escurriera a hurtadillas:** sneak stealthily [7]**acariciaría:** caresses [8]**terca:** stubborn
[9]**tuétano:** marrow

Cultura viva

El turismo en Cuba

Complejo hotelero en Cienfuegos

Cem Canbay / Age fotostock / Getty Images

Cuba ha cambiado mucho social y políticamente en los últimos años, y se esperan más cambios que pueden afectar a la isla. En 2019, la única manera en la que los estadounidenses podían viajar a la isla era usando una de las 12 categorías que estableció el gobierno cubano, entre las que se incluyen: visitas a familiares, actividades periodísticas, religiosas o educacionales, y proyectos humanitarios, entre otras.

Estrategia de escritura: Write the Spanish You Know How to Say

As you begin the writing task in **activity 2.37 Paso 5**, remind yourself to write the Spanish you know how to say. Don't be tempted to write like you do in English, since your Spanish isn't that sophisticated yet. Try to avoid using online translators for your work. Your brain needs lots of practice thinking of the words that you want to write.

Paso 5: Igual que la autora Cristina García, escribe sobre tu familia durante tu niñez. Incluye la siguiente información: Answers will vary.

- una descripción de tu familia
- el lugar dónde vivía
- la relación que tenías con tus abuelos
- lo que hacían juntos con frecuencia

Los jóvenes y el hogar

Cultura y sociedad

Unos jóvenes en casa de sus padres.

Lisegagne / E+ / Getty Images

2.38 Los jóvenes viviendo con los padres. Vas a leer un artículo sobre la situación de los jóvenes hispanos que siguen viviendo en la casa de sus padres después de llegar a ser adultos. Completa los **Pasos** para aprender más. Answers will vary.

Antes de leer

 **Paso 1:** Antes de leer la selección completa, contesta las siguientes preguntas con un/a compañero/a de clase.

1. ¿Vives con tus padres? ¿Por qué?
2. Si no vives con tus padres, ¿cuántos años tenías cuando saliste de tu casa? ¿Por qué?
3. Cuándo eras más joven, ¿querías mudarte de la casa de tus padres? ¿Por qué?
4. ¿Tus padres te daban mucha libertad cuando vivías en casa? Explica tu respuesta.

Mi casa es su casa

En muchos países del mundo, los adolescentes esperan con ansia el momento en que lleguen a ser adultos para poder independizarse de los padres y de las normas de la casa. Estos jóvenes esperan mudarse de la casa, alquilar su primer apartamento y empezar sus vidas libres de las normas y restricciones que tienen cuando se alojan en casa de los padres. Hoy en día, eso no es lo que está pasando con los jóvenes, especialmente con los jóvenes hispanos. Según varias encuestas hechas en los países hispanos, el porcentaje de personas entre 18 y 30 años que viven en la casa de sus padres llega a casi el 80 %. En España, 8 de cada 10 jóvenes entre 18 y 30 años viven con los padres y en Argentina, es el 74 % de los jóvenes adultos entre 18 y 35 años. Entre estas personas, hay un mayor número de hombres que de mujeres. Los factores que han propiciado esta situación son muchos y diversos. Para muchos jóvenes adultos tiene que ver con la situación económica del país. En España, la población joven ha vivido la llamada "crisis" económica, la cual ha dado como resultado un alto nivel de desempleo, una subida en el costo de la vivienda y unos salarios que han bajado en los últimos años, entre otros factores.

Las razones económicas no son las únicas responsables de esta situación. Muchos jóvenes adultos dicen que prefieren vivir en la casa de sus padres porque tienen la comida hecha, la ropa planchada, el refrigerador lleno de comida y la libertad de usar su propio dinero para sus gastos personales sin aportar nada para las cuentas de la casa. Estos jóvenes están muy cómodos en casa y no sienten la presión de salir a buscarse la vida. Su inmadurez[10] no les permite afrontar la vida adulta. Sin embargo, los padres de estos jóvenes adultos también son en parte responsables de esta nueva tendencia. Muchos han expresado el deseo de mantener a sus *niños* en casa ya que así pueden pasar tiempo con ellos y saber que están sanos y protegidos.

Aunque esto se ve quizás más en algunos países que otros, es un fenómeno mundial. En Estados Unidos, cerca del 30 % de los jóvenes de entre 18 y 30 años vive con los padres, pero también muchos jóvenes que se independizaron para ir a la universidad vuelven a casa después de terminar los estudios debido a la deuda enorme que contrajeron al haber pedido préstamos para los estudios y no haber podido conseguir un buen empleo. Se espera que con una mejora en la economía estas tendencias cambien, pero por ahora los padres no deberían hacer planes de convertir la habitación de sus hijos en una oficina.

Después de leer

Suggestion for 2.38 Paso 2: You might consider having students to prepare situations outside of class and then present during the next class session.

Paso 2: Situaciones. Haz el papel de **A** o **B** con tu compañero/a para participar en la conversación.

A- Tienes un/a amigo/a que piensa que es mejor vivir con los padres. Él/Ella está muy cómodo/a en su casa. Dale cinco razones explicándole por qué es mejor vivir fuera de la casa de los padres. Convéncele de que él/ella necesita tener una vida independiente. Puedes usar información de la lectura para apoyar tus ideas.

B- Tu amigo/a quiere convencerte de los beneficios de vivir fuera de la casa de los padres. Dale cinco razones explicándole por qué es mejor vivir en casa de los padres. Explícale tus razones e intenta persuadirle para que vuelva con los suyos. Puedes usar información de la lectura para apoyar tus ideas.

Suggestion for 2.38, Paso 3: This **Paso** can be assigned as a follow-up out of class writing task.

Paso 3: En Estados Unidos, muchos estudiantes vuelven a la casa de sus padres a causa de la enorme deuda que adquieren durante sus estudios universitarios. Escribe un pequeño párrafo explicando los pasos que una persona puede tomar para evitar estas deudas tras graduarse y crear su propia vida fuera de la casa de los padres.

[10]**inmadurez:** immaturity

Película

Viva Cuba

2.39 *Viva Cuba.* La película *Viva Cuba* trata de la amistad de dos niños. Lee la descripción de la película y sigue los **Pasos** para aprender más. Answers will vary.

En la película *Viva Cuba*, Malú y Jorgito son dos niños que tienen una amistad muy fuerte. Un día, la mamá de Malú le explica que tanto ella como su familia tienen que emigrar a EE. UU. Malú no quería dejar su escuela ni su casa. Su abuelita está enterrada en Cuba. Tampoco quería dejar a su mejor amigo, Jorgito. La película muestra la aventura de ambos niños cuando deciden irse de sus casas para escapar de la mamá de Malú y evitar la emigración.

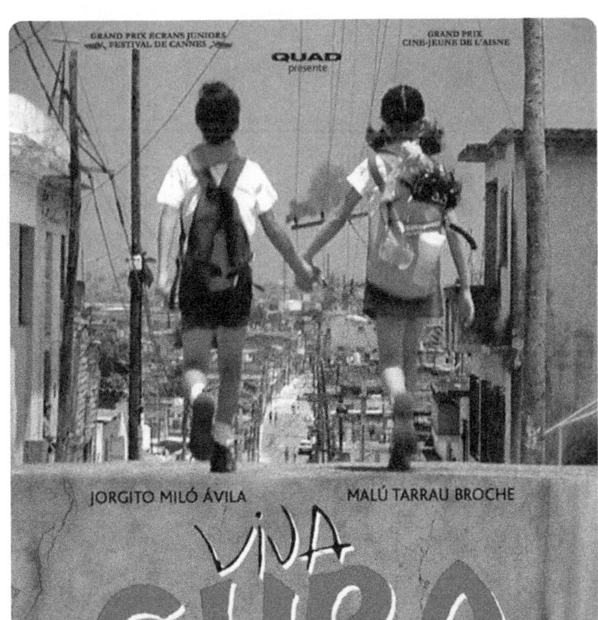

TCD / Prod.DB / Alamy Stock Photo

Viva Cuba es una película basada en la emigración de los cubanos.

Paso 1: Avance de la película. Busca en Internet un avance en español de la película. Míralo y con tu compañero/a, contesta las siguientes preguntas.

1. ¿Por qué quería ir la mamá de Malú a EE. UU.?
2. ¿Cómo muestra el director la amistad entre los dos niños?
3. ¿Qué dificultades enfrentaron Malú y Jorge?
4. ¿Cómo viajaron al otro lado de la isla?
5. ¿Quién los acompañó?
6. Carlitos logró encontrar a su mamá. ¿Cómo lo sabes?
7. ¿Quiénes les ayudaron durante su viaje?

Paso 2: En tu opinión, ¿por qué se llama la película *Viva Cuba?*

2.40 El cuaderno electrónico. Abre tu cuaderno electrónico y empieza una nueva página. Answers will vary.

Paso 1: Utilizando tu libro de texto e Internet, sigue estos **Pasos**:

1. Escribe información básica de Cuba y Venezuela que has estudiado en este capítulo.
2. Incluye un mapa de los países.
3. Selecciona dos lugares que quieras ver de esos países y explica por qué los seleccionaste.
4. Escribe información sobre los lugares que quieras visitar.
5. Sube dos fotos de cada país.
6. Incluye información básica sobre los temas del capítulo.
7. Escribe tres hechos nuevos que aprendiste.
8. Escribe tres temas adicionales que te interese investigar.

Paso 2: Lee y comenta sobre la información de dos compañeros.

Technology tip for 2.40: Have your students use the tool of their choice to compile their electronic notebook. This is a great way to keep students organized as they create a portfolio of photos and material regarding the countries presented throughout the book.

REPASOS

Repaso de objetivos

Check off the objectives you have accomplished.

I am able to...

	Well	Somewhat
• express wants, needs and desires.	☐	☐
• describe family and home environment.	☐	☐
• describe life experiences.	☐	☐
• discuss the challenges faced by families separated due to political issues.	☐	☐
• examine economic challenges in Cuba and Venezuela.	☐	☐
• talk about the importance of family.	☐	☐
• describe the economic challenges of young people today.	☐	☐

Teaching tip for Repaso de objetivos: Although this self-assessment is designed for the students to evaluate their progress, teachers might poll students informally as a group to gauge how students are feeling about the material. This could be done orally with eyes closed and hands raised or by simply asking students to leave a slip with their answers at the end of class.

Repaso de vocabulario

WileyPLUS

Go to WileyPLUS to review these vocabulary words and practice their pronunciation.

El hogar y la familia

Las interacciones familiares ***Family interactions***

el/la bisabuelo/a *great grandfather/great grandmother*
la nuera/el yerno *daughter-in-law, son-in-law*
el/la suegro/a *mother-in-law, father-in-law*
la madrina/el padrino *godmother, godfather*

Celebraciones ***Celebrations***

el aniversario *anniversary*
el bautizo *christening*
el brindis *toast*

Las descripciones ***Descriptions***

(bien) educado/a *well behaved*
desordenado/a *unorganized*
embarazada *pregnant*
estar unidos/ distanciados *to be close knit/distant, occasional contact*
insoportable *unbearable*
maleducado/a *bad-mannered*
parecido/a a *resembles someone*

Para hablar de la familia ***Talking about family***

el apodo *nickname*
la autoestima *self-esteem*
la bendición *blessing*
el beso *kiss*
el cariño *affection*
castigar *to punish*
crecer *to grow*
criar *to raise*
disciplinar *to discipline*
discutir *to discuss/argue*
el embarazo *pregnancy*
mandón/mandona *bossy*
la mascota *pet*
mimar *to spoil*
el nacimiento *birth*
parecerse a *to look like someone else*
portarse bien/mal *to behave well/badly*
quejarse *to complain*
el recuerdo *memory, recollection*
regañar *to reprimand/scold*
la reunión *meeting*
reunirse *to meet*

Los cognados

la adopción
la custodia
la educación
respetar
socializar

El entorno laboral ***Working environment***

aumentar *to increase*
el aumento de sueldo *salary increase*
el desempleo *unemployment*
despedir *to fire*
la empresa *company*
entrenar *to train*
entrevistarse (con alguien) *to interview*
la fábrica *factory*
el/la gerente *manager/director*
la huelga *strike*
jubilarse *to retire*
la oferta de trabajo *job offer*
la práctica laboral *internship*
el puesto *position*
el seguro (de vida/ dental/médico) *insurance (life/dental/health)*
el/la socio/a *partner*
solicitar *to apply*
el sueldo *salary*
tiempo parcial/completo *part time/full time*
la venta *sale*

Los cognados

el/la candidato/a
el/la cliente/a
el contrato
la imagen
negociar

Repaso de gramática

Subjunctive: Concept and formation

Subject pronouns	Present indicative			Present subjunctive		
	-ar	-er	-ir	-ar	-er	ir
yo	-o	-o	-o	-e	-a	-a
tú	-as	-es	-es	-es	-as	-as
él/ella, usted	-a	-e	-e	-e	-a	-a
nosotros/as	-amos	-emos	-imos	-emos	-amos	-amos
vosotros/as	-áis	-éis	-ís	-éis	-áis	-áis
ellos/as, ustedes	-an	-en	-en	-en	-an	-an

Subjunctive for expressing wants and needs

The subjunctive in adjective clauses

Indicative	Subjunctive
known	***unknown***
Tengo un amigo que (sabe)…	Busco un amigo que (sepa)… Deseo… Necesito… Prefiero… Quiero…
existent	***nonexistent***
Hay una persona que (tiene)… Conozco a alguien que (estudia)… Sé de alquien que (trabaja de)…	No hay nadie que (tenga)… No conozco a nadie que (estudie)… No sé de nadie que (trabaje de)…

CAPÍTULO 3

Courtesy of Edwin Aguilar

Una familia guatemalteca con sus compras semanales de alimentos.

Hacia un mundo más saludable

Note for Chapter 3: World Readiness Standards addressed in this chapter include:
Communication: All three modes.
Culture: Examining traditional medicine, nutrition and recommendations for healthy living and the perspectives behind these practices.
Connections: Connecting with the disciplines of biology, sociology, psychology, and anthropology.
Comparisons: Comparing and contrasting health care, nutrition, and accessibility of basic necessities in target cultures and home culture.
Communities: Examining health care in students' communities. Acquiring life-long skills of investigating, reading, and reporting on a given topic in the target language.

Contesta las siguientes preguntas basadas en la foto.

1. ¿Qué notas sobre las compras semanales de la familia de la foto?
2. Compara y contrasta la comida que hay en la mesa de esta familia con las compras semanales de alimentos de tu familia.
3. ¿Cómo son los alimentos que aparecen en la foto? ¿Son saludables?
4. ¿Qué tipo de platos pueden preparar con los alimentos que ves en la foto?

OBJETIVOS COMUNICATIVOS

By the end of this chapter, you will be able to...

- identify parts of the body and related organs.
- describe health issues and conditions.
- give advice and recommendations.
- give formal instructions to others.
- describe an incident in the past.

OBJETIVOS CULTURALES

By the end of this chapter, you will be able to...

- describe nutrition and recommendations for healthy living in various Spanish-speaking countries.
- examine the impact of a community action group on the well-being of children in Peru.
- discuss access to clean water and how it affects quality of life.
- discuss traditional medicine in some Spanish-speaking countries.

ENCUENTROS

Video: Sofía sale a la calle a preguntar
Conozcamos a... José Rolando Monterroso Vargas

EXPLORACIONES

Exploremos el vocabulario

La anatomía
Las enfermedades y los síntomas
Los remedios y los servicios médicos
La nutrición

Exploremos la gramática

Subjunctive to give suggestions and recommendations
Subjunctive with impersonal expressions
Formal commands
Se for unplanned occurrences

EXPERIENCIAS

Manos a la obra: Hacia un mundo más saludable
Experiencias profesionales: Nuevo vocabulario y nuevas frases
El blog de Sofía: El restaurante Cerro San Cristóbal
Cortometraje: *María desde Perú*
Página informativa: El acceso al agua potable
Página literaria: Daniel Alarcón
Cultura y sociedad: La medicina tradicional
Película: *También la lluvia*

ENCUENTROS

Sofía sale a la calle a preguntar

3.1 Entrando en el tema. Muchos saben los componentes de una vida saludable, pero a veces hay desacuerdo con respecto a cuáles son los más importantes. Además, para algunas personas ciertas recomendaciones son muy fáciles de seguir, mientras que para otras son muy difíciles. En la siguiente tabla aparecen cinco recomendaciones que se suelen escuchar.

Answers will vary.

Paso 1: Indica el nivel de importancia que les das a las siguientes recomendaciones asignando un número entre 1 y 5, siendo 1 la más importante y 5 la menos importante. Después, justifica tu respuesta.

Recomendaciones	Nivel de importancia	¿Por qué?
Dormir al menos 8 horas cada noche.		
No consumir alcohol ni fumar.		
Comer más verduras y menos azúcar y grasa.		
Ser positivo/a y optimista.		
Hacer ejercicio todos los días.		

Paso 2: Indica si es difícil para ti seguir las siguientes recomendaciones asignando un número entre 1 y 5, siendo 1 la más difícil y 5 la más fácil. Después, justifica tu respuesta.

Recomendaciones	Nivel de dificultad	¿Por qué?
Dormir al menos 8 horas cada noche.		
No consumir alcohol ni fumar.		
Comer más verduras y menos azúcar y grasa.		
Ser positivo/a y optimista.		
Hacer ejercicio todos los días.		

3.2 Sofía sale a la calle. WP Sofía entrevista a tres personas sobre la salud: Viviana, Guido y Andrés. Antes de ver el video revisa bien la siguiente tabla con los nombres de los entrevistados, los temas discutidos y las respuestas parafraseadas. Coloca la letra en la casilla apropiada para indicar quién dijo qué durante la entrevista.

Video

WileyPLUS

Go to WileyPLUS to watch this video.

Temas	Viviana	Guido	Andrés
El mayor problema de la salud pública	F	B	I
Recomendaciones para una vida saludable	D	G	A
Un remedio tradicional	H	C	E

A. No consumir alcohol, drogas ni tabaco.
B. Falta de jeringas y otros materiales en los hospitales.
C. El jengibre hervido.
D. Hacer ejercicios 3 veces por semana y dormir 7 horas diarias.
E. La miel con azúcar y limón.
F. Acceso limitado a seguro médico.
G. Mantener una actitud positiva.
H. El té de coca.
I. El uso de medicinas no muy avanzadas.

3.3 ¿Qué piensas? Al empezar el video, Sofía declara que para lograr la felicidad es necesaria la buena salud, y termina preguntándonos sobre nuestros métodos personales para tener buena salud. Answers will vary.

Paso 1: Los aspectos de la salud que afectan a la felicidad se pueden dividir en tres categorías: lo físico (dieta y ejercicio), lo social (buenas relaciones con otros) y lo personal (autoestima y amor propio). Coloca las tres categorías en orden de prioridad desde el que más afecta la felicidad (1) al que menos la afecta (3).

Paso 2: Ahora entrevista brevemente a cinco personas sobre esos mismos aspectos de la salud: lo físico (dieta y ejercicio), lo social (buenas relaciones con otros) y lo personal (autoestima y amor propio). Pídeles que los pongan en orden del que más afecta la felicidad (1) al que menos la afecta (3) y que justifiquen ese orden. Después, coméntales cualquier discrepancia entre tu lista de prioridad y la de ellos. ¿Cuál parece ser el aspecto de la salud que más afecta la salud de tus compañeros? ¿Coincides con su opinión?

Estrategia de estudio: Analyzing Rules of Stress and Written Accent Marks

WileyPLUS
Go to WileyPLUS to watch this video.

Why does Spanish have written accents?

You may have wondered if there is any rhyme or reason to the written accents marks used in Spanish. Accent marks are short, diagonal lines written over vowels. You will never see a Spanish word with an accent mark over a consonant. Written accent marks have 3 main functions. The first is to highlight the meaning or function of a word. The second is to signify a question. The third is to indicate which syllable of a word should be emphasized or stressed when spoken aloud. There actually are rules for when written accents are needed. These rules are not hard to learn and will guide you when in doubt as to whether or not a word needs an accent. Refer to the written chapter for more information on the rules for written accent marks.

José Rolando Monterroso Vargas

Antes de escuchar

3.4 El autorretrato de Rolando. Tienes la oportunidad de hacer una entrevista virtual a Rolando para tu clase. ¿Qué te gustaría saber de él? Escribe tres preguntas. Answers will vary.

1. ____________________
2. ____________________
3. ____________________

Courtesy of Diane Ceo-DiFrancesco

Rolando vive y trabaja en Guatemala.

Mientras escuchas

3.5 ¿Cierto o falso? WP Tu amigo escuchó la entrevista de Rolando, pero no entendió todo. Decide si la información que tu amigo dice es **cierta (C)** o **falsa (F)**, según lo que dijo Rolando.

1. Rolando trabaja como médico para la organización Children's Hope Chest.
2. La mayoría de los niños del hogar no tienen familia.
3. Los niños no tienen la culpa de sus circunstancias.
4. Cada día los niños comen comida nutritiva.
5. Empezó a trabajar como voluntario cuando tenía 18 años.
6. La esposa de Rolando es terapista ocupacional.
7. A veces es necesario que Rolando trabaje con un intérprete porque no sabe hablar inglés muy bien.

Answers for 3.5: 1. F (Rolando trabaja como enfermero en los hogares para niños); 2. C; 3. C; 4. C; 5. F (Empezó a trabajar como voluntario cuando tenía 22 años); 6. C; 7. F (No trabaja con un intérprete porque sabe hablar inglés muy bien.)

Después de escuchar

3.6 ¿Qué piensas tú? Al igual que Rolando y Lisa, estás considerando trabajar con niños en tu comunidad. Comenta con un/a compañero/a las siguientes preguntas. Answers will vary.

1. ¿Hay hogares de niños/orfanatos en tu comunidad? ¿Por qué?
2. ¿Qué programas especiales hay en tu comunidad para los niños discapacitados?
3. ¿Te gustaría trabajar como voluntario/a con los niños de tu comunidad?
4. ¿Qué actividades se puede hacer con los niños?

Estrategia de estudio: Taking Notes in Spanish *by Noah Michalski*

Noah Michalski

Something I find works for me is taking a lot of notes in Spanish. I copy down all of the cultural information and useful charts and graphs that are presented. This helps me memorize some of the words in Spanish and helps me work on my writing skills in general and it's also something that keeps me engaged in class, especially on days when I'm tired.

Suggestion for 3.6: Divide the class into groups and assign each group one of the questions for discussion. Groups can report back to the class. If there are two groups with the same question, see what different ideas they create.

Conozcamos a...

Follow-up for 3.4: Review students' ideas with the class to prepare them for the audio segment.

Audioscript for 3.5: Mi nombre es José Rolando Monterroso Vargas, pero mis amigos me llaman Rolando. Soy de Guatemala. Ahora vivo en San Lucas con mi esposa Lisa y mi hijo Lucas. Tengo 27 años y trabajo para Children's Hope Chest como enfermero. La verdad es que siempre me ha gustado trabajar con niños y hace cinco años que empecé como voluntario en varios hogares para niños. Los niños viven en estos hogares porque son huérfanos o porque sus padres no pueden cuidarlos. Algunos de ellos son discapacitados. Como hay pocos adultos para cuidarlos a tiempo completo, estoy muy ocupado. Cada mañana, les doy de comer y me aseguro de que tengan alimentos nutritivos. Les baño y les llevo a la terapia física y ocupacional. Les doy sus medicamentos y reviso el plan de cuidado de cada niño. Por la tarde, salimos a la calle a jugar. Cada seis meses organizo las consultas con médicos y psicólogos. Como sé hablar inglés bastante bien, desde hace tres años trabajo como traductor e intérprete. A veces vienen grupos de médicos de Estados Unidos, y también les sirvo como intérprete. Es importante que ayudemos a los niños necesitados porque no tienen la culpa de su circunstancia. Es mejor que se rían de vez en

WileyPLUS
Go to WileyPLUS to watch this video.

cuando y sientan el amor de otros seres humanos. Además, es necesario que coman comidas nutritivas. Pienso que este trabajo de servicio social es muy importante en Guatemala. Es triste que haya tantos niños con necesidades graves. Mi esposa Lisa es terapista ocupacional y ella trabaja a mi lado. Ella crea planes de terapia para los niños con discapacidades para mejorar la situación de cada uno. Dedicamos nuestra vida a este trabajo. Nosotros les recomendamos que ustedes también busquen un trabajo para ayudar a la comunidad. Uno aprende mucho de sí mismo y este tipo de trabajo es más valioso que el dinero o una casa grande.

¿Qué sabes de Bolivia, Guatemala y Perú?

WP Repasa los mapas, las estadísticas y las descripciones de Bolivia, Guatemala y Perú en WileyPLUS.

Sitios interesantes

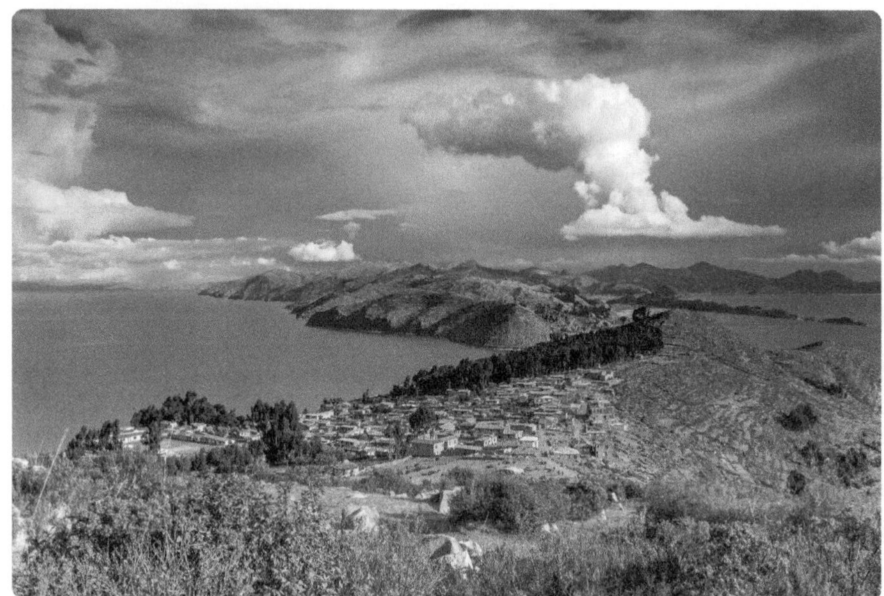

Mikael Kvist / Moment Open / Getty Images

La isla del Sol, situada en el lago Titicaca, Bolivia, es la isla más grande del lago.

Courtesy of Diane Ceo-DiFrancesco

Cusco, Perú, fue la ciudad más grande de los incas y la capital del imperio incaico.

(continuación)

(continuación)

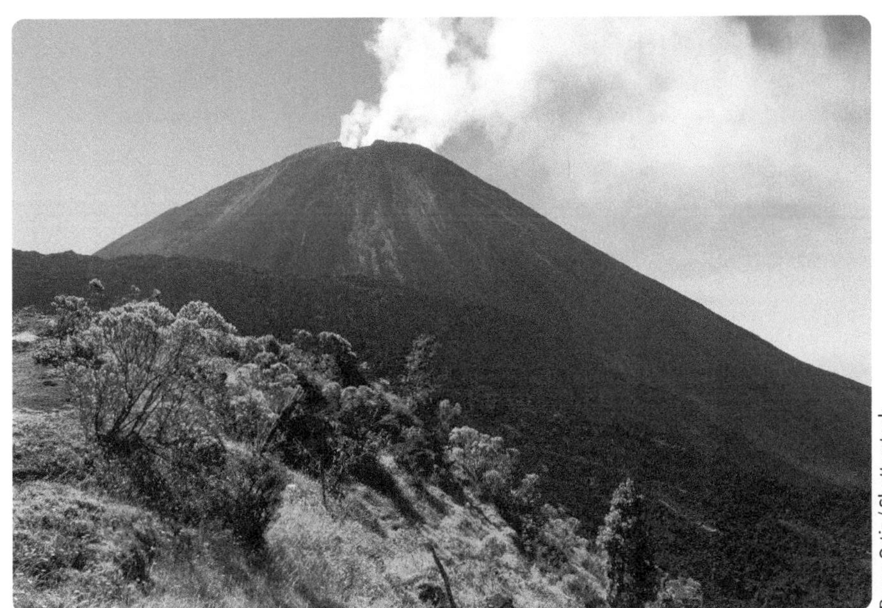

Byron Ortiz / Shutterstock

El volcán Pacaya es uno de los volcanes más activos de Centroamérica.

3.7 Datos interesantes de Bolivia, Guatemala y Perú. Estás investigando acerca de la nutrición y los alimentos típicos de Bolivia, Guatemala y Perú. Lee los datos de cada país y luego contesta con un/a compañero/a las siguientes preguntas. Answers will vary.

1. ¿En qué país se cultivan más variedades de papas? ¿Por qué crees que es así?
2. ¿Por qué crees que hay distintas variedades de papas?
3. ¿Por qué piensas que hay tantas frutas tropicales?
4. ¿Cómo se comparan estos datos con los de EE. UU.?
5. ¿Qué conclusiones puedes sacar de estos datos?

Datos interesantes: Bolivia

Número de variedades de papas: 1550

Número de yerbas que se utilizan para medicina: 3000

Número de frutas tropicales que se cultivan: 23

Número de especies de legumbres de granos que se cultivan: 5

Datos interesantes: Guatemala

Número de variedades de papas: 70

Número de yerbas que se utilizan para medicina: 120

Número de frutas tropicales que se cultivan: 7

Número de especies de legumbres de granos que se cultivan: 7

Datos interesantes: Perú

Número de variedades de papas: 3000

Número de yerbas que se utilizan para medicina: 83

Número de frutas tropicales que se cultivan: 44

Número de especies de legumbres de grano que se cultivan: 13

Datos interesantes: Estados Unidos

Número de variedades de papas: 100

Número de yerbas que se utilizan para medicina: 200

Número de frutas tropicales que se cultivan: 22

Número de especies de legumbres de grano que se cultivan: 12

EXPLORACIONES

Exploremos el vocabulario 1

La anatomía

WP **Repasar: Las partes del cuerpo, Capítulo 7 en *Experiencias Introductorio.***

WileyPLUS

Go to WileyPLUS Resources to access an interactive version of these illustrations to review these vocabulary words and their pronunciation.

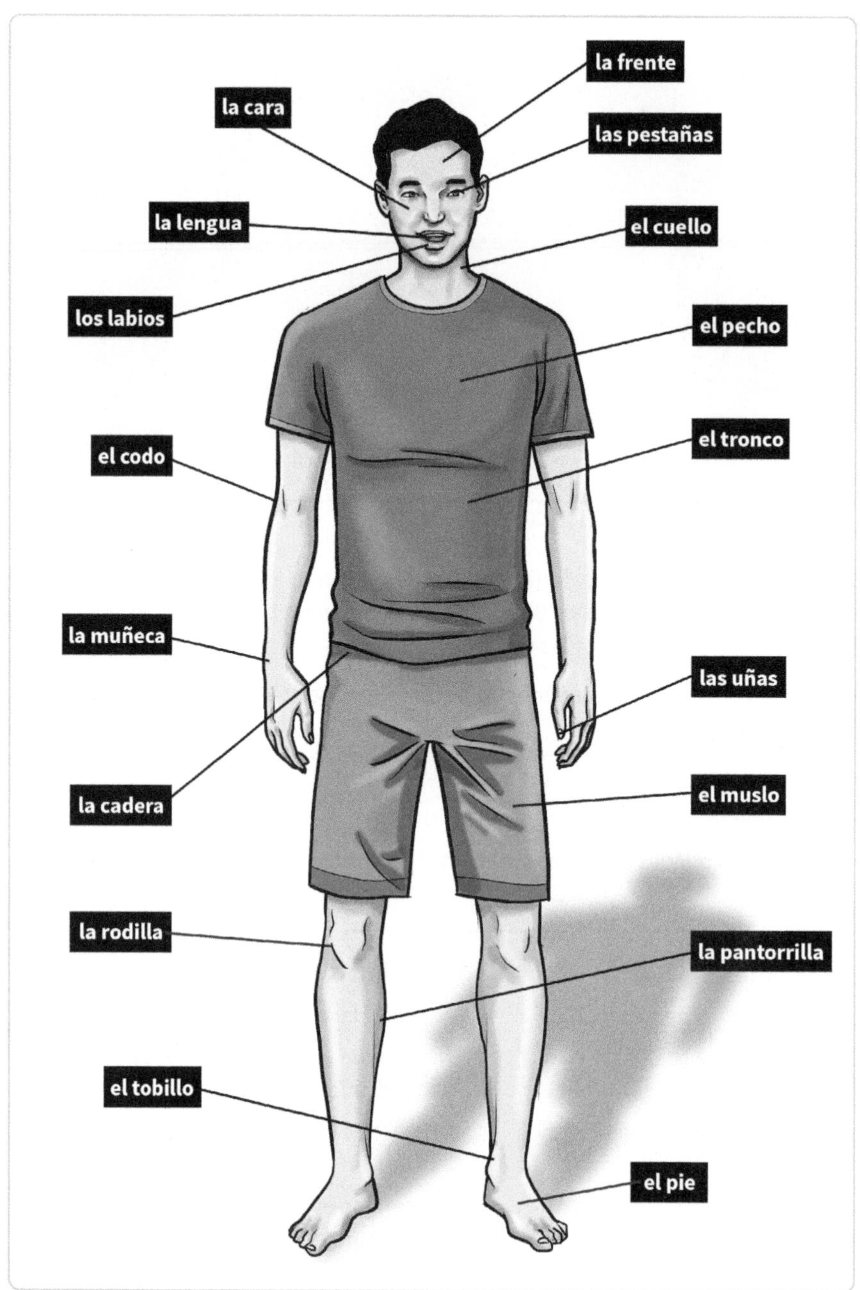

El cuerpo.

Los componentes esenciales del cuerpo

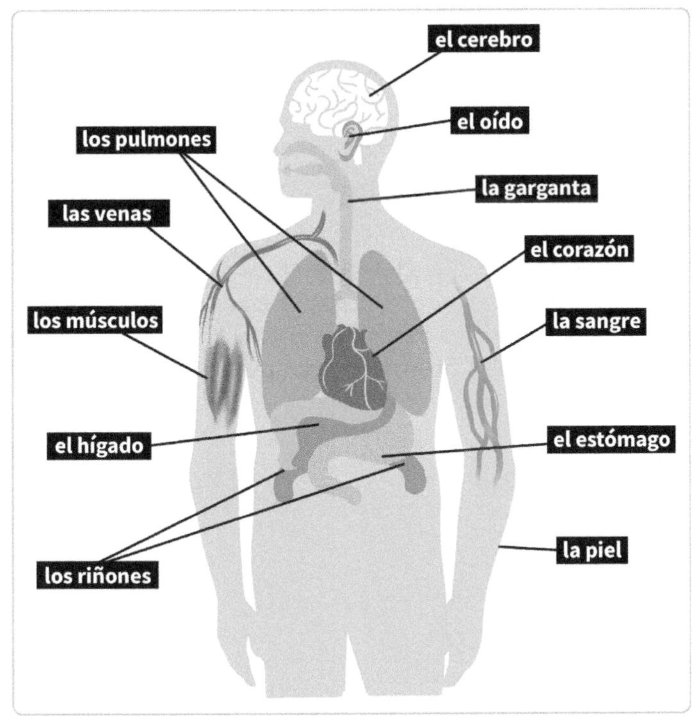

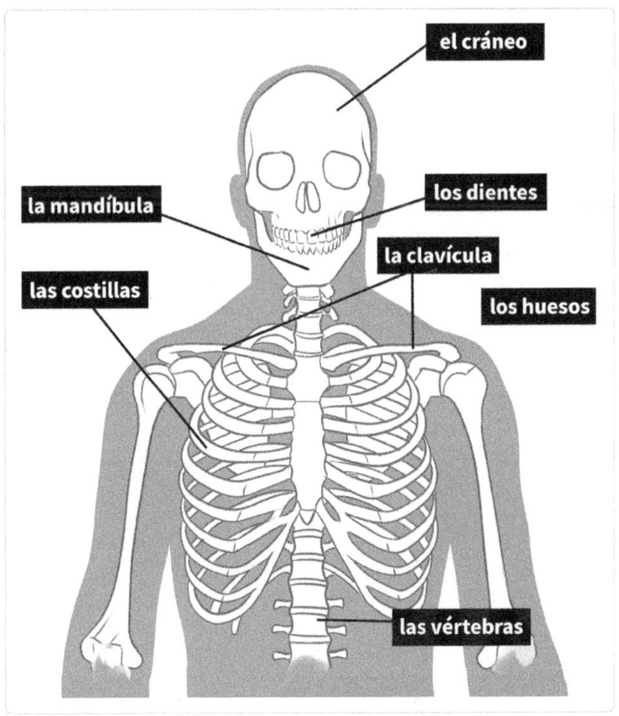

El esqueleto.

Warm up for 3.8: Use TPR to review body parts from **Experiencias Introductorio** to introduce and practice new parts. Students can learn a large amount of vocabulary in less than 15 minutes by listening to the instructor and touching the body part in response to e.g: **Esta es la cabeza. Tóquense la cabeza**, etc.

3.8 Examen de anatomía. WP Estás en el laboratorio de anatomía y tu compañero/a quiere practicar para el próximo examen. Primero, tu compañero/a te describe las partes del cuerpo y los órganos internos más comunes. Escucha sus descripciones y señala qué parte del cuerpo u órgano es.

	a.	b.	c.	d.
1.	**a.** los ojos	**b.** los dientes	**(c.)** los dedos	**d.** las costillas
2.	**a.** la clavícula	**(b.)** las piernas	**c.** la frente	**d.** las venas
3.	**a.** los riñones	**b.** la garganta	**(c.)** la piel	**d.** los pulmones
4.	**a.** el hígado	**b.** la piel	**(c.)** el corazón	**d.** el estómago
5.	**(a.)** los pulmones	**b.** el hígado	**c.** el cerebro	**d.** el corazón
6.	**a.** las rodillas	**b.** la piel y el pecho	**(c.)** la boca y los dientes	**d.** el dedo y las uñas
7.	**a.** las orejas y los pies	**(b.)** los brazos y las manos	**c.** el cuello	**d.** la espalda
8.	**a.** los dientes	**b.** las vértebras	**c.** el codo y la pantorrilla	**(d.)** los huesos
9.	**a.** la piel	**b.** el corazón	**c.** las manos	**(d.)** los músculos
10.	**a.** el hígado	**b.** los riñones	**(c.)** el estómago	**d.** la piel

Warm up for 3.8: Divide the students into groups of three. Give each group papers with adhesive or slips of paper. One student lies on the floor or sits down. One student writes organs and body parts on the slips of paper and the third places the label in the correct location on the student. Students can negotiate by asking questions like **¿Dónde está el brazo? ¿Es esta la espalda?**

Suggestion for 3.8: For hybrid or flipped classes, you may want to assign students to listen to the audio and complete this activity prior to the class session.

Audioscript for 3.8:
1. Normalmente tenemos veinte de esta parte del cuerpo.
2. Esta parte del cuerpo nos ayuda a correr rápido.
3. Este órgano protege todo el cuerpo.
4. Este órgano manda la sangre a diferentes partes del cuerpo.
5. Este órgano sirve para respirar y dejar el oxígeno en la sangre.
6. Estas partes del cuerpo nos ayudan a comer.
7. Son extremidades que se usan para tirar una pelota.
8. Hay 206 de estos en el cuerpo humano y son blancos.
9. Nos ayudan a mover el cuerpo.
10. Forma parte del tronco. Es el órgano interno que se usa para digerir la comida.

Estrategia de estudio: Participating in Class *by Nathalie Solorio*

Nathalie Solorio

Something that really helps me with Spanish is participating in class, even when there are days when I don't feel like going to class. A lot of my professors have graded on participation, so I try to increase my participation as the days go by.

WileyPLUS
Go to WileyPLUS to watch this video.

Answers for 3.9: 1. cinco (los dedos, la mano, el cerebro, los brazos, los ojos); 2. uno (el cerebro); 3. siete (las manos, los dedos, los brazos, el cerebro, los dientes, los ojos, la boca); 4. cuatro (el cerebro, la boca, la lengua, el brazo); 5. tres (los ojos, el cerebro, el oído); 6. cuatro (las piernas, los pies, los brazos, las manos); 7. seis (el cerebro, los brazos, los ojos, las manos, las piernas, los pies).

Suggestion for 3.9: For hybrid or flipped classes, you may want to assign students to complete this activity prior to the class session.

Suggestion for 3.10: You can provide each group with a list of body parts, or visuals representing body parts to be utilized for the game.

3.9 ¿Cuántas partes del cuerpo se usan para...? Para la clase de anatomía, el profesor les pregunta sobre las partes del cuerpo que utilizamos en cada situación. Trabaja con tu compañero/a para decidir cuántas partes del cuerpo utilizan según la situación.

1. Escribir un mensaje de texto...
2. Pensar en una respuesta...
3. Hacer la cena...
4. Contestar una pregunta en clase...
5. Ver la tele...
6. Andar en bicicleta...
7. Ir de compras al supermercado...

3.10 Veinte preguntas. Tus compañeros de clase quieren estudiar para un examen. En grupos de tres, jueguen a Veinte preguntas. Una persona piensa en una parte u órgano del cuerpo. Las otras dos le hacen preguntas sencillas (respuestas de sí o no), utilizando como modelo las siguientes preguntas. Cada vez que adivinen una palabra, túrnense hasta que todos los miembros del grupo hayan participado. GAME

Modelo:
- ¿Es parte del tronco?
- ¿Es un órgano interno?
- ¿Es una extremidad?
- ¿Hay dos de esta parte?
- ¿Es rojo?
- ¿Se usa para correr, comer, leer?
- ¿Es un hueso?

Exploremos el vocabulario 2

Las enfermedades y los síntomas

WileyPLUS
Go to WileyPLUS Resources to access an interactive version of this illustration to review these vocabulary words and their pronunciation.

Teaching tip for Exploremos el vocabulario 2: Encourage students to guess the meaning of cognates to eliminate the need to memorize these vocabulary items. Also, remind them to focus on the differences in their spelling.

Tiene tos.
La nariz está tapada. Ella (la niña) está congestionada.
Tiene dolor de estómago.
Tiene fiebre.
Tiene el brazo fracturado.
Tiene el tobillo hinchado.
Tiene una herida.

Los cognados		**Verbos**	
la alergia		**cuidarse**	*to take care of oneself*
la bronquitis		**desmayarse**	*to faint*
la diarrea		**doler**	*to hurt*
el estrés		**enfermarse**	*to get sick*
la infección de…		**estornudar**	*to sneeze*
las náuseas		**fracturarse**	*to fracture*
Otros términos		**hacerse un análisis de sangre**	*do a blood analysis*
el catarro/ el resfriado	*cold*	**ir a la sala de emergencias**	*go to the emergency room*
la gripe	*flu*	**sentirse mal**	*to feel badly*
la parasitosis	*intestinal parasitic infection*		

Exploremos el vocabulario 3

Los remedios y los servicios médicos

WileyPLUS
Go to WileyPLUS Resources to access an interactive version of this illustration to review these vocabulary words and their pronunciation.

WP **Repasar: Las profesiones y los oficios, Capítulo 5 en *Experiencias Introductorio*.**

Los servicios médicos		***Medical services***	
el consultorio	*doctor's office*	**la receta**	*prescription*
el/la farmacéutico/a	*pharmacist*	**la sala de emergencias**	*emergency room*
la farmacia	*pharmacy*		

Suggestion for Exploremos el vocabulario 3: Ask students to identify which items from the list are cognates.

¡Alerta!: Doler

Remember that the verb **doler** has a vowel change (**o** to **ue**) for all forms except in **nosotros** and **vosotros** forms in the present indicative. When used with indirect object pronouns it functions much like the verb **gustar**.

Me d**ue**len los ojos.	*My eyes hurt.*
A mi hermana le d**ue**le el pie.	*My sister's foot hurts.*

Suggestion for 3.11: For hybrid or flipped classes, you may want to assign students to listen to the audio prior to the class session.

Audioscript for 3.11:

1. Anoche, cuando salí de mi restaurante favorito, hacía mucho frío. Hoy me desperté con dolor de garganta y estornudando mucho. No puedo respirar bien. Creo que tengo un resfriado. Me duele mucho…
2. Mis hijas gemelas Elenita y Elsa tosieron mucho durante toda la noche y esta mañana no podían hablar ni desayunar. Les duele mucho…
3. Siento mucho estrés porque tengo varios exámenes y tengo que entregar tres informes para mis clases. Ayer, mientras hacía una presentación en la clase de historia, me desmayé. ¿Debo ir al médico a que me hagan unos análisis? Me duele mucho…
4. Ayer me caí y me torcí el pie. Ahora está todo hinchado y no puedo caminar. Me puse hielo por dos horas. ¿Necesito una radiografía? Me duele mucho…
5. Ayer nos quedamos demasiado tiempo en la playa. Hacía mucho sol y mucho calor y lo pasamos muy bien con nuestros amigos. Nadamos en el mar y jugamos al vóleibol. Se nos olvidó ponernos la crema protectora y ahora nos duele todo el cuerpo. Tenemos fiebre. Nos duele mucho…
6. No me siento muy bien. Tengo fiebre y náuseas. No puedo comer nada porque me duele…

3.11 En la oficina de la doctora Miriam Vargas Reyes. Estás en la sala de espera del consultorio de la doctora Vargas. Varios pacientes le explican sus problemas a la recepcionista antes de ver a la doctora. Completa los dos **Pasos**.

Paso 1: WP Escucha el audio e identifica la parte del cuerpo que les duele de las siguientes opciones.

1.	**a.** el brazo	**(b.)** la cabeza	**c.** la mandíbula	**d.** la mano
2.	**(a.)** la garganta	**b.** la nariz	**c.** la frente	**d.** la oreja
3.	**(a.)** la cabeza	**b.** la mano	**c.** la pierna	**d.** la espalda
4.	**a.** el cuello	**(b.)** el tobillo	**c.** el dedo	**d.** el hombro
5.	**a.** la pierna	**(b.)** la piel	**c.** el estómago	**d.** el corazón
6.	**a.** el hombro	**b.** el hígado	**c.** la rodilla	**(d.)** el estómago

Paso 2: Ahora con un/a compañero/a, explica qué actividades no pueden hacer esas personas. **Possible answers for 3.11, Paso 2:** 1. No puede pensar, leer; 2. No pueden comer, tomar jugo, hablar; 3. No puede pensar, estudiar; 4. No puede correr, saltar, caminar; 5. No pueden acostarse, ponerse la ropa. No pueden jugar al tenis; 6. No puede trabajar; No puede comer.

3.12 ¿Cómo lo solucionamos? WP Durante tu entrenamiento con la Cruz Roja tienes que recordar qué remedios son apropiados para cada síntoma. Para practicar, une los síntomas con un remedio lógico.

La paciente tiene…	La paciente necesita…
1. _f_ bronquitis.	**a.** ponerse hielo.
2. _d_ alergia al polen.	**b.** ponerse gotas.
3. _c_ fiebre.	**c.** tomar mucho líquido.
4. _h_ gripe.	**d.** tomar antihistamínicos.
5. _g_ dolor de garganta.	**e.** tomar un jarabe.
6. _b_ infección del ojo.	**f.** tomar antibióticos.
7. _e_ tos.	**g.** hacer gárgaras.
8. _a_ el pie hinchado.	**h.** tomar antiinflamatorios.

Suggestion for 3.12: Many heritage language learners help out less English proficient relatives when they seek out medical care. You may want to see if someone has helped a family member or friend and share that experience with the class. Have them talk about the experience and what, if any, challenges they faced as they assisted their family or friend.

3.13 El español cerca de ti. En muchas comunidades de EE. UU. hay servicios médicos que también se ofrecen en español. Averigua si hay servicios de este tipo en tu comunidad. Answers will vary.

1. ¿Hay médicos, clínicas u hospitales con personal que hable español?
2. ¿Qué servicios ofrecen a una persona que no habla inglés?
3. ¿Hay un/a médico/a especialista hispano/a en tu comunidad? ¿De dónde es?
4. Si no encuentras ningún servicio en tu comunidad, ¿adónde debe ir una persona que no hable inglés para encontrar servicios médicos en español?
5. Escribe un informe de entre 4 y 5 líneas explicando qué información has encontrado.

Suggestion for 3.13: For flipped or hybrid courses, students can prepare this activity outside of class. During the next class session, they can present their findings to the class.

Subjunctive to give suggestions and recommendations

Exploremos la gramática 1

WileyPLUS

Go to WileyPLUS to review this grammar point with the help of the Animated Grammar Tutorial.

WP Repasar: Subjuntivo, Capítulo 2 *Experiencias Intermedio*; los verbos en el presente indicativo, los verbos irregulares, Capítulos 3, 4, 5, 6 en *Experiencias Introductorio.*

You were introduced to the subjunctive mode in the previous chapter when communicating about wishes, hopes and indefiniteness. Now you will experience the use of subjunctive to give suggestions and recommendations. Study the following examples.

Personal expressions where the doer of the action, the subject (s1), is expressed:

(s=subject, v=verb)

(Yo) ***Espero que*** los estudiantes ***tengan*** una vida saludable.

s1 *v1* s2 **v2**

I hope that the students have a healthy lifestyle.

La doctora Martínez ***quiere que*** sus pacientes ***escuchen*** sus consejos.

s1 *v1* s2 **v2**

Doctor Martínez wants her patients to listen to her advice.

With **que** and a change in subject (s2), verb 2 (**v2**) will be in subjunctive because s1 is attempting to influence s2.

Some verbs that elicit the subjunctive with a change of subject (s2) are:

Aconsejar	Sugerir	Pedir
Querer	Recomendar	Prohibir

Subjunctive with impersonal expressions

Exploremos la gramática 2

WileyPLUS

Go to WileyPLUS to review this grammar point with the help of the Animated Grammar Tutorial.

Es necesario que Miguelito ***tome*** su medicina.

v1 s2 **v2**

It's necessary for Miguelito to take his medicine.

Es recomendable que (nosotros) ***vayamos*** al médico, por lo menos, una vez al año.

v1 s2 **v2**

[Subject s1 is missing because it is the omitted subject "it" of the verb **ser**.]

It's recommended that we visit the doctor at least once a year.

Es necesario	Es mejor	Es aconsejable
Es importante	Es recomendable	Ojalá

In contrast...

(Yo) ***sé que*** los estudiantes ***tienen*** una vida saludable.

s1 *v1* s2 **v2**

I know that the students have a healthy lifestyle.

Es cierto que Rolando ***trabaja*** como enfermero.

v1 s2 **v2**

It's true that Rolando works as a nurse.

Audioscript for 3.14:
(off voice: *En casa. Elenita se levanta y habla con su mamá.*)
Elenita: Mami, no me siento bien. No puedo ir a la escuela hoy.
Sra. Mena: Vamos a ver, ¿qué te pasa? ¿Te duele algo? Cuéntame, ¿cómo te sientes, mi hijita?
Elenita: Tengo la frente muy caliente y me siento débil. Creo que me voy a desmayar.
Sra. Mena: Aquí tengo el termómetro. Ponlo debajo de la lengua y cierra la boca. Parece que tienes fiebre. Quiero que te quedes en cama. Voy a llamar al consultorio de la doctora Ramírez para pedir una cita.
(off voice: *En el consultorio de la doctora Ramírez. La doctora habla con Elenita.*)
Doctora: Déjame ver, Elenita. Siéntate aquí en la mesa, por favor. ¿Puedes contarme exactamente cómo te sientes?
Elenita: Estoy enferma, doctora.
Doctora: Sí, lo sé, pero dime ¿te duele la cabeza? ¿Te duelen los músculos? ¿Te duele el estómago? ¿Tienes náuseas? ¿Comiste muchos dulces anoche?
Elenita: Sí, tengo dolor de cabeza y dolor de músculos. Me duele mucho la garganta, sobre todo cuando como algo. Mami dice que tengo fiebre. Me tomó la temperatura y está alta.
Doctora: Muy bien. Saca la lengua y di "ah". Voy a mirar la garganta. Está inflamada.
Elenita: ¿Me va a poner una inyección? Por favor, no quiero que me ponga una inyección.
Doctora: Cálmate, preciosa. No necesitas una inyección hoy.

WileyPLUS
Go to WileyPLUS to watch this video.

Sra. Mena: Dígame, doctora. ¿Cómo está mi hija? ¿Es algo serio?
Doctora: No, señora, no es serio. Ella tiene una infección de garganta. Le daré una receta para que compre unos antibióticos. Es necesario que Elenita tome una pastilla cada

With change in subject in **s2** the verb will NOT be in subjunctive because subject 1 (s1) is certain/sure of what is happening to subject 2 (s2).

Saber
Estar seguro/a de que
Es cierto que (*verb in indicative*)
Es verdad que

Spelling Changes to Remember

Remember the steps presented in **Chapter 2** to create the present subjunctive so that you will not miss the spelling changes that result in the **yo** forms. Here are a few examples to help remind you:

Verbs	Present Indicative	Present Subjunctive
tener	tengo	tenga
poner	pongo	ponga
volver	vuelvo	vuelva
cerrar	cierro	cierre
conocer	conozco	conozca
buscar	busco	busque
entregar	entrego	entregue
almorzar	almuerzo	almuerce
escoger	escojo	escoja
exigir	exijo	exija

Different Verbs to Remember

There are some verbs that do not use the **yo** form to create the subjunctive:

dar	doy	dé
ir	voy	vaya
ser	soy	sea

Estrategia de estudio: Forming the Present Subjunctive
by Vincent DiFrancesco

Vincent DiFrancesco

When forming the present subjunctive, I use these simple steps: First, I find the dictionary form or the infinitive. Then I find the **yo** form in the present indicative. Thirdly, I find the opposite vowel ending and put it on the verb stem. So for **-ir** and **-er** verbs, that's an '**a**' and for **-ar** verbs that's an **e**. So for example, for the verb **tener**, first I find the dictionary form, which is **tener**. Then, step 2, I find the **yo** form in the present indicative, which is **tengo**. And then, the third step, I add the opposite vowel ending, which in this case, because **tener** is an **-er** verb, you need an **a**. So that'd be **tenga**. **Tener-tengo-tenga**. If you use these three simple steps, you won't get confused about the subjunctive. And remember, with more practice, things will get easier.

3.14 Elenita no va a la escuela hoy.

Elenita, una niña de siete años que cuidas por las tardes después de tus clases, está enferma. Completa los **Pasos** para saber qué le pasa a Elenita.

Paso 1: Escucha una conversación entre Elenita y su mamá, y luego entre Elenita y la doctora. Después, completa la tabla con información de las conversaciones.

Síntomas:
Se siente débil. Tiene fiebre, dolor de cabeza y dolor de músculos. Le duele la garganta.
Recomendaciones de la doctora:
Es necesario que Elenita tome una pastilla cada día durante una semana y que haga gárgaras tres veces al día. La doctora recomienda que descanse durante el día y que no juegue con sus amigos hoy. También es recomendable que se quede en casa y que hoy no vaya a la escuela. Si no se siente mejor dentro de una semana, la doctora quiere que su mamá la llame de nuevo.
Elenita está más contenta al salir del consultorio de la doctora. ¿Por qué?
No puede ir a la escuela hoy.

Paso 2: Mañana cuando llegas a casa de Elenita para cuidarla, ¿qué recomendaciones tiene su mamá para cuidarla? Comparte tus ideas con tu compañero/a. Answers will vary.

3.15 En la residencia estudiantil. WP

Durante el semestre, hay momentos en los que parece que todo el mundo se enferma. Escucha los síntomas de tus compañeros y escoge la recomendación más apropiada.

1. (a.) Es recomendable que descanses y que no comas mucho.
   b. Es importante que te pongas hielo en el brazo.
   c. Te recomiendo que tomes antihistamínicos.
2. (a.) Te sugiero que pidas una cita con tu médico/a.
   b. Es importante que no tomes líquidos hoy.
   c. Es mejor que no te pongas gotas.
3. a. Te recomiendo que vayas al psicólogo cuanto antes.
   b. Es importante que duermas mucho hoy.
   (c.) Es aconsejable que te hagan una radiografía y te pongan un yeso.
4. a. Quiero que te pongan un yeso.
   b. Es necesario que hables con el/la farmacéutico/a.
   (c.) Es importante que te hagan un análisis de sangre.
5. a. Es importante que uses muletas.
   (b.) Es necesario que vayas a la farmacia a comprar medicinas.
   c. Te aconsejo que hagas mucho ejercicio.
6. a. Te recomiendo que te pongas hielo en el dedo.
   (b.) Es necesario que pidas una cita con tu médico/a.
   c. Te recomiendo que descanses mucho.

Suggestion for 3.15: For hybrid or flipped classes, you may want to assign students to listen to the audio and complete this activity prior to the class session.

3.16 ¿Tienes demasiado estrés?

El estrés es natural, pero en grandes cantidades puede causar muchos problemas de salud. El siguiente cuestionario puede ayudarte a determinar tu nivel de estrés. Completa los siguientes **Pasos**. Answers will vary.

Paso 1: Lee las siguientes oraciones y rellena el cuestionario para averiguar tu nivel de estrés.

Technology tip for 3.16 and 3.17: For hybrid courses, this activity can be assigned on your learning management system discussion board.

día durante una semana y que haga gárgaras tres veces al día. Además, recomiendo que descanse durante el día y que no juegue con sus amigos hoy. También es recomendable que se quede en casa y que hoy no vaya a la escuela.
Sra. Mena: Gracias, doctora.
Doctora: Y si no se siente mejor dentro de una semana, quiero que me llame de nuevo.
Elenita: Gracias, doctora. ¡No voy a la escuela!

Suggestion for 3.14: For hybrid or flipped classes, you may want to assign students to listen to the audio and complete this activity prior to the class session.

Audioscript for 3.15:
1. Tengo náuseas y diarrea. Me duele mucho el estómago y la cabeza. ¿Cómo me cuido?
2. Me duele mucho la garganta. Puedo tomar líquidos, pero con mucha dificultad. Tengo fiebre también. ¿Tengo una infección?
3. Ayer me caí y me torcí el pie. Ahora está muy hinchado y no puedo caminar muy bien. ¿Cómo puedo llegar a mis clases hoy?
4. Últimamente no me siento bien. Estoy muy cansado todo el día. No tengo ganas de hablar con nadie y no puedo hacer la tarea. No voy a clases porque no puedo levantarme de la cama. ¿Qué me pasa?
5. Tengo tos y me duele la cabeza. Tengo la nariz congestionada y estornudo con frecuencia. Creo que tengo un resfriado, y no tengo ganas de ir al trabajo. ¿Qué me recomiendas?
6. Hace dos días me corté el dedo con un cuchillo mientras preparaba la cena. Tengo una herida grande y llevo vendaje, pero me sale un líquido amarillo de la herida. Me duele y está hinchado el dedo. ¿Qué debo hacer?

Suggestion for 3.16: This activity is broken down into small steps for students to complete. For hybrid or flipped classes, you may want to assign **Paso 1** and **Paso 2** for students to prepare prior to the class session. **Paso 3** extends the activity and encourages students to interact with their partner.

Test de estrés y ansiedad

	Sí	No
1. Normalmente duermo pocas horas y mal; me despierto antes	☐	☐
2. Estoy muy tenso/a y me preocupo mucho.	☐	☐
3. Estoy malhumorado/a y me enfado fácilmente sin motivo.	☐	☐
4. Siempre tengo prisa y hago las cosas con mucha impaciencia.	☐	☐
5. Tengo dificultad para relajarme.	☐	☐
6. Tengo que revisar algunas cosas varias veces para estar	☐	☐
7. Siempre evito lugares cerrados porque siento mucha ansiedad.	☐	☐
8. Tengo miedo a perder el control.	☐	☐
9. Frecuentemente tengo mareos o siento vértigo.	☐	☐
10. Soy muy impaciente.	☐	☐
11. No puedo dejar quietos las manos y los pies, siempre tengo que moverlos.	☐	☐
12. Tengo falta de concentración.	☐	☐

Paso 2: Calcula el número de tus respuestas afirmativas y comprueba tu nivel de estrés y ansiedad.

1–2 respuestas afirmativas: Bajo o muy bajo
3–5 respuestas afirmativas: Medio
6–9 respuestas afirmativas: Alto
10–12 respuestas afirmativas: Muy alto

Paso 3: Con un/a compañero/a, haz sugerencias y recomendaciones para reducir el nivel de estrés.

Suggestion for 3.17: For flipped or hybrid courses, students can prepare this activity outside of class. During the next class session, they can practice and present their situation to the class.

3.17 Situaciones. Haz el papel de **A** o **B** con tu compañero/a para participar en la conversación. Answers will vary.

A- Eres un/a asistente/a en tu residencia estudiantil. Un/a estudiante de tu piso viene a hablar contigo sobre un problema que tiene con su compañero/a de cuarto. Escucha su problema y hazle preguntas de aclaración. Después, ofrécele por lo menos, cuatro consejos. También, responde a lo que dice el/la estudiante y termina la conversación.

B- Estás muy preocupado/a por la salud de tu compañero/a de cuarto. Decides hablar con el/la asistente estudiantil para pedirle consejos. Haz una lista de los síntomas que muestra tu compañero/a de cuarto para poder explicárselos al/a la asistente/a. Explícale tu situación al/a la asistente/a.

La nutrición

WP **Repasar: Los alimentos y la nutrición, Capítulo 8 en *Experiencias Introductorio*.**

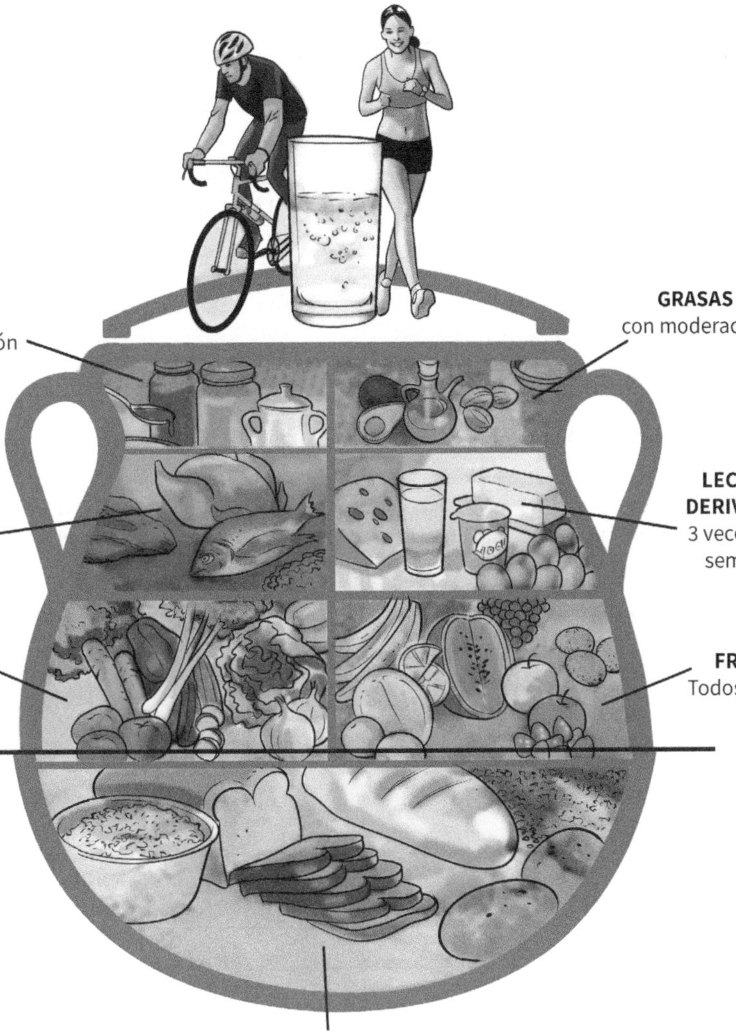

Exploremos el vocabulario 4

WileyPLUS

Go to WileyPLUS Resources to access an interactive version of this illustration to review these vocabulary words and their pronunciation.

Suggestion for Exploremos el vocabulario 4: La nutrición: As you begin to talk about food and healthy options, ask the heritage language learners about some of the foods and eating habits of where their family is from. If they do not know, have them ask their parents or grandparents and share this with the class. It will be valuable information and expose the class to the many culinary options in the world.

AZÚCARES con moderación

GRASAS con moderación

CARNES 2 veces por semana

LECHE Y DERIVADOS 3 veces por semana

HIERBAS Y VERDURAS todos los días

FRUTAS Todos los días

CEREALES, GRANOS Y TUBÉRCULOS todos los días

La olla familiar de Bolivia.

La nutrición	*Nutrition*	Los cognados
la alimentación	*food*	la actividad física
mantenerse sano/a	*keep oneself in good health*	los carbohidratos
potable	*drinkable*	la dieta
los productos lácteos	*dairy products*	la nutrición
proteger	*to protect*	las proteínas
saludable	*healthy*	

WileyPLUS
Go to WileyPLUS to watch this video.

Audioscript for 3.18:

1. Mi dieta es muy completa. Por la mañana, generalmente no desayuno porque no me apetece comer temprano. Solo tomo dos tazas de café con leche. Al mediodía preparo un sándwich y tomo dos refrescos. A las siete, voy a la cafetería para cenar. Normalmente como pizza o una hamburguesa y papas fritas. Me encantan las galletas de chocolate que sirven allí.
2. No como mucho porque quiero bajar de peso. Generalmente desayuno dos huevos y café cada día. Almuerzo un sándwich de pollo, una ensalada y fruta, y preparo una cena moderada. Como pollo y arroz o papas con brócoli y tomo dos vasos de agua en cada comida.
3. Siempre intento tomar ocho vasos de agua a diario. Evito comer mucha grasa y generalmente no como postres. Soy vegetariana, así que como muchos vegetales y frutas. Para las proteínas, como frijoles, queso y quinua.
4. Me gusta mucho el azúcar. Desayuno cereales o pan tostado con mermelada. Para el almuerzo, como un sándwich y cinco galletas con un vaso de leche. Para la cena como en la cafetería. Siempre elijo una sopa y una pasta. Normalmente como dos o tres postres porque son deliciosos.
5. Normalmente como huevos con tocino para el desayuno. Para almorzar, tomo un sándwich de jamón y queso, o una salchicha. Para la cena, me gusta comer un bistec o chuletas con papas fritas. No como muchos vegetales porque no me gusta comer nada verde. Me encanta la carne roja.

Estrategia de estudio: Practicing New Vocabulary *by Sofia DiFrancesco*

Sofia DiFrancesco

I like to practice new phrases and vocabulary with a friend or a classmate, either by phone or in person so that they can help me correct my pronunciation if need be. I also like to record myself and play it back so that I can hear how I am pronouncing new words. Cognates for me are especially tricky because they often look like they should sound like English words, but they aren't pronounced exactly the same. So I focus on those so that I can be understood.

3.18 La alimentación sana. Estás trabajando como asistente en la clínica para los hispanos de tu comunidad. Como parte de tu trabajo, tienes que hablar con los clientes sobre sus hábitos. Escucha el menú de varias personas y completa los **Pasos**.

Paso 1: WP Decide si la dieta de cada persona es saludable. Luego, escribe **Es sana** o **No es sana** para calificar cada dieta.

1. No es sana
2. Es sana
3. Es sana
4. No es sana
5. No es sana

Suggestion for 3.18: For hybrid or flipped classes, you may want to assign students to listen to the audio prior to the class session.

Paso 2: Con tu compañero/a, explica por qué las dietas de cada persona son sanas o no.
Answers will vary.

3.19 Niveles de nutrición. Todos necesitamos comer cierta cantidad de nutrientes para estar sanos. Utiliza la siguiente tabla para evaluar tu nivel de nutrición. Completa los siguientes **Pasos.** Answers will vary.

Paso 1: Indica con qué frecuencia comes cada grupo de alimentos y realizas actividad física.

Note for 3.19: Remind students that they do not have to share personal information. They can just make up their responses if they don't want to share their diet.

Grupos de alimentos	Todos los días	3 veces por semana	2 veces por semana	Muy rara vez	Nunca
Granos, cereales, tubérculos					
Verduras					
Frutas					
Leche y huevos					
Carnes					
Actividad física					

Paso 2: Evalúa tu dieta y tu nivel de actividad física y compártelos con los de tu compañero/a.

3.20 La dieta más apropiada. Tienes un nuevo trabajo en la cocina de un hospital y tienes algunos pacientes con problemas de nutrición. Crea un menú apropiado según la situación de cada paciente con dos compañeros/as de clase. Explica por qué incluyeron los alimentos que escogieron. Answers will vary.

1. Un hombre de cincuenta años con diabetes.
2. Una persona con alergia al gluten.
3. Una niña con gastroenteritis.
4. Una paciente vegetariana.
5. Un paciente con fiebre y resfriado.

Suggestion for 3.20: Divide the class into groups of three. Each group chooses a slip of paper with a situation written on it for which a menu is required. Tell students that they have 5 minutes to work together quietly—in Spanish—to create a menu for the occasion on their slip. They should not reveal their situation to the other groups. Tell groups to "elect" a spokesperson to share their menu. As each group shares the rest of the class listens and then "votes" for the situation that they believe corresponds to the menu. Guide the class as a whole in declaring what situation was described by each group. Volunteers tell why they made the choices they did.

Cultura viva

El cuy

En Perú y Bolivia, el conejillo de indias o cuy es una carne considerada un manjar, que se prepara en ocasiones especiales. El cuy es un alimento básico de la cocina andina y viene de las tradiciones precolombinas de los incas. Es una carne muy nutritiva que también se prepara para los enfermos, especialmente debido a su alto contenido de proteínas y vitaminas. La carne del cuy contiene poca grasa. Se puede preparar frito, asado o al horno, y servirse con papas, arroz y una sabrosa salsa picante.

Courtesy of Diane Ceo-DiFrancesco

El cuy es un plato muy nutritivo.

Technology tip for 3.20: You could also have students post their menu descriptions on your learning management system discussion board or read the descriptions of the class and post their guesses.

Exploremos la gramática 3

Formal commands

In Spanish we use formal commands to give instructions or to tell others what to do. Commands are used to address an individual (you) or a group (all of you). There are two ways to address an individual – **tú** (informally) and **usted/ustedes** (formally). In this chapter you will use formal commands to tell others what to do, in a more polite way.

The present subjunctive in the **usted** or **ustedes** forms of the verb are used for formal commands.

Para mantenerse sana, com**a** (*usted*) tres comidas cada día con muchas frutas y vegetales.

Tom**en** (*ustedes*) cuatro vasos de agua cada día para mejorar su salud.

WileyPLUS

Go to WileyPLUS to review this grammar point with the help of the Animated Grammar Tutorial.

Estrategia de estudio: Understanding Formal Commands *by Vincent DiFrancesco*

Vincent DiFrancesco

To help me understand this grammar, it really helps me to think of a direct command as what follows the **que** in these phrases, so if I'm trying to understand the phrase **Coma tres comidas**, it helps me to first look at that as an indirect command. Then, once I understand this part, I can take out the **quiero que** and then I'm left with the simpler version, **Coma Ud. tres comidas** or **Coma tres comidas**. Another example is I can first think of the indirect command, **Es necesario que tomen cuatro vasos de agua**, and then I can take out the first bit here '**Es necesario que**,' and then I'm left with the simpler version **Tomen Uds. cuatro vasos de agua** or **Tomen cuatro vasos de agua**.

WileyPLUS

Go to WileyPLUS to watch this video.

When a command is given with an object pronoun and/or reflexive pronoun, use this formula for affirmative commands:

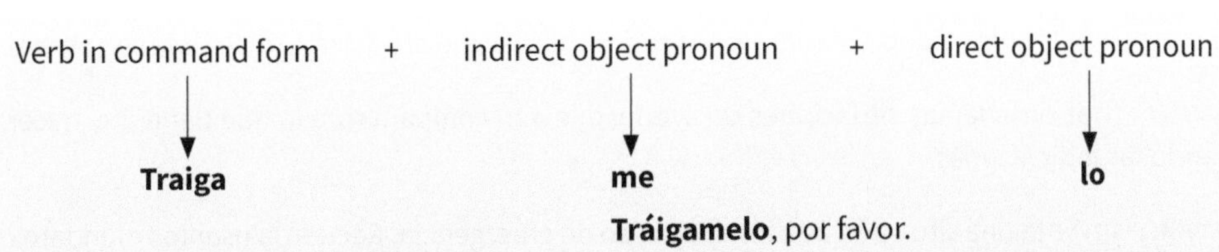

When expressing a negative command, pronouns immediately follow the **no** and are placed before the command, following this order:

No me lo traiga ahora.

Don't forget these irregular forms:

Ir	**vaya/n**
Ser	**sea/n**
Ver	**vea/n**

Follow-up for 3.21: Have the students make the illogical statements into logical ones.

Audioscript for 3.21:

1. Usted tiene fiebre. Corra cinco millas y después tome dos refrescos. Llámeme de nuevo en dos días.
2. Es posible que tenga un brazo fracturado. Vaya a la sala de emergencias porque necesita una radiografía.
3. Quiero investigar más su falta de energía. Hágase un análisis de sangre. Siga mis instrucciones para una dieta más sana: mucha proteína y pocos carbohidratos.
4. ¿Le duele mucho el estómago? Pues, saque la lengua, repita el abecedario tres veces y respire profundamente.
5. Para una infección de los ojos, duerma mucho, diga 'ahh' y haga gárgaras seis veces al día.
6. Usted tiene bronquitis. Vaya a la farmacia y compre este antibiótico. Tómelo tres veces al día después de comer, por catorce días.
7. Para vivir una vida más sana, duerma ocho horas cada noche, tome ocho vasos de agua cada día y haga ejercicios por lo menos cinco horas cada día.

Technology tip for 3.23: For hybrid or flipped classes, you may want to assign students to complete **Paso 1** prior to the class session.

3.21 ¿Lógico o ilógico? WP A veces cuando vamos al médico, nos preguntamos si lo que dice es lógico o no. Escucha las instrucciones que el doctor Óscar Rodríguez les da a sus pacientes y decide si cada una de ellas es lógica o ilógica.

1. Ilógico
2. Lógico
3. Lógico
4. Ilógico
5. Ilógico
6. Lógico
7. Ilógico

Suggestion for 3.21: For hybrid or flipped classes, you may want to assign students to listen to the audio and complete this activity prior to the class session.

3.22 La Cruz Roja en español. Piensas buscar empleo para el verano como socorrista en la piscina de la comunidad. Para prepararte, decides tomar un curso de la Cruz Roja en español, ya que hay muchos hispanos en tu comunidad y te ayudará a conseguir empleo. Busca la página web de la Cruz Roja en Internet e investiga si ofrece cursos en español en tu comunidad.

Answers will vary.

Paso 1: ¿Qué cursos ofrecen?

Paso 2: ¿Qué curso te interesa? ¿Por qué?

Paso 3: En la página de Internet de la Cruz Roja, busca el folleto de primeros auxilios, versión para adulto o versión para niños. Escribe los mandatos para una de las siguientes emergencias: obstrucciones, una persona lesionada, hemorragia, quemaduras o convulsiones.

3.23 Las clases de primeros auxilios de la Cruz Roja. Este verano vas a trabajar como socorrista en la piscina que está cerca de tu casa. Ya tomaste (3.22) un curso de primeros auxilios de la Cruz Roja. Ahora, tu compañero/a te ayudará a repasar las formas de actuar ante los problemas más comunes. Completa los siguientes **Pasos**.

Paso 1: WP Con un/a compañero/a, ordena las siguientes opciones en el orden más lógico, según la situación.

A. Una pierna fracturada: (a) No mover al paciente, (b) Ponerle hielo, (c) Pedirle a alguien que llame al 9-1-1. c, a, b

B. Una mujer que se cayó y se golpeó la cabeza contra el pavimento: (a) Limpiar sus heridas con agua y jabón, (b) Ponerle hielo en la cabeza, (c) Llamar al 9-1-1, (d) Revisar si hay sangre. c, d, a, b

C. Una compañera que se desmayó durante su presentación final: (a) Darle respiración artificial, (b) Ponerle hielo en el cuello, (c) Examinarla para ver si se rompió algún hueso, (d) Pedirle a alguien que llame al 9-1-1, (e) Revisar si hay sangre. d, a, e, c, b

D. Un estudiante que se siente mal en el baño público del centro estudiantil: (a) Llamar a la policía de la universidad, (b) Tomarle la presión, (c) Llevarlo al hospital, (d) Pedirle su nombre. d, a, b, c

Paso 2: Tras ordenar las situaciones de ayuda, dile a tu compañero/a lo que tiene que hacer, usando las indicaciones. Answers will vary.

Paso 3: Inventa una situación adicional en caso de emergencia. Recuerda usar los mandatos. Answers will vary.

Suggestions for Cultura viva: La dieta de los guatemaltecos: Send students to the internet to watch the trailer for *Living on one*. This film project was created by recent college graduates regarding life in rural Guatemala.

Cultura viva

La dieta de los guatemaltecos

Muchos guatemaltecos comen bien y su dieta puede ser variada y muy nutritiva. Por ejemplo, algunos ingredientes típicos son frutas y verduras frescas como el aguacate, los tomatillos, los frijoles y los plátanos. Un plato tradicional es el pepián, un plato hecho de pollo con una salsa muy rica. Sin embargo, Guatemala tiene la cuarta tasa más alta de desnutrición crónica en el mundo y la más alta en América Latina. Uno de cada dos niños sufre de desnutrición crónica. Hay escasez de proteínas, vitaminas y minerales necesarios, sobre todo durante los primeros cinco años de vida. En las zonas rurales de Guatemala, la dieta básica de muchas personas consiste en tortillas con un poco de frijoles y, tal vez, un poco de arroz. La familia rural típica con un nivel socioeconómico bajo suele alimentarse a base de este plato en las tres comidas principales del día.

3.24 Las 10 recomendaciones de las Guías Alimentarias de Guatemala. Vas a participar en el programa de trabajo en la comunidad organizado por tu universidad. Tu grupo va a viajar a Guatemala para trabajar en un hogar para niños. Busca una olla nutritiva de Guatemala en Internet. Después lee la lista de las 10 recomendaciones que aparecen a continuación para aprender las normas y prácticas culturales del país y sigue los **Pasos.**

Paso 1: Selecciona todos los verbos que expresen recomendaciones formales.

DECÁLOGO DE LA VIDA SANA

Diez consejos para disminuir el riesgo de enfermedades cardiovasculares.

1. Coma variado cada día, porque es sano y económico.
2. Incluya en su dieta diaria verduras y frutas porque...
3. Consuma todos los días tortillas y frijoles porque...
4. Tres veces por semana o más tome huevos, leche, queso o incaparina (una bebida nutritiva) porque...
5. Al menos dos veces por semana disfrute de un trozo de carne porque...
6. Aliméntese con semillas y nueces porque...
7. Coma menos crema, manteca y aceite para...
8. Prepare la comida con menos sal para...
9. Haga ejercicio todos los días porque...
10. Evite tomar licores porque...

Paso 2: Termina cada oración explicando por qué es un buen hábito. Answers will vary.

3.25 La actividad física. Estás investigando el papel de la actividad física para mantenerte sano/a. Lee el siguiente artículo extraído de una revista boliviana sobre la importancia de mantenerse activo/a y completa los **Pasos** a continuación.

La actividad física

Alejandro Hernández
24 de junio 2018
La Paz, Bolivia.

La actividad física es de gran importancia en un mundo donde la mayoría de la población pasa horas sentada enfrente de una computadora o un televisor.
Haga actividad física, y sus músculos y huesos serán más fuertes y resistentes. Haga treinta minutos de ejercicio cada día y mejorará su autoestima. Se sentirá más seguro de sus capacidades. Gozará de buena salud y tendrá mayor éxito en sus estudios y en su trabajo. Su capacidad de aprender cosas nuevas mejorará. Estará menos expuesto al uso de sustancias dañinas para su organismo, como el alcohol y las drogas. Realice actividades físicas para poder aumentar su resistencia, fuerza, flexibilidad y velocidad. Elabore un plan de actividades físicas habituales para desarrollar sus capacidades de coordinación, agilidad y equilibrio.
Para lograr estas metas, practique deportes y juegue con sus amigos o hijos. Camine a paso rápido o monte en bicicleta. Realice actividades al aire libre en familia o con sus amigos, o participe en grupos de danza. Utilice las escaleras en vez del ascensor y estacione el coche más lejos para caminar más. Estas son solo algunas ideas. Piense en cuáles son los mejores momentos del día para poder lograr sus objetivos. Cumpla con sus metas y ¡su calidad de vida mejorará!

Paso 1: Selecciona todos los mandatos formales del artículo.

Technology tip for 3.25, Paso 2: Require students to post their plans on your learning management system discussion board. Next, students must read and post follow-up questions for two of their classmates to be answered prior to the next class session.

Paso 2: Escribe un plan de ejercicios para una persona con una vida no muy saludable. Answers will vary.

Paso 3: Comparte tu plan con un compañero/a y pídele sugerencias para mejorarlo. Answers will vary.

3.26 Para mantenerse sano/a. Hay muchas maneras de mantenerse sano/a. Completa los siguientes **Pasos** para aprender cómo hacerlo. Answers will vary.

Paso 1: Lee las 15 frases que aparecen a continuación y selecciona cuáles son las actividades que tú haces para mantenerte sano/a. Luego, indica las actividades que no haces ahora, pero consideras que son necesarias para un futuro sano.

1. __________ Beber mucha agua.
2. __________ Comer frutas y verduras cada día.
3. __________ No fumar.
4. __________ Comer comida nutritiva.
5. __________ Hacer ejercicio diariamente.

6. ___________ Ir al médico por lo menos una vez al año o cuando estás enfermo/a.
7. ___________ No beber o tomar mucho café o cafeína.
8. ___________ Dormir ocho horas cada noche.
9. ___________ Tomar un buen desayuno.
10. ___________ No comer muchos postres o dulces, ni azúcar.
11. ___________ Tomar 20 minutos de sol cada día.
12. ___________ Tomar una copa de vino tinto todos los días.
13. ___________ Comer un poco de chocolate negro con un mínimo de 80 % de cacao todos los días.
14. ___________ Evitar el estrés.
15. ___________ Mantener una actitud positiva.

Paso 2: Comparte tu lista con un/a compañero/a y lee sus respuestas, especialmente las actividades que no haces. Habla con él/ella y aconséjalo/la lo que debe hacer para mantenerse sano/a y por qué. Usa los mandatos formales.

3.27 Una vida sana. En tu universidad, hay un día de servicio en el que todos los estudiantes participan en proyectos en la comunidad. A ti te toca trabajar con un grupo de estudiantes que va a dar clases en la feria de salud del centro hispano. Trabaja con dos compañeros para organizar las actividades para las clases de salud. Completa los **Pasos**.

Answers will vary.

Suggestion for 3.27: Be sure to remind students to use formal commands for their list of suggested self-care health practices.

Paso 1: Preparen una lista de sugerencias para que los clientes que van a asistir a sus clases en la feria de salud lleven una vida sana.

Paso 2: Trabajen con otro grupo y comparen sus listas. Determinen cuáles son las sugerencias que tienen en común. Después, presenten las sugerencias más creativas y únicas con el resto de la clase.

3.28 Situaciones. Haz el papel de **A** o **B** con tu compañero/a para participar en la conversación. Answers will vary.

Technology tip for 3.28: For flipped or hybrid courses, students can prepare this activity outside of class with a partner via videoconferencing. During the next class session, they can practice and present their situation to the class.

A- Hace tres semanas que estás enfermo/a y quieres tener una cita con tu médico/a, ya que el centro de salud de la universidad no te está ayudando. Estás preocupado/a porque estás perdiendo demasiadas clases. Quieres saber qué es lo que te pasa. Llama a la oficina del/de la doctor/a y trata de conseguir una cita lo más pronto posible, tomando en cuenta tu horario.

B- Un estudiante de la universidad local llama para pedir una cita con el/la médico/a. Dado que el médico estará de vacaciones los próximos días, hazle preguntas para tratar de determinar la urgencia de la situación. Utiliza el siguiente calendario para tratar de encontrar el mejor día y hora para acomodar la cita.

Año: ___________ Mes: ___________

Horas	Día:	Día:	Día:
9:00			
10:00	Sr. García		
11:00			C. Morales
1:00			
2:00		M. Martínez	
3:00			
4:00			

WileyPLUS
Go to WileyPLUS to watch this video.

Estrategia de estudio: Reviewing After Class ***by Catherine Sholtis***

Catherine Sholtis

As soon as possible after each class session, I go online and do the audio exercises that correspond with what we *just* learned. I also review and practice what we just learned with each activity that was done in class. And then I write some personalized sentences that help me a lot and really enforce what I just learned.

Exploremos la gramática 4

Se for unplanned occurrences

WP **Repasar: Preterit verb endings, Capítulos 9 y 10** ***Experiencias Introductorio.***

WileyPLUS
Go to WileyPLUS to review this grammar point with the help of the Animated Grammar Tutorial.

To express, report or talk about actions that were not done intentionally, you can use a **se** construction.

Se + indirect object pronoun (**me, te, le, nos, les**) + verb + subject

You will now read are some examples of unintentional actions or unplanned occurrences.

Se me cayó el termómetro.	*The thermometer fell out of my hands.*
Se nos rompieron los botes de medicinas.	*The drug containers broke (on us).*
Se te olvidó la medicina.	*The medicine slipped your mind.*
A Juan **se** le perdieron las vitaminas en la cafetería.	*Juan (unintentionally) lost the vitamins in the cafeteria.*
Se les acabaron las aspirinas en casa.	*They ran out of aspirins.*

Note for ¿Qué observas? box: Review with students their answers while using the examples to mark the item in each sentence. Then explain that the verb, rather than being conjugated to agree with the subject, agrees with whatever noun follows the verb.

¿Qué observas?

1. Are you able to tell who did the actions or who was responsible for their occurrence? It depends on the subject or the indirect object pronouns.
2. Can you tell what items were involved in the occurrences? Answers will vary.
3. What determines if the verb used is singular in form or plural? The noun that follows the verb.

Here is a list of some of the verbs that can be used in expressing an unplanned action.

acabarse	*to run out of something; to be used up*
caerse	*to fall down from (my, our, his, her, your, their) hands*
fracturarse	*to become fractured*
olvidarse	*to slip (my, our, his, her, your, their) mind*
perderse	*to get lost*
quedarse	*to be left behind/forgotten*
romperse	*to break (on me, us, him, her, you, their)*

Audioscript for 3.29:
1. Javier fue a la biblioteca y encontró varios libros para su proyecto. El problema es que después de entregar su informe para la clase, no pudo encontrar dos de los libros. Se le perdieron.
2. La señora Martínez no pudo leer las instrucciones del doctor porque se le rompieron los lentes.
3. Marta tenía una cita con su profesor de historia el miércoles a la 1:00. Ese día resultó que Marta tuvo que trabajar por la mañana, y como almorzó con sus amigas, se le olvidó la cita.

3.29 Conversaciones por teléfono celular. **WP** Estás en la cafetería de la universidad esperando a tu amigo. Mientras esperas, oyes varias conversaciones de otros estudiantes que hablan por sus celulares sobre incidentes de sus vidas. ¿Qué les pasó a estas personas?

1. A Javier se le perdieron ___los libros___.
2. A la señora Martínez se le rompieron ___los lentes___.
3. A Marta se le olvidó ___la cita___.
4. A nosotros se nos acabó ___la leche___.
5. A la enfermera se le cayó ___el termómetro___.

3.30 ¿Por qué...? A veces conocemos a una persona que nos hace un montón de preguntas. En tu caso, es tu compañero/a de cuarto. Lee sus preguntas y selecciona la respuesta más lógica.

1. ¿Por qué no fuiste a clase ayer?
   - **a.** No pude porque tuve que lavar los platos.
   - **(b.)** No fui porque se me olvidó la clase por completo.
   - **c.** No pude porque se me perdieron las llaves del desván.
2. ¿Por qué no devolviste tus libros a la biblioteca?
   - **(a.)** Porque se me perdieron.
   - **b.** Porque no era mi responsabilidad.
   - **c.** Porque se me rompieron.
3. ¿Por qué no le serviste leche a la niña que cuidas?
   - **a.** Porque se me perdió la leche.
   - **b.** Porque se nos rompió el plato.
   - **(c.)** Porque se me acabó la leche y no tuve tiempo para comprar más.
4. ¿Por qué encendiste todas las luces anoche?
   - **a.** Porque las ramas del árbol rompieron el cable durante la tormenta.
   - **(b.)** Porque escuché un ruido espantoso y me desperté de repente.
   - **c.** Porque se me perdió mi lámpara.
5. ¿Qué le pasó a Tita la semana pasada cuando viajaba a San Andrés?
   - **(a.)** Se le perdieron las llaves del coche.
   - **b.** Ella siempre maneja muy bien.
   - **c.** Se le olvidó estudiar para el examen.
6. ¿Por qué no puede jugar Julio en el partido de fútbol de este sábado?
   - **(a.)** Se le olvidaron las prácticas la semana pasada.
   - **b.** Se le acabó la batería del móvil.
   - **c.** No se le ocurrió ir al partido.

4. Ayer nuestra abuela vino a visitarnos. Decidimos ofrecerle un café. Después de preparárselo, buscamos la leche en el refrigerador, pero no la encontramos. Se nos acabó.
5. La enfermera estaba caminando en el hospital hacia el cuarto de un paciente cuando se le cayó el termómetro.

Suggestion for 3.29: For hybrid or flipped classes, you may want to assign students to listen to the audio and complete this activity prior to the class session.

Suggestion for 3.30: For hybrid or flipped classes, you may want to assign students to complete this activity prior to the class session.

WP **Repasar: La narración en el pasado, Capítulo 12 *Experiencias Introductorio*.**

3.31 Un informe de un accidente. Anoche tu compañero/a de cuarto y tú estaban entrando en la residencia estudiantil cuando vieron un accidente. El director del edificio les pidió escribir un informe sobre lo que pasó. Cada uno sigue los **Pasos** para escribir una descripción del accidente. Answers will vary.

Paso 1: Haz una lista con los detalles del accidente, como por ejemplo: ¿Dónde estabas? ¿Quién estaba contigo? ¿Cómo te sentías? ¿Qué hora era? ¿Qué tiempo hacía? ¿Qué pasó?

Paso 2: Escribe una descripción completa del accidente.

Paso 3: Lee tu informe a tu compañero/a de cuarto en voz alta para verificar que ustedes tienen la misma información. Tu compañero/a te hará preguntas y comentarios sobre tu narración.

Technology tip for 3.31: Require students to post their paragraphs on your learning management system discussion board. Next, students must read and post follow-up questions for two of their classmates to be answered prior to the next class session.

3.32 Voluntariado. Vas a participar en un servicio de voluntariado en Guatemala, Perú o Bolivia con tu universidad. El objetivo del viaje es trabajar en algún proyecto social en la comunidad. El proyecto para el servicio se basa en preparar una lección de higiene personal (un ejemplo es cómo cepillarse los dientes o cómo lavarse las manos) que vas a enseñarles a los niños de una escuela. Completa los **Pasos** para preparar tu lección. Answers will vary.

Paso 1: Selecciona un tema para la lección.

Paso 2: Consulta con un/a experto/a para incluir la información correcta.

Paso 3: Escribe un plan (recomendaciones, actividades y canciones).

Paso 4: Busca y compra los materiales necesarios.

Paso 5: Practica tu presentación.

Paso 6: Presenta tu lección a la clase o a un grupo de niños en tu ciudad.

Suggestion for 3.32: This activity is broken down into small steps for students to complete. For hybrid or flipped classes, you may want to assign **Pasos 1-4** for students to prepare prior to the class session. Students can present their plan to the class in **Paso 5**.

EXPERIENCIAS

Manos a la obra Hacia un mundo más saludable

Suggestion for Manos a la obra: Hacia un mundo más saludable: The vocabulary that is presented in textbooks may at times differ from that which your heritage language learners have heard in the home or while visiting family abroad. Have them share words and expressions that they use that differ from the book. This will help the other students in class realize the wide variety of ways to express the same ideas. Use examples from English to show that the same type of diversity exists in their own native language.

Suggestion for 3.33: This is a task-based activity divided into 4 steps in order to offer students step by step strategies for task completion. You may choose to assign all four steps outside of class for a flipped classroom and ask students to report in class their reactions to their peers' videos by answering the questions in **Paso 4**. For hybrid or online classes, students can complete **Pasos 1** through **3** as an assignment and then create a video recording of **Paso 4** to upload to your learning management system discussion board.

Suggestion for 3.34: For flipped or hybrid classes, you may choose to assign **Pasos 1** and **2** outside of class. Students should come prepared to class in order to complete **Paso 3** with a partner.

Suggestion for 3.35: For flipped or hybrid courses, students can prepare this activity outside of class. During the next class session, they can present to the class.

3.33 Cómo mantener una vida sana. El centro de salud te ha pedido producir un video en la universidad para darles recomendaciones a los estudiantes sobre cómo mantener una vida sana. Completa los **Pasos** para producir el video. Answers will vary.

Paso 1: Primero, planifica tus ideas con la ayuda de las siguientes preguntas: ¿Qué haces o no haces tú personalmente para mantenerte con buena salud? ¿Qué no haces, pero debes hacer? ¿Qué recomendaciones tienes para los estudiantes, especialmente los recién llegados a la universidad?

Paso 2: Practica en voz alta tu presentación. Es preferible que tengas un público que te pueda avisar de tus errores y de tu presencia personal. Cronometra cuántos minutos dura la presentación.

Paso 3: Graba tu presentación y después súbela al foro de la clase.

Paso 4: Mira el video de dos compañeros. ¿Tienen las mismas sugerencias que tú? ¿Hay algunas que sean diferentes?

Experiencias profesionales Nuevo vocabulario y nuevas frases

3.34 Nuevo vocabulario y nuevas frases. En la sección **Experiencias profesionales** del Capítulo 2 buscaste cuatro páginas web que se basaban a tu área de interés profesional. Para completar los siguientes **Pasos**, usa las páginas web que encontraste como referencia. Answers will vary.

Paso 1: Crea una lista de 20 a 25 palabras y frases que son necesarias para poder comunicarse en español en tu área de interés profesional. Específicamente busca palabras y frases nuevas que te pueden servir para hablar con hispanohablantes en situaciones profesionales. Por ejemplo, un médico necesita saber el vocabulario y las frases para hablar con los pacientes y las familias (la comprensión de los síntomas, los tratamientos necesarios, cómo dar órdenes en una emergencia, etc.).

Paso 2: Escribe un párrafo describiendo un día típico de una persona que trabaja en tu área de interés. Utiliza entre 5-8 palabras/frases nuevas de la lista que has creado en el **Paso 1**.

Paso 3: Comparte tu párrafo con un/a compañero/a de clase y explícale el significado de las palabras/frases de vocabulario que él/ella desconozca.

3.35 El español cerca de ti. Busca en tu comunidad, en el consultorio médico, sala de emergencias u hospital, un documento traducido al español. Dedica unos minutos a examinar el documento y haz las siguientes tareas. Answers will vary.

1. Busca todos los mandatos formales y subráyalos.
2. Lee el documento. ¿De qué se trata?
3. Es posible que tu documento tenga una versión en inglés. Compara el inglés con la traducción en español. ¿Está todo incluido?
4. Prepara una pequeña presentación digital para la clase e incluye el documento.

Suggestion for 3.35: This activity asks students to obtain a medical form that has been translated to Spanish. Some students may not feel comfortable going to a clinic and asking for such a document, however, they can find this kind of documentation on line or at some pharmacy clinics.

El restaurante Cerro San Cristóbal

Noticias Información Fotos Amigos Archivos

Marako85 / Shutterstock

A 15 minutos de Antigua está el restaurante y granja orgánica San Cristóbal.

El blog de Sofía

3.36 Mi propio blog. Una nueva iniciativa global es la creación de restaurantes "granja a la mesa". Completa los **Pasos** para investigar este nuevo concepto de negocio. Answers will vary.

Paso 1: Lee el blog de Sofía.

La última vez que fui a Antigua, Guatemala, visité a mis amigos Antonio y Suzy Velázquez. Ellos me llevaron a un restaurante nuevo en el Cerro San Cristóbal, que se inauguró el 27 de octubre de 2014. La vista desde allí es increíble porque se puede ver la ciudad de Antigua y las montañas y los volcanes alrededor de la ciudad. El restaurante es un concepto nuevo que se llama 'Del jardín a su mesa'. En este lugar tranquilo ofrecen comida orgánica, muchos platos vegetarianos y todo viene directamente de su granja orgánica. ¡Qué saludable es la comida en este lugar! Tienen mesas en dos terrazas exteriores con una vista espectacular. Pedí una quesadilla vegetariana, una ensalada y guacamole. Antonio pidió una pizza con camarones y Suzy pidió pasta con vegetales. Disfrutamos mucho de la comida tan sabrosa y de la conversación. Después de comer, caminamos por la granja y vimos flores, especialmente muchas variedades de orquídeas de todo el país, y plantas medicinales, como salvia, orégano, romero y hierbabuena-menta. También había sembradíos de acelga, cebollín, zanahorias, fresas, aguacate, limón, tomate y distintas variedades de cactus. Tomamos fotos del jardín y de la preciosa vista. Me encantó la tarde que pasé con Antonio y Suzy en ese lugar tan saludable.

Suggestion for 3.36: You may want to conduct the google map search in **Paso 1** in class with the students, either on a large screen or students' individual devices. Students could then work in pairs to complete **Paso 2** and complete the blog as an out of class assignment. Alternatively, for a flipped or hybrid class, students can complete **Pasos 1**, **2**, and **3** and come prepared to discuss farm to table restaurants with their peers.

Technology tip for 3.36: Assign students to create a blog using any web application. Students will utilize this blog and post items to it for every chapter of *Experiencias*. You may ask your students to share the link to that blog on your learning management system discussion board. Then in class, ask students to compare their information.

Paso 2: Usa Internet y haz una búsqueda de mapas para encontrar la ciudad de Antigua, Guatemala, y el restaurante Cerro San Cristóbal. Para conocer mejor la ciudad, escribe los nombres de tres restaurantes en Antigua.

1. ____________________

2. ____________________

3. ____________________

Technology tip for 3.36, Paso 4: Assign students to create a blog using any web application. Students will utilize this blog and post items to it for every chapter of Experiencias. You may ask your students to share the link to that blog on your learning management system discussion board. Then in class, ask students to compare their information.

Paso 3: Tu amigo quiere saber exactamente qué es un restaurante 'granja a la mesa'. Para explicárselo, compara el restaurante San Cristóbal con otro restaurante de Antigua que no sea 'granja a la mesa'. Contesta las preguntas.

1. ¿Cuál es la diferencia entre los dos restaurantes?
2. ¿Qué tipo de platos sirven?
3. ¿Cómo son los precios?
4. ¿En qué restaurante te gustaría comer? ¿Por qué?

Paso 4: En tu propio blog, describe un restaurante de tu comunidad que sirva comida orgánica o platos especialmente saludables. ¿Qué te gusta comer allí? ¿Cómo es el ambiente? ¿Es cara o barata la comida? Puedes incluir fotos del restaurante y de tus platos favoritos.

Cortometraje

María desde Perú

picture alliance / Sandra Gotke / Newscom

Una niña siendo ayudada por miembros de una ONG.

Antes de ver el cortometraje

3.37 Entrando en el tema. El tema de la salud y la atención médica de los niños es de importancia mundial. Habla con tu compañero/a y escribe un mínimo de tres dificultades que pueden enfrentar los niños de bajo nivel socioeconómico.

Answers will vary.

1. ____________
2. ____________
3. ____________

Mientras ves el cortometraje

Suggestion for 3.38: Encourage students to watch the **cortometraje** at least one time prior to beginning the activities. They can watch one time with the sound off and one time with the sound on to get a sense of what it is about.

3.38 Adivinanzas. Usa tu buscador favorito para ver este cortometraje. En este cortometraje, una especialista de salud de la organización EDUCO (ONG global de cooperación, una fusión de Educación sin fronteras y Fundación privada intervida) habla sobre cómo esta organización ayudó a María a sentirse mejor física y emocionalmente. Mira el cortometraje y selecciona las palabras que escuches. Intenta adivinar qué significa cada palabra.

el control	la herida	la anemia	la desnutrición
las vacunas	la recuperación	el hospital	la parasitosis
el apetito	la ganancia	la terapia	el dentista

3.39 El tratamiento. Vuelve a ver el cortometraje para verificar la información sobre María y su situación. Completa los siguientes **Pasos**.

Paso 1: WP Selecciona la mejor opción para terminar cada una de las siguientes oraciones.

1. María vive en…
   a. Lima.
   b. Pisco.
   c. Cusco.
   d. Ayacucho.
2. María tenía todos estos problemas, excepto…
   a. la desnutrición
   b. la obesidad.
   c. la parasitosis.
   d. la anemia.
3. La especialista de salud ayudó a María y a su mamá a…
   a. limpiar la casa.
   b. regularizar las vacunas.
   c. ir al dentista.
   d. obtener agua potable.
4. La mamá de María también la llevó a una terapia…
   a. ocupacional.
   b. física.
   c. psicológica.
   d. cognitiva.

5. María es la evidencia de que el problema de ______________ se puede mejorar.
   (a.) la desnutrición b. la desintegración de la familia
   c. la contaminación d. la obesidad
6. Es notable la recuperación de María después de ______________ años de ayuda.
   a. tres (b.) dos
   c. cuatro d. cinco
7. El trabajo de EDUCO incluye…
   a. clases de nutrición. b. clases de alfabetismo.
   (c.) visitas al domicilio de la familia. d. visitas a la escuela.

Paso 2: Completa la tabla con las descripciones de María.

Antes	Ahora
Tenía parasitosis.	No tiene parasitosis.
Dormía todo el día.	Es una niña muy activa.
Estaba baja de peso.	Hay una ganancia adecuada de peso.
Comía muy poquito.	Lleva los controles mensuales de nutrición.
Estaba irritable.	Está contenta.

Después de ver el cortometraje

David Litschel / Alamy Stock Photo
Una ayudante de la organización EDUCO.

3.40 Reflexiones. Con tu compañero/a, comenta las siguientes preguntas.

Answers will vary.

1. ¿Qué trabajo hace la especialista de salud de EDUCO?
2. ¿Qué puedes aprender de la situación socioeconómica de María y su familia según las imágenes e información del cortometraje?
3. ¿Por qué la madre no pudo llevar a su hija al médico?
4. ¿Por qué crees que la madre no recibe tratamientos dentales?
5. ¿Te gustaría trabajar para la organización EDUCO para mejorar la situación de los niños? ¿Por qué sí/no?
6. ¿Qué organizaciones existen en EE. UU. para ayudar a niños con necesidades?

Jeremy Graham / dbimages / Alamy Stock Photo
Cada día en el mundo mueren 1400 niños menores de 5 años por causas relacionadas con la carencia de agua potable, saneamiento e higiene – UNICEF.

Orlando Sierra / AFP / Getty Images
Las mujeres llevan el agua a la casa en una jarra típica de Guatemala.

Note for 3.41: You may want to play a video such as *Agua* found in Youtube in class.

3.41 Videoclip de UNICEF. WP Usa Internet para buscar un video de UNICEF sobre el problemático acceso al agua en Guatemala. Después de ver el video, selecciona si las siguientes oraciones son **Ciertas (C)** o **Falsas (F)**.

F 1. María compra agua para su casa cada día.
C 2. A veces las mujeres caminan dos horas para encontrar agua.
F 3. El agua es potable y sabe bien.
C 4. La contaminación del agua causa enfermedades gastrointestinales, como la diarrea.
C 5. Tener agua potable es de gran importancia para la vida humana.
C 6. Mantener un hogar higiénico es una prioridad para reducir la desnutrición.
F 7. Diez millones de personas todavía no tienen acceso al agua potable en Guatemala.

Página informativa

El acceso al agua potable

3.42 Día Mundial del Agua. Este artículo describe la falta de acceso al agua y un día especial que se celebra desde 1992. Completa los siguientes **Pasos**.

Antes de leer

Note for 3.42: The reading and tasks that follow are designed to model the ACTFL individual performance assessment (IPA). For more information on the IPA model, see the instructor's manual or search for it online.

Paso 1: Selecciona todos los cognados antes de leer el artículo.

Paso 2: Ahora lee el artículo y escribe las palabras que sean nuevas para ti en tu cuaderno electrónico.
Answers will vary.

Suggestion for 3.42: For flipped or hybrid courses, you may choose to assign **Pasos 1** through **6** outside of class time. **Paso 7** is a pair activity that could be done in class. **Paso 8** could be assigned as a follow-up writing assignment.

Courtesy of Diane Ceo-DiFrancesco

Un niño en una lancha rústica en el Lago Atitlán, Guatemala.

El Día Mundial del Agua

La Asamblea General de las Naciones Unidas estableció en 1993 el día 22 de marzo como el Día Mundial del Agua. El principal objetivo de este día es concienciar al mundo de la importancia de gestionar[1] correctamente la principal fuente vital del mundo, como es el agua. Cada año, durante este día se tratan diferentes temas relacionados con la situación del agua en el mundo.

Según Léna Salamé, coordinadora del Día Mundial del Agua en la UNESCO, el agua es "el punto de partida y el hilo conductor" del desarrollo humano. La necesidad de rendir homenaje a este derecho humano durante 24 horas se basa en los todavía 748 millones de personas que no tienen acceso a agua potable, lo que representa el 11 % de la población mundial.

De acuerdo con Léna Salamé y Riccardo Petrella, la hipotética tercera guerra mundial no se producirá por la lucha del agua, aunque los conflictos estén ligados a[2] este bien. En los enfrentamientos, el agua no es ni será jamás el único factor de tensión. Bajo el punto de vista de ambos miembros de la UNESCO, "Una guerra por el agua no es rentable desde ningún punto de vista; ni político, ni económico, ni social, ni ecológico, porque es vital para el desarrollo humano".

La Organización Mundial de la Salud (OMS), por su parte, tiene como objetivo para 2030 conseguir que todas las personas del mundo tengan acceso a un sistema de agua y a un saneamiento seguro que no pongan en riesgo su salud.

[1]**gestionar:** manage, [2]**ligados a:** linked to

Después de leer

Paso 3: Escribe en el siguiente espacio la idea principal del artículo que acabas de leer. Answers will vary.

____

Paso 4: Señala cuáles de las siguientes frases (**A–G**) corresponden a la información que leíste en el artículo. A continuación, escribe más detalles de cada frase que seleccionaste en el espacio libre.

Answers for 3.42, Paso 4: A; B; F; G.

A. La Asamblea de la Naciones Unidas estableció el Día del Agua el 22 de marzo.

____

B. Cada año se examina un tema o problema diferente acerca del agua.

____

C. Muchos niños mueren a causa de la diarrea.

____

D. El agua potable es un derecho reconocido en el mundo.

____

E. En el año 2019, 900 millones de personas tenían acceso a agua potable.

____

F. Algunos dicen que la tercera guerra mundial será por el agua.

____

G. El agua es un recurso fundamental y vital para todos los seres humanos.

____

Paso 5: Consulta otra vez el artículo y escribe en inglés lo que crees que significan estas palabras.

1. el derecho the right
2. el desarrollo development
3. potable potable, drinkable
4. el homenaje hmage, tribute

Paso 6: Contesta las siguientes preguntas e incluye detalles del artículo en tu explicación.

Answers for 3.42, Paso 6-8: Answers will vary.

1. ¿Por qué crees que establecieron esta celebración?
2. ¿Cuál es el efecto de la celebración?
3. ¿Por qué es importante pensar en este problema mundial?

Paso 7: Con un/a compañero/a, conversa sobre la situación mundial acerca del acceso al agua. Durante la conversación, habla de estos temas:

1. ¿Cómo es tu vida ahora en relación con el uso del agua potable? ¿Tienes acceso continuo? ¿Cuántos galones de agua utilizas por lo general?
2. ¿Cómo puede la carencia de agua potable afectar la calidad de tu vida?
3. ¿Es importante que los ciudadanos del mundo tengan acceso directo a agua potable?

Paso 8: Escribe un mensaje o una carta a tu ahijada que vive en Guatemala. La conociste hace seis meses a través de una organización que apoya a niños necesitados en las comunidades humildes. Tras leer el artículo sobre el agua y ver el video, estás preocupado/a acerca del bienestar de tu ahijada. Escríbele para preguntarle cómo es su situación en relación con el agua y para ofrecerle recomendaciones y sugerencias para cuidarse lo mejor posible en caso de que no tenga acceso al agua potable.

Daviddennisphotos.com / Moment / Getty Images

Hay organizaciones que apoyan a niños y niñas en las comunidades humildes de Guatemala.

Página literaria

Daniel Alarcón

Suggestion for 3.43: You may choose to organize the students' work in the following way, especially if you teach a flipped or hybrid course. **Pasos 1**, **2**, and **3** are pre-reading tasks. They could be done in class with the students to introduce the text or assigned as preparation to discuss in class. **Pasos 4**, **5**, **6** and **7** can be assigned as preparation. Students should bring their work to class to discuss. **Paso 8** can be assigned as a follow-up writing assignment.

Dpa picture alliance archive / Alamy Stock Photo

Daniel Gonzalo Alarcón Solís nació en 1977 en Lima, Perú. A los tres años, sus padres decidieron mudarse a EE. UU. Se crió en Birmingham, Alabama, en un hogar peruano donde se hablaba español. Estudió antropología en la universidad y sacó una maestría en escritura creativa. Ha mostrado su talento como escritor en sus cuentos y novelas y se le reconoce como uno de los mejores escritores jóvenes del Perú. En 2012, junto con la artista peruana Sheila Alvarado, publica su primera novela gráfica titulada *Ciudad de payasos*. Actualmente, es profesor en la Universidad de Columbia en Nueva York.

Activity 3.43 recycles narration in the past from Chapter 12 **Experiencias Introductorio** and Chapter 1 **Experiencias Intermedio**.

3.43 Daniel Alarcón: autor bilingüe. En las clases de inglés, a veces estudias sobre las novelas gráficas. Imagina que encuentras la novela gráfica de Daniel Alarcón en español y sientes curiosidad. Sigue los **Pasos** para aprender un poco sobre su obra.

Antes de leer

Paso 1: Contesta las siguientes preguntas sobre el concepto de una novela gráfica. Answers will vary.

a. ¿Qué es una novela gráfica?

b. ¿Qué tipo de información esperas leer en una novela gráfica?

c. ¿Qué ventajas tiene el formato de una novela gráfica?

Follow-up for 3.43, Paso 3: Review the cognates that students highlighted and ask students to identify the focus of the selection:

la familia del protagonista	el pasado del protagonista
la ciudad de origen del protagonista	la vida en Lima, Perú

Paso 2: Lee en voz alta el título de la novela: *Ciudad de payasos.* Marca las ideas que piensas encontrar en el fragmento de la novela en la siguiente lista. Answers will vary.

_______ su familia	_______ sus amigos
_______ su ciudad de origen	_______ la vida diaria
_______ los payasos	_______ su niñez
_______ el circo	_______ su edad

Paso 3: Ahora marca los cognados que encuentres en el fragmento de la novela. Answers can be found within the text.

Estrategia de lectura: Recognizing the Purpose of a Literary Work

Most authors have a purpose for writing and it's always helpful to understand this purpose before reading what they have written. For instance, a front-page newspaper article is typically written to inform you of the latest important news. Knowing something about the author's background or life may also help you to understand the purpose. Before reading, try to identify the author's purpose based on any background information that's included. This will help you better comprehend what you read.

Paso 4: Lee el texto con cuidado. Recuerda que no pasa nada si hay alguna palabra que no entiendas.

Mi padre era demasiado quieto para sobrevivir en su tierra natal. Pasco, donde nacieron él y mi madre, no es ciudad ni campo. Es un lugar aislado y pobre en una fría puna andina. El trabajo en las minas es brutal y peligroso. Los hombres descienden bajo tierra en turnos de diez horas. Su horario es monótono, uniforme. Al salir, sea en la mañana, tarde, o noche, empiezan a beber. Con el tiempo su vida sobre la tierra empieza a parecerse a la de abajo: los mineros viven los riesgos, beben, tosen y escupen una saliva espesa y negra como la brea[3]. El color del dinero, le dicen, y luego compran otra ronda de tragos. Mi viejo no estaba hecho para esos rituales. No había futuro en Pasco, por lo que se vino a Lima a buscarlo.

Empezó a manejar camiones hacia la costa y a la ciudad. Tenía veintinueve años cuando se casó con mi madre, casi una década mayor que ella. Desde los veinte él había pasado la mayor parte de tiempo trabajando en Lima y visitando Pasco solo cada tres o cuatro meses. De alguna manera, en esos viajes de visita floreció un romance. Cuando se casaron, ya habían sido pareja durante cinco años. Yo nací seis meses después de la boda. Durante varios años él siguió yendo y viniendo, construyendo una casa en la ciudad, en el distrito de San Juan Lurigancho. Cuando mi madre se hartó de que[4] la dejara sola, nos trajo aquí con él. Yo tenía ocho años. Creo que fue lo único bueno que hizo por nosotros.

[*Ciudad de payasos* © Daniel Alarcón, 2012]

Después de leer

Paso 5: Repasa la lista del **Paso 2** y verifica qué información aparece realmente en el fragmento de la novela.

Paso 6: WP Lee otra vez el fragmento e indica si las siguientes oraciones son **ciertas (C)** o **falsas (F)**.

__C__ **1.** El protagonista habla sobre la vida en el lugar en donde nació.

__F__ **2.** En Pasco, los mineros trabajan muchas horas, pero solo así pueden seguir adelante y mejorar su vida y sus circunstancias.

__C__ **3.** El padre del protagonista se fue a vivir a Lima porque no le gustaba la vida de los mineros.

__C__ **4.** Habla de su pueblo natal de forma negativa.

__F__ **5.** Su papá tiene la misma edad que su mamá.

__F__ **6.** En la selección, la palabra *viejo* se refiere al abuelo del protagonista.

__F__ **7.** Su padre visitaba a su familia solo dos veces al año.

__C__ **8.** En general, la vida de los mineros parece una vida cruel y sin futuro.

__C__ **9.** El padre del protagonista construyó una casa en un distrito de Lima.

Courtesy of Diane Ceo-DiFrancesco

San Juan Lurigancho es uno de los 43 distritos de la provincia de Lima, con una población de 1 038 495 personas en el año 2017 (Instituto Nacional de Estadística e Informática). Se ubica al noreste de Lima Metropolitana.

Jonart777 / iStock / Getty Images Plus

Cerro de Pasco, la capital del departamento de Pasco, es conocida como 'Ciudad Real de las Minas'.

[3]**brea:** pitch black [4]**se hartó de que:** was sick of the fact that

Paso 7: Escoge uno de los tres temas que aparecen a continuación. Busca fotos y estadísticas para compartir con tu compañero/a. Después, conversa sobre las preguntas.

Answers will vary.

Temas:

- las minas y la destrucción del medio ambiente
- las minas y su efecto en la salud y la sociedad
- la migración a la capital de Perú, Lima, en busca de una vida mejor

Preguntas:

- ¿Por qué es importante pensar en este problema mundial?
- ¿Qué soluciones existen para resolver estos problemas mundiales?

Paso 8: Igual que el protagonista de *Ciudad de payasos*, escribe sobre tu realidad personal y tu pueblo o ciudad natal. Incluye la siguiente información: Answers will vary.

- el nombre de tu pueblo o ciudad natal
- el estado/la provincia en el/la que se encuentra tu pueblo o ciudad
- el número de habitantes
- los miembros de tu familia que viven allí
- los lugares de interés
- tus actividades preferidas allí
- tu opinión de tu pueblo o ciudad y por qué

Cultura y sociedad

La medicina tradicional

3.44 La medicina tradicional. Tu amigo es estudiante de medicina y te pregunta sobre la medicina tradicional en Latinoamérica. Para contestarle, sigue los **Pasos**.

Suggestion for Cultura y sociedad: La medicina tradicional: Remember that the heritage language learners are a wonderful resource as you address topics related to the Spanish-speaking world. Traditional medicine is an important part of many cultures. Ask the students if they or their families use any traditional remedies for ailments. You may want to pose this question to the whole class to compare different remedies. Always invite the heritage language learners to share their experiences in order to enrich the classroom environment.

Curandero, creado por Domingo García Criado.

Antes de leer

Paso 1: Hay un gran número de cognados en la siguiente lectura. Márcalos y después lee el artículo.

¿Qué es la medicina tradicional?

Es el conjunto de conocimientos, técnicas y prácticas basados en las teorías, las creencias y las experiencias de los indígenas de diferentes culturas para el mantenimiento de la salud. Se usa para la prevención, el diagnóstico, el alivio y el tratamiento de enfermedades físicas y mentales.

La medicina tradicional es un tema diverso dentro del contexto multicultural del país plurinacional de Bolivia. En este país hay 36 grupos indígenas oficiales, cada uno con una cultura y perspectiva diferente. Hay mucha diversidad entre estos grupos indígenas en cuanto a la medicina tradicional y cada uno tiene su propio concepto acerca de lo que significa ser saludable y cómo tratar las diferentes enfermedades. Además, hay que considerar que el concepto de vivir bien puede significar algo completamente diferente para los bolivianos que para otras personas de diferentes partes del mundo.

(continuación)

(continuación)

La salud y su relación con la cosmovisión es algo importante desde la perspectiva indígena. La enfermedad es percibida como una ruptura en el orden natural o social. Ellos consideran que los dioses como la Pachamama, una diosa de la sociedad, o cualquier individuo pueden causar un malestar físico o mental y esto puede ser debido al hecho de que se haya cometido algún error o transgresión de una norma establecida por la sociedad, los espíritus de la naturaleza o los dioses. Cuando las personas se sienten mal, no van enseguida al médico o a una clínica, sino que intentan diagnosticarse ellas mismas y utilizan prácticas caseras o recetas que aprendieron de sus abuelos u otros antepasados para curarse. Muchas veces piensan que enferman a causa de cambios bruscos en la temperatura. Solo si la persona sigue mal, consulta a un médico tradicional, un curandero o un chamán en su comunidad, especialmente en las zonas rurales donde no hay acceso a médicos, clínicas o medicina moderna. Estos médicos naturales aprovechan los remedios tradicionales y las ceremonias de purificación para restablecer el equilibrio mental o físico. Utilizan rituales de curación relacionados con el mundo religioso andino o también guaraní, que muchas veces son una fusión de prácticas cristianas y andinas.

Para la medicina andina, la salud y la enfermedad nacen de la tierra, y por ello la curación se deriva de las plantas de la misma tierra. Muchas veces los bolivianos utilizan hierbas naturales para sanarse. Las hierbas consisten en materiales tales como hojas, flores, frutos, semillas, tallos, corteza, raíces y otras partes de plantas enteras, fragmentadas o pulverizadas. Para curar al enfermo, el médico tradicional busca la armonía entre el cuerpo y el espíritu por medio de estos remedios naturales. Hoy día la medicina tradicional o alternativa está creciendo no solamente entre las poblaciones indígenas, sino en el mundo entero. La venta de aceites esenciales, jugos frescos, gomas[5] y esencias estabilizadas, entre otros productos, ha llegado a considerarse una industria importante en el mundo de la salud, y veremos cómo continúa creciendo en los próximos años.

Después de leer

Paso 2: Con un/a compañero/a, escribe siete preguntas basadas en la lectura. Intercambia las preguntas con las de otra pareja y contéstalas con oraciones completas. Answers will vary.

Follow-up for 3.44, Paso 2: Arrange each pair with another pair to form groups of four. Students can ask and answer questions.

Estrategia de escritura: Using Self-management in Writing

Self-management is when you arrange conditions to help yourself learn and/or complete a task. This includes managing yourself during a task, such as writing. Helping yourself in this way will ensure that you perform at your best. Here are some self-management strategies that you can use when writing:

- Watch the time. Know that you need to get the job done, so don't let your mind wander to checking email or social media sites.
- Get right to the task at hand. Try to use the Spanish you know how to say. Avoid writing the task all in English and then translating it to Spanish.
- Support yourself. Tell yourself you have great ideas. Use what you know and get writing. You can revise and edit later.

Paso 3: Escribe sobre tu experiencia con el uso de la medicina casera, natural o tradicional. Incluye tu propia descripción de los remedios caseros que tu familia u otros conocidos utilizan cuando no se sienten bien. Si no utilizan ninguno, investiga sobre remedios caseros de tu comunidad. ¿Hay algún remedio que utilice plantas? Cuando te sientes mal, ¿consultas al médico enseguida, o primero intentas utilizar remedios caseros? ¿Por qué? ¿Qué opinas de la medicina casera? Answers will vary.

Note for 3.44, Paso 3: Ask the class to brainstorm some home remedies that are typically used in their family.

[5]**gomas:** gum

Película

También la lluvia

Archives du 7e Art / Morena Films / Photo 12 / Alamy Stock Photo

3.45 ***También la lluvia.*** La película *También la lluvia* trata de varios temas a la vez. Lee la descripción de la película y sigue los **Pasos** para aprender más. Answers will vary.

En la película *También la lluvia*, los dos personajes principales, Sebastián (Gael García Bernal), el director joven e idealista, y Costa (Luis Tosar), el descreído productor de cine, piensan hacer una película sobre Cristóbal Colón y el descubrimiento de América. Sebastián quiere desmitificar al personaje de Colón y presentarlo como un hombre ambicioso y sin escrúpulos. A Costa le interesa producir la película a un costo muy moderado. Decide filmar la película en Bolivia, porque es un país barato y con mayor población indígena, perfecta para sus objetivos. Los dos viajan a Cochabamba, pero al empezar su proyecto se encuentran dentro de un conflicto en la comunidad sobre la privatización y venta del agua a una empresa multinacional. El conflicto crece hasta la famosa Guerra Boliviana del Agua del año 2000, y esta vez los indígenas se enfrentan a un ejército moderno por uno de los derechos más básicos de los seres humanos: el agua.

Paso 1: La película tiene lugar en Cochabamba, una ciudad en el centro de Bolivia. Usa Internet y haz una búsqueda de mapas para descubrir dónde se encuentra la ciudad.

George Kalaouzis / Moment / Getty Images

Cochabamba es la tercera ciudad más grande de Bolivia.

Paso 2: Avance de la película. Busca en Internet un avance en español de la película. Míralo y con tu compañero/a, contesta las siguientes preguntas.

1. ¿Cuáles son las dos historias que presenta la película?
2. ¿Por qué hay tanta violencia?
3. ¿Qué momentos crees que son los más importantes en la película?
4. ¿Qué impresión tienes de Cochabamba?
5. ¿Qué opinan los españoles Sebastián y Costa de Cochabamba?
6. ¿Logran hacer la película Sebastián y Costa? ¿Cómo lo sabes?

Technology tip for 3.46: Have your students use the tool of their choice to compile their electronic notebook. This is a great way to keep students organized as they create a portfolio of photos and material regarding the countries presented throughout the book.

3.46 El cuaderno electrónico. Abre tu cuaderno electrónico y empieza una nueva página.

Paso 1: Utilizando tu libro de texto e Internet, sigue estos **Pasos**: Answers will vary.

1. Escribe la información básica de los países que has estudiado en este capítulo: Bolivia, Guatemala y Perú.
2. Dibuja un mapa de los tres países.
3. Selecciona dos lugares que te gustaría visitar en esos países y explica por qué los seleccionaste.
4. Escribe información sobre los lugares que te gustaría visitar.
5. Sube dos fotos de cada país.
6. Incluye información básica sobre los temas del capítulo.
7. Escribe tres hechos nuevos que aprendiste.
8. Escribe tres temas adicionales que te interesaría investigar.

 **Paso 2:** Lee y comenta sobre la información de dos compañeros en el foro de la clase.

REPASOS

Repaso de objetivos

Teaching tip for Repaso de objetivos: Although this self-assessment is designed for the students to evaluate their progress, teachers might poll students informally as a group to gauge how students are feeling about the material. This could be done orally with eyes closed and hands raised or by simply asking students to leave a slip with their answers at the end of class.

Check off the objectives you have accomplished.

I am able to...

	Well	Somewhat
• identify parts of the body and related organs.	☐	☐
• describe health issues and conditions.	☐	☐
• give advice and recommendations.	☐	☐
• give formal instructions to others.	☐	☐
• describe an incident in the past.	☐	☐
• describe nutrition and recommendations for healthy living in various Spanish-speaking countries.	☐	☐
• examine the impact of a community action group on the well-being of children in Peru.	☐	☐
• discuss access to clean water and how it affects quality of life.	☐	☐
• discuss traditional medicine in some Spanish-speaking countries.	☐	☐

Repaso de vocabulario

WileyPLUS
Go to WileyPLUS to review these vocabulary words and practice their pronunciation.

La anatomía ***Anatomy***

la cadera *hip*
la cara *face*
el codo *elbow*
el cuello *neck*
el cuerpo *body*
la frente *forehead*
los labios *lips*
la lengua *tongue*
la muñeca *wrist*
el muslo *thigh*
la pantorrilla *calf*
el pecho *chest*
las pestañas *eyelashes*
el pie *foot*
la rodilla *knee*
el tobillo *ankle*
el tronco *trunk*
las uñas *nails*

Los componentes esenciales del cuerpo ***Essential body components***

la clavícula *clavicle/collarbone*
el cerebro *brain*
el corazón *heart*
las costillas *ribs*
el cráneo *skull*
los dientes *teeth*
el esqueleto *skeleton*
el estómago *stomach*
la garganta *throat*
el hígado *liver*
los huesos *bones*
la mandíbula *jaw*
los músculos *muscles*
el oído *inner ear*
la piel *skin*
los pulmones *lungs*
los riñones *kidneys*
la sangre *blood*
las vértebras *vetebrae*
las venas *veins*

Las enfermedades y los síntomas ***Illnesses and Symptoms***

la alergia *allergy*
la bronquitis *bronchitis*
el catarro/el resfriado *cold*
la diarrea *diarrhea*
el estrés *stress*
la gripe *flu*
la infección de... *infection*
el malestar *ailments/discomforts*
la parasitosis *intestinal parasitic infection*

Expresiones

estar congestionado/a *to be congested*
tener el brazo fracturado *to have a broken arm*
tener dolor de estómago *to have a stomach ache*
tener fiebre *to have fever*
tener una herida *to have a wound*
tener la nariz tapada/congestionada *to have a stuffy, congested nose*
tener el tobillo hinchado *to have a swollen ankle*
tener tos *to have a cough*

Verbos (las enfermedades y los síntomas) ***Verbs (Illnesses and Symptoms)***

cuidarse *to take care of oneself*
desmayarse *to faint*
doler *to hurt*
enfermarse *to get sick*
estornudar *to sneeze*
fracturarse *to fracture*
hacerse un análisis de sangre *do a blood analysis*
ir a la sala de emergencias *go to the emergency room*
sentirse mal *to feel badly*

Los remedios ***Remedies***

consultar al médico *to consult with the doctor*
hacer gárgaras *to gargle*
poner una inyección *to give an injection to someone*
ponerle hielo *to put ice on someone*
ponerle/tener un yeso *to put a a cast on someone*
ponerle/tener un vendaje *to put a bandage on someone*
ponerse gotas en los ojos *to put eye drops in your eyes*
respirar *to breathe*
sacar una radiografía *to take an xray*
sacar sangre *to draw blood*
tomar jarabe para la tos *to take cough syrup*
tomar medicinas: aspirinas, antibióticos, antiinflamatorios, antihistamínicos *to take medicine*
usar muletas *to use crutches*
usar un bastón *to use a cane*

Los servicios médicos ***Medical services***

el consultorio *doctor's office*
el/la farmaceútico/a *pharmacist*
la farmacia *pharmacy*
la receta *perscription*
la sala de emergencias *emergency room*

La nutrición ***Nutrition***

la alimentación *food*
azúcares *sugars*
carnes *types of meat*
cereales, granos y tubérculos *cereals, grains and tubers*
frutas *fruits*
grasas *fats*
hierbas y verduras *vegetables*
leche y derivados / los productos lácteos *dairy products*
mantenerse sano/a *maintain good health*
potable *drinkable*
proteger *to protect*
saludable *healthy*

Los cognados

la actividad física
los carbohidratos
la dieta
la nutrición
las proteínas

Repaso de gramática

Subjunctive to give suggestions and recommendations

Use the subjunctive to give suggestions and recommendations.

Personal expressions where the doer of the action, the subject (s1), is expressed

(Yo) *Espero* **que** los estudiantes **tengan** una vida saludable.
s1 *v1* s2 **v2**

Subjunctive with impersonal expressions

Es necesario **que** Miguelito **tome** su medicina.
v1 s2 **v2**

In contrast...

(Yo) sé **que** los estudiantes **tienen** una vida saludable.
s1 *v1* s2 **v2**

Formal commands

The present subjunctive in the **usted** or **ustedes** forms of the verb are used for formal commands.

Para mantenerse sana, **coma** usted tres comidas cada día con muchas frutas y vegetales.

Tomen ustedes cuatro vasos de agua cada día para mejorar su salud.

Don't forget these irregular forms:

Ir	**vaya/n**
Ser	**sea/n**
Ver	**vea/n**

Se for unplanned occurrences

To express, report or talk about actions that were not done intentionally, you can use a **se** construction.

Se + indirect object pronoun (**me, te, le, nos, les**) + verb + subject

Here is a list of some of the verbs that can be used in expressing an unplanned action.

acabarse	*to run out of something; to be used up*
caerse	*to fall down from (my, our, his, her, your, their) hands*
fracturarse	*to become fractured*
olvidarse	*to slip (my, our, his, her, your, their) mind*
perderse	*to get lost*
quedarse	*to be left behind/forgotten*
romperse	*to break (on me, us, him, her, you, their)*

CAPÍTULO 4

Cuidando de nuestro planeta

Walter Diaz / AFP / Getty Images

Argentina mantiene fuertes regulaciones para proteger sus recursos naturales de manera sostenible.

Note for Chapter 4: World Readiness Standards addressed in this chapter include:
Communication: All three modes.
Culture: Examining ecological practices, ecoproducts and recommendations for sustainable living practices and the perspectives behind these practices.
Connections: Connecting with the disciplines of biology, architecture, engineering, and ecology.
Comparisons: Comparing and contrasting sustainable living practices and care for the environment in target cultures and home culture.

Contesta a las siguientes preguntas basadas en la foto.

1. ¿Quiénes son los responsables de la explotación global de los recursos naturales?
2. ¿Qué puedes hacer tú para conservar los recursos naturales?
3. ¿Crees en el efecto invernadero[1]? ¿Por qué?
4. ¿Qué propones para solucionar el problema del consumo excesivo del agua? ¿Y de la madera?

Communities: Examining sustainable practices in students' community. Acquiring life-long skills of investigating, reading, and reporting on a given topic in the target language.

OBJETIVOS COMUNICATIVOS

By the end of this chapter, you will be able to...

- describe sustainability issues in both your own country and Spanish-speaking countries.
- express emotions.
- communicate doubt and uncertainty.

OBJETIVOS CULTURALES

By the end of this chapter, you will be able to...

- describe natural resources and conservation efforts in Latin America.
- examine the role of renewable energy.
- become aware of environmental problems.
- discuss efforts to raise consciousness and concern for the planet in in a variety of Spanish-speaking countries.

ENCUENTROS

Video: Sofía sale a la calle a preguntar
Conozcamos a... Elisa Rosales Gómez

EXPLORACIONES

Exploremos el vocabulario
Los recursos naturales
Los problemas medioambientales y la ecología
Exploremos la gramática
Double object pronouns
Expressing doubt and uncertainty

EXPERIENCIAS

Manos a la obra: Cuidando de nuestro planeta
Experiencias profesionales: Un diálogo
El blog de Sofía: La Casa Uruguaya
Cortometraje: *Entre latas y madres*
Página informativa: La energía limpia
Página literaria: Cristina Rodríguez Cabral
Cultura y sociedad: La presa de Itaipú
Película: *Diarios de motocicleta*

[1]**efecto invernadero:** greenhouse effect

ENCUENTROS

Video

WileyPLUS

Go to WileyPLUS to watch this video.

Sofía sale a la calle a preguntar

4.1 Entrando en el tema. Proteger el medio ambiente es muy importante para muchas personas. En la siguiente tabla aparecen cinco de los principales problemas del medio ambiente de los que se habla a menudo en los medios de comunicación. Completa los siguientes **Pasos**.

Answers will vary.

Paso 1: Indica el nivel de preocupación que sientes por el medio ambiente según la siguiente lista de problemas, asignando a cada uno de ellos un número del 1 al 5, siendo 1 el más preocupante y 5 el menos preocupante.

Problemas medioambientales	Nivel de preocupación (1-5)
La sobrepoblación en el mundo	
La destrucción de las selvas tropicales	
Los efectos del derretimiento de los glaciares y las capas polares	
La extinción de muchas especies de animales	
La contaminación del agua	

Paso 2: Comparte tu tabla con un/a compañero/a de clase. Explícale el orden de tus mayores preocupaciones.

4.2 Sofía sale a la calle. Completa la siguiente gráfica de conceptos con los mayores problemas que tiene el medio ambiente según Andrés, Gastón y Steve. Después de completarla, compara tu gráfica de conceptos con la gráfica de un/a compañero/a de clase para ver si tienen la misma información. Answers will vary.

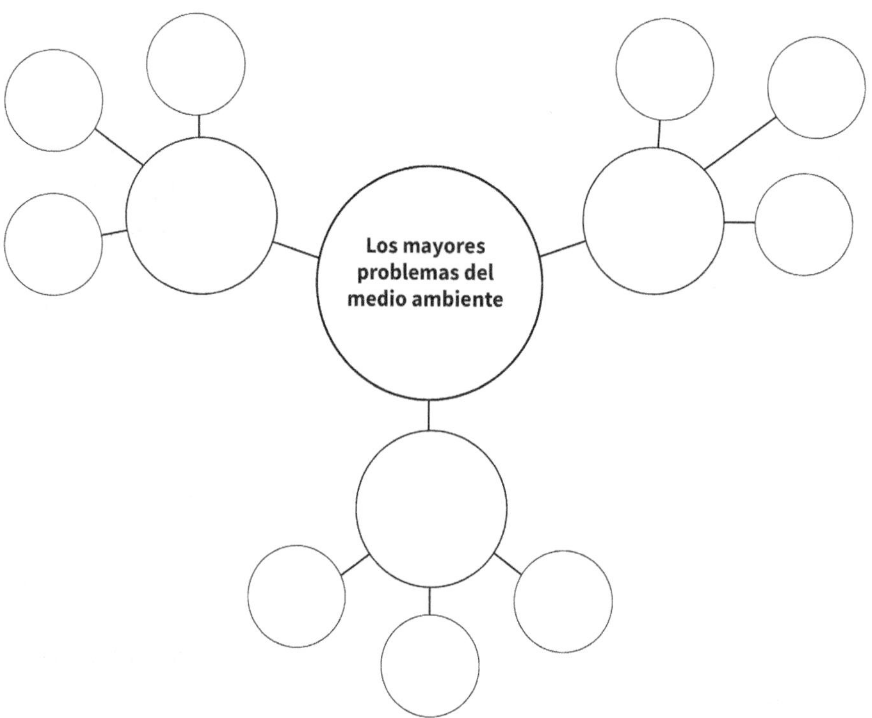

4.3 ¿Qué piensas? Andrés, Gastón y Steve ofrecen diferentes sugerencias para vivir una vida más sostenible. Completa los siguientes **Pasos** a continuación.

Paso 1: Elige una de las sugerencias de Andrés, Gastón o Steve y escribe tres razones por las cuales crees que es la más importante.

Paso 2: Comparte la sugerencia que seleccionaste y tus razones por elegirla con un/a compañero/a de clase. Defiende tu decisión si tu compañero/a y tú tienen opiniones diferentes. Answers will vary.

Possible answers for 4.3, Paso 1: La conservación del agua es la sugerencia más importante porque:

1. El agua es necesaria para vivir, pues la usamos para beber, ducharnos y cocinar.
2. Si el agua está contaminada, los animales tampoco podrían sobrevivir porque también es necesaria para ellos.
3. Los animales que viven en los océanos o en ríos y lagos morirían y no podríamos consumir pescado.

Estrategia de estudio: Focusing on Pronunciation

How can I improve my pronunciation?

If you wonder how to improve your pronunciation to sound more like a native speaker, here are a few suggestions for practicing your pronunciation. Be sure to go online to find additional activities!

1. Pay attention to vowels in Spanish. They are pronounced as short, tense and single sounds. Think of shorter sounds. Spanish vowels sound similar to the /a/ like in "**a**pple", the /e/, like in "**e**lephant", the /i/ like in "m**ee**t", the /o/ like in "yell**o**w", and the /u/ like in "b**oo**t".
2. The letter "h" does not represent a sound in Spanish. Remember not to pronounce the "h" in words like "*ahora*", "*hoy*", "*hermano*" and "*hola*".
3. The letter "d" is a softer sound than in English. Basically, your tongue does not touch anything; it only comes close to the back of the upper front teeth. Try to practice this sound in words like "*lado*", "*codo*" and "*nada*".
4. The single /r/ sound is pronounced like the /tt/ in the word "bu**tt**er". It is a fast tap. Try saying the word "*para*" with this fast tap. You can also try saying "*para ti*", faster and faster.

Pay attention to these key sounds, especially when they occur in cognates. Listen to examples of native speakers and repeat aloud. Record yourself, listen to the recording, and compare your pronunciation to that of the native speaker. You can also find some great digital resources for additional practice.

WileyPLUS
Go to WileyPLUS to watch this video.

Conozcamos a...

Elisa Rosales Gómez

Antes de escuchar

4.4 La naturaleza. Answers will vary.

Paso 1: Con un/a compañero/a, contesta las siguientes preguntas.

1. ¿Cómo es la geografía de la zona donde te criaste?
2. ¿Qué lugares naturales de tu ciudad natal puedes recomendar a los turistas?
3. ¿Cuáles son algunas actividades que te gusta hacer al aire libre?
4. ¿Qué haces para proteger el medio ambiente?

Kathrin Ziegler / Taxi / Getty Images

La juventud de Argentina es muy consciente de los problemas con el medio ambiente.

Paso 2: Describe el lugar más hermoso que has visitado en tu vida. ¿Por qué te gustó tanto? ¿Cómo era ese lugar? ¿Por qué fuiste allí?

Audioscript for 4.5:
Me llamo Elisa Rosales Gómez y soy oriunda de Córdoba, en el centro de Argentina, pero ahora resido en un pueblo llamado Eldorado en la provincia de Misiones en el noreste del país. Soy guía turística para los aventureros que quieren explorar la zona de Misiones, cerca de las famosas cataratas del Iguazú. Empecé mi vida en Córdoba estudiando sin planes de salir de la ciudad, pero fui un verano de vacaciones a conocer estas famosas cataratas y desde ese momento me enamoré de ellas y decidí que quería vivir y trabajar allí. Estudié en la Universidad Nacional de Misiones para ser ingeniera agrónoma. Después de graduarme en mi carrera, creé una compañía llamada "Iguazú Tours". Con mi conocimiento de la zona y los estudios que había terminado, comencé a llevar grupos de turistas a muchas de las zonas más preciosas de la provincia de Misiones. Al principio solamente los llevaba para que pudieran sacar fotos y vieran los distintos sitios, pero con el tiempo empecé a ofrecer una variedad de visitas guiadas para enseñar y educar a las personas tanto de Argentina como de otros países. Gracias a esa iniciativa, en estos momentos les enseño la importancia de los bosques tropicales y sus animales en el medio ambiente y qué es lo que podemos hacer para conservar estos bosques. Hasta la belleza de las cataratas del Iguazú se puede destruir con los cambios climáticos si no tenemos cuidado. Además de estas visitas educativas, llevo a personas más atrevidas a explorar otros rincones de esta provincia. Les ofrezco una variedad de actividades: como la espeleología, donde exploramos unas cuevas de esa zona, conocidas como "Las cuevas de los Comechingones".

Mientras escuchas

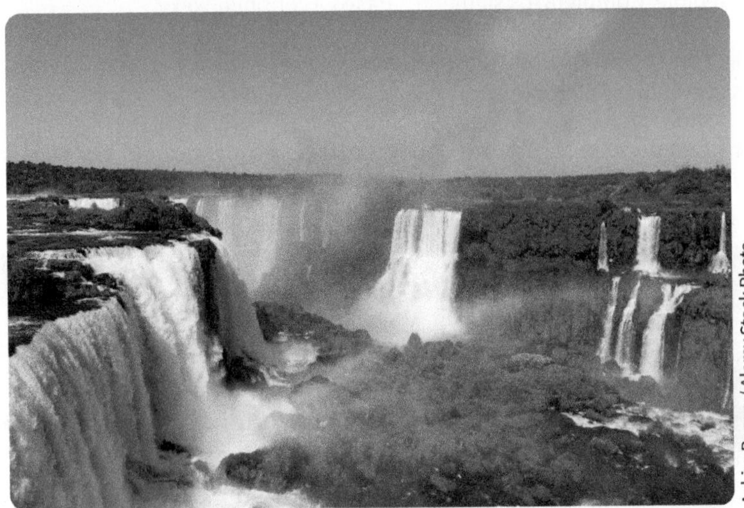

Achim Baque / Alamy Stock Photo

Las famosas cataratas del Iguazú, en Argentina, son 50 metros más altas que las cataratas del Niágara, en Estados Unidos y Canadá.

4.5 La pasión de Elisa. WP Elige la opción que mejor complete la oración.

1. Elisa nació en…
   a. Eldorado. b. Iguazú. (c.) Córdoba.
2. La primera vez que ella fue a la provincia de Misiones fue porque estaba…
   (a.) de vacaciones. b. trabajando. c. estudiando.
3. Ella estudió en la Universidad Nacional de Misiones para ser ingeniera…
   a. eléctrica. (b.) agrónoma. c. agrícola.
4. Después de graduarse, ella empezó una…
   (a.) compañía que ofrece visitas guiadas.
   b. organización dedicada a la conservación del medio ambiente.
   c. escuela que investiga los cambios climáticos en Argentina.
5. Una de las actividades que Elisa no hace con las personas que la acompañan es…
   (a.) jugar al fútbol con los niños del pueblo.
   b. escalar las montañas de la región de Misiones.
   c. explorar unas cuevas subterráneas.

Suggestion for 4.5: For hybrid or flipped classes, you may want to assign students to listen to the audio and complete this activity prior to the class session.

Después de escuchar

4.6 Un plan de visitas. Con un/a compañero/a de clase, crea un plan para una visita guiada de unos amigos a un parque natural de Estados Unidos. Van a pasar solamente un día allí, así que tienen que pensarlo y planearlo bien. Decidan qué parque natural van a visitar y qué van a hacer. Piensen en actividades que se pueden hacer al aire libre en este sitio. Después de preparar su plan, compártanlo con otros dos grupos de estudiantes de la clase.

Answers will vary.

Suggestion for 4.6: This activity can be assigned on your learning management system discussion board. Students can upload their plans to the discussion board and then comment/choose on which plan they like the most and why. Then in class they can get in groups and discuss why they chose the plan they did.

4.7 La destrucción de los bosques. Los bosques tropicales se están destruyendo. Gran parte de la destrucción se debe a que los agricultores queman los bosques para tener más terreno para sus cosechas. Sigue las instrucciones para encontrar una solución a este problema. Answers will vary.

Paso 1: Escoge una solución de las siguientes opciones para salvar los bosques tropicales. Después, escribe un pequeño párrafo desarrollando tu solución e intenta convencer a los demás para que cuiden mejor el medio ambiente.

Suggestion for 4.7: This activity is broken down into two steps for students to complete. For hybrid or flipped classes, you may want to assign **Paso 1** for students to prepare prior to the class session.

Opciones:

- buscar otra tierra
- plantar una mezcla de árboles y cultivos anuales
- quemar solo una parte de la tierra cada año

Paso 2: Comparte tu párrafo con un/a compañero/a de clase. ¿Escogieron la misma opción?

También me encanta llevarlos a hacer rapel por los hermosos precipicios de los cerros de los Tres Picos y el Characato, donde la visita desde esas alturas les quita el aliento. Me encanta mi trabajo y espero que la gente pueda apreciar la belleza de mi país.

¿Qué sabes de Argentina, Paraguay, Perú y Uruguay?

WP Repasa los mapas, las estadísticas y las descripciones de Argentina, Paraguay, Perú y Uruguay en WileyPLUS.

Sitios interesantes

Bernard Golden / Alamy Stock Photo

El Parque Raúl Porras Barrenechea es el primer parque ecológico de Perú. Se ubica en el distrito Miraflores, en Lima, y cuenta con cinco paneles solares para la iluminación solar y dos contenedores subterráneos para los desechos orgánicos e inorgánicos. Como todos los parques de Lima, ofrece conexión wifi gratuita.

Guaxinim / Shutterstock

El Parque Santa Teresa es un parque espectacular, limpio y muy cuidado que se encuentra en Uruguay. Tiene más de dos millones de árboles y más de 330 especies de rosas. Es un lugar ideal para acampar cómodamente. Cuenta con más de 60 kilómetros de senderos para realizar caminatas. El parque también posee un museo, varias playas y una fortaleza.

DeAgostini / Getty Images

El Chaco es una gran planicie que ocupa 60,71 % del territorio nacional de Paraguay (246 952 kilómetros cuadrados) con una población del 2 % del total de los habitantes del país. La región alberga una gran diversidad biológica, una gran variedad de culturas y recuerdos históricos.

4.8 Datos interesantes de Argentina, Paraguay, Perú y Uruguay. Estás investigando la protección del medio ambiente y la cantidad de contaminantes en Argentina, Paraguay, Perú y Uruguay. Lee los datos de cada país y luego contesta las siguientes preguntas con un/a compañero/a. Answers will vary.

1. ¿En qué país se utiliza más electricidad? ¿Por qué crees que es así?
2. ¿Por qué crees que hay reservas ecológicas?
3. ¿Por qué clasificamos los objetos en diferentes cubos de reciclaje?
4. ¿Por qué piensas que hay programas de sostenibilidad?
5. ¿Cómo se comparan estos datos con los de Estados Unidos?
6. ¿Qué conclusiones puedes sacar de estos datos?

Datos interesantes: Argentina	**Datos interesantes: Perú**	**Datos interesantes: Estados Unidos**
Número de reservas ecológicas: 15 Número de toneladas de materiales reciclados cada mes: 80 000/año o 6667/mes – 32,65 % del consumo nacional aparente de residuos. Número de proyectos de sostenibilidad: 16 Cantidad de dióxido de carbono que se emite en un mes de electricidad en un hogar en la capital: 4,8 toneladas métricas/persona/mes **Datos interesantes: Paraguay** Número de reservas ecológicas: 3 Número de toneladas de materiales reciclados cada mes: 2100 toneladas de residuos al mes solo en Asunción. Número de proyectos de sostenibilidad: 36 Cantidad de dióxido de carbono que se emite en un mes de electricidad en un hogar en la capital: 0,87 toneladas métricas/persona/mes	Número de reservas ecológicas: 5 Número de toneladas de materiales reciclados cada mes: 10,2 Número de proyectos de sostenibilidad: 12 Cantidad de dióxido de carbono que se emite en un mes de electricidad en un hogar en la capital: 2 toneladas métricas/persona/mes **Datos interesantes: Uruguay** Número de reservas ecológicas: 2 Número de toneladas de materiales reciclados cada mes: 65 mes Número de proyectos de sostenibilidad: 12 Cantidad de dióxido de carbono que se emite en un mes de electricidad en un hogar en la capital: 2 toneladas métricas/persona/mes	Número de reservas ecológicas: 29 Número de toneladas de materiales reciclados cada mes: 90 000 Número de proyectos de sostenibilidad: 128 Cantidad de dióxido de carbono que se emite en un mes de electricidad en un hogar en la capital: 16,5 toneladas métricas/persona/mes

Cultura viva

Las acciones verdes de los jóvenes argentinos

En Argentina, se usa mucho la bicicleta y el transporte público. Hay una importante campaña de concienciación[2] para comprar en mercados orgánicos, reciclados, tener una huerta propia, hacer compostaje, usar bolsas reutilizables y ahorrar energía, entre otras cosas. La historia económica del país ayuda: ahorrar está instalado en sus valores. Todo sirve para más de un uso, se lavan las cosas descartables[3] y se vuelven a usar.

Estrategia de estudio: Repetition *by Maria Fraulini*

Courtesy of Maria Fraulini

What works for me is repetition. The more I am involved with the language the better off I am. With languages, I can easily forget if I don't practice. My advice is to stay engaged with the class and participate often. If you do, the language will be a breeze and you'll really enjoy learning something new.

WileyPLUS
Go to WileyPLUS to watch this video.

[2]**campaña de concienciación:** campaign for consciousness-raising [3]**descartables:** disposables

EXPLORACIONES

Exploremos el vocabulario 1

Los recursos naturales

WP **Repasar: Los puntos cardinales y los accidentes geográficos, Capítulo 9 en *Experiencias introductorio.***

WileyPLUS

Go to WileyPLUS Resources to access an interactive version of these illustrations to review these vocabulary words and their pronunciation.

A.

B.

C.

D.

E.

F.

Los recursos naturales	*Natural resources*	Los cognados
la catarata	*waterfall*	conservar
el comercio justo	*fair trade*	cultivar
el compostaje	*composting*	la ecología
desarrollar	*to develop*	el ecosistema
el desarrollo	*development*	la energía
la huella de carbono	*carbon footprint*	híbrido/a
el invernadero	*greenhouse*	innovador/a
la presa	*dam*	el planeta
proteger	*to protect*	preservar
protegido/a	*protected*	el reciclaje
proveer	*to provide*	reciclar
renovable	*renewable*	la reserva
sostener	*to support*	
sostenible	*sustainable*	
la supervivencia	*survival*	
la trinchera	*trench*	

Audioscript for 4.9:
1. El agua potable es agua que se puede tomar porque no es dañina para el cuerpo.
2. Es posible sembrar plantas en un invernadero.
3. El compostaje es un proceso de preservación de las plantas híbridas.
4. Las plantas y los animales están protegidos en las reservas ecológicas.
5. La huella de carbono es una forma de medir el impacto de la biodiversidad.
6. El desarrollo del comercio justo es una idea innovadora para reciclar la energía renovable.
7. La reforestación contribuye a la supervivencia de los bosques tropicales.

Suggestion for 4.9: For hybrid or flipped classes, you may want to assign students to listen to the audio and complete this activity prior to the class session.

Answers for 4.9, Paso 2: 3. El compostaje es un proceso de transformación de la materia orgánica. 5. La huella de carbono es una forma de medir el impacto que deja una persona sobre el planeta en su vida cotidiana. 6. El desarrollo del comercio justo es una idea innovadora para ayudar con la pobreza y la desigualdad mundial.

4.9 Examen de ecología. Siempre asistes a las clases de ecología y escuchas la presentación del profesor. Pero tu compañero/a nunca va a clase y no aprende. Completa los siguientes **Pasos**.

Paso 1: WP Escucha las descripciones de tu compañero/a y marca si son **ciertas (C)** o **falsas (F)**.

1. C **2.** C **3.** F **4.** C
5. F **6.** F **7.** C

Paso 2: Escucha de nuevo las descripciones y corrige las oraciones falsas.

4.10 El español cerca de ti. Hoy día existen más elementos de sostenibilidad en los edificios nuevos. ¿Cuántos elementos de sostenibilidad hay en tu comunidad? En tu clase de negocios, el profesor les pregunta sobre los elementos que existen en su universidad o comunidad. Sigue los siguientes **Pasos** para completar la investigación. Answers will vary.

Paso 1: Investiga el número de elementos sostenibles que hay y marca la columna que corresponda al lugar donde se encuentran. Después, comparte la información con un/a compañero/a de clase.

Elementos sostenibles	En tu universidad	En tu comunidad	En tu estado
Energía solar			
Programa de reciclaje			
Programa de compostaje			
Invernadero			
Reserva ecológica			
Programa de reforestación			
Programa de comercio justo			
Agua potable para todos			
Aparcamiento para los coches híbridos			

Paso 2: Comparte la información con un/a compañero/a de clase. ¿Qué conclusiones puedes sacar de tu universidad y tu comunidad en cuanto a sus programas de sostenibilidad?

Suggestion for 4.11: Have students post their concept maps on your learning management system discussion board.

4.11 Cuidando nuestro planeta: La Tierra. ¿Qué iniciativas son importantes para proteger nuestro planeta? Construye una gráfica de conceptos con un/a compañero/a de clase para hablar de sus ideas. Pueden utilizar las ideas de la siguiente lista o inventar sus propios temas. Intenten incluir un mínimo de ocho palabras del vocabulario nuevo de este capítulo.

Answers will vary.

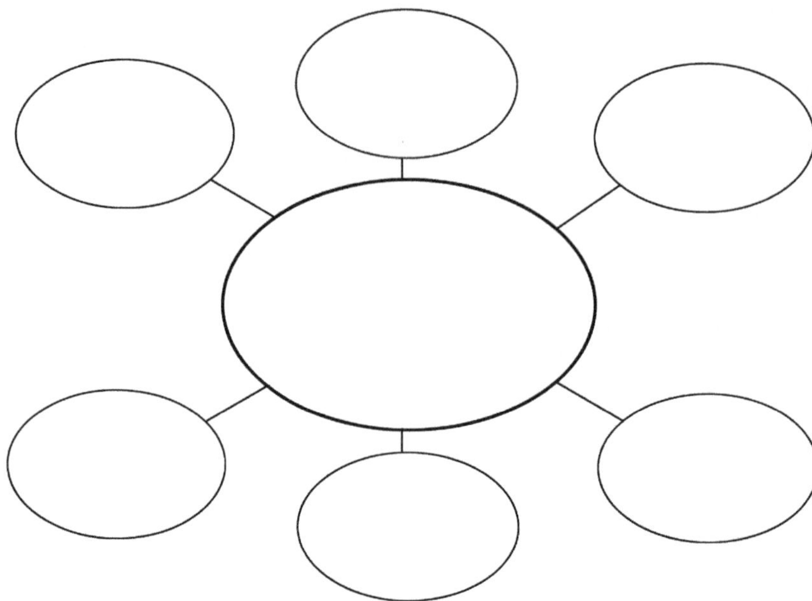

Lista de ideas:

- Disfrutar sin destruir
- Reducir la huella de carbono
- Conservar el agua potable
- Proteger el terreno y los bosques

WileyPLUS
Go to WileyPLUS to watch this video.

Estrategia de estudio: Always Participate *by Katie Kennedy*

Courtesy of Katie Kennedy

What works for me is always participating. Finding new ways to participate by meeting new people that you know speak Spanish or getting a study group together with your friends in the class gives you a better idea when you're speaking of your strengths and weaknesses, better than what you'd get if you were in class.

Exploremos la gramática 1

Double object pronouns

WP Repasar: Direct Object Pronouns, Capítulo 8 en *Experiencias Introductorio*; Indirect Object Pronouns, Capítulo 10 en *Experiencias Introductorio.*

WileyPLUS
Go to WileyPLUS to review this grammar point with the help of the Animated Grammar Tutorial.

In your previous studies of Spanish, you were probably introduced to direct and indirect object pronouns. Let's review why each is used in Spanish.

Direct object pronouns are used to avoid repetition or redundancy. They answer the question *What*? or *Who*? This is similar in English when we replace vocabulary items with *it* or *them*, *him* or *her*.

Indirect object pronouns are used to show *to whom* or *for whom* an action is done. In other words, they indicate the person or object affected in some way by the verb and the direct object. Spanish is different from English in that the indirect object pronouns **le** and **les** must be clarified in order to know who is being referred to. Clarification is made by adding **a** + the person or receiver.

Le escribo **a la señora Martínez**. — **Le** refers to ***la señora Martínez***.

*I write (to her) to **señora Martínez**.*

Unlike English, the indirect object pronoun may stand alone in the sentence but the clarifier may not.

~~Vendo la bicicleta a Mario.~~ — **Le** vendo la bicicleta **a Mario**.

Review the following chart of object pronouns.

Indirect object pronouns ***(Pronombres de complemento indirecto)***		**Direct object pronouns** ***(Pronombres de complemento directo)***	
me	*to/for me*	**me**	*me*
te	*to/for you*	**te**	*you*
le	*to/for him, her, you, it*	**lo, la**	*him, her, it, you*
nos	*to/for us*	**nos**	*us*
os	*to/for you*	**os**	*you*
les	*to/for them you*	**los, las**	*them, you*

Often, for efficiency, both the direct object pronoun and the indirect pronoun are used together in the same sentence.

Examine the following examples:

—¿**Me** puedes prestar **tu libro** sobre el compostaje?

Can you lend me your book on composting?

—Sí, **te lo** puedo dejar en tu buzón esta noche.

Yes, I can leave it for you in your mailbox tonight.

—¿**(Ustedes)** Tienen **la llave** para entrar en el invernadero?

Do you guys have the key to get into the greenhouse?

—Sí, la profesora Jiménez **nos la** dio esta mañana.

Yes, Professor Jiménez gave it to us this morning.

—¿**Me** estás escribiendo **las instrucciones** para sembrar las semillas de vegetales?

Are you writing the instructions for me to plant the vegetable seeds?

—Sí, **te las** estoy preparando.

Yes, I'm preparing them for you.

¿Qué observas?

1. What do you notice about the placement of the pronouns in these sentences?
2. Can you identify the direct and indirect pronoun in each sentence?
3. What is the noun that each object pronoun represents?

Answers for ¿Qué observas? box:

1. The order appears as follows: indirect object, direct object, then the verb.
2. First sentence: te=indirect object, lo=direct object; second sentence: nos=indirect object, la=direct object; third sentence: te=indirect object, las=direct object.
3. First sentence te=tú, lo=el libro; second sentence: nos=nosotros, la=llave; third sentence: te=tú, las=las instrucciones.

Object pronoun order

When using both direct and indirect pronouns in a sentence, there is a specific order that must be used in order for the sentences to make sense. '*Indirect before direct*' is a saying to help you remember the order. First, include the *indirect object pronoun* then the *direct object pronoun* and next the verb. Look at these examples:

—¿Cuándo recibieron **el dinero** del banco para comprar el terreno?

When did you receive the money from the bank to buy the land?

—Nos **lo** dieron ayer.

They gave it to us yesterday.

Object pronoun changes: *le, les → se*

When using the indirect object pronouns **le** and **les** with a direct object pronoun, the indirect object pronouns **le** and **les** change to **se**.

le *les*	changes to **se** before	*lo* *la* *los* *las*

Take a look at these examples:

—¿Le dieron los materiales a Miguel para la casa ecológica?

Did you guys give Miguel the materials for the environmentally friendly house?

—No, **se los** dimos a María.

No, we gave them to Maria.

—¿Dónde está la llave para tu nuevo automóvil híbrido?

Where is the key for your new hybrid car?

—**Se la** di a mi papá.

I gave it to my dad.

Object pronoun placement

- Placement before the verb:

  Both direct and indirect object pronouns are usually placed before the verb, as in the examples. They are also placed before a negative command:

  —¿**Te** puedo dar **las flores** para sembrar?

  Can I give you the flowers to plant?

  —No, no **me las** des.

  No, don't give them to me.

- Placement after a verb and attached to it:

  1. With affirmative commands

  —¿**Le** puedo dar **las flores** para sembrar?

  Can I give you the flowers to plant?

  —Sí, dé**melas**.

  Yes, give them to me.

2. With the dictionary form of the verb or the infinitive

   —Marisol **me** va a explicar **las instrucciones** para el reciclaje.

   Marisol is going to explain to me instructions for recycling.

   —Marisol va a explicár**melas**.

   Marisol is going to explain them to me.

3. After **-ando** or **-iendo**

   —¿Quién está preparándo**nos el plan de sostenibilidad**?

   Who is preparing the sustainability plan for us?

   —El profesor Sánchez está preparándo**noslo**.

   Professor Sánchez is preparing it for us.

4.12 La conversación entre Carmen y Mariel. WP Después de escuchar la conversación, selecciona la letra correcta para completar la frase.

Carmen: ¿Llamaste a Margarita?

Mariel: Sí, yo (1) ____________ llamé.

Carmen: ¿(2) ____________ diste mi mensaje?

Mariel: Sí, yo (3) ____________ (4) ____________ di.

Carmen: ¿Qué (5) ____________ dijo Margarita después?

Mariel: Margarita (6) ____________ dijo que era importante guardar el secreto.

Carmen: Estoy de acuerdo, aunque a mí no (7) ____________ gustan los secretos.

Suggestion for 4.12: For hybrid or flipped classes, you may want to assign students to listen to the audio and complete this activity prior to the class session.

1. **a.** me **b.** te **c.** nos **d.** le **(e.)** la
2. **(a.)** le **b.** me **c.** se **d.** lo **e.** la
3. **a.** le **(b.)** se **c.** les **d.** la **e.** lo
4. **a.** la **b.** los **c.** se **d.** le **(e.)** lo
5. **a.** me **(b.)** te **c.** la **d.** lo **e.** le
6. **(a.)** me **b.** lo **c.** te **d.** la **e.** nos
7. **(a.)** me **b.** te **c.** se **d.** nos **e.** les

Audioscript for 4.12:
Carmen: ¿Llamaste a Margarita?
Mariel: Sí, yo la llamé.
Carmen: ¿Le diste mi mensaje?
Mariel: Sí, yo se lo di.
Carmen: ¿Qué te dijo Margarita después?
Mariel: Margarita me dijo que era importante guardar el secreto.
Carmen: Estoy de acuerdo, aunque a mí no me gustan los secretos.

4.13 Transformando oraciones. Transforma las siguientes oraciones usando los pronombres de complementos directos y los pronombres de complementos indirectos.

1. Tú me prestas tus libros de jardinería.
2. Juan nos va a vender su invernadero.
3. Marisa y Pedro no te quieren enseñar sus fotos del bosque tropical.
4. Tú le compraste una película sobre el ecoturismo a Marisa.
5. Uds. nos explican la influencia del petróleo en la economía de Venezuela.
6. Nuestros tíos les van a regalar unas verduras.
7. Préstame tu diccionario.
8. No les pidas más información a los chicos.

Answers for 4.13: 1. Tú me los prestas; 2. Juan nos lo va a vender o Juan va a vendérnoslo; 3. Marisa y Pedro no te las quieren enseñar o No quieren enseñártelas; 4. Tú se la compraste; 5. Uds. nos la explican; 6. Nuestros tíos se las van a regalar o Nuestros tíos van a regalárselas; 7. Préstamelo; 8. No se la pidas.

Suggestion for 4.13: For hybrid or flipped classes, you may want to assign students to complete this activity prior to the class session.

4.14 Unas preguntas. Con un/a compañero/a de clase, contesta las siguientes preguntas usando los pronombres de complementos directos y los pronombres de complementos indirectos.

1. ¿Les diste el libro a ellos? (Sí-Ellos)
2. ¿Enrique vendió su coche híbrido a su mejor amigo? (Sí-Él)
3. ¿Quién me escribió la carta? (Nosotros)
4. ¿Le compraste las flores a Ana? (Sí)
5. ¿Le entregamos la tarea y la escritura al profesor? (No-Nosotros)
6. ¿Le presentaron mis padres a Susana? (Sí-Ellos)
7. ¿Vas a devolvernos las fotos? (No-Ellos/Ustedes)
8. ¿Van a prestarte las herramientas? (No-Ellos)

Suggestion for 4.14: Tell students to take turns answering the questions orally. Alternatively they could together write their answers on paper. Until they get used to hearing object pronouns it may be difficult to listen and answer orally.

Answers for 4.14: 1. Sí, se lo di; 2. Sí, él se lo vendió; 3. Nosotros te la escribimos; 4. Sí, se las compré; 5. No, no se las entregamos; 6. Sí, se los presentaron; 7. No, no voy a devolvéroslas/devolvérselas o No, no os/se las voy a devolver; 8. No, ellos no me las van a prestar o No, ellos no van a prestármelas.

Cultura viva

La conciencia de la naturaleza

En Perú, las responsabilidades son más bien con los hijos y los nietos: se trata de dejar para ellos el mejor mundo posible. Cada vez más se extiende la idea de que formamos parte de la naturaleza, no somos algo externo a ella. La mayoría de la población andina piensa que son parte de ella y, por lo tanto, las acciones de cada uno afectan a todos. Las escuelas e instituciones han adoptado este tema en los currículos y hay una aceptación general de que no se puede continuar con hábitos consumistas destructivos.

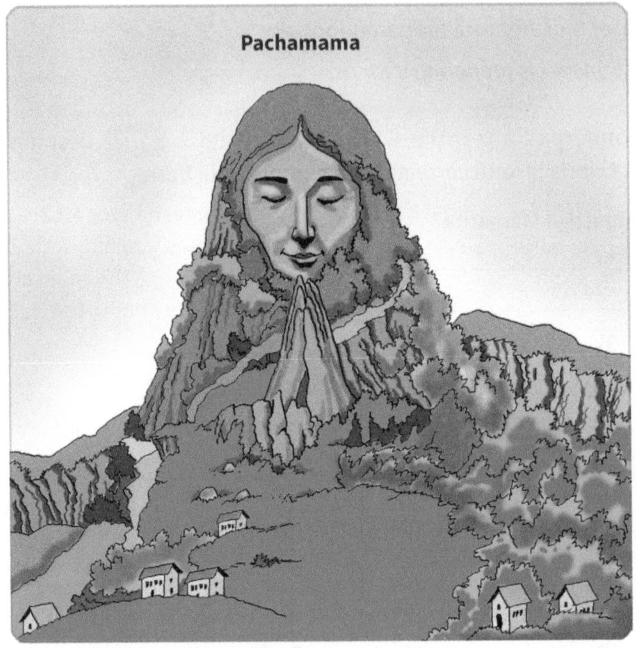

La naturaleza es valorada como parte de la cultura andina, ya que intenta revalorizar el respeto a la "Pachamama", la madre tierra.

Technology tip for 4.15: For flipped or hybrid courses, students can prepare this activity outside of class with a videoconferencing tool. During the next class session, they can practice and present their situation to the class.

4.15 Situaciones. Haz el papel de **A** o **B** con un/a compañero/a de clase para participar en la conversación. Answers will vary.

A- Tu compañero/a de clase quiere construir una casa ecológica en un bosque tropical de Perú. Él/Ella no ha pensado en todos los detalles importantes al planear la construcción de la casa. Pregúntale sobre las cosas que ya tiene para construirla.

B- Quieres construir una casa ecológica en un bosque tropical de Perú. Tienes muchas cosas ya preparadas para la construcción, pero tu compañero/a de clase piensa que no eres una persona muy organizada. Contesta sus preguntas y dile lo que ya tienes.

Estrategia de estudio: Using Internet Resources *by Anton Mays*

WileyPLUS
Go to WileyPLUS to watch this video.

Courtesy of Anton Mays

Another huge aid for learning Spanish has been using internet resources for online quizzes and just vocabulary and grammar. All of those online tools really help me to just kind of keep repeating the same process of just getting down the language and that has really helped me become more fluent in speaking Spanish.

Exploremos el vocabulario 2

Los problemas medioambientales y la ecología

WP Repasar: Los accidentes geográficos y los fenómenos del tiempo, Capítulo 9 en *Experiencias introductorio*.

WileyPLUS
Go to WileyPLUS to review these vocabulary words and practice their pronunciation.

AntoinetteW / Shutterstock

Los **problemas medioambientales** en el mundo generan un gran impacto en la diversidad biológica, el **cambio climático**, el deterioro de los recursos naturales y las condiciones óptimas de vida de los seres humanos.

Los problemas medioambientales y la ecología	***Environmental problems and ecology***	**Los cognados**
la amenaza	*threat*	el combustible fósil
amenazar	*to threaten*	consumir
la basura	*garbage*	el consumo de energía
el calentamiento global	*global warming*	la contaminación
dañino/a	*harmful*	el desastre
destruir	*to destroy*	el dióxido de carbono
el efecto invernadero	*greenhouse effect*	la erosión
la especie amenazada/ en peligro de extinción	*endangered species*	el pesticida
		la reducción
evitar	*to avoid*	reducir
extinguirse	*to become extinct, to die out*	(re)utilizar
la fuente (renovable)	*(renewable) source*	
la lluvia ácida	*acid rain*	
malgastar	*to waste*	
el peligro	*danger*	
la pérdida	*loss*	
el producto descartable/ desechable	*disposable product*	
la sequía	*drought*	
tirar	*to throw away*	

Suggestion for 4.16: Many countries have different events to help people remember the environment and how to take care of it. Some of these are local events and others are on a more national scale. Have students ask family members in the US or abroad about any events that are organized to help preserve the environment. Ask them to share these with the class. Have students compare these activities to what takes place in their communities.

Audioscript for 4.16:
Mi amigo Gonzalo Ferraro Vignoli tiene 27 años y es de Montevideo, Uruguay. Gonzalo se preocupa mucho por las amenazas a nuestro planeta, como el calentamiento global, la deforestación y las especies en peligro de extinción. Quiere dedicar su vida a combatir los problemas ambientales y a trabajar para prevenir que haya otros problemas en el futuro. Hace cinco años que se graduó en la universidad y ahora tiene la gran suerte de trabajar como inspector de parques para el gobierno de Montevideo. El Ministerio de Turismo desarrolló un proyecto a favor del medio ambiente llamado "Uruguay Natural". Este proyecto consiste principalmente en hacer propaganda para que los uruguayos mantengan el país limpio y bonito. Según Gonzalo, es importante que los uruguayos sean conscientes de los problemas ambientales. Además, es bueno que exista este tipo de programas en Uruguay, ya que ayudan mucho a cuidar la naturaleza y la salud de los habitantes. La próxima vez que los visitantes vayan a un parque público, verán los cambios que se han implementado por su buen mantenimiento. Es muy positivo que el gobierno uruguayo haga propaganda para mantener limpios las ciudades y los parques, e igualmente planten

4.16 El Día Mundial del Medio Ambiente. WP Estás trabajando como asistente en un parque de tu ciudad. Como parte de tu trabajo, tienes que hablar con los visitantes. Como sabes español, un joven empieza a contarte de su amigo en Uruguay. Escucha la descripción sobre el tema del medio ambiente en Uruguay y decide si las oraciones son **ciertas (C)** o **falsas (F)**. Corrige las oraciones falsas para que sean correctas.

F **1.** Gonzalo trabaja como inspector de parques para el gobierno de Aguascalientes. Montevideo.

F **2.** El Ministerio de Educación desarrolló el programa nuevo 'Uruguay Natural'. Turismo.

F **3.** Principalmente es un programa de propaganda para combatir los pesticidas utilizados para cultivar el mate. que los uruguayos mantengan el país limpio y bonito.

C **4.** El gobierno quiere que los uruguayos mantengan limpio su país.

F **5.** El programa ayuda a proteger los animales en peligro de extinción. cuidar la naturaleza y salud de los habitantes.

F **6.** El 15 de junio es el Día Mundial del Medio Ambiente. 5.

F **7.** Según Gonzalo, los uruguayos celebran el Día Mundial del Medio Ambiente con un concierto en los parques. con fiestas en los parques.

F **8.** Para celebrar, los jóvenes recogen la basura y los niños pintan los árboles. los niños plantan árboles y los jóvenes recogen basura.

C **9.** Gonzalo cree que es importante que la gente sea consciente de las amenazas a nuestro planeta.

Suggestion for 4.16: For hybrid or flipped classes, you may want to assign students to listen to the audio and complete this activity prior to the class session.

4.17 Las 10 recomendaciones para cuidar el medio ambiente. Cuando piensan en cuidar el medio ambiente, muchas personas se imaginan tareas muy complicadas y difíciles de realizar, pero esto no siempre tiene que ser así. Las pequeñas acciones pueden hacer grandes diferencias. Lee la siguiente lista de 10 recomendaciones y sigue los **Pasos**.

AMBIENTE SANO, VIDA SALUDABLE

1. No deje encendidos los aparatos eléctricos...
2. En el supermercado, opte por bolsas de papel y bolsas de tela...
3. Aproveche al máximo la luz del sol...
4. Si usa aire acondicionado, manténgalo programado en 24° C...
5. No malgaste agua al bañarse, cepillarse los dientes y regar las plantas...
6. No imprima más de lo necesario...
7. No use manguera para lavar el coche o el patio...
8. Utilice pilas y artículos que se recarguen con energía solar...
9. Use el transporte público cuando sea posible y evite los viajes no necesarios en coche...
10. Use productos descartables....

Suggestion for 4.17: For hybrid or flipped classes, you may want to assign **Paso 1** and **Paso 2** for students to prepare prior to the class session. **Paso 2:** Ask students to post their plans on your learning management system discussion board. Next, students will read and post follow-up questions for two of their classmates to be answered prior to the next class session.

Paso 1: Termina cada oración con una explicación de por qué es un buen hábito.

Paso 2: Escribe un plan de conservación para los estudiantes universitarios de tu ciudad.

Paso 3: Comparte tu plan con un compañero/a y pídele sugerencias para mejorarlo.

Answers for 4.17, 4.18 and 4.19: Answers may vary.

4.18 El español cerca de ti. Busca en tu comunidad o en Internet un letrero de propaganda en español para proteger el medio ambiente. Dedica unos minutos a examinar el documento y sigue los siguientes **Pasos**.

Paso 1: Examina el letrero. ¿De qué se trata?

Paso 2: Toma una foto del letrero. Escribe unas líneas para describir por qué lo seleccionaste.

Paso 3: Súbela al foro de la clase.

Paso 4: Lee el trabajo de dos compañeros/as de clase y escribe comentarios y preguntas sobre su trabajo.

4.19 La ecología en mi ciudad natal. Entrevista a un/a compañero/a de clase sobre la situación del medio ambiente.

1. ¿Qué proyectos de tu ciudad conoces que trabajen en favor del medio ambiente?
2. ¿Cuál es, en tu opinión, uno de los problemas principales relacionados con la conservación de los recursos naturales?
3. ¿Cuántos tipos de contaminación existen en la capital de tu estado?
4. Describe otros problemas ecológicos que hayas observado en tu propia ciudad/pueblo o en tu universidad.
5. ¿Qué podemos hacer para ayudar a promover proyectos a favor del medio ambiente?

Cultura viva

La casa sostenible

La familia Morales construyó un biogestor que convierte los desechos o bioabonos de los animales domésticos en biogas. Esta energía puede ser utilizada como combustible en la cocina o para calentar el agua. Así pueden lavar los platos y ducharse con agua caliente.

Courtesy of Diane Ceo-DiFrancesco

Una casa sostenible en los Andes, Perú.

árboles por todas partes. El gobierno tuvo la iniciativa de establecer el 5 de junio como el Día Mundial del Medio Ambiente y celebrarlo con fiestas en los parques. Durante ese día, los niños plantan árboles y los jóvenes recogen basura en los parques. Es un buen día para proteger la naturaleza. ¿Tienes una celebración similar en tu país?

Answers for 4.16: 1. F, Trabaja para el gobierno de Montevideo; 2. F, El Ministerio de Turismo desarrolló el programa; 3. F, Es un programa de propaganda para que los uruguayos mantengan el país limpio y bonito; 4. C; 5. F, El programa ayuda a mantener limpios las ciudades y los parques; 6. F, El 5 de junio es el Día Mundial del Medio Ambiente; 7. F, Celebran con fiestas en los parques; 8. F, Los niños plantan árboles; 9. C.

Suggestion for 4.18: For hybrid or flipped classes, you could have students post their descriptions on your learning management system discussion board, or you can choose to assign **Paso 1** and **Paso 2** for students to prepare prior to the class session. You could follow-up by having students share their work with a partner or the class.

Exploremos la gramática 2

WileyPLUS

Go to WileyPLUS to review this grammar point with the help of the Animated Grammar Tutorial.

Expressing doubt and uncertainty

In Chapter 3, you used the subjunctive to give suggestions and recommendations. In this chapter you will use the subjunctive in additional contexts: to express doubt about something.

To express doubt or a reality that is not known to the speaker, use the following verbs in the main clause and subjunctive in the subordinate clause.

Verbs and expressions of doubt			
dudar	*to doubt*	Es dudoso que...	*It's doubtful that...*
negar (ie)	*to deny*	(No) puede ser que...	*It could/couldn't be...*
no creer	*to not believe*	No parece que...	*It doesn't seem that...*
no estar seguro/a de	*to not be sure*		
no pensar (ie)	*to not think*		

Study these examples:

El rector **duda que** los estudiantes ahorren electricidad en las residencias.
The president doubts that students conserve electricity in the dorms.
Algunos grupos **niegan que** haya un problema de calentamiento global.
Some groups deny that there is a global warming problem.

To express certainty or a reality that is known to the speaker, use the following verbs in the main clause and indicative in the subordinate clause.

Verbs and expressions of certainty			
creer	*to believe*	Es cierto que...	*It's certain that...*
pensar (ie)	*to think*	Sé que...	*I know that...*
ser cierto que...	*to be sure...*	Parece que...	*It seems that...*
saber que...	*to know...*	Es verdad que...	*It is true that...*
estar seguro/a de...	*to be sure...*		

Study the following examples:

Estoy seguro de que hay muchos problemas con la protección del medio ambiente.
I'm certain that there are many problems with the protection of the environment.
Es cierto que debemos reducir nuestra huella de carbono.
It's true that we should reduce our carbon footprint.

4.20 Tres verdades y una mentira. El objetivo de esta actividad es poder engañar a tus compañeros de clase. Answers will vary.

Paso 1: En un papel vas a escribir cuatro oraciones. Tres de las oraciones van a ser verdaderas, describiendo tres talentos que tengas (Ejemplo: *Puedo tocar la guitarra*). Una de las oraciones va a ser falsa sobre un talento que no tienes. Es importante que seas creativo/a porque quieres hacer creer tu mentira a tus compañeros de clase.

Paso 2: Busca tres compañeros/as de clase para formar un grupo de cuatro personas.

Paso 3: Cada persona debe compartir sus oraciones con los otros miembros del grupo uno por uno.

Paso 4: Cuando uno termine de leer sus oraciones, los demás miembros del grupo deciden cuál de las oraciones es mentira.

Paso 5: Cada persona del grupo tiene que crear una oración con el subjuntivo expresando su duda sobre el supuesto talento.

Modelo: *Dudo que toques la guitarra.*
No creo que sepas jugar al tenis.

Paso 6: Al final, la persona que consiga engañar al mayor número de compañeros/as en su grupo será la ganadora del juego.

4.21 El Gran Chaco Paraguayo. Tu amigo está fascinado con todo lo que tiene que ver con la ecología y el medio ambiente. Escucha mientras él te describe los problemas ecológicos que hay en el Gran Chaco Paraguayo y completa los **Pasos** a continuación.

Paso 1: Rellena los espacios en blanco con las palabras apropiadas en la siguiente la narración.

Recientemente hice un estudio para mi clase de ecología sobre El Chaco, una región occidental de Paraguay. Es una de las últimas fronteras agrícolas de Sudamérica, ya que está muy poco poblada, con pocas infraestructuras, y muy aislada del resto de ciudades. Me interesa todo tipo de controversia, así que leí varios artículos sobre la región. El Chaco tiene tierra fértil para los cultivos y se ha hecho popular para el cultivo de biocombustible. Sin embargo, dudo que Paraguay (1) ___gane___ algún premio por la preservación de sus recursos naturales. Es cierto que (2) ___hay___ mucha deforestación en el Chaco Paraguayo. Por ello, no creo que las grandes empresas americanas (3) ___practiquen___ una agricultura sostenible. Es muy posible que los intereses económicos (4) ___sean___ más importantes para ellas. No me extraña que nuestro país (5) ___tenga___ tan mala reputación por culpa de las malas acciones de las grandes empresas. No puede ser que la comunidad mundial no (6) ___haga___ nada para resolver esta pérdida de recursos naturales. Solo el año pasado, el Gran Chaco perdió 914 millas cuadradas de bosque, el equivalente a 29 ciudades del tamaño de Buenos Aires. ¡Ojalá que se mejore esta situación muy pronto!

Paso 2: Contesta las siguientes preguntas con tu compañero/a. Answers will vary.

1. ¿Qué puede hacer el gobierno paraguayo para mejorar la situación?
2. ¿Qué cultivan las empresas estadounidenses?
3. ¿Por qué utilizan las tierras paraguayas para cultivar?

4.22 ¿Estás de acuerdo? Cuando hablamos del medio ambiente y los recursos naturales, siempre hay mucha controversia. Completa los **Pasos** para expresar tu opinión. Answers will vary.

Paso 1: Lee cada una de las siguientes oraciones y marca si estás de acuerdo o no.

Argumentos	Sí	No
1. Es dudoso que las personas conserven los recursos naturales.		
2. No estoy seguro/a de que los agricultores pongan pesticidas en los cultivos.		
3. No estoy seguro/a de que haya un programa de reciclaje en mi ciudad.		
4. Es verdad que hay mucha deforestación en mi país.		
5. Niego que consumamos demasiado combustible fósil.		
6. Parece que las especies en peligro de extinción serán protegidas.		
7. Dudo que exista el calentamiento global.		
8. Estoy seguro/a de que la deforestación es un desastre mundial.		
9. No creo que el efecto invernadero sea dañino.		

Paso 2: Con tu compañero/a, justifica tus respuestas.

Suggestion for 4.21:
For hybrid or flipped classes, you may want to assign students to listen to the audio and complete **Paso 1** prior to the class session.

Audioscript for 4.21:
Recientemente hice un estudio para mi clase de ecología sobre El Chaco, una región occidental de Paraguay. Es una de las últimas fronteras agrícolas de Sudamérica, ya que está despoblado, tiene pocas infraestructuras y está muy aislado del resto de las ciudades. Me interesa todo tipo de controversia, así que leí varios artículos sobre la región. El Chaco tiene tierra fértil para los cultivos y se ha hecho popular para el cultivo de biocombustible. Sin embargo, dudo que Paraguay gane un premio a la preservación de sus recursos naturales. Es cierto que hay mucha deforestación en el Chaco Paraguayo. Por ello, no creo que las grandes empresas americanas practiquen una agricultura sostenible en este lugar. Es muy posible que los intereses económicos sean más importantes para ellas. No me extraña que nuestro país tenga tan mala reputación por culpa de las acciones desconsideradas de las grandes empresas. No puede ser que la comunidad mundial no haga nada para resolver esta pérdida de recursos naturales. Solo el año pasado, el Gran Chaco perdió 914 millas cuadradas de bosque, el equivalente a 29 ciudades del tamaño de Buenos Aires. ¡Ojalá que esta situación mejore muy pronto!

Suggestion for 4.22:
For hybrid or flipped classes, you may want to assign **Paso 1** for students to prepare prior to the class session.

Possible answers for 4.23:
1. Es necesario que el Ministerio de Turismo de Uruguay inicie un proyecto a favor del medio ambiente.
2. Ojalá que Uruguay deje de sufrir contaminación debido a la industria brasileña.
3. Puede ser que Uruguay no pueda evitar sequías e inundaciones porque no tenga montañas.
4. Es importante que los uruguayos intenten mantener/mantengan su país limpio y bonito.
5. Es necesario que la industria del envasado de carne no ocasione/deje de ocasionar contaminación en las aguas de Uruguay.
6. Es importante que el proyecto "Uruguay Natural" promueva un Uruguay sin contaminación.
7. Ojalá que algunas personas no tiren más basura en los parques.
8. Es importante que el gobierno de Uruguay plante árboles por todas partes para reforestar los bosques.
9. Puede ser que Uruguay tenga un problema de lluvia ácida por culpa de Brasil.

4.23 Las reacciones. Responde ante las siguientes ideas sobre el medio ambiente. Utiliza frases como:

Puede ser que...	Es cierto que...	Dudo que...
Es importante que...	Es necesario que...	Ojalá que...

1. El Ministerio de Turismo de Uruguay inicia un proyecto a favor del medio ambiente.
2. Uruguay sufre una grave contaminación debido a la industria brasileña cerca de su frontera con Brasil.
3. Uruguay no puede evitar las sequías e inundaciones porque no tiene montañas.
4. Los uruguayos intentan mantener su país limpio y bonito.
5. La industria del envasado de carne ocasiona contaminación en las aguas de Uruguay.
6. El proyecto 'Uruguay Natural' promueve un Uruguay sin contaminación.
7. Algunas personas tiran basura en los parques.
8. El gobierno de Uruguay planta árboles por todas partes para reforestar los bosques.
9. Uruguay tiene un problema de lluvia ácida por culpa de Brasil.

Suggestion for 4.23: Assign some investigative work prior to class in order for students to share their findings in class as they complete this activity.

Cultura viva

¿Qué va en cada contenedor?

La gente que vive en Caba, Argentina, tiene dos contenedores específicos: uno negro para la basura, y uno verde para el reciclaje. Se tienen que lavar bien los materiales reciclables como botellas, envases y tapitas de plástico, las botellas, frascos y envases de vidrio transparente o de color. También se puede reciclar el papel blanco y de color, diarios y revistas, cajas de cartón, cajas de huevos, rollos de papel, botellas, ropa, manteles y trapos. Los basureros pasan de lunes a viernes de 20 a 21 horas.

¿Qué va en cada Contenedor?

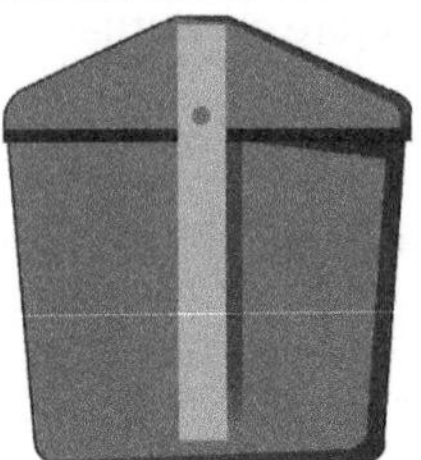

RECICLABLES
Lunes a Viernes de 20 a 21 hs.

BASURA
Domingo a Viernes de 20 a 21 hs.

Estrategia de estudio: Practicing After Class *by Maria Fraulini*

WileyPLUS
Go to WileyPLUS to watch this video.

Courtesy of Maria Fraulini

What works for me is As soon as possible after each class session, I go to online and do the audio activities that correspond to the lesson. I also take time to practice out loud what we did in class, and even sometimes write my own personalized sentences. When I take the time to do this, it really helps me a lot and reinforces what we learned in class.

EXPERIENCIAS

Cuidando de nuestro planeta

Manos a la obra

4.24 Voluntariado. Este verano quieres participar en un servicio de voluntariado en Argentina, Paraguay, Perú o Uruguay. Tu objetivo es trabajar en algún proyecto ecológico donde puedas tomar clases de español, vivir con una familia y practicar tu español. En Internet, investiga algunos programas y completa los **Pasos**. Answers will vary.

Paso 1: Selecciona un programa según estos criterios: precio, fechas, actividades culturales, trabajo específico y lugar.

Paso 2: Escribe cinco preguntas que tengas sobre el programa.

Paso 3: Consulta con el/la consejero/a de estudios en el extranjero de tu universidad.

Paso 4: Escribe un correo electrónico al/a director/a del programa. Incluye una descripción personal, las razones por las cuales eres el/la candidato/a perfecto/a para el voluntariado, y pregúntale cuáles son los siguientes pasos del proceso de selección para conseguir el puesto.

Suggestion for 4.24: For flipped or hybrid classes, **Pasos 1-4** can be assigned to be completed prior to class. Students can upload their final writing as an assignment to your learning management system discussion board.

4.25 Un plan de sostenibilidad. La oficina del rector de tu universidad acaba de anunciar un concurso para presentar el mejor diseño de una residencia estudiantil nueva. El propósito es planificar las características más sostenibles de forma eficiente y barata y producir un video de dos minutos máximo para explicar esas características. Te interesa mucho la idea y has convencido a un/a compañero/a de clase para que trabaje contigo para desarrollar un prototipo del edificio. Completa los **Pasos** para producir el video. Answers will vary.

Paso 1: Primero, planifica tus ideas con la ayuda de las siguientes preguntas: ¿Qué características quieres personalmente para que la residencia sea cómoda pero sostenible? ¿Qué elementos sostenibles puedes incluir en el diseño del edificio? ¿Qué recomendaciones tienes para que los estudiantes no malgasten los recursos naturales?

Paso 2: Dibuja el prototipo del edificio nuevo para mostrarlo durante el video.

Paso 3: Practica en voz alta tu presentación. Es preferible que tengas un público que te pueda avisar de tus errores y de tu presencia personal. Cronometra cuántos minutos dura la presentación.

Paso 4: Graba tu presentación y después súbela al foro de la clase.

Paso 5: Mira el video de dos compañeros/as. ¿Tienen las mismas sugerencias que tú? ¿Hay algunas que sean diferentes?

Suggestion for 4.25: This is a task-based activity divided into 5 steps in order to offer students step by step strategies for task completion. You may choose to assign all five steps outside of class for a flipped classroom and ask students to report in class their reactions to their peers' videos. For hybrid or online classes, students can complete **Pasos 1** through **5** as an assignment and upload their responses to the questions to **Paso 5** to your learning management system discussion board.

Experiencias profesionales Un diálogo

4.26 Un diálogo. En la sección **Experiencias profesionales** del Capítulo 3 hiciste una lista de vocabulario especial relacionado con tu área profesional favorita. Usa esas palabras para completar los siguientes **Pasos**. Answers will vary.

Paso 1: Usando entre 10 y 15 palabras de la lista de vocabulario que hiciste para el Capítulo 3, crea un diálogo entre dos personas que podría usarse en tu área de interés. El diálogo debe ser de entre 1 y 2 páginas. En tu diálogo, usa tres estructuras gramaticales diferentes que hayas estudiado recientemente: el subjuntivo, los mandatos formales, el pretérito o el imperfecto, entre otros. Luego, al final del diálogo describe brevemente por qué decidiste escribir sobre este tema de tu área de interés.

Suggestion for 4.26, Paso 1: You may want to have the students work in groups and review the dialogues. They can provide feedback and correct any mistakes before the next **Paso**.

Suggestion for 4.26, Paso 3: You may not have time to have each group act out their dialog so pick several groups to do it time permitting. You may even want to have an Oscar or other prize for the best actors.

Paso 2: Con un/a compañero/a de clase, practiquen sus diálogos. Escojan uno de los diálogos para presentar a la clase.

Paso 3: Presenta a tus compañeros de clase el diálogo que escogiste. Aunque tengas que leer el diálogo, actúa lo mejor posible para reflejar esta situación en la realidad.

El blog de Sofía

La Casa Uruguaya

Noticias Información Fotos Amigos Archivos

Courtesy of Oscar Kennedy Mora

La Casa Uruguaya ganó el primer premio en el concurso internacional Solar Decatlón América Latina y el Caribe en 2015, la competición de arquitectura sostenible más importante del mundo.

Suggestion for 4.27: Assign students to create a blog using any web application. Students will utilize this blog and post items to it for every chapter of Experiencias. You may ask your students to share the link to that blog on your learning management system discussion board. Then in class, ask students to compare their information. For instance, you can have students complete **Pasos 1, 2** and **3** prior to class. **Paso 4** can be assigned for follow-up work outside of class and students can post their work to your learning management stystem discussion board.

4.27 Mi propio blog. El Departamento de Energía de EE. UU. inició la competición Solar Decatlón en el año 2002. Es una competición para estudiantes universitarios y su propósito es construir una casa que solamente funcione con energía solar, sea cómoda, barata y autosuficiente. Completa los **Pasos** para investigar este concepto. Answers will vary.

Paso 1: Lee el blog de Sofía.

Mi amiga María Inés me escribió el otro día, muy animada y verdaderamente feliz porque el equipo en el que ella participa, compuesto por treinta y tres estudiantes universitarios y ocho profesores de la universidad OTR en Uruguay, ganó el primer premio en la competición internacional de arquitectura sostenible más importante del mundo. La competencia tuvo lugar en Cali, Colombia, en diciembre de 2015 y duró 10 días, durante los cuales los expertos internacionales juzgaron las construcciones según varias rúbricas y categorías. 'La Casa Uruguaya' fue construida por un grupo de estudiantes uruguayos con el objetivo de incorporar el uso de energías renovables para conservar el medio ambiente. Este prototipo incorpora valores de innovación, con la idea de ser asequible, autosuficiente, con generación de energía propia y de huella de carbono mínima.

(continuación)

(continuación)

El propósito del proyecto era construir una casa que tuviera 'más o menos'[4] 75 metros cuadrados (75 m^2), apta para una familia de cinco personas, un bajo consumo de energía sostenible, un coste bajo y accesible a la mayoría de la población. A partir de estas ideas, el equipo de estudiantes y asesores generaron esta casa especial. Este prototipo de casa se adapta al clima y a la situación social de Uruguay. El techo y las paredes están diseñados para generar un microclima que protege la casa del sol directo y de la pérdida de temperatura. Esto le permite adaptarse fácilmente a diferentes climas y entornos. El equipo eligió *Eucalyptus grandis,* un árbol gris de corteza suave de los bosques de Uruguay, para la construcción de la casa porque su transporte es sencillo y económico, contribuye a la reducción de emisiones de CO_2 (dióxido de carbono), y asegura una gran duración a la casa durante más de 150 años. Otras características sostenibles de la casa son: un sistema de acumulación y filtrado del agua de lluvia (por ejemplo, para usar la lavadora), y un sistema de microgeneración que garantiza que la casa tenga electricidad incluso por las noches.

La arquitectura de la casa empieza con un núcleo, compuesto de una cocina y un baño compartimentado. Alrededor del baño/cocina se encuentran una sala de estar, tres cuartos y una habitación multifuncional que puede usarse como estudio, cuarto de visitas o habitación independiente con salida a la calle. Los muebles de la casa son flexibles. Un ejemplo es la cama que se puede convertir en escritorio cuando se quiera. Cuando habla de su proyecto, María Inés dice que sus colegas y ella quieren contribuir a un cambio importante para que Uruguay sea conocida internacionalmente.

Paso 2: Busca en Internet un video o unas fotos de la Casa Uruguaya. Escribe aquí descripciones de los visuales que encontraste.

1. ______________________
2. ______________________
3. ______________________

Paso 3: Tu amigo quiere saber exactamente qué es una casa autosuficiente e inteligente. Para explicárselo, compara 'La Casa Uruguaya' con una casa típica en tu ciudad que no sea 'autosuficiente e inteligente'. Contesta las preguntas.

1. ¿Cuáles son las grandes diferencias entre las dos casas?
2. ¿Por qué es autosuficiente 'La Casa Uruguaya'?
3. ¿Cuánto cuesta cada casa?
4. ¿En qué casa te gustaría vivir? ¿Por qué?

Paso 4: En tu propio blog, describe una vivienda o edificio sostenible de tu comunidad que tú inventes con otras características diferentes de las vistas en **Pasos 2** y **3**. ¿Cómo es? ¿Por qué se caracteriza como sostenible o ecológicamente avanzada? Puedes incluir fotos de la casa o el edificio.

Technology tip for 4.27, Paso 4: Assign students to create a blog using any web application. Students will utilize this blog and post items to it for every chapter of Experiencias. You may ask your students to share the link to that blog on your learning management system discussion board. Then in class, ask students to compare their information.

[4] **75 metros cuadrados:** 807 square feet

Cortometraje

Entre latas y madres

Antes de ver el cortometraje

4.28 ¿Quiénes son? Con un/a compañero/a de clase, habla de los posibles significados del título del cortometraje, *Entre latas y madres*. ¿Qué significa el título? ¿Cuál es el tema del cortometraje? ¿Cuál es la relación entre "madres" y "latas"? Answers will vary.

AIZAR RALDES / AFP / Getty Images

Varios voluntarios trabajan para proteger el medio ambiente y cuidar sus comunidades.

Suggestion for 4.29: For flipped or hybrid classes, you may choose to have students prepare the responses for this pre-viewing activity outside of class to share briefly with a partner.

4.29 Entre latas y madres. Con un/a compañero/a de clase, contesta las siguientes preguntas. Answers will vary.

1. ¿Cuáles son las razones por las cuales las personas reciclan?
2. ¿Por qué es difícil reciclar para algunas personas?
3. ¿Reciclas? ¿Por qué?

Mientras ves el cortometraje

Answers for 4.30: 1. Una ración de 5 tarros de leche Gloria. El Gobierno Nacional de Perú. 2. Antes las tiraban a los ríos. 3. Las madres de la comunidad de Urquillos, Huayllabamba. 4. Crian gallinas, cuys, chanchos. 5. Hacer el desayuno a los hijos, mandarlos al colegio, atender a los animales, limpiar la casa, y lavar la ropa. 6. Dinero para poder vivir.

4.30 El programa. Usa tu buscador favorito para ver este cortometraje. Contesta las siguientes preguntas basadas en el cortometraje.

1. ¿Qué reciben las mujeres cada mes? ¿De dónde viene?
2. ¿Qué hacían las madres con las latas antes del programa *Vaso de leche*?
3. ¿Quiénes participan en este programa de la comunidad?
4. ¿Cuáles son algunos de los animales que crían las madres?
5. ¿Cuáles son los trabajos principales de las madres de esta comunidad?
6. Aparte de ayudar a limpiar el pueblo y mantener el medio ambiente, ¿qué más reciben las mujeres al reciclar las latas y las botellas?

Después de ver el cortometraje

Suggestion for 4.31: Point out to the students that in many parts of the Spanish-speaking world there are communities with indigenous roots. Many of these communities use Spanish but also speak other languages such as quechua, aymara, guaraní, and náhuatl.

4.31 ¿Quién es? Con un/a compañero/a de clase, analiza las primeras líneas del cortometraje. Answers will vary.

"A veces soy viento. A veces soy agua. A veces me convierto en nubes y me paseo por las montañas. A veces me escondo en los corazoncitos de niñas traviesas y miro por sus ojitos y descubro tantas historias".

1. ¿Quién es esta persona?
2. ¿Por qué se esconde en el corazón de las niñas traviesas?
3. ¿Por qué la forma de ver el mundo de los niños es diferente a la forma de ver el mundo de los adultos?
4. ¿Por qué crees que el cortometraje empieza y termina con estas líneas?

Estrategia de escritura: The Value of an Outline

You probably learned the value of using an outline in an English composition class. Outlines are just as important when you are writing in Spanish. An outline is an effective writing strategy that will get you organized without leading your reader through lots of tangents and secondary thoughts. Know what you want to write before you write it, by following a structure like this:

Short opening paragraph

- *Subheading 1*
  Summary sentence
- *Subheading 2*
  Summary sentence
- *Subheading 3*
  Summary sentence

4.32 La Pachamama. La Pachamama es una deidad de las tribus indígenas de la región andina que representa la Tierra o la Madre Tierra, la cual sostiene la vida. Escríbele una carta explicándole cuáles son los tres principales problemas del medio ambiente que existen hoy en día. También, ofrécele unas sugerencias de cómo podemos solucionar estos problemas.

Answers will vary.

Suggestion for 4.32: For flipped or hybrid courses, students can complete this activity outside of class.

Note for 4.32: There are no correct answers for this activity. The previous activties are designed to support video comprehension and interpretation and to assist students in discovering the voice of the passage. It ends up being Pachamama, mentioned later in the video.

La energía limpia

Página informativa

Nicolas Garcia / AFP / Getty Images

Aerogeneradores en Uruguay.

Suggestion for 4.33: This activity has numerous steps attached to it; some are specifically designed for students to do independently in flipped, hybrid and online clases, and to support students through the reading process. For instance, you can have students complete **Pasos 1** prior to class. **Pasos 6** and **7** can be assigned for follow-up work outside of class and students can post their work and comments to your learning management system discussion board.

Suggestion for 4.33: You may want to allow the heritage learners to investigate the country where their family comes from. Many of the heritage learners who are born in the US do not know much about these issues in the country where their parents are from and this will allow them to both learn and also use their family members as resources to gather more information.

4.33 La energía limpia. Este artículo describe los logros que ha conseguido Uruguay en cuanto al uso de energías limpias o renovables. Completa los siguientes **Pasos** antes de leer el artículo.

Antes de leer

Paso 1: En dos minutos, escribe tu opinión sobre si es importante o no usar energías limpias.

Answers will vary.

____

____

____

Paso 2: Con un/a compañero/a, comenta si estás de acuerdo o no con las siguientes oraciones. Explica por qué. Answers will vary.

1. Estoy dispuesto/a a usar menos electricidad para ayudar al medio ambiente.
2. Cuesta demasiado construir fuentes de energía renovable.
3. Solo debemos preocuparnos por crear más fuentes de energía renovable cuando ya no haya más petróleo.
4. Es más importante que los países desarrollados usen energías renovables que los países en vías de desarrollo.
5. Estoy dispuesto a pagar más dinero cada mes por la electricidad que consumo para que haya más sistemas de energía renovable.

Paso 3: Ahora, lee el artículo, y selecciona la información que consideres más importante. Answers will vary.

El 95 % de la electricidad de Uruguay se consigue gracias a la energía limpia

En la cumbre de París (2015), Ramón Méndez, director nacional de energía de Uruguay, dijo que su país había sido capaz de reducir de forma considerable su huella de carbono en apenas diez años. Todo ello, sin recibir ayuda gubernamental ni aumentar los precios en la factura de los consumidores.

Son muchas las ventajas de usar energías limpias. Por ejemplo, el precio de la electricidad ha bajado considerablemente gracias a que estas energías proporcionan el 94,5 % de la electricidad usada en todo el país. Otra ventaja del uso de este tipo de energías es que hay menos cortes de electricidad, ya que se crea una mayor resistencia a las sequías.

A principios del siglo XXI, sin embargo, Uruguay importaba gas de Argentina, y el 27 % de sus importaciones se basaba en la adquisicion de petróleo. Sin embargo, hoy en día el principal producto importado son los aerogeneradores, los cuales son transportados al país por vía marítima para su posterior instalación. Estos elementos, junto con el aumento del uso de la biomasa, la energía solar y la energía hidráulica, hacen que el país use un 55 % de energías renovables, frente al 12 % medio usado en el resto del mundo.

En esta cumbre se reconoció a Uruguay por su proceso hacia conseguir eliminar la mayor cantidad de emisiones de carbono posibles. Uruguay fue nombrado "Líder de energía ecológica", junto con otros países, por la organización WWF[5] en al año 2014, tras afirmar que "el país está definiendo las tendencias globales de inversión en energías renovables". Por su parte, la Comisión Económica para América Latina y el Caribe felicitaron a Uruguay por sus logros.

Según Méndez, tres han sido los principales factores que han llevado a Uruguay al éxito: su estabilidad como democracia, pues gracias a ello ha sido posible invertir en numerosos proyectos a largo plazo; sus fuentes naturales inagotables, como el viento, la radiación solar o la producción de biomasa en el sector agricológico; y la relación entre las empresas públicas y privadas, creando, así, confianza para poder operar conjuntamente en beneficio del país, y, consecuentemente, del planeta.

Aunque no todos los países del mundo tengan las mismas condiciones que Uruguay, gracias a su caso se ha podido demostrar que el uso de energías renovables reduce en gran medida los costes de generación de energía, llegando a proporcionar hasta un 90 % del total que necesita un país sin necesidad de recurrir al carbón ni a las centrales nucleares; y que la combinación del sector público con el privado afecta positivamente al conjunto de un país en el sector de la energía.

Después de leer

Paso 4: Contesta las siguientes preguntas según el texto.

A. ¿Cuál es el honor que ha recibido Uruguay por su trabajo con la energía renovable?
Ha sido nombrado "Líder de energía ecológica".

B. ¿Cuál es el porcentaje de energía que se usa en Uruguay (incluyendo el transporte) que viene de fuentes renovables?
55 %

C. ¿Cómo ha cambiado el uso de la energía limpia en Uruguay en los últimos años?
Antes se usaban energías no renovables, como el petróleo. Ahora se usan energías renovables.

[5]**WWF:** *World Wildlife Fund* (Fondo Mundial para la Naturaleza)

D. ¿Cuáles son los tres factores que han ayudado a Uruguay a tener éxito con el desarrollo de la energía limpia?

1. Democracia estable.
2. Fuentes inagotables: energía eólica, solar y de biomasa.
3. Buena relación entre las empresas públicas y privadas.

E. Según el autor, ¿cuál es la clave para que otros países tengan éxito como Uruguay?
La colaboración entre el sector privado y el sector público.

Paso 5: Con un/a compañero/a, habla de las siguientes preguntas. Recuerda incluir detalles del artículo en tu conversación.

1. ¿Por qué crees que EE. UU no tiene más fuentes de energía renovable?
2. ¿Hay fuentes de energía limpia cerca de dónde vives? ¿Cómo son?
3. Aparte de los beneficios para el medio ambiente, ¿cuáles son otras ventajas del desarrollo de la energía limpia?
4. ¿Cuáles son algunas carreras profesionales para las personas que quieran trabajar con la energía renovable?

Answers for 4.33, Pasos 5-7: Answers will vary.

Paso 6: En parejas, escojan otro país del mundo hispano. Fuera de clase, investiguen su consumo de energías renovables. Con tu compañero/a, prepara una pequeña presentación sobre cómo se usa la energía limpia en ese país y, postetiormente, suban la presentación al foro. Tengan las siguientes preguntas en mente al hacer la presentación:

- ¿Cuáles son las fuentes principales de energía limpia en el país?
- ¿Cómo contribuye la energía renovable al uso general de la electricidad?
- ¿Cuáles son los planes del país para aumentar su uso de energía renovable?
- ¿Cuáles son los problemas con la energía limpia en el país?

Suggestion for 4.33, Paso 6: You may want to assign students different countries to study so that they do not all choose the same one. This activity could be done in class in a computer lab or using mobile devices but it would be easier to have this be an outside of class activity. Allow the students some time to plan in class with their partners.

Paso 7: Ve al foro, revisa tres presentaciones creadas por otros compañeros y comenta sobre las ideas e información presentadas en ellas.

Página literaria

Cristina Rodríguez Cabral

Courtesy of Christina Rodriguez Cabral

La poetisa afrouruguaya Cristina Rodríguez Cabral ha publicado nueve libros de poesía, entre ellos el más reciente, *Memoria y resistencia*, un cuaderno de viajes y tres ensayos. Escribe poemas de amor y de la vida, aunque también utiliza su poesía para denunciar las malas condiciones de vida de los negros en el mundo. De niña leía mucho y empezó a escribir desde muy joven, a los ocho o nueve años de edad. Obtuvo su doctorado de Letras Latinoamericanas en la Universidad de Missouri y es la primera mujer afrouruguaya en obtener este honor.

4.34 La poetisa Cristina Rodríguez Cabral. Imagina que nunca has leído un poema en español y que encuentras un poema de Cristina y sientes curiosidad. Sigue los **Pasos** para aprender más sobre su obra. Answers will vary.

Suggestion for 4.34: This activity has numerous steps attached to it; some are specifically designed for students to do independently in flipped, hybrid and online clases, and to support students through the reading process. For instance, you can have students complete **Pasos 6** and **7** can be assigned for follow-up work outside of class.

Estrategia de lectura: Reading a Poem

Poetry is meant to be read on its own terms. Don't try to get a poem to relate to your life necessarily. Instead try to see what world the poem creates. Read the poem aloud and silently several times. Notice the choice of words and the images that the word combinations create in your mind. Make notes of your thoughts in the margins. Pay attention to the poem and it may help you to see your own world in a different light.

Antes de leer

Paso 1: Busca la palabra **trinchera** en el diccionario. Según lo que leíste de la vida de la poetisa y el significado de **trinchera**, escribe todas las palabras e ideas que estén relacionadas con este término para crear una red de ideas. ¿Qué ideas crees que van a aparecer en el poema? Escríbelas en los espacios siguientes y compártelas con un/a compañero/a de clase.

_______________ _______________ _______________

Paso 2: Marca las palabras que reconozcas y después lee el poema en voz alta.

Fragmento de *Desde mi trinchera*, escrito en 1993

Desde mi trinchera combato cuentos y mentiras
desde mi trinchera canto para matar la agonía
siembro flores
y lanzo relámpagos de estrellas
pierdo batallas y gano la guerra.
Desde mi trinchera despego día a día
y me hago águila, mujer guerrera
vibro fuego y corazón con mi bandera.
Aquí extiendo mi mano
y toco las olas
creo en la vida
y en un después.
Desde mi trinchera destello luces y rayos
batallo la vida
y silencio el adiós.
Desde mi trinchera oigo tu voz,
y tu canto
ecoando en el viento
espanta lamentos
libera el dolor.

[*Desde mi trinchera* © Cristina Cabral, 1993]

Después de leer

Paso 3: Después de leer el poema, consulta tu red de ideas y señala las palabras e ideas que aparecen en el poema. Marca las palabras e ideas de tu red que no aparezcan en el poema.

Paso 4: Contesta las siguientes preguntas sobre el poema.

1. Haz una lista de las imágenes negativas del mundo.
2. Escribe una lista de las imágenes de la naturaleza que utiliza la poetisa.
3. ¿Qué combate la poetisa en la vida?
4. ¿A quién se dirige la poetisa en la última parte del poema?
5. ¿Cón qué cosas se compara la poetisa?

Paso 5: En la parte izquierda de la siguiente tabla, lee los versos extraídos del poema. En la parte derecha, escribe una reflexión sobre el verso. Después, comparte tus ideas con un/a compañero/a de clase.

Versos del poema	Mis reflexiones
"Desde mi trinchera combato cuentos y mentiras..."	_______________
"creo en la vida y en un después..."	_______________
"batallo la vida y silencio el adiós..."	_______________
"espanta lamentos libera el dolor".	_______________

Paso 6: Haz un retrato de la poetisa. Dibuja la cara de la poetisa en la parte derecha. En la parte izquierda, representa su mente. Rellena su mente con los pensamientos, ideas e imágenes principales que aparecen en el poema en forma de palabras y dibujos.

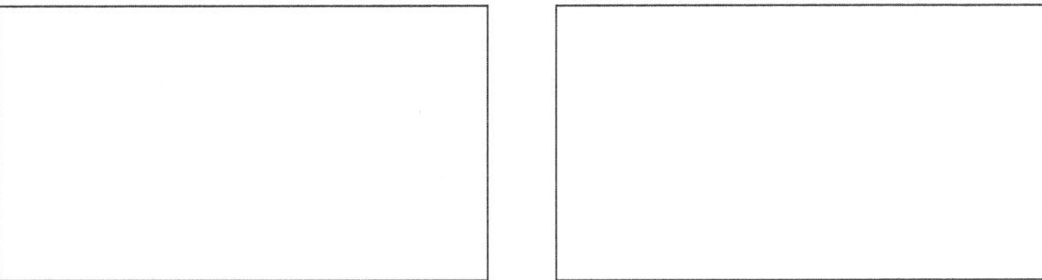

Paso 7: Ahora haz la misma actividad con tu cara y tu mente. Dibuja o pega tu foto a la derecha y después el perfil de tu cara a la izquierda. Rellena tu mente con pensamientos, ideas e imágenes que te representen a ti.

Paso 8: Utiliza las ideas e imágenes que escribiste en el dibujo de tu mente en el **Paso 7** para escribir un poema corto sobre ti.

Suggestion for 4.34, Paso 8: Have students post their poems to your learning management system discussion board.

Cultura y sociedad

La presa de Itaipú

Ruy Barbosa Pinto / Moment / Getty Images

La presa de Itaipú, en Paraguay, es una de las presas de agua más grandes del mundo.

4.35 La presa más grande de Sudamérica. Vas a leer un artículo sobre la presa de Itaipú, en Paraguay, y su impacto sobre el medio ambiente. Completa los **Pasos** para aprender más. Answers will vary.

Suggestion for 4.35: For this activity you may choose to have students complete **Paso 1** prior to class.

Antes de leer

Paso 1: Antes de leer la selección completa, haz una lista de las siete maravillas arquitectónicas del mundo, bajo tu punto de vista.

____

____

____

Paso 2: Compara tu lista con la de un/a compañero de clase. Dile que te explique las razones por las que ha incluído esos sitios en su lista. Después, explícale las razones por las que escogiste los sitios de tu lista.

La presa de Itaipú y la biodiversidad en Paraguay

Al pensar en una de las siete maravillas arquitectónicas del mundo, es posible que usted no haya pensado en el pequeño país de Paraguay, situado en el sur de Sudamérica, donde se puede encontrar una de las presas más grandes del mundo. Esta presa no solamente ha generado más electricidad que cualquier otra presa del planeta, sino que sigue siendo la segunda más grande del mundo después de la presa de las Tres Gargantas, ubicada en China.

La construcción de esta presa empezó en 1975 y empezó a generar electricidad en 1984. Desde ese año, la presa de Itaipú ha generado 2,3 mil millones de MWh (megavatios por hora). Para entender cuánta energía supone este número, esa cantidad abastecería a todo el mundo durante 38 días y 10 horas. También, con esa cantidad de energía se podría proveer de electricidad a un país tan grande como Brasil por casi cinco años, o proveer de electricidad a una ciudad como Sao Paulo, en Brasil (pobl. 21 millones), por 78 años.

La presa de Itaipú no está simplemente produciendo energía limpia, sino que también está protegiendo el medio ambiente al no tener que usar otras fuentes de energía no renovables para conseguir la energía necesaria. La energía producida por la presa durante un día equivale a 420.000 barriles de petróleo. Además, la importación del petróleo aumenta considerablemente el costo de la energía para países como Paraguay, Brasil y Argentina. También, la contribución que hace la energía hidroeléctrica de la presa de Itaipú al medio ambiente se ve en el hecho de que se evitan 87 millones de toneladas de emisiones de CO_2 cada año. La energía producida por la presa de Itaipú supera la producida en 10 centrales nucleares, con la ventaja de no tener que lidiar con los residuos nucleares.

La creación de la presa no solamente ha sido un logro en cuanto a la producción de una fuente de energía limpia, sino que también ha resultado en la formación de *Paraguay Biodiversidad*. El objetivo de esta organización es conservar la diversidad biológica de importancia global y promover el uso sostenible de la tierra. Uno de los proyectos principales de esta organización es crear corredores entre los diferentes bosques, parques nacionales y ecosistemas para permitir el movimiento tanto de animales como de plantas e insectos que habitan estas zonas. La creación de estos corredores ayudará a mantener la diversidad ecológica que fue afectada al construir la presa. Gracias a los fondos recaudados de la presa de Itaipú, *Paraguay Biodiversidad* va a seguir ayudando en la conservación del medio ambiente y en apoyar las diferentes organizaciones tanto locales como nacionales que están interesadas en mantener la belleza de Paraguay.

Después de leer

Paso 3: Haz una lista de cinco beneficios mencionados en la lectura de crear una presa tan grande como la de Itaipú. Después, piensa en los problemas creados tras construir una presa tan grande y escríbelos en la columna de la derecha.

Beneficios	Problemas
produce energía	Es posible que varias personas tengan que mudarse de casa. Answers will vary.
protege el medio ambiente	
disminuye el costo de energía	
se evitan emisiones de CO_2	
no hay que lidiar con residuos nucleares	

Suggestion for 4.35, Paso 4: For flipped or hybrid courses, students can prepare this activity outside of class. During the next class session, they can practice and present their situation to the class.

Paso 4: **Situaciones**. Al construir la presa de Itaipú, el gobierno tuvo que reubicar a más de 10.000 personas debido al lago que se iba a crear. Con un/a compañero/a, haz el papel de **A** o **B** para participar en la conversación.

A- Eres un/a funcionario/a del gobierno de Paraguay. Tienes la responsabilidad de convencer a tu compañero/a de la necesidad de construir la presa justo en la zona y el pueblo donde él/ella vive. Puedes ofrecerle no solamente dinero, sino también ayuda con la mudanza y lo que sea para que esta persona acepte mudarse. Convéncele de la importancia y la necesidad de construir la presa y de cómo la presa va a beneficiar a todas las personas del país.

B- Eres residente de un pueblo que va a desaparecer por culpa de la presa de agua. Tu familia lleva generaciones viviendo y trabajando en ese pueblo y nunca has pensado en mudarte. Has escuchado que el gobierno de Paraguay está pensando en construir una presa que va a destruir tu pueblo. Habla con el/la funcionario/a del gobierno e intenta convencerle de que ponga la presa en otro sitio. Explícale tus razones de por qué es una mala idea poner la presa cerca de tu pueblo. Si te ofrece algo para mudarte, puedes aceptarlo, pedirle más o decirle que no. Recuerda que es posible que pongan la presa, aunque no aceptes su oferta.

Diarios de motocicleta

Película

4.36 *Diarios de motocicleta.* La película *Diarios de motocicleta* trata de dos amigos y su viaje en motocicleta a varios países de Sudamérica. Lee la descripción de la película y sigue los **Pasos** para aprender más.

Answers will vary.

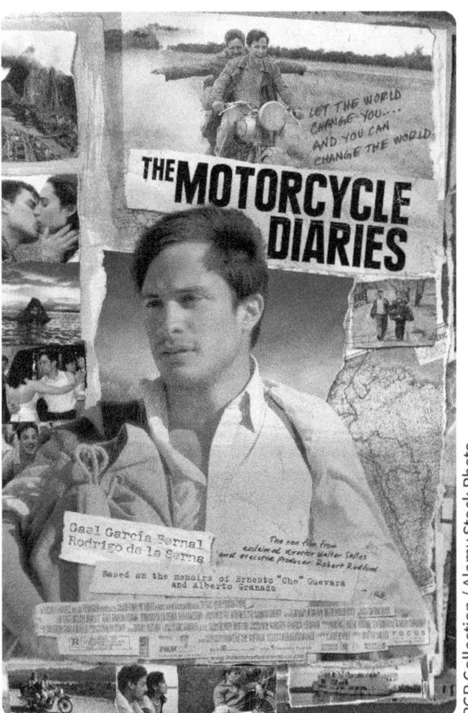

RGR Collection / Alamy Stock Photo

Póster de la película *Diarios de motocicleta*.

La película *Diarios de motocicleta* es una película biográfica basada en los diarios de viaje de Ernesto Guevara, estudiante de medicina, y su amigo Alberto Granado, bioquímico. Estos amigos realizan un viaje a través de Sudamérica en 1952 en busca de aventuras. Empiezan en Buenos Aires, Argentina, un semestre antes de que Ernesto termine sus estudios, y piensan recorrer unos 14.000 kilómetros en pocos meses. Su vehículo de transporte principal es una antigua motocicleta Norton 500 de Alberto, a la que llaman "la poderosa". Su itinerario inicial era viajar hacia el norte, cruzar los Andes, subir por la costa de Chile, cruzar el desierto de Atacama y la Amazonía Peruana y llegar a Venezuela para celebrar el cumpleaños de Alberto, el 2 de abril, cuando iba a cumplir 30 años. "La poderosa" se descompone, así que tienen que cambiar su itinerario original y su viaje al final dura más de lo que esperaban. Finalmente, llegan a Caracas, Venezuela, en el mes de julio. Entre sus múltiples actividades realizadas durante el viaje incluyen: acompañar a los obreros de las minas de cobre de Chuquicamata, en Chile; hacer trabajo de voluntariado en una colonia de leprosos en Perú y visitar las ruinas incaicas de Machu Picchu.

Tras la serie de aventuras y las experiencias personales con las injusticias sociales, la discriminación y la pobreza, especialmente de grupos marginales como los indígenas, el viaje es una experiencia transformadora para Ernesto, pues cambia su forma de ver el mundo, y más adelante, se convierte en un activista social y revolucionario político.

Suggestion for 4.36: For flipped or hybrid classes, you may assign **Paso 1**, **2** and **3** to be prepared prior to the class session. Students can discuss their responses in class with their partner for **Pasos 2** and **3**.

AF archive / Alamy Stock Photo

En la película, Ernesto y su amigo Alberto viajan en la motocicleta que llaman 'la poderosa'.

Paso 1: La película tiene lugar en varios lugares de Sudamérica. Usa Internet y haz una búsqueda de mapas para encontrar los lugares mencionados en la descripción de la película.

Paso 2: Avance en español de la película. Busca en Internet un avance en español de la película. Míralo y con un/a compañero/a de clase, contesta las siguientes preguntas.

1. ¿Por qué crees que los amigos hacen el viaje?
2. ¿Qué medios de transporte utilizan los amigos?
3. ¿Qué experiencias viven los protagonistas durante el viaje?
4. ¿Cuáles son algunos de los temas principales de la película?
5. ¿Qué impresión tienes de Sudamérica?
6. ¿Qué momentos crees que son los más importantes en la película?
7. ¿Cómo crees que un viaje puede transformar a una persona?

Paso 3: Conversa con tu compañero/a para contarle sobre un viaje importante en tu vida o un viaje que haya hecho que vieras las cosas desde una perspectiva nueva.

Technology tip for 4.37: Have your students use the tool of their choice to compile their electronic notebook. This is a great way to keep students organized as they create a portfolio of photos and material regarding the countries presented throughout the book.

4.37 El cuaderno electrónico. Abre tu cuaderno electrónico y empieza una nueva página.

Answers will vary.

Paso 1: Utilizando tu libro de texto e Internet, sigue estos **Pasos**:

1. Escribe la información básica de Argentina, Paraguay, Perú y Uruguay que has estudiado en este capítulo.
2. Dibuja un mapa de los cuatro países.
3. Selecciona dos lugares que te gustaría ver en esos países y explica por qué los seleccionaste.
4. Escribe información sobre los lugares que te gustaría visitar.
5. Sube dos fotos de cada país.
6. Incluye información básica sobre los temas del capítulo.
7. Escribe tres hechos nuevos que aprendiste.
8. Escribe tres temas adicionales que te interesaría investigar.

Paso 2: Lee y comenta la información de dos compañeros.

REPASOS

Repaso de objetivos

Check off the objectives you have accomplished.

I am able to...

	Well	Somewhat
• describe sustainability issues in both my own country and Spanish-speaking countries.	☐	☐
• express emotions.	☐	☐
• communicate doubt and uncertainty.	☐	☐
• describe natural resources and conservation efforts in Latin America.	☐	☐
• examine the role of renewable energy.	☐	☐
• become aware of environmental problems.	☐	☐
• discuss efforts to raise consciousness and concern for the planet in a variety of Spanish-speaking countries.	☐	☐

Teaching tip for Repaso de objetivos: Although this self-assessment is designed for the students to evaluate their progress, teachers might poll students informally as a group to gauge how students are feeling about the material. This could be done orally with eyes closed and hands raised or by simply asking students to leave a slip with their answers at the end of class.

Repaso de vocabulario

WileyPLUS
Go to WileyPLUS to review these vocabulary words and practice their pronunciation.

Los recursos naturales ***Natural resources***

la catarata *waterfall*
el comercio justo *fair trade*
el compostaje *composting*
desarrollar *to develop*
el desarrollo *development*
la huella de carbono *carbon footprint*
el invernadero *greenhouse*
la presa *dam*
proteger *to protect*
protegido/a *protected*
proveer *to provide*
renovable *renewable*
sembrar *to plant*
sostener *to support*
sostenible *sustainable*
la supervivencia *survival*
el terreno *land*
la trinchera *trench*

Los cognados

la biodiversidad
conservar
cultivar
la deforestación
la ecología
el ecosistema
la energía
la energía solar
híbrido/a
innovador/a
el petróleo
el planeta
la preservación
preservar
el reciclaje
reciclar
la reforestación
la reserva

Los problemas medioambientales y la ecología ***Environmental problems and ecology***

la amenaza *threat*
amenazar *to threaten*
la basura *garbage*
el calentamiento global *global warming*
el cambio climático *climate change*
dañino/a *harmful*
destruir *to destroy*
el efecto invernadero *greenhouse effect*
la especie amenazada/en peligro de extinción *endangered species*
evitar *to avoid*
extinguirse *to become extinct, to die out*
la fuente (renovable) *(renewable) source*
la lluvia ácida *acid rain*
malgastar *to waste*
el peligro *danger*
la pérdida *loss*
el producto descartable/desechable *disposable product*
la sequía *drought*
tirar *to throw away*

Los cognados

el combustible fósil
consumir
el consumo de energía
la contaminación
el desastre
el dióxido de carbono
la erosión
el pesticida
la reducción
reducir
(re)utilizar

Repaso de gramática

Double object pronouns

Review the following chart of object pronouns.

Indirect object pronouns *(Pronombres de complemento indirecto)*		Direct object pronouns *(Pronombres de complemento directo)*	
me	*to/for me*	**me**	*me*
te	*to/for you*	**te**	*you*
le	*to/for him, her, you, it*	**lo, la**	*him, her, it, you*
nos	*to/for us*	**nos**	*us*
os	*to/for you*	**os**	*you*
les	*to/for them you*	**los, las**	*them, you*

Often, for efficiency, both the direct object pronoun and the indirect pronoun are used together in the same sentence.

Examine the following examples:

—¿**Me** puedes prestar **tu libro** sobre el compostaje?

Can you lend me your book on composting?

—Sí, **te lo** puedo dejar en tu buzón esta noche.

Yes, I can leave it in your mailbox tonight.

Object pronoun order

When using both direct and indirect pronouns in a sentence, there is a specific order that must be used in order for the sentences to make sense. '*Indirect before direct*' is a saying to help you remember the order. First, include the *indirect object pronoun* then the *direct object pronoun* and next the verb. Look at these examples:

—¿Cuándo recibieron **el dinero** del banco para comprar el terreno?

When did you receive the money from the bank to buy the land?

—Nos **lo** dieron ayer.

They gave it to us yesterday.

Object pronoun changes: *le, les → se*

When using the indirect object pronouns **le** and **les** with a direct object pronoun, the indirect object pronouns **le** and **les** change to **se**.

le / *les*	changes to **se** before	*lo* / *la* / *los* / *las*

Object pronoun placement

- Placement before the verb:

  Both direct and indirect object pronouns are usually placed before the verb, as in the examples. They are also placed before a negative command.

  —¿**Te** puedo dar **las flores** para sembrar? —No, no **me las** des.

  Can I give you the flowers to plant? *No, don't give them to me.*

- Placement after a verb and attached to it:

  1. With affirmative commands

  —¿**Le** puedo dar **las flores** para sembrar?

  Can I give you the flowers to plant?

  —Sí, dé**melas**.

  Yes, give them to me.

  2. With the dictionary form of the verb or infinitive

  —Marisol **me** va a explicar **las instrucciones** para el reciclaje.

  Marisol is going to explain to me instructions for recycling.

  —Marisol va a explicár**melas**.

  Marisol is going to explain them to me.

  3. After **-ando** or **-iendo**

  —¿Quién está preparándo**nos el plan de sostenibilidad**?

  Who is preparing the sustainibility plan for us?

  —El profesor Sánchez está preparándo**noslo**.

  Professor Sánchez is preparing it for us.

Expressing doubt and uncertainty

To express doubt or a reality that is not known to the speaker, use the following verbs in the main clause and subjunctive in the subordinate clause.

Verbs and expressions of doubt			
dudar	*to doubt*	Es dudoso que…	*It's doubtful that…*
negar (ie)	*to deny*	(No) puede ser que…	*It could/couldn't be…*
no creer	*to not believe*	No parece que…	*It doesn't seem that…*
no estar seguro/a de	*to not be sure*		
no pensar (ie)	*to not think*		

Study the following examples:

El rector **duda que** los estudiantes ahorren electricidad en las residencias.

The president doubts that students conserve electricity in the dorms.

To express certainty or a reality that is known to the speaker, use the following verbs in the main clause and indicative in the subordinate clause.

Verbs and expressions of certainty			
creer	*to believe*	Es cierto que…	*It's certain that…*
pensar (ie)	*to think*	Sé que…	*I know that…*
ser cierto que…	*to be sure…*	Parece que…	*It seems that…*
saber que…	*to know…*	Es verdad que…	*It is true that…*
estar seguro/a de…	*to be sure…*		

Study the following examples:

Estoy seguro de que hay muchos problemas con la protección del medio ambiente.

I'm certain that there are many problems with the protection of the environment.

Es cierto que debemos reducir nuestra huella de carbono.

It's true that we should reduce our carbon footprint.

CAPÍTULO 5

Peter Barritt / Alamy Stock Photo

El Museo Nacional del Prado, en Madrid, es uno de los museos de arte más importantes del mundo.

Expresiones artísticas

Note for Capítulo 5: World Readiness Standards addressed in this chapter include:
Communication: All three modes
Culture: Examining art and artisan products, as well as the presence of art and artistic expression in various Spanish-speaking countries.
Connections: Connecting with the disciplines of art, history and anthropology.
Comparisons: Comparing and contrasting issues of works of art in various Spanish speaking countries.
Communities: Acquiring the life-long skills of investigating, reading and reporting on a given topic in the target language.

Contesta las siguientes preguntas basadas en la foto.

1. ¿Qué tipo de arte ves en la foto?
2. ¿Qué piensas de la pintura que aparece en la foto?
3. ¿Qué hacen las personas de la foto?
4. ¿Qué puedes concluir sobre las figuras de las pinturas?
5. ¿Dónde hay un museo de arte cerca de tu casa?

OBJETIVOS COMUNICATIVOS

By the end of this chapter, you will be able to...

- express opinions and emotions.

OBJETIVOS CULTURALES

By the end of this chapter, you will be able to...

- describe works of art and handmade arts and craft products.
- identify the challenges of making a living as an artist or artisan.
- discuss the different markets where crafts and art objects are sold.
- examine art museums in Spain, Ecuador and Colombia.

ENCUENTROS

Video: Sofía sale a la calle a preguntar

Conozcamos a... Rafael Gutiérrez Godoy

EXPLORACIONES

Exploremos el vocabulario
- El arte
- El bazar de arte

Exploremos la gramática
- Expressing thoughts with verbs like *gustar*
- Subjunctive for expressing emotions

EXPERIENCIAS

Manos a la obra: Expresiones artísticas

Experiencias profesionales: Una entrevista

El blog de Sofía: ¡Me fascina la cerámica!

Cortometraje: *Bienvenidos al Museo Nacional del Prado*

Página informativa: El arte para todos

Página literaria: María Dueñas

Cultura y sociedad: Fernando Botero

Película: *El laberinto del fauno*

ENCUENTROS

Sofía sale a la calle a preguntar

Video

WileyPLUS
Go to WileyPLUS to watch this video.

5.1 Entrando en el tema. Habla de las siguientes preguntas con un/a compañero/a de clase en preparación para ver el video. Answers will vary.

1. ¿Qué significa la palabra "arte"?
2. ¿Cuál es la forma de arte que te parece más interesante?
3. Algunas personas dicen que el arte no es muy importante hoy en día debido al avance de la tecnología. ¿Estás de acuerdo? ¿Por qué?

5.2 Sofía sale a la calle. Escucha a Dan, Patricia y Andrés hablar sobre el arte en el video y presta especial atención a:

1. el tipo de arte que les gusta,
2. por qué, y
3. las obras que mencionan.

Paso 1: WP Se mencionan varias obras de arte, incluyendo obras literarias, y sus respectivos creadores. En la siguiente lista, une cada obra con su creador.

Obras de arte	Creadores
__C__ **1.** *El baño del caballo*	**A.** Diego Rivera
__A__ **2.** *El cargador de flores*	**B.** Gabriel García Márquez
__B__ **3.** *Cien años de soledad*	**C.** Joaquín Sorolla

Paso 2: WP Atribuye una disciplina de la columna de la derecha a cada una de las personas entrevistadas que aparecen en la columna izquierda.

Personas entrevistadas	Disciplinas
__B__ **1.** Dan	**A.** La literatura y la cinematografía
__C__ **2.** Patricia	**B.** La fotografía
__A__ **3.** Andrés	**C.** El arte contemporáneo

Paso 3: Anota las razones que dan los entrevistados de sus gustos y cuéntaselas a un/a compañero/a de clase. Answers will vary.

5.3 ¿Qué piensas? Sofía explica que el arte es "una de las mejores maneras de expresarnos como seres humanos". Ella menciona el cine, la fotografía, el teatro, la pintura y los tatuajes. Contesta las siguientes preguntas y comparte tus respuestas con un/a compañero/a de clase. Answers will vary.

1. ¿Los tatuajes son una forma de arte? ¿Por qué?
2. ¿Alguna vez has comprado un objeto de artesanía? ¿Cómo era? ¿Por qué lo compraste?
3. ¿Qué tipo de arte te inspira más? ¿Por qué?
4. Si usas el arte para expresarte, ¿cómo lo haces?

WileyPLUS
Go to WileyPLUS to watch this video.

Estrategia de estudio: Speaking as an Active Process

Have you wondered about the best way to improve your communication? The more you use the language orally, the more fluent and creative you will eventually be when you speak Spanish.

It is important that you volunteer to produce Spanish, even though you may be unsure that you have the correct answer or that what you are about to say will be pronounced perfectly. It is also important to realize that it is not necessary that you wait to speak Spanish until your grammar and pronunciation are totally correct.

Try to quietly formulate your response to all teacher prompts and questions, even if it is not your turn to speak and then compare your answer to the students' and the teacher's response.

Prepare for class by practicing aloud activities related to the chapter by creating your own sentences related to chapter themes, vocabulary, and structures.

Use every opportunity to speak Spanish, especially when doing pair or small group activities in class and have a list of questions at hand, ready to ask your partner in case you complete a pair work activity before everyone else has done so.

Conozcamos a...

Rafael Gutiérrez Godoy

Antes de escuchar

Follow-up for 5.4: Review students' ideas with the class to prepare them for the audio segment.

5.4 La artesanía. Con un/a compañero/a, contesta las siguientes preguntas. Answers will vary.

1. ¿En qué piensas al escuchar la palabra 'artesanía'?
2. ¿Hay artesanía original cerca de la zona donde te criaste?
3. ¿Has creado algún tipo de artesanía alguna vez? ¿Cuál?
4. ¿Cómo crees que es la vida de un artesano?
5. ¿Hay alguna feria que venda artesanía cerca de tu universidad? ¿Qué tipo de artesanía?
6. ¿Qué importancia tiene la artesanía para un país o una cultura?

Tim Whitby / Alamy Stock Photo

Rafael es un artista que crea una artesanía que refleja la cultura y la historia de la gente de su país.

Mientras escuchas

Answers for 5.5: 1. Quito, Ecuador; 2. trabajando con su padre en la carpintería; 3. cuando era muy joven; 4. artículos de madera y cerámica y sombreros de paja; 5. clientes de todo el mundo.

5.5 El talento de Rafa. Termina la frase con la información correcta que escuches en el audio.

1. Rafa es de...
2. Él aprendió hacer cosas con sus manos...
3. Él descubrió su talento artístico...
4. Rafa fabrica...
5. Él ha vendido sus productos a...

Suggestion for 5.5: For hybrid or flipped classes, you may want to assign students to listen to the audio and complete this activity prior to the class session.

Audioscript for 5.5: Mi nombre es Rafael Gutiérrez Godoy y vengo de Quito, Ecuador. Mis amigos me llaman Rafa porque mi padre también se llama Rafael. Soy artesano profesional y he vendido mis obras a clientes de todo el mundo. Desde muy joven he sabido que mi pasión era el arte. Empecé de niño dibujando con tiza en las paredes del edificio de apartamentos y en las aceras de la calle frente a mi apartamento. Mi padre siempre se ha dedicado a la carpintería y al trabajar con él me di cuenta del gusto que me daba hacer cosas con mis manos. Mientras crecía, supe que tenía talento e intenté crear dibujos a color y también retratos. No tuve mucho éxito con estas cosas, pero eventualmente descubrí que podía hacer artesanía tradicional de mi país. Estudié en el taller de un señor anciano quien me enseñó las diferentes técnicas necesarias para elaborar todo tipo de artesanía.

Después de escuchar

5.6 Cómo vender tu propia artesanía. ETSY es una compañía que vende artesanía a nivel global. Con ventas de más de cien mil millones de dólares en 2018, la compañía sigue creciendo. Muchas de las personas en ETSY venden productos que ellos mismos han diseñado o creado con sus propias manos. Con un/a compañero/a, habla de los diferentes talentos que tienes en cuanto a la artesanía. Elige un negocio que podrías crear con estos talentos para poder ganarte la vida en ETSY. Piensa en las siguientes preguntas: Answers will vary.

- ¿Qué vas a vender?
- ¿Cómo vas a promover tu compañía?
- ¿Quiénes van a ser tus clientes?
- ¿Vas a necesitar una página web? ¿Cómo va a ser?
- ¿Hay mucha competencia? ¿Quiénes son? ¿Cuál crees que será la ventaja añadida de tus productos en comparación con los de la competencia?

Suggestion for 5.6: Consider sending the students to ETSY's website to see if their store exists and what products are being sold there. You may even want to do this as a class to see some of the millions of crafts that are sold around the world.

¿Qué sabes de Colombia, Ecuador, España y México?

WP Repasa los mapas, las estadísticas y las descripciones de Colombia, Ecuador, España y México en WileyPLUS.

Sitios interesantes

Anthony Asael / Art in All of Us / Getty Images

El mercado de Otavalo es uno de los mercados más espectaculares de Sudamérica. Situado a dos horas de la capital de Ecuador, Quito, por sus calles es posible encontrar casi de todo, especialmente los sábados, desde abrigos, pinturas, artesanías, tapices para las paredes, hasta cerámica.

A los 25 años abrí mi propia tienda donde comencé a vender los artículos que creaba. Debido a mi éxito con la venta, no tenía el tiempo necesario para enfocarme en el negocio y la creación de artesanía a la vez, así que tuve que emplear a más personas que me ayudaran. Hoy día tengo cinco empleados, dos de los cuales me ayudan con la venta en la tienda y tres son aprendices a los que estoy enseñando cómo crear las piezas que más se venden. Me especializo en artículos de cuero como carteras, billeteras y monederos. También fabrico muchas cosas de cerámica como adornos para la casa, diferentes esculturas de figuras de la historia de Ecuador y máscaras. Además, ha habido un aumento en la demanda por todo el país de los sombreros tradicionales de Ecuador y he aprendido a hacer sombreros de paja toquilla. Tengo una página web, además de mi tienda, y he exportado sombreros de paja toquilla a países europeos como Francia, España e Italia. También se los he vendido a clientes de otros países como Estados Unidos, Brasil, Argentina o Japón. Estos sombreros no solamente son tradicionales, sino que en 2012 el tejido del sombrero fino de paja toquilla ecuatoriano fue reconocido por la UNESCO como Patrimonio Cultural Inmaterial de la Humanidad. Para mí es increíble poder crear estos productos que representan la cultura y las tradiciones ecuatorianas. Espero seguir trabajando como artesano por muchos años más y seguir creciendo como artista ecuatoriano.

Brian Overcast / Alamy Stock Photo

Los alebrijes son figuras de madera que representan animales salvajes, domésticos y fantásticos, y reflejan la creatividad, imaginación y habilidad técnica de los artistas mexicanos. Principalmente se elaboran en dos pueblos cerca de la ciudad de Oaxaca; cada pieza es única y suele llevar la firma de su creador.

Martin Child / robertharding / Getty Images

El Museo Guggenheim en Bilbao, España, tiene un diseño arquitectónico que, en sí mismo, es una verdadera obra de arte hecha de materiales como el acero, la piedra, el titanio o el agua. Además de una colección permanente de obras internacionales, españolas y vascas de arte contemporáneo, hay programaciones especiales de obras de otras partes del mundo.

5.7 Datos interesantes de Colombia, Ecuador, España y México. Estás investigando la situación actual del arte en Colombia, Ecuador, México y España. Examina los datos de cada país. Luego habla con un/a compañero/a y contesta las siguientes preguntas.

1. ¿En qué país hay más escuelas de arte? ¿Por qué crees que es así? España; Answers will vary.
2. ¿Cómo se comparan estos datos con los de EE. UU.? Answers will vary.
3. ¿Cuáles son las razones más comunes para especializarse en arte? Answers will vary.
4. Compara la tasa de personas respecto al número de museos de arte. ¿Qué conclusiones puedes sacar de estos datos? Answers will vary.

Datos interesantes: Colombia

Número de escuelas de arte: 16

Número de artistas: 15 pintores y escultores; más de 300 000 artesanos

Número de museos de arte: 18

Número de mercados de artesanías: 28

Número de pueblos especializados en una sola artesanía: más de 19 etnias

Datos interesantes: Ecuador

Número de escuelas de arte: 3

Número de artistas: 31 entre pintores y escultores; más de 300 000 artesanos

Número de museos de arte: 24

Número de mercados de artesanías: 17

Número de pueblos especializados en una sola artesanía: 27

Datos interesantes: España

Número de escuelas de arte: 296

Número de artistas: 1247 (solo pintores y escultores)

Número de museos de arte: 740

Número de mercados de artesanías: 101

Número de pueblos especializados en una sola artesanía: 10

Datos interesantes: México

Número de escuelas de arte: 85

Número de artistas: más de 200 pintores y escultores; más de 7000 artesanos

Número de museos de arte: 1200

Número de mercados de artesanías: 77

Número de pueblos especializados en una sola artesanía: 16

Datos interesantes: Estados Unidos

Número de escuelas de arte: 79 solo escuelas de arte, sin contar las facultades de arte de las universidades

Número de artistas: 242 pintores y escultores

Número de museos de arte: 35 114

Número de mercados de artesanías: 8

Número de trabajadores artesanos: 50 300. Las personas que quieran dedicarse a la artesanía o que ya sepan cómo practicarla y quieran mejorarla, pueden estudiar una carrera tanto de pregrado como de postgrado en la universidad. Por lo tanto, no hay información específica de pueblos que se dedican a la artesanía porque en Estados Unidos se puede estudiar para ser artesano.

Cultura viva

El arte y los jóvenes en España

Wavebreak Media / Alamy Stock Photo

Los jóvenes españoles participan en asociaciones para aprender arte.

La crisis económica en España ha hecho que la cultura salga a la luz y que los jóvenes luchen por ella con más ganas que nunca. Cada vez hay más asociaciones culturales, negocios relacionados con el arte y los movimientos de artistas en España. Por ejemplo, en Sevilla está el pasaje Mallol o el Pelícano, lugares donde los jóvenes se reúnen para crear cosas nuevas, la mayoría de las cuales funcionan muy bien: desde estudios de arquitectura hasta asociaciones para aprender ebanistería, o espacios que se alquilan como lugares de trabajo. Las universidades, sin embargo, no están tan bien organizadas como podrían, ni van tan al día como otras europeas o americanas. Además, el apoyo del Estado a la cultura es mínimo en comparación con otros países. Por eso los jóvenes se mueven cada vez más buscando alternativas sostenibles y locales en un mundo donde la globalización y el capitalismo colapsan frente a ellos.

Estrategia de estudio: Using Flashcards *by Noah Michalski*

Noah Michalski

Something I find useful when studying vocabulary is using flashcards or an online flashcard program. I study the words many times over until I can remember their definitions in Spanish and English, and sometimes I also study situations in which to use the vocab words.

WileyPLUS

Go to WileyPLUS to watch this video.

EXPLORACIONES

Exploremos el vocabulario 1

WileyPLUS
Go to WileyPLUS Resources to access an interactive version of this photo to review these vocabulary words and their pronunciation.

Teaching tip for Exploremos el vocabulario 1: Encourage students to guess the meaning of cognates to eliminate the need to memorize these vocabulary items. Also, remind students to focus on the differences in their spelling.

El arte

Alex Segre / Alamy Stock Photo

En los **museos** se pueden observar diferentes **obras de arte**: desde **autorretratos, cuadros, acuarelas y grabados,** hasta **esculturas** de todo tipo de materiales y tamaños. Acudir a las **exposiciones** puede ser **emocionante** y nos permite disfrutar de obras **alucinantes**.

El arte	*Art*	Los cognados
la arcilla	*clay*	el/la artista
borroso/a	*blurry*	brillante
el bricolaje	*do-it-yourself project*	la colección
el cuero	*leather*	exhibir
deprimente	*depressing*	la exhibición
el dibujo	*drawing*	la figura
diseñar	*to design*	el fotógrafo
la ebanistería	*woodworking*	la galería de arte
esculpir	*to sculpt*	el impresionismo
el/la escultor/a	*sculptor*	el/la modelo
influir	*influence*	el mural
el lienzo	*canvas*	surrealista
llamativo/a	*striking*	
la naturaleza muerta	*still life*	
el óleo	*oil painting*	
el/la patrocinador/a	*donor*	
el/la pintor/a	*painter*	
la pintura	*painting*	
el retrato	*portrait*	
sombrío/a	*dark*	
la subasta	*auction*	
el taller	*workshop*	

5.8 Definiciones. WP Tu amigo quiere repasar contigo los términos importantes del arte antes de su entrevista para un puesto de trabajo en un museo este verano. Escucha sus definiciones y preguntas e indica qué palabra describe en cada caso.

	a.	b.	c.	d.
1.	**a.** la modelo	**(b.)** el taller	**c.** el paisaje	**d.** el mural
2.	**(a.)** la galería	**b.** el taller	**c.** la obra	**d.** el pincel
3.	**a.** el óleo	**b.** el retrato	**c.** el autorretrato	**(d.)** la naturaleza muerta
4.	**a.** la escultura	**b.** el retrato	**(c.)** el mural	**d.** el grabado
5.	**a.** surrealista	**b.** deprimente	**c.** borrosa	**(d.)** llamativa
6.	**a.** un retrato	**b.** una escultura	**(c.)** un autorretrato	**d.** un mural
7.	**a.** el fotógrafo	**(b.)** el patrocinador	**c.** el guía del museo	**d.** el gerente
8.	**a.** alucinante	**(b.)** sombría	**c.** llamativa	**d.** borrosa
9.	**a.** sombrío	**b.** el mural	**(c.)** el retrato	**d.** el autorretrato
10.	**a.** patrocinador	**b.** pintor	**c.** escultor	**(d.)** modelo

Suggestion for 5.8: For hybrid or flipped classes, you may want to assign students to listen to the audio and complete this activity prior to the class session.

Audioscript for 5.8:
1. ¿Dónde trabajan los artistas?
2. ¿Cómo se llama el lugar donde se muestran las pinturas?
3. ¿Qué tipo de cuadro representa objetos, fruta o comida?
4. ¿Cómo se llama la pintura que se hace en una pared?
5. Cuando una obra de arte contiene colores brillantes es…
6. ¿Cómo se llama una pintura que representa la imagen del pintor o de la pintora?
7. ¿Cuál es el término para una persona que dona dinero para que el o la artista produzca una obra?
8. Cuando una obra de arte contiene colores oscuros, es…
9. Una pintura que representa la imagen de una persona es...
10. Esta persona posa para un artista.

Estrategia de estudio: Reviewing after Class *by Maria Fraulini*

Maria Fraulini

What works for me is to start studying the material directly after I learn it. This not only helps me learn it better, but also I can use it in speaking situations.

WileyPLUS
Go to WileyPLUS to watch this video.

5.9 ¿Qué ves? Este juego se puede llevar a cabo durante una visita a un museo de arte, en Internet o en clase. Sigue los **Pasos** para jugar con tu compañero/a. Answers will vary.

Suggestion for 5.9: You can use the works of art to review prepositions of place by describing them and pointing out various objects and their locations within each painting.

Paso 1: Elige una obra de arte. Con tu compañero/a, contesta la lista de 10 preguntas en orden.

Philip Game / Alamy Stock Photo
A.

©Peter A. Juley & SonCollection, Smithsonian American Art Museum
B.

1. ¿Te gusta esta obra de arte? ¿Por qué?
2. Ahora examina con cuidado la obra de arte. ¿Qué colores ves? ¿Por qué piensas que los artistas utilizaron esos colores?
3. ¿Qué ves en la obra? Haz una lista junto con tu compañero/a de todos los objetos que vean.
4. ¿Qué está pasando en la obra? Túrnate con tu compañero/a y describan la obra hasta que no puedan mencionar más actividades.
5. ¿Es la obra de arte semejante a la vida? ¿Cómo se comparan los objetos de la obra con la vida real?

Suggestion for 5.9: This activity deliberately begins without background and historical information on the paintings and the painter. It follows a simple sequence of questions for art appreciation and to stimulate conversation about a piece of artwork. Remind the students that there are no right or wrong answers to this game's questions.

6. ¿Qué ideas o emociones expresa esta obra? ¿Qué le inspiró al/a la pintor/a?
7. ¿Cómo piensas que se sentía el/la artista cuando pintó este cuadro? ¿Cómo te sientes al ver esta pintura?
8. ¿Qué título le pondrías a esta obra de arte?
9. Piensa en las observaciones que tu compañero/a y tú han hecho sobre la pintura. ¿Qué descubriste sobre esta obra? ¿Aprendiste algo de ti mismo/a a través de esta obra de arte?
10. ¿Qué opinas de la pintura? ¿Tu opinión cambió después de este juego? ¿Por qué?

Paso 2: Ahora con tu compañero/a escribe una lista de preguntas sobre la obra que acaban de analizar.

Paso 3: En Internet, busca información sobre el/la artista y la obra para contestar las preguntas del **Paso 2** con tu compañero/a.

Suggestion for 5.10: For hybrid or flipped classes, you may want to assign students to complete **Paso 1** prior to the class session.

5.10 Fernando Botero. El pintor y escultor colombiano Fernando Botero es uno de los artistas mejor pagados del mundo. Sigue los **Pasos** para examinar sus obras.

Answers will vary.

Guillaume Horcajuelo / EPA-EFE / Shutterstock

La calle, 2000

age fotostock / Alamy Stock Photo

The Paseo, 1985

Suggestion for heritage learners in 5.10, Paso 3: One of the greatest linguistic challenges for heritage learners is related to writing and more particularly, spelling. For many of these learners, the language is largely oral in nature and they may not have had much experience in reading and writing in Spanish. It is common to see words such as **tuve** written as ***tube*** or verbs like **hice** written as ***hise***. Since many of the foreign language learners have seen the language written since they started learning Spanish, they tend not to make the same type of errors. Make sure to briefly spend some time on the spelling conventions for Spanish especially in classes with a large number of heritage learners. Also, as these students hand in assignments, take the time to explain some of these common misspellings that are due in large part to the orality of the language used by the heritage learners.

Paso 1: Completa la gráfica de Venn que aparece a continuación con tus ideas sobre las pinturas de Fernando Botero. ¿Qué tienen en común? ¿En qué se diferencian?

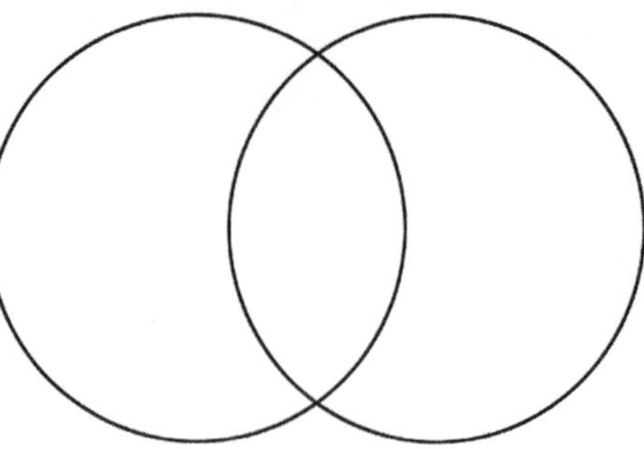

Paso 2: Conversa con tu compañero/a y compara tu gráfica con la suya.

Paso 3: En Internet, busca otra obra de Fernando Botero. Crea y escribe un cuento de un mínimo de 200 palabras sobre la obra. En tu cuento, describe a los personajes, el lugar, el problema y cómo se resuelve el problema.

Technology tip for 5.10, Paso 3: You may want to assign students to complete **Paso 3** outside of the class session. Alternatively, they could collaborate in pairs to create their story as an in-class writing assignment. You can also have the students upload their stories and an image of the artwork to your learning management system discussion board.

5.11 El español cerca de ti. En la galería de arte de tu universidad, en el museo de tu comunidad o en línea, busca obras de artistas hispanos. Sigue los **Pasos** para analizarlas.

Answers may vary.

Paso 1: Completa la siguiente tabla con la información sobre dos de las obras que encuentres.

Obras	Título de la obra	Nombre del/de la artista	Descripción de la obra
Obra 1			
Obra 2			

Paso 2: Describe a un/a compañero/a de clase las dos obras que encontraste. ¿Qué opinas de ellas?

Suggestion for 5.11: For hybrid or flipped classes, you may want students to complete **Paso 1** prior to the class session.

Estrategia de estudio: Watching Videos *by Anton Mays*

Anton Mays

What has also been very helpful to me in learning Spanish is Youtube. By watching videos and different Spanish interviews and vlogs, even to watching sports, I have become a more competent speaker of Spanish.

WileyPLUS
Go to WileyPLUS to watch this video.

Exploremos la gramática 1

Expressing thoughts with verbs like *gustar*

WP Repasar: The verb *gustar* del Capítulo 3, en *Experiencias Introductorio.*

WileyPLUS
Go to WileyPLUS to review this grammar point with the help of the Animated Grammar Tutorial.

Suggestion for Exploremos la gramática 1: The verb **gustar** is briefly reviewed here. Students often need to be reminded of the way the structure expresses meaning.

In your previous Spanish studies, you have learned to express your likes and dislikes and those of others.

- To express activities that you and others like to do, use the following:

Me/Te/Le/Nos/Les gusta + *infinitive*

—¿**Te gusta** pintar y crear obras de arte?
Do you like to paint and create works of art?

—Sí, **me gusta** pintar escenas de la naturaleza.
Yes, I like to paint nature scenes.

—A los profesores de arte, ¿**les gusta** estudiar diferentes obras de arte?
Do art professors like to study different works of art?

—Sí, **les gusta** estudiar muchas obras de arte.
Yes, they like to study many works of art.

- To tell what things, items or people you and others like or dislike, use the following:

Me/Te/Le/Nos/Les gusta + the item in singular form
Me/Te/Le/Nos/Les gustan + the items in plural form

—¿**Te gusta** el estilo de Pablo Picasso?
Do you like Pablo Picasso's style?

—Sí, **me gusta** su estilo, pero no lo comprendo.
Yes, I like his style but I don't understand it.

—¿A ustedes **les gustan** las esculturas de Botero?
Do all of you like Botero's sculptures?

—Sí, **nos gustan**. Son interesantes.
Yes, we like them. They are interesting.

Recall some simple facts about the **gustar** structure:

- The subject of the verb is the person or thing that is liked.
- The person doing the liking expressed by an indirect object pronoun: **me, te, le, nos, os, les**.
- **Gustar** is most often used in only two forms:
  gusta and **gustan** in the present tense AND **gustó** and **gustaron** in the preterit tense.
- The following are used for emphasis or for clarification, in the case of **le** and **les**:

(a mí)	me	
(a ti)	te	
(a él, ella, usted)	le	**gusta** or **gustan**
(a nosotros/as)	nos	
(a vosotros/as)	os	
(a ellos, ellas, ustedes)	les	

A. Pronombres de objeto indirecto	B. Gustar	C. What is liked/disliked becomes the subject
• Me (a mí)		
• Te (a ti)		
• Le (a él/a ella/a usted)	+ gusta	+ la pintura
• Nos (a nosotros/as)	+ gustan	+ las pinturas
• Vos/Os (a vosotros/as)		
• Les (a ellos/a ellas/a ustedes)		

Now, observe the following statements:

Me fascina visitar museos de arte porque estudio historia del arte en la universidad y **me parecen importantes** los pintores surrealistas y sus obras. Pero a mis amigos del programa de matemáticas **les aburre** observar estas obras surrealistas porque no las comprenden. Y, de hecho, mi entusiasmo **les irrita**.

I love to visit art museums because I study art history at the university and the surrealistic painters and their works are important to me. But looking at these surrealistic works bores my math major friends because they don't understand these surrealist works. In fact, my enthusiasm irritates them.

Answers for ¿Qué observas? box:
1. They function just like *gustar*.
2. Me, Me, les, les
3. a mí, a mí, a mis amigos, a mis amigos

¿Qué observas?

1. What do you notice about verbs in these sentences compared to the previous *gustar* examples?
2. Can you identify the indirect object pronoun in each sentence?
3. What is the noun that each object pronoun represents?

Suggestion for Exploremos la gramática 1: Other verbs that follow the same structure and patterns as gustar. Have students cover the right-hand column and guess the English meanings.

Other verbs that follow the same structure and patterns as **gustar**:

aburrir	*to bore*	**irritar**	*to irritate*
disgustar	*to disgust*	**molestar**	*to bother, to annoy*
encantar	*to love (literally to enchant, charm)*	**preocupar**	*to worry*
fascinar	*to fascinate*	**quedar**	*to remain*
importar	*to be important; to matter*	**sorprender**	*to surprise*
interesar	*to interest*		

5.12 En el museo de arte. WP Los directores de los museos de arte trabajan mucho para preparar exposiciones interesantes. Escucha los pensamientos que expresa un director de un museo de arte cuando habla con su nueva asistente. Selecciona cuáles son sus opiniones.

1. Al director le interesa...
- **a.** la tarea de su asistente.
- **b.** el trabajo en el museo.
- **(c.)** la experiencia de su asistente.

2. A los visitantes les van a fascinar...
- **a.** las experiencias de Gabriela.
- **(b.)** las obras de arte que escoja Gabriela.
- **c.** los nuevos museos en la ciudad.

3. A los visitantes les molesta ...
- **(a.)** pagar mucho dinero para entrar al museo.
- **b.** la exposición de arte.
- **c.** el director.

4. Al director le irritan...
- **a.** las experiencias de Gabriela.
- **(b.)** los estudiantes que no tienen interés en el arte.
- **c.** los maestros de los estudiantes.

5. A muchos estudiantes de arte les interesa...
- **(a.)** tener un día sin clases.
- **b.** el arte de Pablo Picasso.
- **c.** quedarse en la clase.

6. A Gabriela le preocupa...
- **a.** el precio de las entradas.
- **b.** todo el trabajo que tiene que hacer.
- **(c.)** la falta de interés de los estudiantes.

Audioscript for 5.12:
El director: Buenos días, Gabriela. Estás aquí para ayudarme con la nueva exposición. Me interesa mucho tu experiencia. Estoy seguro de que a los visitantes les van a fascinar las obras que vas a escoger, pero según mi experiencia, a muchas personas les molesta pagar una entrada tan elevada. Dicen que es muy cara. Otra cosa que quiero que sepas es que me irritan los adolescentes que vienen al museo con sus maestros cuando sus estudiantes no tienen interés en el arte. Dicen que les aburre el arte, pero les encanta no tener que asistir a sus clases en la escuela. Espero que tengas más paciencia que yo. Y, Gabriela, ¿hay algo que te preocupe sobre tus responsabilidades?
Gabriela: Pues a mí me interesa mucho trabajar en este museo y estoy agradecida por la oportunidad que me has dado, pero me preocupan los adolescentes y su falta de interés. Voy a preparar una lección interesante para ellos.

Suggestion for 5.12: For hybrid or flipped classes, you may want to assign students to listen to the audio and complete this activity prior to the class session.

5.13 Gustos variados. WP Hay varias personas que expresan sus opiniones sobre el arte en maneras diferentes. Lee las siguientes oraciones y decide si son **lógicas** (**L**) o **ilógicas** (**I**).

Opiniones sobre el arte	¿Lógica o ilógica?
1. A los estudiantes de arte les encantan los profesores aburridos.	Ilógica
2. A mí me gusta ver fotos de mi hermana. Ella es fotógrafa y su arte es único.	Lógica
3. A nosotros nos molesta esculpir en arcilla, ya que es frustrante no poder crear una escultura.	Lógica
4. A los niños pequeños les fascina la galería de arte moderno porque es muy semejante a sus propias pinturas.	Lógica
5. A los estudiantes de arte del siglo XVIII no les gustan los retratos de la familia real que pintó Francisco de Goya.	Ilógica
6. Mi amigo colombiano Rafael tiene una colección de pósteres de los óleos del famoso pintor colombiano Fernando Botero. Le irritan las obras del pintor.	Ilógica

5.14 ¿Estás de acuerdo? Los visitantes a los museos de arte generalmente expresan sus opiniones sobre lo que ven y oyen. Selecciona las opiniones que sean verdaderas para ti. Después, comparte tus respuestas con un/a compañero/a y dile por qué. Answers will vary.

_____ Me fascina el arte moderno.

_____ A mis compañeros les encanta la escultura precolombina.

_____ A mis amigos y a mí nos irritan las personas que hablan en voz muy alta en la galería de arte y las que no tienen interés en el arte.

_____ Creo que a los profesores de arte de mi universidad les interesan los autorretratos del siglo XVIII.

_____ Mi buen amigo me dice: "Si te preocupa el precio de la entrada, te invito".

_____ Estoy triste. Me quedan solamente quince minutos para visitar la exposición de mi pintor preferido.

Suggestion for 5.15: You may want to ask students to view photos of the Rastro before having the students read this for homework or show your photos of the Rastro prior to assigning the reading in class.

5.15 El Rastro. ¿Te gusta ir de compras? Lee el siguiente párrafo sobre un popular mercado al aire libre de Madrid y completa los **Pasos** a continuación.

El Rastro de Madrid es el mercado de pulgas más importante y popular de España. Es un mercado al aire libre. Abre todo el año, incluyendo los domingos y los días feriados. Se ubica principalmente en la calle llamada Ribera de Curtidores, muy cerca de las principales atracciones turísticas del centro de Madrid y es de fácil acceso para los turistas. El mercado es grande y se divide en varias zonas donde pueden encontrarse ciertos productos específicos. Allí, se pueden encontrar una gran variedad de productos de primera mano (nuevos) y de segunda mano (usados), objetos decorativos, artesanías, ropa, joyas y muchas antigüedades denominadas "tesoros", las cuales son la atracción principal para coleccionistas y turistas de todo el mundo.

Suggestion for 5.15, Paso 2: Ask the heritage learners if they have ever been to an open-air market in the country where their parents or grandparents are from. What was it like? What were some of the items for sale there? Did they buy anything? Did people barter with the vendors or accept the advertised price? You can also compare this to the ever-increasing number of farmer's markets that are opening in many cities and towns in the US. What are the differences between these two types of markets? What are some of the similarities? You can also ask these students to compare **el Rastro** to their personal experience with open air markets in other countries.

Paso 1: ¿Qué opinas del Rastro de Madrid? WP Según lo que has leído sobre el Rastro de Madrid, marca si las siguientes oraciones son **ciertas** (**C**) o **falsas** (**F**). Comparte tus respuestas con un/a compañero/a y explícale tus motivos.

C **1.** A los españoles y a los turistas les encanta el Rastro de Madrid y les interesan los productos que ahí se ofrecen.

C **2.** Los visitantes tienen muchas oportunidades para comprar en el Rastro porque está abierto todos los días de la semana.

F **3.** No es buena idea ir de compras al Rastro si solamente te interesan los productos de segunda mano.

F **4.** A la mayoría de los turistas probablemente les aburra el Rastro porque no hay una gran variedad de productos.

C **5.** Si te fascina la cultura española debes visitar este mercado de pulgas al aire libre.

F **6.** Es probable que te sea complicado comprar en el Rastro porque los productos no están organizados.

Paso 2: Tu opinión personal. Completa las siguientes ideas con tu opinión personal sobre el Rastro y habla con un/a compañero/a y después con la clase. Answers will vary.

Me interesa/n...
Me encanta/n...
Me preocupa/n...
Me sorprende/n...
Me molesta/n...

Paso 3: Ahora investiga en Internet si existe un mercado similar al Rastro en tu región o país. Toma nota de las características principales, similitudes y diferencias del lugar. Luego escribe un párrafo sobre las diferencias y las similitudes para compartir con los compañeros de la clase. Answers will vary.

Technology tip for 5.16: For hybrid courses, students can complete this activity with a partner using video conferencing software. During the next class session, they can present their situation to the class.

5.16 Situaciones. Haz el papel de **A** o **B** con tu compañero/a para participar en la conversación. Answers will vary.

A- Eres un/a vendedor/a de antigüedades en el Rastro. Tienes cosas muy interesantes para vender, pero la más valiosa de ellas es una mesita antigua hecha a mano hace más de 200 años. Tu problema es que no sabes exactamente por cuánto venderla. Intenta ganar lo más que puedas, pero no menos de 500 euros. Prepárate para hablar de las características y ventajas de la mesita.

B- Eres un/a turista visitando el Rastro por primera vez. Hay muchísimos objetos allí que te gustan, pero cuestan mucho dinero y no vas a poder transportarlo todo a tu casa. Encontraste una mesita preciosa en un puesto. Describe las cosas que te gustan y no te gustan de la mesita al/a la vendedor/a. Tienes 500 euros, pero intenta comprar la mesita por menos dinero.

El bazar de arte

WileyPLUS
Go to WileyPLUS Resources to access an interactive version of this illustration to review these vocabulary words and their pronunciation.

Exploremos el vocabulario 2

Teaching tip for Exploremos el vocabulario 2: Encourage students to guess the meaning of cognates to eliminate the need to memorize these vocabulary items. Also, remind them to focus on the differences in their spelling.

5.17 Entrevista. **WP** Para tu clase de español, tienes que hacer una entrevista a un hispano. Tu amigo decide hablar con su compañero virtual en las sesiones telecolaborativas. Aunque graba la entrevista, no la entiende bien porque la calidad del audio es muy mala. Escucha las respuestas del compañero virtual, y completa los espacios en blanco con las palabras apropiadas.

Me llamo Diego Hernández y, como ya sabes, vivo en Cali, Colombia. Soy estudiante de arte y diseño aquí en la Universidad Javeriana. Desde que era muy pequeño, siempre me gustaba el arte. Mi tía era artista y ella me compró una caja de (1) __acuarelas__ y un (2) __pincel__ cuando tenía cuatro años. Recuerdo que me pasaba horas y horas pintando. Además, dibujaba con frecuencia con los (3) __los lápices de colores__ que ella me regaló. Cuando era un poco más mayor, ella me regaló (4) __tubos de óleo__, una paleta, un juego de (5) __pinceles__ y un caballete. Creé muchas pinturas con colores (6) __llamativos__. Ahora que soy estudiante de arte en la universidad, me interesa más el arte (7) __folclórico__ y estudio diseño. Mi tarea actual es (8) __ilustrar__ y diseñar (9) __máscaras__ únicas que representan una época importante en la historia de mi país.

Suggestion for 5.17: For hybrid or flipped classes, you may want to assign students to listen to the audio and complete this activity prior to the class session.

Audioscript for 5.17:
Me llamo Diego Hernández y, como ya sabes, vivo en Cali, Colombia. Soy estudiante de arte y diseño de la Universidad Javeriana. Desde que era muy pequeño, siempre me gustaba el arte. Mi tía era artista y ella me compró una caja de acuarelas y un pincel cuando tenía cuatro años. Recuerdo que me pasaba horas y horas pintando. Además, dibujaba con frecuencia con los lápices de colores que ella me regaló. Cuando era un poco más mayor, ella me regaló tubos de óleo, una paleta, un juego de pinceles y un caballete. Creé muchas pinturas con colores llamativos. Ahora que soy estudiante de arte en la universidad, me interesa más el arte folclórico y estudio diseño. Mi tarea actual es ilustrar y diseñar máscaras únicas que representan una época importante en la historia de mi país.

5.18 De compras. Tu compañero/a te invitó a pasar la tarde en un bazar de arte. Mira el dibujo del bazar de arte en **Exploremos el vocabulario 2** y conversa con él/ella sobre los productos que ves. Usa las siguientes preguntas para guiar la conversación. Answers will vary.

1. ¿Qué te parecen los productos que se venden en el bazar?
2. ¿Qué te interesa comprar?
3. ¿Qué no te importa comprar?
4. ¿Qué tipo de artesanía te fascina?
5. ¿Piensas comprarle un regalo a otra persona?
6. ¿A quién le vas a regalar la artesanía que piensas comprar?

Cultura viva

La artesanía es importante en Colombia

Los artesanos son valorados por todos en Colombia. Hay artesanos indígenas, afros, campesinos y profesionales, y hay artesanía indígena, tradicional o popular y contemporánea o profesional. Normalmente forman parte de las ferias, fiestas de pueblos o parte de los mercados de artesanía donde venden molas, canastas, hamacas, máscaras, cerámica, pulseras y collares. A muchos colombianos les gusta tener cosas hechas a mano en casa, así que la artesanía es un *hobby* más que el bricolaje. Por eso los pueblos Carmen de Viboral y Ráquira se han hecho tan populares. En Carmen de Viboral se produce una cerámica bella, mientras que Ráquira es la capital colombiana de la cerámica. Así que en Colombia hay una gran costumbre de hacer cosas a mano.

Courtesy of Oscar Kennedy Mora

Abierto todos los días, en el Parque Artesanal Loma de la Cruz se encuentra una variedad de artesanía colombiana de exposición y en venta.

5.19 El español cerca de ti. El Bazar del Sábado fue establecido en 1960 en la plaza San Jacinto, en Ciudad de México, por un grupo de artesanos. Se trata de un lugar donde se propicia la comercialización digna de productos genuinos que dan tradición y renombre al país. Investiga un bazar que tenga lugar los sábados en tu comunidad. ¿Hay hispanos que vendan su mercancía allí? ¿Qué te parece el arte o la artesanía que venden allí? Answers will vary.

Robert Fried / Alamy Stock Photo

El Bazar del Sábado, en la plaza San Jacinto, Ciudad de México.

Exploremos la gramática 2

Subjunctive for expressing emotions

In previous chapters, you have explored the subjunctive to express doubt and to give suggestions. The subjunctive can also be used to express an emotional reaction about an occurrence or situation. Take a look at the following examples:

Me gusta que haya tantos productos interesantes en el bazar de arte.
I like it that there are so many interesting products at the art bazaar.

Es una lástima que Diego no **tenga** más tiempo libre para dibujar.
It's a shame that Diego does not have more free time to draw.

¿Qué observas?

1. Can you identify and underline the two parts to these sentences?
2. Do you notice the verbs in the subjunctive?

WileyPLUS

Go to WileyPLUS to review this grammar point with the help of the Animated Grammar Tutorial.

Answers for ¿Qué observas? box:

1. Me gusta, haya tantos productos interesantes; Es una lástima, Diego no tenga más tiempo libre para dibujar.
2. haya, tenga.

Expressions that indicate emotions

alegrarse (*to be happy about something*)	**es terrible** (*it's terrible*)
estar contento/a de/por (*to be happy for/about*)	**es triste** (*it's sad*)
extrañar (*to miss someone or something*)	**es bueno/malo** (*it's good/bad*)
gustar (*to like*)	**es ridículo** (*it's ridiculous*)
molestar (*to be bothered*)	**es emocionante** (*it's exciting*)
temer (*to be concerned about something*)	**es una lástima/pena** (*it's a pity*)
tener miedo de/a (*to be afraid of something*)	**es extraño** (*it's strange/weird*)
	es sorprendente (*it's surprising*)

Me gusta que Fernando Botero **pinte** escenas de la vida cotidiana con personas obesas.
I like that Fernando Botero paints scenes of daily life with obese people.

Me molesta que no **haya** más patrocinadores de arte.
It bothers me that there are not more patrons of the arts.

¡Alerta!: Using the Subjunctive or an Infinitive

Remember, if there are not two parts or clauses with two different subjects you can simply use a dictionary form of the verb or the infinitive. Examine the following examples:

Me gusta pintar retratos los fines de semana.
I like to paint portraits on the weekends.

Me encanta pasear y **ver** la artesanía los sábados en el bazar de arte.
I love to hang out and see the folk art on Saturdays at the art bazaar.

5.20 ¿Es lógico? **WP** Tu amigo mexicano te llama por Skype para contarte algunas novedades de su vida. La conexión no es buena, así que debes decidir si las cosas que oyes son **lógicas (L)** o **ilógicas (I)**.

1. I **2.** L **3.** I **4.** I
5. I **6.** L **7.** L **8.** L

Audioscript for 5.20:

1. Me molesta que el patrocinador de mi hermano sea tan generoso.
2. Temo que no tenga suficiente dinero para ir al museo con mi familia este fin de semana.
3. Es una lástima que mi hermano viaje a Colombia para una exposición de sus obras de arte.
4. Es terrible que el arte de mi hermano sea llamativo y popular.
5. Es triste que mi hermano venda más cuadros.
6. Me alegro de que puedas viajar a México para la exposición de mi hermano en la galería de arte.
7. Estoy contento de que podamos ir al bazar de arte durante tu estadía aquí.
8. Temo que no haya más días para pasear por la Ciudad de México.

Suggestion for 5.20:
For hybrid or flipped classes, you may want to assign students to listen to the audio and complete this activity prior to the class session.

Technology tip for 5.21: For blended or flipped classrooms, require students to post their positive and negative ideas on your learning management system discussion board. Next, students must read and post follow-up comments for at least two of their classmates prior to the next class session.

5.21 Una carrera como artesano/a. Con un/a compañero/a de clase, cada uno dirá dos cosas positivas y dos cosas negativas de trabajar como artesano/a. Después de cada comentario, responde a lo que dice tu compañero/a usando expresiones en subjuntivo.

Answers will vary.

Answers for 5.22: 1. Me agrada que en Colombia haya tanta costumbre de hacer cosas a mano. 2. Me sorprende que Fernando Botero pinte gente obesa. 3. Me interesa que Guernica represente el pueblo Guernica tras un bombardeo durante la guerra civil española. 4. Me fascina que los artesanos sean tan valorados en Colombia. 5. Me asombra que los jóvenes de España organicen sus propias organizaciones culturales. 6. Me fascina que el mercado Otavalo en Ecuador se extienda hasta un radio de 10 cuadras. 7. Me impresiona que el mercado de Otavalo sea uno de los mercados indígenas más famosos y grandes de Ecuador y Sudamérica.

5.22 Un trabajo en Internet. Tu nuevo trabajo para el museo de arte de tu ciudad consiste en escribir en un blog oficial sobre el arte y la artesanía. Parte de tu trabajo es responder a los comentarios de tu público. Sigue los **Pasos** para cumplir con tu trabajo.

Paso 1: Escribe tu reacción a los siguientes comentarios, utilizando expresiones en subjuntivo.

1. En Colombia hay una gran costumbre de hacer cosas a mano.
2. Fernando Botero pinta gente obesa en escenas de la vida cotidiana.
3. Guernica, una de las obras más importantes de Pablo Picasso, representa el pueblo con el mismo nombre después de un bombardeo durante la guerra civil española.
4. En Colombia, los artesanos son muy valorados.
5. En España, los jóvenes organizan sus propias organizaciones culturales.
6. El mercado Otavalo en Ecuador se extiende hasta un radio de 10 cuadras del centro de la ciudad.
7. Otavalo es uno de los mercados indígenas más famosos y grandes de Ecuador y Sudamérica.

Paso 2: Comenta a tu compañero/a tus ideas. Compara sus reacciones a las opiniones de la gente. Answers will vary.

Suggestion for 5.22, Paso 1: For hybrid or flipped classes, you may want to assign students to complete this activity prior to the class session.

WileyPLUS
Go to WileyPLUS to watch this video.

Estrategia de estudio: Working in a Study Group *by Gina Deaton*

Gina Deaton

What works for me is having a study group. I formed a study group with my classmates. There are four of us and we meet weekly. My study group can ask me questions and then we quiz each other on the verb endings. We also try to have conversations together. We use the situations in the book or we'll make up our own. It's a big help because I retain more and the group is a great way to get lots of extra practice.

Technology tip for 5.23: For hybrid courses, students can complete this activity with a partner via videoconferencing. During the next class session, they can present their situation to the class.

5.23 Situaciones. Haz el papel de **A** o **B** con tu compañero/a para participar en la conversación.

Answers will vary.

A- Eres coleccionista de obras de arte sobre gatos. Te encanta todo lo que tiene que ver con los gatos, especialmente en el arte. Encontraste una obra maestra (mira la imagen) que quieres comprar para tu colección. Cuesta mucho dinero, pero este tipo de arte no tiene precio. Estás enseñando la obra de arte a un/a amigo/a tuyo/a. Tu amigo/a no quiere que compres la obra de arte. Háblale de lo que te gusta de la obra, por qué es importante que la compres, etc. Si tu amigo/a dice cosas negativas sobre la obra, explícale por qué es triste que él/ella no entienda el valor de las obras de arte.

Alfred Gescheidt / The Image Bank / Getty Images

La Mona Lisa con cara de gato.

B- Tu amigo/a no tiene gusto y malgasta mucho dinero en obras de arte que son horribles. Esta vez, tu amigo/a quiere comprar una obra de arte que resulta ser el colmo en cuanto a las obras de arte más horribles. Tienes que convencerle para que no malgaste su dinero en esa obra. Dile por qué no te gusta. Explícale por qué te parece tan horrible y por qué es absurdo que él/ella malgaste su dinero en "arte" de este tipo.

EXPERIENCIAS

Expresiones artísticas

Manos a la obra

5.24 Proyecto de mercadeo. Acabas de conocer a una mujer miembro de una cooperativa de artesanos en un país de Latinoamérica. Tras contarte lo difícil que es vender su mercancía, decides investigar cómo ayudarla con ventas internacionales en Internet. Sigue los **Pasos** para hacer un plan de mercadeo para vender sus productos en tu comunidad.

Answers will vary.

Paso 1: Selecciona los productos y la cooperativa de artesanos que los produce.

Paso 2: Consulta con los artesanos para incluir la información correcta.

Paso 3: Escribe un plan de mercadeo.

Paso 4: Busca la mejor herramienta tecnológica para mostrar y distribuir los productos.

Paso 5: Diseña una página en Internet o una presentación con fotos y una descripción de los productos.

Paso 6: Presenta tu proyecto a la clase o a un grupo de niños en tu ciudad.

Suggestion for 5.24: This authentic, task-based activity is broken down into small steps to support students as they work towards communication goals. You can assign students to complete **Pasos 1-5** outside of class and either present to small groups or the entire class. Alternatively, they can record a video presentation and upload it to your learning management system discussion board.

5.25 Cuestionario. El museo de arte de tu universidad o comunidad quiere saber por qué no tiene más visitas de clientes hispanos. Como trabajo de voluntariado para tu clase de español, te han pedido crear un cuestionario en español. Sigue los **Pasos** para cumplir este trabajo.

Answers will vary.

Paso 1: Escribe las preguntas e información para el cuestionario. Incluye preguntas sobre cómo el museo puede atraer a la población hispana.

Paso 2: Busca un software en línea para crear tu cuestionario.

Paso 3: Publica el enlace al cuestionario en tu perfil de Facebook o Twitter para que la gente lo conteste.

Suggestion for 5.25: Students could form groups to complete this activity. You can assign students to complete this task outside of class and post the link to their finished questionnaire on your learning management system discussion board.

Suggestion for 5.25, Paso 2: Students could use the free version of Survey Monkey to complete this **Paso**.

Experiencias profesionales Una entrevista

5.26 Una entrevista. En la sección **Experiencias profesionales** del Capítulo 4 preparaste un diálogo usando la nueva lista de vocabulario especial relacionado con tu área de enfoque. En esta experiencia profesional, vas a entrevistar a una persona que usa español en tu área de interés. Completa los siguientes **Pasos.** Answers will vary.

Paso 1: Antes de hacer la entrevista, prepara entre 8 y 10 preguntas sobre cómo la persona entrevistada usa el español en tu área de interés. Usarás esta lista de preguntas para la entrevista real. Algunas preguntas posibles son:

- ¿Cómo es un día típico o una semana típica en su trabajo?
- ¿En qué situaciones usa normalmente el español u otros idiomas en su carrera?
- ¿Qué cuestiones culturales son importantes en la interacción con nativohablantes en esta área profesional?

Paso 2: Entrevista a alguien que use el español en tu área de interés. Sigue estas instrucciones para completar la entrevista.

- Entrevista a alguien que esté involucrado en tu área de interés usando las preguntas del **Paso 1**.
- La persona debe utilizar el español durante su participación en actividades en tu área de interés.

Suggestion for 5.26, Paso 2: Some students may not know people in their area of interest so it will be a good opportunity for them to contact different individuals in their area of interest. These could end up being valuable contacts for the future. Also, consider allowing students to write their questions and do their interviews in English or Spanish since the person that they will interview may use Spanish in his or her job but be more comfortable in one language for an interview such as this assignment.

- La persona no tiene que ser nativo hablante del español.
- La entrevista debe durar de 15 a 20 minutos y puede llevarse a cabo en inglés o español.

Paso 3: Escribe un resumen de 250 a 350 palabras de la entrevista haciendo hincapié[1] en los puntos interesantes o importantes, así como en la información valiosa de la persona que has entrevistado.

Paso 4: Sube el resumen al foro de clase y lee tres de los resúmenes de tus compañeros de clase. Haz un comentario sobre cada resumen explicando lo que más te gustó de sus experiencias.

El blog de Sofía

¡Me fascina la cerámica!

Noticias Información Fotos Amigos Archivos

Courtesy of Diane Ceo-DiFrancesco

Figuras decorativas de porcelana *Sargadelos*, típicas de Galicia, España.

Suggestion for 5.27: For flipped or hybrid classes, students can complete **Pasos 1** and **2** outside of class and then share their findings in the following class session.

Technology tip for 5.27: Assign students to create a blog using any web application. Students will utilize this blog and post items to it for every chapter of Experiencias. You may ask your students to share the link to that blog on your learning management system discussion board. Then in class, ask students to compare their information.

5.27 Mi propio blog. Gracias a Internet, hay muchas maneras de investigar la artesanía de diferentes culturas. Primero, organiza la información que Sofía explica sobre la cerámica de tres culturas distintas. Después, escribe sobre la artesanía de tu propia comunidad. Completa los **Pasos**.

Paso 1: Lee el blog de Sofía.

Desde mi primer viaje a México hasta mi último viaje a España, y durante todos los otros viajes a Sudamérica, me ha fascinado la cerámica. Es distinta en cada rincón del mundo por sus colores, técnicas y materiales utilizados para producir esas obras de arte. A veces se producen productos útiles para la cocina, otras veces son figuras de decoración para adornar la casa. Siempre aprendo algo nuevo cuando viajo y muchas veces, si visito el taller del artesano, aprendo la historia de su artesanía. ¡A veces hasta me han dejado intentar hacer su artesanía en el taller personal!

(continuación)

[1] **hincapié:** emphasis

(continuación)

En España descubrí una porcelana única en Galicia, una región del norte del país. Esta porcelana se llama Sargadelos y tiene una historia que empezó hace más de dos siglos. Gracias a las ricas arcillas gallegas y a los diseños innovadores basados en la cultura gallega, la empresa Sargadelos continúa su producción en la actualidad. Las producciones de Sargadelos incluyen vajillas, figuras y joyas. Puedes visitar la fábrica en Sargadelos y ver cómo fabrican cada pieza, y cómo las decoran y rematan[2] cuidadosamente a mano después de salir del horno. Tengo varias piezas en mi casa. Para mí, es un estilo único y me encanta descubrir nuevos diseños de Sargadelos en línea.

En Ecuador se puede encontrar cerámica mucahua, el trabajo tradicional del pueblo indígena *kichwa* (quechua) de la selva amazónica de Ecuador. Este arte se transmite a través de las mujeres de las familias. Los tazones están hechos de la arcilla blanca[3] local del bosque. Las mujeres producen tazones ligeros y finos, cocinados en un fuego de bambú. Luego, con pigmentos de plantas del bosque, hacen su propia pintura para decorar los tazones por dentro y por fuera con figuras de animales del bosque. En su cultura, estos tazones se utilizan para beber su bebida ceremonial de chicha. Cuando compro esta cerámica de las mujeres *kichwa*, la utilizo para adornar mi casa, ya que es impresionante y para mí tiene gran significado como recuerdo de mi viaje a la selva amazónica de Ecuador.

La ciudad de Puebla, México, es reconocida por su producción de cerámica fina, en especial la del estilo talavera. Entre los años 1550 y 1570, un ceramista del pueblo de Talavera de la Reina, España, llegó a Puebla para enseñar técnicas europeas. Gracias a la arcilla de buena calidad que abunda en la región y al rápido progreso de los artesanos, empezaron a producir un producto original, resultado de una mezcla de los diseños locales y las técnicas españolas, que hoy en día se reconoce como la talavera poblana. La técnica de talavera fue usada para decorar mosaicos que todavía adornan muchos edificios en Puebla. También se puede encontrar en vasijas, platos y tazones. Si vas a Puebla, en la fábrica llamada Uriarte Talavera puedes ver una infinidad de cerámica con diseños muy bonitos. De lunes a viernes puedes visitar la fábrica y ver cómo la producen. Tienen cosas muy originales, pero a precios exorbitantes. Cuando quiero comprar cerámica talavera, viajo a Tlaxcala y compro la misma calidad por un tercio del precio. Eso sí, no es la verdadera marca talavera.

wendy connett / Alamy Stock Photo

Cerámica talavera, típica de Puebla, México.

Bill Gentile / Corbis Documentary / Getty Images

Cerámica mucahua de la selva amazónica de Ecuador.

[2]**rematan:** finish off [3]**arcilla blanca:** white clay

Paso 2: Busca en Internet los mapas de las ciudades y pueblos mencionados en el blog de Sofía. ¿Cuánto tiempo dura un viaje a cada uno de esos lugares? Answers will vary.

Paso 3: Rellena la siguiente tabla con información sobre la cerámica de los tres lugares mencionados en el blog de Sofía. Después, con tu compañero/a, compara y contrasta los tres tipos de cerámica. ¿Qué te gusta más? ¿Por qué?

Technology tip for 5.27, Paso 4: Students create their own blog for **Experiencias** and then upload it to your learning management system discussion board. They are instructed to post specific items for each chapter and to review and comment on their classmates' postings. You may choose to assign the blog writing as an out of class assignment.

Lugares	Colores	Piezas	Ubicación	Otras características
Sargadelos				
Mucahua				
Talavera				

Paso 4: En tu propio blog, escribe sobre un lugar en tu comunidad o en línea que produzca un tipo de artesanía única. Puede ser cerámica, pulseras, tejidos o camisetas. ¿Cómo empezaron la producción de la artesanía? ¿Qué tipo de artesanía es? ¿Qué te interesaría comprar? ¿Es cara o barata? Puedes incluir fotos del taller y de tus productos favoritos. Answers will vary.

Cortometraje

Bienvenidos al Museo Nacional del Prado

Album / Alamy Stock Photo

El Museo del Prado es uno de los mejores museos del mundo con obras maestras de todo el planeta.

Antes de ver el cortometraje

5.28 Entrando en el tema. Con un/a compañero/a de clase, contesta las siguientes preguntas. Answers will vary.

1. ¿Qué opinas de los museos?
2. ¿Hay museos en tu pueblo/ciudad natal?
3. ¿Cuándo fue la última vez que fuiste a un museo?
    a. ¿Qué te gustó más?
    b. ¿Qué es lo que no te gustó?
4. ¿Hay algún museo en tu universidad? ¿Cómo es?
5. ¿Has visitado algún museo en otro país?
    a. Si lo has hecho, ¿cómo fue?

Mientras ves el cortometraje

5.29 Los museos de arte. Usa tu buscador favorito para ver este cortometraje. Mientras lo ves, anota detalles sobre las diferentes obras que se muestran y las personas que visitan el museo. Piensa en los diferentes tipos de arte y en los diferentes narradores. También, intenta identificar las diferentes lenguas que se hablan en el cortometraje.

Answers will vary.

Suggestion for 5.29: The Museo del Prado contains artwork from many painters from all over the world and it is the largest repository of works by Spanish artists with works that date from the 12th century. Also, the museum is the repository of over 1000 sculptures as well as many important historical documents. Consider assigning students to do a report on one of the artists or sculptors found in the museum. These reports could be shared in class or uploaded to your learning management system discussion board.

Después de ver el cortometraje

5.30 A verificar. Contesta las siguientes preguntas sobre el cortometraje con un/a compañero/a de clase. Answers will vary.

1. ¿Qué tipos de obras hay en el museo?
2. ¿Cómo son las personas que visitan el Museo del Prado?
3. Describe dos de los cuadros que viste en el cortometraje.
4. ¿Qué significan las siguientes citas del cortometraje?
   a. "Este mundo es un lienzo para nuestra imaginación."
   b. "La imaginación gobierna el mundo."
   c. "La gente va al museo a buscar ángeles."

5.31 Un museo para ti. Muchas veces al pensar en museos solamente pensamos en los de arte. Hay muchos tipos de museos: de coches, de los mejores atletas de un deporte, de dinosaurios, etc. Answers will vary.

Suggestion for 5.31: For hybrid or flipped classes, you can assign **Pasos 1** and **2** as out of class work in order to prepare for the in-class **Paso 3** interaction.

Paso 1: Escribe una descripción de un museo que te gustaría visitar. Describe el museo de tus sueños. ¿Qué va a tener? ¿Cómo va a ser? ¿Dónde se va a localizar?

Paso 2: Luego, investiga en Internet si existe un museo como el que describiste. Intenta encontrar un museo similar al museo de tus sueños.

Paso 3: Finalmente, comparte tu descripción del museo de tus sueños y lo que encontraste en Internet con un/a compañero/a.

Página informativa

El arte para todos

5.32 El arte para todos. El siguiente artículo describe una feria de arte en Bogotá, Colombia, que se ha creado para promover a nuevos artistas y ofrecer sus obras a un precio asequible para todos. Completa los siguientes **Pasos** antes de leer el artículo.

Feria del Millón

La Feria del Millón en Bogotá, Colombia.

Suggestion for 5.32: This art fair sets the price limit at one million pesos colombianos. This sounds like a lot of money but is less than 300 dollars. Consider having students look up which currencies are used in different Spanish-speaking countries to see what the exchange rate is. Also, you can have students figure out which countries are the most affordable by looking up how much everyday items cost in various countries.

Antes de leer

Paso 1: El título del artículo que vas a leer es *Comprar arte como quien va al súper*. En tu opinión, ¿qué significa este título? Answers will vary.

Paso 2: Con un/a compañero/a, habla de las siguientes preguntas. Answers will vary.

1. La palabra "súper" es la forma más corta de la palabra "supermercado". ¿Consideras que comprar una obra de arte es como ir al supermercado?
2. ¿Alguna vez compraste algo que consideras arte? ¿Qué fue? Descríbelo.
3. ¿Tienes arte en tu casa? ¿Cómo es?
4. ¿Te consideras una persona artística? ¿Por qué?
5. ¿Qué podemos hacer para ayudar a las personas a apreciar más el arte?

Paso 3: Ahora, lee el artículo y selecciona todos los nombres propios. Después de terminar el artículo, escribe una frase corta que describa a cada persona.

Estrategia de lectura: Reciprocal Questioning

One type of pre-reading activity is called reciprocal questioning. First, take the passage and divide it into chunks or sections. Then read one segment, create several questions about it, close the book or look up from the passage and answer the questions as fully as possible. Continue with the next section in the same fashion. You can also practice reciprocal questioning with a partner, reversing roles so that each student gets the opportunity to answer the questions. Types of questions can include:

- Those asking about the meaning of particular words.
- Those answered directly in the text.
- Those that can be answered using common knowledge of the world.
- Those that relate the text to students' lives.
- Those that require you to go beyond the information provided in the article or text.

Comprar arte como quien va al súper

Actividad específicamente humana, decisiva en la identidad de las culturas, el arte vive un romance con el mercado. Hoy, su máxima expresión son las galerías, los museos, las subastas y las ferias internacionales, esa especie de gran bazar de contratos, adquisiciones y ojos críticos. No todas venden con el mismo espíritu. El año pasado (2013), en Bogotá, a la poderosa ARTBO le salió un pequeño competidor que en octubre de 2014 repetirá abordaje.

Hablamos de la Feria del Millón, arriesgado proyecto del arquitecto Juan Ricardo Rincón y del periodista y crítico de arte Diego Garzón, quien, en una terraza del parque de la 93, explica que, al escuchar la exposición de las tesis de fin de carrera de los estudiantes de artes plásticas de la Universidad de los Andes en una antigua fábrica textil, Puente Aranda, notó que los asistentes preguntaban precios "y los chavales no sabían qué responder". "Entendimos ahí la necesidad de crear una feria que agrupara a artistas jóvenes, sin galerista, para que vendieran sus trabajos con un límite de precio: un millón de pesos colombianos". Alrededor de unos cuatrocientos euros.

Si por algo se critica al arte es por la inflación. Cuesta creer que el objetivo de la feria sea vender sin comisiones y que el artista no pague por exponer. Ante semejante reclamo, hace un año, 365 artistas presentaron sus portafolios. Los 42 seleccionados por el comité de comisarios Textura expusieron un promedio de diez obras cada uno. Se vendió el 92 por ciento de lo expuesto. Cuatro mil visitantes en dos días, durante la misma semana de ARTBO, la feria oficial.

¿El artista beneficiario? Como esto parece el mundo al revés, pregunto a Alejandra Quintero, participante del año pasado. "Es lo mejor que me ha pasado. Me identifico con la voluntad de hacer asequible el arte a todo el mundo; era emocionante ver a familias comprando piezas como si fueran al mercado. Un año después, la serie que exhibí y vendí por completo todavía tiene repercusión, siguen llegando encargos. Jamás lo podía imaginar antes de la feria".

Catalina Moreno, artista visual que también participó, destaca la iniciativa como "plataforma para dar a conocer un trabajo, interactuar con coleccionistas y galeristas, y saber de otros. Hay eventos similares, pero ninguno como este porque en los otros tienes que pagar por el espacio. Este es único porque es, de verdad, para artistas".

En ese proyecto subyace[4] la idea de educar en el coleccionismo bajándolo a la calle. Garzón cree que "en las casas de subastas y en las principales ferias se habla de precios absurdos. El arte no es un bien barato. Pero la idea es formar nuevos coleccionistas que por primera vez se animen a comprar una obra a precio de un televisor o un teléfono".

El arte en Colombia atraviesa un buen momento. Será el país invitado en el próximo Arco, principal feria de arte de Madrid, y en Bogotá burbujean las galerías. La Feria del Millón lanza nuevos artistas esquivando palabras como mecenas o empresa y pretende que el creador participe de los apretones de manos y de las sonrisas de caja registradora. En este universo acaudalado, de superproducción de bienes, la incitante oferta de esta feria le echa un pulso a la economía de mercado y se afianza para destronar mecanismos estructurales que perpetúan lo que Freud definía como "remanente arcaico".

[4]**subyace:** underlies

Después de leer

Paso 4: Contesta las siguientes preguntas según el texto. Después, compara tus respuestas con las de un/a compañero/a de clase. Possible answers:

A. ¿Por qué esta feria del arte se llama la "Feria del Millón?
Porque el precio máximo para una obra de arte es un millón de pesos colombianos.

B. ¿En qué se distingue la Feria del Millón de otras exposiciones de arte?
Exhibe a nuevos artistas y tiene un precio límite para las obras de arte.

C. ¿Cómo son los compradores en esta exposición de arte?
Consisten en familias y personas de todas las clases sociales.

D. Los artistas vendieron el 92 por ciento de lo exhibido. ¿Por qué crees que vendieron tanto?
Por el precio y la calidad de las obras.

E. Varios artistas hablan de los beneficios de participar en la Feria del Millón. ¿Cuáles son algunas de las cosas positivas que resultaron de la feria?
Unos tienen exhibiciones en sus propias galerías y otros tienen pedidos para más obras de arte.

Paso 5: ¿Arte o no? Con un/a compañero/a de clase, comenta si las siguientes obras son arte o no. Explica por qué crees que lo son (o por qué no). Finalmente, describe las cosas que te gustan y no te gustan de estas obras. Answers will vary.

Panther Media GmbH / Alamy Stock Photo

Una mujer con tatuajes.

Pedal-Power-Photos / iStock Editorial / Getty Images

Escultura *Mamá* en el Museo Guggenheim de Bilbao, España.

Página literaria

María Dueñas

5.33 María Dueñas: profesora de inglés y escritora. La autora se hizo famosa en el año 2009 con su primera novela, *El tiempo entre costuras*. Los derechos de la novela fueron cedidos para una serie de televisión de Antena 3, una cadena española. Completa los **Pasos** para descubrir por qué esta autora ha vendido más de un millón de ejemplares de la novela.

Cristina Arias / Cover / Getty Images

María Dueñas, autora española.

Antes de leer

Paso 1: La novela tiene lugar en varias ciudades en Marruecos, España y Portugal. Busca en Internet mapas de las ciudades mencionadas en *El tiempo entre costuras:* Ceuta, Tánger, Tetuán, Madrid y Lisboa. Answers will vary.

Suggestion for 5.33: This activity has numerous steps attached to it; some are specifically designed for students to do independently in flipped, hybrid and online clases, and to support students through the reading process. For instance, you can have students complete **Pasos 1** and **2** prior to class. **Paso 6** can be assigned for follow-up work outside of class and students can post their work to your learning management discussion board.

Paso 2: Con tu compañero/a haz una gráfica de palabras sobre el concepto de 'espía'. Para crear la gráfica, piensa en todas las palabras que asocias con este concepto. Usa tu sitio favorito en línea para producir la gráfica. Answers will vary.

Paso 3: Marca los cognados y después lee la selección.

— Muy bien. Vamos ahora con la entrega de los sábados. Para estos días hemos previsto trabajar en el Museo del Prado. Tenemos un contacto infiltrado entre los encargados del guardarropa. Para estas ocasiones, lo más conveniente es que llegue al museo con una de esas carpetas que utilizan los artistas, ¿sabe a qué me refiero?

Recordé la que utilizaba Félix para sus clases de pintura en la escuela de Bertuchi.

— Sí, me haré con una de ellas sin problemas.

— Perfecto. Llévela consigo y meta dentro útiles de dibujo básicos: un cuaderno, unos lápices; en fin, lo normal, podrá conseguirlos en cualquier parte. Junto a eso, deberá introducir lo que tenga que entregarme, esta vez, dentro de un sobre abierto de tamaño cuartilla. Para hacerlo identificable, prenda sobre él un recorte de tela de algún color vistoso pinchado con un alfiler. Irá al museo todos los sábados sobre las diez de la mañana, es una actividad muy común entre los extranjeros residentes en la capital. Llegue con su carpeta cargada con su material y con cosas que la identifiquen dentro, por si hubiera algún tipo de vigilancia: otros dibujos previos, bocetos de trajes[5], en fin, cosas relacionadas una vez más con sus tareas habituales.

— De acuerdo. ¿Qué hago con la carpeta cuando llegue?

— La entregará en el guardarropa. Deberá dejarla siempre junto con algo más: un abrigo, una gabardina, alguna pequeña compra; intente que la carpeta vaya siempre acompañada, que no resulte demasiado evidente ella sola. Diríjase después a alguna de las salas, pasee sin prisa, disfrute de las pinturas. Al cabo de una media hora, regrese al guardarropa y pida que le devuelvan la carpeta. Vaya con ella entonces a una sala y siéntese a dibujar durante al menos otra media hora más. Fíjese en las ropas que aparecen en los cuadros, simule que está inspirándose en ellos para sus posteriores creaciones; en fin, actúe como le parezca más convincente, pero, ante todo, confirme que el sobre ha sido retirado del interior. En caso contrario, tendrá que regresar el domingo y repetir la operación, aunque no creo que sea necesario: la cobertura del salón de peluquería es nueva, pero la del Prado ya la hemos utilizado con anterioridad y siempre ha dado resultados satisfactorios.

Después de leer

Paso 4: WP Ordena cronológicamente los siguientes dibujos, según lo que sucede en la selección que acabas de leer. Escribe números del 1 al 5 para indicar el orden en el que ocurre cada escena.

A.  2

B. 4

[5]**bocetos de trajes:** sketches of costumes

C. 1

D. 3

E. 5

Paso 5: Lee en voz alta el título de la selección: *El tiempo entre costuras*. Selecciona otro título para la selección de las siguientes opciones. Justifica tu respuesta. Answers will vary.

_____ Las obras más destacadas del museo del Prado.

_____ La vida de una costurera.

_____ Los amantes de una joven caprichosa.

_____ El tiempo libre en Madrid en los años 40.

_____ Una extraña visita de Marruecos.

_____ La vida de una espía.

_____ Las actividades del servicio secreto de la embajada británica en Madrid en los años 40.

Estrategia de escritura: Making a Story Board

Making a storyboard can be used as a writing strategy as a way of mapping out ideas for a story. For this strategy, you typically should try to create a rough sketch of at least six pictures of a narrative. Your drawings do not have to be precise or artistic. Simple sketches of the scenes are fine. This prewriting activity helps you to visually compose an overview of the topic that you will then translate into words. Once you have finished your writing, include an analysis of whether and how storyboarding aided your writing process.

Paso 6: Escribe la próxima escena de la novela de María Dueñas. ¿Qué le sucedió a la protagonista después de la escena que acabas de leer? Inventa las circunstancias, la descripción del lugar, con quién estaba, a qué hora, qué tiempo hacía y qué hizo. Answers will vary.

Suggestion for 5.33, Paso 6: This follow-up writing task can be assigned as out of class work. Students can submit their finished product to your learning management system discussion board.

Cultura y sociedad

Fernando Botero

5.34 Fernando Botero. Vas a leer un artículo sobre el gran pintor y escultor Fernando Botero. Completa los **Pasos** para aprender más.

age fotostock / Alamy Stock Photo

Monna Lisa all'età di Dodici Anni. La Mona Lisa con 12 años desde el punto de vista de Fernando Botero.

Antes de leer

Paso 1: Con un/a compañero/a de clase, observa el cuadro de Botero de la Mona Lisa. Contesta las siguientes preguntas. Answers will vary.

1. Describe este cuadro a tu compañero/a de clase.
2. ¿Por qué Botero decidió hacer esta versión de esta obra famosa?
3. ¿Te gusta esta versión? ¿Por qué?
4. Muchas de las obras de Botero se caracterizan por tener personas con facciones exageradas. ¿Por qué piensas que dibuja sus figuras así?

Fernando Botero: Artista, escultor y pintor

Fernando Botero Angulo nació el 19 de abril en 1932 en Medellín, Colombia. Fue el segundo de los tres hijos de su familia y cuando tenía cuatro años, falleció su padre. Su tío tuvo un papel muy importante en su crianza y a los doce años, lo matriculó en una escuela de toreros. Botero estuvo allí durante dos años y sus primeras pinturas son de esos años en la escuela. Al empezar a pintar, Botero se dio cuenta de que su talento no se encontraba en la plaza de toros, sino entre pinturas y esculturas.

A los 16 años, Botero realizó su primera exposición en su ciudad natal de Medellín. Al empezar a ganar fama, Botero vendió varias de sus obras y viajó a España en 1952. Al llegar, se establece en Madrid, donde se inscribe en la Academia de Arte de San Fernando y para ganar dinero suficiente para sobrevivir vende varios dibujos y pinturas que hace a las afueras del Museo del Prado. En 1953, Botero viajó a Francia y allí pudo estudiar las obras de los grandes artistas en el Museo del Louvre. Luego, vivió durante un año en Italia, donde se matriculó en la Academia de San Marcos de Florencia.

Después de vivir por más de un año en Europa, volvió a Colombia y allí se le empezó a reconocer como artista. Se casó en 1955 y junto con su esposa se mudó a Ciudad de México, donde nació su primer hijo. Fue allí donde empezó a experimentar con su propio estilo, que llegaría a conocerse como "boterismo", el cual se basa en representar a las personas como figuras de gran volumen y de forma exagerada. A veces lo hace solamente para llamar la atención, y otras veces con la finalidad de representar una crítica política o simplemente una forma humorística de presentar la pieza.

De 1977 a 1979, Botero deja la pintura y se dedica a la escultura. Durante ese periodo, produjo esculturas no solo espectaculares, sino también enormes, algunas de ellas de más de 3000 libras de peso. Su fama continuó creciendo y hoy en día se le considera el artista más reconocido y citado de América Latina, y su arte se puede encontrar en lugares de todo el mundo. De 2000 a 2012, donó obras suyas cuyo valor superaba los 200 millones de dólares a dos museos colombianos y al museo de la Universidad de Berkeley. Su arte es recogido por muchos de los principales museos internacionales, corporaciones y coleccionistas privados.

Después de leer

Paso 2: WP Durante la vida de Fernando Botero hay muchos años importantes. Escribe un evento importante de la vida de Botero en los siguientes años.

1932: Nace Fernando Botero Angulo.

1948: Realiza su primera exposición en Medellín.

1952: Viaja a España tras vender varias obras suyas.

1955: Se casa y se muda a Ciudad de México con su esposa.

1977–1979: Se dedica a la escultura únicamente.

2000–2012: Dona obras suyas a dos museos colombianos y al museo de la Univ. de Berkeley.

Paso 3: Muchos artistas usan el arte como una forma de comentario social de su país o del mundo que les rodea. Botero ha hecho muchas exhibiciones de pinturas que hacen algún comentario sobre la situación social en Colombia u otra parte del mundo. Con un/a compañero/a, contesta las siguientes preguntas. Answers will vary.

1. ¿Cuál es tu opinión sobre estas obras?
2. ¿Puede el arte influir en los gobiernos y la política de un país?
3. Dado que Botero usó figuras exageradas para estos cuadros, ¿son menos impactantes? ¿Por qué?
4. ¿Se te ocurren otras obras de arte que representen un comentario social?
5. ¿Te gustaría tener un cuadro así en tu casa? ¿Por qué?

age fotostock / Alamy Stock Photo

Esta obra de Fernando Botero se titula “Carrobomba”, y forma parte de una exposición titulada “El dolor de Colombia”.

age fotostock / Alamy Stock Photo

Esta obra de Fernando Botero, *El quite*, forma parte de una exhibición sobre las corridas de toros que se suelen celebrar en España.

Paso 4: Fernando Botero se ha declarado como el colombiano más colombiano del mundo. Muchas de sus obras reflejan la historia y la cultura de su país natal. Por su parte, en Estados Unidos, muchos consideran las obras de Norman Rockwell como muestras de la cultura americana del siglo XX. Answers will vary.

History and Art Collection / Alamy Stock Photo

Esta obra de Norman Rockwell se titula “The Fishing Trip”.

1. Dibuja una imagen que creas que representa la cultura y las personas del siglo XXI. No te preocupes si no tienes mucho talento artístico. Haz el mejor trabajo posible.
2. Comparte tu dibujo con un/a compañero/a de clase y explícale por qué crees que este dibujo encapsula el siglo en el que vives. Tu maestro/a va a elegir a algunos estudiantes para que compartan sus dibujos con la clase.

Película *El laberinto del fauno*

Suggestion for 5.35: For flipped or hybrid classes, you may assign **Paso 1**, **2** and **3** to be prepared prior to the class session. Students can discuss their responses in class with their partner.

5.35 ***El laberinto del fauno.*** Lee la descripción de la película y sigue los **Pasos** para aprender más. Answers will vary.

Everett Collection Inc / Alamy Stock Photo

La película *El laberinto del fauno* está ambientada en el norte de España en el año 1944, durante la posguerra española tras la Guerra Civil. Ofelia, el personaje principal, es una niña de 13 años que experimenta dos vidas, una basada en la realidad trágica de vivir bajo la violencia del nuevo dictador Francisco Franco, y la otra basada en una fantasía parecida a la de los cuentos que lee constantemente. Durante un sueño, Ofelia descubre un laberinto, y en él conoce a un fauno, una extraña criatura imaginaria que tiene aventuras fantásticas a lo largo de la película. El fauno le cuenta a Ofelia que es una princesa y que para poder volver a su reino tiene que cumplir con tres pruebas antes de que llegue la próxima luna llena.

Mientras tanto, el capitán Vidal, un cruel militar del policía militar franquista se casa con la mamá de Ofelia y continúa su encargo de destruir y matar a todos los vestigios de la resistencia republicana, escondidos alrededor del pueblo, en los Pirineos. El capitán maneja una serie de torturas y actos violentos mientras espera el nacimiento de su nuevo hijo, el hermanastro de Ofelia. Ofelia, que vive entre estos dos mundos, intenta cumplir con las tres pruebas, evitando la violencia de Vidal. *El laberinto del fauno* es una película que mezcla lo histórico con la fantasía para crear un contraste entre lo bueno y lo malo, la violencia y la guerra frente a la paz y la felicidad.

Paso 1: Avance en español de la película. Busca en Internet un avance en español de la película. Míralo y con tu compañero/a, contesta las siguientes preguntas.

1. ¿Qué tipo de libros leía Ofelia?
2. ¿Cómo sabes que la película tiene lugar en el año 1944?
3. ¿Qué detalles ves en el avance que implica que es época de una guerra civil?
4. ¿Por qué crees que la madre de Ofelia se casó con el capitán?
5. ¿Qué tipo de persona es el capitán? ¿Cómo trata a Ofelia?
6. ¿Cómo es el fauno?
7. ¿Qué otros personajes de fantasía notas en el avance?
8. ¿Cuántas pruebas tiene que pasar Ofelia?

Paso 2: Ya que has visto la realidad y la fantasía en el avance de la película, escribe cinco reacciones, dudas y recomendaciones para Ofelia, el personaje principal, para ayudarle a cumplir con las tres pruebas asignadas por el fauno. Utiliza frases introductorias como: **Es bueno que…**, **Puede ser que…**, **Es recomendable que..**, **Dudo que…**

Paso 3: Cuenta a tu compañero/a una película de fantasía que te guste. ¿Quiénes son los personajes principales? ¿Qué sucede en la película? ¿Por qué te gusta? ¿Tiene tanta violencia como *El laberinto del fauno*?

Technology tip for 5.36: Have your students use the tool of their choice to compile their electronic notebook. This is a great way to keep students organized as they create a portfolio of photos and material regarding the countries presented throughout the book.

5.36 El cuaderno electrónico. Abre tu cuaderno electrónico y empieza una nueva página.

Paso 1: Utilizando tu libro de texto e Internet, sigue estos **Pasos**:

1. Escribe información básica de los países que has estudiado en este capítulo: Colombia, Ecuador, España y México.
2. Incluye un mapa de estos cuatro países.

3. Selecciona dos lugares que te gustaría ver de esos países y explica por qué los seleccionaste.
4. Escribe información sobre los lugares que te gustaría visitar.
5. Sube dos fotos de cada país.
6. Incluye información básica sobre los temas del capítulo.
7. Escribe tres datos nuevos que hayas aprendido.
8. Escribe tres temas adicionales que te interese investigar.

Paso 2: Lee y comenta la información de dos compañeros en el foro de la clase.

REPASOS

Repaso de objetivos

Teaching tip for Repaso de objetivos: Although this self-assessment is designed for the students to evaluate their progress, teachers might poll students informally as a group to gauge how students are feeling about the material. This could be done orally with eyes closed and hands raised or by simply asking students to leave a slip with their answers at the end of class.

Check off the objectives you have accomplished.

I am able to...

	Well	Somewhat
• express opinions and emotions.	☐	☐
• describe works of art and handmade arts and craft products.	☐	☐
• identify the challenges of making a living as an artist or artisan.	☐	☐
• discuss the different markets where crafts and art objects are sold.	☐	☐
• examine art museums in Spain, Ecuador and Colombia.	☐	☐

Repaso de vocabulario

WileyPLUS
Go to WileyPLUS to review these vocabulary words and practice their pronunciation.

El arte ***Art***

las acuarelas *watercolors*
alucinante *amazing, awesome*
la arcilla *clay*
el/la artista *artist*
el autorretrato *self portrait*
borroso/a *blurry*
el bricolaje *do-it-yourself project*
brillante *brilliant*
la colección *collection*
el cuadro *painting*
deprimente *depressing*
el dibujo *drawing*
diseñar *to design*
la ebanistería *woodworking*
emocionante *exciting*
esculpir *to sculpt*
el/la escultor/a *sculptor*
la escultura *sculpture*
exhibir *exhibit*
la exhibición *exhibition*
la exposición *exposition*
el grabado *engraving, print*
el/la guía del museo *museum guide*
influir *influence*
la figura *figure*
el/la fotógrafo/a *photographer*
la galería de arte *art gallery*
el impresionismo *impressionism*
el lienzo *canvas*
llamativo/a *striking*
el/la modelo *model*
el mural *mural*
la naturaleza muerta *still life*
la obra de arte *work of art*
el óleo *oil painting*
la pared *wall*
el/la patrocinador/a *donor*
el/la pintor/a *painter*
la pintura *painting*
el retrato *portrait*
sombrío/a *dark*
la subasta *auction*
surrealista *surreal*
el taller *workshop*

El bazar de arte ***Art Bazaar***

adornar *decorate*
los alebrijes *wooden, colorful animal carvings*
la artesanía *folk art*
las canastas *baskets*
la cerámica *ceramic*
coser *to sew*
el cuero *leather*
dibujar *draw*
el/la dibujante *cartoonist*
ilustrar *illustrate*
los lápices de colores *colored pencils*
las máscaras folclóricas *folkloric masks*
la muñeca *doll*
la paleta *pallet*
el pincel *paint brush*
los rotuladores/marcadores *felt tipped markers*
tejer *to weave*
los tejidos *weavings*
la tinta *ink*
la tiza *chalk*
los tubos de óleos *oil paints*

Repaso de gramática

Expressing thoughts with verbs like *gustar*

- To express activities that you and others like to do, use the following:

Me/Te/Le/Nos/Les gusta + *infinitive*

—¿**Te** gusta pintar y crear obras de arte?
Do you like to paint and create art works?

—Sí, **me** gusta pintar escenas de la naturaleza.
Yes, I like to paint nature scenes.

—A los profesores de arte, ¿**les** gusta estudiar diferentes obras de arte?
Do art professors like to study different works of art?

—Sí, **les** gusta estudiar muchas obras de arte.
Yes, they like to study many works of art.

- To tell what things, items or people you and others like or dislike, use the following:

Me/Te/Le/Nos/Les gusta + the item in singular form
Me/Te/Le/Nos/Les gustan + the items in plural form

A. Pronombres de objeto indirecto	B. Gustar	C. Lo que gusta/no gusta se convierte en el sujeto
• Me (a mí)		
• Te (a ti)		
• Le (a él/a ella/a usted)	+ gusta	+ la pintura
• Nos (a nosotros/as)	+ gustan	+ las pinturas
• Vos/Os (a vosotros/as)		
• Les (a ellos/a ustedes)		

Other verbs that follow the same structure and patterns as **gustar**:

aburrir	*to bore*	**irritar**	*to irritate*
disgustar	*to disgust*	**molestar**	*to bother, to annoy*
encantar	*to love (literally to enchant, charm)*	**preocupar**	*to worry*
fascinar	*to fascinate*	**quedar**	*to remain*
importar	*to be important; to matter*	**sorprender**	*to surprise*
interesar	*to interest*		

Subjunctive for expressing emotions

Expressions that indicate emotions

alegrarse (*to be happy about something*)	**es terrible** (*it's terrible*)
estar contento/a de/por (*to be happy for/about*)	**es triste** (*it's sad*)
extrañar (*to miss someone or something*)	**es bueno/malo** (*it's good/bad*)
gustar (*to like*)	**es ridículo** (*it's ridiculous*)
molestar (*to be bothered*)	**es emocionante** (*it's exciting*)
temer (*to be concerned about something*)	**es una lástima/pena** (*it's a pity*)
tener miedo de/a (*to be afraid of something*)	**es extraño** (*it's strange/weird*)
	es sorprendente (*it's surprising*)

Me gusta que Fernando Botero **pinte** escenas de la vida cotidiana con personas obesas.
I like that Fernando Botero paints scenes of daily life with obese people.

Me molesta que no **haya** más patrocinadores de arte.
It bothers me that there are not more patrons of the arts.

Puentes entre culturas

Note for Capítulo 6: World Readiness Standards addressed in this chapter include:
Communication: All three modes
Culture: Examining social justice issues related to tourism, as well as UNESCO Heritage sites in various Spanish-speaking countries.
Connections: Connecting with the disciplines of history, tourism and anthropology.
Comparisons: Comparing and contrasting travel in various Spanish speaking countries.
Communities: Acquiring the versatile skills of investigating, reading and reporting on a given topic in the target language.

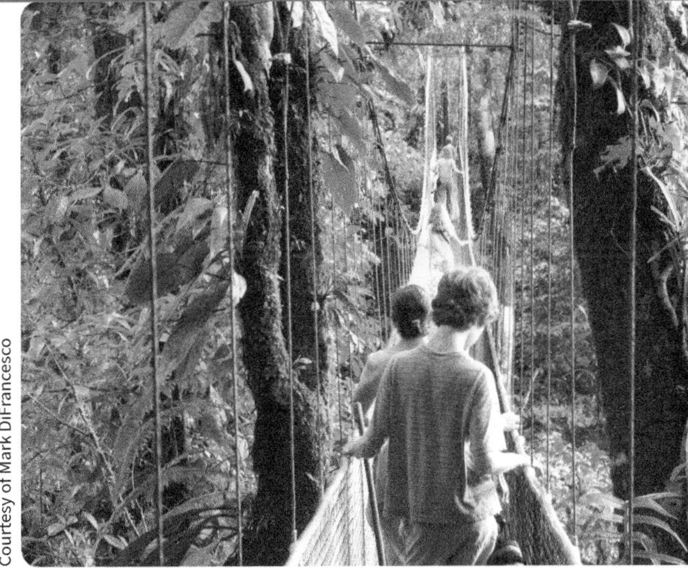
Courtesy of Mark DiFrancesco

Uno de los puentes colgantes de Costa Rica, desde donde se puede admirar uno de los bosques tropicales más exhuberantes del país.

Contesta las siguientes preguntas basadas en la foto.

1. ¿Qué ves en la foto?
2. ¿Qué esperas ver en el bosque?
3. ¿Qué hacen las personas cuando cruzan el puente?
4. ¿Qué te dice sobre Costa Rica?
5. ¿Es parecido a algún puente que conozcas en tu país?

OBJETIVOS COMUNICATIVOS

By the end of this chapter, you will be able to...

- express future plans.
- describe how to organize and plan your travels.

OBJETIVOS CULTURALES

By the end of this chapter, you will be able to...

- identify the challenges of sustainable tourism.
- analyze guidelines for practicing responsible tourism.
- examine a UNESCO World Heritage Site in Chile.

ENCUENTROS

Video: Sofía sale a la calle a preguntar

Conozcamos a... Natalia Guillén Ramos

EXPLORACIONES

Exploremos el vocabulario

Preparativos y trámites para viajar
Turismo responsable

Exploremos la gramática

Future
Subjunctive with adverbial conjunctions: implied future actions

EXPERIENCIAS

Manos a la obra: Puentes entre culturas
Experiencias profesionales: Una reflexión
El blog de Sofía: Los bribris
Cortometraje: *Costa Rica y el éxito del turismo ecológico*
Página informativa: La Isla de Pascua en Chile
Página literaria: Juan Balboa Boneke
Cultura y sociedad: El turismo responsable
Película: *Feguibox*

ENCUENTROS

Video

Sofía sale a la calle a preguntar

WileyPLUS
Go to WileyPLUS to watch this video.

6.1 Entrando en el tema. Entrevista a un/a compañero/a de clase usando las siguientes preguntas. Después de ver el video, compara sus respuestas con las de las personas entrevistadas por Sofía. Answers will vary.

1. ¿Te gusta viajar? ¿Por qué sí o no?
2. ¿Cuál es tu lugar favorito para pasar las vacaciones?
3. ¿Has ido a algún lugar donde no hablas el idioma y cómo fue la experiencia?

6.2 Sofía sale a la calle. Fíjate en las entrevistas de Michelle, Viviana y Patricia para completar los siguientes **Pasos**.

Paso 1: A Michelle, Viviana y Patricia les encanta recorrer el mundo. Escribe sus lugares favoritos según las entrevistas. Recuerda que no necesariamente tienen más de un lugar favorito.

Personas entrevistadas	Lugar favorito	Lugar favorito
Michelle	República Dominicana	
Viviana	Las Vegas	
Patricia	Norte de España	Big Sur en California

Paso 2: Michelle, Viviana y Patricia ofrecen diferentes sugerencias para proteger el planeta al viajar. Escribe una de las sugerencias de cada una al lado de su nombre.

1. Michelle: No tirar basura en el mar.
2. Viviana: Utilizar una botella de agua que se puede usar todas las veces que se quiera.
3. Patricia: Planear el viaje antes de subirse al coche y usar el mismo mapa.

Paso 3: Con tu compañero/a de clase, decide cuál es la mejor manera de proteger el planeta al viajar y explica por qué. También, describe dos sugerencias más para proteger el planeta.

6.3 ¿Qué piensas? Después de haber escuchado a las personas hablar de sus experiencias, vas a jugar el juego de dos verdades y una mentira con tres otros compañeros de clase. Completa los siguientes **Pasos**. Answers will vary.

Paso 1: Escribe una lista de tres lugares diferentes. Incluye dos lugares que has visitado y un lugar que te gustaría visitar, pero que todavía no has visitado.

Paso 2: Forma un grupo con otros tres estudiantes. Comparte con ellos los tres lugares que aparecen en tu lista y describe tu visita real o ficticia a cada lugar. Recuerda que tu meta es engañar a las personas de tu grupo. Los miembros del grupo pueden hacerte preguntas sobre los diferentes lugares.

Paso 3: Después de compartir tus experiencias con el grupo, ellos tendrán que adivinar cuál es el lugar que no has visitado todavía. Por turnos, cada persona presentará los tres lugares a los otros miembros del grupo. Aquel que engañe a más personas de su grupo ganará el juego.

Estrategia de estudio: Considering Gestures

Have you wondered if gestures have the same meaning in Spanish?

Our culture and Spanish-speaking cultures may have the same gestures, but they may or may not be interpreted the same. Two gestures to avoid both involve the index finger:

- Don't point with your index finger, as it is considered rude in many cultures.
- Don't call someone to "**Come here**" with your index finger. Although it is acceptable in Chile, in other countries, such as Spain, this gesture may be insulting or sexually suggestive.

Two gestures that seem to be universal to many Spanish speaking countries are:

- The "**Thumbs-up**"' gesture, which generally demonstrates optimism.
- The "**A ok**" gesture, making a circle with the finger and thumb.

Three gestures that you can learn to incorporate into your conversations and to interpret are (Be sure to watch for these gestures in the video found in *WileyPLUS*):

- In several countries, one of the most common gestures is putting all the fingers together, pointing up, to say that a place is crowded.
- In Costa Rica, use the closed fist with the thumb and index finger extended but held close together but not touching. This means "*Ahorita*", meaning "**Right now**", or "**In a minute**". Be aware that *ahorita* can stretch into hours, with the time frame entirely in the mind of the person using it.
- In several countries, to show that things are beyond your control and you can offer nothing further, a shoulder shrug demonstrates this message. Pull both hands up to your chest, palms facing outward, rotate the palms up and outward, shrug your shoulders and frown slightly. This sends the message that you've tried your best, but nothing else can be done.

WileyPLUS

Go to WileyPLUS to watch this video.

Conozcamos a...

Natalia Guillén Ramos

Antes de escuchar

6.4 El verano. Con un/a compañero/a, contesta las siguientes preguntas. Answers will vary.

1. ¿Cuáles son algunas de las actividades que haces durante el verano?
2. ¿Trabajas durante el verano? ¿Dónde? ¿Qué haces en tu trabajo?
3. ¿Cuál es el mejor trabajo que has tenido en tu vida? ¿Y el peor? ¿Por qué?
4. ¿Has trabajado alguna vez en un campamento? Describe tu experiencia.
5. ¿Cuáles son tus planes para el próximo verano?

Alex Robinson / Robertharding / Getty Images

Natalia es estudiante universitaria en Chile.

Mientras escuchas

6.5 ¿Quién es Natalia? Cambia las oraciones **falsas** para que sean **ciertas**.

1. Natalia nació en Santiago, Chile.
   Natalia nació en Osorno (Chile).
2. Ella estudia para ser doctora.
   Estudia bioquímica.
3. Ella trabajó durante el invierno en un campamento llamado *Reciclaje*.
   Trabajó durante el verano en un campamento llamado *Relajamiento*.
4. El campamento usaba envases de plástico para beber y comer.
   El campamento usaba envases retornables o reciclables.
5. Todos los residuos orgánicos del campamento se llevan a una ciudad que los usa para el cultivo de diferentes granos.
   Usan los residuos orgánicos para hacer compost y cultivar hierbas.

Sally Anderson / Alamy Stock Photo

Las yurtas son unas tiendas de campaña especiales que te permiten disfrutar de la naturaleza en Patagonia.

Después de escuchar

6.6 Actividades para conservar el medio ambiente. Muchas personas quieren conservar y proteger el mundo y el medio ambiente. Para esta actividad, habla con un/a compañero/a de clase sobre cómo pueden mejorarse cada uno de estos lugares en cuanto a su impacto en el medio ambiente. Puedes hablar de un lugar específico o en general.

Answers will vary.

- Una universidad
- Un hotel
- Un crucero
- Un avión
- Un parque nacional
- El metro
- Tu casa/apartamento

Suggestion for 6.6: You could also assign students different specific places to see how they are improving their conservation efforts and have the students give short presentations based on their investigation.

Audioscript for 6.5: Me llamo Natalia Guillén Ramos, pero mis amigos me llaman Nati. Soy de la ciudad Osorno, Chile. Es probable que no hayan escuchado de esta ciudad, pero está en el sur de Chile. Es una ciudad preciosa con mucha influencia alemana en la arquitectura y la cultura de la región. Estudio en la Universidad de los Lagos, en Osorno, donde tengo pensado graduarme en bioquímica dentro de dos años. El año pasado un amigo mío me habló de la oportunidad de trabajar en un campamento en la Patagonia para ganar algo de dinero para el año académico. Decidí solicitar un puesto y me dieron el trabajo en un lugar que se llama *Relajamiento*. Es un lugar magnífico, pero a la vez su medio ambiente es delicado. Mi trabajo consistía en limpiar las yurtas, que son unas tiendas de campaña utilizadas por los nómadas en los llanos de Asia Central durante muchos siglos, aunque las de este campamento no son antiguas ya que cuentan con todas las comodidades que uno esperaría tener en su casa. Tienen baño y electricidad, además de una vista espectacular de la región. Lo que más me gustó de este lugar fue la atención que brindan al medio ambiente y su preservación. Por ejemplo, los dueños del campamento han construido las yurtas sobre pilotes de madera para que la vegetación pueda seguir creciendo. También hay una planta de tratamiento de aguas orgánicas para reciclar el agua, y solamente usan envases retornables o reciclables para no hacer daño a este lugar tan precioso. Finalmente, todos los residuos orgánicos son transformados en compost por lombrices de compostaje y ellos usan esa tierra para cultivar hierbas aromáticas que se utilizan en las comidas servidas allí. Lo pasé muy bien durante los meses de mi estancia allí y tengo muchos amigos con quienes tengo pensado seguir en contacto para siempre. Espero volver a trabajar allí el próximo año y disfrutar otra vez de este magnífico lugar.

¿Qué sabes de Chile, Costa Rica y Guinea Ecuatorial?

WP Repasa los mapas, las estadísticas y las descripciones de Chile, Costa Rica y Guinea Ecuatorial en WileyPLUS.

Sitios interesantes

Tim Laman / National Geographic Image Collection / Getty Images

La Isla Bioko de Guinea Ecuatorial se compone de dos formaciones volcánicas separadas por un hermoso valle. En esta isla también se encuentra el punto culminante del país, el monte Pico de Santa Isabel, que se eleva a más de 3000 metros (9842 pies) de altitud. En la costa se extienden vastas llanuras.

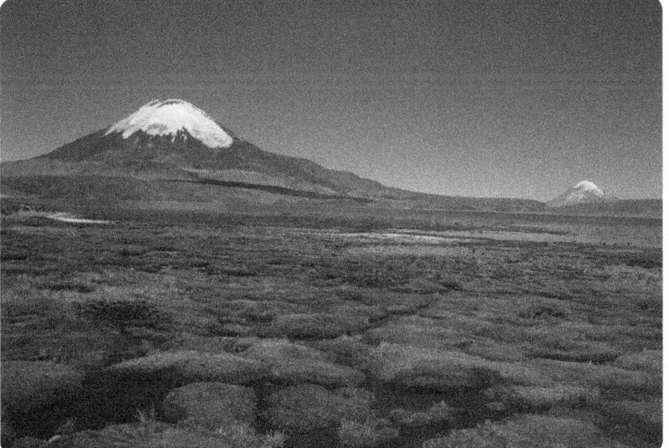

Robert Culkin / Alamy Stock Photo

El Parque Nacional Lauca, en el norte de Chile, es uno de los lugares turísticos de Chile más conocidos. Una joya de patrimonio natural, se encuentra entre paisajes altiplánicos, montañas nevadas y poblados de la cultura aymará. El parque es el hogar para un ecosistema único en el mundo que se encuentra a una altitud de 4500 metros (14 763 pies) sobre el nivel del mar.

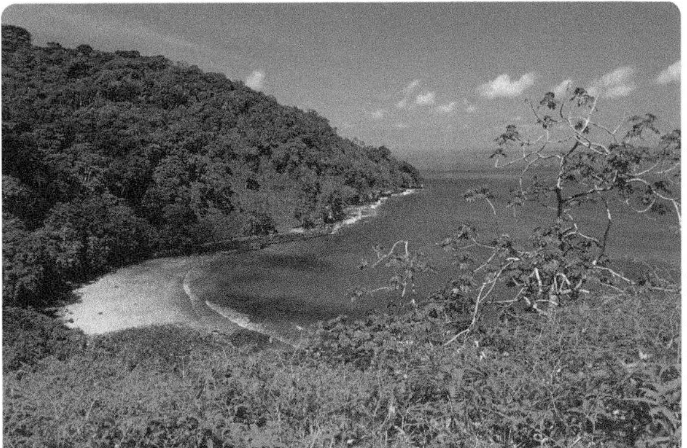

Reinhard Dirscherl / WaterFrame / Getty Images

A 532 kilómetros (329 millas) de las costas pacíficas de Costa Rica se halla el destino más remoto del país y uno de los más increíbles del mundo. La riqueza marina es impresionante y hace de la Isla del Coco uno de los lugares preferidos por los biólogos marinos. Declarada Patrimonio Natural de la Humanidad en 1997, esta isla es el hogar de miles de especies de peces, tiburones y hasta cetáceos.

6.7 Datos interesantes de Chile, Costa Rica y Guinea Ecuatorial. Estás investigando la situación actual de la cultura ecológica en Chile, Costa Rica y Guinea Ecuatorial. Examina los datos de cada país. Luego habla con un/a compañero/a y contesta las siguientes preguntas. Answers will vary.

1. ¿En qué país hay más parques nacionales? ¿Por qué crees que es así?
2. ¿Cómo se comparan estos datos con los de EE. UU.?
3. ¿Cuáles son las razones más comunes para proteger la flora y la fauna en una reserva?
4. Compara la tasa de grupos de indígenas. ¿Qué conclusiones puedes sacar de estos datos?

Datos interesantes: Chile	**Datos interesantes: Guinea Ecuatorial**
Número de parques nacionales: 36	Número de parques nacionales: 13
Número de reservas ecológicas: 10	Número de reservas ecológicas: 4
Número de islas: 5919	Número de islas: 3
Número de grupos indígenas: 11	Número de grupos indígenas: 7
Datos interesantes: Costa Rica	**Datos interesantes: Estados Unidos**
Número de parques nacionales: 23	Número de parques nacionales: 417
Número de reservas ecológicas: 4	Número de reservas ecológicas: 30
Número de islas: 7	Número de islas: 18 617
Número de grupos indígenas: 6	Número de grupos indígenas: 562

Cultura viva

¡Costa Rica es *Pura vida*!

En Costa Rica la expresión *¡Pura vida!* se puede interpretar como 'tranquilo', 'disfruta la vida', 'todo bien', 'hola', 'adiós', '¡Esto es vida!'. *¡Pura Vida!* implica que no importa tu situación actual, que la vida no es tan mala y que no importa lo poco o mucho que tengas; estamos aquí todos y la vida es muy corta... Por lo tanto, empieza a vivir la 'Pura Vida'. Mientras viajas por Costa Rica, es recomendable cuidar el medioambiente. Por ejemplo, no debes dañar los árboles o las flores. Es malo que tires basura o que tomes las cosas de las selvas tropicales o las playas. Es mejor que no des de comer a los animales. Dañar o alterar la naturaleza podría ser considerado un delito grave. Para contribuir en la economía local, en vez de hospedarte en un complejo turístico, es mejor apoyar los hoteles, restaurantes y tiendas de dueños costarricenses. Disfruta tu estadía en el país más lindo del mundo. *¡Pura vida!*

"Pura vida" es una expresión común en Costa Rica que se usa para saludar a la gente. Simboliza la actitud positiva y la felicidad de la gente de este país.

Estrategia de estudio: Making the Most of Learning Journals *by Catherine Sholtis*

WileyPLUS
Go to WileyPLUS to watch this video.

Courtesy of Catherine Sholtis

I like to keep entries in a learning journal. And it helps me take stock of how I learn and how I learn best, and what I've tried for the first time, and how effective it was, and what I've learned about myself from that. And I think this is a great way for me to take stock of my progress as a student and how I'm learning and progressing towards my career and my life goals.

EXPLORACIONES

Preparativos y trámites para viajar

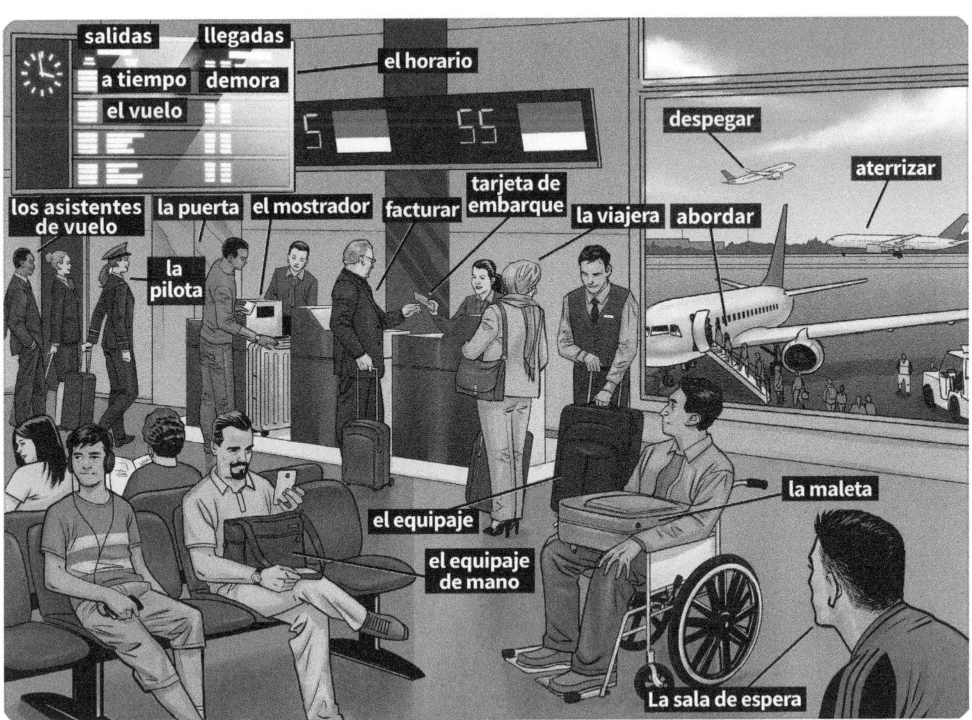

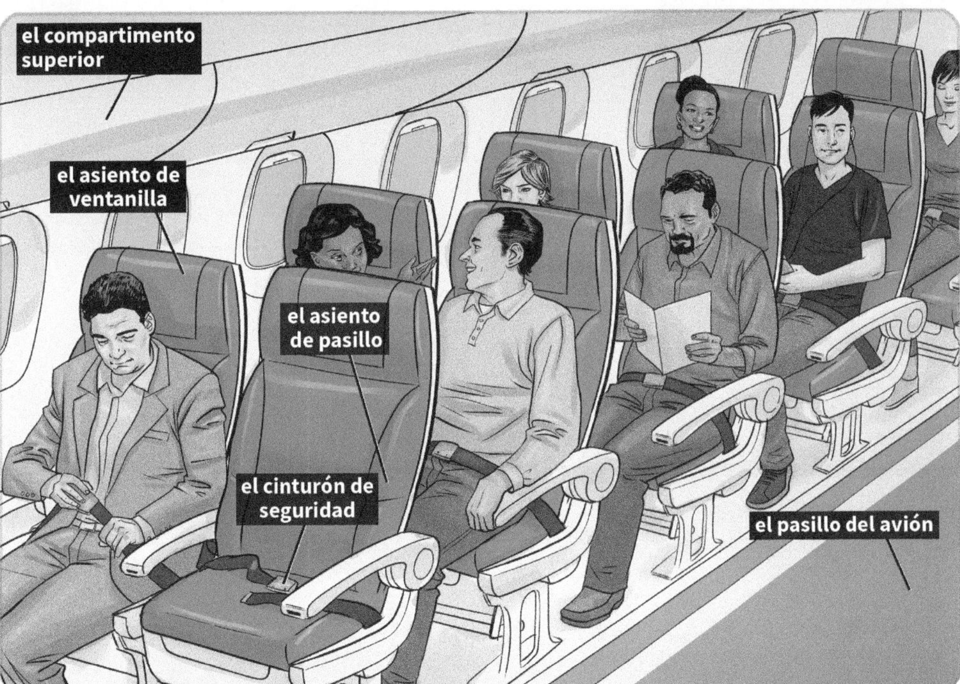

Los cognados	
la conexión (escala)	el metro
la excursión	el transporte público
el itinerario	

Exploremos el vocabulario 1

WileyPLUS

Go to WileyPLUS Resources to access an interactive version of these illustrations to review these vocabulary words and practice their pronunciation.

Teaching tip for Exploremos el vocabulario 1: Encourage students to guess the meaning of cognates to eliminate the need to memorize these vocabulary items. Also, remind students to focus on the differences in their spelling.

Suggestion for 6.8: For hybrid or flipped classes, you may want to assign students to listen to the audio and complete **Paso 1** prior to the class session.

Audioscript for 6.8:

1. Saque la computadora portátil de su maleta de mano para su inspección con equipos de rayos X, tal y como dicta la norma 3-1-1, de manera que resulte fácil volver a empacarla una vez se haya inspeccionado.

2. Tenga a mano su pasaporte o documento de identidad y su tarjeta de embarque, pero no se quite los zapatos hasta que no sea su turno; ¡El piso está frío!

3. Ponga los objetos de metal— teléfono celular, reloj, llaves, monedas— en un recipiente de plástico y tenga libres los bolsillos de su saco para poder recuperar sus objetos rápidamente después de pasar por el control de seguridad.

4. El control de seguridad comienza en el aeropuerto de salida. Cuando se acerque al mostrador, un trabajador de la aerolínea le hará una serie de preguntas rutinarias. Algunas de las posibles preguntas son: ¿Quién ha preparado su maleta? ¿Ha perdido de vista el equipaje en algún momento, en el aeropuerto? ¿Es posible que alguien lo haya manipulado? ¿Lleva algún regalo o algún objeto que no sepa con seguridad qué es? ¿Qué aparatos electrónicos lleva?

5. Última llamada para el pasajero Blake Stanley para el vuelo UX094 con destino a San José, por favor diríjase inmediatamente a la puerta de embarque número 32.

6. Por favor, apaguen sus teléfonos móviles y demás aparatos electrónicos.

7. Vamos a aterrizar en aproximadamente 20 minutos. Por favor, abróchense los cinturones de seguridad y pongan sus asientos en posición vertical.

6.8 La seguridad en los aeropuertos. Estás en el aeropuerto de Miami para viajar a Costa Rica. Mientras esperas para subir al avión, escuchas varios anuncios en español sobre la seguridad del aeropuerto. Completa los **Pasos** para conversar sobre la seguridad mientras viajas.

Paso 1: WP Escucha los anuncios y escribe el número del anuncio que corresponda a cada dibujo.

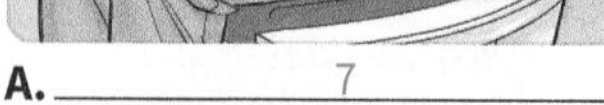

A. 7

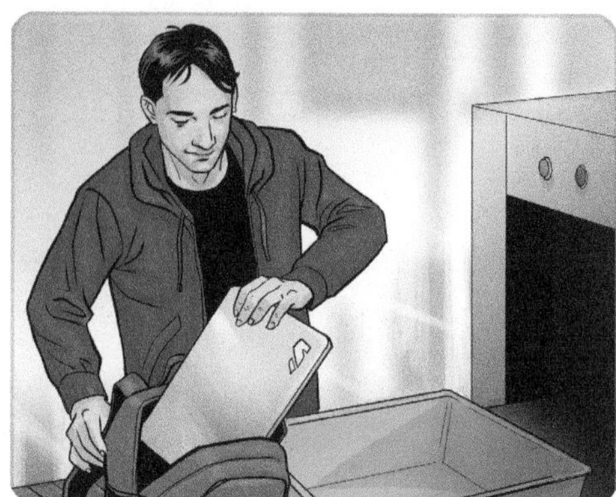

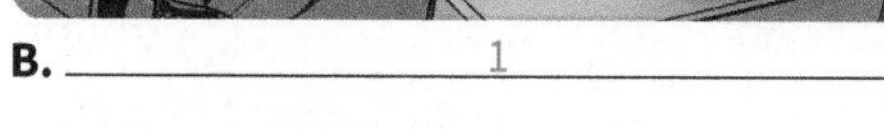

B. 1

C. 5

D. 8

E. 2

F. 6

G. 3

H. 4

Paso 2: Conversa con tu compañero/a sobre sus opiniones en cuanto a las medidas de seguridad en los aeropuertos.

8. Damas y caballeros: los pasillos del avión deben ser transitables, por lo que les rogamos que coloquen su equipaje de mano en los compartimentos superiores.

WileyPLUS

Go to WileyPLUS to watch this video.

Estrategia de estudio: Making Class Attendance a Priority *by Noah Michalski*

Courtesy of Noah Michalski

I make it a priority to show up to class on time. With Spanish, it's really important that you're present in class, as it's hard to catch up and one of the best ways to learn is to ask questions during the class period.

6.9 Recomendaciones. El Centro de Estudios Internacionales te pidió ayuda con una sesión especial para los estudiantes que piensan estudiar en el extranjero. Necesitas preparar una lista de consejos y presentárselos. Completa los **Pasos** para preparar tu presentación.

Answers will vary.

Suggestion for 6.9: Remind students of typical expressions that they can use to make recommendations: **es necesario, es importante**, etc. For hybrid or flipped classes, you may want to assign students to complete **Paso 1** prior to the class session.

Paso 1: Completa la siguiente tabla con tus consejos.

Antes del vuelo	Durante el vuelo	Después del vuelo
1.		
2.		
3.		
4.		
5.		

Paso 2: Compara tu tabla con la de tu compañero/a. Una vez tengas la lista de consejos, prepara una presentación con fotos y súbela al foro.

6.10 El mercadeo. Para tu curso de negocios, el profesor te pide que prepares un anuncio publicitario en forma de póster para la empresa Latin Airlines, una aerolínea uruguaya con su oficina central en Santiago, Chile. Sigue los **Pasos** para completar la tarea.

Suggestion for 6.10: For hybrid or flipped classes, you may want to assign students to prepare this activity prior to the class session.

Paso 1: Contesta las siguientes preguntas sobre el póster publicitario.

1. ¿Cuál es la función de este póster?
2. ¿Cuándo se celebra el seminario?
3. ¿Dónde tiene lugar?
4. ¿Quiénes deben asistir al seminario? ¿Por qué?
5. ¿Qué tiene Chile de interés para los que asisten al seminario?
6. ¿Cuántas horas dura el programa?

Paso 2: Escribe entre 3 y 5 preguntas que puedas hacer en caso de que asistas a este seminario.

Answers will vary.

Answers for 6.10, Paso 1: 1. Informar de un seminario; 2. El martes, 27 de abril a la 8:45 h.; 3. En la Sala de Convenciones Salvador Allende, en Chile. 4. Answers will vary. Possible answes are: personas interesadas en viajar a Chile, agentes de viaje.; 5. Answers will vary. 6. Aproximadamente 5 horas.

Invitación

CHILE LO TIENE TODO

Jose Luis Stephens / EyeEm / Getty Images

Santiago de Chile

Ski en la Cordillera de Los Andes

Marcelo_minka / E+ / Getty Images

Desierto de Atacama

LATIN
te invita a participar del

"Seminario - desayuno del destino"

a celebrarse el martes 27 de abril / Sala de Convenciones Salvador Allende a las 8:45 hs.

Vení a redescubrir todo lo que Chile tiene para ofrecer.
Compartiremos una mañana con muchas novedades, capacitaciones y sorpresas.

Contaremos con la presencia de importantes productos y operadores receptivos con quienes haremos una **"Rueda de negocios abierta"** que tendrá lugar de las 10:30 hasta las 13:00 horas.

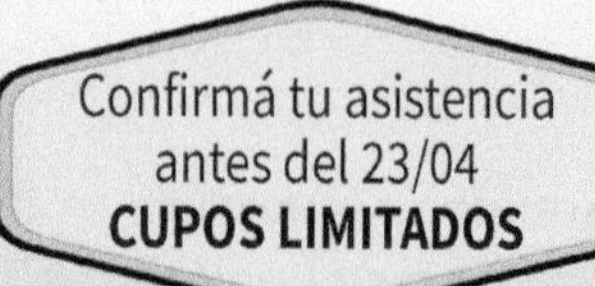

Confirmá tu asistencia
antes del 23/04
CUPOS LIMITADOS

Esperamos contar con tu asistencia

SE SORTEARÁN PASAJES Y ESTADÍAS A LOS DESTINOS MÁS ATRACTIVOS

6.11 Tus preferencias. Quieres viajar en tus vacaciones, pero no quieres ir solo/a. Buscas a un/a compañero/a de viaje que sea compatible con tus gustos y preferencias. Conversa con tu compañero/a para comparar sus gustos y preferencias y ver si él/ella es un/a candidato/a adecuado/a para tu próximo viaje. Answers will vary.

1. ¿Cuántas veces has viajado en avión?
2. ¿Te gusta volar o tienes miedo a viajar en avión?
3. ¿Prefieres los vuelos con escalas o los vuelos directos? ¿Por qué?
4. ¿Cuántas maletas llevas normalmente cuando viajas?
5. ¿Qué prefieres hacer durante los vuelos? ¿Puedes dormir en los aviones?
6. ¿Qué tipo de alojamiento prefieres?
7. ¿Cuál es el destino de tu próximo viaje?
8. ¿Te gusta explorar los sitios históricos o prefieres descansar en la playa?
9. ¿Qué otras actividades te gusta hacer durante un viaje?

Suggestion for 6.11: You may assign this activity outside of class and have students respond to these questions on your learning management system discussion board.

6.12 El español cerca de ti. En un avión, aeropuerto o en Internet, busca información en español relacionada con los vuelos, los aviones y los pasajeros. ¿Hay palabras o expresiones que no conozcas? ¿Cuáles son y qué crees que significan? Sigue los **Pasos** para analizarlas. Answers will vary.

Suggestion for 6.12: This activity is broken down into two steps for students to complete. For hybrid or flipped classes, you may want to assign **Paso 1** for students to prepare prior to the class session.

Paso 1: Completa la siguiente tabla con información sobre cuatro palabras o expresiones nuevas.

Palabra o expresión	Significado	¿En qué contexto se usa?
1.		
2.		
3.		
4.		

Paso 2: Compara las palabras y expresiones que encontraste con las de un/a compañero/a de clase. ¿Es importante poder hablar español para trabajar en las aerolíneas?

Estrategia de estudio: Practicing New Vocabulary ***by Shaan Dahar***

Courtesy of Shaan Dahar

When you begin a new chapter, look at the new vocabulary and practice all of it. Whether it's writing it down, using online flashcards or just speaking out loud. Now you're in class: relax. Just focus on trying to use this new vocabulary, whether it's incorrect or not. Whether you've pronounced it incorrectly or whether you've used it in the wrong sentence, don't worry about it. Failure is the fertilizer to success.

WileyPLUS
Go to WileyPLUS to watch this video.

Exploremos la gramática 1

Future

Up until now you have been using **ir + a + infinitive** to talk about future plans. In this chapter you will learn how to express these actions using the future.

En Santiago **tomaremos** el metro.
In Santiago we will take the Metro.

Visitaré la reserva Monteverde en Costa Rica.
I will visit the Monteverde reserve in Costa Rica.

WileyPLUS
Go to WileyPLUS to review this grammar point with the help of the Animated Grammar Tutorial.

Suggestion for Exploremos la gramática 1: Accent marks are challenging not only for L2 learners and heritage learners but often for native speakers as well. Part of the linguistic insecurity that heritage learners feel, especially in their writing, comes from not knowing when to use an accent mark or not. They will sometimes leave them off or include them on words that do not have them. As with all writing, these have to be learned. Give them examples of errors from natives in Spanish but also from native speakers of English to show that while errors should be avoided when possible, we all make mistakes in the languages we use and if they continue to practice, they can figure out how to use accents.

Future to express probability

Imagine that the plane in which you are travelling was supposed to have taken off ten minutes ago. You begin to think of reasons to explain the delay. The future can be used to express these possible explanations.

Let's look at some examples:

Habrá otros aviones en la pista.
There are probably other planes on the runway.

Esperaremos a un pasajero.
We are probably waiting for a passenger.

Los asistentes de vuelo **comprobarán** que todos los pasajeros se hayan abrochado el cinturón de seguridad.
The flight attendants are probably checking that all passengers have fastened their seatbelts.

Formation of the future

Subject pronouns	-ar	-er/ir
yo	**Estudiaré** en Costa Rica el próximo semestre. *I will study in Costa Rica next semester.*	**Viviré** con una familia chilena. *I will live with a Chilean family.*
tú	¿Cuándo **llegarás** a Chile? *When will you arrive to Chile?*	¿Cuándo **volverás**? *When will you return?*
él/ella, usted	Ella **usará** un billete electrónico. *She will use an electronic ticket.*	Usar el transporte público **reducirá** la contaminación del aire. *Using public transportation will reduce air pollution.*
nosotros/as	**Montaremos** en bicicleta. *We will ride bikes.*	Si no te das prisa, **perderemos** el vuelo. *If you don't hurry up, we will miss the flight.*
vosotros/as	¿Dónde **os quedaréis** en Chile? Where *will you all stay* in Chile?	**Aprenderéis** mucho sobre el ecoturismo en Costa Rica. *You all will learn a lot about ecotourism in Costa Rica.*
ellos/as, ustedes	Ellos **estudiarán** los ecosistemas de Costa Rica. *They will study the ecosystems of Costa Rica.*	Ellos **leerán** sobre las regiones que visitarán antes de salir para su viaje. *They will read about the regions that they will visit before leaving for their trip.*

Answers for ¿Qué observas? box: 1. The verb endings are similar to the forms of the verb haber in the present indicative: he, has, ha, hemos, habéis, han. 2. The verb endings are the same for –ar and –er/-ir verbs.

¿Qué observas?

1. What do you observe about the verb endings?
2. What similarities or differences do you observe between the -ar and -er/-ir verb endings?

Verbs with altered stems

The following verbs have an altered stem in the future form.

Verbs	Altered stems	Examples
poner	*pondr-*	**Pondré** los detalles en línea. *I will put the details on line.*
poder	*podr-*	¿**Podrás** participar en el voluntariado? *Will you be able to participate in the volunteer program?*
querer	*querr-*	¿**Querrá** ir ella? *Will she want to go?*
saber	*sabr-*	¿Cuándo **sabrás** si el programa te ha aceptado? *When will you know if the program has accepted you?*
tener	*tendr-*	Él **tendrá** que llevar su pasaporte. *He will have to take his passport.*
venir	*vendr-*	**Vendrán** con nosotros en el viaje. *They will come with us on the trip.*
salir	*saldr-*	¿A qué hora **saldréis** para el aeropuerto? *What time will you all leave for the airport?*
hacer	*har-*	¿Qué **haremos** en el aeropuerto durante la próxima escala? *What will we do in the airport during the layover?*

6.13 ¿Estudiaremos en Costa Rica? **WP** Escucha a Alejandro y Raúl mientras hablan de la posibilidad de estudiar en el extranjero el año que viene. Selecciona la respuesta correcta.

1. Alejandro y Raúl consultarán con __________ para saber más sobre los programas y los créditos académicos que recibirán.
   - **a.** su profesor de español
   - **b.** sus amigos
   - **(c.)** un consejero del centro de estudios internacionales
2. Raúl estará libre __________.
   - **a.** después de que termine su clase de química.
   - **(b.)** a partir de las tres.
   - **c.** antes de las doce.
3. Alejandro estará libre __________.
   - **a.** a partir de las tres.
   - **(b.)** después de que termine su clase de biología.
   - **c.** mañana.
4. Antes de reunirse con Raúl, Alejandro __________.
   - **a.** le pedirá recomendaciones de programas a su profesor de español.
   - **b.** buscará información por Internet sobre programas en Costa Rica.
   - **(c.)** le pedirá a Julio el nombre del programa en el que participó él.
5. Alejandro y Raúl se reunirán en __________ para ir juntos al centro de estudios internacionales.
   - **(a.)** el café **b.** la cafetería **c.** el centro estudiantil

Suggestion for 6.13: For hybrid or flipped classes, you may want to assign students to listen to the audio and complete this activity prior to the class session.

Audioscript for 6.13:
Alejandro: Raúl, ¿te acuerdas cuando Julio nos habló de su experiencia en Costa Rica? Yo también quiero estudiar en el extranjero y tú me has dicho que eso también te interesa. ¿Por qué no lo planificamos para el año que viene?

Raúl: Sí, me parece buena idea. ¿Obtendremos créditos académicos?

Alejandro: Creo que sí. Lo tendremos que averiguar. Me imagino que depende del programa. Un consejero del centro de estudios internacionales sabrá más sobre eso. ¿Quieres ir esta tarde?

Raúl: Sí. Estaré libre a partir de las tres.

Alejandro: Genial. Yo estaré libre después de que termine mi clase de biología a la una. Julio toma esta clase conmigo. Entonces le pediré el nombre del programa en el que participó él. ¿Por qué no nos reunimos en el café a las tres y media para ir juntos al centro de estudios internacionales?

Raúl: Buena idea. ¡Hasta pronto!

Suggestion for 6.14: For hybrid or flipped classes, you may want to assign students to listen to the audio and complete this activity prior to the class session.

6.14 Conversación con el consejero. WP Alejandro y Raúl piensan hablar con un consejero en el centro de estudios internacionales para saber más sobre lo que tienen que hacer para participar en un programa en Costa Rica. El consejero les dará mucha información. Marca (**P**) si crees que la oración es **probable** que sea dicha por el consejero o (**IP**) si es **improbable**.

Improbable **1.** Ustedes no necesitarán pasaportes ni visados.
Probable **2.** Se quedarán con familias.
Probable **3.** Tomarán cursos académicos y obtendrán créditos por esos cursos.
Improbable **4.** No tendrán que usar el español nunca durante su experiencia.
Improbable **5.** Comerán tacos y burritos.
Probable **6.** Harán excursiones para conocer mejor el país y la cultura.

6.15 Planes para viajar. Habla de tus planes para viajar con un/a compañero/a usando verbos en futuro. Usa las siguientes preguntas para guiar la conversación. Answers will vary.

1. ¿Cuándo viajarás?
2. ¿A dónde irás?
3. ¿Con quién(es) viajarás?
4. ¿Qué sitios turísticos visitarás?
5. ¿Dónde te quedarás?
6. ¿Qué cosas tendrás que llevar para este viaje?
7. ¿Tomarán un vuelo con escala? ¿Por qué sí/no?

Suggestion for 6.16: For flipped or hybrid courses, students can prepare this activity outside of class. They could practice together via videoconferencing software. During the next class session, they can practice and present their situation to the class.

6.16 Situaciones. Haz el papel de **A** o **B** con tu compañero/a para participar en la conversación. Answers will vary.

A- Eres el/la mejor amigo/a de tu compañero/a de clase. Él/Ella quiere pasar tiempo contigo este fin de semana, pero tú tienes la primera cita con una persona muy especial. Hay un problema. Sabes que esta persona especial no le cae bien a tu amigo/a, así que no quieres decirle la verdad. Inventa excusas sobre lo que estarás haciendo durante los días y horas que te proponga tu amigo/a.

B- Por fin tienes un fin de semana libre en tu trabajo y quieres pasar tiempo con tu mejor amigo/a. Sabes que él/ella tiene una cita con una persona que no te cae bien, así que quieres hacer algo con él/ella para que no salga con esa persona. Piensa en actividades divertidas para hacer durante el fin de semana para que tu amigo/a no salga con la otra persona. Ofrécele diferentes actividades a diferentes horas y días para que esté ocupado/a contigo todo el fin de semana.

Turismo responsable

Exploremos el vocabulario 2

WileyPLUS
Go to WileyPLUS to review these vocabulary words and practice their pronunciation.

Bridget Besaw / Aurora Photos / Alamy Stock Photo

Para **apoyar** el turismo sostenible, debes tomar **conciencia** sobre el medio ambiente. Por ejemplo, puedes **disminuir** tu consumo de **envases** plásticos y usar **envases retornables** en su lugar. Las **estancias** de **lujo** tienen **tarifas** muy altas, por eso es mejor **contribuir** a la **comunidad local** en estancias locales.

Turismo responsable	*Responsible tourism*	Los cognados
el alojamiento	*lodging*	el agroturismo
aventurarse	*to venture out*	erradicar
el comportamiento	*behavior*	minimizar
consciente	*aware of/conscious of*	el/la operador/a
desperdiciar	*to waste*	el voluntariado
grave	*serious*	
el/la guía de turismo	*tourist guide*	
el país en vías de desarrollo	*developing country*	
promover	*to promote*	
sensible	*sensitive*	

Teaching tip for Exploremos el vocabulario 2: Encourage students to guess the meaning of cognates to eliminate the need to memorize these vocabulary items. Also, remind them to focus on the differences in their spelling.

6.17 Promoción de Guinea Ecuatorial. Para tu clase de español, encuentras un *podcast* sobre Guinea Ecuatorial. Escucha el *podcast* y completa los **Pasos** para aprender más sobre el turismo responsable en ese país.

Answers for 6.17: This activity is broken down into two steps for students to complete. For hybrid or flipped classes, you may want to assign **Paso 1** and **Paso 2** for students to prepare prior to the class session.

Audioscript for 6.17:
Los invito a mi país, Guinea Ecuatorial, para participar en el turismo responsable. Para mí, el turismo responsable tiene que ver con la concienciación global de las injusticias que existen en otros países, y su principal función es ayudar a los países en vías de desarrollo. Para nuestro país, permitirá el desarrollo de las zonas del interior donde tenemos muchos recursos naturales. Apoyará el agroturismo de las comunidades locales y así disminuirá las migraciones hacia la capital, Malabo. Además, erradicará las actividades agresivas que amenazan el medio ambiente, como el tráfico de animales salvajes, y promoverá la creación de zonas protegidas. La presencia de

visitantes es muy importante para los ciudadanos guineanos porque así nuestro gobierno no podrá ocultar la falta de derechos humanos. Ustedes serán testigos de la realidad de nuestro país.

Muchas veces se promueven vacaciones a destinos turísticos como a la República Dominicana, Cuba o Puerto Rico, donde las tarifas incluyen el alojamiento y todas las comidas en complejos turísticos que son hoteles de lujo. Pero ese tipo de viaje es una gran pena, porque ustedes volverán a su país sin aventurarse fuera de la zona turística, sin conocer a nadie más que el guía de turismo y las atracciones superficiales que se parecen a su propio país.

Para realmente participar en el turismo responsable, hay que ser consciente del impacto de su visita en la economía y la sociedad local. Los invito a conocer cómo vivimos en nuestro país, conocer unos paisajes increíbles sin contaminación y conocer el corazón amable de nuestra gente guineana.

Suggestion for 6.18: Have students underline formal commands. For each topic, ask students to create an additional suggestion.

Paso 1: WP Decide si cada oración es **cierta (C)** o **falsa (F)** según lo que escuches en el audio.

__F__ **1.** El *podcast* es una promoción de un complejo turístico.

__C__ **2.** Guinea Ecuatorial sufre una falta de derechos humanos.

__F__ **3.** En los últimos años se ha erradicado por completo el tráfico de animales salvajes en Guinea Ecuatorial.

__C__ **4.** El autor promueve el turismo en las comunidades locales para conocer la cultura del país.

__F__ **5.** El turismo responsable apoya el agroturismo, basado en hospedarse en complejos turísticos.

__C__ **6.** El autor piensa que la presencia de turistas en Guinea Ecuatorial hará que las injusticias en el país disminuyan.

Paso 2: Después de escuchar el *podcast*, tienes curiosidad y decides investigar más sobre el turismo. Completa la siguiente tabla con tus ideas sobre cada tipo de turismo.

Tipos de turismo	Definición	Ventajas	Desventajas
El turismo convencional			
El turismo ecológico			
El turismo responsable			

Paso 3: Compara tu tabla con la de tu compañero/a y conversa con él/ella sobre el tema del turismo. ¿Qué tipo de turismo prefieres? ¿Por qué? En el futuro, ¿participarás en otro tipo de turismo?

Recycle Activity 6.18 recycles Formal Commands, Capítulo 3 de *Experiencias intermedio.*

6.18 Ecoturista. **Recycle** ¿Cómo puedes convertirte en un ecoturista? Completa los siguientes **Pasos** para aprender más. Answers will vary.

Paso 1: Lee las recomendaciones sobre lo que significa ser un ecoturista y elige tres de las recomendaciones que piensas seguir en tu próximo viaje.

Idioma: Aprenda algunas palabras del idioma local y úselas.

Vestimenta: Lea sobre las costumbres locales y vístase apropiadamente. En muchos países, vestirse de manera modesta es importante.

Comportamiento: Sea respetuoso de la privacidad de los locales. Solicite permiso antes de entrar en lugares sagrados, hogares o propiedades privadas.

Fotografías: Sea cuidadoso sobre dónde y cuándo tomar una fotografía o video. Si hay personas presentes, siempre pregunte antes de hacerlo.

Medio ambiente: Respete el medio en el que se encuentre. Nunca toque o moleste a los animales. Siempre siga los caminos o senderos designados. Apoye la conservación de parques y áreas protegidas pagando la entrada que le soliciten.

Productos naturales: Nunca compre muebles, ropa o artesanías que se hagan de partes de animales o plantas en peligro de extinción.

Compre a los locales: Escoja hoteles, posadas y otros establecimientos locales o de dueños locales. Use medios de transportes locales como buses, renta de automóviles o aerolíneas. Disfrute de comidas en restaurantes locales. Compre en el mercado local y visite eventos de la zona. De esta manera, el dinero que usted invierta en la comunidad se quedará en la comunidad.

Contrate guías locales: Enriquezca su experiencia y apoye la comunidad local. Pregúntele a los guías si tienen licencia y viven en el área. Asegúrese de que estén respaldados por una tour operadora o aprobados por el gobierno local.

[www.sugar-beach.com © 2017]

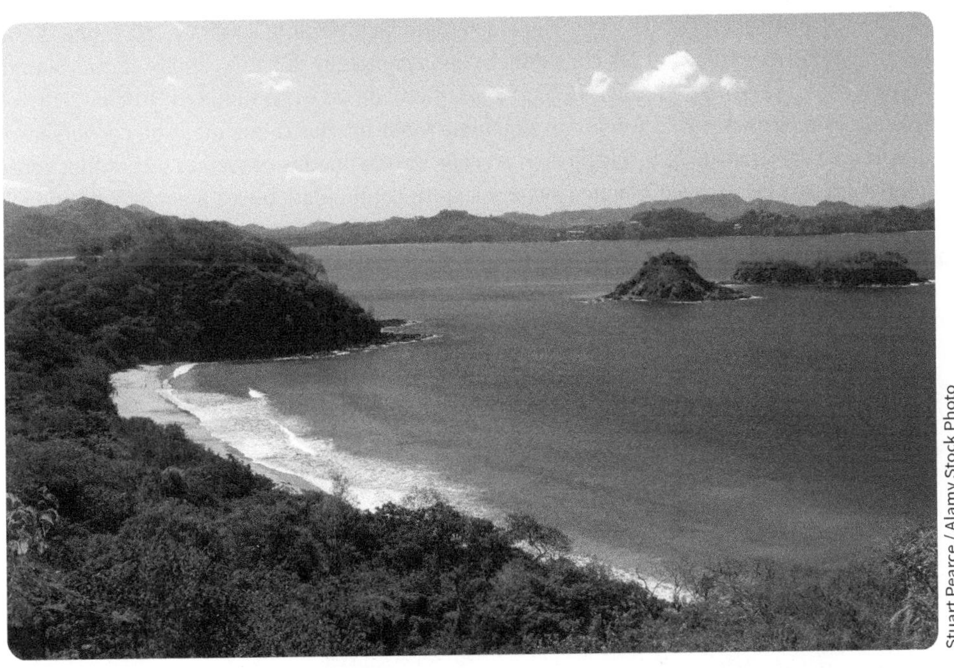

Stuart Pearce / Alamy Stock Photo

Para ser ecoturista, hay que cuidar los lugares que visitas para mantenerlos limpios y bonitos, como la Playa Pan de Azúcar en Guanacaste, Costa Rica.

Paso 2: Con un/una compañero/a conversa sobre cómo usarás las tres recomendaciones que elegiste para ser un/una ecoturista.

6.19 Opiniones. Expresa tus opiniones sobre los siguientes temas con tu compañero/a. No te olvides de utilizar las siguientes expresiones: **creo que, no creo que, dudo que, pienso que, estoy seguro/a que, ser cierto/evidente/verdad/obvio que.**

Answers will vary.

1. Basura en las calles del país que visitas como turista
2. Los voluntarios en un país en vías de desarrollo
3. Las zonas protegidas
4. La falta de derechos humanos
5. El tráfico de animales salvajes
6. Las comunidades locales
7. El turismo ecológico
8. Los complejos turísticos

Cultura viva

Las fotografías en Guinea Ecuatorial

Es recomendable que tengan cuidado cuando quieran tomar fotos en Guinea Ecuatorial. Hay que tener en cuenta que puede haber malentendidos, puesto que es posible que haya menos libertad que en su país de origen. Es mejor que no tomen fotos en edificios públicos, en los puertos y aeropuertos, en las comisarías ni en el palacio presidencial. Tampoco deben tomar fotos de la policía en las calles. De turista, a donde vayan, es mejor que pidan permiso a los ciudadanos del país antes de tomar fotos puesto que, en general, se ve como una falta de respeto hacia la otra persona.

Technology tip for 6.20: For blended or flipped classrooms, require students to post their reflection on your learning management system discussion board. Next, have students read and post follow-up comments for at least two of their classmates prior to the next class session.

6.20 El español cerca de ti. La mejor manera de incorporar la lengua en tu rutina diaria en tu comunidad es a través de las conexiones con la gente que la habla. Puede ser tan simple como una conversación en una tienda o un supermercado en tu comunidad. Mucha gente es generosa y está dispuesta a conversar en su lengua materna. Busca una mesa de conversación en tu comunidad, ya sea en una iglesia o en un café, donde puedas conversar y aprender sobre la cultura a la vez. Si no viven muchos hispanos en tu comunidad, busca a alguien que quiera conversar por Internet. Después de conversar, escribe una reflexión sobre la conversación. ¿Qué aprendiste de la persona y su cultura? ¿Cómo se compara con tu cultura? ¿Qué tienen en común?

Answers will vary.

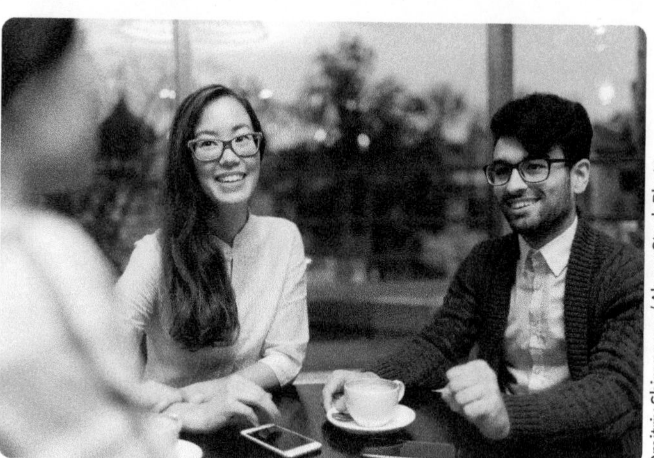

Dmitriy Shironosov / Alamy Stock Photo

Varias personas conversan mientras toman café.

Exploremos la gramática 2

Subjunctive with adverbial conjunctions: implied future actions

WileyPLUS
Go to WileyPLUS to review this grammar point with the help of the Animated Grammar Tutorial.

In previous chapters you have seen the subjunctive used to indicate wants and needs, emotions and doubt or uncertainty. This chapter will show you how the subjunctive, when combined with certain adverbial conjunctions, is used to express future actions.

You may recall in Chapter 2 learning the acronym **ESCAPA** to refer to those conjunctions that are followed by the subjunctive.

En caso de que	*In case of*
Sin que:	*Without*
Con tal (de) que	*Provided that*
A menos que	*Unless*
Para que	*So that*
Antes (de) que	*Before*

Adverbial conjunctions provide us with more information about the action. They can tell us when or under what circumstances or conditions the action will or did take place. This chapter will focus specifically on those adverbial conjunctions that are used to indicate future actions and habitual actions.

Adverbial conjunctions that express future

Antes (de) que: *Before*	Hablaremos **antes de que** te vayas. *We will talk before you leave.*
Después (de) que: *After*	**Después de que** termine la guía, almorzaremos. *After the tour ends, we will have lunch.*
Cuando: *When*	Te llamaré **cuando** aterricemos en Santiago. *I will call you when we land in Santiago.*
En cuanto/Tan pronto como: *As soon as*	**En cuanto** haya acceso a Internet, ella le mandará un correo electrónico a su jefe. *As soon as there is Internet access, she will send an email to her boss.*
Hasta que: *Until*	El avión no puede despegar **hasta que** todos los pasajeros estén sentados con el cinturón abrochado. *The plane cannot take off until all passengers are seated with their seatbelts fastened.*

¿Qué observas?

1. What do you notice about the verb that follows the adverbial conjunction?
2. What do you observe about the verb that expresses the main action?

Answers for ¿Qué observas? box: 1. The verb ending is in the present subjunctive. 2. The verb ending is in the present indicative.

Adverbial conjunctions that express habitual or completed actions

Cuando: *When*	Siempre tomamos muchas fotos **cuando** viajamos. *We always take a lot of photos when we travel.*
Después de que: *After*	Volvimos al hotel **después de que** terminó la guía. *We returned to the hotel after the tour ended.*
En cuanto/Tan pronto como: *As soon as*	Normalmente cenamos **tan pronto como** llegamos a casa. *Normally we eat as soon as we get home.*
Hasta que: *Until*	Nadamos en el mar **hasta que** bajó el sol. *We swam in the sea until the sun went down.*

When there is no change of subject, the conjunctions **antes de**, **después de**, **sin** and **hasta** are followed by the infinitive.

Consider the following examples:

Compararemos los precios **antes de comprar** un billete.
We will compare prices before buying a ticket.

Después de sacar una foto que me guste, se la voy a mandar a mi amiga.
After taking a picture that I like, I am going to send it to my friend.

Sigues derecho **hasta llegar** a la plaza de Armas.
You will continue straight until arriving at the plaza de Armas.

No debes salir hacia el aeropuerto **sin confirmar** que tienes el pasaporte.
You shouldn't leave for airport *without confirming* that you have your passport.

Suggestion for 6.21: This activity is broken down into two steps for students to complete. For hybrid or flipped classes, you may want to assign **Paso 1** and **Paso 2** for students to prepare prior to the class session.

Audioscript for 6.21:
¡Hola! Estoy muy emocionada por tu visita. Hay tantas cosas que te quiero enseñar mientras estás en Santiago. Sé que estarás cansada cuando llegues a mi casa, así que te dejaré descansar un ratito. Antes de que tomes una siesta, te recomiendo que llames a tu madre para avisarla que has llegado. Después de que tomes una siesta, te ayudaré a deshacer las maletas. Cenaremos en casa la primera noche de tu visita, pero el día siguiente recorreremos la ciudad cuando te encuentres más descansada. El viernes haremos una excursión a la Isla de Pascua. No quiero planificar todo porque prefiero que cuando vengas me digas si hay otras cosas que quieres ver. Me hace mucha ilusión que vengas a Santiago. ¡Buen viaje!

6.21 El viaje a Santiago. Escucha un mensaje de tu amiga Maite mientras te explica lo que ha planificado para cuando la visites la semana que viene. Después, completa los **Pasos**.

Paso 1: WP Marca si las siguientes oraciones son **ciertas (C)** o **falsas (F)**.

C 1. Seguramente estarás muy cansado/a cuando llegues a la casa de Maite.
F 2. Maite te ayudará a deshacer las maletas antes de que tomes una siesta.
F 3. Llamarás a tu madre después de tomar una siesta para que sepa que has llegado.
C 4. Maite y tú cenarán en casa la primera noche, pero recorrerán la ciudad al día siguiente cuando estés más descansada/o.
F 5. Maite ha planificado toda la semana para tu visita.

Paso 2: Escríbele un correo electrónico a Maite para avisarle de que has recibido sus sugerencias. En tu mensaje, explícale qué opinas de las actividades que ha pensado para ti cuando estés en Santiago.

6.22 De vacaciones en Santiago. Cuando llegues a Santiago, te enfrentas a varias situaciones. Marca lo que decides hacer en cada situación. Answers may vary.

1. Estás en el centro y pierdes tu cartera. ¿Qué haces?
   a. Maite me puede prestar dinero hasta que pueda ir al banco.
   b. Llamo a mis padres tan pronto como salgan del trabajo.
   c. Pido dinero en la calle hasta que me den la cantidad suficiente para el autobús.
2. Invitas a tu amiga Maite a cenar en un restaurante caro.
   a. En cuanto terminemos de cenar, buscaremos un taxi para ir a la casa de Maite.
   b. Tan pronto como nos sirvan el postre, le diré a Maite que no tengo dinero suficiente para pagar la cuenta.
   c. Sin que me vea el camarero, no le dejaré una propina por el mal servicio.
3. En Santiago, no te olvides de tomar el funicular a Bellavista.
   a. No abro los ojos hasta que lleguemos a la cima de la montaña.
   b. Tan pronto como salgamos del funicular, tomaré fotos de la vista de Santiago desde arriba.
   c. En cuanto entremos al funicular, buscaré mi cámara para tomar fotos y hacerme un selfi con Maite.
4. Piensa en el final de tus vacaciones en Chile.
   a. Compraré regalos para mi familia antes de volver a mi país.
   b. Buscaré un regalo para Maite tan pronto como pueda.
   c. Compraré varios libros en español antes de que empiecen mis clases de nuevo.
5. Vas al aeropuerto para regresar a tu país.
   a. Maite no puede llevarme al aeropuerto hasta que salga de su oficina.
   b. Maite me preparará el desayuno tan pronto como se despierte.
   c. Después de que termine mi desayuno, tomaré el autobús al aeropuerto.

6.23. ¿Qué me recomiendas llevar de viaje? Preparas tus maletas para visitar a Maite. Termina las sugerencias de Maite. Answers will vary.

1. No pongas tus camisas en la maleta hasta que…
2. Necesitas pesar tu maleta antes de que…
3. Debes traer mucha ropa de invierno cuando…
4. Yo siempre preparo mi maleta en cuanto…
5. Trae una chaqueta que te puedas poner después de que…

Suggestion for 6.24: For hybrid or flipped classes, you may want to assign students to prepare recommendations regarding Santiago prior to the class session. Have students post articles on your learning management system discussion board and respond to the posts of several classmates indicating if they find the recommendations appealing and interesting.

6.24 48 horas en Santiago. Te toca escribir una serie de artículos que llevará el título *48 horas en…* para el periódico de tu universidad. En Internet, busca información turística para pasar 48 horas en la capital de Chile. ¿Qué lugares recomiendas para que los turistas aprendan datos interesantes sobre Santiago de Chile? ¿Qué es bueno hacer antes de que se ponga el sol? Comparte tu plan detallado con tu compañero/a. Answers may vary.

Estrategia de estudio: Using Visuals *by Rachel Petranek*

Courtesy of Rachel Petranek

I am a visual learner, so charts and pictures help a lot. If there are no visuals in the book, then I try to create my own. I use graphics to organize the information so that way I can learn them better. I even look up pictures online and in books and try to use words to describe them. Since pictures help a lot, I try to use them frequently so that I can understand what I am talking about.

WileyPLUS
Go to WileyPLUS to watch this video.

6.25 Situaciones. Haz el papel de **A** o **B** con tu compañero/a para participar en la conversación. Answers may vary.

Suggestion for 6.25: For flipped or hybrid courses, students can prepare this activity outside of class. They could practice together via videoconferencing software. During the next class session, they can practice and present their situation to the class.

A- Estás planeando un viaje a Costa Rica con tu amigo/a. Tú ya has pensado en lo que quieres hacer y estás preparado para el viaje, pero tu amigo/a se preocupa mucho por las cosas y siempre busca complicaciones a los planes que tienes. Explícale cinco actividades que quieres hacer en Costa Rica. Si él/ella inventa excusas, alivia sus preocupaciones dándole más información sobre el viaje. Usa las conjunciones: **en caso de que**, **sin que**, **con tal de que**, **antes de que**, **para que**, **menos de que**, **cuando**, **hasta que**, etc. para darle más información.

B- Estás muy preocupado/a. Tu amigo/a quiere ir a Costa Rica y nunca planea las cosas bien. No investiga los sitios. No lleva las cosas necesarias. Estás seguro/a que va a haber problemas en el viaje: volcanes, terremotos, robos, inundaciones, tormentas, aviones perdidos, etc. Cuando él/ella te explique las diferentes actividades, preséntale un problema que podría ocurrir durante cada una de ellas. Pregunta a tu amigo/a cómo piensa resolver cada uno de los problemas que tú le digas.

EXPERIENCIAS

Manos a la obra

Suggestion for 6.26: This is a task-based activity divided into steps in order to support the student with strategies for task completion. You may choose to assign steps 1-4 outside of class for a flipped classroom and ask students to present their poster in pairs or small groups. For hybrid or online classes, students can complete **Pasos 1-4** and then upload their final product to your learning management system discussion board.

Suggestion for 6.27: Students could form groups and complete steps 1-3 outside of class for a flipped classroom task. For hybrid or online classes, have students upload their treasure hunt to your learning management system discussion board in order to have classmates follow their clues.

Suggestion for 6.28: For flipped or hybrid courses, students can prepare this activity outside of class. During the next class session, they can present their reflection or a summary of it to the class.

Puentes entre culturas

6.26 Carteles de propaganda. Para tu nuevo trabajo en una organización sin fines de lucro, tu jefe te pide preparar propaganda para una campaña a favor del turismo responsable. Sigue los **Pasos** para organizar tu plan de propaganda en español para el público. Answers will vary.

Paso 1: Selecciona entre 5 y 8 fotos que representen el turismo responsable bajo tu punto de vista.

Paso 2: Escribe un pie de foto para cada una de ellas.

Paso 3: Escribe una descripción de cada foto y el motivo por el cual la seleccionaste.

Paso 4: Busca la mejor herramienta tecnológica para crear carteles (PhotoScape, Adobe Illustrator, PhotoShop…) y crea un cartel con las fotos que seleccionaste.

Paso 5: Presenta tu cartel a la clase.

6.27 Búsqueda virtual de tesoros. ¿Has participado alguna vez en una búsqueda de tesoros? Una de las actividades que te toca preparar para el campamento de inmersión donde vas a trabajar como voluntario/a es una búsqueda de tesoros. Piensas que vale la pena, ya que los niños pueden practicar la geografía y aprender sobre cómo utilizar la tecnología de forma creativa. Sigue los **Pasos** para completar este trabajo. Answers will vary.

Paso 1: Selecciona varios lugares donde quieres que los niños busquen el tesoro en un mapa virtual.

Paso 2: Busca una aplicación o software en línea para organizar la búsqueda.

Paso 3: Diseña 10 pistas con fotos para su búsqueda.

Paso 4: Comparte tu búsqueda con tu compañero/a.

Experiencias profesionales Una reflexión

6.28 Una reflexión. En la sección **Experiencias profesionales** del Capítulo 5 entrevistaste a una persona de tu área de interés profesional. En esta experiencia profesional vas a grabar una reflexión sobre todas las experiencias profesionales que has tenido hasta este momento. Completa los siguientes **Pasos**. Answers will vary.

Paso 1: Antes de hacer la grabación, prepara una lista con las cosas más relevantes que hayas aprendido durante las últimas semanas. Piensa en todas las experiencias que has tenido durante el semestre, incluyendo la entrevista, la búsqueda en Internet, la lista de vocabulario, entre otras, y elige las tres que más te hayan gustado para hacer tu grabación.

Paso 2: Prepara un video de entre 4 y 5 minutos en español que incluya lo que has aprendido sobre la cultura y la lengua hispana, así como lo que has aprendido acerca de tu área de interés profesional y el uso del español en esa área. Esta reflexión debe basarse en las tres experiencias que más te hayan gustado durante el semestre, y pueden incluir la entrevista, la búsqueda en Internet, la lista de vocabulario, etc. Además de la reflexión, contesta las siguientes preguntas durante la grabación.

- ¿Cuáles son las destrezas que necesitas mejorar en español para poder usarlo en tu área de interés profesional?
- ¿Qué tipo de vocabulario se utiliza en tu área de interés profesional?
- ¿Cuáles son las ventajas de ser bilingüe según tus investigaciones y observaciones?
- ¿Cómo te puede ayudar en tu área de interés profesional tener más conocimiento de las diferentes culturas hispanas?

Paso 3: Sube tu reflexión al foro, mira tres de las reflexiones de tus compañeros de clase y haz un comentario sobre cada una de ellas acerca de lo que te gustó y aprendiste de sus experiencias.

El blog de Sofía

Los bribris

Noticias Información Fotos Amigos Archivos

Courtesy of Diane Ceo-DiFrancesco

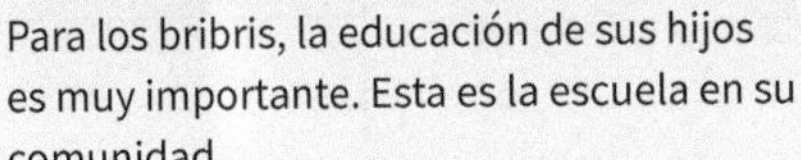

Para los bribris, la educación de sus hijos es muy importante. Esta es la escuela en su comunidad.

Courtesy of Diane Ceo-DiFrancesco

Plato típico hecho por una familia bribri en Costa Rica.

6.29 Mi propio blog. Completa los siguientes **Pasos**.

Paso 1: Lee el blog de Sofía.

El pueblo bribri es uno de los grupos indígenas más grandes de Costa Rica. Aunque están separados en varios enclaves dentro del país, hay un grupo de bribris que vive en la reserva de Kekoldi, en la cordillera de Talamanca, muy cerca de Puerto Viejo. Durante uno de mis viajes a Costa Rica, decidí visitarlos para conocer su cultura y sus costumbres, y a la vez participar en el turismo rural. Gracias a una organización sin fines de lucro pude planificar la visita. Llegamos a Bambú, un pequeño pueblo a las orillas del río Yorkín, donde nos esperaba un grupo de indígenas con sus canoas. El viaje duró una hora en canoa por el río Sixaloa, que marca la frontera con Panamá.

Al llegar a su comunidad, vimos sus casas, hechas de madera sobre pilotes[1] con techos de hojas secas. Los bribris conservan su propio idioma, tanto oral como escrito, y tienen una pequeña escuela para los niños de su comunidad. Su principal actividad económica es la agricultura y sus cultivos más importantes son el cacao y el banano. Las mujeres de la comunidad estaban ansiosas por mostrarnos su proyecto: Casa de las mujeres. Ellas toman las decisiones y tienen el poder en su comunidad, aunque los hombres también participan. Cerca de la Casa de las mujeres hay un puente colgante que nos llevó a una cascada maravillosa. Nos bañamos en el río para refrescarnos, pero ¡qué fría estaba el agua! Un joven de la comunidad nos enseñó la planta del cacao y abrió el fruto. Después de la pequeña excursión en la comunidad, almorzamos con las familias. Nuestro plato era una hoja de banano. Comimos arroz, pollo, frijoles y plantas de la selva. Para el postre, las mujeres nos enseñaron cómo hacer chocolate de las semillas tostadas de cacao. No sabía que el proceso fuera tan complicado, pero al final disfrutamos del delicioso chocolate que untamos encima de unos bananos. ¡Qué rico!

(continuación)

Suggestion for 6.29: For flipped or hybrid courses, students can complete **Paso 1** and **Paso 2** outside of class. During the next class session, they can share their rankings and justifications for **Paso 3** with their partner.

Technology tip for 6.29: Assign students to create a blog using any web application. Students will utilize this blog and post items to it for every chapter of *Experiencias*. You may ask your students to share the link to that blog on your learning management system discussion board. Then in class, ask students to compare their information.

[1]**pilotes:** pillings, posts

(continuación)

Participamos en otras actividades con ellos, como el tiro con arco, e hicimos una caminata en el bosque. Allí aprendí sobre las plantas medicinales. En definitiva, me gustó mucho la excursión y me gustaría volver algún día a saludar a mis generosos amigos bribris.

Paso 2: Usa Internet y haz una búsqueda de mapas para encontrar los lugares y pueblos mencionados en el blog de Sofía. ¿Cuánto tiempo dura un viaje desde la capital de Costa Rica al poblado de los bribris? Answers will vary.

Possible Answers for 6.29, Paso 3:

1. Hizo un viaje en canoa por el río Sixaloa.
2. Se bañó en el río.
3. Almorzó arroz, pollo, frijoles y plantas con las familias del pueblo.
4. Realizó actividades como tiro con arco y caminó por el bosque.

Paso 3: Completa la tabla con cuatro actividades que hizo Sofía con los bribris, siendo (1) la más interesante y (4) la menos interesante para ti. Escribe una explicación para justificar tu selección. Después, con tu compañero/a, comparen sus pirámides.

1	
2	
3	
4	

Paso 4: En tu propio blog, escribe sobre un lugar en tu comunidad o en línea que se considere un destino de turismo rural. Puede ser una granja, un parque, un rancho o cualquier otro lugar. ¿Cómo se llega hasta allí? ¿En qué actividades se puede participar? ¿Se sirve comida? ¿Por qué se considera el destino de turismo rural? Puedes incluir fotos del lugar y de las actividades favoritas que se hacen allí.

Technology tip for 6.29, Paso 4: Students create their own blog for **Experiencias** and then upload it to your learning management system discussion board. They are instructed to post specific items for each chapter and to review and comment on their classmates' postings.

Cortometraje

Costa Rica y el éxito del turismo ecológico

Antes de ver el cortometraje

6.30 El ecoturismo. Con un/a compañero/a de clase, contesta las siguientes preguntas. Answers will vary.

1. ¿Qué es el ecoturismo?
2. ¿Has participado en el ecoturismo alguna vez? ¿Cómo fue tu experiencia?
3. ¿Cuál es el parque nacional más cercano a tu casa? ¿Lo has visitado alguna vez? ¿Qué puedes ver y hacer allí?
4. En tu opinión, ¿cuál es la finalidad de los parques nacionales?

Simon Dannhauer / Shutterstock

El Parque Nacional de Cahuita es solo uno de los muchos parques nacionales que forman parte de Costa Rica.

Mientras ves el cortometraje

6.31 Vocabulario nuevo. Usa tu buscador favorito para ver este cortometraje. Mientras ves el cortometraje, selecciona las palabras de vocabulario que se mencionan en el video.

turismo ecológico	alojamiento	equilibrio	medio ambiente
cultivar	conservación	comportamiento	recurso natural
desarrollo sostenible	desperdiciar	naturaleza	biodiversidad

Después de ver el cortometraje

6.32 La conservación en Costa Rica. Contesta las siguientes preguntas sobre el cortometraje con un/a compañero/a de clase.

1. ¿Por qué es importante el año 1970 en Costa Rica?
2. ¿Qué dijeron los expertos sobre el caso de Costa Rica en cuanto a sus esfuerzos ecológicos?
3. Pablo Abarca menciona unos de los esfuerzos que Costa Rica está haciendo en la costa para conservarla. Menciona uno de esos esfuerzos.
4. ¿Qué porcentaje de la biodiversidad del mundo pertenece a Costa Rica?
5. ¿Cuál es el porcentaje del país con áreas de conservación?
6. ¿Qué tienen que hacer las compañías para conseguir el certificado de sostenibilidad?
7. ¿Por qué crees que Costa Rica es el país más visitado de Centroamérica?

Answers for 6.32: 1. Porque en ese año se creó el Parque Nacional Cahuita y comenzó el turismo ecológico; 2. Es un modelo que los países en el Caribe deberían emular; 3. Trabajan para limitar la construcción cerca de la playa; 4. 5 %; 5. 25 %; 6. Comprometerse a ahorrar agua y energía; 7. Answers will vary.

6.33 Los parques nacionales. Costa Rica tiene 28 parques nacionales y muchas reservas biológicas. Con un/a compañero/a de clase, completa los siguientes **Pasos** para preparar una presentación sobre uno de los parques nacionales de Costa Rica o una de sus reservas biológicas. Answers will vary.

Paso 1: Busca en Internet cuáles son los parques nacionales o las reservas biológicas de Costa Rica y elige uno.

Paso 2: En una hoja de papel, escribe una descripción del parque en español. Comenta sobre la flora y la fauna que se encuentra allí. Añade información sobre las diferentes actividades que se pueden hacer allí. Relata cómo el parque está contribuyendo al turismo responsable.

Paso 3: Finalmente, compartan su descripción del parque con el resto de la clase.

Suggestion for 6.33: This activity is broken down into steps. For hybrid or flipped classes, you may want to assign **Paso 1** and **Paso 2** for students to prepare prior to the class session. Students can work individually or use videoconferencing to prepare prior to the next class session.

Estrategia de lectura: Reciprocal Questioning

There are five basic steps that you can follow to help you comprehend a reading in Spanish. Try to apply them to the next reading. Then reflect upon your comprehension. Remember, reading for comprehension often means reading a passage more than once or twice. The five basic steps are:

- Examine the text organization before you start to read. What is the title? What are the subheadings? Are there images? Are graphs or tables included? What about captions? Begin by reading all of these to get a better idea of what the reading passage is about.
- Make connections. What do you already know about this topic? Have you experienced something similar? Have you studied the topic previously?
- Ask questions and make predictions. As you read, ask yourself questions about the text. Stop reading and make a prediction about what you think will come next in the text.
- Determine what is important. As you read, challenge yourself to sift through the text to find the most important points.
- Synthesize the information. Try to write a summary sentence or two about the reading.

Página informativa

La Isla de Pascua en Chile

6.34 Isla de Pascua. Este artículo describe la belleza del Parque Nacional Rapa Nui, mejor conocido como Isla de Pascua. Completa los siguientes **Pasos** antes de leer el artículo.

Alberto Loyo / Shutterstock

Las estatuas moái en la Isla de Pascua, Chile.

Antes de leer

Paso 1: El título de esta lectura es *Rapa Nui, el ombligo del mundo.* Varias culturas denominan "el ombligo[2] del mundo", una expresión indígena, a la Isla de Pascua. Con un/a compañero/a, habla sobre las diferentes razones por las cuales otras civilizaciones usan este simbolismo. ¿Qué significa? ¿Qué simboliza el ombligo? ¿Tienes algo parecido en tu cultura? Answers will vary.

Paso 2: Con un/a compañero/a, habla de las siguientes preguntas. Answers will vary.

1. La Isla de Pascua se conoce por las estatuas moái. ¿Por qué crees que construyeron estas estatuas? ¿Qué otros monumentos/estructuras de origen desconocido conoces?
2. La Isla de Pascua se considera una de las islas más aisladas del mundo. Está a más de 2.100 millas de la costa de Chile, casi la distancia entre Nueva York y Los Ángeles. ¿Por qué crees que a las personas les gustaría vivir allí? ¿A ti te gustaría vivir en un sitio tan aislado? ¿Por qué?
3. La Isla de Pascua ha tenido muchos nombres diferentes a lo largo de los años: Isla de San Carlos, Rapa Nui, Tepito Ote Henua, etc. Si encontraras una isla, ¿cómo la llamarías? ¿Por qué?

Paso 3: Antes de leer el artículo, selecciona los nombres propios que aparezcan en el mismo. Pueden ser nombres de lugares, personas, eventos, etc. Después, usa Internet para encontrar estos lugares o personas y lee información sobre ellos. Comparte con un/a compañero/a la información que hayas encontrado.

Rapa Nui, el ombligo del mundo

Rapa Nui o "Tepito Ote Henua" ("Ombligo del Mundo"), como la llamaban sus antiguos habitantes, es la isla habitada más remota del planeta. No hay otra porción de tierra en el mundo tan aislada en el mar y esa misma condición le otorga un aura de fascinante misterio.

Es un Parque Nacional, declarado Patrimonio Mundial por la UNESCO (United Nations Educational, Scientific and Cultural Organization), y que tiene de todo y para todos: playas con arenas de color rosa, como la de Ovahe, o de encanto paradisíaco como la de Anakena, volcanes y praderas para recorrer a pie o a caballo, flora y fauna marina para descubrir buceando, cavernas para recorrer en silencio, y moáis que fueron testigos del auge y la caída de una sociedad estratificada y compleja.

Se estima que los primeros habitantes de Rapa Nui llegaron desde las Islas Marquesas en el siglo VI y que durante más de mil años no tuvieron contacto con el exterior. Eso hasta que el domingo de Pascua de 1722 fue descubierta para el mundo occidental por el navegante holandés Jakob Roggeveen, quien describió a los rapa nui como "un sutil pueblo de mujeres hermosas y hombres amables".

En la isla se desarrolló una cultura compleja, que tras su apogeo[3] cayó en la escasez[4] de alimentos y las consecuentes luchas tribales. El espíritu de esta cultura sigue vivo en sus habitantes, su lengua, sus vestimentas, su música, sus bailes, su artesanía y sus comidas. Cada mes de febrero, la vuelta a las raíces alcanza su punto máximo en la Tapati, una fiesta de dos semanas cuyo corazón son las tradiciones y donde los rapa nui se pintan el cuerpo como lo hacían sus ancestros, compiten en pruebas asombrosas, cantan, bailan y eligen a su reina.

El resto del año, el encanto de la isla no disminuye. Su clima es permanentemente cálido, su infraestructura turística y de servicios mejora de forma sostenible, y la tranquilidad y belleza del entorno, junto a la gracia de sus habitantes, hacen que uno quiera volver siempre.

[2]**ombligo:** belly button [3]**apogeo:** peak [4]**escasez:** shortage

Después de leer

Paso 4: Con un/a compañero/a, habla de las siguientes preguntas.

1. ¿Por qué se llama Isla de Pascua?
2. ¿Cuáles son algunas de las características de la geografía de la Isla de Pascua?
3. ¿Cómo se celebra la Tapati en la Isla de Pascua?
4. ¿Cuándo llegaron los primeros habitantes a Isla de Pascua? ¿De dónde procedían?
5. Nombra varias actividades que se puedan hacer en Isla de Pascua.

Paso 5: ¿Qué pasó? No se sabe exactamente qué pasó con los habitantes de Isla de Pascua, a pesar de la gran cantidad de teorías existentes. Tenía una población de miles de personas, pero en 1877 solamente había 110 habitantes. Con un/a compañero/a de clase, propón varias ideas y teorías sobre qué causó la desaparición de esta civilización. Luego, busca información en Internet sobre los antiguos habitantes de la isla. Comparte lo que encuentres con otro grupo de la clase. Answers will vary.

Suggested Answers for 6.34, Paso 4: 1. Se descubrió el Día de Pascua; 2. arena rosada, volcanes, praderas, cavernas, clima cálido, etc.; 3. Se pintan los cuerpos, bailan, cantan, eligen una reina; 4. Llegaron en el siglo VI desde las islas Marquesas; 5. bailar, cantar, bucear, caminar, etc.

Suggestion for 6.34, Paso 5: If using technology in the classroom is problematic, students could do the discussion and theorizing as an in-class assignment and then carry out the research portion at home. They could then get back together and discuss what they found and share this information with other groups of students in the class.

Cultura viva

Las etnias de la sociedad guineana

La tribu y la etnia son realidades incuestionables en las sociedades africanas. Son formas de organización que representan la primera señal de identificación en la vida social. Las etnias que existen en Guinea Ecuatorial incluyen las fang, bubis, pigmeos, ndowés y bisios, entre otras. Sin embargo, el gobierno actual intenta romper las estructuras básicas y las características de la sociedad para así lograr un control total y autoritario sobre la sociedad. Hoy día el gobierno utiliza el término 'pueblo' en vez de 'tribu' o 'etnia', sin ninguna explicación de lo que significa política o etnológicamente. De todos modos, no se trata solo de un simple cambio semántico, sino también de una profunda manipulación para cambiar la sociedad.

Carlos Mora / Alamy Stock Photo

Una mujer de la etnia bubi.

Carlos Mora / Alamy Stock Photo

Un hombre de la etnia fang.

Página literaria Juan Balboa Boneke

6.35 Juan Balboa Boneke, miembro de la generación perdida. Juan Balboa Boneke nació en Rebola, en la Isla de Fernando Poo (Bioko). Estudió Peritaje Mercantil en España donde empezó a escribir. Fue un novelista, ensayista y poeta. Sigue los **Pasos** para descubrir por qué se exilió en España y qué piensa de su país.

Juan Balboa Boneke, autor guineano.

Answers for 6.35, Paso 1: 1. Se llaman Santi, Ribobe y Pablo. 2. Está hablando con un grupo de jóvenes y en Guinea Ecuatorial se utiliza la forma de vosotros, ya que el español que se habla allí es de España. 3. habéis, creedme, deberéis, sabéis.

Suggestion for 6.35: This is a task-based activity divided into 5 steps in order to support the learner. You may choose to assign all steps outside of class for a flipped, hybrid or online classroom.

Antes de leer

Paso 1: El siguiente diálogo es parte de una narrativa sobre el viaje del autor a Guinea Ecuatorial después de más de diez años de exilio en España. En este diálogo habla con un grupo de jóvenes, todos entre los once y catorce años aproximadamente, quienes le preguntan al autor sobre la situación política del país y las tensiones entre los grupos étnicos que ahí existen. Revisa rápidamente los primeros cinco inicios de los diálogos y contesta las siguientes preguntas.

Answers will vary.

1. ¿Cómo se llaman los jóvenes?
2. ¿Por qué utiliza el autor las expresiones 'vuestro origen', 'vuestro pueblo', 'vuestro país'?
3. ¿Qué otros ejemplos lingüísticos hay en la selección que representan la colonización española?

Paso 2: Selecciona los cognados y después lee la selección.

El reencuentro

"... –Sois Bôhôbes y sois guineanos. El amor a vuestro origen y, por tanto, a vuestro pueblo no impide el amor hacia vuestro país. Guinea, amigos míos, es una, pero es diversa.

–¿Qué significa esto de que es diversa?, yo no lo entiendo –dijo Santi levantando la mano.

–Esto significa que nuestro país no está constituido por una sola tribu. Son varias tribus en un mismo país. Vamos a ver, ¿habéis visto algún jardín? Pues nuestro país es un jardín.

–¿Cómo un jardín? ¿Por qué?

–Porque en el jardín hay una gran variedad de flores y de plantas, ¿verdad?

–Así es.

–Las distintas plantas y flores dan belleza, colorido y alegría al lugar. El jardín es uno, pero las plantas y flores son diversas. Cada planta constituye su propia vida dentro del conjunto. Todas en su conjunto, bien tratadas, respetando la realidad de cada una, forman una bella franja de paz y de sosiego. Creedme, así debería ser nuestro país: cada etnia es una flor. El gran problema es que nosotros lo sepamos comprender y reconocer. Y, como, tal, con la debida delicadeza, tratarlo.

–Todo esto nunca lo había escuchado —intervino de nuevo Pablo—. ¿Estas cosas las ha aprendido en España?

–En España se estudian muchas cosas. Pero no sólo en ese país se puede aprender cosas. Aquí mismo se puede estudiar y profundizar en los conocimientos. Cuando se normalice la situación del país, cuando haya librerías deberéis leer mucho.

–¿Puedo hacerle una pregunta? –dijo Ribobe.

–Claro que sí, hazla, si puedo te contestaré.

–¿Existe la posibilidad de que todo el mal que hemos vivido y que ha producido tanta destrucción vuelva a nuestro país?

–No sé qué decirte, Ribobe. Sí, es posible. Cometiendo los mismos errores de ayer, claro que volveremos a sufrir esos mismos males. De todos modos, os puedo decir que nos faltó el diálogo. Es diálogo entre todos nosotros. Entre las distintas tribus de nuestro país. Sabéis que fuimos colonizados por España, que la colonización duró casi doscientos años; pues en ese tiempo no hubo un intercambio cultural entre nuestros respectivos pueblos. Apenas nos conocemos. Somos unos extraños tribu a tribu...".

[Excerpt from *El reencuentro: El retorno del exiliado*, Juan Balboa Boneke (Malabo, Ediciones Guinea: 1985)]

Después de leer

Paso 3: Con tu compañero/a contesta las siguientes preguntas sobre *El reencuentro*.

1. ¿Qué comparaciones hace el autor en la selección?
2. ¿Qué le recomienda a los jóvenes?

Answers for 6.35, Pasos 3, 4 and 5: Answers will vary.

3. ¿Qué insinúa el autor sobre la sociedad guineana?
4. ¿Qué sugiere el autor para mejorar la situación política de su país?
5. ¿Qué explica el autor sobre la historia de su país?
6. ¿Hay una falta de derechos en Guinea Ecuatorial? ¿Cómo lo sabes?
7. Juan Balboa Boneke dice que es posible que vuelva la destrucción a su país. ¿Se repetirá la historia en Guinea Ecuatorial? ¿Y en Estados Unidos? ¿Por qué?

Paso 4: Consulta Internet para encontrar la siguiente información sobre Guinea Ecuatorial.

1. Número de tribus en Guinea Ecuatorial
2. Nombre del presidente
3. Años como presidente
4. Año de las últimas elecciones
5. Nombres de los grupos étnicos en Guinea Ecuatorial
6. Fecha de independencia de España

Estrategia de escritura: Freewriting

Freewriting is a simple strategy with a powerful impact on your writing, if applied frequently. Choose a topic and set your timer for 2-5 minutes. Once you begin to write, do not lift your pen or make corrections until the timer sounds. Freewriters are not intended to be corrected for accuracy. The focus is on developing fluency and processing your ideas. In freewriting we must shut down our internal editors and concentrate on creating ideas and producing language. Freewriting can be used prior to beginning a writing assignment, before class to focus on the day's topic or after class as a means of processing and summarizing the day's lesson.

Paso 5: Acabas de recibir una beca para viajar a Guinea Ecuatorial. Utiliza la estrategia de escritura para describir tus planes. ¿Te quedarás en hoteles de lujo? ¿Practicarás turismo responsable? ¿A dónde viajarás para conocer la cultura? Escribe durante aproximadamente 5 minutos, y luego lee y edita tu trabajo. Añade fotos de Internet y sube tu descripción al foro.

Cultura y sociedad

El turismo responsable

6.36 El turismo responsable. Vas a leer un artículo sobre unas recomendaciones para practicar el turismo responsable. Completa los **Pasos** para aprender más.

Answers will vary.

KroXi / iStock / Getty Images

La máxima del turismo responsable es "No saque nada... más que fotografías. No deje nada... salvo sus huellas".

Antes de leer

Paso 1: Con un/a compañero/a de clase, habla del significado para ti de la cita "No saque nada... más que fotografías. No deje nada... salvo sus huellas". Considera las siguientes preguntas:

1. ¿Cómo se puede lograr dejar solamente huellas?
2. ¿Cuáles son las dificultades que pueden encontrar los turistas para lograr esta meta?
3. ¿Cómo pueden dañar los turistas los lugares que visitan?
4. ¿Piensas que eres un/a turista responsable al viajar? ¿Por qué?
5. ¿Qué puedes hacer cerca de tu casa para practicar el turismo responsable?

El turismo responsable: La mejor manera para conocer el mundo

El turismo responsable es parte de una nueva tendencia que intenta conservar no solo el medio ambiente, sino también las culturas y las diferentes sociedades que residen en nuestro planeta. El turismo responsable se compone de diferentes tipos de turismo, como el ecoturismo, el turismo cultural y el turismo sostenible. El turismo responsable también incluye varios tipos de viajes, que tienen como objetivo minimizar los impactos negativos del turismo sobre el medio ambiente y maximizar la contribución positiva a las comunidades locales. Viajar de manera responsable no implica hacer grandes sacrificios ni quedarse en casa. Se trata de diseñar programas de turismo y viajes individuales cuidadosos para ofrecer a los viajeros la experiencia que buscan, dejando una huella positiva en su destino. La pregunta, entonces, que nos hacemos como viajeros es, ¿cómo se logra ser un/a turista responsable? A continuación, ofrecemos unas ideas sobre cómo practicar un turismo responsable.

1. *Conozca y respete la cultura que le rodea, sin importar el destino.* En estos días no es demasiado difícil aprender acerca de las culturas y las normas de cualquier rincón[5] del mundo. Conocer los sitios antes de llegar no solamente puede hacer que su experiencia sea más rica, sino que también le puede dar información para que no dañe el lugar que quiere visitar.
2. *Contribuya a la economía local.* Puede hospedarse en un hostal u hotel local en vez de en una cadena internacional de hoteles. Esto le permite contribuir a la economía local porque el dinero se queda en ese lugar. Use guías locales para realizar visitas a los lugares turísticos y no participe en actividades hostiles, como nadar con delfines, ir en un todoterreno por la selva tropical o dar paseos en helicóptero.
3. *Sea un miembro temporal de la comunidad.* No hay que aislarse de la comunidad al visitar un lugar. Puede hacer muchas cosas para integrarse con los habitantes de la zona, como caminar por las calles, hablar con los niños, jugar al fútbol o comer y tomar su café en los lugares que están fuera del camino típico de los turistas.
4. *Deje el lugar en mejores condiciones que cuando lo encontró.* En su lugar, puede esforzarse por dejar una huella positiva, no disfrutar tanto de un sitio que lo deje en peor estado que antes de que usted llegara. Se pueden desarrollar relaciones sostenibles y mutuamente beneficiosas con sus guías o anfitriones. En pocas palabras, en lugar de dejar atrás su basura, deje atrás un poco de su buena voluntad.
5. *Quítese los lentes de color de rosa.* Mientras está de vacaciones en el paraíso, lo que necesita saber es que el paraíso no está exento de problemas. Si se mueve más allá de las playas, museos y lugares de interés, usted puede comenzar a ver su destino como realmente es. Y eso está bien. Quitarse los lentes de color rosa y ser susceptible de ver todo lo bueno y lo malo (como la pobreza y otros problemas de justicia social) le ayuda a apreciar más las cosas.
6. *Considere la posibilidad de ser voluntario/a a corto plazo.* Se pueden realizar servicios voluntarios a la hora de viajar y esto puede ayudarte a desarrollar una comprensión más profunda de las culturas locales, y crear conexiones más íntimas con los locales en un corto período de tiempo.

Después de leer

Paso 2: Con un/a compañero/a de clase, habla de las siguientes preguntas usando la información de la lectura y tus propias ideas.

1. ¿Cómo puede contribuir el turismo responsable en capacitar a las comunidades locales y reducir la pobreza?
2. ¿Cómo puede el turismo responsable contribuir verdaderamente a la supervivencia de la flora y fauna en peligro de extinción?
3. ¿Cómo puede facilitar el turismo responsable el aprendizaje intercultural?
4. ¿Cómo podemos controlar y proteger la biodiversidad en las zonas utilizadas para el turismo?
5. ¿Cómo podemos disminuir los impactos sociales y ambientales negativos del turismo?

[5]**rincón:** corner

Paso 3: Con un/a compañero/a de clase, planifica un viaje de cinco días a un lugar interesante en el mundo hispano. Considera las sugerencias mencionadas en el artículo al organizar tu viaje para que practiques el turismo responsable. Escribe tu plan de viaje en forma de itinerario para que puedas compartirlo con otros estudiantes de la clase. Piensa en los siguientes puntos al preparar tu viaje:

- ¿Adónde vas y cuándo vas a viajar?
- ¿Qué actividades vas a hacer cada día?
- ¿Cómo vas a practicar el turismo responsable?
- ¿A quién le gustaría disfrutar de este tipo de viaje?
- ¿Va a estar mejor el lugar después de tu visita? ¿Por qué?

Suggestion for 6.36, Paso 3: The students may want to use technology to look up information about the place they plan to visit. Try to facilitate this as much as possible or send them home one day to gather the information and then return to class with that information before putting them in groups.

Paso 4: Comparte tu itinerario con otros tres grupos de la clase y contesta sus preguntas sobre el viaje que tienes planeado. **Suggestion for 6.36, Paso 4:** During the course of the semester, students will have the opportunity to present on a variety of topics and places from the Spanish-speaking world. Depending on where you live, the heritage learners in your classes will come from different countries of origin. Encourage them to give presentations on the countries where they have family not only because they will have native informants to help them, but it will also help them to learn about who they are and some of the many interesting aspects of their heritage.

Película

Feguibox

6.37 ***Feguibox*****.** Lee la descripción de la película y sigue los **Pasos** para aprender más. Answers will vary.

La película *Feguibox* es una historia de superación y supervivencia, de amor y de vida. Se estrenó en el Festival Internacional de Cine de Gotemburgo, Suecia. Los personajes principales, Salvador y Castillo, son dos boxeadores que se preparan para clasificarse para los Juegos Olímpicos en Londres de 2012. Será la primera vez en la historia de su país, Guinea Ecuatorial, que participan atletas en los juegos olímpicos.

© Talatala Filmmakers

Feguibox es una película que tiene lugar en Malabo, Guinea Ecuatorial.

La película muestra la realidad en Malabo, la capital del país, mientras conocemos más acerca de la vida de los dos boxeadores. De día, Castillo trabaja como peluquero y de noche, Castillo y Salvador son porteros de discoteca. De madrugada salen a correr, y cuando no trabajan, entrenan para lograr sus sueños: ser deportistas de élite y mejorar las condiciones de vida de sus familias. Sin embargo, el principal reto de Salvador tiene lugar fuera del *ring*: lucha por aumentar su nivel de disciplina para poder lograr sus sueños. *Aguantar* es una palabra repetida en muchas escenas de la película, ya que el director Rubén Monsuy representa a través de la película el aguante de los guineanos en el terreno social, económico y lingüístico de la sociedad actual de su país.

Paso 1: Avance en español de la película. Busca en Internet un avance en español de la película. Míralo y con tu compañero/a, contesta las siguientes preguntas.

1. ¿Qué idiomas escuchas en el avance?
2. ¿Cómo consiguen agua para la familia?
3. Describe la casa donde vive la familia.
4. ¿Qué le dice la novia al personaje principal?
5. ¿Es posible que no viaje a Londres? ¿Por qué?
6. ¿Cómo entrenan los dos amigos?
7. ¿Por qué está triste la mujer?
8. ¿Qué ves en la ciudad de Malabo?

Paso 2: Tras ver la situación de los boxeadores en el avance de la película, escribe cinco predicciones sobre lo que pasará en la película. Por ejemplo, ¿Salvador recibirá su pasaporte? ¿Irá a los Juegos Olímpicos? ¿Se casará con su novia? Piensa en todas las posibilidades.

Paso 3: Cuéntale a tu compañero/a una película de drama que te guste. ¿Quiénes son los personajes principales? ¿Qué sucede en la película? ¿Por qué te gusta? ¿Se la recomiendas a tu compañero/a?

Technology tip for 6.38: Have your students use the tool of their choice to compile their electronic notebook. This is a great way to keep students organized as they create a portfolio of photos and material regarding the countries presented throughout the book.

6.38 El cuaderno electrónico. Abre tu cuaderno electrónico y empieza una nueva página. Completa los siguientes **Pasos**. Answers will vary.

Paso 1: Utilizando tu libro de texto e Internet, sigue las siguientes instrucciones:

1. Escribe información básica de los países que has estudiado en este capítulo: Chile, Costa Rica y Guinea Ecuatorial.
2. Incluye un mapa de los países.
3. Selecciona dos lugares que te gustaría ver de esos países y explica por qué los seleccionaste.
4. Escribe información sobre los lugares que quieras visitar.
5. Sube dos fotos de cada país.
6. Incluye información básica sobre los temas del capítulo.
7. Escribe tres hechos nuevos que aprendiste.
8. Escribe tres temas adicionales que te interese investigar.

Paso 2: Lee y comenta sobre la información de dos compañeros.

REPASOS

Repaso de objetivos

Teaching tip for Repaso de objetivos: Although this self-assessment is designed for the students to evaluate their progress, teachers might poll students informally as a group to gauge how students are feeling about the material. This could be done orally with eyes closed and hands raised or by simply asking students to leave a slip of paper with their answers at the end of class.

Check off the objectives you have accomplished.

I am able to...

	Well	Somewhat
• express future plans.	☐	☐
• describe how to organize and plan my travels.	☐	☐
• identify the challenges of sustainable tourism.	☐	☐
• analyze guidelines for practicing responsible tourism.	☐	☐
• examine a UNESCO World Heritage Site in Chile.	☐	☐

Repaso de vocabulario

WileyPLUS
Go to WileyPLUS to review these vocabulary words and practice their pronunciation.

Preparativos y trámites para viajar ***Preparations and formalities to travel***

abordar *to board*
el asiento de pasillo *aisle seat*
el asiento de ventanilla *window seat*
el/la asistente de vuelo *flight attendant*
a tiempo *on time*
aterrizar *to land*
el cinturón de seguridad *seat belt*
el compartimento superior *upper compartment*
la demora *delay*
despegar *to take off (airplane)*
el equipaje (de mano) *(carry on) luggage*
facturar *check in*
el horario *schedule*
la llegada *arrival*
la maleta *suitcase*
el mostrador *counter*
el pasillo del avión *aisle of the plane*
la puerta *gate*
la sala de espera *waiting area*
la salida *departure*
la tarjeta de embarque *boarding pass*
el viajero *the passenger*
el/la viajero/a *traveler*
el vuelo *flight*

Los cognados

la conexión (escala)
la excursión
el itinerario
el metro
el/la piloto/a
el transporte público

Turismo responsable ***Responsible tourism***

el alojamiento *lodging*
apoyar *to support*
aventurarse *to venture out*
el comportamiento *behavior*
la conciencia *awareness*
consciente *aware of/conscious of*
desperdiciar *to waste*
disminuir *to reduce*
los envases retornables *reciclable packaging*
erradicar *to eradicate*
la estancia *stay*
grave *serious*
el/la guía de turismo *tourist guide*
el lujo *luxury*
el/la operador/a *operator*
el país en vías de desarrollo *developing country*
promover *to promote*
sensible *sensitive*
la tarifa *rate, price*

Los cognados

el agroturismo
erradicar
minimizar
el/la operador/a
el voluntariado

Repaso de gramática

Future

Subject pronouns	-ar	-er/ir
yo	estudiar**é**	leer**é**
tú	estudiar**ás**	leer**ás**
él/ella, usted	estudiar**á**	leer**á**
nosotros/as	estudiar**emos**	leer**emos**
vosotros/as	estudiar**éis**	leer**éis**
ellos/as, ustedes	estudiar**án**	leer**án**

Verbs with altered stems

The following verbs have an altered stem in the future.

Verb	Altered stem
poner	*pondr-*
poder	*podr-*
querer	*querr-*
saber	*sabr-*
tener	*tendr-*
venir	*vendr-*
salir	*saldr-*
hacer	*har-*

Subjunctive with adverbial conjunctions: implied future actions

Adverbial conjunctions that express future

Antes de que: *Before*	Hablaremos **antes de que** te vayas. *We will talk before you leave.*
Después de que: *After*	**Después de que** termine la guía, almorzaremos. *After the tour ends, we will have lunch.*
Cuando: *When*	Te llamaré **cuando** aterricemos en Santiago. *I will call you when we land in Santiago.*
En cuanto/Tan pronto como: *As soon as*	**En cuanto** haya acceso a Internet, ella le mandará un correo electrónico a su jefe. *As soon as there is Internet access, she will send an email to her boss.*
Hasta que: *Until*	El avión no puede despegar **hasta que** todos los pasajeros estén sentados con el cinturón abrochado. *The plane cannot take off until all passengers are seated with their seatbelts fastened.*

Adverbial conjunctions that express habitual or completed actions

Cuando: *When*	Siempre tomamos muchas fotos **cuando** viajamos. *We always take a lot of photos when we travel.*
Después de que: *After*	Volvimos al hotel **después de que** terminó la guía. *We returned to the hotel after the tour ended.*
En cuanto/Tan pronto como: *As soon as*	Normalmente cenamos **tan pronto como** llegamos a casa. *Normally we eat as soon as we get home.*
Hasta que: *Until*	Nadamos en el mar **hasta que** bajó el sol. *We swam in the sea until the sun went down.*

When there is no change of subject, the conjunctions **antes de**, **después de**, **sin** and **hasta** are followed by the infinitive.

Consider the following examples:

Compararemos los precios **antes de comprar** un billete.
We will compare prices before buying a ticket.

Después de sacar una foto que me guste, se la mando a mi amiga.
After taking a picture that I like, I send it to my friend.

El comercio justo

Christophe Boisvieux / Corbis NX / Getty Images

El café es uno de los cultivos más importantes en varios países del continente americano.

Note for Chapter 7: World Readiness Standards addressed in this chapter include:
Communication: All three modes
Culture: Examining social justice issues related to fair trade in various Spanish-speaking countries.
Connections: Connecting with the disciplines of history, agriculture, and anthropology.
Comparisons: Comparing and contrasting foods and consumerism in various Spanish-speaking countries.
Communities: Acquiring the life-long skills of investigating, reading, and reporting on a given topic in the target language.

Contesta las siguientes preguntas basadas en la foto.

1. ¿Qué hace la persona en la foto?
2. ¿Qué tipo de planta es?
3. ¿Qué parte de la planta le interesa a la persona?
4. ¿Cómo imaginas el procesamiento de este cultivo?
5. ¿Cómo afecta el cultivo de esta planta al individuo y a su comunidad?
6. ¿Qué cultivo hay cerca de tu casa y cómo afecta la economía?

OBJETIVOS COMUNICATIVOS

By the end of this chapter, you will be able to...

- tell about activities that you and others have done.
- Describe hypothetical and real situations.

OBJETIVOS CULTURALES

By the end of this chapter, you will be able to...

- identify the challenges faced by small farmers and the difficulty providing authentic food sources.
- analyze the advantages and disadvantages of organic produce.
- compare fair trade and direct trade classifications.

ENCUENTROS

Video: Sofía sale a la calle a preguntar

Conozcamos a... Lilia Meléndez Molina

EXPLORACIONES

Exploremos el vocabulario
La finca y los productos agrícolas
El comercio y el consumidor

Exploremos la gramática
Subjunctive to express possibility and probability
Present perfect and Past participle

EXPERIENCIAS

Manos a la obra: El comercio justo

Experiencias profesionales: Un negocio internacional

El blog de Sofía: UTZ Market

Cortometraje: *Cooperativa Los Pinos*

Página informativa: Los alimentos orgánicos

Página literaria: Julia Álvarez

Cultura y sociedad: La quinua: la nueva supercomida

Película: *Voces inocentes*

ENCUENTROS

Video ▶ Sofía sale a la calle a preguntar

WileyPLUS

Go to WileyPLUS to watch this video.

7.1 Entrando en el tema. El tema del "comercio justo" abarca muchos campos e ideas diferentes. Completa los siguientes **Pasos** sobre el comercio justo. Answers will vary.

Paso 1: ¿Qué es el comercio justo? Haz una red de ideas, y escribe palabras e ideas que asocies con este concepto.

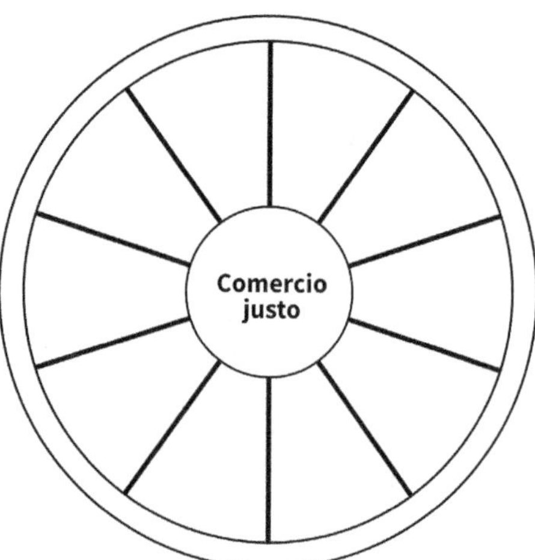

Paso 2: Compara tu red de ideas con la de un/a compañero/a y habla de las diferencias y las semejanzas de sus ideas sobre el comercio justo.

7.2 Sofía sale a la calle. Completa los siguientes **Pasos**.

Paso 1: En el video, Sofía entrevista a Andrés, Steve, Guido y Michelle. Ellos mencionan varios alimentos que les gusta comprar en mercados al aire libre o en supermercados orgánicos. Selecciona los alimentos mencionados durante las entrevistas.

a. __√__ la fruta
b. __√__ las verduras
c. ______ la carne
d. __√__ la piña
e. ______ la sandía
f. ______ la langosta
g. __√__ el pescado
h. __√__ el tomate
i. __√__ la lechuga
j. ______ el pollo
k. __√__ el aguacate
l. ______ los limones
m. __√__ las ciruelas
n. ______ las uvas

Paso 2: Con un/a compañero/a de clase, habla de los diferentes alimentos que te gusta comprar en un mercado al aire libre o un supermercado orgánico en vez de en un supermercado tradicional y explica por qué. Si no haces compras en estos sitios, describe dónde prefieres comprar tus alimentos y por qué. Answers will vary.

7.3 ¿Qué piensas? Hay algunas personas que cuestionan los beneficios de la comida orgánica y los supermercados orgánicos. Vas a tener un debate sobre este tema con unos compañeros de clase. Sigue las instrucciones a continuación para completar la actividad. Answers will vary.

1. Forma un grupo de cuatro personas con otros tres compañeros de clase.
2. Seleccionen a dos personas del grupo para estar a favor de la compra de comida orgánica y los supermercados orgánicos y dos personas para estar en contra.
3. Habla con tu compañero/a de debate durante 3 minutos para preparar la defensa de su opinión. Pueden usar información de las entrevistas y también sus propias opiniones.
4. Debatan con la otra pareja durante tres minutos e intenten convencerles de su posición.
5. Entre todos decidan qué pareja presentó los argumentos más convincentes.

Estrategia de estudio: Examining How Much Time it Takes

Have you wondered why you can remember some words and phrases easier than others? There are two reasons I have discovered that can make it easy or difficult for you to remember what you want to say and how you want to say it. One has to do with emotions and positive memories. Emotionally-significant and positive events and memories make it easier to recall the language associated with them. On the other hand, strong, negative emotions can impair memory. If you are anxious or stressed, part of the working memory of your brain is taken up by anxiety, leaving less capacity for processing and recall.

What can you do about this? Try to keep in your mind that anxiety is a common issue with learning a language and that you are not alone in dealing with it. Keep in mind that you might be causing increased anxiety by focusing too much on what you are doing wrong or on your mistakes. Try to stay positive about your performance and talk to your instructor to be sure that you have realistic expectations.

No matter how long you study Spanish, you will never learn all of the vocabulary you might need in a given situation. One solution to the frustration of not knowing exactly the right word for something is to develop the ability to paraphrase. The ability to explain something in a different way gives you a chance to continue a conversation.

So, if you don't know or can't think of a word, don't panic! Explain it in another way to get your point across. For example, if you can't remember the word for **"desayuno"**, you might say **"la primera comida del día"**. This simple idea will help you build your fluency if you practice it at home and in the classroom.

WileyPLUS
Go to WileyPLUS to watch this video.

Conozcamos a...

Lilia Meléndez Molina

Rhonda Gutenberg / Lonely Planet Images / Getty Images

Lilia es una artesana ecuatoriana que vende sus productos a un precio justo.

Antes de escuchar

7.4 La artesana ecuatoriana. Con un/a compañero/a, contesta las siguientes preguntas. Answers will vary.

1. ¿Qué piensas del comercio justo?
2. ¿Qué significa el término 'precio justo' para ti?
3. ¿Sueles comprar los productos más baratos o te importa más la calidad? ¿Por qué?
4. ¿Qué productos hechos a mano has comprado? ¿Cuestan más que los productos de fábrica?
5. ¿Has asistido alguna vez a una clase de manualidades? ¿Qué aprendiste a hacer?

Mientras escuchas

Suggestion for 7.5: For hybrid or flipped classes, you may want to assign students to listen to the audio and complete this activity prior to the class session.

7.5 La vida de Lilia. WP Lilia ha tenido una vida muy interesante. Escribe una oración que describa lo que hacía a cada edad basando tus respuestas en lo que escuches.

1. 7 años Iba a la ciudad con su abuela para vender sus tejidos
2. 9 años Aprendió a coser
3. 15 años Empezó a tejer
4. 20 años Se unió a la Asociación Manos de Mujer

Después de escuchar

7.6 Una tienda. Vas a abrir una tienda con dos compañeros/as de clase que vende productos a un precio justo, un precio que refleja el trabajo y las horas requeridas para producir esos productos. Van a vender tres productos diferentes que Uds. mismos van a crear. Sigue los **Pasos** para completar la actividad. Answers will vary.

Audioscript for 7.5:
Mi nombre es Lilia Meléndez Molina, pero mis amigos me llaman Lili. Nací en Quito, Ecuador. Desde joven me ha interesado la artesanía. Mi abuela tejía y vendía sus productos en diferentes tiendas de la ciudad, las cuales luego los vendían a un precio mucho más alto. Recuerdo que cuando yo tenía 7 años iba con ella a vender sus tejidos y no me parecía justo que los dueños de las tiendas ganaran tanto mientras que mi abuela recibía muy poco. Como me encantaba pasar tiempo con ella, me enseñó a coser a los 9 años. Al principio las cosas no me salían muy bien, pero con la paciencia de mi abuela, logré crear unas prendas preciosas. Me acuerdo de haber cosido un conjunto muy bonito para mi peluche y más tarde hice una blusa para mi hermanita. Después de varios años cosiendo diferentes cosas, a los 15 años empecé a tejer, otra vez con la ayuda de mi abuela, y decidí poner en venta algunos de mis tejidos. Al principio no ganaba mucho, pero por poco que ganara me daba mucha alegría ver que la gente apreciaba mis manualidades. Después de 5 años me di cuenta de que mi

trabajo valía mucho más de lo que me daban en la ciudad. Al cumplir 20 años, me uní a una organización llamada Asociación Manos de Mujer. Esta asociación trabaja con artesanas como yo para poder ayudarnos a vender nuestros productos a un precio justo. Esto ha sido un gran logro para mí y para mis compañeras debido al hecho de que por medio de esta asociación no solamente nos dan más dinero por el trabajo que hacemos, sino que también aprecian la calidad de las artesanías que creamos. El comercio justo nos recompensa de forma justa y nos empodera a pedir un precio justo por lo que hacemos. Aunque soy joven y no tengo marido ni hijos, espero un día poder no solamente mantenerme a mí misma, sino también ayudar a mi propia familia por medio de las cosas que tejo y coso. No dejo de aprender cosas nuevas. Tengo planes de aprender a pintar cerámica con diseños que reflejen la cultura y la belleza de mi país. Todavía no lo he podido aprender, pero cuando lo haga, voy a ser yo quien le enseñe a mi abuela a hacer algo que no sabe hacer.

Suggestion for 7.6: Many students believe that they do not possess any artistic talents and would not be able to make products to sell in a store. Encourage them to be creative and consider how their interests could translate into marketable talents. For example, if they love to play an instrument they could sell lessons or music that they create. If they like sports, they could create clothing or other equipment to sell in their store.

Paso 1: Entrevista a tus compañeros/as de clase para decidir cuáles son sus talentos y cuáles son los tres productos que ellos/as van a crear para la tienda.

- ¿Qué te gusta hacer en tu tiempo libre?
- ¿Qué talentos tienes?
- ¿Tienes algún talento que puedas usar para crear un producto para nuestra tienda?
- ¿Por qué crees que las personas van a querer comprar tu producto?

Paso 2: Después de decidir sobre los tres productos que van a vender, consulta con los dos integrantes de tu grupo y contesta las siguientes preguntas.

- ¿Dónde van a abrir su tienda?
- ¿Por cuánto van a vender sus productos?
- ¿Qué van a hacer para que las personas vayan a comprar a su tienda?
- ¿Cómo van a convencer a las personas de que sus productos valen el precio que ustedes les han puesto?
- ¿Hay otros productos que podrían crear y vender en su tienda?

Paso 3: En grupos de tres, van a hablar con otros dos grupos de estudiantes de su clase. Comparen su tienda con la de ellos. Decide si comprarías los productos que tus compañeros/as de clase van a vender.

Suggestion for 7.6, Paso 3: You could also have the students give a one-minute sales presentation about their store and what products they have. This would be a fast way to get them speaking and describing their stores.

Cultura viva

¿Qué es el comercio justo?

"El *comercio justo* es un sistema comercial basado en el diálogo, la transparencia y el respeto, que busca una mayor equidad en el comercio internacional prestando especial atención a criterios sociales y medioambientales. Contribuye al desarrollo sostenible ofreciendo mejores condiciones comerciales y asegurando los derechos de productores/as y trabajadores/as desfavorecidos, especialmente en el Sur".

(Organización Mundial del Comercio Justo, WFTO, por sus siglas en inglés)

¿Qué sabes de Nicaragua, la República Dominicana y El Salvador?

WP Repasa el mapa, las estadísticas y las descripciones de Nicaragua, la República Dominicana y El Salvador en WileyPLUS.

Sitios interesantes

Stuart Gray / Alamy Stock Photo

La Ruta de las Flores es uno de los sitios turísticos más populares de El Salvador. La ruta incluye 6 pueblos, 40 atractivos turísticos, un clima fresco, artesanías, festivales culturales y paisajes hermosos.

Ecuadorpostales / Shutterstock

En la República Dominicana se cultiva una gran variedad de frutas tropicales, como la papaya, la carambola, el mango, la banana, el rambután, el granadillo y el noni.

Diane Ceo-DiFrancesco

Selva Negra es una finca de café y un centro de ecoturismo localizado en un bosque lluvioso de las montañas de Matagalpa, Nicaragua. En este centro hay muchas actividades para los amantes de la naturaleza, como excursiones a caballo, caminatas en los senderos y una visita a un invernadero.

7.7 Datos interesantes de Nicaragua, la República Dominicana y El Salvador. Estás investigando la situación actual sobre el comercio justo en Nicaragua, la República Dominicana y El Salvador. Examina los datos de cada país. Luego habla con un/a compañero/a y contesta las siguientes preguntas.

1. ¿En qué país hay más fincas orgánicas? ¿Por qué crees que es así?
2. ¿Cómo se comparan estos datos con los de Estados Unidos?
3. ¿Dónde hay más productos agrícolas? ¿Por qué crees que es así?
4. ¿Cuántas tazas de café se toman en los tres países? ¿Qué conclusiones puedes sacar de estos datos?

Answers for 7.7: 1. En Estados Unidos; Answers will vary; 2. Answers will vary; 3. En la República Dominicana; Answers will vary; 4. En Nicaragua: 0,53; en República Dominicana, 1,38; en El Salvador, 0,63; en Estados Unidos, 3,1. Answers will vary.

Datos interesantes: Nicaragua
Número de productos agrícolas: 14
Número de fincas orgánicas: 12 160
Número de negocios de comercio justo: 30
Número de tipos de café: 7
Número de tazas de café servido en un día:
(consumido/persona: 0,53 tazas/día)

Datos interesantes: República Dominicana
Número de productos agrícolas: 32
Número de fincas orgánicas: 9442
Número de negocios de comercio justo: 31
Número de tipos de café: 5
Número de tazas de café servido en un día:
(consumido/persona: 1,38 tazas/día)

Datos interesantes: El Salvador
Número de productos agrícolas: 13
Número de fincas orgánicas: 384
Número de negocios de comercio justo: 6
Número de tipos de café: 6
Número de tazas de café servido en un día:
(consumido/persona: 0,63 tazas/día)

Datos interesantes: Estados Unidos
Número de productos agrícolas: 20
Número de fincas orgánicas: 12,634
Número de negocios de comercio justo: Más de 1000
Número de vendedores: 1098
Número de tazas de café servido en un día:
(consumido/persona: 3,1 tazas/día)

Cultura viva

Una taza de café

Una taza de café puede significar mucho trabajo, sacrificio y esfuerzo. Por ejemplo, el 95 % de los productores de café en Nicaragua son microproductores con fincas pequeñas. Toda la familia tiene que trabajar, especialmente durante la cosecha del café. Puede ser que cultiven mangos, plátanos y naranjas para proveer sombra a las matas de café y alimentar a la familia. Es posible que los microproductores no tomen el mismo café que cultivan, ya que venden su cosecha a un intermediario para que lo tueste y lo venda en el mercado.

amenic181 / Shutterstock

Una taza de café puede ser algo simbólico en otras culturas.

En general, cuando alguien te ofrece una taza de café en su casa, es costumbre no aceptar la invitación la primera vez. Para la segunda o tercera vez, está bien que lo aceptes. El café se prepara con mucho azúcar por lo general, así que, si lo prefieres sin azúcar, puedes pedir un café negro.

Estrategia de estudio: Staying Organized by *Sofia DiFrancesco*

Sofia DiFrancesco

I like to create a notebook with all of the grammar that I've learned so that I don't have to continously flip through the textbook to find everything. And that way I stay organized and it's easier to practice and remember what I've learned.

WileyPLUS
Go to WileyPLUS to watch this video.

EXPLORACIONES

Exploremos el vocabulario 1

La finca y los productos agrícolas

WileyPLUS

Go to WileyPLUS Resources to access an interactive version of this illustration to review these vocabulary words and practice their pronunciation.

Suggestion for Exploremos el vocabulario 1: La finca y los productos agrícolas. This chapter discusses the use of organic foods which are often more common in countries that survive more from subsistence farming. Have the heritage learners ask their parents or grandparents about whether or not this concept of eating organic foods is relevant in their country. Where do people go to buy organic foods? Are they more expensive in their country than food treated with pesticides and fertilizers? Ask some of the students to share what they have learned with the class.

La finca y los productos orgánicos	***Farm and agriculture products***	**Los cognados**
el/la cafetalero/a	*coffee grower*	la agricultura
la cosecha	*harvest*	el fertilizante
la granja	*farm*	los insecticidas
el grano	*bean, coffee bean*	la planta
regar	*to water*	rural
la siembra	*seedling*	
el terreno	*land*	

Teaching tip for Exploremos el vocabulario 1: Encourage students to guess the meaning of cognates to eliminate the need to memorize these vocabulary items. Also, remind them to focus on the differences in their spelling.

7.8 Tu propio huerto. Una ONG en tu comunidad ofrece cuatro talleres educativos sobre cómo cultivar frutas y verduras orgánicas en tu propio huerto. Completa los **Pasos** para planificar tu proyecto. **Suggestion for 7.8:** For hybrid or flipped classes, you may want to assign students to listen to the audio and complete **Paso 1** prior to the class session.

Paso 1: WP Escucha las descripciones y completa la tabla con la información que falta.

Talleres	Fecha	Horario	Costo	Título	Objetivo
Taller 1	Segundo sábado de cada mes	10:00–15:00	$30	Su propio huerto	Aprender los principios de la agricultura orgánica
Taller 2	Cada domingo	12:00–16:00	$35	Mantener la productividad de su huerto	Aprender los pasos para mantener su huerto
Taller 3	El primer sábado de cada mes	10:00–11:30	$20 por familia	Taller familiar	Actividad educativa para los niños
Taller 4	Domingo, 26 de abril	13:00–15:00	$25	Conexión entre la salud y el huerto	Aprender cómo planificar un huerto orgánico de plantas curativas y nutritivas.
Taller 5	Sábado, 25 de abril	15:00–17:00	$30	El huerto urbano	Cultivar verduras frescas en espacios creativos

Paso 2: Conversa con tu compañero/a sobre cuál será el mejor taller para cada uno según sus intereses. Answers will vary.

Audioscript for 7.8:
Taller 1: Aprenda a crear su propio huerto. Le enseñaremos los principios de la agricultura orgánica para aplicarlos a su propio espacio disponible. Tal vez sea un huerto en forma de tiestos en el balcón de su apartamento, en un terreno más grande o en una finca entera. Así que, si le interesa sembrar alimentos, medicinas o plantas aromáticas, este es su taller. El licenciado Raúl Medina imparte este taller el segundo sábado de cada mes, de 10:00 a 15:00 y el costo es de treinta dólares.
Taller 2: Mantenga la productividad de su huerto. En este taller nos enfocamos en temas de mucha importancia sobre qué hacer después de haber sembrado su huerto. Enseñamos cada paso a seguir para mantener su huerto saludable y en producción constante, como el cuidado de las plantas en sus diferentes etapas y cómo crear sus propios fertilizantes. Este taller se ofrece cada domingo de 12:00 a 16:00 y tiene un costo de treinta y cinco dólares.
Taller 3: Taller familiar. Los participantes harán un recorrido por nuestros huertos y realizarán algunas tareas básicas en ellos, así como en los viveros y las pilas de abono para experimentar las actividades diarias de una finca orgánica. Terminarán con un refrigerio de productos orgánicos de nuestros huertos. Este taller se ofrece el primer sábado de cada mes de 10:00 a 11:30 y el costo es de veinte dólares por familia.
Taller 4: Conexión entre la salud y el huerto. Este taller de dos horas de duración mostrará la relación curativa de las plantas más comunes de la cocina y el huerto. Si le interesa aprender cómo planificar un huerto orgánico para fines curativos y nutritivos, este taller es para usted. La licenciada Margarita López enseñará este taller el domingo 26 de abril de 13:00 a 15:00 por $25 dólares.
Taller 5: El huerto urbano. No se necesita una gran extensión de tierra para cultivar verduras frescas y saludables. En este taller aprenderá cómo hacer germinar, trasplantar y nutrir sus hortalizas en espacios menos tradicionales como, por ejemplo, tomates en un bote reciclado o hierbas aromáticas en la mitad de una llanta. ¡Todo es posible! La licenciada Margarita López impartirá este taller el sábado, 25 de abril, de 15:00 a 17:00. El costo es de $30 dólares, y depende del proyecto que elija.

Estrategia de estudio: Learning Vocabulary *by Nathalie Solorio*

Nathalie Solorio

Something that really helps me to learn vocabulary is to make flash-cards. It's an easy way to memorize words as well as accent marks, and using the online activities is also a very helpful tool.

WileyPLUS
Go to WileyPLUS to watch this video.

7.9 Recomendaciones. Recycle Tu compañero/a quiere empezar un huerto comunitario en la universidad y te pide ayuda con la planificación. Decides prepararle una lista de consejos y recomendaciones. Completa los **Pasos** para ayudarlo. Activity 7.9 recycles making recommendations using the subjunctive, first presented in Chapter 3. Answers will vary.

Paso 1: Completa la siguiente tabla con tus consejos.

Consejos	Para preparar el huerto	Para mantener el huerto
1. Es necesario…		
2. Es importante…		
3. Es obvio que…		

Paso 2: Compara tu tabla con la de tu compañero/a. Una vez que tengan una lista de consejos, súbanla al foro de la clase. **Suggestion for 7.9, Paso 2:** You could direct students to respond to various posts by stating if they agree or disagree with their peers. They can use the information from the table to justify and defend their position.

7.10 Tus opiniones. Los métodos orgánicos han tenido un impacto positivo para varios agricultores. Conversa con tu compañero/a para comparar sus opiniones acerca del tema. Answers will vary.

1. ¿Crees que todos los agricultores deben utilizar métodos orgánicos? Explica tu respuesta.
2. ¿Qué tipo de productos prefieres, los orgánicos o los convencionales? ¿Por qué?
3. ¿Qué es más importante para ti, el precio o la calidad de la comida? Explica tu respuesta.
4. ¿Qué verduras compras a menudo?
5. ¿Te molesta la idea de comprar verduras cultivadas con insecticidas?
6. ¿Qué impacto tienen los cultivos convencionales en el medio ambiente?

Suggestion for 7.11: For hybrid or flipped classes, you may want to assign students to complete this activity prior to the class session.

7.11 El español cerca de ti. Comprueba si los alimentos, frutas y verduras que compras en tu tienda habitual vienen de algún país hispano. ¿De qué país viene la mayoría de los productos? ¿Cómo se comparan los precios de productos orgánicos con los productos convencionales? Compara la información que encontraste con la de tu compañero/a. ¿Es importante para ti saber de dónde vienen los productos que comes? ¿Por qué? Answers will vary.

Exploremos la gramática 1

WileyPLUS

Go to WileyPLUS to review this grammar point with the help of the Animated Grammar Tutorial and the Verb Conjugator.

Subjunctive to express possibility and probability

In previous chapters you have seen the subjunctive used to indicate wants and needs, emotions, doubt or uncertainty and to express future actions. You will recall that the subjunctive is used to express events, people and things considered to be unreal or not yet real.

Examine the following chart to review the subjunctive verb endings. Remember, the present subjunctive has a change in the vowel in the verb endings: e with **-ar** verbs, the vowel *a* with **-er** and **-ir** verbs. The present subjunctive formation is based on the **yo** form of the verb in the present indicative: remove the o of the **yo** form and replace it with the endings indicated in the chart.

Present indicative and Present subjunctive

Verb tenses	Present Indicative			Present Subjunctive		
Subject pronouns	**-ar**	**-er**	**-ir**	**-ar**	**-er**	**-ir**
yo	-o	-o	-o	-e	-a	-a
tú	-as	-es	-es	-es	-as	-as
él/ella, usted	-a	-e	-e	-e	-a	-a
nosotros/as	-amos	-emos	-imos	-emos	-amos	-amos
vosotros/as	-áis	-éis	-ís	-éis	-áis	-áis
ellos/as, ustedes	-an	-en	-en	-en	-an	-an

Up until now you have been using the expression **Es posible que...** to express possible actions. Observe the following example:

Es posible que el café no **crezca** este año.
It's possible that the coffee won't grow this year.

There are other key phrases that you can use to express possibility or probability. Note the different ways to say *perhaps* or *maybe* with a future action.

Quizás...
Quizás las plantas **crezcan** mejor en el balcón de tu casa.
Perhaps the plants will grow better on the balcony of your house.

Tal vez...

Tal vez sea mejor cultivar verduras frescas sin pesticidas.

Maybe it's better to grow fresh vegetables without pesticides.

Posiblemente...

Posiblemente sea mejor poner las cáscaras en el abono.

Maybe it's better to put the peels in the compost.

Puede ser que...

Puede ser que los productos orgánicos **sean** de mejor calidad.

Maybe organic products are of better quality.

Es probable que...

Es probable que no **llueva** mucho este invierno.

It's probable that it won't rain much this winter.

Estrategia de estudio: Practicing Verbs *by Maria Fraulini*

Maria Fraulini

What works for me: I practice the different verb endings. I write them down in my notebook and I repeat them aloud to study them more. I also try to find patterns within the verbs. I also write sentences every day to help practice.

WileyPLUS

Go to WileyPLUS to watch this video.

7.12 La finca de Vicente. WP Vicente Padilla y su familia tienen una finca en Matagalpa, Nicaragua. Escucha a Vicente mientras habla con su hijo Esteban sobre la posibilidad de tener dos estudiantes estadounidenses en su finca el próximo semestre. Escoge la respuesta más lógica según su conversación.

1. ¿Por qué les interesa a los estudiantes de la Universidad de Seattle la finca de Vicente?
   - **(a.)** Quieren aprender nuevas técnicas para el cultivo orgánico.
   - **b.** Quieren mejorar su español.
   - **c.** Quieren investigar las pesticidas.
2. Es probable que Vicente les enseñe a los alumnos...
   - **(a.)** cómo cultivar sin el uso de herbicidas.
   - **b.** las palabras clave para trabajar en una finca.
   - **c.** vocabulario relacionado con la vida diaria.
3. Esteban está emocionado con la idea de...
   - **a.** enseñarles a abrir una cuenta en el banco.
   - **b.** enseñarles los nombres de las 500 publicaciones.
   - **(c.)** recibir a los estudiantes estadounidenses en su finca.

Suggestion for 7.12: For hybrid or flipped classes, you may want to assign students to listen to the audio and complete this activity prior to the class session.

Audioscript for 7.12:

Vicente: Esteban, ¿te acuerdas cuando te dije que la Universidad de Seattle me contactó por la idea de trabajar con sus alumnos aquí en nuestra finca? Pues ahora tal vez sea una realidad. El director del programa de agricultura me llamó. Puede ser que tengamos dos nuevos estudiantes en enero.

Esteban: Pues, ¿qué harán aquí en nuestra finca, papá?

Vicente: Todavía estoy haciendo la planificación del programa junto con el director, pero quizás los estudiantes trabajen a nuestro lado. Quieren aprender de nosotros las técnicas que utilizamos para el cultivo orgánico. ¿Qué te parece?

Esteban: Me parece estupendo. Posiblemente aprendan cosas en nuestra finca que luego puedan aplicar en su propio país.

Vicente: Bueno, yo creo que sí, hijo. Y lo primero que les voy a enseñar es que nuestro cultivo está libre de herbicidas que pueden amenazar la salud del consumidor. Y no es solamente por experiencia que sabemos eso, ya que es probable que haya más de 500 publicaciones sobre los beneficios de los alimentos orgánicos que no usan estos productos químicos.

Esteban: Tal vez se animen después de saborear nuestros productos.

Vicente: Es probable que se queden aquí con nuestra familia. Así participarán en todas las actividades agrícolas.

Esteban: ¡Qué buena idea! ¿Quiénes son? Estoy emocionado por tenerlos aquí. Tal vez pueda practicar mi inglés con ellos.

Vicente: Seguramente. No tengo toda su información todavía, pero la universidad está organizando todos los papeles y puede ser que lo sepamos muy pronto.

Esteban: ¡Magnífico! Dime cómo puedo ayudar para que sea una experiencia inolvidable para los estudiantes.

4. Según Esteban, es posible que pueda…
   a. viajar a Seattle y estudiar allí.
   (b.) practicar su inglés.
   c. estudiar en Estados Unidos.

5. Quizás los estudiantes se queden…
   a. en la universidad.
   b. en el hotel cerca de la finca.
   (c.) en la finca de la familia Padilla.

7.13 Conversación entre amigos. WP Dos estudiantes de la Universidad de Seattle conversan sobre lo que tienen que hacer para trabajar en la finca de Vicente, pero realmente no tienen toda la información correcta. Marca (**P**) si la oración es **probable** o (**IP**) si es **improbable**.

__P__ 1. Tal vez necesiten un pasaporte.
__IP__ 2. Quizás no paguen nada por el alojamiento.
__P__ 3. Puede ser que coman alimentos orgánicos.
__IP__ 4. Posiblemente tengan que hablar español para trabajar en la finca.
__P__ 5. Es posible que aprendan mucho.
__P__ 6. Puede ser que sea una experiencia inolvidable.

Courtesy of Diane Ceo-DiFrancesco

Vicente Padilla cultiva café y otros alimentos orgánicos en su finca en Matagalpa, Nicaragua.

7.14 Tu futuro. Cuéntale a tu compañero/a cuatro o cinco predicciones sobre un proyecto de servicio a la comunidad en el cual quieras participar. Quizás sea en la finca de Vicente o en una organización sin fines de lucro. Usa las siguientes expresiones para guiar tu conversación. Answers will vary.

1. Es posible que…
2. Quizás…
3. Puede ser que…
4. Posiblemente…
5. A lo mejor…
6. Es probable que…

Suggestion for 7.15: For hybrid courses or flipped classroom models, students can preprare this activity outside of class. During the next class session; they can practice and present their situation.

7.15 Situaciones. Haz el papel de **A** o **B** con tu compañero/a para participar en la conversación. Answers will vary.

A- Acabas de mudarte a un apartamento y estás viviendo lejos de la casa de tus padres. Posiblemente sea la primera vez que hagas las compras tú solo en el supermercado. Pídele ayuda a tu amigo/a para que sea más fácil. Tienes mucha prisa, piensas que es una pérdida de tiempo buscar alimentos orgánicos en el supermercado y prefieres trabajar o estudiar en vez de cumplir con los quehaceres. Pero hay un problema. Sabes que tu amigo/a solo come comida orgánica, pero a ti no te importa. Habla de las ventajas de no comprar productos orgánicos.

B- Por fin tienes un fin de semana libre de tu trabajo y quieres pasar tiempo con tu mejor amigo/a. Sabes que él/ella acaba de mudarse a su propio apartamento. Decides acompañarlo/la de compras al supermercado, especialmente porque es tu oportunidad de convencerle sobre las ventajas de comprar y comer productos orgánicos. ¿A dónde piensas llevarlo/la? ¿Por qué? ¿Qué piensas decirle para convencerle de comprar productos orgánicos?

Teaching tip for 7.15: Amongst heritage speakers and other Hispanics it is common to hear the addition of an 's' onto the **tú** form of verbs in the preterit. For example, they will say ***fuistes*** instead of **fuiste** or ***hablastes*** instead of **hablaste**. Given that most of the **tú** forms of verbs have an 's', this addition is understandable and even logical. Have the students analyze their own speech to see if there are any words where they add the extra 's' and try to work to see if they can produce the more standard form of the preterit.

Exploremos el vocabulario 2

WileyPLUS

Go to WileyPLUS to review these vocabulary words and practice their pronunciation.

Teaching tip for Exploremos el vocabulario 2: Encourage students to guess the meaning of cognates to eliminate the need to memorize these vocabulary items. Also, remind them to focus on the differences in their spelling.

El comercio y el consumidor

Burke / Triolo Productions / Photolibrary / Getty Images

El comercio se basa en un **acuerdo** entre el **consumidor** y la **empresa**. Los **productores** y **microproductores proveen** de productos a los **intermediarios**, que a su vez ganan dinero con las **ventas**.

El comercio y el consumidor	***Trade and consumers***
ahorrar	*to save*
anunciar	*to announce, to publicize*
apoyar	*to support*
consumir	*to consume*
contener	*to contain*
los derechos	*rights*
erradicar	*to erradicate*
la gestión	*management*
el lujo	*luxury*
poderoso/a	*powerful*
promover	*to promote*
saber mejor	*to taste better*
el sello	*seal*
el valor	*value*
Los cognados	
la cooperativa	

Suggestion for 7.16: For hybrid or flipped classes, you may want to assign students to listen to the audio and complete **Paso 1** prior to the class session.

Audioscript for 7.16: Muchas veces los términos "comercio justo" y "comercio directo" se usan como sinónimos y pensamos que se trata de cosas parecidas. Hay aspectos similares: ambos promueven la protección ambiental, laboral, sostenibilidad económica y social para trabajadores, así como precios que deberían superar los costos de producción. El comercio justo representa una estructura democrática en el sentido de que tiene que ver con las cooperativas y asociaciones, y solo otorga su sello de certificación a los cafetaleros que cumplen con ciertos códigos de conducta, principalmente de sostenibilidad. Su café certificado recibe el mínimo sobreprecio, pero la calidad no es esencial y tampoco recibe retroalimentación sobre cómo mejorarla. Los productores no tienen contacto con sus clientes y no hay relación entre los miembros de la cadena. Las empresas manejan toda la operación. Una gran desventaja es que los sellos de certificación no han sacado a las comunidades de la pobreza, y por esta y otras razones es un modelo altamente cuestionado en publicaciones internacionales debido a la falta de transparencia bidireccional entre productores y consumidores. El comercio directo es un acuerdo mutuo entre los compradores y las comunidades organizadas o fincas y se enfoca más en la calidad del producto. Los compradores conocen los orígenes y establecen relaciones directas y colaborativas con los productores. La transacción es transparente, se hace directamente con ellos y por eso los precios son mejores que el comercio justo. Así se puede proveer una relación de largo plazo que apoya la estabilidad económica, familiar y social.
Sin embargo, ambos modelos tienen sus desventajas. El comercio justo no es transparente con lo que se paga a los productores y la ayuda a las comunidades tiene un mínimo impacto social y económico. La diferencia entre el comercio justo y el convencional también es mínima, pero son tan poderosos que en unos años no podrá venderse café que no esté certificado. El comercio directo también tiene

7.16 Definiciones. Pedro Álvarez trabaja en la gestión de Coffee Emporium, una empresa en Cincinnati, Ohio. Pedro ha subido un *podcast* a la página web de su programa de comercio directo. Escucha su descripción y completa los **Pasos**.

Paso 1: Tienes curiosidad y decides investigar más sobre Coffee Emporium y su programa de comercio directo. Completa la siguiente tabla con las ventajas y desventajas del comercio justo y el comercio directo según lo que escuches en el audio de Pedro. Possible answers:

Coffee Emporium	Comercio justo	Comercio directo
Ventajas	Solo se otorga el sello de certificación a los cafetaleros que cumplen con códigos de conducta y sostenibilidad.	Se enfoca más en la calidad del producto.
Desventajas	Los sellos de certificación no han sacado a las comunidades de la pobreza.	Sólo trabajan grupos pequeños de fincas determinadas.

Paso 2: Compara tu tabla con la de tu compañero/a y conversa con él/ella sobre las ventajas y desventajas de los dos programas. ¿Cuál crees que es mejor? ¿Por qué? En el futuro, ¿comprarás más productos de comercio justo o directo? ¿Por qué? Answers will vary.

Saul Martinez / EPA / Shutterstock

Coffee Emporium colabora con la finca de café Los Andes en Guatemala.

7.17 Definiciones. Estás preparando un debate para tu clase de Ecología. Selecciona las oraciones que se adecúen al sistema comercial basado en el comercio justo.

__✓__ **1.** Se pagan salarios justos a los trabajadores.
__✓__ **2.** Se apoyan los productos de calidad.
____ **3.** Se cultivan los productos con insecticidas.
__✓__ **4.** Se protegen los derechos fundamentales de las personas.
____ **5.** Se apoyan horarios de trabajo laboral largos para producir un cambio en las comunidades.
__✓__ **6.** Se provee la igualdad de género.
____ **7.** Se explota a los niños y se favorece el trabajo infantil.

7.18 El español cerca de ti. Investiga en línea o en tu comunidad otra empresa que tenga programas de comercio justo o directo. Prepara un resumen de los productos que vende, su origen, los precios y la promoción de la mercancía. Answers will vary.

7.19 ¿Estás de acuerdo? Hay mucha información sobre el comercio justo y el comercio directo. Para formar tu propia opinión, sigue los **Pasos**. Answers will vary.

Paso 1: Lee las siguientes opiniones y marca la columna correspondiente según estés o no de de acuerdo con las ideas.

Opiniones	Estoy de acuerdo	No estoy de acuerdo
1. Todos somos responsables de los impactos sociales y ambientales de los productos consumidos.		
2. No nos damos cuenta de las repercusiones en el medio ambiente de nuestras actividades cotidianas.		
3. El comercio justo garantiza una vida mejor a muchas personas.		
4. Gracias al comercio justo la calidad de los productos es mucho mejor.		
5. Las tiendas son las que hacen llegar el producto a las manos del consumidor.		
6. Los productos comprados directamente a los productores reducen el número de intermediarios.		
7. En las tiendas de comercio justo se pueden comprar textiles, muebles, juguetes, alimentos y productos cosméticos.		

Paso 2: Con tu compañero/a expresa tu acuerdo o desacuerdo con las ideas, explicándole por qué te sientes así.

Cultura viva

Dos generaciones en El Salvador

En el campo, dos generaciones viven lado a lado en El Salvador: los campesinos tradicionales y los jóvenes, quienes tienen estilos de vida, puntos de vista y esperanzas más semejantes a la forma de vida en la ciudad. Los jóvenes del campo están menos dispuestos a pasar su vida haciendo actividades agrícolas, especialmente por los bajos resultados económicos después de tantas horas de trabajo. Por ello, pasan por situaciones difíciles. Viven en la pobreza y carecen de los recursos necesarios para mejorar su situación. Muchos deciden migrar a la capital.

Jan Sochor / Getty Images

Los jóvenes del campo no tienen los recursos necesarios para cambiar o mejorar su situación.

fallos, fundamentalmente porque opera con pocas fincas. El impacto social es limitado, porque es un modelo circunscrito a grupos pequeños de productores en el mundo. Lo ideal sería una combinación de ambos modelos: el comercio directo incluyendo más productores con una calidad que les permita acceder a mercados de alto valor, y el comercio justo que trabaje en las comunidades para mejorar la calidad de los productos. El uso genérico del término "comercio justo" requiere un análisis crítico y ético porque hay una manipulación del mercado de café con un impacto negativo en la pobreza.

Suggestion for 7.18: For hybrid or flipped classes, you may want to assign students to complete this activity prior to the class session.

Suggestion for 7.19: For hybrid or flipped classes, you may want to assign students to complete **Paso 1** prior to the class session.

Exploremos la gramática 2

WileyPLUS

Go to WileyPLUS to review this grammar point with the help of the Animated Grammar Tutorial and the Verb Conjugator.

Present perfect and Past participle

The present perfect describes an action that happened and was completed in the recent past. The action could also have started in the past and continues or repeats into the present. The function is very similar to the English use of what a person *has* done.

Formation

The present perfect is made up of two parts:
Form of **haber** + *past participle*

The verb *haber*

The forms of **haber** are in the following table.

yo – he	nosotros/nosotras – hemos
tú – has	vosotros/vosotras – habéis
él/ella, usted – ha	ellos/ellas, ustedes – han

Remember, the verb **haber** means "to have". It is used as a 'helping verb' in the present perfect so it always needs a past participle to complete the verb phrase.

Past participle

The past participle in **-ar** verbs is formed by dropping the **-r** and adding **-do**.

—**Hablar** = **Hablado** = *spoken*

—**Trabajar** = **Trabajado** = *worked*

The past participle in **-er** and **-ir** verbs is formed by dropping the **-er** or **-r** and adding **-ido**.

—**Comer** = **Comido** = *eaten*

—**Vivir** = **Vivido** = *lived*

Examine the following sentences:

He visitado una finca de café en Puerto Rico.
I have visited a coffee farm in Puerto Rico.

Mariana **ha trabajado** en una finca orgánica por tres años.
Mariana has worked on an organic farm for three years.

Hemos comprado productos de comercio justo en Internet.
We have purchased fair trade products online.

Answers for ¿Qué observas? box:

1. They all end in -do.
2. The endings begin with an 'h' and are similar to the endings for the future.

¿Qué observas?

1. What do you notice about all of the endings of the past participles?
2. How does the verb **haber** change?

When the past participle is used with the verb **haber**, it always ends in 'o' and does not change in number or gender to match the subject.

—Ellas **han hablado.** —Él **ha hablado.**

They have spoken. *He has spoken.*

While most of the forms of the past participle follow the typical formation described, the following table shows some variations.

Variations of the Past participle

decir	**dicho**	cubrir	cub**ierto**
hacer	**hecho**	ver	**visto**
poner	**puesto**	morir	mu**erto**
volver	**vuelto**	escribir	escr**ito**
abrir	ab**ierto**	romper	**roto**

Yo **he abierto** una tienda de productos de comercio justo.

I have opened a store with fair trade products.

Mi hija **ha roto** el canasto de las frutas.

My daughter has broken the basket for the fruit.

Nosotros **hemos visto** a los agricultores aplicando pesticidas en el campo.

We have seen workers applying pesticides on the field.

This chapter will show you how to use the present perfect with a wide variety of actions that have happened.

7.20 Mercados de agricultores. WP Escucha a Pablo mientras habla sobre el aumento de mercados de agricultores en EE. UU. Indica si las oraciones son **ciertas (C)** o **falsas (F)**. **Suggestion for 7.20:** For hybrid or flipped classes, you may want to assign students to listen to the audio and complete this activity prior to the class session.

F **1.** Los mercados de agricultores venden frutas y verduras cultivadas con pesticidas naturales.

F **2.** En 1994, había solamente 17 550 mercados de agricultores.

C **3.** Los estudiantes universitarios prefieren visitar los mercados de agricultores a pesar de sus precios más altos.

F **4.** En un mercado de agricultores cerca de una universidad solamente se encuentran estudiantes comprando frutas y verduras.

C **5.** Los granjeros están usando más áreas de su terreno para el cultivo de productos orgánicos debido a la demanda y los precios más favorables para ellos.

7.21 Nunca he... Van a jugar a un juego siguiendo las siguientes instrucciones. GAME

- Con tres compañeros/as de clase forma un grupo de 4 estudiantes. Answers will vary.
- Después de formar los grupos, cada persona saca un trozo de papel y lo rompe en 5 pedazos. En cada pedazo, cada persona va a escribir sus iniciales.
- El juego comienza con la persona más joven describiendo una actividad que él/ella nunca ha hecho, pero que cree que los demás sí han hecho.
- Por ejemplo, si la persona nunca ha salido de su estado, dice: "Nunca he salido de mi estado". Los que sí han salido de su estado, tienen que darle un trozo de papel a la persona que ha mencionado la actividad. Si hay alguien en el grupo que tampoco ha hecho la actividad, entonces la persona que la mencionó tiene que darle un papel a esa/s persona/s.
- El objetivo del juego es tener el mayor número de trozos de papel.

Audioscript for 7.20: Hoy día hay una gran cantidad de mercados de agricultores que venden frutas y verduras libres de pesticidas y otros aditivos. El número de estos mercados ha ido creciendo a lo largo de los años en Estados Unidos. En 1994, había solamente 1755 mercados, pero actualmente hay más de 9000. ¿Por qué se ha producido un aumento tan grande de este tipo de mercados? Hay muchas razones, incluyendo un creciente deseo de llevar una dieta más sana con menos químicos y otros aditivos. Las personas han decidido que vale la pena pagar un poco más para conseguir unos alimentos más sanos. También, cada vez más se están formando estos mercados especialmente cerca de las universidades. Las universidades siempre han sido lugares donde los jóvenes pueden aprender a cuidar el medio ambiente. Los estudiantes universitarios han pedido más mercados en zonas accesibles para que puedan ir andando a comprar comida. En estos mercados es muy común encontrar personas de todas las edades aun cerca de las universidades. Lo más interesante de estos mercados es que los agricultores han podido aumentar la cantidad de terreno que usan para cultivar los productos que venden debido a las ganancias que han logrado. Se espera que el número de mercados de agricultores siga aumentando en Estados Unidos.

Suggestion for 7.21: This game can be played a number of ways. You can bring in pennies or fake bills and give them to the students so that they can use these for the game and save the time of tearing up papers. It also allows you to 'loan' money to a person if they are not good at the game since the main goal is to practice. Also, about halfway through the game, the rules can be changed and the students can be asked to say something they have done that they do not believe their classmates have done. This allows students to get to know each other as well. Finally, consider rewarding the top students with a small prize at the end of the game.

Suggestion for 7.22: For flipped or hybrid courses, students can prepare this activity outside of class. During the next class session, they can practice and present their situation to the class.

7.22 Situaciones. Haz el papel de **A** o **B** con tu compañero/a para participar en la conversación. Answers will vary.

A- Quieres abrir un puesto en un mercado de agricultores con tu amigo/a. El problema es que no sabes nada de plantas. Quieres pedirle ayuda a un amigo/a tuyo/a que sabe mucho de estas cosas debido a que creció en una granja. Planea con él o ella cómo va a ser tu puesto en el mercado de agricultores y cuáles van a ser las cosas que vas a vender allí. Convéncele de que merece la pena porque se puede ganar mucho dinero a la vez que ayudan a la gente a comer de forma más sana.

B- Tu amigo/a te quiere hablar de una idea que tiene para ganar dinero y ayudar a las personas. No te ha dicho mucho sobre su idea, pero estás interesado/a. Contesta sus preguntas de la mejor forma posible y ofrécele diferentes ideas para que su puesto sea un éxito. Si no estás seguro/a de sus preguntas, propón diferentes propuestas para que tu amigo/a se fíe de ti. Asegúrate de que su idea merece la pena para que no malgastes tu tiempo en ella.

WileyPLUS
Go to WileyPLUS to watch this video.

Estrategia de estudio: Visualizing the End Product *by Shaan Dahar*

Courtesy of Shaan Dahar

If you're feeling stressed about Spanish class, or any class really, visualize the end product, what you're going to gain out of that class. For Spanish as an example, imagine yourself being able to come up to any native Spanish speaker during your travels or work and just being able to carry on a normal conversation with them. Focusing on the prize instead of the obstacles you have on the way to it is a great way to alleviate any stress or anxiety that you may be feeling.

Cultura viva

La caña de azúcar

La República Dominicana se conoce hoy en día por sus playas hermosas y la amabilidad de su gente, pero también es conocida por su producción de azúcar. La caña de azúcar es el cultivo más importante del país y llegó allí gracias al segundo viaje de Cristóbal Colón a la isla en 1493. La caña de azúcar no soporta las temperaturas bajas y florece en una temperatura óptima de germinación de entre 32 °C y 38 °C. El éxito que tuvo la caña de azúcar en la República Dominicana resultó en la siembra de esta planta por todo el Caribe y Sudamérica. La caña de azúcar mide entre dos y cinco metros de altura y todavía la mayoría de la cosecha de la República Dominicana se hace a mano. El país al que más cantidad de azúcar exporta es EE. UU. En el año 2018, la República Dominicana produjo más de 600 000 toneladas métricas de azúcar. Esta cantidad varía mucho cada año debido a la sequía y los huracanes.

Mark Waugh / Alamy Stock Photo

La caña de azúcar es el cultivo más importante de la República Dominicana.

EXPERIENCIAS

El comercio justo

7.23 Carta a una empresa. Después de aprender sobre el comercio justo y directo, decides escribir una carta para convencer a la empresa que produce tus alimentos preferidos de comprar los productos según el sistema de comercio justo. Sigue los **Pasos** para escribir tu carta. Answers will vary.

Paso 1: Haz una investigación de la empresa que escogiste.

Paso 2: Toma apuntes sobre los productos y dónde se cultivan.

Paso 3: Escribe la carta al director de la empresa. Incluye los datos que investigaste.

Paso 4: Manda la carta por correo electrónico con copia a tu profesor/a.

Paso 5: Comparte con tu compañero/a algunas de las ideas principales de tu carta. No leas la carta; solo haz un resumen de tus puntos principales en tus propias palabras.

7.24 Planificar un viaje a la República Dominicana. Varias organizaciones preparan viajes para sus donadores. Planifica tu propio viaje a la República Dominicana para conocer el sistema del comercio justo. Sigue los **Pasos** para cumplir este trabajo. Answers will vary.

Paso 1: Selecciona en un mapa virtual los lugares que quieres visitar.

Paso 2: Haz una lista de las actividades que piensas hacer, como una visita a una finca orgánica, trabajar con una familia en la finca, quedarte con la familia, aprender a cocinar comida típica o, reunirte con estudiantes, medioambientalistas y trabajadores para el comercio justo.

Paso 3: Presenta tu plan de viaje a la clase con fotos y una explicación de cada actividad.

Experiencias profesionales **Bienvenidos a Experiencias profesionales.** El objetivo de esta sección del libro es examinar cómo puedes usar el español en tu área de interés profesional y qué necesitas saber de la cultura para tener éxito en el trabajo.

7.25 Un negocio internacional. Para explorar el uso del español en tu área de interés profesional, completa los siguientes **Pasos**. Answers will vary.

Paso 1: Selecciona una profesión en la que te vayas a enfocar durante la sección *Experiencias profesionales*. Si ya has seleccionado un área de interés de la primera parte del libro, puedes seguir con esa área o elegir otra. Debe estar relacionada con tu especialización en la universidad, como por ejemplo la salud, la educación, los deportes, los negocios, la política, el turismo o las ciencias naturales. Si ya has seleccionado un área de interés, sigue usándola.

Paso 2: Sigue las siguientes instrucciones para escribir un resumen de tu experiencia con una persona que trabaja en tu área de interés.

- Usando Internet, busca una empresa u organización en un país de habla hispana relacionada con tu área de interés.
- Visita su página web e identifica tres actividades que hacen o tres diferentes servicios que ofrecen.
- Redacta un mínimo de cuatro preguntas basadas en lo que has leído sobre ellos u otras preguntas que tengas sobre tu área de interés.
- Comparte estas preguntas con un/a compañero/a de clase y con tu instructor/a.

Manos a la obra

Suggestion for 7.23: This task-based activity is divided into 5 steps in order to support the students with step-by-step strategies for completion. You may choose to assign all **Pasos 1-4** outside of class, with students posting their letters to your learning management system discussion board. Then you can have students work together in class to complete **Paso 5**.

Suggestion for 7.24: This is a task-based activity divided into three steps. You may choose to assign the first two steps outside of class for a flipped classroom and have students present for 2-3 minutes in class. For hybrid or online classes students can complete all **Pasos** and upload a video of their presentation to your learning management system discussion board.

Note for Experiencias profesionales: Students who have used the first half of the book will be familiar with this section which contains a continuation from the first six chapters with new activities designed to help them see how Spanish can be used in their professional lives.

Suggestion for 7.25, Paso 2: If students are not able to call or Skype someone from their area of interest in another country, you could allow them to ask their questions by email. Also, make sure to review the questions that the students are going to ask for both grammar and content as the questions may not be intelligible or they may be offensive in some way. Also, this whole activity could be assigned outside of class and the in-class portion could include the students simply sharing their experience with a classmate.

- Pide una cita a través del correo electrónico para hablar con ellos.
- El día de la cita, llámales a través de Skype, un teléfono fijo o un teléfono celular.
- Haz las preguntas y habla con la persona de tu área de interés.

Paso 3: Finalmente, escribe un resumen de 150 a 200 palabras incluyendo las preguntas que hiciste y otra información interesante que aprendiste de la experiencia. Sube el resumen al foro de la clase, mira los resúmenes de tres compañeros de clase y haz un comentario sobre cada uno de ellos, de lo que te gustó y aprendiste de sus experiencias.

El blog de Sofía

UTZ Market

Noticias Información Fotos Amigos Archivos

Courtesy of Jonathan Porta / Utz Market

En la foto, Jon, Huber y Sergio, fundadores de UTZ Market.

7.26 Mi propio blog Completa los siguientes **Pasos**.

Paso 1: Lee el blog de Sofía.

La última vez que fui a Guatemala, conocí a dos jóvenes aventureros guatemaltecos. Hubert es ingeniero y Jon un intérprete emprendedor, pero han pasado su juventud ayudando a la gente en trabajos de servicio en la comunidad. Después de trabajar para varias empresas, deseaban cumplir su sueño de hacer buenas acciones en el mundo. Los dos compañeros decidieron que el hecho de crear soluciones y formar colaboraciones entre distintos sectores de la sociedad puede resultar en cambios positivos.

Hubert, Jon y otros dos compañeros (Tony y Sergio) vieron muchos productos hechos a mano por guatemaltecos, vendidos a precios mínimos e injustos según la calidad y las horas requeridas para producirlos. Así que los jóvenes inventaron un sitio en Internet para vender los productos a un precio más justo. Así nació UTZ Market, una empresa única, diseñada para conectar los artesanos con los consumidores. UTZ Market está creada con grandes esperanzas de empoderar a la gente a construir sus propios cambios, así como crear la infraestructura necesaria para poder llevar los productos a nuevos países y clientes.

Paso 2: Usa Internet y busca UTZ Market. ¿Qué tipo de productos venden? ¿Cómo se llaman los cuatro jóvenes que forman el equipo? ¿Cuál es su filosofía?

Answers for 7.26, Paso 2:
1. Productos artesanales;
2. Hubert, Jon, Tony y Sergio; 3.They believe that empowerment comes from within and real change comes from creating opportunities rather than giving handouts.

Paso 3: Completa la siguiente tabla con cuatro productos que te interese comprar, sus precios y una corta descripción de cada uno. Después, compara tu tabla con la de tu compañero/a. Answers will vary.

Productos de UTZ	Precio	Descripción	¿Por qué te interesa?
1.			
2.			
3.			
4.			

Paso 4: En tu propio blog, escribe sobre tus experiencias ayudando a los demás. Incluye fotos de tus experiencias, si las tienes, para decorar tu blog. ¿Donas dinero a diferentes organizaciones? ¿Qué efecto tienen tus donaciones en las vidas de los demás? ¿Piensas que es mejor donar a la gente con necesidades o intentar enseñarles a cambiar su propia realidad? ¿Qué recomendaciones tienes para un/a estudiante que quiera trabajar en un proyecto en la comunidad? Answers will vary.

Technology tip for 7.26, Paso 4: Assign students to create a blog using any web application. Students will utilize this blog and post items to it for every chapter of *Experiencias*. You may ask your students to share the link to that blog on your learning management system discussion board. Then in class, ask students to compare their information. They are instructed to post specific items for each chapter and to review and comment on their classmates' postings.

Cooperativa Los Pinos

Antes de ver el cortometraje

7.27 Una cooperativa. Después de leer la definición de cooperativa, contesta las siguientes preguntas con un/a compañero/a de clase.

Definición: Una cooperativa es un negocio donde los miembros son los dueños de la empresa. Todos participan en la producción o distribución de bienes o el suministro de servicios, operado por sus miembros para su beneficio mutuo. Answers will vary.

Courtesy of Los Pinos Cooperative

Dos socios de la cooperativa *Los Pinos* cosechando café.

1. ¿Cuáles serían los beneficios de formar una cooperativa?
2. Hay muchas cooperativas en la agricultura. ¿Por qué serían beneficiosas para los agricultores?
3. Las cooperativas de ahorro y crédito[1] son muy comunes en EE. UU. ¿Perteneces a alguna? ¿Por qué?
4. En el mundo de hoy hay más de mil millones de personas que son miembros de una cooperativa. ¿Por qué crees que hay tantas personas en ellas?
5. ¿Sabes de otras cooperativas en tu pueblo/ciudad?

[1]**cooperativas de ahorro y crédito:** credit unions

Mientras ves el cortometraje

7.28 Asociaciones. Usa tu buscador favorito para ver este cortometraje. Mientras ves el cortometraje, escribe las palabras o ideas que se asocian con las palabras a continuación. Answers will vary.

1. el comercio justo: ______
2. el café: ______
3. la cooperativa: ______
4. el turismo rural: ______

Answers for 7.29: 1. 1980; 2. Al recibir la designación de ser un comercio justo; 3. Significa que trabajan para mejorar las condiciones de sus familias y su propia comunidad; 4. Bélgica, países de Europa, Canadá y otros países; 5. Las mujeres participan en todas las actividades y tienen las mismas oportunidades que los hombres. Participan en las asambleas; 6. Possible Answers: Han creado programas preescolares para los niños, han dado terreno para la construcción de una escuela y han establecido programas para la gente mayor y las personas discapacitadas.

Después de ver el cortometraje

7.29 Datos significativos. Contesta las siguientes preguntas del cortometraje con un/a compañero/a de clase.

1. ¿En qué año comenzó la cooperativa *Los Pinos?*
2. ¿Cómo ha podido llegar la cooperativa *Los Pinos* al mercado internacional?
3. ¿Qué significa "comercio justo"?
4. ¿A qué países se exporta el café de la cooperativa?
5. Explica cómo las mujeres contribuyen a la cooperativa.
6. ¿Cómo promueve la cooperativa *Los Pinos* el desarrollo de la comunidad?

Suggestion for 7.30: Students may need some help in deciding what a co-op is and inventing their own. You may want to list some local ones in your area. Also, students could do this activity out of class and post it to your learning management system discussion board or even do it individually in class.

7.30 Tu propia cooperativa. Vas a formar tu propia cooperativa con otros dos compañeros/as de clase. Completa los siguientes **Pasos** para formar tu cooperativa. Answers will vary.

Paso 1: Elige un tipo de cooperativa que te gustaría formar. Las cooperativas más comunes son de agricultura, servicios de electricidad, agua o telecomunicaciones, los negocios, las finanzas, etc.

Paso 2: En un documento, escribe una descripción de la cooperativa y el motivo por el cual las personas deberían unirse a ella. Comenta cuáles son los beneficios de pertenecer a tu cooperativa.

Paso 3: Finalmente, comparte tu descripción de la cooperativa con otros tres grupos de clase e intenta convencerles de unirse a la tuya.

Página informativa

Los alimentos orgánicos

Antes de leer

7.31 Los alimentos orgánicos/biológicos. Este artículo describe los beneficios de la comida orgánica citando varios estudios que se han hecho sobre el tema. Completa los siguientes **Pasos** antes y después de la lectura.

Ammit Jack / Shutterstock

El cacao de Nicaragua se cultiva de forma orgánica en muchos lugares.

Paso 1: Con un/a compañero/a, habla de las siguientes preguntas. Answers will vary.

1. ¿Cuáles son los beneficios de comer alimentos orgánicos?
2. ¿Intentas comprar comida orgánica? ¿Por qué?
3. Si compras comida o bebida orgánica, ¿cuáles compras? ¿Por qué?
4. ¿Qué tiendas venden este tipo de alimentos? ¿Frecuentas estas tiendas? ¿Por qué?
5. La comida orgánica cuesta más que la comida que ha sido cultivada con métodos modernos. ¿Merece la pena pagar más por ella? ¿Por qué?

Paso 2: Antes de leer el artículo, marca los nombres propios que aparezcan. Pueden ser nombres de lugares, personas, organizaciones, etc. Después, usa Internet para encontrar estos lugares o personas y lee un poco sobre ellos. Comparte con un/a compañero/a la información que encuentres. Answers can be found in the text.

Estrategia de lectura: Activating Previous Knowledge about the Topic

Activating your prior knowledge about the topic of the reading is important because it helps you as the reader make connections to the new information you will be learning. Tapping into what you already know will go a long way in assisting you with the comprehension process. Here are two ways you can activate your previous knowledge:

- Brainstorming is a strategy to activate prior knowledge by encouraging you to focus on a topic. You start brainstorming by listing all possible words and ideas you know related to the topic.
- The traditional KWL (Already Know, Want to Know, Learned) Chart can be used with any content area to start you thinking about what you know about a topic, what you want to know about that topic, and what you have learned at the end of the reading. It can be adapted for research by adding a column between the W and the L that requires you to think about how you will use resources to find the answers to your questions.

Los beneficios para la salud de los alimentos biológicos

Los alimentos biológicos tienen un nivel de antioxidantes "sustancialmente mayor" y presentan menores niveles de metales tóxicos y de pesticidas que los cultivados mediante métodos convencionales, usando fertilizantes químicos. A esa conclusión ha llegado un estudio dirigido por Carlo Leifert, profesor de la Universidad de Newcastle, y publicado en el *British Journal of Nutrition*.

El estudio, elaborado a partir de 343 análisis y trabajos previos, rebate parcialmente una investigación de la Universidad de Stanford que llegó hace dos años a la conclusión de que los productos orgánicos (cultivados sin fertilizantes químicos ni pesticidas) no eran necesariamente más nutritivos ni beneficiosos para la salud.

El equipo internacional de la Universidad de Newcastle sostiene, sin embargo, que existen "diferencias estadísticamente significativas" a favor de los productos biológicos, que contienen de un 19 % a un 69 % más antioxidantes que las verduras y frutas convencionales. La presencia de antioxidantes en verduras como el brécol, las coles y las espinacas, o en frutas como las uvas, las bayas y los cítricos contribuye notablemente a la prevención de enfermedades degenerativas y cardiovasculares.

Según el estudio, cambiar de verduras o frutas convencionales a otras cultivadas con métodos ecológicos equivaldría a añadir una o dos porciones a las cinco recomendadas a diario por los nutricionistas para tener una dieta sana.

El equipo de la Universidad de Newcastle ha concluido también que los productos orgánicos tienen niveles mucho menores de metales tóxicos como el cadmio que los productos convencionales, los cuales además contienen cuatro veces más restos de pesticidas que los detectados en las verduras y frutas biológicas.

El estudio ha sido financiado por la Unión Europea y por la ONG Sheepdorve Trust, que promueve la agricultura orgánica. Varios científicos han cuestionado de entrada las conclusiones por la financiación del estudio y por el "sesgo" de Carlo Leifert, profesor de Agricultura Ecológica.

Las conclusiones llegan sin embargo en plena curva ascendente del consumo de productos ecológicos en el Reino Unido, tras el bajón experimentado durante la crisis económica y por el efecto en la opinión pública de los estudios que cuestionaban los beneficios de los cultivos orgánicos.

Helen Browning, directora ejecutiva de la prestigiosa Soil Association, el referente mundial en agricultura biológica, aseguró que estamos ante "una investigación crucial que rebate el mito de que los métodos de cultivo no afectan a la calidad de los alimentos que comemos".

Según un sondeo de The Soil Association, el 55 % de los consumidores británicos compran orgánico por razones de salud, frente a un 53 % que quiere evitar productos químicos, un 44 % que expresa su preocupación por el medio ambiente, el 35 % que afirma que "sabe mejor" y el 31 % que lo hace pensando en "el buen trato a los animales".

[CARLOS FRESNEDA / EL MUNDO © Unidad Editorial]

Possible answers for 7.31, Paso 3: 1. Es comida cultivada sin fertilizantes químicos ni pesticidas; 2. El estudio de Stanford encontró que los productos orgánicos no son más nutritivos ni beneficiosos para la salud; 3. Más antioxidantes, menos metales tóxicos, más nutritiva, sabe mejor, etc.; 4. La crisis económica; 5. Razones de salud, evitar químicos, mejor sabor, preocupación por el medio ambiente y por el buen trato a los animales, etc.

Después de leer

Paso 3: Escribe las respuestas a las siguientes preguntas.

1. ¿Cómo se define la comida orgánica?
2. ¿Cuáles son las diferencias entre los resultados de la Universidad de Newcastle y los de la Universidad de Stanford sobre los productos biológicos?
3. Según la Universidad de Newcastle hay muchos beneficios al consumir productos biológicos. Escribe tres de los beneficios en el espacio dado:
   a. ______________________
   b. ______________________
   c. ______________________
4. ¿Qué causó que el consumo de los productos biológicos bajara en el Reino Unido?
5. ¿Cuáles son las razones que dan los británicos para comprar productos orgánicos?

7.32 Situaciones. Haz el papel de **A** o **B** con tu compañero/a para participar en la conversación. Answers will vary.

A- Eres un/a gran defensor del consumo de la comida orgánica. Has leído muchos estudios que hablan de los beneficios de esta comida y estás convencido de que vale la pena gastar un poco más para tener una dieta que contenga estos alimentos. Sin embargo, tu amigo/a no está tan convencido/a. Intenta persuadirle para que compre más comida orgánica. Puedes usar información del artículo como evidencia en tu conversación.

B- Tu amigo/a siempre acepta cualquier teoría sin hacer su propia investigación. Ahora él/ella te recomienda que compres comida orgánica. Tú has leído varios estudios que dicen que los alimentos orgánicos no tienen ningún valor adicional sobre los que se cultivan de forma tradicional. Además, hay muchos estudios que dicen que una gran cantidad de comida orgánica se cultiva igual que otras comidas. Tú crees que solamente es una forma de cobrar más dinero por la misma comida. Intenta convencer a tu amigo/a de que está malgastando su dinero comprando este tipo de alimentos.

Página literaria

Julia Álvarez

Antes de leer

7.33 Julia Álvarez, autora a favor del desarrollo de la justicia económica. Julia Álvarez nació en Nueva York, pero pasó su niñez en la República Dominicana, el país natal de sus padres. Es escritora residente en Middlebury College. Sigue los **Pasos** para aprender qué opina Julia de la justicia económica.

ZUMA Press Inc / Alamy Stock Photo

Julia Álvarez, autora dominicana.

Paso 1: *El cuento del cafecito* es la historia de Alta Gracia, un cafetal orgánico, con el objetivo de demostrar los principios de la sustentabilidad. De la siguiente lista, marca las ideas que piensas encontrar en la selección. Answers will vary.

________ la familia de Julia
________ cómo apreciar el trabajo para preparar una buena taza de café
________ la casa original de la autora
________ el proceso de cultivar el café
________ las ventas directas
________ una descripción de cómo erradicar el intermediario
________ el cuento de los cultivadores de café en la República Dominicana
________ lo que ha hecho cada uno para ayudar a los campesinos

Paso 2: El siguiente pasaje es una conversación sobre cómo cultivar el café de forma orgánica en la que Miguel le cuenta a José la historia del café. Lee las siguientes oraciones y marca las que creas que son ciertas.

- ☑ Solamente cosechan los granos rojos.
- ☐ Después del primer año, las plantas producen el café.
- ☑ La sombra de los árboles es muy importante para cultivar el café.
- ☑ Hay que separar a mano los granos uno por uno.
- ☑ Utilizan abono orgánico.
- ☐ Se recogen los granos cinco veces al año.

Paso 3: Selecciona los cognados y después lee la selección.

El cuento del cafecito

Antes de sembrar café se debe preparar la tierra en terrazas con árboles de distintos tamaños para crear distintos niveles de sombras: primero, los cedros; luego, las guanas y los guineos.

Mientras tanto, Miguel comienza a hacer geminar las semillas de café. Los retoños se toman alrededor de cincuenta días.

Del germinador, los pequeños trasplantes pasan al vivero por ocho meses. Finalmente, cuando están fuertes y vigorosos, Miguel los siembra en las terrazas.

Entonces hay que quitar la yerba y alimentar las plantas con abonos hechos de lo que se encuentre alrededor. Nosotros lo llamamos orgánico, explica Miguel, porque usamos solo lo que la naturaleza nos brinda gratis.

Después de tres años, si Dios quiere, tenemos nuestra primera cosecha. La recogemos cuatro veces entre diciembre y marzo. Claro, solo los granos rojos.

Entonces comienza nuestra prisa: tenemos que quitarle la pulpa a cada cereza esa misma noche o bien temprano la mañana siguiente. La pulpa va a nuestra lombriguera donde producimos fertilizantes naturales.

Entonces cargamos los granos mojados al río. Deben lavarse con agua corriente por cerca de ocho horas—un proceso que requiere atención, porque debemos llevar las semillas al punto en que los granos están lavados, pero no se fermentan. No es distinto al momento en que una mujer se enamora—dice Miguel, sonriendo y mirando en la dirección de las montañas.

Y entonces comienza el largo proceso de secar al sol. Algunos de nosotros, que no tenemos un patio de concreto, usamos la carretera. Hay que voltear los granos cada cuatro horas. Por la noche, los apilamos y depositamos bajo cubierta. ¡Pobre de nosotros si llueve y no logramos cubrir los granos a tiempo! El café mojado se enmohece y termina en la pila de abono.

Después, cerca de dos semanas si el tiempo es bueno, ensacamos el café —Joe respira con alivio. ¡No sabía que una taza costaba tanto trabajo! —confiesa.

—No he terminado —continúa Miguel levantando la mano—. Después de ensacar el café, lo dejamos descansar. Unos cuantos días, unas cuantas semanas. Solamente le hemos quitado la pulpa, pero el grano todavía está dentro del pergamino. Más tarde, cuidadosamente, separamos los granos uno a uno a mano, ya que un grano fermentado puede dañar el sabor del grano para el comprador. La trilla o los de segunda categoría los dejamos para nosotros.

[Julia Álvarez. *El cuento del cafecito*. Chelsea Green Publishing Company, White River Junction, Vermont, 2002: pp. 25-30.]

Después de leer

Paso 4: **WP** Lee las siguientes oraciones y ponlas en orden, según la descripción de cómo cultivar el café.

__6__ Se recogen los granos rojos.
__2__ Se comienza a geminar las semillas de café.
__4__ Se siembran en las terrazas.
__5__ Se quita la yerba y se alimentan las plantas con abono.
__1__ Se debe preparar la tierra en terrazas con árboles de distintos tamaños.
__9__ Se secan los granos al sol, volteándolos cada cuatro horas.
__3__ Se pasan los pequeños trasplantes al vivero por ocho meses.
__8__ Se lavan con agua corriente por ocho horas.
__7__ Se le quita la pulpa a cada cereza.
__10__ Se separan los granos uno a uno a mano.

Paso 5: El café. Conversa con tu compañero/a sobre el proceso de cultivar café. Utiliza las siguientes preguntas como guía. Answers will vary.

1. ¿Cuál es tu bebida caliente preferida? ¿Por qué?
2. ¿Qué insinúa la autora sobre el valor del cultivo de café?
3. ¿Qué sugiere la autora para mejorar el cultivo?
4. ¿Qué explica la autora sobre las diferentes clases de café?
5. Según Miguel, ¿hay desventajas de cultivar el café? ¿Cuáles son?
6. ¿Qué les recomienda a las personas que quieren empezar un negocio de café?

Cultura y sociedad

La quinua: la nueva supercomida

Antes de leer

7.34 Los alimentos nutritivos. Vas a leer un artículo sobre los beneficios del consumo de la quinua. Antes de leer, completa el **Paso 1**.

Cristobal Demarta / Getty Images

Un cultivo de quinua. Perú es el mayor exportador de quinua del mundo.

Paso 1: Con un/a compañero/a de clase, habla de las siguientes preguntas: Answers will vary.

1. ¿Cuáles son los mejores alimentos que una persona puede consumir?
2. ¿Cuáles son los alimentos que más consumes durante la semana?
3. ¿Tienes una dieta balanceada?
4. ¿Compras alguna comida especial para mejorar tu salud? ¿Cómo se llama? ¿Cómo sabe?

La quinua – la nueva supercomida

La quinua es un alimento que ha existido y se ha consumido durante miles de años en los pueblos andinos. Solamente en la última década ha llegado a otras partes del mundo donde las personas han empezado a ver los beneficios de este producto. La quinua es un grano que se cultiva para sus semillas. No es un cereal, pero se prepara igual que si lo fuera. Lo bueno de la quinua es que se suele cultivar de forma orgánica. Una señal de su reconocimiento alimenticio ocurrió en el año 2013 cuando fue denominado “Año Internacional de la Quinua” por las Naciones Unidas. La Organización de las Naciones Unidas reconoció la quinua por su gran valor nutritivo y potencial a contribuir a la seguridad alimenticia mundial. ¿Cuáles son los beneficios de la quinua? ¿Por qué debería formar parte de la dieta de cada individuo? La siguiente lista nombra solamente unos pocos aspectos que hacen que esta planta sea reconocida como una supercomida.

1. *Es muy rica en fibra, más que la mayoría de los cereales.* La quinua contiene más de 10 gramos de fibra en solamente una taza. El nivel de fibra baja al hervirla, pero sigue siendo una fuente excelente de fibra.
2. *Es perfecta para la gente que posee intolerancia al gluten.* Hoy en día hay muchas personas que no pueden consumir gluten y pierden nutrientes al no poder hacerlo. Se puede usar la quinua como sustituta para los productos con gluten y recibir todos sus beneficios.
3. *Contiene un alto nivel de proteínas.* Consumir proteínas de forma saludable es difícil para muchas personas, pero con la quinua es posible hacerlo. Contiene mucha proteína, más que los otros cereales, y sirve como fuente de proteína vegetal para vegetarianos y veganos.
4. *Tiene un índice glucémico bajo.* Esta es una forma de decir que la quinua no eleva el nivel de azúcar en la sangre precipitadamente después de consumirla. Esto ayuda a controlar el apetito y el peso, al no sentir tanta hambre.
5. *Es alta en minerales, especialmente en magnesio.* La quinua tiene un nivel alto de muchos minerales, pero especialmente de magnesio, potasio, zinc e hierro. De hecho, una taza de quinua contiene el 58 % de lo que necesita una persona de magnesio.
6. *Está llena de antioxidantes.* Los antioxidantes son importantes porque neutralizan los radicales libres y se cree que ayudan a combatir el envejecimiento y muchas enfermedades.

La quinua es un alimento que puede ayudar a mucha gente a mejorar su salud y no solamente es saludable, sino que también tiene muy buen sabor. Espero que puedas aprovechar este alimento que tanto le ha servido a la gente durante miles de años.

Después de leer

Paso 2: Con un/a compañero/a de clase, comenta las siguientes preguntas usando la información de la lectura. Answers will vary.

1. ¿Cuál es el mayor beneficio de consumir quinua?
2. ¿Qué comidas consumes para conseguir todas tus vitaminas y minerales?
3. ¿Te importa que hayan cultivado tu comida de forma orgánica? ¿Por qué?
4. ¿Piensas que la quinua va a llegar a formar parte de nuestra dieta o solamente va a ser una novedad pasajera?
5. ¿Por qué algunos alimentos llegan a ser populares para después desaparecer de nuestra dieta?

Estrategia de escritura: List Making

List making is a simple strategy that can serve as a springboard for writing an essay or other writing assignment. Making a list can serve as a great way to focus on the topic, brainstorm terms and get some words on paper. For instance, a list of free-time activities can be later turned into an essay comparing popular activities in your country and a target culture. A list of groceries can be transformed into a recipe with instructions for creating the dish. To help you get started with the writing task found in activity **7.34, Paso 3**, choose a topic and make a list. Then, use your list to begin the writing process.

Paso 3: Crea tu propio superalimento. Vas a inventar un alimento nuevo. Puede tener cualquier contenido y cualquier beneficio. Contesta las siguientes preguntas para crearlo:

- ¿Cómo va a ser la planta donde crezca?
- ¿Cómo va a saber?
- ¿Qué va a contener?
- ¿Va tener muchas vitaminas y minerales? ¿Cuáles?
- ¿A las personas de Estados Unidos les va a gustar?
- ¿Cómo vas a convencer a las personas de que compren tu alimento?

Answers will vary.

 **Paso 4:** Comparte tu alimento con otras tres personas de la clase. Answers will vary.

Voces inocentes

Película

7.35 *Voces inocentes.* Lee la descripción de la película y sigue los **Pasos** para aprender más. Answers will vary.

La película *Voces inocentes* es, desafortunadamente, la historia de muchos niños que viven y sufren los resultados violentos durante una guerra. La película cuenta la historia verdadera de Óscar Torres cuando tenía once años y vivía en El Salvador durante la guerra civil. Cuando su padre abandonó a su familia, Chava (el personaje de Óscar en la película) se convirtió en 'el hombre de la casa'. Su vida se transformó inmediatamente en un juego de supervivencia, ya que además de ser niño y jugar con sus amigos, tenía que esconderse del ejército del gobierno cada vez que pasaba por su pueblo para 'reclutar' a todos los niños de doce años. No solo eso, sino que también vio su pueblo transformado

Album / Alamy Stock Photo

de campo de juego a campo de batalla entre el gobierno de ese entonces y los rebeldes del ejército FMLN. Encontró trabajo en un autobús, trabajando para el chófer, cobrándoles a los pasajeros y anunciando el destino. Con su pequeño sueldo, ayudó a su madre a pagar sus deudas.

Poco a poco, Chava se acercaba más a la decisión obligatoria de un niño de su edad: unirse al ejército del gobierno o al de los rebeldes. Con el amor de su madre y su pequeña familia, Chava descubrió el coraje para mantener su propia paz interior en su carrera contra el tiempo.

Paso 1: Avance en español de la película. Busca en Internet un avance en español de la película. Míralo, y con tu compañero/a, contesta las siguientes preguntas.

1. Cuando eras niño o niña, ¿a qué jugabas?
2. ¿Qué actividades y diversiones infantiles has visto en el avance?
3. ¿Quién es la niña de la película?
4. ¿Cuáles son las circunstancias del pueblo en donde vive Chava, el personaje principal?
5. Describe la casa donde vive la familia.
6. ¿Por qué entran los soldados del ejército a la escuela de Chava?
7. ¿Qué papel tiene el sacerdote?
8. ¿Qué peligros notas en la vida de Chava?
9. ¿Cómo esconden a los niños de los soldados del ejército?

Paso 2: Tras ver la situación de Chava en el avance, escribe un mínimo de cinco predicciones sobre lo que pasará en la película. Por ejemplo, ¿el sacerdote morirá? ¿La familia de Chava sobrevivirá? ¿Chava se hará soldado del ejército de los rebeldes o del gobierno? ¿Cómo salvará la mamá de Chava a su familia? ¿Qué perderá el pueblo? ¿Qué descubrirá Chava de sí mismo cuando se enfrente a sus circunstancias?

Paso 3: Conversa con tu compañero/a sobre la película y la vinculación de la guerra civil y el comercio menos justo. ¿Son la economía y la pobreza causas de la guerra civil en los países del mundo menos desarrollados? ¿Cómo se puede evitar la guerra en esos países? ¿Es posible evitar el uso de niños soldados? ¿Qué pierden los niños en tiempos de guerra?

Technology tip for 7.36: Have your students use the tool of their choice to compile their electronic notebook. This is a great way to keep students organized as they create a portfolio of photos and material regarding the countries presented throughout the book.

7.36 El cuaderno electrónico. Abre tu cuaderno electrónico y empieza una nueva página.

Answers will vary.

Paso 1: Utilizando tu libro de texto e Internet, sigue estos **Pasos**:

1. Escribe información básica de los países que has estudiado en este capítulo: Nicaragua, la República Dominicana y El Salvador.
2. Incluye un mapa de los países.
3. Selecciona dos lugares que te gustaría ver de esos países y explica por qué los seleccionaste.
4. Escribe información sobre los lugares que te gustaría visitar.
5. Sube dos fotos de cada país.
6. Incluye información básica sobre los temas del capítulo.
7. Escribe tres hechos nuevos que aprendiste.
8. Escribe tres temas adicionales que te interese investigar.

Paso 2: Lee y comenta en el foro de la clase la información de dos compañeros.

REPASOS

Repaso de objetivos

Teaching note for Repaso de objetivos: Although this self-assessment is designed for the students to evaluate their progress, teachers might poll students informally as a group to gauge how students are feeling about the material. This could be done orally with eyes closed and hands raised or by simply asking students to leave a slip with their answers at the end of class.

Check off the objectives you have accomplished.

I am able to...

	Well	**Somewhat**
• tell about activities that I and others have done.	☐	☐
• describe hypothetical and real situations	☐	☐
• identify the challenges faced by small farmers and the difficulty providing authentic food sources.	☐	☐
• analyze the advantages and disadvantages of organic produce.	☐	☐
• compare fair trade and direct trade classifications.	☐	☐

Repaso de vocabulario

WileyPLUS
Go to WileyPLUS to review these vocabulary words and practice their pronunciation.

La finca y los productos agrícolas ***Farm and agriculture products***

el abono (orgánico) *(organic) fertilizer*
el/la agricultor/a *farmer*
el/la cafetalero/a *coffee grower*
la camioneta *pick-up truck*
el campo *countryside/field*
el canasto *basket*
la cosecha *harvest*
cosechar *to pick*
cultivar *to harvest*
el cultivo *farming, crops*
el/la dueño/a *owner*
la finca orgánica *organic farm*
el ganado *cattle*
el granero *barn*
la granja *farm*
el grano *bean, coffee bean*
la hierba *grass*
la huerta *land laid ready to cultivate, agricultural field*
el huerto *small garden, vegetable gaden*
regar *to water*
sembrar *to plant*
las semillas *seeds*
la siembra *seedling*
el terreno *land*
la tierra *soil*
el vivero *garden center*

Los cognados

la agricultura
el fertilizante
los insecticidas
la planta
rural
el tractor
el trasplante

El comercio y el consumidor ***Trace and customers***

el acuerdo *agreement*
ahorrar *to save*
anunciar *to announce, to publicize*
apoyar *to support*
el/la consumidor/a *consumer*
consumir *to consume*
contener *to contain*
los derechos *rights*
la empresa *company*
erradicar *to erradicate*
la gestión *management*
el/la intermediario/a *middle man/woman*
el lujo *luxury*
microproductores *microproducers*
poderoso/a *powerful*
el/la productor/a *producer*
promover *to promote*
proveer *to provide*
saber mejor *to taste better*
el sello *seal*
el valor *value*
las ventas *sales*

Los cognados

la cooperativa

Repaso de gramática

Subjunctive to express possibility and probability

To express possibility or probability, you can use these expressions with verbs in the subjunctive:

Es posible que...
Es posible que el café no **crezca** este año.

Other key phrases that you can use to express possibility or probability are listed. Note the different ways to say *perhaps* or *maybe* with a future action.

Quizás...
Quizás las plantas **crezcan** mejor en el balcón de tu casa.

Tal vez...
Tal vez sea mejor cultivar verduras frescas sin pesticidas.

Posiblemente...
Posiblemente sea mejor poner las cáscaras en el abono.

Puede ser que...
Puede ser que los productos orgánicos **sean** de mejor calidad.

Es probable que...
Es probable que no **llueva** mucho este invierno.

Present perfect and Past participle

The present perfect describes an action that happened and was completed in the recent past. The action could also have started in the past and continues or repeats into the present. The function is very similar to the English use of what a person *has* done.

Formation

Form of **haber** + *past participle*

The verb *haber*

yo – he	nosotros/nosotras – hemos
tú – has	vosotros/vosotras – habéis
él/ella, usted – ha	ellos/ellas, ustedes – han

Past participle

The past participle in **-ar** verbs is formed by dropping the **-r** and adding **-do**.

The past participle in –**er** and **-ir** verbs is formed by dropping the **-er** or **-r** and adding **-ido**.

When the past participle is used with the verb **haber**, it always ends in 'o' and does not change in number or gender to match the subject.

—Ellas **han hablado**.
They have spoken.

—Él **ha hablado**.
He has spoken.

While most of the forms of the past participle follow the typical formation described, the following table shows some variations.

Variations of the Past participle

decir	di**cho**	cubrir	cub**ierto**
hacer	he**cho**	ver	v**isto**
poner	p**uesto**	morir	m**uerto**
volver	v**uelto**	escribir	escri**to**
abrir	ab**ierto**	romper	**roto**

CAPÍTULO 8

Educación para todos

Note for Capítulo 8: World Readiness Standards addressed in this chapter include:
Communication: All three modes
Culture: Examining social justice issues related to education, as well as higher education in various Spanish-speaking countries.
Connections: Connecting with the disciplines of history, education, and sociology.
Comparisons: Comparing and contrasting higher education in various Spanish-speaking countries.
Communities: Acquiring the life-long skills of investigating, reading, and reporting on a given topic in the target language.

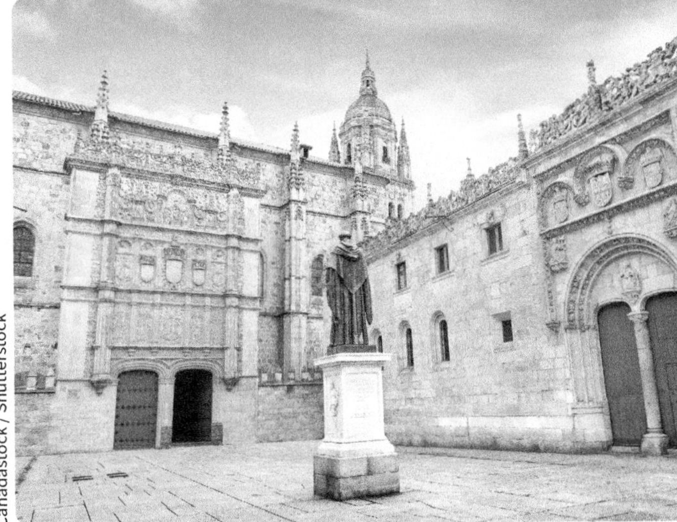

Canadastock / Shutterstock

La Universidad de Salamanca es la universidad más antigua de España, fundada en 1218. Actualmente tiene unos 32 000 estudiantes.

Contesta a las siguientes preguntas basadas en la foto.

1. ¿En qué se diferencia esta universidad de la tuya?
2. ¿Cómo comparas el edificio más antiguo de la Universidad de Salamanca con el edificio más antiguo de tu universidad?
3. ¿Cuándo se fundó tu universidad?
4. ¿Se parece la Universidad de Salamanca a alguna universidad de tu país?

OBJETIVOS COMUNICATIVOS

By the end of this chapter, you will be able to...

- give commands.
- talk about what has happened.
- describe your educational background.

OBJETIVOS CULTURALES

By the end of this chapter, you will be able to...

- identify the challenges of education globally.
- investigate the history of higher education in the Americas.
- examine a successful literacy program.

ENCUENTROS

Video: Sofía sale a la calle a preguntar

Conozcamos a... Luis Santinelli Castillo

EXPLORACIONES

Exploremos el vocabulario

La educación y la alfabetización

Los estudios universitarios

Exploremos la gramática

Informal commands

Past perfect

EXPERIENCIAS

Manos a la obra: Educación para todos

Experiencias profesionales: La cultura en la comunidad

El blog de Sofía: La Cruzada Nacional de Alfabetización

Cortometraje: *Vidas paralelas*

Página informativa: Estudiando por un sueño

Página literaria: Sandra Cisneros

Cultura y sociedad: Las universidades más antiguas

Película: *Entre maestros*

ENCUENTROS

Video

WileyPLUS
Go to WileyPLUS to watch this video.

Sofía sale a la calle a preguntar

8.1 Entrando en el tema. Hay muchas razones por las cuales las personas asisten a la universidad. En los siguientes **Pasos**, vas a explorar cuáles son las más importantes para ti y para tu compañero/a de clase. Answers will vary.

Paso 1: Indica el nivel de importancia de las siguientes razones para asistir a la universidad, asignando a cada una un número entre el 1 (la más importante) y el 7 (la menos importante).

Razones para asistir a la universidad	Nivel de importancia (1-7)
Promover tu crecimiento individual.	
Crear recuerdos duraderos.	
Mejores oportunidades de trabajo.	
Conocer a personas nuevas.	
Conocimientos útiles para la vida.	
Encontrar tu dirección en la vida.	
Para divertirte.	

Paso 2: Comparte tu tabla con un/a compañero/a de clase. Justifica el orden de tus selecciones. Answers will vary.

8.2 Sofía sale a la calle. Sofía entrevista a tres personas sobre el tema de la educación. Completa los **Pasos** para conversar sobre sus opiniones.

Paso 1: WP ¿Puedes identificar a la persona que ofrece cada una de las siguientes ideas en el video? Escribe el nombre de la persona delante de la cita que le corresponda: Steve, Viviana o Dan.

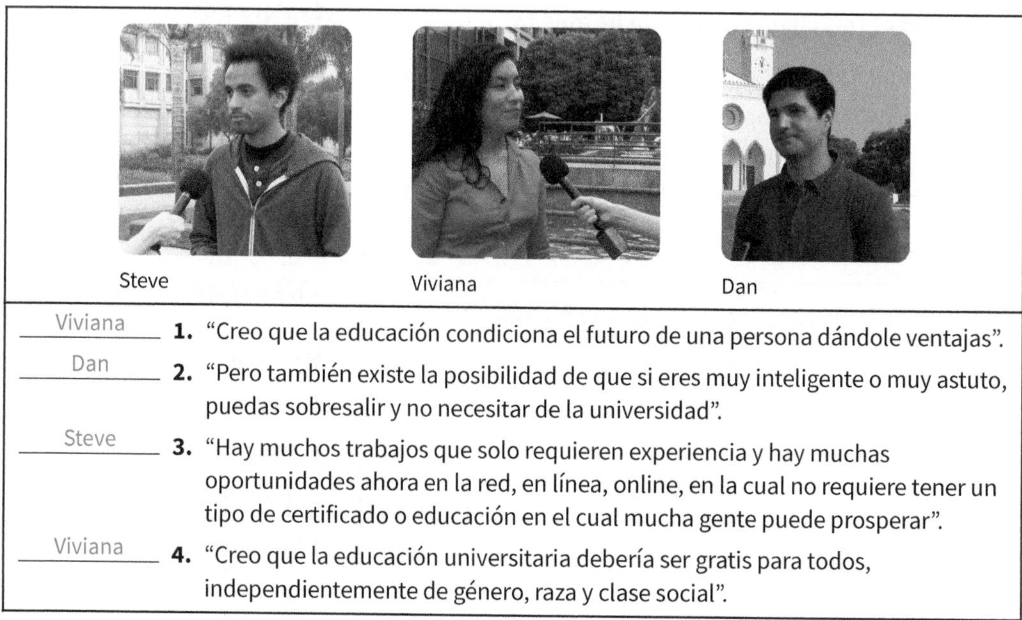

Steve Viviana Dan

Viviana **1.** "Creo que la educación condiciona el futuro de una persona dándole ventajas".

Dan **2.** "Pero también existe la posibilidad de que si eres muy inteligente o muy astuto, puedas sobresalir y no necesitar de la universidad".

Steve **3.** "Hay muchos trabajos que solo requieren experiencia y hay muchas oportunidades ahora en la red, en línea, online, en la cual no requiere tener un tipo de certificado o educación en el cual mucha gente puede prosperar".

Viviana **4.** "Creo que la educación universitaria debería ser gratis para todos, independientemente de género, raza y clase social".

Dan	**5.** "En todo el mundo siempre vas a necesitar de alguien que te corte el cabello o que te arregle tu carro".
Dan	**6.** "Creo que podemos promover la educación escolar a través de la creación de una cuenta de fondos para la educación mundial".
Viviana	**7.** "Creo que hay otras opciones en estos días, por ejemplo, en mi país hay personas que lamentablemente no leen o escriben, pero son muy buenas para los negocios y tienen sus propias tiendas".
Steve	**8.** "Es un gran problema el que tenemos de los estudiantes, tener esos préstamos estudiantiles".

Paso 2: Pregúntale a tu compañero/a de clase si está de acuerdo con las ocho citas de las personas y pídele que te indique por qué. Answers will vary.

8.3 ¿Qué piensas? En la sociedad de hoy en día, hay muchas personas que insisten en que ir a la universidad es la mejor forma para conseguir un buen trabajo. Sin embargo, muchos de los entrevistados ofrecieron otras opciones. Por ejemplo, hay muchas profesiones en las que las personas pueden ganar un buen salario al aprender un oficio como electricista, mecánico, plomero y en algunos trabajos de informática. Completa los siguientes **Pasos** para expresar tus opiniones. Answers will vary.

Paso 1: Escribe dos razones a favor de la educación universitaria y dos razones para no asistir a la universidad.

1. ______________________________
2. ______________________________
3. ______________________________
4. ______________________________

Paso 2: Comparte tus razones con tu compañero/a de clase. ¿Las razones de cada uno son iguales o diferentes? Explica tus razones a tu compañero/a.

Estrategia de estudio: Considering Grammar: Understanding the Big Picture and the Details

Have you ever noticed how very young children learn languages? It is more of a game to them. I think that because they are so young, they are unaware of the details of the language that they are learning. Children don't think about grammar rules that their brains seem to naturally adjust and modify as they talk to others. The kids that I have been around are totally focused on communicating with me or their parents for a specific purpose. They take in the gist of the language in a relaxed way without worrying about understanding everything. This description is similar to learning language by understanding the big picture.

Do you find yourself spending the majority of your time memorizing grammar rules, translating from one language to another and focusing on details, trying to be perfect when you speak or write Spanish? Or are you disregarding all rules and speaking freely? You need a balance between these two ideas to be able to really learn to communicate in Spanish.

So, if you only focus on details and grammar rules, try to limit the monitoring you do. If you never think about the details, try using them as one of many tools to learn more language. Focus closely at times but do get the larger picture. Try it! With practice, you will see what I mean.

WileyPLUS
Go to WileyPLUS to watch this video.

Conozcamos a... Luis Santinelli Castillo

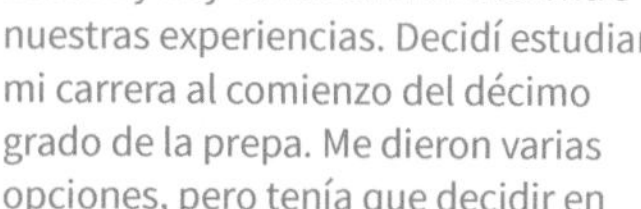

ajr_images / iStock / Getty Images

Luis es un estudiante universitario en Mérida, México.

Antes de escuchar

8.4 La universidad. Con un/a compañero/a, contesta las siguientes preguntas.

Answers will vary.

1. ¿Cómo describirías la vida universitaria a alguien de otro país?
2. ¿Cuándo decidiste qué carrera ibas a estudiar?
3. ¿Piensas que es necesario que todos los estudiantes tomen clases diferentes a las de su carrera profesional? ¿Por qué?
4. ¿Cambiaste de carrera en la universidad? ¿Cuántas veces? ¿Por qué?
5. ¿Por qué crees que tantos estudiantes asisten a la universidad?

Mientras escuchas

Suggestion for 8.5: For hybrid or flipped classes, you may want to assign students to listen to the audio and complete this activity prior to the class session.

8.5 Diferencias y semejanzas. Luis cuenta algunas diferencias y semejanzas entre los estudios en México y en Estados Unidos. Rellena la siguiente tabla con 6 diferencias y 4 semejanzas entre los estudios en los dos países.

Diferencias	Semejanzas
1. elige su carrera en la prepa	**1.** vive en la casa de sus padres o familiares
2. no toma clases diferentes a las de su carrera	**2.** quiere sacar buenas notas
3. vive en la casa de sus padres o familiares	**3.** quiere conseguir un buen trabajo
4. no se muda hasta que se casa	**4.** estudia con sus amigos
5. cada universidad tiene su propio examen	
6. la madre todavía lo cuida	

Después de escuchar

8.6 La reforma universitaria. Tu universidad les ha contratado a ti y a tu compañero/a de clase para hacer una reforma de la universidad donde estudian. Answers will vary.

Paso 1: Con tu compañero/a de clase, piensen qué cambios les gustaría hacer en la universidad y después escriban un plan de reforma. ¿Cómo van a mejorar la vida universitaria de los estudiantes? Piensen no solamente en las clases y los profesores, sino también en todos los aspectos de la vida universitaria tales como la vivienda, el estacionamiento en la universidad, los sitios de comida en la universidad, los deportes de la universidad, los edificios, el costo de asistir, etcétera.

Paso 2: Ahora compartan su plan con otros dos grupos de estudiantes. Comparen los diferentes planes para ver los elementos que tienen en común. Después, decidan cuál es el mejor plan y por qué.

Audioscript for 8.5:
Mi nombre es Luis Santinelli Castillo y soy de Mérida, México. Tengo 23 años y soy estudiante universitario. Estoy en mi tercer año de la universidad y tengo la suerte de estar estudiando en la facultad de Ciencias de la Salud para ser enfermero. Siempre me ha gustado la medicina y poder ayudar a la gente, por eso decidí estudiar esta carrera. Tengo un primo que está en Estados Unidos y hay varias diferencias entre nuestras experiencias. Decidí estudiar mi carrera al comienzo del décimo grado de la prepa. Me dieron varias opciones, pero tenía que decidir en ese momento porque si no, me iba a quedar muy atrasado en mis estudios universitarios. Esto es debido al hecho de que todas las clases que tomo están relacionadas con mi carrera. Tomo clases de ciencia, biología y matemáticas, entre otras, pero no tengo que tomar clases de historia o lengua debido al área de mi carrera. Estoy ya en la universidad, pero para entrar tuve que tomar un examen de cada universidad distinta para ver si me aceptaban. No hay un examen universal para todos los mexicanos, sino que cada universidad tiene su propio examen. ¡No solamente es muy duro, sino que también me examinaron durante dos días! En algunos lugares hasta presentan los exámenes en un estadio de fútbol. ¡Qué duro, con el calor que hace en algunas partes de México! Finalmente, me aceptaron como estudiante aquí en Mérida y ahora vivo con mis padres. Es muy común para los estudiantes vivir con los padres si estudian en la misma ciudad, o con otros familiares si estudian fuera de su ciudad. Me encanta vivir todavía en la casa porque mi madre me cuida muy bien, aunque no pase muchas horas en casa debido a que trabaja fuera. A pesar de todas las diferencias entre ser universitario en México y en Estados Unidos, muchas de las actividades son las mismas. Todos queremos sacar buenas notas y conseguir un buen trabajo al graduarnos. Siempre me junto con mis amigos para salir a cualquier parte los fines de semana. Si tenemos exámenes, también nos juntamos en la universidad para estudiar porque es mucho más agradable estudiar con los amigos que solo. Espero graduarme en dos años y empezar a trabajar. No sé cuándo me voy a mudar de la casa de mis padres. Es probable que espere hasta que me case.

Teaching tip for 8.6, Paso 2: You could also have the students give a short presentation to you as the "university president" where they try to convince you of the need to make the changes that they are suggesting. They could also give their presentations to the class and then select the best plan.

¿Qué sabes de Colombia, España, México y Nicaragua?

WP Repasa los mapas, las estadísticas y las descripciones de Colombia, España, México y Nicaragua en WileyPLUS.

Sitios interesantes

Frédéric Soltan / Corbis via Getty Images

La Universidad Nacional Autónoma de México (UNAM), en Ciudad de México, tiene más de 269 000 estudiantes. Fundada en 1551, es la universidad más antigua en Norteamérica.

Andreas Altenburger / Alamy Stock Photo

La Universidad de Santiago de Compostela fue fundada en 1495 por Lope Gómez de Marzoa y es, con sus más de 500 años, la universidad de más larga tradición de Galicia, y una de las más antiguas del mundo.

Courtesy of Diane Ceo- DiFrancesco

El campus de la Universidad Javeriana en Cali, Colombia, tiene un jardín botánico con más de 30 especies de aves, entre ellas 13 especies migratorias que llegan desde el norte y el sur para pasar el invierno en un clima tropical.

Courtesy of Diane Ceo-Difrancesco

La Universidad Centroamericana en Managua, Nicaragua, es la primera universidad privada en Centroamérica, fundada por los jesuitas en 1960. Tiene unos 8785 estudiantes de pregrado y 643 de posgrado. Su visión incluye los valores de justicia, tolerancia, excelencia, dignidad de la persona y cuidado de la tierra.

8.7 Datos interesantes de Colombia, España, México y Nicaragua. Estás investigando la situación actual de la educación en Colombia, España, México y Nicaragua. Examina los datos de cada país. Luego habla con un/a compañero/a y contesta las siguientes preguntas.

Answers will vary.

1. ¿En qué país hay más escuelas bilingües? ¿Por qué crees que es así?
2. ¿Cómo se comparan estos datos con los de EE. UU.?
3. ¿Cuáles son las razones para apoyar programas de alfabetización?
4. Compara la tasa de universidades públicas y privadas. ¿Qué conclusiones puedes sacar de estos datos?

Datos interesantes: Colombia

Número de universidades públicas: 51

Número de universidades privadas: 150

Porcentaje de personas que terminan el colegio: 44 de cada 100 colombianos terminan el colegio. El 82 % de las personas lo hacen en las zonas urbanas y el 48 % en las zonas rurales.

Porcentaje de personas alfabetizadas: 95 %

Número de escuelas bilingües: 174

Datos interesantes: España

Número de universidades públicas: 50

Número de universidades privadas: 26

Porcentaje de personas que terminan el colegio: 81 %

Porcentaje de personas alfabetizadas: 98 %

Número de escuelas bilingües: 56

Datos interesantes: México

Número de universidades públicas: 107

Número de universidades privadas: 189

Porcentaje de personas que terminan el colegio: 46 %

Porcentaje de personas alfabetizadas: 95,5 %

Número de escuelas bilingües: 95

Datos interesantes: Nicaragua

Número de universidades públicas: 14

Número de universidades privadas: 65

Porcentaje de personas que terminan el colegio: 28 %

Porcentaje de personas alfabetizadas: 82,5 %

Número de escuelas bilingües: 17

WileyPLUS

Go to WileyPLUS to watch this video.

Estrategia de estudio: Teaching Spanish to Others ***by Katie Kennedy***

Courtesy of Katie Kennedy

One of the best things for my Spanish is being able to teach it to other people. When you start getting into all of the complexities of grammar, it can be really hard to understand, so I find that it's really helpful to explain it to other people, and that's I know that I've mastered it too.

EXPLORACIONES

La educación y la alfabetización

Cada vez menos personas **dejan de** estudiar y **alcanzan niveles** más altos de **formación**. Eso hace que la **tasa** de **analfabetismo** disminuya progresivamente.

La educación y la alfabetización	*Education and literacy*	Los cognados
alarmante	*alarming*	la aspiración
la alfabetización	*teaching to read and write*	aspirar a
el/la analfabeto/a	*illiterate*	la educación bilingüe
aprobar	*to pass/to approve*	la educación primaria
arreglar	*to fix*	la educación preescolar
el/la bibliotecario/a	*librarian*	la habilidad
capacitarse	*to train*	la responsabilidad
la carencia de...	*lack of*	
la cifra	*figure (in statistics)*	
enfrentar	*to confront, to face*	
escasez	*shortage*	
fomentar	*to promote*	
formarse	*to train, educate*	
la librería	*bookstore*	

Exploremos el vocabulario 1

WileyPLUS

Go to WileyPLUS to review these vocabulary words and practice their pronunciation.

Teaching tip for Exploremos el vocabulario 1: Encourage students to guess the meaning of cognates to eliminate the need to memorize these vocabulary items. Also, remind them to focus on the differences in their spelling.

Audioscript for 8.8:
Muchos dicen que la alfabetización es un derecho humano fundamental, pero tal vez no hayan pensado en la idea de que la democracia depende de la educación. La conexión entre la democracia y la educación es lógica, ya que es muy difícil lograr una democracia cuando una gran parte de los ciudadanos no tiene acceso a la lengua escrita. Una ciudadanía aspira a formarse por medio de la palabra escrita para comprender la realidad social, económica y política de su propio país.
Según la organización UNICEF, cada niño tiene el derecho al acceso a la educación en igualdad de oportunidades y sin discriminación, así como el derecho a un sistema universal de educación que respete su dignidad como ser humano. Por eso los gobiernos del mundo se dedican a ofrecer el acceso universal a la educación primaria gratuita, de calidad y obligatoria. Los países de Latinoamérica y el Caribe también trabajan para fomentar el acceso a la educación preescolar obligatoria. A pesar de ese objetivo ambicioso, muchos estudiantes abandonan sus estudios antes de empezar la escuela secundaria. Otros niños dejan de asistir a la escuela y optan por trabajar para sobrevivir. El analfabetismo sigue existiendo y sigue siendo una de las situaciones de exclusión más graves de nuestra sociedad. Los países con las tasas más altas de analfabetismo son Guatemala, Nicaragua, Honduras y El Salvador. Las cifras son alarmantes. Para arreglar las injusticias, queda mucho por hacer. Se observa que la gran mayoría de analfabetos vive en los países más pobres, en las zonas rurales y entre las mujeres, donde hay una carencia de materiales pedagógicos para enseñar a los niños. La educación es la solución de la pobreza. Cada gobierno tiene la responsabilidad de educar a todos sus ciudadanos.

Suggestion for 8.8: This activity is broken down into two steps for students to complete. For hybrid or flipped classes, you may want to assign **Paso 1** for students to prepare prior to the class session.

8.8 Una deuda social. Muchos dicen que la educación es la solución de muchos problemas sociales. Escucha un *podcast* sobre la importancia de la educación en la sociedad y completa los **Pasos**.

Paso 1: WP Escucha el *podcast* y completa los espacios en blanco con las palabras que escuches.

Muchos dicen que la (1) ___alfabetización___ es un derecho humano fundamental, pero tal vez no hayan pensado en la idea de que la democracia depende de la educación. La conexión entre la democracia y la educación es lógica, ya que es muy difícil lograr una democracia cuando una gran parte de los ciudadanos no tiene acceso a la lengua escrita. Una ciudadanía (2) ___aspira___ a (3) ___formarse___ por medio de la palabra escrita para comprender la realidad social, económica y política de su propio país.

Según la organización UNICEF, cada niño tiene derecho al acceso a la educación en igualdad de oportunidades y sin discriminación, así como el derecho a un sistema universal de educación que respete su dignidad como ser humano. Por eso los gobiernos del mundo se dedican a ofrecer el acceso universal a la (4) ___educación primaria___ gratuita, de calidad y obligatoria. Los países de Latinoamérica y el Caribe también trabajan para (5) ___fomentar___ el acceso a la (6) ___educación preescolar___ obligatoria. A pesar de ese objetivo ambicioso, muchos estudiantes abandonan sus estudios antes de empezar la (7) ___escuela secundaria___. Otros niños (8) ___dejan de___ asistir a la escuela y optan por trabajar en la calle para sobrevivir. El (9) ___analfabetismo___ sigue existiendo y sigue siendo una de las situaciones de exclusión más graves de nuestra sociedad. Los países con (10) ___tasas___ más altas de analfabetismo son Guatemala, Nicaragua, Honduras y El Salvador. Las (11) ___cifras___ son (12) ___alarmantes___. Para (13) ___arreglar___ las injusticias, queda mucho por hacer. Se observa que la gran mayoría de (14) ___analfabetos___ vive en los países más pobres, en zonas rurales y entre las mujeres, donde hay una (15) ___carencia___ de materiales pedagógicos para (16) ___enseñar___ a los niños. La educación es la solución de la pobreza. Cada gobierno tiene la (17) ___responsabilidad___ de educar a todos sus ciudadanos.

Paso 2: Conversa con tu compañero/a sobre sus opiniones en cuanto el acceso a la educación y la alfabetización. ¿Están de acuerdo con las siguientes actitudes? Answers will vary.

1. Si los padres quieren una escuela secundaria excelente, deberán pagar mucho dinero.
2. Los maestros deben aprobar a los estudiantes de todos los niveles todos los años, independientemente de si aprenden o no.
3. Cuando haya escasez de maestros, es bueno que enseñen otros profesionales sin ninguna formación pedagógica.
4. Los maestros desmotivados no deben enseñar a los niños.
5. Las cifras de analfabetos son alarmantes. En el mundo actual no debería existir el analfabetismo.

WileyPLUS
Go to WileyPLUS to watch this video.

Estrategia de estudio: Learning a New Word Every Day *by Gina Deaton*

Gina Deaton

I have made it a goal to learn a new word in Spanish every day and to practice speaking even if I am not correct to help build my confidence. I am always looking for apps and websites to help me do both. There are some great ones I've found to help me practice.

8.9 Recomendaciones. El Centro de Educación para Todos de tu ciudad te pidió ayudar con una sesión especial para proponer soluciones contra el analfabetismo. Necesitas preparar una lista de consejos y presentárselos. Completa los **Pasos** para preparar tu presentación. Answers will vary.

Teaching tip for 8.9: Remind students of typical expressions that they can use to make recommendations: **es necesario, es importante**, etc.

Paso 1: Rellena la siguiente tabla con tus consejos.

Los niños	Los adolescentes	Los adultos
1.		
2.		
3.		

Paso 2: Compara tu tabla con la de tu compañero/a. Una vez tengan una lista común de consejos, preparen una presentación con imágenes y/o videos y súbanla al foro de la clase.

8.10 ¿Qué significa estar alfabetizado/a? La alfabetización y la educación son consideradas imprescindibles para construir un mundo mejor, pero en Latinoamérica sigue existiendo una situación de exclusión muy grave en la sociedad. En Internet, busca información sobre el éxito de algún país que haya limitado el analfabetismo. ¿Cuál es su porcentaje de analfabetos? ¿Cómo logró limitar el analfabetismo ese país? En tu opinión, ¿es suficiente saber leer y escribir para considerarse alfabetizado? Comparte tu reflexión con otras dos personas de la clase. Answers will vary.

8.11 Recuerdos de la infancia. Para reflexionar un poco sobre tu formación, conversa con tu compañero/a para comparar sus experiencias en las escuelas primarias y secundarias. Answers will vary.

Suggestion for 8.11: You may assign this activity outside of class and have students respond to these questions on your learning management system discussion board.

1. ¿Cuántas horas leías durante una semana típica en la escuela primaria?
2. ¿Qué tipo de libros te gustaba leer?
3. ¿Cuál era tu parte preferida del día durante la escuela?
4. ¿Cuántas asignaturas tomabas durante la escuela secundaria?
5. ¿Qué preferías hacer durante los fines de semana en la escuela secundaria?
6. ¿Qué tipo de juegos preferías jugar durante la escuela primaria?
7. ¿Cuál era el objetivo de tu escuela preescolar?
8. ¿Qué te interesaba explorar durante la escuela primaria?
9. ¿Qué otras actividades te gustaba hacer durante la escuela?

8.12 El español cerca de ti. Vas a investigar un programa en tu comunidad o en línea con el objetivo de erradicar el analfabetismo. Puede ser una escuela pública, un programa para adultos o unas clases de inglés para inmigrantes. Escribe una descripción del programa, contestando las siguientes preguntas. Answers will vary.

Suggestion for 8.12: For hybrid or flipped classes, you may want to assign students to complete this activity prior to the class session.

1. ¿A quiénes va dirigido el programa?
2. ¿Cuáles son sus objetivos?
3. ¿Cuánto cuestan las clases?
4. ¿Por qué se considera un servicio significativo en tu comunidad?

Estrategia de estudio: Using New Structures Often *by Catherine Sholtis*

Courtesy of Catherine Sholtis

Sometimes you think a part of Spanish grammar is really tricky or almost impossible for you, so you substitute it a lot with a structure that's easier to get your point across. But I think the only way I'm really going to learn Spanish is by going full force in avoiding any structures that I think are too easy, and instead I try to use the ones that are hard as often as possible, so I'm getting the right idea.

WileyPLUS

Go to WileyPLUS to watch this video.

Exploremos la gramática 1

Informal commands

WileyPLUS

Go to WileyPLUS to review this grammar point with the help of the Animated Grammar Tutorial.

Suggestion for Exploremos la gramática 1: Accent marks are challenging not only for L2 learners and heritage learners but often for native speakers as well. Part of the linguistic insecurity that heritage learners feel, especially in their writing, comes from not knowing when to use an accent mark or not. They will sometimes leave them off or include them on words that do not have them. As with all writing, these have to be learned. Give them examples of errors from natives in Spanish but also from native speakers of English to show that while errors should be avoided when possible, we all make mistakes in the languages we use and if they continue to practice, they can figure out how to use accents.

Note for Exploremos la gramática 1: See the *Ortographic Accents Appendix* for a detailed explanation of the use of accent marks, which you also might refer heritage speakers to when completing written assignments.

In Chapter 3 we discussed formal commands and the use of **usted** ("you"-one person) and **ustedes** ("you"-more than one) to tell others what to do in a formal way. In this chapter, we examine the use of the **tú** ("you"-singular/one person) commands. This form is used with friends, family, or others with whom we have a close relationship.

Para sacar buenas notas, **estudia** (**tú**) mucho tus apuntes de clase y **completa** (**tú**) toda la tarea.

In order to get good grades, study your class notes a lot and do all the homework.

Puesto que necesitarás acceso a la biblioteca, no **pierdas** (**tú**) la cédula de identidad y no **te olvides** de pagar la matrícula.

Because you will need access to the library, don't lose your identification card and don't forget to pay your tuition.

For most verbs, the informal positive command (**tú**) is formed by using the same ending used for he/she/it in the present tense. The negative command form uses exactly the same pattern used for the subjunctive **tú** form with no exceptions. Look at a few verbs that end in "-ar", "-er", "-ir" in the following table:

Positive (same as "he", "she" in the simple present)	Negative (same as present subjunctive forms)
Estudia mucho para el examen. *Study a lot for the exam.*	No estudies tanto de noche. *Don't study so much at night.*
Escribe los ensayos en tu portátil. *Write your essays on your laptop.*	No escribas los ensayos el día antes de clase. *Don't write essays the day before class.*
Vive cerca del campo de la universidad. *Live close to the university campus.*	No vivas solo en un departamento. *Don't live in an apartment all by yourself.*

Several common verbs take on a unique form in the informal positive command (**tú**):

Verbs	+ *command* (tú)
decir	di
hacer	haz
salir	sal
ir	ve
venir	ven
ser	sé
poner	pon
tener	ten

Just like we saw in Chapter 3 with the formal commands, when a positive command is combined with one or two pronouns like **me** (to/for me) and **lo** (it), they are attached to the end of the positive command. The recipient appears first (indirect object pronoun) and the thing being acted upon appears second (direct object pronoun):

- **Dime** el nombre del profesor. (*Tell me the name of the professor.*)
- **Dímelo**. (*Tell it to me.*)

With negative commands, the pronouns appear after the word **no** and before the verb in the same order as the positive command (indirect pronoun + direct pronoun) with spaces between them:

- **No me digas** el nombre del profesor. (*Don't tell me the name of the professor.*)
- **No me lo digas**. (*Don't tell it to me.*).

8.13 La voz de la experiencia. WP Escucha bien las recomendaciones que un estudiante de cuarto año, Mariano, le ofrece a su hermano menor, José, sobre métodos prácticos para tener éxito en la universidad y no fracasar. Indica si Mariano está de acuerdo o no con las siguientes opiniones sobre la universidad y explica brevemente por qué.

1. Los estudiantes deben vivir en la residencia estudiantil su primer año.
   _Sí_ Sí; ___ No; ¿Por qué?
   Porque pueden conocer a otras personas.
2. Los estudiantes no deben ir a ninguna fiesta en su primer año.
   ___ Sí; _No_ No; ¿Por qué?
   Porque pueden conocer a mucha gente interesante.
3. Los estudiantes deben estudiar en su dormitorio y no en la biblioteca.
   ___ Sí; _No_ No; ¿Por qué?
   Porque es mucho más tranquilo en la biblioteca y pueden concentrarse mejor.
4. Los estudiantes deben participar en clubes universitarios en su primer año.
   _Sí_ Sí; ___ No; ¿Por qué?
   Porque pueden descansar de sus estudios.
5. Los estudiantes no deben preparar preguntas antes de clase sobre las lecturas y las tareas.
   ___ Sí; _No_ No; ¿Por qué?
   Porque preparar preguntas antes de clase los ayuda a aprender.

8.14 ¡Silencio! WP En las bibliotecas universitarias es común ver carteles como los siguientes para indicar las normas de conducta aceptables y no aceptables. Lee las siguientes normas y empareja la imagen con la norma a la que haga referencia.

Normas de conducta en la biblioteca

1. _B_ Guarda silencio la mayor parte del tiempo.
2. _F_ Susurra si necesitas hablar con alguien.
3. _D_ Aprovecha el conocimiento de los bibliotecarios y hazles cualquier pregunta.
4. _H_ Usa los salones ubicados en el sótano creados especialmente para grupos de estudio.
5. _E_ No comas dentro de la biblioteca.
6. _C_ No uses las computadoras para jugar a videojuegos o ver videos no relacionados con tus estudios.
7. _A_ No te duermas en los sillones. Son para leer.
8. _G_ No ocupes toda una mesa con tus libros, papeles y otros artículos personales.

Teaching tip for 8.14: You can ask students to indicate the infinitive of each command as another option that they could see in this context to express obligation.

Suggestion for 8.14: For hybrid or flipped classes, you may want to assign students to complete this activity prior to the class session.

Audioscript for 8.13:
Hola, José. ¿Cómo estás? Primero, ya sé que muchos estudiantes quieren vivir en su propio departamento, pero José te recomiendo que vivas en la residencia estudiantil durante tu primer año para tener contacto con otros estudiantes y formar amistades muy fuertes. Estar en la universidad con otros jóvenes de tu edad es espectacular. ¡Hay tanto que hacer! José, participa en las fiestas de tus amigos porque son divertidas y puedes conocer a mucha gente interesante, pero vuelve a tu dormitorio a una hora razonable y no tomes mucho alcohol. Es crucial dormir bien y cuidar tu salud.
Segundo, ve a la biblioteca y estudia ahí. No trates de estudiar en tu dormitorio porque el ambiente es mucho más tranquilo en la biblioteca, y apenas hay ruido. Puedes concentrarte mejor ahí.
Tercero, la hora de clase es muy importante porque está el profesor presente. Haz todas las lecturas y las tareas antes de clase para aprovechar al máximo la hora de clase. Prepara bien tus preguntas al hacer las lecturas y las tareas. Eso también te ayuda a identificar las cosas que no entiendas.
Cuarto, únete a algún club de la universidad para escapar te un poco de tus estudios cada semana. También, participa a menudo en las charlas que dan sobre temas sociales, políticos y culturales. Eso te mantendrá informado.
Finalmente, José, tu formación académica y el título que recibirás son importantes, pero no tengas miedo y no estés nervioso. Estoy seguro de que la universidad te va a encantar y que vas a tener mucho éxito.

Suggestion for 8.13: For hybrid or flipped classes, you may want to assign students to listen to the audio and complete this activity prior to the class session.

A.

B.

C.

D.

E.

F.

G.

H.

8.15 Mi experiencia. Prepara una lista de recomendaciones para algún familiar que todavía no haya ido a la universidad. Ofrece cinco sugerencias de cosas que necesita hacer para tener éxito en la universidad con mandatos positivos. También, ofrécele cinco advertencias sobre actividades que no debe de hacer durante su tiempo en la universidad con mandatos negativos. Trata de incluir ideas creativas y auténticas para ayudarlo/a. Answers will vary.

Sugerencias

1. ______________________________.
2. ______________________________.
3. ______________________________.
4. ______________________________.
5. ______________________________.

Advertencias

1. ______________________________.
2. ______________________________.
3. ______________________________.
4. ______________________________.
5. ______________________________.

Suggestion for 8.16: This activity is broken down into two steps for students to complete. For hybrid or flipped classes, you may want to assign **Paso 1** for students to prepare prior to the class session.

8.16 Estrategias para tener éxito. El éxito en la universidad depende mucho de adquirir hábitos positivos. Reflexiona sobre tus propios hábitos y completa los **Pasos**.

Answers will vary.

Paso 1: Piensa en tu propia experiencia en la universidad y escribe tres hábitos positivos y tres negativos que hayas formado como estudiante universitario/a. Por ejemplo, un hábito positivo: "Estudio mucho para los exámenes"; un hábito negativo: "Me levanto demasiado tarde".

Hábitos positivos:	**Hábitos negativos:**
1. ____________	1. ____________
2. ____________	2. ____________
3. ____________	3. ____________

Paso 2: Habla con tres compañeros de clase y léeles tus hábitos negativos para que te den sugerencias junto con el motivo por el cual debes abandonar esos hábitos. Anota en la tabla las recomendaciones de tus compañeros. Después, reflexiona sobre las recomendaciones que podrías poner en práctica.

Modelo: **Estudiante A:** *Tengo la costumbre de ir a muchas fiestas los fines de semana.*

Estudiante B: *No vayas a todas las fiestas porque pierdes mucho tiempo para estudiar. Estudia un poco cada fin de semana.*

Hábitos negativos	Recomendación del Estudiante 1	Recomendación del Estudiante 2	Recomendación del Estudiante 3

8.17 Situaciones. Haz el papel de **A** o **B** con tu compañero/a para participar en la conversación. Answers will vary.

A- Una señora peruana de tu comunidad te llama para pedirte ayuda con su hijo. El hijo va a empezar su último año en la escuela secundaria y quiere saber más sobre los estudios universitarios, como, por ejemplo, el proceso de solicitud de ingreso a las universidades. Escucha sus preguntas y ofrécele consejos. Háblale también de tu universidad y dale el nombre de un/a consejero/a en la oficina de admisión.

B- Eres de Perú. Hace dos años que conociste a un/a estudiante universitario/a en una actividad en tu comunidad. El/la estudiante habla español y por eso decides llamarlo/la para pedirle ayuda. Tu hijo quiere ir a la universidad el año que viene, pero no sabe cómo hacer las solicitudes. Explícale su situación al/a la estudiante, pídele un mínimo de cuatro consejos y hazle preguntas aclaratorias. Finalmente, agradécele por toda su ayuda.

Exploremos el vocabulario 2

Los estudios universitarios

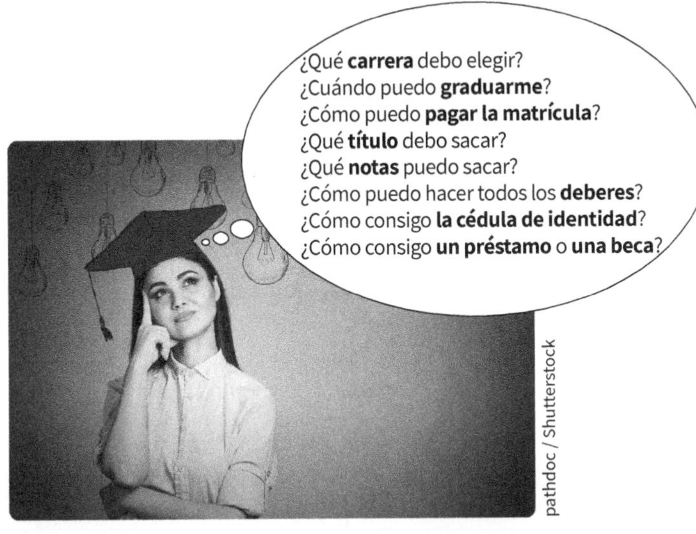
¿Qué **carrera** debo elegir?
¿Cuándo puedo **graduarme**?
¿Cómo puedo **pagar la matrícula**?
¿Qué **título** debo sacar?
¿Qué **notas** puedo sacar?
¿Cómo puedo hacer todos los **deberes**?
¿Cómo consigo **la cédula de identidad**?
¿Cómo consigo **un préstamo** o **una beca**?

pathdoc / Shutterstock

WileyPLUS

Go to WileyPLUS Resources to access an interactive version of this photo to review these vocabulary words and practice their pronunciation.

Teaching tip for Exploremos el vocabulario 2: Encourage students to guess the meaning of cognates to eliminate the need to memorize these vocabulary items. Also, remind them to focus on the differences in their spelling.

Los estudios universitarios	*University studies*	Los cognados
el alumnado	*student body*	la conferencia
los apuntes	*notes*	el doctorado
el aula	*classroom*	
la beca	*scholarship*	
el campo/área de estudio	*field of study*	
el colegio	*primary/elementary school*	
conceder una beca/ un préstamo	*to grant a scholarship/a loan*	
el deber	*assignment*	
el decano	*dean*	
los días feriados/festivos	*holidays*	
el ensayo	*essay*	
el esfuerzo	*effort*	
especializarse en	*to specialize in*	
fracasar	*to fail*	
las humanidades	*humanities*	
la librería	*bookstore*	
el liceo	*high school*	
el/la maestro/a	*teacher*	
matricularse	*to enroll*	
el plagio	*plagiarism*	
el profesorado	*faculty*	
la residencia estudiantil	*dorm*	
la secundaria/el instituto	*secondary/high school*	

8.17 Promoción de la educación superior. Buscando contenido para tu clase de español, encuentras el siguiente audio de un programa de radio. Escúchalo y completa los **Pasos** para aprender más sobre la propaganda.

Paso 1: WP Decide si cada oración es **cierta** (**C**) o **falsa** (**F**) según lo que escuches.

__F__ **1.** El audio es propaganda de una universidad en concreto.

__C__ **2.** Refiere al hecho de que toda la propaganda es igual, así que es difícil distinguir entre lo bueno y lo malo.

__F__ **3.** No debes investigar los detalles de las universidades porque todas son semejantes.

__F__ **4.** El presentador explica que las universidades solo conceden becas a los estudiantes que sacan buenas notas.

__C__ **5.** El presentador piensa que la responsabilidad y el esfuerzo son importantes cuando uno piensa en asistir a la universidad.

__C__ **6.** La presencia de un profesorado bien formado es un aspecto importante que se debe tener en cuenta, según el presentador.

Audioscript for 8.17:
La cantidad de publicidad de las instituciones de educación superior es excesiva en muchos países. Hay una competencia feroz de medios y mensajes donde se dicen las mismas ideas, aunque realmente sí existen diferencias entre unas y otras. Por ello, hay varios puntos importantes a tener en cuenta. Primero, el tamaño del alumnado y las distintas carreras que se ofrecen. Si quieres especializarte en humanidades, pero la institución en la que estás interesado no ofrece esa área, es mejor no solicitar tu inscripción a esa universidad. Hay becas para los estudiantes que no puedan pagar su matrícula y también para aquellos que saquen buenas notas, por lo que si haces el esfuerzo de rellenar las solicitudes es posible que te concedan una. Otro aspecto importante es el profesorado. Busca una universidad cuyos profesores sean doctores en el campo que enseñan. Es mejor que mantengan sus actividades académicas, incluyendo conferencias en congresos e investigaciones. Aunque es importante que la universidad tenga muchos días feriados, también es bueno que haya tarea, deberes fuera de clase y exámenes finales para formarte bien para tu profesión.

Paso 2: Después de escuchar el *podcast*, piensa en tu universidad. Rellena la siguiente tabla con los datos más significativos. Después, busca una universidad en Internet que se encuentre en Nicaragua, Colombia, México o España y completa la tabla con la información apropiada de esta universidad. Answers will vary.

Suggestion for 8.17: For hybrid or flipped classes, you may want to assign students to listen to the audio and complete **Paso 1** and **Paso 2** prior to the class session.

Características	Mi universidad	La universidad de...
Tamaño del alumnado		
Profesorado		
Número de carreras		
Precio de la matrícula		
Número de residencias estudiantiles		

Paso 3: Compara tu tabla con la de tu compañero/a y conversa con él/ella sobre el tema de las universidades. ¿Qué tipo de universidad prefieres? ¿Por qué? ¿En qué se parecen las universidades de otros países?

8.18 Seis consejos. Saber manejar tu vida es una habilidad muy importante como estudiante universitario. Sigue los **Pasos** para aprender más. Answers will vary.

Teaching tip for 8.18: Have students mark informal commands. For each topic, ask students to create an additional suggestion.

Paso 1: Lee las siguientes recomendaciones para organizar tus horarios y elige tres que vayas a seguir durante este semestre.

Utiliza un calendario: Elige un calendario en tu teléfono móvil, en tu computadora o en papel para organizar tus actividades, eventos, reuniones y tareas.

Organízate: Divide el material de cada clase utilizando carpetas. Así encontrarás lo que necesitas fácilmente sin tener que pasar mucho tiempo buscando los papeles que te faltan.

Ejercita tu cuerpo y estudia a la vez: El ejercicio físico es muy importante porque reduce el estrés e incrementa los niveles de energía. Además, mejora tus hábitos de sueño y la concentración a la hora de estudiar. Puedes combinar el estudio con el ejercicio escuchando un audiolibro o una grabación mientras corres o andas en bicicleta, por ejemplo.

Estudia en grupo: Puedes combinar la vida social con los estudios y así concentrarte en las actividades académicas. Puedes ponerte de acuerdo con tus compañeros para estudiar sin interrupciones y después salir a comer o ver una película.

Dedica tiempo a relajarte: Es importante guardar momentos para relajarte y reflexionar. Planifica descansos durante tu día.

Escribe una lista: Usa una agenda o crea recordatorios en tu teléfono móvil para anotar en una lista las cosas que tienes pendientes por hacer. Luego puedes tachar las cosas una vez las hayas realizado.

Paso 2: Con un/una compañero/a, conversa sobre cómo usarás las tres recomendaciones que elegiste en el **Paso** anterior.

8.19 Opiniones. Expresa tus opiniones sobre los siguientes temas junto con tu compañero/a. No te olvides de utilizar las siguientes expresiones: **creo que, no creo que, dudo que, pienso que, estoy seguro/a de que, ser cierto/evidente/verdad/obvio que.**

Answers will vary.

1. Graduarse en cuatro años.
2. No perder el documento de identidad.
3. Fracasar en el primer semestre.
4. Plagiar un proyecto.
5. Recibir malas notas.
6. Conseguir una beca para estudiar en el extranjero.
7. Vivir en la residencia estudiantil.
8. Estudiar la carrera de filosofía.

Cultura viva

La vestimenta para ir a clases en Colombia

Generalmente, en Colombia los estudiantes no llevan ropa deportiva para asistir a sus clases. Esa ropa es para el gimnasio. Los pantalones cortos son para la playa, el gimnasio o la casa, no para la calle o para ir a clases. Las estudiantes, por lo general, deciden no ir a la 'U' con tacones muy altos. Para ellas lo importante es llevar unos buenos *jeans* y blusas casuales. En cambio, a los chicos no les importa tanto la vestimenta, pero opinan que una buena camiseta, unos pantalones vaqueros y unos zapatos deportivos son ideales para ir a clases.

andresr / E+ / Getty Images

Estudiantes colombianos.

Technology tip for 8.20: For blended or flipped classrooms, require students to post their reflection on your learning management system discussion board. Next, have students read and post follow-up comments for at least two of their classmates prior to the next class session.

8.20 El español cerca de ti. Organiza un intercambio con un/a estudiante universitario/a de Colombia, México, Nicaragua, España u otro país hispanoparlante. Es la mejor manera de practicar conversaciones en español. Es posible que el/la estudiante también quiera practicar su inglés, ya que necesita hablar, leer y escribir en inglés para tener éxito en sus clases aquí en Estado Unidos. Así que pueden dividir la hora en dos partes: 30 minutos de inmersión en español y 30 minutos de inmersión en inglés. Si no hay estudiantes universitarios de un país hispanoparlante, busca a alguien que quiera conversar por Internet. Después de conversar, escribe una reflexión sobre la conversación. ¿Qué aprendiste de la persona y su cultura? ¿Cómo se comparan la educación en su país con la de EE.UU.? ¿Qué tienen en común? Answers will vary.

bernardbodo / iStock / Getty Images

Past perfect

The past perfect is used to describe an action that happened in the past before another action in the past occurred. Both events took place in the past, but the action expressed by the past perfect would have taken place first. In Spanish the past perfect is very similar to the past perfect in English "had seen, had gone, etc".

Formation

Similar to the present perfect explained in Chapter 7, the past perfect is made up of two parts:

Imperfect Form of **haber** + *past participle*

The verb *haber*

The first part is the imperfect form of the verb **haber** and the second part is made up of a past participle. The imperfect forms of **haber** are in the following table.

yo – había	nosotros/as – habíamos
tú – habías	vosotros/as – habíais
él/ella, usted – había	ellos/as, ustedes – habían

Remember, the verb **haber** means "to have", and in the case of the past perfect "had". It is used as a 'helping verb' in the past perfect so it always needs a past participle to complete the verb phrase.

Past participle

The past participle in **-ar** verbs is formed by dropping the **-r** and adding **-do**.

—**Hablar** = **Hablado** = *spoken*

—**Trabajar** = **Trabajado** = *worked*

The past participle in **-er** and **-ir** verbs is formed by dropping the **-er** or **-r** and adding **-ido**.

—**Comer** = **Comido** = *eaten*

—**Vivir** = **Vivido** = *lived*

Read closely the following sentences:

1. Antes de cumplir los cuatro años yo ya **había leído** mi primer libro.
   Before turning four, I **had read** *my first book.*
2. Cuando establecieron la universidad de Harvard, la universidad de Salamanca **había existido** por más de 400 años.
   When they founded Harvard University, the University of Salamanca <u>had existed</u> for more than 400 years.
3. Antes de entrar a la universidad, José **había decidido** estudiar medicina.
   Before entering the university, José <u>had decided</u> to study medicine.

Exploremos la gramática 2

WileyPLUS

Go to WileyPLUS to review this grammar point with the help of the Animated Grammar Tutorial and the Verb Conjugator.

Answers for ¿Qué observas? box: 1. Yes. 2. Sentence 1: a date. Sentence 2: a date. Sentence 3: a phrase of time.

¿Qué observas?

1. In each sentence can you identify the order in which each action took place?
2. How is the point in time for each action expressed in each sentence? (e.g., a date/year, a verb ending, a phrase of time with "before/after/until/already", etc.)

Suggestion for 8.21: For hybrid or flipped classes, you may want to assign students to listen to the audio and complete this activity prior to the class session.

Audioscript for 8.21: Es cierto que trabajé muy duro durante mis años en la universidad. Pero atribuyo una gran porción de mi éxito a lo que hice antes de empezar en el Tecnológico. Cuando llegué a Monterrey ya había formado buenos hábitos de estudio. Por ejemplo, como estudiante de la preparatoria había tomado clases muy rigurosas que me prepararon para sacar buenas notas en los cursos universitarios. También, había hecho amistades con otros alumnos serios que querían sacar buenas notas. Puesto que a veces es difícil para los estudiantes manejar bien el tiempo en la universidad, me había esforzado en aprender cómo ser eficiente con el tiempo. El dinero puede causar problemas también, así que tenía ahorrado bastante dinero para no tener que trabajar mientras estudiaba. En la universidad sabía que habría muchas distracciones y otros eventos divertidos, y por eso yo había decidido que solo iba a asistir a una actividad social los fines de semana. Muchos de mis amigos no habían aprendido a concentrarse antes de ir a la universidad y por eso sufrieron mucho durante el primer año. Casi todos los profesionales exitosos dicen que al empezar su carrera ya habían establecido buenos hábitos, y creo que lo mismo se aplica a los estudiantes universitarios y los hábitos establecidos durante la preparatoria.

8.21 La preparación.

WP Marisol termina sus estudios en el prestigioso Instituto Tecnológico de Monterrey con honores y reflexiona sobre el éxito que tuvo como estudiante. Ella habla de las cosas que había hecho antes de empezar en la universidad. Escribe "Sí" al lado de las cosas que menciona en el audio y pon "No" al lado de las que no.

1. __No__ consultar mucho a los profesores	5. __Sí__ tomar cursos difíciles
2. __No__ hablar con profesionales	6. __Sí__ ganar dinero
3. __Sí__ ser eficiente con el tiempo	7. __No__ formar amistades con todo tipo de estudiantes
4. __No__ asistir a muchos eventos sociales cada semana	8. __Sí__ establecer buenas costumbres de estudio

8.22 ¿Alguna vez?

En muchas universidades se ofrece algún tipo de orientación o evento social para dar la bienvenida a los nuevos estudiantes y que se conozcan bien entre ellos. A veces hay actividades para romper el hielo, como la que aparece a continuación. Contesta las siguientes preguntas sobre lo que ya habías hecho antes de llegar a la universidad. Después, indica qué acciones que todavía no hayas hecho que quieres hacer antes de terminar la universidad.

Answers will vary.

Antes de llegar a la universidad, alguna vez…

¿…habías conocido a alguna celebridad en persona? _______ Sí ¿Quién?_______

_______ No, pero sí lo quiero hacer.

¿…habías visitado otro país? _______ Sí ¿Cuál?_______

_______ No, pero sí lo quiero hacer.

¿…habías corrido una maratón? _______ Sí ¿Cuándo?_______

_______ No, pero sí lo quiero hacer.

¿…habías escalado hasta la cima de una montaña? _______ Sí ¿Cuál?_______

_______ No, pero sí lo quiero hacer.

¿…habías visto todas las películas de *Star Wars*? _______ Sí ¿Cuándo?_______

_______ No, pero sí lo quiero hacer.

8.23 ¿Verdad o mentira?

Para jugar a este juego, completa los **Pasos**. GAME

Paso 1: Prepara tres declaraciones sobre experiencias de tu vida usando el pasado perfecto, dos que sean verdaderas y una que sea falsa. Debes pensar en experiencias que sí hayas tenido pero que es posible que tus compañeros no lo crean. Ten cuidado de no decir la declaración falsa en la misma posición cada vez que hables.

Modelo: *"Antes de llegar a la universidad yo nunca había trabajado"; "Antes de llegar a la universidad yo ya había aprendido a conducir un auto".*

Paso 2: En grupos de tres, léeles a tus compañeros las tres experiencias anotadas en el **Paso 1**, una de las cuales es falsa. Tus compañeros deben tratar de identificar la declaración falsa y responder a cada aseveración con "Creo que sí habías ..." o "Creo que no habías ...".

Paso 3: Después de que todos hayan respondido sobre tus tres experiencias, revela la respuesta correcta y suma la cantidad de respuestas incorrectas. El estudiante con la mayor cantidad de puntos, gana. También debes contestar cualquier pregunta de tus compañeros con respecto a las experiencias que sí tuviste, por ejemplo, cuándo fue, con quién, por qué, etc. Cuando les toque a tus compañeros, toma notas sobre sus experiencias para poder hacerles preguntas después.

Modelo: **Estudiante A:** "*Antes de llegar a la universidad (1) nunca había visitado la universidad, (2) había vivido tres meses en China, (3) había jugado al fútbol profesional en Italia.*"

Estudiantes B/C: "*Creo que sí habías visitado la ..., Creo que nunca habías vivido ..., Creo que no habías jugado...*".

Estudiante A: "*Antes de llegar a la universidad, nunca había visitado..., pero sí había...*".

Estudiantes B/C: "*¿Cuándo habías vivido en China?*".

8.24 Situaciones. Durante la última semana de tu último semestre de la universidad una profesora te pone con un/a compañero/a para hablar de lo que hicieron para prepararse para la universidad ANTES de comenzar los estudios universitarios. Haz el papel de **A** o **B** con tu compañero/a para participar en la conversación. Answers will vary.

Suggestion for 8.24: For flipped or hybrid courses, students can prepare this activity outside of class. During the next class session, they can practice and present their situation to the class.

A- Como estudiante diligente y preparado/a, siempre te has sentido muy cómodo/a frente a los rigores de la universidad. Ahora terminas tu carrera con calificaciones muy buenas y un trabajo perfecto. Sin embargo, nunca te habías parado a pensar en todo lo que habías hecho en la escuela secundaria que te preparó para tener éxito en la universidad. Al conversar con tu compañero/a de clase, explícale todo lo que habías hecho antes de entrar a la universidad y cómo influyó en tu éxito. También menciona las cosas que nunca habías hecho.

B- Como estudiante no muy aplicado/a ni serio/a, estás terminando la universidad con calificaciones bajas y te cuesta encontrar un trabajo decente. Al reflexionar sobre tu experiencia universitaria te has dado cuenta de que muchos de tus problemas académicos se relacionan con lo que habías hecho y lo que NO habías hecho en la secundaria antes de llegar a la universidad. Conversa con tu compañero/a acerca de las cosas que habías y no habías hecho antes de llegar a la universidad que afectaron negativamente en tus estudios universitarios.

Estrategia de estudio: Using a Formula *by Rachel Petranek*

Courtesy of Rachel Petranek

It helps me to memorize grammar like a math formula. For instance, when remembering the negative informal tú commands, I follow this simple equation:

No + yo *in present indicative* – o + *opposite ending* (as for 'er' and 'ir' verbs and es for 'ar' verbs). Remembering this grammar like a math equation, helps me communicate with speed and efficiency.

WileyPLUS
Go to WileyPLUS to watch this video.

EXPERIENCIAS

Manos a la obra

Suggestion for 8.25: This is a task-based activity. You may choose to assign it outside of class for a flipped classroom and ask students to present their poster in pairs or small groups. For hybrid or online classes, students can complete the preparation and then upload their final product to your learning management system discussion board.

Suggestion for 8.26: Students could form groups and complete steps 1 and 2 outside of class for a flipped classroom task. For hybrid or online classes, have students upload their business plan to your learning management system discussion board in order to have classmates comment on its effectiveness.

Note for 8.27: In some areas of the country, finding such activities may be difficult during a specific term or semester. If this is the case, feel free to assign students to watch a video or documentary of some popular cultural celebration or even read an article on some of the celebrations that do take place in your region. Have them complete the same reaction writing assignment.

Educación para todos

8.25 Diez motivos para seguir estudiando. Junto con tu compañero/a, haz un anuncio que incluya 10 motivos que ayuden a los niños y a los adolescentes a seguir estudiando en la escuela. Después, crea un póster en línea con imágenes y añade la lista de 10 motivos. Sube tu póster al foro para compartirlo con la clase. Answers will vary.

8.26 Un negocio virtual. Piensas montar tu propio negocio: ofrecer tutorías de inglés como segunda lengua en línea. Trabaja con un/a compañero/a de negocios y sigue los **Pasos** para organizar tu negocio. Answers will vary.

Paso 1: Elige una plataforma de tecnología para hacer tus tutorías en línea.

Paso 2: Diseña una página web con los detalles de las tutorías para el mercadeo de tu negocio.

Paso 3: Comparte tu plan con otra pareja de la clase.

Experiencias profesionales La cultura en la comunidad

En la sección **Experiencias profesionales** del capítulo 7 te comunicaste con un negocio de tu área de interés para averiguar más sobre las principales actividades que llevaban a cabo. Para esta experiencia profesional, vas a participar en una actividad en tu universidad o en tu comunidad.

8.27 La cultura en la comunidad. Completa los siguientes **Pasos**. Answers will vary.

Paso 1: Vas a asistir a un evento cultural en español patrocinado por la comunidad hispana local o por la universidad, como una feria, fiesta, exhibición en un museo o celebración cultural. Debes pasar entre 30 y 60 minutos en este evento cultural. También, observa lo que pasa en el evento e intenta hablar con algunos de los participantes.

Paso 2: Después de asistir a este evento, escribe un resumen de una página (250-300 palabras) en español. En tu resumen, habla de lo que aprendiste sobre la cultura al asistir al evento. También, piensa en cómo conocer la cultura y otros conocimientos obtenidos gracias a esta experiencia podrían serte útiles para trabajar con la comunidad hispana en tu área de interés profesional.

Paso 3: Sube el resumen al foro de la clase. Luego, lee tres de los resúmenes de tus compañeros de clase y haz un comentario sobre cada uno de ellos incluyendo lo que te gustó y aprendiste de sus experiencias.

El blog de Sofía

La Cruzada Nacional de Alfabetización

Noticias Información Fotos Amigos Archivos

Courtesy of Diane Ceo- DiFrancesco

Instituto de Historia de Nicaragua y Centroamérica en Managua, Nicaragua.

8.28 Mi propio blog. Sigue los siguientes **Pasos**.

Answers will vary.

Paso 1: Lee el blog de Sofía.

La última vez que fui a Managua, tuve el gran honor de conocer a Fernando Cardenal, creador y organizador de la Cruzada Nacional de Alfabetización en Nicaragua. Él me habló de las experiencias extraordinarias que había vivido a lo largo de su vida, especialmente cómo sobrevivió muchas épocas difíciles y peligrosas. Durante su formación como sacerdote jesuita, por ejemplo, vivió en Bogotá en un barrio muy pobre. Su trabajo con los ciudadanos colombianos viviendo en barrios muy marginales le impresionó tanto que decidió dedicar su vida a combatir las injusticias sociales. Me explicó que había basado cada decisión de su vida en su filosofía de ser fiel a su objetivo de ayudar a los pobres y combatir las injusticias del mundo. La filosofía de Fernando me hizo reflexionar sobre lo que tengo en esta vida y lo fácil que es tener acceso a las oportunidades educativas. Poco después de mi conversación con Fernando, cuando regresé a Estados Unidos, supe que había muerto. Fue triste perder a esta gran persona, un luchador por la justicia social y amigo de los jóvenes.

El proyecto más grande en la vida de Fernando fue La Cruzada Nacional de Alfabetización que ocurrió en Nicaragua en el año 1980. Fue parte de las iniciativas del nuevo gobierno, el Frente Sandinista de Liberación Nacional. Esta campaña comenzó el 23 de marzo de 1980 con el objetivo de enseñar a leer y a escribir a la mitad de la población del país, a veces en las áreas más remotas de las montañas o de la costa. Más de 60 mil jóvenes entre 13 y 18 años se entrenaron en los métodos de la enseñanza no solo para alfabetizar, sino también para enseñar lo básico de la salud personal, las

(continuación)

Suggestion for 8.28: For flipped or hybrid classes, students can complete **Pasos 1–3** outside of class and then share their description during the following class session.

Technology tip for 8.28: Assign students to create a blog using any web application. Students will utilize this blog and post items to it for every chapter of Experiencias. You may ask your students to share the link to that blog on your learning management system discussion board. Then in class, ask students to compare their information.

(continuación)

finanzas familiares y la nutrición. Al mismo tiempo, maestros voluntarios de dieciséis países se apuntaron a la Cruzada de Alfabetización para ayudar con la preparación de materiales didácticos y formar a los jóvenes nicaragüenses para su misión.

Además de combatir el analfabetismo, el programa funcionó para dar a conocer la realidad social de los pobres campesinos a los jóvenes de las ciudades más desarrolladas. Los jóvenes voluntarios vivieron en el campo durante cinco meses y experimentaron la forma de vida en las partes rurales de su propio país. Tuvieron la oportunidad de aprender sobre su cultura, de hacer un trabajo noble y de ayudar a las personas menos afortunadas. Los resultados de sus esfuerzos fueron significativos, ya que la tasa de analfabetismo se redujo del 50.4 al 12.9 %.

En el Instituto de Historia de Nicaragua y Centroamérica de la Universidad Centroamericana en Managua se pueden encontrar los diarios que escribieron los jóvenes durante su experiencia en el campo como brigadistas. En los diarios es posible leer sus reflexiones sobre la vida diaria del campesino: el trabajo, la alimentación, la vivienda y la diversión. Escribieron sobre las alegrías, las tristezas, el sacrificio, las inquietudes y las bellezas de su trabajo cotidiano para derrocar la ignorancia. Fui al Instituto Histórico y me reuní con Myriam, una especialista de preservación de documentos históricos. Me enseñó la colección de la Cruzada Nacional de Alfabetización, incluyendo fotos, cuadernos, manuales pedagógicos, pósteres, uniformes de los brigadistas y grabaciones de entrevistas con los campesinos durante la cruzada. ¡Definitivamente la Cruzada fue un proyecto de gran importancia en la historia de la educación!

Dick Loek / Toronto Star via Getty Images

Fernando Cardenal, organizador de la Cruzada de Alfabetización en Nicaragua.

Paso 2: Usa Internet y haz una búsqueda de pósteres y pinturas sobre la Cruzada Nacional de Alfabetización en Nicaragua. Escribe un resumen sobre dos imágenes que te interesen. ¿Qué significan los símbolos? ¿Cómo están representados los objetivos de la Cruzada en esas imágenes?

Paso 3: Completa la siguiente tabla con las ideas más importantes que creas que haya dicho Sofía en su descripción de la Cruzada. Después, compara tu tabla con la de un/a compañero/a.

Fernando Cardenal	**La Cruzada Nacional de Alfabetización**	**El Instituto Histórico**

Paso 4: En tu propio blog, escribe sobre alguien a quien admires. Contesta las siguientes preguntas en tu descripción:

1. ¿Qué ha hecho esa persona durante su vida?
2. ¿Por qué te ha impresionado tanto?
3. ¿Cómo cambió tu vida después de conocerlo/la?
4. ¿Qué cualidades personales te llaman la atención de esa persona?
5. ¿Conoces a la persona personalmente? ¿Cómo la conociste?
6. ¿Cuáles son los mayores logros que ha alcanzado en su vida?

Technology tip for 8.28, Paso 4: Students create their own blog for **Experiencias**, housed on your learning management system discussion board. They are instructed to post specific items for each chapter and to review and comment on their classmates' postings.

Cultura viva

El inglés en el mundo

El idioma inglés es fundamental para competir en el mundo laboral en muchos países latinoamericanos, especialmente Nicaragua. El hecho de que Nicaragua se haya convertido en el destino favorito para empresas de servicios tan solo es el primer paso, pues cada vez más estudiantes reconocen la necesidad de aprender inglés para conseguir un mejor empleo. Practican constantemente, utilizando muchas aplicaciones de Internet, películas y videos en línea.

Vidas paralelas

Cortometraje

Antes de ver el cortometraje

8.29 Una escuela para todos. Contesta las siguientes preguntas con un/a compañero/a de clase.

Answers will vary.

age fotostock / Alamy Stock Photo

La educación es diferente en cada país.

1. ¿Cuántas escuelas primarias y secundarias hay en tu ciudad natal? ¿Cuántas son privadas? ¿Y públicas?
2. ¿Fuiste a una escuela pública o privada? ¿Por qué?
3. En muchos países hispanos los estudiantes llevan uniformes de la escuela, ¿crees que sería buena idea implementar una regla así en las escuelas de tu país?
4. En tu opinión, ¿en qué se diferencian las escuelas de Colombia y España? ¿Por qué?

Mientras ves el cortometraje

8.30 Comparaciones y contrastes. Usa tu buscador favorito para ver este cortometraje. Mientras ves el cortometraje, compara la vida de las dos chicas, María y Sofía. Nombra tres cosas que tengan en común y tres cosas que sean distintas.

Cosas en común	Diferencias
Les gusta levantarse temprano para peinarse y prepararse; les gusta desayunar con sus padres; van a la escuela; son buenas estudiantes; sienten pasión por el fútbol.	son de países distintos; viven en diferentes continentes; Sofía no desayuna con su padre porque trabaja; Sofía anda más de 30 minutos para llegar a la escuela; la escuela de María es más moderna; María estudia inglés por la tarde, pero Sofía ayuda a sus padres; tienen diferentes equipos favoritos.

Después de ver el cortometraje

8.31 Un análisis más profundo. Contesta las siguientes preguntas del cortometraje con un/a compañero/a de clase.

Answers will vary.

1. ¿Cuál es la sorpresa al final del cortometraje? ¿Te gustó? ¿Por qué?
2. ¿Tienes estereotipos sobre la vida de los colombianos? ¿Y de los españoles?
3. ¿Crees que el cortometraje refleja la realidad para la mayoría de los sudamericanos? ¿Por qué?
4. En tu opinión, ¿cuál fue el propósito del director al hacer este cortometraje?
5. ¿En qué hubiera sido distinto el cortometraje si las chicas hubieran venido de países opuestos?
6. ¿Se nota la diferencia en la calidad educativa en EE.UU. según el estatus socioeconómico de las personas? ¿Cómo?
7. ¿Hay escuelas públicas en tu ciudad natal que no sean buenas? ¿Por qué? ¿Cuáles son los factores que contribuyen a su calidad?

Technology tip for 8.32: These could also be done as individual presentations that are assigned to the students in which they can prepare the information and record a presentation that is uploaded to your learning management system discussion board.

8.32 Tu propia educación. En el cortometraje viste semejanzas y diferencias entre la educación y el estilo de vida de María y Sofía. En esta actividad vas a trabajar con un/a compañero/a de clase para contestar las siguientes preguntas. Compara tu experiencia con la de tu compañero/a.

Answers will vary.

1. Usando tu propia experiencia en la escuela primaria y secundaria, habla de las cosas positivas y las cosas negativas que experimentaste allí.
2. Describe cómo eran las diferentes escuelas a las que asististe.
3. Si pudieras cambiar algo de tu educación, ¿qué cambiarías?
4. Describe al/a la maestro/a que más te haya impactado en tu vida.
5. ¿Cuál fue tu asignatura favorita en la escuela secundaria? ¿Por qué?
6. ¿Influyeron tus experiencias en la escuela primaria y la escuela secundaria en tu decisión de asistir a la universidad? ¿Cómo?
7. ¿Qué consejo le darías a un/a adolescente que fuera a empezar la escuela secundaria?

Estrategia de escritura: Metacognition

Metacognition is an awareness of your thought process or when you think about your thinking. You can use metacognitive strategies to think about and take control over your reading. For instance, before reading, you can clarify your purpose for reading and preview the text. While you read, you can monitor your comprehension and adjust your speed based on the difficulty of the reading. After reading, you can check your comprehension. You might try these comprehension monitoring strategies:

- Identify where the difficulty occurs in the text.
- Identify what exactly the difficulty is.
- Restate the difficult sentence or passage in your own words.
- Look back through the text and reread a section or two.
- Look ahead in the text for information that might help you to resolve the difficulty.

Estudiando por un sueño

Página informativa

8.33 Estudiando por un sueño. Este artículo describe el esfuerzo que realizan unos estudiantes de preparatoria en México para poder cumplir su sueño de estudiar en el extranjero. Completa los siguientes **Pasos** antes y después de la lectura.

Courtesy of Agustín Díaz

Jóvenes de *Estudiando por un sueño* haciendo una prueba de examen un sábado por la tarde.

Antes de leer

Paso 1: Con un/a compañero/a, habla de las siguientes preguntas.

1. ¿Has tenido alguna vez un sueño, algo que quieras con todo el corazón? ¿Cuál era el propósito de ese sueño? ¿Lo conseguiste? Answers will vary.
2. Si lograste tu sueño, ¿cuál fue tu método para conseguirlo? Si no lo conseguiste, ¿qué falló?
3. ¿Qué problemas se presentaron mientras tratabas de alcanzar tu sueño? ¿Cómo se resolvieron?
4. ¿Qué piensas sobre la idea de tener un objetivo en la vida? ¿Por qué?
5. Si un/a estudiante decide que quiere esforzarse aún más de lo que le piden en la escuela, ¿qué crees que deben hacer sus profesores, familiares y amigos?
6. ¿Crees que cualquier persona tiene las mismas posibilidades de luchar por su sueño? ¿Por qué?

Paso 2: Antes de leer el artículo, busca en Internet los requisitos necesarios para estudiar como extranjero en una universidad de un país de habla hispana. ¿Qué país es? ¿Cuáles son los requisitos? Comparte con un/a compañero/a la información que encuentres. Answers will vary.

Estudiando por un sueño

Como cualquier joven de la preparatoria, Ana Gaby, Daniela, Ana Ceci, Silvana, Julián, Sam y Mauricio salen de su casa un sábado por la tarde para ir a casa de María. Como todos los chicos de su edad, se espera que, después de las estresantes clases de la semana, vayan a descansar y a divertirse con sus amigos. Sin embargo, cuando llegan a casa de María, en la sala les espera dos mesas, ocho sillas y varias computadoras. Estos jóvenes no van a pasar el rato. Van a dar un paso más para lograr su sueño: estudiar en una universidad en el extranjero.

Cuatro años antes, Agustín y Fernando decidieron que querían estudiar en una universidad en el extranjero cuando acabaran la preparatoria, así que se reunieron durante todos los fines de semana para buscar estrategias. "Lo que comenzó como un sueño imposible de lograr es ahora una realidad", dice Agustín desde Bruselas, donde hace un *internship* como parte de sus estudios de la Universidad de Rochester, Nueva York. "Después de tanto trabajo, mi sueño parecía quebrarse, así que hice exámenes en universidades de mi ciudad y conseguí una beca. Cuando ya pensaba que no podría estudiar en el extranjero, me llegó una muy buena beca de una universidad en Alemania", sonríe Fernando ya a punto de graduarse de la Jacobs University, en Bremen.

María y Ana Gaby decidieron seguir el ejemplo de sus hermanos. Ana Gaby nos explica: "Empezamos a estudiar con el apoyo de nuestros padres. Los sábados y domingos los dedicábamos a estudiar y a prepararnos. Después se corrió la voz y Ana Ceci, Silvana, Julián, Sam y Mauricio se unieron a nuestro círculo de estudio". María J., mamá de Agustín y María, y una de las organizadoras de esta iniciativa comenta "los sueños se consiguen en equipo. Nuestros jóvenes tienen objetivos muy claros: salir a conocer nuevas culturas, superarse por ellos y sus familias, y no conformarse con la parte cómoda de su vida. Nosotros coordinamos el esfuerzo de todas las personas dispuestas a ayudar a estos soñadores: padres, hermanos, profesores, consejeros, amigos". Su esposo, Agustín Díaz, se encarga de buscar la información académica para que los soñadores puedan subir su puntaje en los exámenes que realizan para entrar en las universidades de otros países: "Alcanzar un objetivo como este es como ganar una guerra. Se requieren metas y organización claras, estrategias y tácticas adecuadas. Sin la guía adecuada, el muchacho solo difícilmente puede lograrlo; su ejército lo componen su familia y sus compañeros de aventura".

Judith Davison, mamá de Fernando y Ana Gaby, es "la agenda" y consejera: "Cumplir con los requisitos y superar los obstáculos que van surgiendo, puede ser frustrante. Estar al pendiente de ellos de una manera cordial es la mejor manera de apoyarles".

Mientras Silvana sonríe orgullosa cuando piensa en su primer día en la Universidad de Miami, María nos comenta: "Yo no me veía capaz de lograrlo. No me sentía tan inteligente. Una red de apoyo y estudiar en grupo fueron esenciales para mi éxito". María fue

(continuación)

(continuación)

aceptada en varias universidades de Estados Unidos, y, finalmente, estudiará en Irlanda. Julián, orgulloso, comenta "cuando empecé en el círculo de estudio, mis amigos me *bulleaban*, porque dejé de ir a fiestas con ellos. Ahora que voy a estudiar con beca en Alemania, ya no se ríen de mí". La sonrisa de Ana Ceci es contagiosa: "Fui aceptada en una universidad de Suiza para dentro de un año, lo que me permitirá reunir el dinero que necesito para complementar la beca. Jamás me lo hubiera imaginado. Es más de lo que nunca soñé". Sam nos dice: "Para lograr un sueño se necesita mucha autodisciplina y sacrificio. Trabajar en grupo y en equipo hace que el esfuerzo se convierta en diversión, las malas noticias se compartan y las buenas se disfruten más". Por su parte, Mauricio sigue persiguiendo su sueño: "A veces surge un obstáculo cuando estás a punto de lograrlo. Yo también estoy admitido en Alemania, pero aún debo mantener mi esfuerzo. Nunca hay que rendirse".

Es sábado por la tarde y en la sala ya hay más mesas y sillas. Siguiendo el ejemplo de los que ya lo consiguieron, ahora son 20 muchachos los que estudian por un sueño.

Después de leer

Paso 3: Para lograr un sueño. Escribe las respuestas a las siguientes preguntas.

1. ¿Qué es lo que hacen estos jóvenes los fines de semana? Reunirse para estudiar.
2. ¿Dónde se reúnen los jóvenes los fines de semana? En la casa de María.
3. ¿Qué hacían Agustín y Fernando los fines de semana? Buscar estrategias para estudiar mejor.
4. ¿Cuál era el objetivo de estas reuniones? Irse a estudiar a una universidad del extranjero.
5. ¿Para qué quieren estos jóvenes estudiar en el extranjero? Para salir a conocer nuevas culturas, superarse por ellos y sus familias, y no conformarse con la parte cómoda de su vida.
6. ¿Cómo se alcanzan los objetivos? Con metas y organización claras, estrategias y tácticas adecuadas.
7. ¿Cuál es una manera de apoyar a los estudiantes? Estar al pendiente de ellos de una manera cordial.
8. ¿Por qué es importante trabajar en equipo? Porque así el esfuerzo se convierte en diversión, las malas noticias se comparten y las buenas se disfrutan más.
9. Según Sam, ¿cómo se logran los sueños? Con mucha autodisciplina y sacrificio, y trabajando en grupo y en equipo.

Suggestion for 8.34: For flipped or hybrid courses, students can prepare this activity outside of class. During the next class session, they can practice and present their situation to the class.

8.34 Situaciones. Haz el papel de **A** o **B** con tu compañero/a para participar en la conversación. Answers will vary.

A- Eres un/a estudiante que quiere estudiar en el extranjero. Tu sueño es ir a otro país en el que puedas conocer gente de otras culturas, aprender otro idioma y superarte a ti mismo/a. Sabes que para lograrlo vas a tener que sacrificar cosas que te gustan porque el tiempo y los recursos son escasos. Habla con tu mejor amigo/a para contarle cuáles son tus planes concretos para lograr tu sueño.

B- Tu mejor amigo/a quiere estudiar en el extranjero, por lo que ha decidido no ir a fiestas y ahorrar. A ti no te gusta que ya no puedas pasar buenos ratos con él/ella. Trata de convencerlo/la de que estudiar en el extranjero no supone ninguna mejora y que solo va a complicarse la vida. Explícale que estudiar en el extranjero no implica que logre su sueño. Trata de convencerlo/la de que estudiar cerca de su casa sin tener que hacer tantos sacrificios puede ayudarlo/la a conseguir todo lo que está buscando.

Página literaria

Sandra Cisneros

Suggestion for 8.35: This is a task-based activity divided into 4 steps in order to support the learner. You may choose to assign all steps outside of class for a flipped, hybrid or online classroom.

Teaching tip for 8.35, Paso 1: Discuss with students the meaning of the title in English. Take this opportunity to point out that online translators are not always accurate and that many times there is no one-to-one correspondence between English and Spanish.

8.35 Sandra Cisneros. Sandra Cisneros nació y creció en Chicago. Se graduó de la Universidad de Loyola, en Chicago, y sacó su maestría en la Universidad de Iowa. Es poeta, escritora, novelista y ensayista. Sigue los **Pasos** para conocer su obra *La casa en Mango Street.*

David Livingston / Getty Images

Sandra Cisneros, autora chicana.

Antes de leer

Paso 1: El ensayo que vas a leer tiene un título que no se traduce fácilmente al inglés, "*Bien águila*". Sandra escribió esta obra en inglés y fue traducida al español por Elena Poniatowska, una escritora mexicana. ¿Por qué crees que utilizaron este título? Answers will vary.

Paso 2: Selecciona los cognados y después lee la selección.

Bien águila

"Yo pude haber sido alguien, ¿sabes?", dice mi madre y suspira. Toda su vida ha vivido en esta ciudad. Sabe dos idiomas. Puede cantar una ópera. Sabe reparar la tele. Pero no sabe qué metro tomar para ir al centro. La tomo muy fuerte de la mano mientras esperamos a que llegue el tren.

Cuando tenía tiempo dibujaba. Ahora dibuja con hilo y aguja, pequeños botones de rosa, tulipanes de hilo de seda. Algún día le gustaría ir al *ballet*. Algún día, también, a ver una obra de teatro. Pide discos de ópera en la biblioteca pública y canta con pulmones aterciopelados y poderosos como glorias azules. Hoy, mientras cuece la avena, es Madame Butterfly hasta que suspira y me señala con la cuchara de palo. "Yo pude haber sido alguien, ¿sabes? Ve a la escuela, Esperanza. Estudia macizo. Esa Madame Butterfly era una tonta. Menea[1] la avena. Fíjate en mis comadres". Se refiere a Izaura, cuyo marido se largó, y a Yolanda, cuyo marido está muerto. "Tienes que cuidarte solita", dice moviendo la cabeza. Y luego, nada más porque sí: "La vergüenza es mala cosa, ¿sabes? No te deja levantarte. ¿Sabes por qué dejé la escuela? Porque no tenía ropa bonita. Ropa no, pero cerebro sí. ¡Ufa!", dice disgustada, meneando de nuevo. "Yo entonces era bien águila".

[*La casa en Mango Street*. Traducción: Elena Poniatovska y Juan Antonio Ascencio. Edición electrónica por: Freddy Alb. M. L., Sinuhé. Neiva, Colombia, Febrero de 2005 - Febrero de 2008. Page 42.]

Después de leer

Paso 3: **WP** Contesta las siguientes preguntas sobre *Bien águila*.

1. Todas las ideas sobre la mamá de Esperanza son verdaderas excepto…
   - **a.** Puede hablar dos idiomas.
   - **(b.)** Puede encontrar los trenes correctos.
   - **c.** Puede cantar ópera.
   - **d.** Puede arreglar la televisión.
2. Su mamá se dio de baja de la escuela porque…
   - **a.** quería cantar en la ópera.
   - **b.** tuvo que encontrar empleo.
   - **(c.)** tenía vergüenza de su ropa.
   - **d.** quería casarse.
3. Esperanza describe a su mamá como una persona…
   - **a.** ignorante.
   - **b.** posesiva.
   - **(c.)** capaz.
   - **d.** tímida.
4. Su mamá piensa que Esperanza no debe…
   - **a.** casarse.
   - **b.** escuchar ópera.
   - **(c.)** dejar la escuela.
   - **d.** trabajar.
5. Su mamá habla del pasado con la emoción de…
   - **a.** miedo.
   - **b.** celos.
   - **c.** enojo.
   - **(d.)** lamento.
6. El mensaje principal a su hija es que ella…
   - **a.** no debe casarse.
   - **b.** no debe tener vergüenza.
   - **(c.)** debe quedarse en la escuela.
   - **d.** debe cantar ópera.

Estrategia de escritura: Writing an Autobiographical Incident Paper

You probably have many memories in your life and you even may keep a journal to write about them. Writing an autobiographical incident paper is a great way to document incidents in your life. For this paper, you tell the story of *one* important memory, lesson or event. Like other narratives, it includes characters, a series of related events (plot) and a setting. Beyond just explaining what happened, however, an autobiographical incident paper also includes reflection on what the incident meant to you then and what it means to you now. To help you with the reflection, ask yourself "Why is this memory worth writing about?" "What happened to you, your life and your sense of self due to the incident?"

Paso 4: Piensa en algún evento o recuerdo especial que tengas de cuando eras pequeño/a. No intentes contar la historia de tu vida; en cambio, debe ser algo muy específico. Tu ensayo debe tener un comienzo interesante para llamar la atención del lector, y una conclusión clara sobre cómo ese evento influyó en tu vida y a la hora de formar tu identidad. Además, tu ensayo debe incluir un contexto para saber cuándo y dónde tuvo lugar el evento y qué pasó exactamente. Incluye detalles sensoriales y un diálogo para que tu lector pueda imaginar los escenarios y situaciones que describes. Answers will vary.

[1] **menea:** shakes

Cultura y sociedad

Las universidades más antiguas

8.36 La historia de las universidades hispanoamericanas. Vas a leer un artículo sobre la historia de varias universidades en el mundo hispano. Antes, completa los siguientes **Pasos**.

Robert Fried / Alamy Stock Photo

La antigua Universidad San Antonio Abad en Cuzco, Perú.

Antes de leer

Suggestion for 8.36, Paso 1: You could have students look up this information online or simply have them try to guess which information is correct and then discuss it with them.

Paso 1: Antes de leer, completa la siguiente tabla junto con un/a compañero/a de clase. Empareja cada universidad con el año en el que se fundó.

Universidades	Año de fundación
__e__ **1.** Universidad de Harvard (EE.UU.)	**a.** 859
__a__ **2.** Universidad de Qarawiyyin (Marruecos)	**b.** 1096
__b__ **3.** Universidad de Oxford (Inglaterra)	**c.** 1290
__f__ **4.** Universidad de Salamanca (España)	**d.** 1293
__h__ **5.** Universidad Santo Tomás de Aquino (República Dominicana)	**e.** 1636
__g__ **6.** Universidad Nacional Autónoma de México	**f.** 1218
__c__ **7.** Universidad de Coímbra (Portugal)	**g.** 1551
__d__ **8.** Universidad de Alcalá de Henares (España)	**h.** 1538

Las universidades más antiguas de las Américas

Al pensar en las universidades más antiguas del mundo, es probable que uno piense en las grandes instituciones de Europa, Asia y otras partes del planeta. Las universidades son instituciones muy antiguas que se crearon en todo el mundo, al igual que en España. La verdad es que la tradición no comenzó en la España de la Edad Media, sino con los musulmanes que se habían asentado en el país en el año 791 D.C. Los moros eran musulmanes y fundaron madrazas como centros de educación espiritual y secular. En 1218, con partes de España todavía bajo el control de la población musulmana, se estableció la primera universidad española en la ciudad de Salamanca. La Universidad de Salamanca sirvió como modelo para el establecimiento de otras universidades en España durante los posteriores siglos. La tradición de establecer grandes universidades en las Américas comenzó poco después de que llegaran los españoles a esta gran tierra.

La primera universidad creada en las Américas, la Universidad Santo Tomás de Aquino, fue establecida en 1538 en Santo Domingo, en la República Dominicana. Esta primera universidad se inspiró en la Universidad de Alcalá de Henares, en España, y hasta adoptó los mismos estatutos que ella. La última universidad establecida por los españoles fue la de León, en Nicaragua, y fue creada por decreto de las Cortes de Cádiz el 10 de enero de 1812. Entre 1538 y 1812, los españoles establecieron 32 universidades coloniales, aunque muchas de ellas fueron clausuradas después de la independencia de los diferentes países latinoamericanos.

La mayoría de las universidades coloniales fueron a la vez pontificias y reales. Una universidad pontificia es aquella que recibe reconocimiento del Papa de la Iglesia Católica, mientras que las universidades reales recibían el reconocimiento del rey de España, que era quien autorizaba su creación. La mayoría de las primeras universidades fueron creadas por las órdenes religiosas, como los dominicanos y los jesuitas. Tras la independencia de los países de Latinoamérica, muchos cambiaron la estructura de las universidades y en algunos casos los nombres de las diferentes instituciones. Hoy día, cada país latinoamericano goza de excelentes universidades en donde millones de estudiantes se gradúan cada año.

Después de leer

Paso 2: Con un/a compañero/a de clase, contesta las siguientes preguntas usando la información de la lectura.

1. ¿Quiénes fueron las primeras personas en establecer centros de educación en España? Los moros
2. ¿Cuál es la universidad más antigua de España? La Universidad de Salamanca
3. ¿Cuál es la universidad más antigua de las Américas? La Universidad Santo Tomás de Aquino, en Santo Domingo
4. ¿En qué año establecieron los españoles la última universidad en la Américas? En 1812
5. ¿Qué es una universidad pontificia? Que ha recibido reconocimiento del Papa de la Iglesia Católica
6. ¿Por qué muchas de las universidades coloniales fueron clausuradas? Por la independencia de los países respecto de España
7. ¿Cuáles fueron las órdenes religiosas responsables del establecimiento de muchas de las universidades de las Américas? Los dominicanos y los jesuitas

8.37 Una población culta. ¿Qué significa tener una población culta? Hay muchas encuestas que reportan el porcentaje de la población de un país que sabe leer y escribir. Sin embargo, muchos investigadores aseguran que saber leer y escribir no es suficiente. Por ello, han creado cinco categorías que consideran necesarias para determinar si la población de un país es culta o no: Answers will vary.

1. Número de bibliotecas.
2. Número de periódicos.
3. Factores educacionales (promedio de años de estudio, gastos en la educación y calificaciones en los exámenes de lectura).
4. Disponibilidad de computadoras.
5. Porcentaje de personas que cursan estudios universitarios.

En un texto de entre 100 y 150 palabras, explica cuál debería ser la medida a usar para determinar el nivel de formación académica que tiene un país. Puedes usar las siguientes preguntas para guiar tu redacción.

- ¿Estás de acuerdo con las diferentes categorías? ¿Falta alguna categoría?
- ¿Hay razones políticas para mentir en cuanto al nivel de formación académica de un país?
- Parece que estas categorías favorecen a las personas adineradas. ¿Es cierto?
- ¿Cómo afecta la pobreza de las personas a la formación académica en un país?
- Los Estados Unidos no están en primer lugar en ninguna de las encuestas. Según las diferentes listas, países como Rusia, Finlandia, Canadá, Japón, Cuba y Corea del Norte, entre otros, tienen una mayor tasa de formación académica que Estados Unidos. ¿Por qué estos países sobrepasan a los Estados Unidos con respecto a la formación académica?

8.38 Reflexiones. Comparte tu reflexión con un/a compañero/a de clase y después habla con esa persona sobre las diferencias y las semejanzas de sus reflexiones. Answers will vary.

Suggestion for 8.38: The reflections can also be uploaded to your learning management system discussion board where students can comment on them instead of using class time for this part of the activity.

Película

Entre maestros

8.39 *Entre maestros.* Lee la descripción de la película y sigue los **Pasos** para aprender más. Answers will vary.

© Alea Docs & Films

Cartel de la película *Entre maestros*.

Entre maestros es un documental realizado por el productor Pablo Usón, y está basado en el libro *Veintitrés maestros, de corazón: Un salto cuántico en la enseñanza*, escrito por Carlos González. El autor del libro, Carlos González, fue maestro de matemáticas y física en una escuela secundaria pública en España por veinticuatro años. Un día decidió abandonar el sistema de educación pública, desilusionado, y empezó a desarrollar un método a través del cual los alumnos descubrían el mundo a través del autoconocimiento. La película nace de la idea de documentar la aplicación de este nuevo método durante doce días, así que Carlos convierte el salón de clase en un taller de investigación. Tuvo lugar en la Casa Gallart, dentro del Campus de Mundet de la Universidad de Barcelona.

Con once jóvenes especialmente seleccionados para su experimento, Carlos muestra sus experiencias con unos alumnos que comparten la misma desilusión que él con la educación. Después de mucho esfuerzo y un poco de magia, Carlos logra conectar con sus alumnos, contándoles las épocas de inquietud de su propia vida cuando aprendía cosas nuevas. A través de la conexión entre maestro y alumnos, Carlos consigue captar su atención, sugerirles retos y hacerles reflexionar sobre temas del curso y de la vida. La inspiración de esta película es ser testigo de las acciones de un gran maestro y de los pensamientos y ansiedades más íntimos de los adolescentes de hoy en día.

Paso 1: Busca en Internet un avance en español de la película. Míralo y contesta las siguientes preguntas con tu compañero/a.

1. ¿Qué asignaturas enseña el maestro en el avance?
2. ¿Cómo consigue Carlos conectarse con sus alumnos?
3. ¿Cómo logra captar su atención?
4. Describe el salón de clase.
5. ¿Qué tipo de alumnos son? ¿Cómo lo sabes?
6. ¿Cuántos años tendrán?
7. ¿Cómo se siente Carlos en la película? ¿Por qué?
8. ¿Por qué la película se llama *Entre maestros*?

Paso 2: Tras ver la situación del salón de clase en el avance de la película, escribe cinco mandatos que se digan en el salón. ¿Qué les dice el maestro a sus alumnos? ¿Qué se dicen los alumnos?

Paso 3: Cuéntale a tu compañero/a sobre un documental que te guste. ¿De qué trata? ¿Qué muestran? ¿Por qué te gusta? ¿Cuál es el propósito principal del documental?

8.40 El cuaderno electrónico. Abre tu cuaderno electrónico y empieza una nueva página.

Answers will vary.

Paso 1: Utilizando tu libro de texto e Internet, sigue estos **Pasos**:

1. Escribe información básica de los países que has estudiado en este capítulo: Colombia, España, México y Nicaragua.
2. Incluye un mapa de los cuatro países.
3. Selecciona dos lugares que te gustaría visitar en esos países y explica por qué los seleccionaste.
4. Escribe información sobre los lugares que quieras visitar.
5. Sube dos fotos de cada país.
6. Incluye información básica sobre los temas del capítulo.
7. Escribe tres hechos nuevos que hayas aprendido en este capítulo.
8. Escribe tres temas adicionales que te interese investigar.

Paso 2: Lee y comenta sobre la información de dos compañeros.

Technology tip for 8.40: Have your students use the tool of their choice to compile their electronic notebook. This is a great way to keep students organized as they create a portfolio of photos and material regarding the countries presented throughout the book.

REPASOS

Repaso de objetivos

Check off the objectives you have accomplished.

I am able to...

	Well	Somewhat
• give commands.	☐	☐
• talk about what has happened.	☐	☐
• describe my educational background.	☐	☐
• identify the challenges of education globally.	☐	☐
• investigate the history of higher education in the Americas.	☐	☐
• examine a successful literacy program.	☐	☐

Teaching tip for Repaso de objetivos: Although this self-assessment is designed for the students to evaluate their progress, teachers might poll students informally as a group to gauge how students are feeling about the material. This could be done orally with eyes closed and hands raised or by simply asking students to leave a slip with their answers at the end of class.

Repaso de vocabulario

WileyPLUS

Go to WileyPLUS to review these vocabulary words and practice their pronunciation.

La educación y la alfabetización ***Education and literacy***

alarmante *alarming*
alcanzar *to reach a goal, achieve literacy*
la alfabetización *teaching to read and write*
el analfabetismo *iliteracy*
el/la analfabeto/a *illiterate*
aprobar *to pass/to approve*
arreglar *to fix*
el/la bibliotecario/a *librarian*
capacitarse *to train*
la carencia de… *lack of*
la cifra *figure (in statistics)*
dejar de *to stop, to quit*
enfrentar *to confront, to face*
escasez *shortage*
fomentar *to promote*
la formación *training*
formarse *to train, educate*
la librería *bookstore*
el nivel *level*
la tasa *rate*

Los cognados

la aspiración
aspirar a
la educación bilingüe
la educación primaria
la educación preescolar
la habilidad
la responsabilidad

Los estudios universitarios ***University studies***

el alumnado *student body*
los apuntes *notes*
el aula *classroom*
la beca *scholarship*
el campo/área de estudio *field of study*
la carrera *major*
la cédula/el documento de identidad *identification card*
el colegio *primary/elementary school*
conceder una beca/un préstamo *to grant a scholarship/a loan*
conseguir/ganar/obtener una beca *to get/win a scholarship*
el deber *assignment*
el decano *dean*
los días feriados/festivos *holidays*
el ensayo *essay*
el esfuerzo *effort*
especializarse en *to specialize in*
fracasar *to fail*
graduarse *to graduate*
las humanidades *humanities*
la librería *bookstore*
el liceo *high school*
el/la maestro/a *teacher*
matricularse *to enroll*
las notas *grades*
pagar la matrícula *pay tuition*
el plagio *plagiarism*
el profesorado *faculty*
la secundaria/el instituto *secondary/high school*
la residencia estudiantil *dorm*
la tarea/los deberes *homework*
el título *degree*

Los cognados

la conferencia
el doctorado

Repaso de gramática

Informal commands

Positive (same as "he", "she" in the simple present)	Negative (same as present subjunctive forms)
Estudia mucho para el examen. *Study a lot for the exam.*	**No estudies** tanto de noche. *Don't study so much at night.*
Escribe los ensayos en tu portátil. *Write your essays on your laptop.*	**No escribas** los ensayos el día antes de clase. *Don't write essays the day before class.*

Several common verbs take on a unique form in the informal positive command (**tú**):

Verbs	+ *command* (tú)
decir	di
hacer	haz
salir	sal
ir	ve
venir	ven
ser	sé
poner	pon
tener	ten

Past perfect

The first part is the imperfect form of the verb **haber** and the second part is made up of a past participle. The imperfect forms of **haber** are in the following table.

Haber

yo – había	nosotros/as – habíamos
tú – habías	vosotros/as – habíais
él/ella, usted – había	ellos/as, ustedes – habían

Past participle

The past participle in **-ar** verbs is formed by dropping the **-r** and adding **-do**.

—**Hablar** = **Hablado** = *spoken*

—**Trabajar** = **Trabajado** = *worked*

The past participle in **-er** and **-ir** verbs is formed by dropping the **-er** or **-r** and adding **-ido**.

—**Comer** = **Comido** = *eaten*

—**Vivir** = **Vivido** = *lived*

CAPÍTULO 9

antoniodiaz / Shutterstock

El lenguaje de chat o ciberlenguaje es la nueva realidad a nivel mundial.

La sociedad cambiante

Note for **Chapter 9:** World Readiness Standards addressed in this chapter include:
Communication: All three modes
Culture: Examining the role of modern technology in Spanish-speaking countries.
Connections: Connecting with the disciplines of communications, sociology and anthropology.
Comparisons: Comparing and contrasting communication practices in various Spanish-speaking countries.
Communities: Acquiring the life-long skills of investigating, reading and reporting on a given topic in the target language.

Contesta a las siguientes preguntas basadas en la foto.

1. ¿Qué hacen las personas en la foto para comunicarse?
2. ¿Con quiénes se comunican los jóvenes?
3. ¿Qué usas más: llamadas telefónicas o mensajes de texto?
4. ¿En qué países hispanohablantes piensas que se usan mucho los teléfonos celulares?

OBJETIVOS COMUNICATIVOS

By the end of this chapter, you will be able to...

- talk about new technologies and the role of technology in your life.
- make polite requests.
- explain what you and others would do if circumstances were different.
- reflect on life by making future predictions.

OBJETIVOS CULTURALES

By the end of this chapter, you will be able to...

- analyze the advantages and disadvantages of various types of communication.
- compare and contrast the role of technology in your life and the lives of Spanish speakers across the globe.

ENCUENTROS

Video: Sofía sale a la calle a preguntar

Conozcamos a... Anabel Alonso Morales

EXPLORACIONES

Exploremos el vocabulario

Las tecnologías modernas

La comunicación virtual

Exploremos la gramática

Si clauses

Conditional

Imperfect subjunctive

EXPERIENCIAS

Manos a la obra: La sociedad cambiante

Experiencias profesionales: Las habilidades con la lengua

El blog de Sofía: La 'netiqueta'

Cortometraje: *Connecting people*

Página informativa: Nuevas tecnologías: cómo afectan a los jóvenes

Página literaria: Chiquita Barreto Burgos

Cultura y sociedad: Los juegos y las experiencias virtuales

Película: *No se aceptan devoluciones*

ENCUENTROS

Sofía sale a la calle a preguntar

Video

WileyPLUS
Go to WileyPLUS to watch this video.

9.1 Entrando en el tema. La manera en que nos comunicamos en la sociedad y el uso de aparatos electrónicos en nuestras vidas diarias ha cambiado mucho en los últimos 20 años. Completa los siguientes **Pasos** para explorar el tema de la sociedad cambiante.

Answers will vary.

Paso 1: En la columna titulada 'yo', selecciona cuáles son los medios sociales que usas en tu vida diaria.

Medios sociales que usas cada día/diariamente	Yo	Estudiante 1	Estudiante 2	Estudiante 3	Estudiante 4
Twitter					
Instagram					
Facebook					
Snapchat					
Tumblr					
LinkedIn					
Otro					

Paso 2: Entrevista a cuatro compañeros/as de clase sobre su uso de estos medios sociales y marca los que usen.

Paso 3: Compara los resultados de las entrevistas con tus respuestas y comparte los resultados con tu compañero/a de clase.

9.2 Sofía sale a la calle. Sofía entrevista a tres personas sobre su uso de la tecnología: Guido, Andrés y Dan.

Paso 1: Completa la siguiente tabla indicando cuáles son los medios sociales que usan las personas entrevistadas.

Medios sociales	Guido	Andrés	Dan
Twitter	✓	✓	✓
Instagram	✓	✓	✓
Facebook	✓	✓	✓
Snapchat			✓
Tumblr			
LinkedIn			
Otro			

Paso 2: Completa la siguiente tabla con las ventajas y desventajas que mencionan las personas entrevistadas (Guido, Andrés y Dan) en relación con comunicarse a través de medios sociales sin ver a las personas físicamente.

Entrevistados	Ventajas	Desventajas
Guido	Puedes manejar los tiempos que le dedicas a la otra persona.	Es un poco más frío porque no hay contacto físico ni emocional con la otra persona.
Andrés	Lo puedes hacer en momentos donde no quieres que te vean.	A veces hay malentendidos si no te ven.
Dan	No te tienes que arreglar; no te tienes que peinar.	No sabes si te están mintiendo o no están siendo muy honestos.

 **Paso 3:** Compara tus respuestas con las de tu compañero/a de clase. Answers will vary.

9.3 ¿Qué piensas? Las redes sociales son muy populares hoy en día, pero los usuarios van cambiando. Antes, todos los jóvenes tenían páginas de Facebook, pero ahora cada vez más dicen que Facebook es más para los adultos porque ven a sus padres con perfiles en este medio social. Debido a esto, están eligiendo otras plataformas. Contesta las siguientes preguntas sobre los medios sociales con tu compañero/a de clase. Answers will vary.

1. ¿Por qué piensas que muchos jóvenes ya no usan Facebook?
2. ¿Cuál es tu medio social preferido? ¿Por qué?
3. ¿Cuáles son las características más importantes que debe tener un buen medio social?
4. ¿Cómo sería tu vida social sin los medios sociales?
5. ¿Crees que la tecnología nos hace más sociales? ¿Por qué?
6. ¿Has intentado no revisar los medios sociales durante un día? ¿Y una semana? ¿Lo lograste? ¿Cómo fue la experiencia?

WileyPLUS

Go to WileyPLUS to watch this video.

Estrategia de estudio: Utilizing Technology

Have you wondered how to leverage technology to boost your proficiency in Spanish? Here are some ideas:

1. Watch foreign films. Watching movies and TV shows is a great way to get authentic listening practice. The actions, expressions, gestures, and props in the scenes all help you to comprehend what's going on and follow the story line. Keep in mind, though, that you should avoid putting on subtitles in English. Instead, activate closed caption in Spanish. That way, you can read, hear and listen all at the same time.
2. Change your settings. Try changing your language settings on your phone. Although it will take a bit to get used to, if you are serious about learning Spanish, it will give you the opportunity to use the language to do tasks that are already part of your daily routine. You can search for apps, browse the Internet and get directions, all in Spanish. This gives you a lot of chances to work on reading and listening in Spanish, since every time you use your phone you will be forced to practice.
3. If you have a smart phone, add interactive text adventures. You can interact with a character in a story and it seems like it is reality. The really cool part is that you can adjust the language to Spanish so that you are interacting with adventure characters while communicating in the language. It's a lot of fun!
4. Play multiplayer online games. If you like online gaming, some games are more popular internationally. Create a username in Spanish in order to encourage other Spanish speakers to interact with you. You can practice interacting in Spanish via chat with native speakers as you play the game. This gives your language skills a real purpose.

Conozcamos a...

Anabel Alonso Morales

tropicalmaya / istock / Getty Images

Anabel es maestra de una clase de inmersión.

Antes de escuchar

9.4 El autorretrato de Anabel. Tienes la oportunidad de hacer una entrevista virtual a Anabel para tu clase. ¿Qué te gustaría saber de ella? Escribe tres preguntas. Answers will vary.

1. ____________________
2. ____________________
3. ____________________

Suggestion for 9.4: Review students' ideas with the class to prepare them for the audio segment.

Mientras escuchas

9.5 ¿Cierto o falso? Con un/a compañero/a de clase, decide si la información es **cierta (C)** o **falsa (F)**, según lo que dijo Anabel.

1. Anabel es una maestra de inglés en Honduras. F
2. Ella tiene familia que vive en Colorado. F
3. Ella conoce a otros hispanohablantes que están participando en el mismo programa que ella. C
4. La primera vez que visitó Colorado fue para aprender inglés. C
5. El inglés de Anabel no ha mejorado en Estados Unidos porque siempre habla español con sus estudiantes. F
6. Anabel ha vivido en EE. UU. por dos años. C
7. Anabel se mantiene en contacto con sus amigos y familiares por medio de FaceTime. F

Audioscript for 9.5:
Me llamo Anabel Alonso Morales y soy de Tegucigalpa, Honduras. Tengo 23 años y soy maestra de español como segunda lengua. Trabajo en una escuela primaria en Pueblo, Colorado, en Estados Unidos. La historia tras mi llegada a Colorado es muy interesante y digna de compartir. Inicialmente estudié en la universidad para ser maestra de inglés y enseñar en mi país. Siempre me ha gustado el inglés. Tengo unos parientes que viven en Chicago y, en una ocasión que los visité, pude usar mi inglés con muchas personas y viajar por varias partes de Estados Unidos. Como parte de mis estudios universitarios pude ir a Estados Unidos para mejorar mi inglés como futura maestra. Me tocó ir al estado de Colorado y, tras pasar unos meses allí, me enteré de unos programas donde enseñaban a los niños desde el comienzo de su formación académica todas las materias en español y otra lengua. Fui a observar a una profesora de España y sus alumnos y me quedé fascinada con la idea, así que al volver a Honduras, cambié mi enfoque sobre la enseñanza del español como lengua extranjera (ELE) y tomé clases para la enseñanza de niños en la escuela primaria. Al graduarme, me ofrecieron un puesto en Pueblo, Colorado, y llevo dos años trabajando aquí, y me quedan tres más. La gente y la cultura son muy diferentes, pero me encanta mi trabajo y la experiencia. También he conocido a otros maestros de diferentes países hispanohablantes, y muchos de España que están participando en el mismo programa. Extraño a mis padres, mis amigos y otros familiares, pero me mantengo en contacto con ellos por Skype y WhatsApp. Estas redes sociales disminuyen la distancia entre nosotros y me permiten verlos cada día. Lo bueno de esta experiencia es que mi inglés también está mejorando mucho y al volver a Honduras voy a tener muchas oportunidades de trabajo.

Después de escuchar

9.6 La escuela inmersiva. En muchos estados hay programas de inmersión que se están creando para enseñar a los niños en inglés y otra lengua en la escuela primaria. Hay programas para aprender mandarín, español, portugués y francés, entre otros. La mayoría de las personas apoyan la creación de estos programas, pero hay otras que no entienden su importancia para los estudiantes y su beneficio para la comunidad. Answers will vary.

Paso 1: Con un/a compañero/a de clase, prepara una pequeña presentación sobre los beneficios de aprender una lengua desde temprana edad. Puedes usar Internet si necesitas buscar información para apoyar tu presentación.

Paso 2: Con tu compañero/a de clase, presenten sus ideas a otros dos grupos de estudiantes. Comparen los diferentes beneficios que han mencionado para ver los elementos que tienen en común y en qué se diferencian. Después, decidan quién tiene los mejores argumentos y por qué.

Suggestion for 9.6: You could also have the students prepare the presentation outside of class and upload it to your learning management system discussion board where they could review each other's presentations.

¿Qué sabes de Honduras, Paraguay y México?

WP Repasa los mapas, las estadísticas y las descripciones de Honduras, Paraguay y México en WileyPLUS.

Sitios interesantes

MIGUEL BELLIDO / GDA / EL COMERCIO / PERU / AP Images

Honduras es el tercer país de Centroamérica en términos de adaptación a la tecnología.

Phillip Bond / Alamy Stock Photo

Un auto sin conductor, diseñado por un mexicano experto en robótica, marcó un récord por su recorrido de 2400 kilómetros por México, en 2015.

kali9 / E+ / Getty Images

Las pulseras interactivas ya son parte del día de muchas personas en Latinoamérica.

9.7 Datos interesantes de Honduras, Paraguay y México. Estás investigando el uso de las tecnologías modernas. Examina los datos de cada país. Luego habla con un/a compañero/a y contesta las siguientes preguntas.

1. ¿En qué país hay más torres de señal celular? ¿Por qué crees que es así? En Estados Unidos; Answers will vary.
2. ¿Cómo se comparan estos datos con los de EE. UU.? Answers will vary.
3. ¿Dónde hay más canales de televisión? ¿Por qué crees que es así? En Estados Unidos; Answers will vary.
4. Compara el número de compañías operadoras de telefonía móvil. ¿Qué conclusiones puedes sacar de estos datos? Answers will vary.

Datos interesantes: Honduras Número de torres de señal celular: 280 Número de personas que utilizan Internet: 39 % Número de compañías operadoras de telefonía móvil: 4 Número de canales de televisión: 11 **Datos interesantes: Paraguay** Número de torres de señal celular: 45 Número de personas que utilizan Internet 46,8 % Número de compañías operadoras de telefonía móvil: 4 Número de canales de televisión: 4	**Datos interesantes: México** Número de torres de señal celular: 2964 Número de personas que utilizan Internet: 45,1 % Número de compañías operadoras de telefonía móvil: 3, pero controlan un total de 15 ramas derivadas de otras 3 compañías. Número de canales de televisión: 236	**Datos interesantes: Estados Unidos** Número de torres de señal celular: 21 209 Número de personas que utilizan Internet: 88,5 % Número de compañías operadoras de telefonía móvil: 50, pero 6 controlan 80 % de celulares. Número de canales de televisión: 1500

Cultura viva

El teléfono móvil

Nueve de cada diez hondureños tienen un teléfono móvil, o celular, como lo llaman en su país. Ya ha pasado a ser la forma de comunicarse en Honduras. Existe cobertura de móvil en casi todo el país, pero el mayor obstáculo es la falta de electricidad.

Martin Novak / Shutterstock

En muchas partes de Latinoamérica, el teléfono móvil es una necesidad.

Estrategia de estudio: Watching Mexican Soap Operas *by Rubina Ghasletwala*

Rubina Ghasletwala

One of the ways that I like to learn Spanish is by watching Mexican soap operas. And I am able to follow the Spanish in each episode because there are actors that speak slowly and enunciate words clearly. Plus there's lots of excitement and drama in each episode. One of the key features of these Mexican soap operas that's important to me is being interested in the story line, because once I'm hooked, I just want to keep watching them and just figure out what happens next.

WileyPLUS

Go to WileyPLUS to watch this video.

EXPLORACIONES

Exploremos el vocabulario 1

WileyPLUS
Go to WileyPLUS to review these vocabulary words and practice their pronunciation.

Teaching tip for Exploremos el vocabulario 1: Encourage students to guess the meaning of cognates to eliminate the need to memorize these vocabulary items. Also, remind students to focus on the differences in their spelling.

Las tecnologías modernas

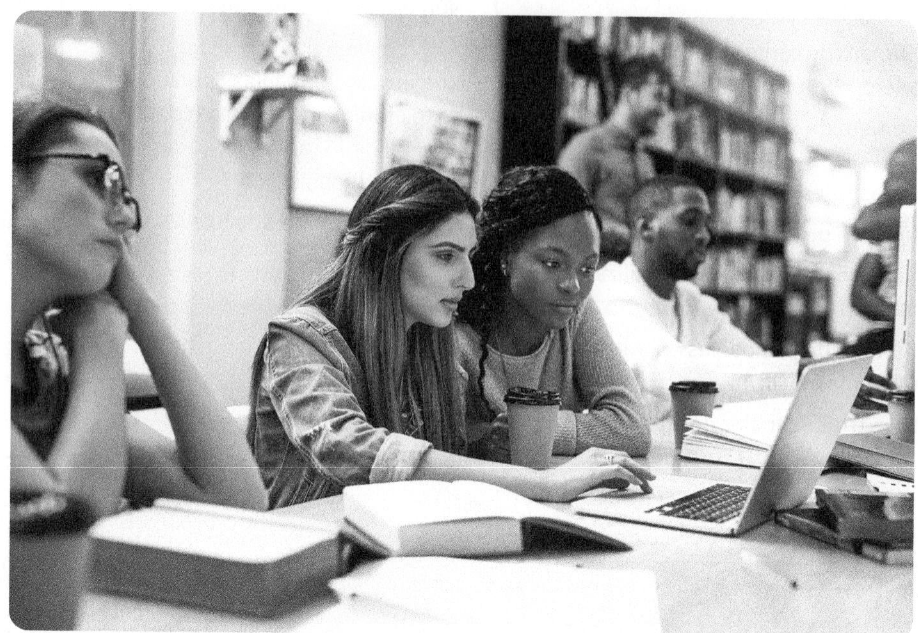

PeopleImages / E+ / Getty Images

Como **usuarios** de la red podemos hacer muchas tareas. Por ejemplo, **enviar archivos**, jugar a **juegos interactivos, acceder** a **medios sociales** o comunicarnos a través de la **cámara web**.

Las tecnologías modernas	*Modern technologies*	Los cognados
adjuntar	*to attach*	accesible
los audífonos	*headphones*	activar
el auto sin conductor	*self-driving car*	la aplicación
bajar/descargar	*to download*	la cámara digital
cargar	*to load*	conectar
la computadora portátil	*laptop*	el dron
la contraseña	*password*	el icono
el disco duro	*hard drive*	instalar
el dispositivo	*device*	el monitor
en línea	*online*	la señal/el sistema wifi
el enlace	*link*	la tableta
guardar	*to save*	el teléfono inteligente
hacer clic/clicar/cliquear	*to click on*	
la herramienta	*tool*	
el lector electrónico	*electronic reader*	
la nube	*cloud*	
el ratón	*mouse*	
el reloj interactivo	*interactive watch*	
subir	*upload*	
el teclado	*keyboard*	
la torre de señal	*communication tower*	

9.8 Cómo crear una cuenta en Twitter. Tu amiga te pide ayuda porque se quiere crear una cuenta en Twitter. Escucha las instrucciones para verificar que son correctas. Completa los **Pasos** para ayudar a tu amiga.

Paso 1: WP Escucha las instrucciones y ponlas en orden cronológico.

__4__ Ingresa el código de verificación que recibes.
__1__ Busca la página de Twitter en Internet.
__3__ Ingresa tu nombre, número de teléfono o correo electrónico.
__5__ Crea una contraseña de 6 caracteres o más.
__2__ Haz clic en "Regístrate".
__7__ Añade tus intereses y preferencias y crea tu perfil.
__6__ Elige un nombre de usuario e introdúcelo en la casilla.

Paso 2: Conversa con un/a compañero/a sobre la frecuencia con la que utilizas Whatsapp. ¿Por qué razones lo utilizas? ¿Hay usos académicos o profesionales para Whatsapp? ¿Cuáles son? Answers will vary.

Suggestion for 9.8: For hybrid or flipped classes, you may want to assign students to listen to the audio and complete this activity prior to the class session.

Audioscript for 9.8: Crear una cuenta en Twitter es muy fácil. Solo hay que seguir unos pasos. Primero, busca la página de Twitter en Internet. Después, haz clic en "Regístrate". En la casilla que aparece, escribe tu nombre y número de teléfono o tu correo electrónico. Te aparecerá otra ventana diciéndote que debes confirmar tu dirección de correo electrónico o teléfono para verificar tu cuenta. Una vez que recibas el código de verificación, ingresa los caracteres que aparecen en la imagen. Crea una contraseña de 6 o más caracteres, algo que puedas recordar fácilmente. Debes elegir un nombre de usuario e introducirlo en la casilla. Después, añade tus intereses o elige una de las sugerencias que presentan en la pantalla, como deportes, diversión o estilo de vida; así como política, videojuegos o música. Después, puedes elegir tus preferencias de entre las sugerencias de cuentas populares para seguir. Luego, decide si quieres activar las notificaciones. Entonces, puedes añadir información para crear tu perfil. Por ejemplo, puedes añadir tu foto, una biografía y tu fecha de cumpleaños. Por fin, todo está listo para que puedas mandar tu primer tuit.

WileyPLUS
Go to WileyPLUS to watch this video.

Estrategia de estudio: Making it Fun *by Shaan Dahar*

Courtesy of Shaan Dahar

It's easier for me to learn the grammar and vocabulary that we are learning in class through making it fun. Sometimes I'll make up fun, silly, funny sentences, just to help me remember. So, I'll give you one example: *Me gusta comer ranas y moscas.* I like to eat frogs and flies, and, some people do. They seem to help me remember the stuff that we are practicing, because it's fun.

9.9 Consejos para mi abuelo. Tu abuelo por fin decidió comprar varios aparatos tecnológicos, pero no sabe cómo utilizar ninguno de ellos. Te pide ayuda y te pregunta mil veces para qué se usa cada cosa. Con mucha paciencia, contesta sus preguntas.

Possible answers:

1. Para conectarme a Internet, ¿qué uso? El wifi
2. Cuando me escribes un correo electrónico con la dirección de un sitio en Internet interesante, ¿dónde hago clic? En el enlace
3. Para mover el cursor o hacer clic, ¿qué debo usar? El ratón
4. Cuando quiero hacer una copia digital de imágenes, ¿qué aparato necesito? Necesitas utilizar un escáner.
5. Cuando quiero trabajar fuera de casa, ¿qué debo llevar conmigo? Puedes llevar la computadora portátil o la tableta.
6. Para escuchar música mientras trabajo, ¿qué necesito utilizar para no molestar a los demás? Debes utilizar los audífonos.
7. Cuando quiero guardar mis archivos, ¿dónde sugieres que los guarde? Puedes utilizar el disco duro o la nube.
8. Cuando quiero tomar fotos, ¿qué me recomiendas? Puedes utilizar la cámara digital, el teléfono inteligente o la tableta.

Suggestion for 9.9: For hybrid or flipped classes, you may want to assign students to complete this activity prior to the class session.

9.10 Instrucciones. Recycle Para tu trabajo en la oficina de admisiones de la universidad, tu jefe te pide escribir instrucciones para todo lo relacionado con la tecnología, ya que le cuesta mucho aprender los nuevos sistemas. Completa los **Pasos** para ayudarlo.

Answers will vary.

Activity 9.10 recycles making recommendations using the subjunctive and formal commands, both presented in Chapter 3.

Paso 1: Comparte el trabajo con tu compañero/a. Cada uno puede escribir instrucciones para cuatro usos de la tecnología.

Para bajar música de Internet...
Para descargar archivos...
Para subir un video a YouTube...
Para utilizar el disco duro/la nube...
Para chatear usando Skype...
Para tuitear...
Para leer un libro con un lector electrónico...
Para bajar archivos de un mensaje de correo electrónico...
Para cargar un programa nuevo en la computadora de la oficina...

Paso 2: Lee las instrucciones de tu compañero/a y dale recomendaciones para asegurarte de que tengan sentido.

9.11 Tus experiencias. Cada persona usa la tecnología de forma distinta. Conversa con un/a compañero/a para comparar sus experiencias acerca del tema. Answers will vary.

1. ¿Con qué frecuencia usas las redes sociales?
2. ¿Qué haces para no olvidar las contraseñas de las páginas de Internet?
3. ¿Para qué usas una computadora portátil?
4. ¿Qué tipo de archivos descargas para leer en tu teléfono?
5. ¿Cómo escuchas música? ¿Qué tipo de música descargas con frecuencia?
6. ¿Con qué frecuencia adjuntas archivos a un correo electrónico?
7. ¿Qué piensas de la idea de vivir sin tu teléfono?
8. ¿Qué impacto tienen las redes sociales en tu vida?

Suggestion for 9.12: For hybrid or flipped classes, you may want to assign students to complete this activity prior to the class session.

9.12 El español cerca de ti. La telecolaboración es una nueva forma de practicar la conversación en español con un/a nativo/a. Sólo necesitas una computadora, una cámara web y audífonos con micrófono. Busca en Internet un sitio para estudiantes que quieran practicar el idioma español. Inscríbete y busca a alguien con quien conversar. Pregúntale sobre su uso de tecnología. ¿Qué aparatos electrónicos tiene? ¿Cuál es el más importante para él/ella? ¿Tiene señal wifi en su casa o tiene que ir a un lugar público para tener acceso a Internet? Compara la información con la tecnología que tú usas. ¿En qué se diferencian las prácticas? ¿En qué se parecen? ¿Qué perspectivas tienen en común? Answers will vary.

WileyPLUS
Go to WileyPLUS to watch this video.

Estrategia de estudio: Thinking in Spanish *by Nathalie Solorio*

Nathalie Solorio

When studying Spanish, I find it easy to retain information when I think in Spanish. For example, I think about my days in Spanish or I make my grocery list in Spanish. Another thing that helps me is when I look at the time or I look at a sign, I translate the numbers or letters in Spanish.

Si clauses

Exploremos la gramática 1

WileyPLUS
Go to WileyPLUS to review this grammar point with the help of the Animated Grammar Tutorial.

Si clauses are a very useful communication tool in Spanish. They state a condition that must be met for the action in another clause to take place. Remember, a clause is typically a portion of a sentence with a verb. In English the sentences in which these two clauses appear are sometimes called "if/then" sentences. The **Si** clause can appear before or after the main clause with the resulting action. When used in the present indicative, both actions are assumed to be highly probable, expected, and even routine.

Si clause	Resulting action
Si pierdo mi teléfono móvil,	la empresa lo reemplaza gratis.
Si mis amigos me mandan un correo electrónico,	siempre respondo de inmediato.
Si el nuevo juego interactivo ya ha salido,	seguro que mi mejor amigo ya lo ha comprado.
Si no leo el foro en línea,	sacaré una mala nota en el examen.
Si descargo el archivo,	se grabará en el disco duro.
Si llevo mi teléfono a clase,	me distraeré durante la lección.

¿Qué observas?

1. Which verb tenses appear together in each of the sentences in the table?
2. Which verb tenses do *not* occur together?

Answers for ¿Qué observas? box: 1. Present indicative with present indicative; Present perfect with present perfect; Present with future. 2. Present indicative with past.

Notice the guide in the **Verb tenses** column that can help you choose which verbs to use together in a sentence with a **Si** clause.

Verb tenses	*Si* clause + Resulting action
present + present	Si **pierdo** mi celular, la empresa lo **reemplaza** gratis.
present perfect + present perfect	Si el nuevo juego interactivo ya **ha salido**, seguro que mi mejor amigo ya lo **ha comprado**.
present + future	Si no **leo** el foro en línea, **sacaré** una mala nota en el examen. Si **descargo** el archivo, se **grabará** en el disco duro.
past subjunctive + conditional	Si **llevara** mi teléfono a clase, **me distraería** durante la lección.

Suggestion for 9.13: For hybrid or flipped classes, you may want to assign students to listen to the audio and complete **Paso 1** prior to the class session.

9.13 Orientación. El rector de la Universidad Nacional Autónoma de México (UNAM) se dirige a los nuevos estudiantes de primer año para darles la bienvenida y también hacerles unas advertencias[1] para que tengan éxito durante su carrera universitaria.

Audioscript for 9.13: Bienvenidos a la Universidad Nacional Autónoma de México. Sé que están muy entusiasmados por haber terminado la preparatoria y por empezar sus estudios universitarios. Muchos de ustedes son jóvenes y tienen muchas cosas que aprender sobre la vida y sobre cómo ser una persona exitosa. Yo quiero hablarles de manera directa haciendo una comparación entre la preparatoria y la universidad, y acerca de las consecuencias de ciertas acciones, tanto las buenas como las malas. Número 1: En la preparatoria, si no estudiaban mucho, no había problema porque las materias no eran muy difíciles. En la universidad, si no estudian diligentemente y por bastante tiempo, no entenderán el material y sacarán malas notas. Número 2: En la preparatoria, si había algún problema con los estudios, los profesores y asesores académicos lo descubrían y lo solucionaban por ustedes. En la universidad, si no buscan ayuda, el resto supondrá que van bien. Si tienen problemas pero no hacen preguntas, nadie sabrá cómo

[1]**advertencias:** warnings

ayudarlos. Número 3: De adolescentes si tenían malos hábitos con los estudios, los padres intervenían o les castigaban, pero como adulto en la universidad, si no quieren estudiar, nadie los va a obligar. Número 4: En la preparatoria, si no iban a la clase, el profesor les regañaba, pero en la universidad si no van a clase, los profesores no les dicen nada. Por último, si quieren conocer a otras personas, no se queden en casa. Como la universidad es mucho más grande que la preparatoria, únanse a un club u otra organización. A fin de cuentas, no hay que preocuparse tanto, si toman control de los estudios, tendrán mucho éxito y esta etapa de la vida será espectacular e inolvidable. Mucha suerte.

Paso 1: WP Escucha bien al rector y marca el nivel de estudios (la preparatoria/la universidad) que indique.

1. Si no vas a clase, los profesores te van a poner problemas por la falta de asistencia. preparatoria
2. Si estudias poco, puedes sacar buenas calificaciones. preparatoria
3. Si te interesa conocer a otras personas, es importante que te unas a una organización estudiantil. universidad
4. Si tienes problemas, debes solucionarlos personalmente. universidad
5. Si no quieres estudiar, nadie te obliga a hacerlo. universidad

Paso 2: Conversa con un/a compañero/a y comparte tu opinión. ¿Estás de acuerdo con el rector? Descríbele tu experiencia en la preparatoria. ¿Cuáles eran las consecuencias de tus acciones en diferentes situaciones? También, comparte tres objetivos para tus estudios universitarios. ¿Cuáles son las consecuencias si decides actuar de cierta manera? Answers will vary.

9.14 La ética. Durante la vida todos nos encontramos en situaciones que nos hacen enfrentar dilemas morales. Nuestra reacción a esos dilemas revela nuestra ética personal. En muchos casos no hay una sola solución clara y ética, y nos angustiamos sobre cuál es la decisión más apropiada. Completa los siguientes **Pasos**. Answers will vary.

Paso 1: Escribe cómo responderías a las siguientes situaciones y añade dos situaciones más.

1. Si veo a un/a compañero/a de clase desconocido/a que copia[2] en el examen final, __________.
2. Si mi mejor amigo/a descarga archivos de la universidad sin permiso, __________.
3. Si un jugador conocido del equipo universitario de básquetbol me pide que escriba su ensayo, __________.
4. Si un/a amigo/a usa un documento de identidad falsificado para entrar a un bar, __________.
5. Si veo a alguien en un espacio público gritando o golpeando a su pareja o a su hijo/a, __________.
6. Si la cajera en una tienda me da más vuelto[3] del que corresponde por error, __________.
7. Si... __________.
8. Si... __________.

Paso 2: Preséntale a un/a compañero/a tus respuestas a las situaciones y después preséntale las dos de tu propia creación. Al intercambiar las respuestas, explícale por qué responderías de esa manera y pídele a tu compañero/a una justificación para sus respuestas.

Suggestion for 9.15: For hybrid or flipped classes, you may want to assign students to complete **Paso 1** prior to the class session.

9.15 La madurez. Con el paso del tiempo todos maduramos y empezamos a notar cambios en nuestro comportamiento y en el de los demás. Completa los siguientes **Pasos**.

Answers will vary.

[2]**copia:** cheat [3]**vuelto/cambio:** change

Paso 1: Reflexiona sobre tu comportamiento y el de los demás en las siguientes situaciones: usa el imperfecto para hablar cuando estabas en la escuela primaria y usa el presente para hablar de la universidad.

1. Antes en la primaria, si alguien me rompía el dispositivo móvil, yo...

   ______________________________.

   Ahora en la universidad, si alguien me rompe el dispositivo móvil, yo...

   ______________________________.

2. Antes en la primaria, si un estudiante tenía su propia computadora portátil,...

   ______________________________.

   Ahora en la universidad, si un estudiante tiene su propia computadora portátil,

   ______________________________.

3. Antes en la primaria, si no hacíamos las tareas, nuestros padres...

   ______________________________.

   Ahora en la universidad, si no hacemos las tareas, nuestros padres...

   ______________________________.

4. Antes en la primaria, si tenía un examen, yo...

   ______________________________.

   Ahora en la universidad, si tengo un examen, yo...

   ______________________________.

5. Antes en la primaria, si tenían tiempo libre, los niños...

   ______________________________.

   Ahora en la universidad, si tienen tiempo libre, los estudiantes universitarios...

   ______________________________.

Paso 2: Obviamente todos somos diferentes y reaccionamos de distintas maneras en ciertas circunstancias. Pregunta a dos estudiantes cómo reaccionarían en cada una de las cinco situaciones del **Paso 1**. Por ejemplo, ¿cómo reaccionas si alguien te rompe tu dispositivo móvil? Describe también cómo reaccionarías tú en las mismas situaciones. Hazles a tus compañeros tres preguntas adicionales basadas en otras situaciones para tener un total de ocho preguntas.

¿Cómo reaccionas/Qué haces si ______________________?

Situaciones	Estudiante 1	Estudiante 2
Situación 1		
Situación 2		
Situación 3		
Situación 4		
Situación 5		
Situación 6		
Situación 7		
Situación 8		

Technology tip for 9.16: For hybrid courses, students can complete this activity with a partner through your learning management system discussion board. During the next class session, they can present their situation to the class.

9.16 Situaciones. Dilema ético. La mayoría de nosotros en algún momento nos encontramos frente a situaciones incómodas de tipo moral y ético, especialmente en la universidad, cuando muchos jóvenes sienten cierto grado de independencia de sus padres. Haz el papel de **A** o **B** con tu compañero/a para participar en la conversación. Answers will vary.

A- Uno de tus mejores amigos pasa mucho tiempo con los juegos interactivos y se ha convertido en una obsesión. No va mucho a clase y casi no duerme, ya que pasa toda la noche frente a la pantalla jugando por Internet. En un día normal juega entre 7 y 9 horas, y su higiene personal y su dieta han sufrido a causa de la obsesión. Estás preocupado/a por su salud, sus estudios y su futuro pero tampoco lo quieres ofender. Exprésale tus preocupaciones y explícale lo que puede pasar si no deja de jugar tanto.

B- La escuela siempre te ha resultado bastante fácil. Últimamente te has interesado bastante en los videojuegos y tienes cierto talento para los juegos interactivos. Te consideras una persona bastante razonable para reconocer problemas en tu vida y no crees que los juegos presenten muchos problemas en tu vida. Explícale a tu amigo/a cómo haces para mantener tus estudios y tu vida en orden incluso pasando mucho tiempo jugando a juegos interactivos.

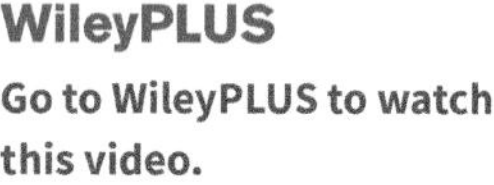

WileyPLUS
Go to WileyPLUS to watch this video.

Estrategia de estudio: Reading the News by *Anton Mays*

Anton Mays

By reading news and current state of affairs of Spanish speaking countries I've been able to become enlightened about topics and social issues of different countries. It has also served as a tool for me to see what's going on and get a different set of eyes from different parts of the world and how that relates to my country. And it also has helped me to understand how things that happen here or things that happen outside of my home country impact the world.

Exploremos el vocabulario 2

WileyPLUS
Go to WileyPLUS to review these vocabulary words and practice their pronunciation.

La comunicación virtual

(Mira las fotos.)

La comunicación virtual	*Virtual communication*	Los cognados
arrastrar	*to drag*	chatear
cortar y pegar	*to cut and paste*	comentar
el correo electrónico	*email*	el teléfono móvil
el lenguaje de chat	*texting language*	
el mensaje instantáneo	*instant messaging*	
la netiqueta	*netiquete*	
la página de inicio	*homepage*	
la pantalla táctil	*touchscreen*	
tuitear	*to tweet*	
el tuiteo/tuit	*tweet*	

Gracias a la **comunicación virtual** podemos crearnos **perfiles** en medios sociales y enviar **mensajes instantáneos** a todo el mundo.

Teaching tip for Exploremos el vocabulario 2: Encourage students to guess the meaning of cognates to eliminate the need to memorize these vocabulary items. Also, remind them to focus on the differences in their spelling.

Cultura viva

El lenguaje de chat o ciberlenguaje

Igual que en otras partes del mundo, los jóvenes en México utilizan muchas abreviaturas en su lenguaje de chat. ¿Puedes identificar su significado? Por ejemplo, usan '*ay*' para la palabra *hay*, '*BMS*' para *vemos*, '*xq*' significa *porque*, '*bn*' significa *bien*, e '*io*' se usa para *yo*. ¿Crees que el lenguaje de chat en español es universal?

Steve Debenport / E+/ Getty Images

Los jóvenes inventan una nueva forma de escribir acorde a las limitaciones de los teléfonos móviles.

Suggestion for Cultura viva, El lenguaje de chat o ciberlenguaje: There is a lot of variation in text messaging abbreviations in different Spanish-speaking countries and among different age groups. Invite the heritage learners in your class to contact a family member in another country to ask them some of the abbreviations that they commonly use. Compare these amongst different heritage students to see if they are the same and share these with the class. You can even have the heritage learners lead a group discussion about this topic. Also, have the second language learners ask a family member or friend who lives in a different part of the United States or who is from a different generation to see how these abbreviations vary in English.

9.18 ¿Hablas el lenguaje de chat? Ana Jiménez ha producido este podcast sobre las reglas de comunicación para su clase de comunicaciones. Escucha la opinión de Ana y completa los **Pasos**.

Paso 1: WP Para aclarar la opinión de Ana, completa las siguientes oraciones.

1. Los estudiantes hoy en día se comunican a través de sus ___teléfonos móviles___.
2. La nueva forma de escribir no respeta ___la ortografía/la gramática___.
3. Los jóvenes inventan ___abreviaturas___.
4. A veces la gente escribe mensajes de texto y no ___conversa/interactúa___.
5. Para muchos, mandar mensajes de texto ___es una obsesión___.

Paso 2: Basándote en la opinión de Ana y según tu propia experiencia, completa la siguiente tabla con las ventajas y las desventajas de utilizar diferentes medios sociales. Answers will vary.

Medios sociales	Ventajas	Desventajas
Mensajería instantánea		
Correo electrónico		
El tuiteo		
Instagram		

Paso 3: Compara tu tabla con la de tu compañero/a y conversa con él/ella sobre las ventajas y desventajas de los medios de comunicación. ¿Cuál crees que es mejor? ¿Por qué? En el futuro, ¿habrán inventado algún medio de comunicación sin desventajas? ¿Cómo crees que será? Answers will vary.

Suggestion for 9.18: For hybrid or flipped classes, you may want to assign students to listen to the audio and complete **Pasos 1** and **2** prior to the class session.

Audioscript for 9.18: Muchos jóvenes hoy en día se comunican a través de sus teléfonos móviles, y consecuentemente practican una nueva forma de escribir que no necesariamente respeta la ortografía y la gramática de la lengua que utilizan. Este medio tiene limitaciones. Por ejemplo, hay limitaciones en la cantidad de caracteres que impiden escribir un texto largo de manera cómoda. Por eso los jóvenes inventan adaptaciones de la lengua, como abreviaturas, que responden a la disponibilidad del espacio de escritura y a la necesidad de inmediatez en el intercambio de mensajes. Hay tantas abreviaturas que en el futuro el lenguaje de texto se habrá convertido en otra lengua completamente distinta, ¿no crees?

A veces parece que los jóvenes no sabemos cómo comportarnos en público, pues estamos con el teléfono en la mano a cada momento. Tengo amigos que mandan mensajes de texto mientras converso con ellos, leen sus mensajes en vez de conversar conmigo y hasta contestan todos los mensajes que reciben a cada minuto. Es triste pensar que vivir y disfrutar de los momentos en vivo con los amigos pueda ser menos importante que mandar mensajes de texto. Para muchos, ¡es una obsesión!

Suggestion for 9.19: For hybrid or flipped classes, you may want to assign students to complete **Paso 1** prior to the class session.

9.19 Una foto vale más que mil palabras. Según los expertos profesionales de la red, debes seleccionar una foto para tu perfil profesional con mucho cuidado. ¿Estás de acuerdo con las siguientes recomendaciones y clasificaciones? Answers will vary.

Paso 1: Lee las siguientes oraciones e indica si estás de acuerdo o no con las ideas.

Recomendaciones	Estoy de acuerdo	No estoy de acuerdo
1. Una foto en blanco y negro siempre denota un perfil elegante y sofisticado.		
2. Una foto de copas, fiestas, vacaciones y familia demuestra que la vida es demasiado corta y hay que disfrutarla al máximo.		
3. Una foto con poca luz denota un tono misterioso y creativo.		
4. Una foto con tu mascota preferida muestra tu personalidad única.		
5. Un selfi muestra que estás al día con todas las últimas tecnologías.		
6. Un perfil sin foto es el error más grave que puedes cometer porque pierdes la oportunidad de aumentar la visibilidad de tu perfil.		
7. Una foto cortada donde ya no aparece tu expareja muestra que estás disponible y accesible.		

Paso 2: Expresa si estás de acuerdo o no con las recomendaciones a un/a compañero/a, explicándole por qué te sientes así.

9.20 El español cerca de ti. Busca en línea un blog de un hispanohablante que hable sobre un tema que te interese. Lee su información y los comentarios de otros, y crea un comentario en español para subir a su blog. Answers will vary.

Exploremos la gramática 2

WileyPLUS
Go to WileyPLUS to review this grammar point with the help of the Animated Grammar Tutorial and the Verb Conjugator.

Conditional

For most verbs in the conditional, like the future, endings are added to the stem, or infinitive (dictionary form) form of the verb: **hablar** (stem) + **ía** (*yo* ending) = **Yo hablaría** > *I would speak.* And like the future tense, the endings are the same in the conditional regardless of whether the verb is "-ar", "-er", or "-ir": **Yo comería** > *I would eat,* **Yo iría** > *I would go*. Luckily, the conditional endings are quite uniform and predictable:

yo = -ía	nosotros/as = -íamos
tú = -ías	vosotros/as = -íais
él/ella, usted = -ía	ellos/as, ustedes = -ían

- Nosotros **escribiríamos** todo el trabajo en la tableta si tuviéramos (*if we had*) un teclado por separado.
- Pablo dijo que **compraría** el monitor más grande del mercado, pero no tiene suficiente dinero.
- Carmen, ¿me **prestarías** tus audífonos por un minuto?

¿Qué observas?

1. What function does the conditional serve in each of the three examples?
2. Which use of the conditional appears without any other verb? Why?

Answers for ¿Qué observas? box: 1. In the first example, it tells what would be done in a hypothetical situation. In the second example, it presents what the person would do, given a hypothetical situation. In the third example, the conditional is used to make a request. 2. The third example uses the conditional without any other verb. There is no additional clause.

Another similarity between the formation of the conditional and the future is the use of the same altered stem for certain irregular verbs:

Verbs	Altered stems
poner	*pondr-*
poder	*podr-*
querer	*querr-*
saber	*sabr-*
tener	*tendr-*
venir	*vendr-*
salir	*saldr-*
hacer	*har-*

Uses of the conditional

There are four primary uses of the conditional:

1. to describe something that would happen if a certain hypothetical condition is met, hence the label "conditional":
   - Pablo **mandaría** un tuit con emoticono si oyera la noticia.
     Pablo would send a tweet with an emoji if he heard the news.
   - María **chatearía** con sus amigas todo el día, pero su teléfono está roto.
     María would chat with her friends all day but her phone is broken.
2. to identify an action that was supposed to happen in the past but after another event:
   - Rosa **dijo** (1st action) que su novio le **compraría** (2nd action) un nuevo reloj interactivo para su cumpleaños.
     Rosa said that her boyfriend would buy her a new interactive watch for her birthday.
3. to make a polite request:
   - ¿Me **ayudarías** a cortar y pegar esa imagen en este documento?
     Could you help me cut and paste this image into this document?
4. to express probability or to conjecture about past events:
   - —¿A qué hora accedieron a la página anoche? —**Accederían** a ella a las diez.
     —What time did they access the page last night? — They probably accessed it at ten.

Audioscript for 9.21:
A veces cuando recibimos nuevos aparatos electrónicos para facilitar el aprendizaje en la universidad, no siempre los usamos apropiadamente. Cuando recibí mi nueva computadora portátil, me dije a mí misma que la usaría para escribir mis trabajos de la universidad a tiempo y que no esperaría hasta el último momento para entregarlos ya que los entregaría por Internet. También les prometí a mis padres que no pasaría tanto tiempo en Instagram y que no vería muchas películas y videos de Youtube. Probablemente lo más difícil para mí son los videojuegos. Mis amigos y yo decidimos que no jugaríamos videojuegos tanto durante el día y que esperaríamos hasta la noche y después de terminar las tareas. Al comprarme un nuevo teléfono inteligente con pantalla táctil, decidí que no mandaría mensajes de texto constantemente, especialmente durante las clases. Bueno, a veces me pregunto cómo sería mi vida y cómo serían mis calificaciones si pudiera lograr esas metas y no distraerme con los dispositivos electrónicos. Aunque la realidad no es lo que imaginaba, no está del todo mal. Supuestamente los dispositivos electrónicos nos hacen más productivos, pero todo depende de nosotros y nuestra autodisciplina.

Suggestion for 9.21 and 9.22:
For hybrid or flipped classes, you may want to assign students to complete **Paso 1** prior to the class session.

9.21 La distracción y los dispositivos electrónicos. Marta, una nueva estudiante universitaria, es autora de un blog sobre cómo tener éxito en la universidad llamado "La universidad para tontos". En sus entradas semanales trata temas de interés para estudiantes que van a ir a la universidad. Esta semana habla de los aparatos electrónicos y las intenciones que ella tenía con respecto al uso de sus dispositivos para facilitar su aprendizaje cuando empezó la universidad.

Paso 1: WP Selecciona las promesas que se hizo Marta al recibir sus dispositivos electrónicos.

Marta determinó que...

1. leería mucho más rápido con su nueva computadora portátil. ___–___
2. reduciría su uso de Skype para hablar con sus amigos. ___–___
3. jugaría a videojuegos mucho menos que antes. ___X___
4. no pasaría tanto tiempo en Instagram. ___X___
5. les mandaría mensajes de texto solo a sus padres durante las clases. ___–___
6. entregaría sus trabajos escritos a tiempo. ___X___
7. usaría Internet para entregar su trabajo. ___X___

Paso 2: Reflexiona sobre tu primer semestre o tu primer año en la universidad y las metas que te pusiste. Comparte con tu compañero/a al menos cuatro metas que dijiste que cumplirías como estudiante universitario, dos que cumpliste y dos que no cumpliste. Después, pide a un/a compañero/a que comparta sus experiencias contigo. Answers will vary.

9.22 Promesas del pasado. De vez en cuando hacemos y nos hacen promesas que unas veces se cumplen y otras no. Answers will vary.

Paso 1: Haz una lista con algunas promesas que hiciste a otras personas en el pasado y que te hicieron, y después indica si se cumplieron o no. En la primera columna indica cuándo se hizo la promesa, quién la hizo y a quién iba dirigida. En la segunda columna escribe en qué consistía la promesa e indica si se cumplió o no. En los espacios 6 y 7 añade dos situaciones más.

Modelo: *El año pasado les dije a mis padres que estudiaría más. Cumplida X.*

Contexto	Promesas	Cumplida	No Cumplida
1. El año pasado, yo, a mis padres			
2. La semana pasada, yo, a un amigo			
3. De niño, mis padres, a mí			
4. Hace poco tiempo, un amigo, a mí			
5. Una vez, mi hermano/a, a mí			
6.			
7.			

Paso 2: Comparte con un/a amigo/a las promesas que se hicieron, quién las hizo, a quién y si las cumplieron o no. Después, pídele a un/a compañero/a que comparta las promesas que él/ella ha hecho en su vida y que indique si las cumplió o no.

9.23 Adivinar. Cuando no estamos seguros sobre los hechos relacionados con algún evento del pasado, tenemos tendencia a especular o adivinar sobre posibles explicaciones del porqué. Answers will vary.

Paso 1: Responde a cada una de las siguientes preguntas.

1. ¿Qué usos tienen los drones en la actualidad?
2. ¿En qué año salió el primer teléfono inteligente con pantalla táctil? 2007
3. ¿Por qué la tecnología de la informática avanzó tan rápido en la segunda mitad del siglo XX?
4. ¿Por qué Bill Gates y Carlos Slim ganaron tanto dinero?
5. ¿Por qué las tabletas se hicieron tan populares?

Paso 2: Compara tus respuestas con un/a compañero/a y ofrece más explicaciones sobre tus respuestas. Después pide a tu pareja que desarrolle un poco más sus explicaciones.

9.24 Situaciones. Reflexiones sobre las resoluciones de año nuevo. Muchas personas hacen resoluciones de año nuevo, pero a veces es difícil cumplirlas. Vas a conversar con un/a compañero/a sobre las metas del año pasado. Haz el papel **A** o **B** con tu compañero/a para participar en la conversación. Antes de empezar, haz una lista con algunas de tus resoluciones del año pasado y piensa si las cumpliste o no. Al relatarle a tu compañero/a las resoluciones usa la estructura "Dije/Prometí + que + (*verbo en el condicional*) + (la meta)". Indica si las cumpliste o no y explica por qué sí o no usando cláusulas con *si*; por ejemplo, "*Dije que haría más ejercicio y si estaba cansado tomaría un poco de café*". Answers will vary.

A- Al ser una persona con mucha autodisciplina te gusta hacer resoluciones de año nuevo difíciles y desafiantes. Más que nada te gusta lograr tus metas porque aumentan tu autoestima. Describe tus metas a tu compañero/a ("Prometí que" + *condicional*...) y explícale con cláusulas con "Si" y verbos en el condicional (si..., yo...) cómo lograste esas metas.

B- Al ser una persona con muchos deseos de mejorar, pero con poca voluntad, cada año te propones muchas metas, pero cumples muy pocas de ellas. Cuéntale a tu compañero/a las metas ("Dije que" + *condicional*...) y por qué no las lograste (*Si no tenía ganas de leer, me dormía*).

Technology tip for 9.24: For hybrid courses, students can prepare this activity outside of class via videoconferencing. During the next class session, they can present their situation to the class.

Suggestion for 9.24: This chapter discusses the conditional tense as well as other verb forms that have changes in the stems. Heritage learners often times have a tendency to regularize these forms since most people they talk to either understand them using the wrong stem or may even use the same expressions. It is not uncommon to hear students or see them write imperfect subjunctive forms as ***andaran*** instead of **anduvieran** or ***cabiera*** instead of **cupiera**. While this does happen with second language learners as well, it may be useful to point out these changes in the heritage learner's speech since they may use these conjugations in their daily speech.

Exploremos la gramática 3

Imperfect subjunctive

As we discussed in Chapter 2, the subjunctive allows the Spanish speaker to accomplish certain functions with language such as express doubt and desire, make recommendations or evaluations, and express emotions, among other functions. This can happen not only in the present but in the past. When the subjunctive is used in the past it is called the **Imperfect subjunctive** and requires a different set of endings that are formed based on the 3rd-person plural form of the preterit.

For all verbs, the imperfect subjunctive is formed by replacing the letters after the final 'r' in the preterit form with the following endings:

yo = -a	nosotros/as = -amos
tú = -as	vosotros/as = -ais
él/ella, usted = -a	ellos/as, ustedes = -an

WileyPLUS
Go to WileyPLUS to review this grammar point with the help of the Animated Grammar Tutorial and the Verb Conjugator.

For example:

- hablar > hablaron > hablar- > hablara (yo)
- decir > dijeron > dijer- > dijeran (ellos)
- comer > comieron > comier- > comieras (tú)

In the **nosotros** and **vosotros** form, the vowel before the final 'r' is stressed and carries a written accent. For example:

- vivir > vivieron > vivier- > viviéramos
- trabajar > trabajaron > trabajar- > trabajárais

Present subjunctive	Imperfect subjunctive
present tense verb + que + present subjunctive	**past tense verb + que + past subjunctive**
María quiere que su mamá le **compre** la tableta.	María quería que su mamá le **comprara** la tableta.
El profesor recomienda que no **usemos** el móvil durante la clase.	El profesor recomendaba que no **usáramos** el móvil durante la clase.
Nuestro amigo nos manda un mensaje de texto para que no nos **olvidemos** del examen.	Nuestro amigo nos mandó un mensaje de texto para no nos **olvidáramos** del examen.
Es esencial que **tengamos** dispositivos electrónicos para comunicarnos con los amigos.	Era esencial que **tuviéramos** dispositivos electrónicos para comunicarnos con los amigos.
Busco una aplicación que me **ayude** con las finanzas.	Buscaba una aplicación que me **ayudara** con las finanzas.

Suggestion for 9.25: For hybrid or flipped classes, you may want to assign students to listen to the audio and complete this activity prior to the class session.

Hypotheticals: imperfect subjunctive + conditional

Another common use of the imperfect subjunctive is to express hypotheticals. The verb in the imperfect subjunctive appears after the verb **si** in one clause to express a particular hypothetical condition and a verb in the conditional appears in the other clause to express what would happen if that condition were met. Unlike the **si** clauses mentioned earlier, the actions expressed using **si** + imperfect subjunctive + conditional are unlikely to take place and are not reflective of reality:

Si	**+**	**imperfect subjunctive clause**	**+,+**	**conditional clause.**
Si		yo tuviera un millón de dólares,		compraría muchos dispositivos electrónicos.
If		*I had a million dollars*		*I would buy a lot of electronic devices.*
Si		los jóvenes no tuvieran teléfonos móviles,		se comunicarían mejor en persona.
If		*young people didn't have cellphones*		*they would communicate better in person.*

9.25 La comunicación interpersonal. WP Escucha la presentación que hizo Paco para su clase de comunicaciones sobre el impacto de la tecnología en la comunicación interpersonal. Coloca la condición expresada con una cláusula con 'si' en la columna de la izquierda con el posible resultado de la columna de la derecha según la presentación de Paco.

Audioscript for 9.25: ¿Alguna vez se han preguntado cómo sería el mundo si no tuviéramos teléfonos móviles y si no usáramos ningún dispositivo electrónico para comunicarnos con otras personas? Creo que estaría bien que reflexionáramos más sobre el impacto de la tecnología en la comunicación interpersonal y en las relaciones humanas y familiares. En la época moderna se habla mucho de los beneficios de la tecnología y de la facilidad con la que las personas de todas partes del mundo se pueden comunicar al instante. Internet y los dispositivos se inventaron para que las personas se pudieran transmitir mensajes unas a otras de manera más rápida. Tanto los diseñadores como los usuarios querían que los seres humanos tuvieran más contacto y que se comunicaran más y más frecuentemente. Deseaban que el comercio se facilitara y que las personas establecieran relaciones más fuertes. En el caso del comercio, parece que se logró la meta, pero no tanto en el ámbito de la comunicación interpersonal. Al principio no había nadie que pensara que la comunicación interpersonal empeoraría debido al uso tan frecuente de aparatos electrónicos como medios de comunicación. Antes de que se inventaran Internet y los teléfonos inteligentes, las personas hablaban cara a cara y sabían cómo expresar sus ideas y emociones de manera respetuosa y efectiva. ¿Cómo cambiaría la comunicación en nuestra sociedad si pudiéramos reducir el uso de

1. ___D___ Si no interrumpiéramos nuestras conversaciones al contestar el teléfono o al mandar mensajes de texto,	**A.** sabríamos determinar cómo la voz refleja las emociones del otro.
2. ___E___ Si habláramos más con las personas cara a cara,	**B.** las relaciones familiares podrían mejorar junto con la comunicación.
3. ___B___ Si no tuviéramos los teléfonos a mano durante la cena o el desayuno,	**C.** el comercio se volvería mucho más difícil.
4. ___A___ Si habláramos más con las personas por teléfono en vez de usar mensajes de texto,	**D.** indicaríamos el aprecio que sentimos por la otra persona.
5. ___C___ Si no hubiera teléfonos y otros dispositivos electrónicos,	**E.** aprenderíamos a descifrar los sentimientos expresados en la cara y en el cuerpo.

9.26 La vida sin tecnología. Estamos tan acostumbrados a tener acceso a la tecnología que no nos damos cuenta de cuánto dependemos de ella. Pregúntale a tu compañero/a qué haría frente a las siguientes situaciones hipotéticas e inventa dos situaciones adicionales. Luego contesta las preguntas de tu compañero/a. Answers will vary.

¿Qué harías...?

1. si no tuvieras acceso a Internet en tu casa?
2. si compraras un auto sin conductor?
3. si no pudieras mandar mensajes de texto desde tu teléfono?
4. si tu reloj interactivo no te diera acceso a Internet?
5. si tuvieras un dron?
6. si...?
7. si...?

9.27 El "yo" ideal. A veces nos gustar soñar con nuestro "yo" ideal, o la persona que querríamos llegar a ser algún día. Indica las condiciones que se tendrían que cumplir para que obtuvieras los atributos mencionados. Answers will vary.

1. Sería mucho más paciente con los demás si ______________________________.
2. Tomaría mejores decisiones en la vida si ______________________________.
3. Sacaría mejores notas en mis clases si ______________________________.
4. Tendría más dinero en mi cuenta bancaria si ______________________________.
5. Me comunicaría mejor con las personas si ______________________________.
6. Fortalecería mis amistades mucho si ______________________________.
7. Me mantendría en buen estado físico y emocional si ______________________________.

los dispositivos electrónicos? Por ejemplo, si apagáramos nuestros móviles durante las comidas, mejoraría la comunicación en las familias y, tal vez, las relaciones. Si usáramos el teléfono para hablar con las personas en vez de usar mensajes de texto, desarrollaríamos la habilidad de detectar tristeza y felicidad en la voz de los demás. De igual manera, si habláramos más con las personas mirándolas a los ojos, sabríamos cómo interpretar las emociones expresadas en la cara y en el cuerpo, y cómo ajustar nuestra comunicación. Si pudiéramos ignorar el teléfono cuando estamos hablando con los demás en persona, les comunicaríamos cuánto las apreciamos. Si pudiéramos tomar control de nuestra comunicación interpersonal y no dejar que los dispositivos la alteren tanto, disfrutaríamos de más solidaridad y relaciones interpersonales más fuertes.

Technology tip for 9.26: For hybrid or flipped classes, students can complete this activity with a partner through a videoconferencing tool. During the next class session, they can present their results to the class.

Suggestion for 9.27: For hybrid or flipped classes, you may want to assign students to complete this activity prior to the class session and then share their responses in pairs.

EXPERIENCIAS

Manos a la obra

La sociedad cambiante

Suggestion for 9.28: For flipped or hybrid courses, students can prepare this activity outside of class. During the next class session, they can practice and present their situation to the class.

9.28 Situaciones: Soluciones hipotéticas. Muchos creen que la tecnología ha afectado a las relaciones interpersonales y a la sociedad en general. Comparte tus opiniones sobre la tecnología y la comunicación humana con un/a compañero/a. Haz el papel de **A** o **B** para participar en la conversación. Answers will vary.

A- Aunque estás de acuerdo con que la comunicación humana interpersonal ha empeorado entre los adolescentes y la gente joven, como amante de la tecnología, no estás muy convencido de que la tecnología tenga toda la culpa. Propón algunas hipótesis para remediar los problemas actuales de las relaciones y la comunicación interpersonal a través de la tecnología o de otros medios.

B- Aunque tienes muchos dispositivos electrónicos y los usas con mucha frecuencia, has notado que tu uso de tecnología parece ser un obstáculo para una comunicación sincera y efectiva con otras personas. Escucha las ideas y las hipótesis de tu compañero/a sobre la situación con la comunicación interpersonal y responde a cada hipótesis con tu perspectiva. También, comparte tus propias soluciones en forma de hipótesis.

Suggestion for 9.29: This is a task-based activity divided into 7 steps in order to support the students with step-by-step strategies for completion. You may choose to assign all steps outside of class, with students posting their summary to the discussion tool.

9.29 Encuesta. Para determinar el futuro de la educación, debes diseñar una encuesta en línea para otros estudiantes sobre su uso de la tecnología en la vida diaria. Sigue los **Pasos** para analizar los resultados. Answers will vary.

Paso 1: Crea una lista de entre 5 y 10 preguntas.

Paso 2: Selecciona la herramienta apropiada en línea para crear tu encuesta.

Paso 3: Diseña la encuesta.

Paso 4: Mándasela a 2-3 estudiantes.

Paso 5: Analiza los resultados.

Paso 6: Comparte los resultados con tu compañero/a.

Paso 7: Escribe un resumen de los puntos principales del análisis en tus propias palabras.

Suggestion for 9.30: This is a task-based activity divided into three steps. You may choose to assign the first two steps outside of class for a flipped classroom and have students present for 2-3 minutes in class. For hybrid or online classes, students can complete all **Pasos** and upload their presentation to your learning management system discussion board.

9.30 El aprendizaje de lenguas en el futuro. El/La encargado/a del departamento de lenguas te ha invitado a formar parte de un equipo de diseñadores para el futuro. La tarea es diseñar una experiencia de aprendizaje de lenguas radicalmente diferente a lo que existe en la actualidad. Answers will vary.

Paso 1: Haz una red de ideas con diferentes posibilidades.

Paso 2: Con un/a compañero/a, elige una posibilidad y represéntala con dibujos, fotos y gráficas.

Paso 3: Plasma la idea en un video y muéstralo en la clase al resto de tus compañeros.

Experiencias profesionales Las habilidades con la lengua

En la sección **Experiencias profesionales** del Capítulo 8 participaste en una actividad relacionada con el español y/o la cultura hispana en tu universidad o en tu comunidad. En esta experiencia profesional vas a visitar una clase de español de nivel avanzado.

9.31 Las habilidades con la lengua. Completa los siguientes **Pasos**. Answers will vary.

Paso 1: Encuentra una clase de nivel avanzado que puedas visitar (puedes visitar una clase de español para fines específicos si la hay). Ponte en contacto con el/la instructor/a de esa clase y pide permiso para asistir como oyente. Durante la visita, toma notas de lo que sucede en el aula, qué nivel (básico, intermedio, avanzado, casi nativo) de habilidades de la lengua (escribir, hablar, gramática, lectura, vocabulario, etc.) tienen los estudiantes, etc. También, pide al/a la instructor/a que entregue una breve encuesta a los estudiantes de la clase para que la rellenen. La encuesta debe de contener las siguientes preguntas:

- ¿Cuáles son tus planes para usar el español en el futuro?
- ¿Cuáles son tus recomendaciones para los estudiantes de nivel intermedio que quieran mejorar sus habilidades en español?

Paso 2: Después de asistir a la clase de nivel avanzado, escribe un resumen de una página (250-300 palabras) en español. En tu resumen, habla de lo que apuntaste en tus notas y lo que observaste en la clase, reflexionando especialmente sobre lo que puedes hacer para mejorar tu español. También, comenta qué recomendaciones para mejorar el español dieron los alumnos de la clase avanzada a los alumnos de nivel intermedio.

Paso 3: Sube el resumen al foro, mira tres resúmenes de tus compañeros de clase y haz un comentario sobre cada uno de ellos: qué te gustó y qué aprendiste de sus experiencias.

Suggestion for 9.31: One variation of this would be to have two or three students attend the same class and then give an oral presentation to the class on what they observed during the advanced class and what the students said in their short surveys. This could also be recorded and uploaded to your learning management system discussion board.

Suggestion for 9.31, Paso 2: Instead of giving a brief survey, the students could ask a couple of the students in the advanced class for recommendations regarding how to improve their Spanish. This could be done during group or pair work or after class with a couple of students who have the time to answer the questions. If a teacher does allow the survey, the students could offer to share the results with the instructor so that s/he can see what students are planning to do with their Spanish.

El blog de Sofía

La 'netiqueta'

Noticias Información Fotos Amigos Archivos

Courtesy of Diane Ceo-DiFrancesco

Dos jóvenes usando un teléfono móvil.

9.32 Mi propio blog. Completa los siguientes **Pasos**. Answers will vary.

Paso 1: Lee el blog de Sofía.

Estamos acostumbrados a utilizar diversos medios de comunicación. Por mi parte, los mensajes instantáneos, los mensajes de texto y de correo electrónico, además de mi teléfono inteligente,

(continuación)

(continuación)

forman parte de mi rutina diaria. Pero con tantas distracciones, es fácil ofender a otros sin querer. Pienso que con unas normas para el uso diario de la tecnología podríamos comunicarnos de forma agradable. A estas normas las llamo "netiqueta", y la lista que comparto aquí son mis consejos basados en mis experiencias.

1. No utilices mayúsculas en tus mensajes, a menos que quieras gritar. Se considera bastante fuerte.
2. Usa emoticonos en tus mensajes informales, pero no los incluyas en correos electrónicos académicos o más formales.
3. Después de escribir un mensaje y antes de enviarlo, léelo con tranquilidad y reflexiona sobre su objetivo y contenido. ¿Tratas a los demás como te gustaría que te trataran?
4. A menos que sea una llamada muy importante, no interrumpas una conversación para contestar tu teléfono. Y cuando suene tu teléfono durante una conversación, baja el volumen o apágalo inmediatamente.
5. Recuerda que el lenguaje no verbal, los gestos, las expresiones de la cara y el tono no se transmiten por los mensajes de texto, los mensajes instantáneos ni los mensajes de correo electrónico. Es mejor no imaginar el tono y la intención de la persona que te escribió el mensaje, puesto que a veces crea un mal entendimiento.

Paso 2: Completa la siguiente tabla con sugerencias de netiqueta que hayas incorporado en tus comunicaciones. Después compara tu tabla con la de tu compañero/a.

Formas de comunicación	Tu netiqueta	Sugerencia de tu compañero/a
1. Mensajes con fotos		
2. Telecolaboración		
3. Correo electrónico		
4. Mensajes instantáneos		
5. Mensajes para grupos		

Technology Tip for 9.32, Paso 3: Assign students to create a blog using any web application. Students will utilize this blog and post items to it for every chapter of Experiencias. You may ask your students to share the link to that blog on your learning management system discussion board. Then in class, ask students to compare their information.

Paso 3: En tu propio blog, escribe sobre tus experiencias con malentendidos. ¿Qué te pasó? Describe una situación que haya tenido interpretaciones erróneas. ¿Cómo influye tu propia *netiqueta*? ¿Qué recomendaciones tienes para las personas que utilizan la tecnología en su vida diaria para comunicarse?

Cortometraje

Connecting people

Antes de ver el cortometraje

9.33 La tecnología. Contesta las siguientes preguntas con un/a compañero/a de clase. Answers will vary.

La tecnología puede afectar las relaciones personales.

1. ¿Cuál es el avance en la tecnología que más te ha afectado?
2. ¿Cuántos años tenías cuando recibiste tu primer teléfono móvil? ¿Fue un teléfono inteligente? ¿Por qué?
3. ¿Para qué usaste tu primer teléfono?
4. ¿Cuánto usas tu teléfono cada día? ¿Te parece mucho o poco?
5. ¿Cuáles son los usos más comunes para ti con tu teléfono móvil hoy en día?
6. ¿Crees que al tener un teléfono móvil hablas más o menos con tus amigos y familiares? ¿Por qué?
7. ¿Hay aspectos negativos de tener un teléfono móvil?

Mientras ves el cortometraje

9.34 ¿Qué mencionan? Usa tu buscador favorito para ver este cortometraje. Mientras lo ves, marca cuáles de las siguientes palabras y actividades se mencionan en el mismo.

__√__ pijama
____ ir de compras
__√__ Stephen King
__√__ cenar con los padres
____ buscar un trabajo
__√__ ver películas
__√__ tomar café
__√__ ir en avión
____ casarse
____ va a hacer frío
__√__ quedarse en casa
__√__ tranquila
__√__ champán
__√__ lavarse los dientes

Después de ver el cortometraje

9.35 Conexiones. Con un/a compañero/a de clase, contesta las siguientes preguntas del cortometraje.

1. ¿Cuáles son los planes que tiene el hombre para la noche?
2. ¿Cómo es una noche ideal para la mujer?
3. ¿Qué es lo que le gusta llevar a la mujer debajo de su ropa?
4. ¿Por qué cree el hombre que no tiene éxito con las chicas?
5. ¿Por qué lo dejó su novia?
6. ¿Qué busca la mujer en una pareja?
7. El título del cortometraje es *Connecting people*. Este fue el eslogan de Nokia, una compañía telefónica internacional. ¿Crees que los teléfonos móviles promueven la comunicación entre las personas?
8. ¿Cuál es el mensaje del cortometraje?

Answers for 9.35:
1. Comprarse algo rico y acostarse temprano o quizás comer con sus padres; 2. Quedarse en casa, ponerse su pijama, comprar un champán caro y cenar tranquila viendo películas. 3. Llevar su pijama; 4. Porque es aburrido; 5. Por sus manías: dormir con calcetines, comer a sus horas, tomar leche con cacao en polvo con grumos, masticar 20 veces antes de tragar. 6. Un chico que le guste leer especialmente los libros de Stephen King. También busca un chico tranquilo. 7. Answers will vary. 8. Answers will vary.

9.36 Un debate. El cortometraje enseñó un lado de la tecnología, cómo puede conectar a las personas, pero también impedir el contacto humano. En parejas, van a seleccionar una de las tecnologías de la siguiente lista y debatir sobre cómo mejoran y/o empeoran las vidas de las personas. Una persona va a hablar sobre las ventajas o las desventajas, y la otra persona va a elegir la otra posición del debate. Van a prepararse durante un minuto y deberán tener un debate de dos minutos de duración. Después de terminar, cambia de compañero/a y elijan otra tecnología u otra perspectiva del debate. Vas a tener tres debates en total. Answers will vary.

Tecnologías posibles

1. La computadora
2. El teléfono móvil
3. El correo electrónico
4. Facebook
5. El reloj interactivo
6. La tableta

Página informativa

Nuevas tecnologías: cómo afectan a los jóvenes

9.37 Una tecnología para todos. Este artículo describe la proliferación de los teléfonos móviles por toda Latinoamérica. Completa los siguientes **Pasos** antes de hacer la lectura.

Tassii / E+ / Getty Images

Los teléfonos móviles se usan en todas partes de Latinoamérica.

Antes de leer

Paso 1: Marca todos los cognados antes de leer el artículo.

Paso 2: Selecciona 5 palabras desconocidas que crees que son importantes para entender la lectura. Busca esas palabras en un diccionario y escribe su significado en tu cuaderno electrónico. Answers will vary.

Paso 3: Antes de leer el artículo, adivina cuál será el milagro móvil al que se hace referencia en el título junto con un/a compañero/a. Después de leerlo, consulta con tu compañero/a otra vez para ver si acertaste. Answers will vary.

El milagro móvil en América Latina

Lorenza Solís desconoce el significado de la palabra *smartphone*, pero todas las mañanas, antes de dar su paseo matutino, verifica si lleva consigo su *Samsung Galaxy Star 2*. Esta señora mexicana de 79 años se ha incorporado recientemente al mundo tecnológico. Envía mensajes por *WhatsApp*, revisa el estado del tiempo y esporádicamente hace una fotografía con su móvil. "Mis hijos me regalaron este teléfono que apenas sé utilizar... es muy complicado", dice vía telefónica esta nueva usuaria que ha favorecido el aumento en el número de dispositivos móviles inteligentes en América Latina.

Desde Tijuana (México), hasta el estrecho de Magallanes (Chile) la expansión de los teléfonos inteligentes ha golpeado con fuerza. En 2014, se contabilizaron en toda América Latina más de 270 millones de *smartphones*, un 54,6 % más que en 2013, según cifras de Ericsson. "La expectativa es que en 2020 haya más de 605 millones", asegura Sebastián Cabello, director regional de GSMA, asociación internacional de operadores móviles.

Dentro de cinco años, América Latina ocupará el segundo puesto a nivel mundial, en cuanto a la base instalada de teléfonos inteligentes, tan solo detrás de Asia, según un análisis de GSMA. Actualmente, Brasil es el principal mercado de teléfonos inteligentes en la región —con 89,5 millones de conexiones— y el quinto más grande del mundo después de China, Estados Unidos, India e Indonesia, de acuerdo con el informe de la consultora.

(continuación)

(continuación)

En los años 90, el acceso a un teléfono móvil era todo un lujo en la región, afirma Pablo Bello, director ejecutivo de la Asociación Interamericana de Empresas de Telecomunicaciones (ASIET). Ahora, el mercado móvil de América Latina es el cuarto más grande del mundo, con casi 326 millones de suscriptores únicos y 718 millones de conexiones, de acuerdo con datos de GSMA. Según la Unión Internacional de Telecomunicaciones (UIT), en la región existen más conexiones que personas.

En el caso de los dispositivos inteligentes, en 2010 apenas llegaban a los 32 millones, explica Jesús Romo, analista de Telconomia, consultora de IT. "En cuatro años, la cifra de aparatos se ha incrementado un 740 %. En ninguna parte del mundo se ha dado este aumento", comenta el experto. La bajada en el precio de los dispositivos, el aumento en el ingreso de las familias junto a la creciente cantidad de servicios en línea, aplicaciones y contenido virtual han impulsado esta "revolución", recalca Bello.

Para José Otero, director para América Latina de 4GAmérica, organización compuesta por proveedores de servicios y fabricantes de telecomunicaciones, el gran reto es que el crecimiento en el número de dispositivos vaya acompañado de una mayor tecnología en los aparatos. Actualmente, el 51,6 % de las conexiones que predominan en la zona son de segunda generación (2G), con acceso limitado a datos, y un 44,6 % son de tercera (3G) que permite mayores velocidades, según datos de la consultora internacional Ovum.

Ofrecer tecnología de calidad es el sueño de América Latina, afirma Romo. "No basta con tener millones de teléfonos inteligentes en la región… Hay que dotarlos de una buena calidad en el servicio, a eso se llama democratizar la tecnología", concluye el experto de Telconomía.

Después de leer

Paso 4: Escribe aquí la idea principal del artículo. ______________________

Paso 5: Unos errores. En cada una de las siguientes oraciones hay un error. Corrige el error cambiando la oración falsa por una cierta.

1. Las personas mayores solamente usan sus teléfonos para hablar con sus familiares.
   Los usan para mandar mensajes en WhatsApp, mirar el tiempo y sacar fotos.
2. Hoy día América Latina ocupa el segundo lugar en cuanto al número de teléfonos inteligentes. Ocupa el cuarto lugar.
3. Se espera que haya más de 800 millones de teléfonos inteligentes para 2020.
   Se espera que haya más de 605 millones.
4. Aunque no hay muchos usuarios de teléfonos móviles, la mayoría de las conexiones son de 4G. Hay muchos usuarios de los teléfonos móviles, pero la mayoría de las conexiones hoy día son de 2G.
5. El principal mercado para los teléfonos inteligentes es Argentina. El mercado principal para los teléfonos inteligentes es Brasil.

9.38 Expansión. Uno de los problemas principales de la expansión de los teléfonos móviles es llevar la tecnología a zonas rurales y a la gente de pocos recursos. Answers will vary.

Paso 1: Con un/a compañero/a de la clase, habla de cómo se puede resolver este problema.

a. ¿Es importante que todos tengan acceso a esta tecnología o solamente es un lujo?
b. ¿Qué se puede hacer para poder dar acceso a esta tecnología a todas las personas?
c. ¿Cuáles serían los beneficios de poder ofrecer esta tecnología a todos?

Paso 2: Después de pensar en varias soluciones, comparte tus ideas con otras dos parejas de estudiantes.

Estrategia de lectura: Reading from Different Perspectives

Rereading is a technique that helps with comprehension of a text because after each reading, you catch more details. Think of the reasons why you listen to a song more than one time or rewatch a movie. It's probably for the same reason: you catch more details each time. Reading a text multiple times from different perspectives also helps you comprehend more each time you read. Try these steps for reading from different perspectives.

1. Read the story for the first time.
2. Identify a number of characters that could be connected to important ideas.
3. Reread the passage 2-3 times, each time looking for statements and descriptions that reflect the needs and concerns of each character or perspective you have identified.
4. Create one or two sentence summary statements that convey each perspective.

Página literaria

Chiquita Barreto Burgos

9.39 Chiquita Barreto Burgos, escritora paraguaya. Amelia 'Chiquita' Barreto Burgos ha publicado varias obras con temas que tienen que ver con diversas circunstancias y momentos amargos y duros de la vida cotidiana. Sigue los **Pasos** para aprender qué escribe Chiquita sobre un día en la vida de un fotógrafo.

ABC Color Journal

Chiquita Barreto Burgos.

Antes de leer

Paso 1: El cuento de *La fotografía* forma parte de un libro de cuentos, *Con pena y sin gloria*, publicado en 1990. Selecciona en la siguiente lista las ideas que crees que podrás encontrar en la selección.

Answers will vary.

_____ la familia de Chiquita

_____ cómo apreciar el trabajo de un fotógrafo

_____ la casa original de la autora

_____ el procesamiento de una fotografía

_____ las ventas directas

_____ una descripción de las personas en la foto

_____ el cuento de los fotógrafos en la ciudad de origen de Chiquita

_____ lo que ha hecho cada uno para ayudar a los campesinos

Paso 2: Selecciona los cognados y después lee la selección.

Suggestion for 9.39, Paso 2: If you are working with students in class, you can have them review **Paso 2** to check which items they chose were correct, after reading the selection.

La fotografía

El ómnibus se detuvo finalmente en la calzada. El guarda gritó para despertar del todo, a los últimos pasajeros adormilados, ¡última parada señores! Descendieron en la calle húmeda y sucia. Un fuerte olor a orín les arañó la garganta.

El niño miraba sorprendido hacia todos lados con los ojos agrandados.

Hacía mucho que se preparaba para el gran día. Desde que su madre le anunció el viaje. Pero su fantasía había quedado pequeña para la realidad.

Las casas parecían gigantes de rostro enojado. No tenían el colorido alegre de las chatas casitas de su pueblo.

Cuánta gente. Todas serias y apuradas. ¿No se conocían esas gentes? Nadie saludaba a nadie.

El corazón le latía con tanta fuerza, que el dum dum le retumbaba en el oído.

La mujer lo llevaba de una mano casi arrastrado: sus piernas se habían vuelto de repente torpes como si en ese momento aprendiera a caminar.

Cruzaron la calle que era un río de automóviles y el niño miró a su madre admirado y sorprendido.

Cuando llegaron a la plaza, la mujer le soltó la mano y por un rato se miraron y una leve sonrisa les iluminó la cara a ambos. El niño recuperó sus piernas.

Siguieron caminando ya sin prisa, sin que ninguno de los dos abriera la boca. El silencio era un lenguaje conocido por ambos.

Al llegar al lugar, la mujer dejó en el suelo la valijita de cuero que llevaba en la mano y por un rato el niño se sentó encima. Con un gesto ella le indicó que se levantara, luego, despaciosamente, con infinita paciencia desató todos los nudos del piolín con que estaba atado y lo abrió.

Sacó un pantalón largo de color celeste y una camisa amarilla, que le pasó al niño. Era todo el contenido. El niño se quitó la camisita desteñida y se puso la otra. El pantalón se vistió encima del que traía puesto sin sacarse los zapatos, opacos y duros.

La mujer se inclinó para ayudarlo. Primero metió la cola de la camisa dentro del pantalón. Pero al darse cuenta que le quedaba grande en la cintura, lo sujetó con el mismo piolín con que había asegurado la valija y ocultó el improvisado cinto con la camisa. El niño ya estaba vestido.

Ella tenía la boca seca: haciendo un esfuerzo escupió en su mano por tres veces una saliva espumosa y blanca, le humedeció un poco el cabello y le peinó. Y ella a su vez se peinó. Y los dos se pusieron firmes y tensos frente al fotógrafo. Esperaron sin preguntar nada, con tranquila seguridad que el profesional terminara su trabajo. Ninguno de los dos demostró curiosidad ni prisa.

El fotógrafo miró la imagen aún húmeda y blanda. Había captado el pantalón celeste, la camisa amarilla y los ojos asombrados del niño y el cabello engominado de saliva y el rostro ajado de la mujer, mas el ritual de ternura que le precedió quedó flotando entre los enormes árboles de la plaza. Miró largamente la fotografía hasta que el papel se secó y los colores quedaron nítidos, luego se la pasó a la mujer y acarició torpemente la cabeza del niño.

Por un instante fugaz se vio repetido en él.

Después de leer

Paso 3: La foto. Conversa con tu compañero/a sobre el proceso de tomar una foto. Utiliza las siguientes preguntas como guía.

1. ¿Quiénes son los personajes del cuento?
2. Por la descripción de la autora, ¿la madre y su hijo son gente humilde o rica? ¿Cómo lo sabes?
3. ¿Qué significa cuando la autora escribe "su fantasía había quedado pequeña para la realidad"?
4. ¿Cómo se siente el niño al llegar a la ciudad? ¿Cómo lo sabes?
5. ¿Por qué no pudo caminar bien el niño?
6. ¿Por qué le cambió la madre la ropa de su hijo?
7. ¿La madre y su hijo sonrieron en la foto? ¿Qué opinas? ¿Por qué piensas que sí/no?
8. ¿En qué pensaba el fotógrafo mientras esperaba que se secara la foto?

Answers for 9.39, Paso 3:
1. madre, hijo, fotógrafo; 2. Es humilde. Tomaron el autobús para llegar a la ciudad. Parece la primera vez que el niño había estado en la ciudad. La valijita tenía poco adentro. La madre usó el piolín de la valijita como cinturón. 3. Answers will vary. 4. Se siente asustado. El corazón le latía con fuerza. Sus ojos se pusieron grandes al mirar a su alrededor. 5. Tenía miedo. 6. Le cambió la ropa para la fotografía. 7. Answers will vary. 8. Pensaba en su pasado.

Estrategia de escritura: *Una red de ideas*

To get started with your story in **Activity 9.39, Paso 4**, try doing a mapping activity where you write down a key term on a piece of paper. Next, you write all the other ideas or terms that come to mind around it, drawing lines to connect certain ideas to each other. You can use different color pens to connect terms and draw circles or use highlighters. Once you have a complete map of ideas, you can look it over to see if any patterns or relationships between your ideas jump out at you. You may be able to use these connections as a basis for your story.

Paso 4: Tomar un selfi. Hazte una autofoto. Luego, escribe una historia sobre ella. Describe la situación y la preparación para tomar el selfi. ¿Para qué es la foto? ¿Dónde estás? ¿Qué llevas? ¿Por qué? Sube tu selfi con la descripción al foro de la clase. Answers will vary.

Cultura y sociedad

Los juegos y las experiencias virtuales

Sergey Nivens / Alamy Stock Photo

La realidad virtual te puede llevar por todo el mundo.

9.40 La realidad virtual. Vas a leer un artículo sobre los avances en la realidad virtual. Antes de leer, completa la actividad.

Antes de leer

Paso 1: Revisa el artículo y marca todos los verbos. Si no sabes el significado de uno de los verbos, búscalos en un diccionario.

Una realidad aumentada

Para muchas personas la realidad virtual simplemente ha sido un sueño de algo futurístico que *tenía* mucho potencial, pero que no ha llegado a ningún lado debido a los límites en cuanto a la tecnología. Sin embargo, con los avances tecnológicos y el interés de algunas de las compañías más grandes del mundo como Apple, Google, Samsung, entre otras, el futuro es hoy. La única cuestión que nos queda es cómo se puede aprovechar al máximo esta tecnología. Google propone transformar la educación por medio de la realidad virtual. Imagina una visita a los lugares más lejanos e inaccesibles del mundo. Una visita al Amazonas o al Gran Cañón desde el salón de clase o desde la casa de un/a estudiante. Todo esto es posible ya con Google Earth y, para aumentar la experiencia más todavía, se puede hacer por medio de la realidad virtual, donde no solamente visitas estos lugares, sino que los experimentas de forma casi real. A diferencia del Google Street View, que ofrece cadenas de fotos recogidas por cámaras de 360 grados, los usuarios de Google Earth VR pueden volar libremente alrededor de una reconstrucción topográfica del planeta Tierra o hacer visitas guiadas de lugares por todo el mundo. El proyecto 'Rutas Google' ofrece la posibilidad, a través de unas gafas de visión tridimensional, de que los estudiantes puedan viajar hasta los confines del cosmos, los fondos abisales de los océanos o las pirámides de Egipto. Hay versiones de esta tecnología que no son accesibles para un público con fondos limitados, pero Google ha creado *Cardboard*, que son unas gafas de cartón que permiten que todo el mundo acceda a contenidos de realidad virtual de forma económica.

Esta tecnología no se ha limitado a viajes educativos a los lugares más importantes del mundo. Hay interés en otros sectores. Samsung ha decidido fundar una escuela de cine orientada a crear contenidos que podrían verse por medio de la realidad virtual, en la que se realizarán rodajes en 360 grados. Imagínate ver una película donde puedas mover la cabeza para mirar a tu alrededor. Una persona podría tener la misma perspectiva que tienen los actores y protagonistas sin limitarse por lo que te muestra la cámara. Otro campo sobre el que hay mucho interés es el de los videojuegos. Apple ha invertido dinero en compañías que trabajan con realidad virtual y las diferentes tecnologías que pertenecen al futuro. También, trabaja con diversas tecnologías como el reconocimiento facial, y cámaras y sensores para la visión artificial. Existe la esperanza de que los videojuegos del futuro sean aún más realistas que los de hoy día. La realidad virtual es la tecnología de hoy y sus límites no se han conocido todavía.

Después de leer

Paso 2: Unas preguntas para ti. Con un/a compañero/a, escribe cinco preguntas sobre la lectura que acabas de leer. Intercambia las preguntas con las de otra pareja y contéstalas en oraciones completas. Answers will vary.

Suggestion for 9.40, Paso 2: Arrange each pair with another pair to form groups of four. Students can ask and answer questions.

Paso 3: Técnico/a informático. Eres empleado/a de una compañía que está desarrollando la realidad virtual. La compañía está buscando los mejores usos para esta tecnología y te ha pedido que les des ideas sobre cómo se podría utilizar. Usando tu imaginación, escribe varias ideas sobre cómo podrías usar la realidad virtual en el mundo de hoy. Puedes pensar en diferentes campos como la medicina, la educación, el entretenimiento, el transporte, etc. Debes escribir un texto de entre 100-150 palabras.

Paso 4: Comparte tus ideas con un/a compañero/a de clase y después hablen sobre las diferencias y las semejanzas entre las ideas.

Suggestion for 9.40, Paso 4: The ideas for virtual reality can also be uploaded to your learning management system discussion board where students can comment on them instead of using class time for this part of the activity.

No se aceptan devoluciones

Película

9.41 *No se aceptan devoluciones.* Lee la descripción de la película y sigue los **Pasos** para aprender más. Answers will vary.

AF archive / Alamy Stock Photo

Cartel de la película *No se aceptan devoluciones.*

La comedia mexicana *No se aceptan devoluciones* es puro divertimiento. Dirigida y protagonizada por el actor Eugenio Derbez, se ha convertido en un éxito de taquilla, así como en la película en español que más dinero ha ganado en su estreno en Norteamérica. Además, fue la primera película mexicana nominada para los premios People's Choice Awards 2014 en la categoría "película favorita de comedia".

Se trata de Valentín, un hombre soltero y egoísta que se encuentra un día con una carga adicional en su vida: una bebé que su exnovia dejó en su casa. Valentín decide devolverle la bebé a su madre y viaja a Los Ángeles para cumplir con la tarea. Pero pasan 7 años, durante los cuales crece una relación profunda y muy estrecha entre padre e hija. De repente la mamá vuelve a aparecer en la vida de Valentín, pero esta vez para recuperar a su hija.

Lo curioso es que le costó mucho a Derbez encontrar a una actriz para interpretar a la hija del protagonista mujeriego en su película. Buscaba a una niña rubia, de 9 años, que dominara perfectamente el inglés y el español. Hizo pruebas con 1500 niñas de Estados Unidos y México. Desesperado, empezó a escribir mensajes por Twitter y por fin encontró a su coprotagonista, Loreto Peralta. Ella es estudiante en una escuela bilingüe. Una de las amigas de su madre vio el mensaje en Twitter y su madre se puso en contacto con Derbez. Loreto hizo la prueba y era perfecta para el papel de Maggie, sin ninguna experiencia previa como actriz.

Paso 1: Avance en español de la película. Busca en Internet un avance en español de la película. Míralo y contesta las siguientes preguntas con tu compañero/a.

1. ¿Las escenas del avance muestran una relación típica entre padre e hija? Explica tu respuesta.
2. ¿Qué actividades hacen juntos padre e hija?
3. ¿Por qué crees que la mamá quiere recuperar a su hija después de siete años?
4. ¿Qué le habría pasado a Valentín si no hubiera aceptado la responsabilidad de cuidar a su hija?
5. ¿Cómo piensas que termina la película?
6. ¿Qué harías tú si estuvieras en la misma situación que Valentín?

Paso 2: Sin ver la película, escribe el final. ¿Qué le pasará a la niña? ¿Y a los padres? ¿Cuál es la decisión del juez?

Paso 3: Comparte tus ideas con tu compañero/a. ¿Llegaron a las mismas conclusiones? ¿Qué detalles son diferentes?

Technology Tip for 9.42: Have your students use the tool of their choice to compile their electronic notebook. This is a great way to keep students organized as they create a portfolio of photos and material regarding the countries presented throughout the book.

9.42 El cuaderno electrónico. Abre tu cuaderno electrónico y empieza una nueva página.

Answers will vary.

Paso 1: Utilizando tu libro de texto e Internet, sigue estos **Pasos**:

1. Escribe información básica de los países que has estudiado en este capítulo: Honduras, Paraguay y México.
2. Incluye un mapa de los países.
3. Selecciona dos lugares que te gustaría ver de esos países y explica por qué los seleccionaste.
4. Escribe información sobre los lugares que quieras visitar.
5. Sube dos fotos de cada país.
6. Incluye información básica sobre los temas del capítulo.
7. Escribe tres hechos nuevos que aprendiste.
8. Escribe tres temas adicionales que te interese investigar.

Paso 2: Lee y comenta la información de dos compañeros.

REPASOS

Repaso de objetivos

Check off the objectives you have accomplished.

I am able to...

	Well	Somewhat
• talk about new technologies and the role of technology in my life.	☐	☐
• make polite requests.	☐	☐
• explain what I and others would do if circumstances were different.	☐	☐
• reflect on life by making predictions.	☐	☐
• analyze the advantages and disadvantages of various types of communication utilizing technology.	☐	☐
• compare and contrast the role of technology in my life and the lives of Spanish speakers across the globe.	☐	☐

Teaching tip for Repaso de objetivos: Although this self-assessment is designed for the students to evaluate their progress, teachers might poll students informally as a group to gauge how students are feeling about the material. This could be done orally with eyes closed and hands raised or by simply asking students to leave a slip with their answers at the end of class.

Repaso de vocabulario

WileyPLUS
Go to WileyPLUS to review these vocabulary words and practice their pronunciation.

Las tecnologías modernas ***Modern technologies***

acceder *to access*
adjuntar *to attach*
el archivo *file*
los audífonos *headphones*
el auto sin conductor *self-driving car*
bajar/descargar *to download*
cargar *to load*
la computadora portátil *laptop*
la contraseña *password*
el disco duro *hard drive*
el dispositivo *device*
en línea *online*
el enlace *link*
enviar *to send*
guardar *to save*
hacer clic / clicar / cliquear *to click*
la herramienta *tool*
el juego interactivo *interactive game*
el lector electrónico *electronic reader*
la nube *cloud*
el ratón *mouse*
las redes sociales/los medios sociales *social networks*
el reloj interactivo *interactive watch*
subir *to upload*
el teclado *keyboard*
la torre de señal *communication tower*
el usuario *username*

Los cognados

accesible
activar
la aplicación
la cámara digital
la cámara web
conectar
el dron
el icono
instalar
el monitor
la señal/el sistema wifi
la tableta
el teléfono inteligente

La comunicación virtual ***Virtual communication***

arrastrar *to drag*
cortar y pegar *to cut and paste*
el correo electrónico *email*
el lenguaje de chat *texting language*
el mensaje instantáneo *instant messaging*
la netiqueta *netiquette*
la página de inicio *homepage*
la pantalla táctil *touch screen*
el perfil *profile*
tuitear *to tweet*
el tuiteo/tuit *tweet*

Los cognados

chatear
comentar
el teléfono móvil

Repaso de gramática

Si clauses

Si clauses are a very useful communication tool in Spanish. They state a condition that must be met for the action in another clause to take place.

Si clause	Resulting action
Si pierdo mi teléfono móvil,	la empresa lo reemplaza gratis.
Si mis amigos me mandan un correo electrónico,	siempre respondo de inmediato.
Si el nuevo juego interactivo ya ha salido,	seguro que mi mejor amigo ya lo ha comprado.
Si no leo el foro en línea,	sacaré una mala nota en el examen.
Si descargo el archivo,	se grabará en el disco duro.
Si llevo mi teléfono a clase,	me distraeré durante la lección.

This guide will help you choose which verbs to use together in a sentence with a **si** clause.

Verb tenses	*Si* clause + Resulting action
present + present	Si **pierdo** mi celular, la empresa lo **reemplaza** gratis.
present perfect + present perfect	Si el nuevo juego interactivo ya **ha salido**, seguro que mi mejor amigo ya lo **ha comprado**.
present + future	Si no **leo** el foro en línea, **sacaré** una mala nota en el examen. Si **descargo** el archivo, se **grabará** en el disco duro.
past subjunctive + conditional	Si **llevara** mi teléfono a clase, **me distraería** durante la lección.

Conditional

Like the future, use the dictionary form or infinitive plus the ending: hablar (base) + ía (yo ending) = Yo hablaría > *I would speak.*

yo = -ía	nosotros/as = -íamos
tú = -ías	vosotros/as = -íais
él/ella, usted = -ía	ellos/as, ustedes = -ían

Pablo **compraría** el monitor más grande si tuviera dinero.

Carmen y Rosa **leerían** todos los textos para su clase en la computadora si fuera posible.

Nosotros **escribiríamos** todo el trabajo en la tableta si no se hubiera roto.

Another similarity between the formation of the conditional and the future is the use of the same altered stem for certain irregular verbs:

Verbs	Altered stems
poner	*pondr-*
poder	*podr-*
querer	*querr-*
saber	*sabr-*
tener	*tendr-*
venir	*vendr-*
salir	*saldr-*
hacer	*har-*

Imperfect subjunctive

For all verbs the imperfect subjunctive is formed by replacing the letters after the final 'r' in the preterit form with the following endings:

yo = -a	nosotros/as = -amos
tú = -as	vosotros/as = -ais
él/ella, usted = -a	ellos/as, ustedes = -an

For example:

- hablar > hablaron > hablar- > hablara (yo)
- decir > dijeron > dijer- > dijeran (ellos)
- comer > comieron > comier- > comieras (tú)

In the **nosotros** and **vosotros** form the vowel before the final 'r' is stressed and carries a written accent. For example:

- vivir > vivieron > vivier- > viviéramos
- trabajar > trabajaron > trabajar- > trabajárais

CAPÍTULO 10

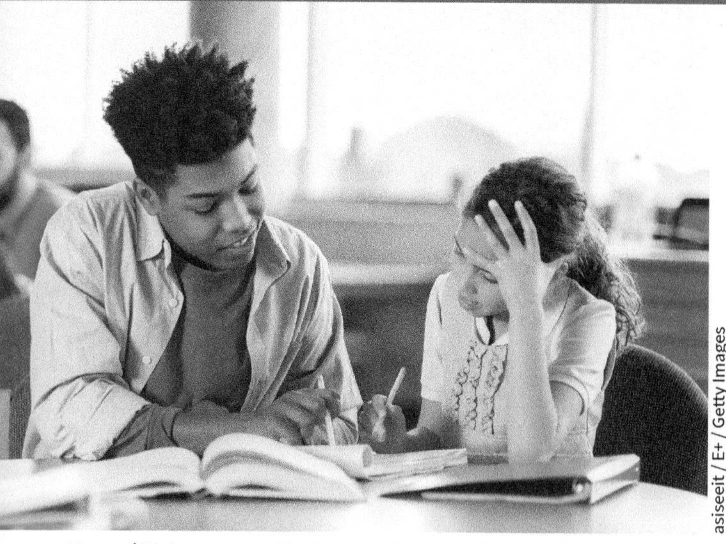
asiseeit / E+ / Getty Images

Hay múltiples oportunidades para el trabajo de voluntariado en el mundo.

Servicio en la comunidad

Note for Capítulo 10: World Readiness Standards addressed in this chapter include:
Communication: All three modes
Culture: Examining issues related to community engagement in various Spanish-speaking countries.
Connections: Connecting with the disciplines of education, sociology and social work.
Comparisons: Comparing and contrasting community activism and consumerism in various Spanish-speaking countries.
Communities: Acquiring the life-long skills of investigating, reading, and reporting on a given topic in the target language.

Contesta a las siguientes preguntas basadas en la foto.

1. ¿Quiénes están en la foto?
2. ¿Cuál es la relación entre ellos?
3. ¿Dónde están y en qué trabajan?
4. ¿Qué tipo de trabajo de voluntariado has hecho?
5. ¿Cómo puedes encontrar un trabajo de voluntariado en una escuela donde vives?

OBJETIVOS COMUNICATIVOS

By the end of this chapter, you will be able to...

- tell what you would have done in various situations.
- identify the challenges and successes of community work.
- analyze the advantages and disadvantages of service learning.

OBJETIVOS CULTURALES

By the end of this chapter, you will be able to...

- compare various options for engaging in the Spanish-speaking community both domestically and abroad.

ENCUENTROS

Video: Sofía sale a la calle a preguntar
Conozcamos a... Pablo Montoya Villahermosa

EXPLORACIONES

Exploremos el vocabulario
Los programas sociales y las agencias de alivio
Los buenos modales
Exploremos la gramática
Future and conditional perfect
Past perfect subjunctive

EXPERIENCIAS

Manos a la obra: Servicio en la comunidad
Experiencias profesionales: Una visita
El blog de Sofía: Café de las Sonrisas
Cortometraje: *¡Participá en programa de Servicio Comunitario!*
Página informativa: Siete razones por las que hacer voluntariado
Página literaria: Quince Duncan
Cultura y sociedad: El aprendizaje a través del servicio
Película: *Living on One Dollar*

ENCUENTROS

Sofía sale a la calle a preguntar

10.1 Entrando en el tema. Reflexiona sobre las oportunidades de servicio comunitario en tu comunidad y tu propia participación en este tipo de servicio. Answers will vary.

Paso 1: Indica en la primera columna de la siguiente tabla qué oportunidades de servicio comunitario están disponibles en tu comunidad, y en la segunda columna selecciona aquellas actividades en las que hayas participado. Después añade tres más que no estén en la lista.

¿Disponible?	¿Participaste?	Actividad de servicio comunitario en tu comunidad
		Servir de tutor para niños de las escuelas primarias durante o después del día escolar.
		Visitar residencias de ancianos.
		Preparar/Servir comida a los indigentes y menos privilegiados.
		Limpiar un parque u otro espacio público recogiendo basura o limpiando los baños.
		Organizar actividades para niños y/o jóvenes como parte de un campamento de verano para una iglesia u otra organización sin fines de lucro.
		Participar en festivales y otros eventos para recaudar fondos para escuelas o iglesias.
		Visitar a los pacientes jóvenes o sin familia internados en hospitales por enfermedades graves como el cáncer.
		Ayudar a ordenar o distribuir comida en un banco de alimentos que ofrece comida gratis a los menos privilegiados.
		Ayudar a personas con baja competencia en inglés a rellenar formularios o encuestas.
		Atender a niños de familias con pocos recursos mientras asisten a eventos para sus hijos en la escuela.
		Leer cuentos a los niños de la comunidad en la biblioteca local.

Paso 2: Compara las actividades en las que participaste con las de tu compañero/a y explica con más detalle lo que hiciste, con quién y dónde.

10.2 Sofía sale a la calle. Sofía entrevista a Viviana y Michelle con respecto al servicio comunitario. Antes de ver el video, lee cuidadosamente los dos **Pasos** que aparecen a continuación.

Video

WileyPLUS

Go to WileyPLUS to watch this video.

Suggestion for 10.1: For hybrid or flipped classes, you may want to assign students to complete **Paso 1** prior to the class session.

Suggestion for 10.2: For hybrid or flipped classes, you may want to assign students to watch the video and complete this activity prior to the class session.

Paso 1: WP Indica si las siguientes oraciones son **ciertas (C)** o **falsas (F)** según las respuestas de Viviana y Michelle.

1. Michelle menciona que el servicio voluntario puede proveer ayuda espiritual a los demás. Falso- Viviana menciona...
2. Viviana trabaja en su iglesia enseñando la Biblia a los niños de segundo grado. Falso-...a niñas de octavo grado
3. Michelle y Viviana han podido trabajar como voluntarias en otros países. Falso-Solo Michelle ha podido...
4. Viviana cree que el trabajo voluntario te puede ayudar a conseguir un trabajo en el futuro. Cierto
5. Michelle dice que no hay desventajas del voluntariado, pero Viviana nota que uno no recibe dinero. Cierto
6. Para Sofía, el servicio te enseña a ser paciente y te ayuda a conocerte a ti mismo. Falso-...te enseña la tolerancia...(no menciona la paciencia)

Paso 2: En el caso de las oraciones falsas, corrige la oración en el espacio provisto recordando que en algunos casos hay más de una forma de hacerlo.

10.3 ¿Qué piensas? Sofía nos pregunta al final del video dónde nos gustaría trabajar de voluntario/a. Sin embargo, el lugar y el tipo de servicio que nos gustaría prestar tal vez no sea lo que necesita la comunidad. Answers will vary.

Paso 1: Con tu compañero/a, haz una lista con los tres tipos de servicio más necesitados en tu comunidad y su correspondiente motivo.

Tipo de servicio necesitado	Motivo

Paso 2: Presenten su lista de los tres tipos de servicio comunitario más necesitados a otra pareja y justifiquen sus selecciones.

WileyPLUS
Go to WileyPLUS to watch this video.

Estrategia de estudio: Speaking of Community Engagement

Have you wondered how to engage in the community outside of your Spanish course? Many university courses in the United States now offer service-learning components. Some universities in Latin America require service hours for graduation. When I was in college, I found that engaging in the community was a great way to push myself out of my comfort zone and into new experiences. For you, I think it is an authentic way to practice communicating in Spanish. I hope you consider becoming involved in a service-learning experience.

Here are some takeaways from my own experience:

1. Many times, I have found that the people I work with are also doing a service for me. So, don't think that you will always be the one that is serving others.
2. I discovered that helping others is a great way to reduce anxiety and stress.
3. I think you shouldn't be worried about your communication level. Most native speakers will not correct your grammar unless they can't understand you.
4. I learned that interactions with speakers from other cultures can challenge preconceived notions and stereotypes.
5. I think that you will find it really rewarding to engage in the community.

Pablo Montoya Villahermosa

Antes de escuchar

10.4 El Salvador. ¿Sabes algo de El Salvador? Escribe tres datos que conozcas sobre ese país. Si no sabes mucho, busca un poco de información en Internet. Answers will vary.

1. ______________________________
2. ______________________________
3. ______________________________

Christian J. Portillo / Shutterstock

Pablo es el director de un programa de aprendizaje-servicio en El Salvador.

Follow-up for 10.4: Try to make sure that the students come up with facts about the country and not misinformation or stereotypes.

Mientras escuchas

10.5 ¿Quién es Pablo? WP Decide cuál es la respuesta correcta según lo que escuchaste.

1. ¿De dónde es Pablo?
   (a.) San Vicente **b.** San Marcos **c.** San Salvador
2. ¿Cuál es una de las atracciones más impresionantes de la región?
   a. La catedral de San Miguel
   (b.) El volcán Chinchontepec
   c. Las ruinas de Cihuatán

Suggestion for 10.5: For hybrid or flipped classes, you may want to assign students to listen to the audio and complete this activity prior to the class session.

3. ¿Qué es lo que motivó a Pablo a fundar su organización?
   a. Un tornado **b.** Las guerras en la región (c.) Un terremoto
4. ¿Qué reciben los voluntarios al ofrecer servicio?
   (a.) Clases de cocina y de historia
   b. Un certificado reconociendo su servicio
   c. La oportunidad de trabajar en el futuro en el país
5. ¿Qué es lo que le ha dado más satisfacción a Pablo de su organización?
   a. Enseñar a las personas la belleza de El Salvador y sus diferentes pueblos
   b. Conocer a diferentes personas de otros países y otras culturas
   (c.) Hacer una diferencia en la vida de los salvadoreños y los voluntarios extranjeros

Después de escuchar

10.6 Unas preguntas. Con tu compañero/a de clase, contesta las siguientes preguntas.

1. ¿Por qué era importante el pueblo donde vive Pablo?
2. ¿Quiénes ayudaron a los salvadoreños después del desastre natural? ¿Quién no ayudó?
3. ¿Qué es lo que más impresionó a Pablo sobre la ayuda que recibieron?
4. ¿Cuáles son los servicios que ofrece Pablo a los voluntarios?
5. ¿Por qué se considera un programa de aprendizaje-servicio?

Suggestion for 10.6: Have the heritage learners investigate the country that they are from or where their parents or grandparents are from to see what types of service organizations exist and what are some of the opportunities for students to serve and learn in that country. For those countries not represented by the heritage learners, have the non-heritage learners complete the same activity. This could be done in pairs or small groups and then presented to the class or to other groups. The findings could also be summarized and posted to your learning management system discussion board.

Answers for 10.6: 1. Era la capital de la región en los tiempos coloniales; 2. Los extranjeros ayudaron, pero el gobierno minimizó el daño; 3. Que los voluntarios ayudaron y aprendieron de los salvadoreños; 4. Ubicación en una organización, excursiones para conocer la región; 5. Los voluntarios también aprenden de los salvadoreños: cocina, español, historia.

Conozcamos a...

Audioscript for 10.5:
Mi nombre es Pablo Montoya Villahermosa y soy de San Vicente, El Salvador. San Vicente es un pueblo de 60 000 personas, pero durante la época colonial fue declarado capital del Estado durante unos años. Hoy día es un lugar tranquilo y bello cerca de uno de los volcanes más impresionantes de la región, Chinchontepec. El Salvador ha tenido muchas épocas de violencia, además de desastres naturales que han afectado la región. Fue debido a los terremotos de 2001 que se estableció la organización de servicio que hoy dirijo. En 2001, El Salvador sufrió dos terremotos que causaron la muerte de casi mil personas y miles de millones de dólares en daños a las infraestructuras del país. El gobierno de El Salvador negó que el daño hubiera sido de tal magnitud y no ofreció mucha ayuda, pero la comunidad global acudió al país y nos ayudó a reconstruir nuestros hogares y ciudades. Vi cómo voluntarios de diferentes partes del mundo no solamente ofrecían ayuda, sino que también aprendían de los salvadoreños. Decidí crear una organización sin fines de lucro para conectar a los voluntarios internacionales con las comunidades salvadoreñas en programas de aprendizaje-servicio, llamado "Nuestra Comunidad". Los voluntarios expresan su interés en uno de los programas ya establecidos en el país por "Nuestra Comunidad" y yo les ayudo con los papeles y el viaje para que lleguen al lugar correcto. Además, hago los arreglos para su alojamiento y varias excursiones para que conozcan mejor la zona donde van a ofrecer su servicio. La ventaja de los programas que ofrecemos es que los voluntarios no solamente ofrecen servicio, sino que también tienen amplias oportunidades de aprender de las personas en las comunidades donde viven. Aprenden sobre la gastronomía local y reciben clases de cocina; estudian la lengua española en escuelas de la región; reciben instrucción sobre la influencia indígena y la historia de la región tanto de los tiempos modernos como de los tiempos coloniales. Hay un intercambio intelectual que da como resultado que muchos de los voluntarios quieran volver a repetir la experiencia. Lo que más me ha gustado de establecer esta organización es saber que realmente estoy haciendo una diferencia en la vida de los salvadoreños y los voluntarios internacionales. Espero poder seguir con esta organización por muchos años más.

¿Qué sabes de Costa Rica, Nicaragua, la República Dominicana y El Salvador?

WP **Repasa los mapas, las estadísticas y las descripciones de Costa Rica, Nicaragua, la República Dominicana y El Salvador en WileyPLUS.**

Sitios interesantes

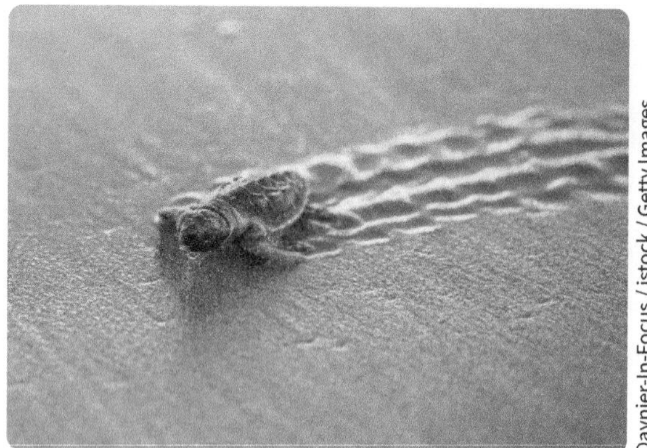
Daynjer-In-Focus / istock / Getty Images

Seis de las siete especies de tortugas marinas que hay en el mundo desovan en las playas de Costa Rica. La Asociación de Voluntarios para el Servicio de Áreas Protegidas de Costa Rica ofrece voluntariados para proteger a las tortugas.

Courtesy of Mark Diekmann, Dogs and Cats of the Dominican Republic

Dogs and Cats of the Dominican Republic es una organización que trabaja para mejorar el bienestar y la salud de los gatos y perros de la costa norte de la República Dominicana.

dbimages / Alamy Stock Photo

El Museo de Arte de El Salvador acepta a voluntarios por tres meses o más que se dediquen al diseño gráfico, mercadeo, educación y comunicaciones.

10.7 Datos interesantes de Costa Rica, Nicaragua, la República Dominicana y El Salvador. Estás investigando las oportunidades para voluntariados en Costa Rica, Nicaragua, la República Dominicana, El Salvador y Estados Unidos. Examina los datos de cada país. Luego habla con un/a compañero/a y contesta las siguientes preguntas.

1. ¿En qué país hay más organizaciones no gubernamentales (ONG)? ¿Por qué crees que es así? En Estados Unidos; Answers will vary.
2. ¿Cómo se comparan estos datos con los de EE. UU.? Answers will vary.
3. ¿Dónde hay más ONG que se dedican a los animales? ¿Por qué crees que es así? En Costa Rica; Answers will vary.
4. Compara la tasa de organizaciones no gubernamentales. ¿Qué conclusiones puedes sacar de estos datos? Answers will vary.

Datos interesantes: Costa Rica
Número de organizaciones no gubernamentales: 388
Número de ONG que se dedican a los micronegocios familiares: 23
Número de ONG que trabajan con animales: 15
Número de ONG que se dedican al medio ambiente: 94
Número de ONG que se dedican a la educación: 52
Número de ONG que se dedican a la salud: 204

Datos interesantes: Nicaragua
Número de organizaciones no gubernamentales: 33
Número de ONG que se dedican a los micronegocios familiares: 6
Número de ONG que trabajan con animales: 2
Número de ONG que se dedican al medio ambiente: 4
Número de ONG que se dedican a la educación: 3
Número de ONG que se dedican a la salud: 2

Datos interesantes: República Dominicana
Número de organizaciones no gubernamentales: 118
Número de ONG que se dedican a los micronegocios familiares: 7
Número de ONG que trabajan con animales: 1
Número de ONG que se dedican al medio ambiente: 6
Número de ONG que se dedican a la educación: 3
Número de ONG que se dedican a la salud: 5

Datos interesantes: El Salvador
Número de organizaciones no gubernamentales: 46
Número de ONG que se dedican a los micronegocios familiares: 5
Número de ONG que trabajan con animales: 1
Número de ONG que se dedican al medio ambiente: 3
Número de ONG que se dedican a la educación: 4
Número de ONG que se dedican a la salud: 2

Datos interesantes: Estados Unidos
Número de organizaciones no gubernamentales: 2672
Número de ONG que se dedican a los micronegocios familiares: 6
Número de ONG que trabajan con animales: 6
Número de ONG que se dedican al medio ambiente: 20
Número de ONG que se dedican a la educación: 8
Número de ONG que se dedican a la salud: 20

Cultura viva

El Día Internacional del Perro

En Costa Rica se celebra el Día Internacional del Perro para concienciar sobre el tema del bienestar animal. Tomando en cuenta que hay aproximadamente dos millones de perros callejeros en el país, el motivo de la celebración es educar a niños y adolescentes. Dos retos para solucionar este problema son aumentar el número de perros castrados para, así, reducir el número de perros callejeros, y enseñar a los jóvenes qué hacer cuando encuentran un perro en malas condiciones.

ZCHE / Territorio de Zaguates (Supplied by WENN) / Newscom

Cada perro es de una raza única, según Territorio de Zaguates, un refugio en Costa Rica para los perros sin hogar.

Estrategia de estudio: Starting a New Chapter *by Sofia DiFrancesco*

Sofia DiFrancesco

Before starting a new chapter, I like to practice all of the vocabulary that I've learned so far, by writing it out and speaking it aloud. And then, when I'm in class I try to relax and use the vocabulary as much as I can and try not to worry about pronunciation, because that will come later. What's really important is just to try and implement the vocabulary as much as possible into conversation, and practice as much as possible.

WileyPLUS
Go to WileyPLUS to watch this video.

EXPLORACIONES

Exploremos el vocabulario 1

WileyPLUS
Go to WileyPLUS to review these vocabulary words and practice their pronunciation.

Teaching tip for Exploremos el vocabulario 1: Encourage students to guess the meaning of cognates to eliminate the need to memorize these vocabulary items. Also, remind students to focus on the differences in their spelling.

Los programas sociales y las agencias de alivio

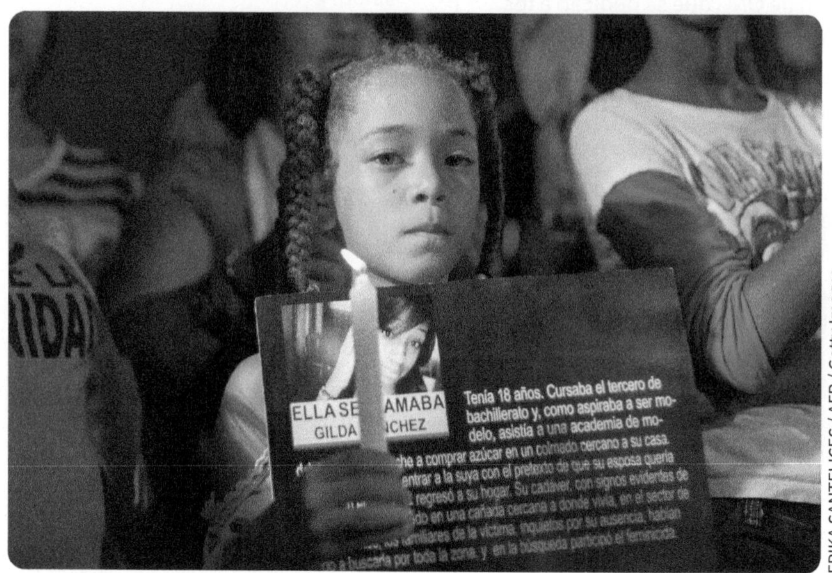

ERIKA SANTELICES / AFP / Getty Images

Es importante que los países tengan **programas sociales** para ayudar a las personas más vulnerables. Las **crisis económicas** hacen que aumente la **pobreza**, la **tasa delictiva** y el **desempleo**.

Los programas sociales y las agencias de alivio	*Social programs and relief agencies*	Los cognados
el analfabetismo	*illiteracy*	el activismo juvenil
la asistencia social	*social assistance*	el/la activista
los derechos civiles	*civil rights*	la campaña
los derechos humanos	*human rights*	coordinar
la discapacidad	*disability*	el consumismo
elegir	*choose*	donar
el empleo	*employment*	la justicia social
emprender	*to carry out*	las oportunidades de voluntariado
el entrenamiento	*training*	la posición
la equidad de género	*gender equality*	el servicio comunitario
la fuerza laboral	*work force*	
la ley	*law*	
la libertad de prensa	*freedom of press*	
la organización no gubernamental (ONG)	*non-governmental organization*	
la organización sin fines de lucro	*non-profit organization*	
recaudar fondos	*to collect funds*	
la vivienda	*housing*	

10.8 El Centro Cultural Batahola Norte. Cristina se graduó hace tres años en el Boston College, y ahora trabaja para una organización no gubernamental que se llama Centro Cultural Batahola Norte. Completa los **Pasos** para informarte sobre el Centro.

Paso 1: Escucha la descripción de Cristina e identifica las actividades que ofrece el Centro.

- __✓__ clases de arte para los niños
- ____ clases de computación para los adultos
- ____ clases de construcción
- __✓__ clases de alfabetización para los adultos
- __✓__ presentaciones de danzas folclóricas
- __✓__ clases de alfabetización para mujeres
- ____ clases de piano y guitarra
- __✓__ clases educativas para eliminar la violencia doméstica
- __✓__ clases de cocina y costura
- __✓__ clases de salud y entrenamiento para cuidar a bebés
- ____ clases de canto

Paso 2: Si fueras voluntario/a en el Centro Cultural Batahola, ¿cómo podrías aplicar tus talentos a los programas que ofrecen? Conversa con tu compañero/a sobre la mejor manera de ayudar. Answers will vary.

Suggestion for 10.8: For hybrid or flipped classes, you may want to assign students to listen to the audio and complete **Paso 1** prior to the class session.

Audioscript for 10.8: Hoy les quiero describir el centro donde trabajo como asistente de programación en Managua. Soy Cristina, antigua estudiante de Boston, en Estados Unidos, y elegí este trabajo de capacitación de familias durante mi segundo año en Nicaragua. Vine primero como voluntaria del cuerpo de voluntarios jesuitas y trabajé durante ese tiempo en Ciudad Sandino. Luego, después de esos dos años de servicio, empecé a trabajar para otra organización sin fines de lucro, el Centro Cultural Batahola Norte, un centro educativo fundado por la Hermana Margarita Navarro de Estados Unidos y el sacerdote español Ángel Torrellas en el año 1983. Los dos religiosos soñaban con la idea de crear un centro para promover una vida más digna para la mayoría de nicaragüenses que vivían en pobreza extrema. Mi trabajo en el centro es coordinar clases de cocina, costura y alfabetización para las mujeres, y clases de arte, manualidades, baile y música para los niños y jóvenes. Tenemos un coro, una banda y un grupo de baile que ofrece al público presentaciones de música y danzas folclóricas. Para los padres jóvenes, ofrecemos clases de salud y entrenamiento de cómo cuidar al bebé y al niño. Además, trabajamos para eliminar la violencia doméstica a través de nuestras clases educativas. Hay unas murallas de colores brillantes, pintadas en las paredes del centro, que representan varios temas de la cultura, historia y naturaleza de Nicaragua. El mural principal se llama "Nuevo Amanecer", y se encuentra en el salón donde se realizan las presentaciones musicales de canto y baile. Pintado en 1987, "Nuevo Amanecer" representa la nueva sociedad después de la revolución nicaragüense, e incluye tanto personajes históricos como mujeres nicaragüenses. Estoy orgullosa de mi trabajo comunitario porque pienso que cada día hago una diferencia en la vida de muchas mujeres y niños. Ser activista y trabajar para la equidad de género es un trabajo que amo de todo corazón.

WileyPLUS

Go to WileyPLUS to watch this video.

Estrategia de estudio: Learning a Language is a Cumulative Process *by Maria Fraulini*

Courtesy of Maria Fraulini

I have had to keep in mind that for language courses, not only is the final exam cumulative, but language study in general is a cumulative process. Cramming for a quiz or test is not the best thing since you have to continually remember stuff. I try to quiz myself on tricky grammar rules, verb conjugations and vocabulary. Then I try to put it all together by writing sentences about my day or talking to someone regularly, either in person or online. I choose different topics so I am not always writing or talking about the same thing.

Recycle **Repasar: Subjunctive to give suggestions and recommendations Capítulo 3 en *Experiencias Intermedio*.**

10.9 Recomendaciones. **Recycle** Tu compañero/a quiere empezar a trabajar para una organización educativa como el Centro Cultural Batahola y te pide ayuda con la planificación. Decides preparar una lista de consejos y recomendaciones. Completa los **Pasos** para ayudarlo/la. Answers will vary.

Paso 1: Completa la siguiente tabla con tus consejos.

Consejos	Para preparar las clases	Para mantener organizado el centro
1. Es necesario...		
2. Es importante...		
3. Es obvio que...		

Suggestion for 10.9: For hybrid or flipped classes, you may want to assign students to complete **Paso 1** prior to the class session.

Teaching tip for 10.9, Paso 2: You could direct students to respond to various posts by stating if they agree or disagree with their peers. They can use the information from the table to justify and defend their position.

Paso 2: Compara tu tabla con la de tu compañero/a. Una vez que tengan una lista de consejos, súbanla al foro de clase.

10.10 Tus opiniones. Algunas personas dicen que cuando trabajas como voluntario/a, recibes más de lo que das a la comunidad. Conversa con tu compañero/a para comparar sus opiniones acerca del tema. Answers will vary.

1. ¿Crees que todos los estudiantes deben hacer trabajo en la comunidad? Explica tu respuesta.
2. ¿Prefieres trabajar para la comunidad en persona o en línea? ¿Por qué?
3. ¿Qué importancia tiene la igualdad de género para ti? Explica tu respuesta.
4. ¿Qué oportunidades de voluntariado hay en tu comunidad?
5. En tu opinión, ¿cómo se manifiesta el consumismo en la sociedad?
6. ¿Qué impacto tiene la pobreza en tu comunidad?

Teaching tip for 10.11: You may want to assign students to prepare this activity outside of class. During the next class session, they can present their findings to the class.

10.11 El español cerca de ti. Busca una clase en tu universidad con un componente de aprendizaje-servicio. ¿Cuáles son sus objetivos? ¿Qué oportunidades de voluntariado hay para los estudiantes? ¿Cuál es el papel de la universidad en prestar servicio comunitario? ¿Por qué no ofrecen más servicio los estudiantes universitarios? Si pudieras ofrecer un servicio, ¿en dónde trabajarías? Compara la información que encontraste con la de tu compañero/a. ¿Te interesa trabajar con la organización? ¿Por qué? Answers will vary.

WileyPLUS
Go to WileyPLUS to watch this video.

Estrategia de estudio: Using the Online Resources ***by Catherine Sholtis***

Courtesy of Catherine Sholtis

I like to utilize the online resources as much as possible for my learning, and this could mean using the publisher's website that I paid for with my book, or using some apps that I have on my phone when I'm waiting in line or if I have 5 to 10 minutes in between classes. Or sometimes I have bookmarked pages online that I can interact with native speakers so that I can be using the language actively.

Exploremos la gramática 1

WileyPLUS
Go to WileyPLUS to review this grammar point with the help of the Animated Grammar Tutorial and the Verb Conjugator.

Future and conditional perfect

Future perfect

Similar to the present perfect and past perfect, the future perfect is formed using **haber** + past participle. In this case the verb **haber** is changed to the future tense:

yo – habré	nosotros/nosotras – habremos
tú – habrás	vosotros/vosotras – habráis
él/ella, usted – habrá	ellos/ellas, ustedes – habrán

Remember, the past participle in **-ar** verbs is formed by dropping the **-ar** and adding **-ado**. The past participle for **-er** and **-ir** verbs is formed by dropping the **-er** or the **-ir** and adding **-ido**.

hablar (*to speak*)	**hablado** (*spoken*)
trabajar (*to work*)	**trabajado** (*worked*)
comer (*to eat*)	**comido** (*eaten*)
vivir (*to live*)	**vivido** (*lived*)

Keep an eye out for the irregular participles that we touched on in Chapter 7 that do not follow this pattern:

Variations of the past participle **Recycle**

decir	d**icho**	cubrir	cub**ierto**
hacer	h**echo**	ver	v**isto**
poner	p**uesto**	morir	m**uerto**
volver	v**uelto**	escribir	escr**ito**
abrir	ab**ierto**	romper	r**oto**

Future actions

The future perfect generally is used in a sentence to identify an action that will have taken place by a specified point in the future:

- Al terminar mi carrera universitaria, **yo habré participado** en bastantes actividades de aprendizaje-servicio.

  Upon completion of my university degree, I will have participated in a lot of service learning activities.
- Para el año 2030 muchos dicen que el consumismo **habrá aumentado** mucho en los países hispanos.

  By the year 2030 many say that consumerism will have increased a lot in Hispanic countries.
- En 10 años, la tasa de analfabetismo **habrá disminuido** mucho en América Latina.

  In 10 years, the rate of illiteracy will have been reduced greatly in Latin America.

Suggestion for Exploremos la gramática 1: Future Actions. Point out to students that in each sentence, the verb in the future perfect (**habré participado, habrá aumentado,** *etc.*) refers to an action that will have taken place before the specified point in the future (**Al terminar mi carrera universitaria, Para el año 2030...**).

¿Qué observas?

1. In each of the examples given, identify the phrase that makes reference to a future point in time that is not part of the future perfect.
2. Which will come first, the action described by the future perfect or the future time reference identified in #1?

Anwers for ¿Qué obervas? box: 1. Al terminar mi carrera universitaria, Para el año 2030, En 10 años; 2. The action described by the future perfect.

Conditional perfect

Like the future perfect and the other perfect tenses, the conditional perfect uses **haber** + past participle, but in this case the conditional forms of the verb **haber**.

yo – habría	nosotros/nosotras – habríamos
tú – habrías	vosotros/vosotras – habríais
él/ella, usted – habría	ellos/ellas, ustedes – habrían

Conditions

Unlike the future perfect tense that presents actions that will have taken place by a certain time in the future, the conditional perfect present actions that would have taken place given certain conditions.

Sometimes a hypothetical condition is presented using a construction such as "**De** + infinitive verb", and the hypothetical result is presented in the conditional perfect.

- **De** haber mejorado los derechos humanos en la República Dominicana durante la dictadura, no **habrían sufrido** tantas personas.
  If human rights had been improved in the Dominican Republic (hypothetical condition), not as many people would have suffered (hypothetical result) during the dictatorship.

Sometimes the hypothetical result is stated as a way to contrast with a concrete condition.

- La crisis económica **habría dividido** a la población; sin embargo, se mantuvieron unidos.
  The economic crisis would have divided (hypothetical result) the population but they were united (concrete condition).

Teaching tip for Exploremos la gramática 1: Probability. Point out to students that this form is difficult to translate word-for-word into English and that the "I wonder if…" construction is the best option to transmit the idea of probability.

Probability

Both the future perfect and the conditional perfect can be used to express probability or conjecture. The future perfect is used to conjecture, or propose an educated guess, about events in the recent past that are still relevant to the present.

Future perfect to conjecture about events in the recent past:

- Sofía: ¿**Habrá mejorado** la equidad de género en los países latinoamericanos?
  (I wonder if) gender equality has improved in Latin American countries?
- Marcos: **Habrá mejorado** algo por la cantidad de campañas organizadas por los activistas.
  It might have improved because of the many campaigns organized by the activists.

Conditional perfect to conjecture about past events:

- Sofía: ¿Por qué la inflación **habría empeorado** durante la crisis financiera de los noventa en la Argentina?
  (I wonder) why inflation had gotten worse during the economic crisis of the 90s in Argentina?
- Marcos: **Habría empeorado** por la corrupción en el gobierno en esa época.
  It probably got worse due to all of the corruption in the government at that time.

Audioscript for 10.12: Damas y caballeros, la educación universitaria está cambiando. Los estudiantes quieren poner en práctica los conocimientos y las destrezas que van adquiriendo en la universidad para combatir la pobreza, el analfabetismo, la desigualdad social y la alta tasa delictiva de los jóvenes en los lugares más pobres. Mis compañeros y yo no solo queremos aprender de los libros en el salón de clases, sino también de las

10.12 La ONG. WP Miguel acaba de terminar sus estudios universitarios en Santo Domingo y desea emprender una ONG en América Latina para combatir la pobreza. Le gustaría crear un negocio que se encargara de organizar oportunidades de voluntariado para estudiantes universitarios de Estados Unidos y de otros países que quieran ganar crédito al prestar servicio. Escucha la presentación que hace Miguel a unos donantes para recaudar fondos para su nueva empresa sin fines de lucro. En el espacio en blanco indica el plazo de tiempo en el que Miguel cree que puede lograr cada meta.

1. En ___5 años___, los voluntarios habrán completado alrededor de 12 000 horas de servicio en toda América Latina.
2. En menos de ___1 año___ 250 universidades habrán acordado trabajar con la empresa de Miguel.

Suggestion for 10.12: For hybrid or flipped classes, you may want to assign students to listen to the audio and complete this activity prior to the class session.

3. Para ___2030___, miles de estudiantes habrán empezado a trabajar a tiempo completo con un entendimiento sólido de la pobreza.
4. En ___5 años___ 300 estudiantes habrán empezado su programa de voluntariado en varios sitios de América Latina.
5. En menos de ___2 años___ el dinero donado habrá influido positivamente en la vida de alguien.

10.13 Predicciones sobre el futuro. A casi todas las generaciones les gusta especular sobre el futuro de la sociedad basándose en las condiciones actuales. Answers will vary.

Paso 1: Indica si estás de acuerdo o en desacuerdo con las siguientes afirmaciones sobre el futuro.

Paso 2: Si estás de acuerdo, explica las condiciones que habrán contribuido a que la predicción se haga realidad. Si estás en desacuerdo, explica por qué.

Modelo: *En 6 meses habremos reducido la tasa delictiva en un 30 % en las grandes ciudades.*

De acuerdo: __X__ En desacuerdo: ______

¿Por qué? Los jóvenes habrán encontrado nuevos trabajos.

1. En 5 años, los derechos humanos habrán mejorado en los países en vías de desarrollo.
   De acuerdo: __________ En desacuerdo: __________
   ¿Por qué? ____
2. En 100 años habremos alcanzado la equidad de género en el trabajo.
   De acuerdo: __________ En desacuerdo: __________
   ¿Por qué? ____
3. En 10 años, la pobreza habrá aumentado en las zonas rurales del país.
   De acuerdo: __________ En desacuerdo: __________
   ¿Por qué? ____
4. El año que viene el activismo juvenil habrá aumentado un 25 % en las universidades.
   De acuerdo: __________ En desacuerdo: __________
   ¿Por qué? ____
5. En 150 años, la libertad de prensa habrá desaparecido en muchos países desarrollados.
   De acuerdo: __________ En desacuerdo: __________
   ¿Por qué? ____

Paso 3: Comparte con tu compañero/a tres de tus predicciones y el plazo de tiempo dentro del cual estas tendrán lugar. Explícale por qué crees que cada predicción se cumplirá y por qué en ese período de tiempo. Después pídele a tu compañero/a que comparta sus predicciones y discute con él/ella las razones por las que hizo esas predicciones.

10.14 Opiniones y especulaciones. Una función esencial que cumplimos con el lenguaje es especular. Cuando conversamos con otras personas, a veces nos gusta especular sobre los eventos del pasado si no estamos seguros de por qué habrían ocurrido o cuáles habrían sido las causas. Answers will vary.

Suggestion for 10.14: For hybrid or flipped classes, you may want to assign students to complete **Pasos 1** and **2** prior to the class session.

experiencias vividas en primera persona en el mundo real. El estudiante del siglo XXI se preocupa por la justicia social y desea ser activista de causas justas mientras gana créditos académicos para su título universitario. El futuro de la educación efectiva es el aprendizaje-servicio hecho a través del voluntariado. Si me ayudan a hacer mi sueño realidad, en pocos años habremos logrado una gran mejora en las áreas más pobres de América Latina y en las vidas de los estudiantes que participen. De hecho, para darles una idea de mis planes me gustaría ofrecerles la visión que tengo para esta nueva ONG y también esbozar mis predicciones de lo que habrán supuesto los fondos que ustedes donen a corto y a largo plazo. Primero, dentro de un año habremos firmado contratos con las 250 universidades más grandes del país que tengan interés en nuestro programa de aprendizaje-servicio. Segundo, en cinco años habrán llegado a sus respectivos sitios de servicio comunitario unos 300 estudiantes. Para esa fecha, se habrán ofrecido más de 12 000 horas de servicio en los lugares más pobres. Tercero, en 10 años habremos expandido nuestros contactos con organizaciones, empresas y agencias locales de distintos tipos para expandir exponencialmente las oportunidades de voluntariado. Los estudiantes habrán ayudado a los residentes locales a afrontar no solo el analfabetismo de los jóvenes y adultos, sino también el desempleo entre los adultos y la tasa delictiva de los hombres jóvenes en los lugares más violentos. Por último, para el año 2030 habremos ofrecido un entrenamiento sólido a miles de estudiantes que necesitarán

entrar al mercado laboral con cierta sensibilidad y entendimiento de la pobreza. Y para ese año, también habremos cambiado no solo el mundo de los pobres, los discapacitados y los analfabetos, sino también el mundo de los universitarios de las clases altas.
Señoras y señores, quédense tranquilos que en menos de 2 años sus donativos habrán hecho un cambio en la vida de, al menos, un ser humano en concreto.

Paso 1: Responde a cada una de las siguientes preguntas usando el condicional perfecto para especular sobre los siguientes eventos.

Modelo: *¿Por qué Bill Gates se jubiló tan joven para empezar su propia organización benéfica[1]?*

Habría visto el sufrimiento de la gente pobre en África y Asia y en otras partes del mundo.

1. ¿Por qué los derechos civiles de los afroamericanos en el sur de los Estados Unidos y de los indígenas en América Latina se violaron por tanto tiempo?

____

2. ¿Por qué la vivienda de las grandes ciudades situadas en las costas del país se volvió tan cara en los años ochenta?

____

3. ¿Qué causó la crisis económica o Gran Recesión de 2008 en todo el mundo?

____

4. ¿Qué tipo de capacitación buscaron las personas que perdieron sus trabajos en las fábricas durante la crisis económica?

____

5. ¿Por qué los dictadores de América Latina del siglo XX suspendieron la libertad de prensa?

____

Paso 2: Escribe tres preguntas más sobre eventos del pasado relacionados con la justicia social, la economía o cualquier otro tema mencionado en el capítulo.

Paso 3: Hazle a un/a compañero/a las tres preguntas que preparaste y responde a las tres preguntas que él/ella preparó. Si no estás de acuerdo con tu compañero/a, formula tus propias especulaciones usando el condicional perfecto.

Suggestion for 10.15: For hybrid or flipped classes, students can prepare this activity outside of class via videoconferencing. During the next class session, they can present their situation to the class.

10.15 Situaciones. Haz el papel **A** o **B** con tu compañero/a para participar en la conversación. Answers will vary.

A- Eres una persona bastante optimista y positiva. El futuro te da esperanza y te gusta imaginar las cosas lindas que habrán pasado al alcanzar ciertos hitos[2] en la vida. Estás hablando con un/a amigo/a muy cínico/a y pesimista en cuanto al futuro. Él/Ella suele concentrarse en todo lo negativo. Trata de animarle/la detallándole todas las cosas que la sociedad habrá alcanzado para lograr la justicia social en determinados momentos, como cuando termine la universidad, empiece su carrera profesional, se jubile, etc.

B- Por naturaleza eres una persona bastante pragmática y realista y te gusta estar preparado/a para cualquier circunstancia que se te presente, sean positivas o negativas. Prefieres no contar con un futuro perfecto y al hablar con un/a amigo/a sumamente postivo/a, te das cuenta de que no se está preparando bien para el futuro de la sociedad. Trata de convencer a tu amigo/a identificando posibles realidades sociales para las que se debe preparar en el futuro. Por ejemplo, tal vez para cuando tenga hijos habrá aumentado el nivel de racismo entre los niños, o al graduarse en la universidad la libertad de prensa se habrá debilitado.

[1]**organización benéfica:** charity [2]**hitos:** milestones

Exploremos el vocabulario 2

Los buenos modales

Courtesy of Mayra, cooperating Volunteers

Contribuir en el **bienestar** de los demás **mejora** el tuyo propio. Algunas personas **humildes** viven en situaciones **desesperantes**, por eso tu **esfuerzo** y **compromiso** en ayudarlas puede **marcar la diferencia**.

Los buenos modales	*Good manners*	Los cognados
abnegado/a	*self-sacrificing*	competente
alentador/a	*encouraging*	humilde
brindar	*to offer*	la injusticia
capaz	*capable*	justo
colaborar	*to collaborate*	violento/a
compasivo/a	*understanding*	
comprometerse	*to be committed to*	
confiar	*to trust*	
cualificado/a	*qualified*	
denunciar	*to report*	
durar	*to last*	
egoísta	*selfish*	
empático/a	*empathetic*	
encargarse de	*to be in charge of*	
esforzarse	*to make an effort*	
la ética	*ethic*	

WileyPLUS

Go to WileyPLUS to review these vocabulary words and practice their pronunciation.

Teaching tip for Exploremos el vocabulario 2: Encourage students to guess the meaning of cognates to eliminate the need to memorize these vocabulary items. Also, remind them to focus on the differences in their spelling.

las expectativas	*expectations*	**poderoso/a**	*powerful*
el fortalecimiento	*strengthening*	**proveer**	*to provide*
fuerte	*strong*	**saber trabajar sin supervisión directa**	*to know how to work without direct supervision*
impedir	*to prevent*	**la solidaridad cívica**	*civic solidarity*
impulsar	*to promote, to encourage*	**tener iniciativa propia**	*to take own initiative*

Suggestion for 10.16: For hybrid or flipped classes, you may want to assign students to listen to the audio and complete **Paso1** prior to the class session.

Audioscript for 10.16: Muchas veces cuando le menciono a la gente que trabajo para una organización no gubernamental, piensan que aceptamos a todos los voluntarios que se apuntan. La verdad es que es normal que tengamos una entrevista con cada persona que quiera trabajar en nuestra organización, pero no todo el mundo es aceptado finalmente. Buscamos a personas que sean capaces de colaborar en el fortalecimiento de la comunidad a través de nuestros programas educativos. Los voluntarios tienen que comprometerse a realizar un mínimo de 5 horas semanales de trabajo. Además, buscamos a gente compasiva, empática y alentadora. Es muy importante que aseguren el bienestar de nuestros clientes con clases de inglés, de cocina y de salud. Los voluntarios también nos ayudan con la preparación de nuestros clientes para el examen de GED. Según nuestras expectativas, queremos voluntarios competentes, cualificados para dar tutorías cuando sea necesario, así que necesitan saber trabajar sin supervisión directa. La solidaridad cívica de toda persona es muy importante en nuestra organización.

10.16 Cualidades. Kevin López trabaja para Education Matters, una organización sin fines de lucro en Cincinnati, Ohio. Kevin describe varias características necesarias para trabajar de voluntario/a con su organización. Escucha su descripción y completa los **Pasos**.

Paso 1: Antes de tener una entrevista con una organización en tu comunidad, escuchas a Kevin para entender mejor cuáles son las cualidades que las organizaciones buscan en sus voluntarios/as. Completa la siguiente tabla con las características y actividades de los voluntarios/as según lo que escuches en el audio de Kevin.

Características	Actividades
Sean capaces de fortalecer la comunidad. Sean compasivos, empáticos y alentadores. Sean competentes, cualificados, que sepan trabajar sin supervisión directa.	Trabajen un mínimo de 5 horas semanales. Impartan clases de inglés, de cocina y de salud. Ayuden con la preparación de alumnos para el examen de GED. Den tutorías cuando sea necesario.

Paso 2: Compara tu tabla con la de tu compañero/a y conversa con él/ella sobre las características que debe tener un/a buen/a voluntario/a. ¿Cuál crees que es la característica más importante? ¿Por qué? En el futuro, ¿servirás como voluntario/a? ¿Por qué?

Answers will vary.

10.17 Definiciones. Estás preparando un debate para tu clase de ciencias políticas. Selecciona las oraciones que mejor describan cómo debe ser una organización para que realmente ayude a la comunidad.

__✓__ **1.** Una organización benéfica puede existir por motivos educativos, religiosos, literarios o para mejorar los derechos humanos.

__✓__ **2.** Los voluntarios mejor cualificados pueden encontrar empleo en una organización sin fines de lucro.

_____ **3.** Las organizaciones sin fines de lucro denuncian el fortalecimiento del bienestar de todas las poblaciones.

__✓__ **4.** Las organizaciones de asistencia social son creadas para ayudar al bienestar común.

__✓__ **5.** Una misión y unas expectativas claramente definidas son la mejor vía para lograr la meta de la organización.

__✓__ **6.** Las organizaciones sin fines de lucro pueden recaudar contribuciones deducibles de impuestos.

_____ **7.** El gobierno no requiere presentación anual de la mayoría de los donativos recibidos por las organizaciones sin fines de lucro.

__✓__ **8.** Las organizaciones sin fines de lucro no son propiedad de ningún individuo ni activista.

Suggestion for 10.17: For hybrid or flipped classes, you may want to assign students to complete this activity prior to the class session.

10.18 El español cerca de ti. Investiga en línea o en tu comunidad una organización sin fines de lucro. Según tu investigación de los siguientes datos, prepara un resumen y evaluación de la organización. Answers will vary.

Suggestion for 10.8: You may want to assign students to complete this investigation prior to the next class session. They can report their findings to the class.

- Nombre de la organización:
- Ubicación de la organización:
- Número aproximado de miembros:
- Grupo(s) representado(s) por la organización:
- Objetivos principales de la organización:
- Otros detalles:
- ¿La organización ofrece servicios en español?
- ¿La organización recibe fondos del gobierno para realizar su trabajo?
- En tu opinión, ¿cumple la organización un servicio necesario en la sociedad? ¿Por qué sí o por qué no?

Cultura viva

Es costumbre ayudar al vecino

En varios países de Latinoamérica, ser vecino significa tener una convivencia importante. En los casos en los que la gente vive en edificios, a veces comparten portales y escaleras y se ven con frecuencia. Cuando ocurre un desastre natural o una emergencia familiar, se puede contar con el vecino para ayudar. Así que todos se benefician de las relaciones con los vecinos.

Juanmonino / E+ / Getty Images

Los vecinos pueden formar una red de apoyo para los latinos.

Exploremos la gramática 2

Past perfect subjunctive

The last perfect tense we will discuss is the past perfect of the subjunctive, sometimes called the pluperfect subjunctive. This tense is formed by using the imperfect subjunctive form of **haber** + past participle.

In Chapter 9 you learned that the imperfect subjunctive is formed by using the third person plural of the preterit, removing all the letters after the final **-r**, and then adding the imperfect subjunctive endings [**-a (yo), -as (tú), -a (él/ella/usted), -amos (nosotros), -ais (vosotros), -an (ellos/ustedes)**].

In the case of **haber** the formation would be as follows:

- **haber** > **hubieron** (3rd p.p. of preterit) > **hubier-** >

hubiera (yo)	hubiéramos (nosotros/as)
hubieras (tú)	hubiérais (vosotros/as)
hubiera (él/ella/usted)	hubieran (ellos/ellas/ustedes)

WileyPLUS

Go to WileyPLUS to review this grammar point with the help of the Animated Grammar Tutorial and the Verb Conjugator.

Hypotheticals

One of the most common uses of the past perfect subjunctive is to present hypothetical situations that are not reflective of reality:

- Si **hubiéramos pasado** más tiempo en el extranjero, habríamos desarrollado más sensibilidad cultural.

  If we had spent more time abroad, we would have developed more cultural sensitivity.
- Si Josefina **se hubiera comprometido** con el bienestar de sus amigos y su familia, habría desarrollado más la compasión.

  If Josefina had committed herself to the well-being of her friends and family, she would have developed more compassion.

Answers for ¿Qué observas? box: 1. The conditional perfect. 2. It addresses what would have happened.

¿Qué observas?

1. Did you notice that the past perfect subjunctive is not the only perfect tense in the sentence? What is the other perfect tense that appears in the sentence?
2. How does this other verb tense complete the meaning of this hypothetical statement?

Suggestion for 10.19: For hybrid or flipped classes, you may want to assign students to listen to the audio and complete this activity prior to the class session.

Audioscript for 10.19:
Director: Muy bien, Marcos. Estás a punto de terminar el programa y volver a tu país y a tu vida normal, junto con tu familia y tus amigos. Pero antes de que te vayas quisiera pedirte que reflexionaras un poco sobre lo que has aprendido durante este semestre de una manera un poco diferente. Hazte esta pregunta a ti mismo: ¿Qué es lo que no habrías aprendido si no hubieras tenido esta experiencia en la República Dominicana? O sea, si te hubieras quedado en casa, ¿qué es lo que no habrías aprendido de la República Dominicana, de su cultura, de su lengua y gente e incluso de ti mismo?
Marcos: Es una pregunta muy buena. No lo había pensado de esa manera. A ver, si no hubiera participado en este programa nunca habría conocido a

10.19 El progreso individual. Marcos, un estudiante universitario de España que participó en un programa de aprendizaje-servicio en la República Dominicana, está a punto de volver a casa. Antes de irse, el director del programa le hace una última entrevista para ver qué aprendió y de qué le sirvió el programa en cuanto a su aprendizaje académico, sus atributos personales y cualquier otro tipo de aprendizaje. El director le ha pedido que reflexione sobre la experiencia de una manera un poco diferente.

Paso 1: WP Basándote en la entrevista hecha a Marcos, indica si cada oración es **cierta (C)** o **falsa (F)** marcando la columna apropiada.

Oraciones	Cierto	Falso
1. Marcos está a punto de empezar un programa de aprendizaje-servicio en la República Dominicana.		✓
2. Marcos siempre se ha considerado una persona muy abnegada y empática.		✓
3. Marcos trabajó entre la clase media de la República Dominicana.		✓
4. Marcos considera que los dominicanos trabajan duro.	✓	
5. Al participar en el programa Marcos aprendió a pensar en los demás.	✓	
6. El director le pide que piense en las cosas que no habría aprendido si no hubiera salido de su país.	✓	
7. Marcos estaba convencido de la necesidad de viajar a otro país.		✓
8. Hay algunos que creen que este tipo de programa tiene aspectos negativos.	✓	
9. Los mismos dominicanos dirían que la colaboración con los estudiantes no ayudó mucho.		✓

Paso 2: Vuelve a escribir las oraciones que marcaste como falsas para que reflejen verdaderamente lo que se dijo en la entrevista.

1. Marcos está a punto de terminar un programa de aprendizaje-servicio en la República Dominicana.

2. Marcos estaba en una etapa muy egoísta en su vida en la que no era capaz de ser empático.

3. Marcos trabajó con gente desconocida y pobre. Trabajó con campesinos de las zonas rurales.

7. Marcos no estaba seguro de si quería viajar tan lejos de su casa de Madrid.

9. Si les hubieran preguntado dirían que trabajar juntos y colaborar fue una experiencia muy poderosa.

10.20 Imagina. Reflexiona sobre tus años en la escuela secundaria y lo que habría sucedido allí si se te hubieran presentado ciertas circunstancias. Answers will vary.

Paso 1: Lee la cláusula que empieza por 'Si...' y completa la oración con el condicional perfecto.

Hypothetical Situation	Hypothetical Result
Si mis padres me hubieran dado más libertad,...	
Si hubiera conocido a más personas diferentes,...	
Si hubiera viajado a otro país,...	
Si hubiera estudiado más los derechos humanos,...	
Si me hubiera esforzado más en la secundaria,...	

Paso 2: Ahora el resultado hipotético aparece en primer lugar y debes rellenar la segunda columna con la cláusula con 'si'.

Hypothetical Result	Hypothetical Situation
Yo habría desarrollado más paciencia	si...
Como estudiantes habríamos sentido más solidaridad cívica	si...
Yo habría tenido más iniciativa propia	si...
Mis propias expectativas personales y académicas habrían sido más altas	si...
Los profesores de la secundaria habrían confiado más en los estudiantes	si...

tantas personas fascinantes y nunca habría aprendido de ellas y de su cultura. Si no hubiera escuchado los relatos desesperados de los que no podían salir de la pobreza, nunca habría aprendido a pensar en el bienestar de los demás. Estaba en una etapa muy egoísta en mi vida en la que no era capaz de ser empático. Recuerdo que no estaba seguro de si quería viajar a un lugar tan lejos de mi casa en Madrid para trabajar con gente desconocida y pobre en un lugar tan diferente.

Director: Y, ¿qué es lo que no habrías aprendido si no hubieras pasado tiempo con gente tan variada en una cultura diferente?

Marcos: Bueno, si me hubiera quedado en Madrid para estudiar a través de un libro la situación social y económica de los países caribeños, no habría tenido contacto con gente real de carne y hueso y no habría escuchado de sus vidas, sus experiencias y sus pruebas. Si no hubiera trabajado junto a los campesinos de las zonas más rurales de la República Dominicana, no habría apreciado lo abnegados y trabajadores que son y no habría desarrollado un respeto profundo por la gente pobre y de la clase socioeconómica más baja.

Director: Muchas personas dicen que los esfuerzos que realizan los estudiantes como tú en países como la República Dominicana no mejoran la situación de los pobres y necesitados, y que hasta empeoran la situación al hacer a la gente más dependiente y al crear más estereotipos de los que prestan servicio. Dicen que estos programas pueden impedir que se hagan verdaderos cambios que sean sostenibles entre la población necesitada.

Marcos: Entiendo el argumento, pero la verdad es que el fortalecimiento que nos proveyó a todos trabajar juntos marcó una diferencia muy grande en mi vida y en la vida de la gente dominicana, y creo que durará por mucho tiempo. Si usted le hubiera preguntado a cualquier individuo con el que pude colaborar, le prometo que le habría dicho que la oportunidad de trabajar juntos y de colaborar fue sumamente poderosa. Si no hubiera considerado este programa como una oportunidad de contribuir de manera significativa al mejoramiento de los demás, no habría participado en él.

10.21 Los estudios universitarios. Muchos estudiantes universitarios terminan sus estudios y no se sienten cualificados para entrar al mercado laboral o no saben qué profesión seguir. Indica cómo cambiar la situación junto con tu compañero/a rellenando la siguiente tabla con cuatro consejos. Después de haber completado cada oración, los estudiantes deben rotar para que cada uno tenga la oportunidad de empezar la oración. Answers will vary.

Estudiante A	Estudiante B
Si los estudiantes hubieran asistido a las ferias de trabajo,...	... habrían visto los trabajos disponibles.
Si el currículum de la universidad hubiera...,	
Si los profesores hubieran...,	

Suggestion for 10.22: For flipped or hybrid courses, students can prepare this activity outside of class. During the next class session, they can practice and present their situation to the class.

10.22 Situaciones. El mejoramiento personal. Haz el papel de **A** o **B** con tu compañero/a para participar en la conversación. Answers will vary.

A- Eres una persona a la que le gusta aprender cómo superarse y cómo mejorar a nivel personal. Como persona sumamente positiva, tratas de no lamentarte por las oportunidades perdidas del pasado ya que te concentras en el presente y las cosas que están bajo tu control. Al conversar con un/a amigo/a un poco pesimista y nostálgico/a, reflexiona sobre varias decisiones y eventos del pasado que te ayudaron a sobresalir, lograr éxito y llegar a ser la persona que eres. Cuéntale lo que habría pasado si no hubieras tomado ciertas decisiones o el atributo que no habrías adquirido si una situación del pasado no hubiera sido de cierta manera. Por ejemplo, "*Si no hubiera conocido a..., no habría conseguido este trabajo*". También trata de ayudarle a ver el lado positivo de las cosas al escuchar sus experiencias: "*Sí, pero si no hubieras...*".

B- Como persona nostálgica, te gusta reflexionar sobre el pasado y por qué los tiempos pasados eran mejores que los actuales. Por alguna razón no estás muy contento/a con tu vida y con la persona que has llegado a ser y tiendes a sentirte mal por el camino que has tomado. Atribuyes el estado actual de tu vida al destino y te frustra un poco hablar con gente que tiene una perspectiva tan positiva e ingenua. Al conversar con un/a amigo/a, identifica todas las oportunidades perdidas del pasado y lo que habría pasado si hubiera salido de otra forma. Ya que te parece perjudicial[3] creer que todo lo positivo en la vida es resultado del trabajo de uno mismo, ayuda a tu compañero/a a volver a interpretar de manera más realista los eventos de su vida y sus resultados. Por ejemplo: "*Sí, pero no crees que si hubieras...*".

WileyPLUS
Go to WileyPLUS to watch this video.

Estrategia de estudio: Scheduling Time for Spanish ***by Gina Deaton***

Gina Deaton

Learning a new language takes time. That means scheduling time daily to practicing Spanish actively. For instance, my class meets three days a week, so I have to plug in times in my schedule to practice on the days I do not have class. On those days, I do assignments and extra practice, like reading a newspaper article, writing in a journal, meeting with a conversation partner, or chatting online with a native speaker.

[3]**perjudicial:** harmful

EXPERIENCIAS

Servicio en la comunidad

10.23 Organizar un programa de inglés. Después de aprender sobre la variedad de programas de servicio en la comunidad, decides crear un programa de inglés como segunda lengua. Sigue los **Pasos** para diseñar el programa. Answers will vary.

Paso 1: Haz una investigación de los recursos que existen en tu comunidad.

Paso 2: Busca un lugar en donde puedas desarrollar tu programa.

Paso 3: Crea objetivos para tu programa.

Paso 4: Decide cuándo y cómo se van a impartir las clases de inglés.

Paso 5: Comparte con tu compañero/a los puntos principales de tu plan en tus propias palabras.

10.24 Solicitar un puesto de voluntariado. Varias organizaciones ofrecen puestos de trabajo para después de la graduación, como Batahola y AmeriCorps. Te interesa solicitar un puesto con una de ellas. Sigue los **Pasos** a continuación para solicitar el trabajo. Answers will vary.

Paso 1: Selecciona los lugares en donde te gustaría trabajar en un mapa virtual.

Paso 2: Haz una lista con las actividades que podrías hacer en la organización.

Paso 3: Escribe tu plan de trabajo.

Paso 4: Presenta tu plan de trabajo a la clase con fotos y una explicación de cada actividad.

Experiencias profesionales Una visita

10.25 Una visita. En la sección **Experiencias profesionales** del Capítulo 9 asististe como oyente a una clase más avanzada para ver cómo se usaba el español y reflexionaste sobre tus planes para el español en tu vida. En esta experiencia profesional vas a visitar un sitio relacionado con tu área de interés. Completa los siguientes **Pasos**. Answers will vary.

Paso 1: Visita un sitio relacionado con tu área de interés profesional donde se use el español (por ejemplo, una clínica médica, un aula de ESL, una agencia de viajes, una organización de servicio, etc.).

- La visita debe durar aproximadamente 45 minutos-1 hora
- Puedes ofrecerte como voluntario

Paso 2: Después de visitar el sitio de interés, prepara una presentación de entre 3 y 4 minutos y después compártela con un grupo de 3-5 compañeros de tu clase. Debes incluir la siguiente información en tu presentación.

- ¿Adónde fuiste para hacer la observación?
- ¿Cómo era el sitio de interés?
- ¿Cuándo hiciste la visita?
- Si escuchaste hablar español, ¿en qué circunstancias/cuándo se usaba?
- ¿Qué pasó mientras estabas allí?
- ¿Hiciste algunas observaciones interesantes?
- ¿Viste algunos elementos de la cultura hispana en tu visita? Describe lo que observaste.

Paso 3: Sube tu presentación al foro de clase.

Manos a la obra

Suggestion for 10.23: This is a task-based activity divided into 5 steps in order to support the students with step-by-step strategies for completion. You may choose to assign all steps 1-4 outside of class, with students posting their letters to your learning management system discussion board. Then you can have students work together in class to complete **Paso 5**.

Suggestion for 10.24: This is a task-based activity divided into four steps. You may choose to assign the first two steps outside of class for a flipped classroom and have students present for 2-3 minutes in class. For hybrid or online classes, students can complete all **Pasos** and upload a video of their presentation to your learning management system discussion board.

Teaching tip for 10.25: If students need help finding places to visit, recommend that they visit the office on campus that deals with community-based learning or service learning to ask them for assistance. Most universities have an office of this type and they will likely be in contact with a diverse number of places that the students could visit and even volunteer at to assist the community while they are learning.

Suggestion for 10.25, Paso 2 and Paso 3: You may want to have the students write a 100-word summary of their presentation to turn in and/or upload to your learning management system discussion board instead of their presentation.

El blog de Sofía

Café de las Sonrisas

Noticias Información Fotos Amigos Archivos

Courtesy of Diane Ceo-DiFrancesco

Don Antonio, dueño del Café de las Sonrisas.

10.26 Mi propio blog. Completa los siguientes **Pasos.** Answers will vary.

Paso 1: Lee el blog de Sofía.

Conocí a don Antonio durante uno de mis viajes a Nicaragua. Fui a Granada de excursión desde Managua, la capital, y andaba buscando el Café de las Sonrisas, recomendado por mi amiga Michelle, quien había ido allí con un grupo de jóvenes de la universidad durante su viaje de servicio. Encontré el Café, situado en la calle Real Xalteva, no tan lejos del centro histórico de la ciudad. Es el primer café en las Américas y el cuarto en el mundo dirigido íntegramente por personas con discapacidad auditiva. Se abrió en 2012 para reducir las dificultades de encontrar empleo de las personas con discapacidad auditiva en Nicaragua.

El lugar sirve desayunos y almuerzos, y puede acomodar a grupos de hasta 40 personas con 10 mesas y un equipo de 6 trabajadores. Además de una comida saludable y bebidas refrescantes, el Café ofrece actividades divertidas y educativas. Por ejemplo, puedes tejer parte de una hamaca, aprender frases del lenguaje de signos o preparar tu propio licuado utilizando una licuadora atada a una bicicleta. Otra cosa divertida que puedes hacer con tus amigos es acostarte en la hamaca más grande del mundo.

Aunque me encantó todo acerca de la idea del Café y su comida deliciosa, lo que más me conmovió fue la historia de su fundador, Tío Antonio. Antonio Prieto, un cocinero profesional español, decidió viajar a Costa Rica para abrir un restaurante. Pero en el año 2005, se encontró con una situación que cambiaría su vida para siempre en León, Nicaragua. Debido a una tormenta que persistió por más de 9 días, su coche se descompuso durante su viaje hacia Antigua, Guatemala, y tuvo que quedarse en Las Mercedes, un pueblo al norte de León. Empezó a cocinar con los niños, y uno de ellos era muy alegre, pero no podía

(continuación)

(continuación)

hablar, era mudo. Cuando la tormenta por fin se acabó, Antonio no pudo irse, ya que había hecho amistades con los niños. Se dio cuenta de que su vida había cambiado: sintió un gran afecto hacia el joven mudo y los otros niños cuya única dificultad era ser pobre. Antonio decidió quedarse en Nicaragua y ayudar a los jóvenes con discapacidad.

Paso 2: Usa Internet y tu aplicación de mapas favorita para averiguar dónde se encuentra Granada, Nicaragua. ¿Qué notas de la geografía de esa parte del país? ¿Qué observas de las calles de Granada? ¿Cómo es la arquitectura de los edificios en Granada? ¿Qué lugares de interés hay en las fotos que encuentras?

Paso 3: Completa la siguiente tabla con cuatro platos que se ofrezcan en el Café de las Sonrisas, sus precios y una breve descripción de cada uno de ellos. Después, con un/a compañero/a, comparen sus ideas. Contrasta este menú con el de un café que conozcas. ¿Qué aspectos son distintos? Possible answers:

Platos	Precio	Descripción	¿Quieres comerlo?
1. Panqueques	85 cs		
2. Plato Nica	95 cs		
3. Mombacho	85 cs		
4. Internacional	90 cs		

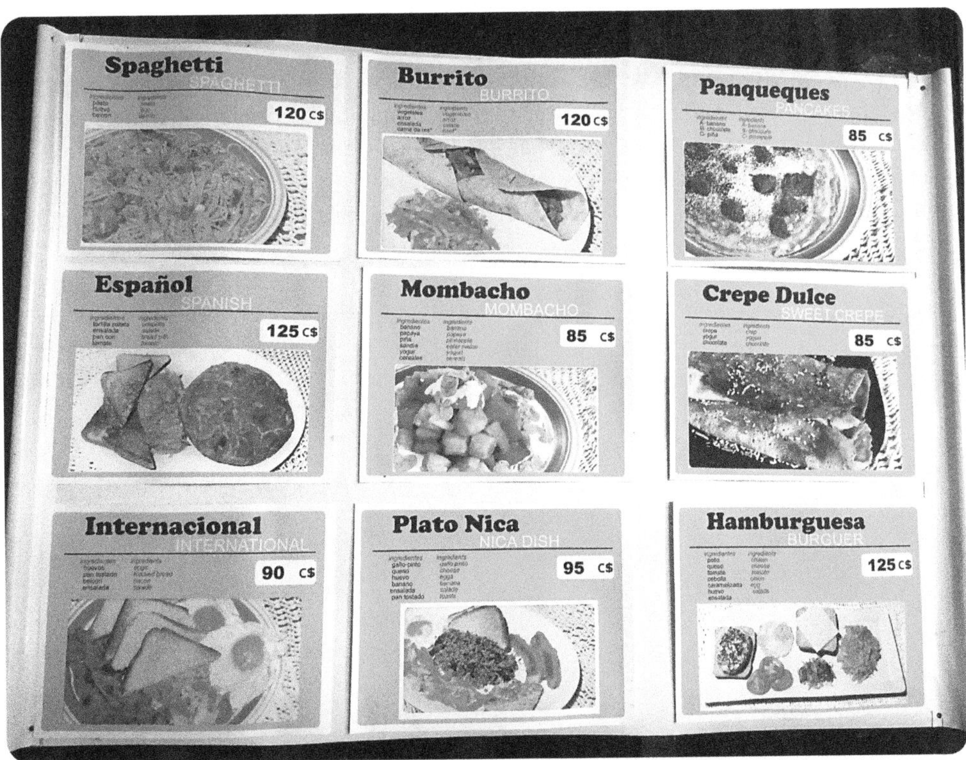

Courtesy of Diane Ceo-DiFrancesco

Menú de El Café de las Sonrisas.

Technology tip for 10.26, Paso 4: Assign students to create a blog using any web application. Students will utilize this blog and post items to it for every chapter of Experiencias. You may ask your students to share the link to that blog on your learning management system discussion board. Then in class, ask students to compare their information.

Paso 4: En tu propio blog, escribe sobre las experiencias que hayas tenido con alguna/s persona/s discapacitada/s. ¿Tienes algún/a familiar o amigo/a con una discapacidad? ¿Has trabajado con alguna persona que tuviera una discapacidad? Muchas veces estas personas han superado grandes obstáculos para poder lograr sus sueños e integrarse en la sociedad de todos. Incluye fotos de tus experiencias, si las tienes, para decorar tu blog. ¿Qué recomendaciones tienes para alguien que no haya tenido tus experiencias? Si no has tenido ninguna experiencia, ¿cómo te sientes al encontrar a una persona con discapacidad en la calle?

Cortometraje

¡Participá en programa de Servicio Comunitario!

Suggestion for Cortometraje: This section of audio includes many expressions and commands written using the form of *voseo*. Many parts of Central and South America use the *voseo* as part of their speech. Some of the heritage students in your class may use or recognize these forms. If some of them do, have them give the class some examples or have them gather examples from relatives who use this form. If none of them use this feature, identify some of the uses in the video and explain to students that Spanish has other forms that vary throughout Central and South America.

Pulsar Imagens / Alamy Stock Photo

Varios hombres ofrecen servicio comunitario luchando contra los incendios en los bosques.

Antes de ver el cortometraje

10.27 El servicio por todo el mundo. En el siguiente cortometraje, vas a ver a tres personas hablar de su participación en el servicio comunitario en diferentes lugares en el mundo. Con un/a compañero/a de clase, haz una lluvia de ideas sobre los diferentes tipos de servicio que se podrían ofrecer en los países que se mencionan en el video. Después de ver el cortometraje, verifica si adivinaste el tipo de servicio que ofrecieron las tres personas.

Answers will vary.

1. Dinamarca

____

____

2. Australia

____

____

3. Bélgica

____

____

Mientras ves el cortometraje

10.28 Los paisajes. Usa tu buscador favorito para ver este cortometraje. Mientras lo ves, completa los **Pasos**. Answers will vary.

Paso 1: Describe los diferentes paisajes que ves en las fotos de los voluntarios.

Paso 2: Comparte tus descripciones con un/a compañero/a de clase y compárenlas.

Después de ver el cortometraje

10.29 El servicio. Imagínate que eres reportero/a y acabas de ver este cortometraje. Inventa un título para un artículo que se va a publicar sobre este cortometraje. Necesitas algo que capte la atención de los lectores. Answers will vary.

10.30 Información de Eraida, Andrés y Carolina. Con un/a compañero/a de clase, completa la siguiente tabla con la información que proporcionan Eraida, Andrés y Carolina en el cortometraje.

Preguntas	Eraida	Andrés	Carolina
1. ¿Dónde hizo su servicio?	Bélgica, Flamenca	Hobart, Australia	Dinamarca
2. ¿Por qué decidió hacer el servicio?	Aprovechar su tiempo y tener experiencia de voluntariado	Hablar otra lengua y desenvolverse en un ambiente laboral	Acomodarse antes de trabajar
3. ¿Qué hizo durante su servicio? Nombra tres actividades.	**1.** Asistente de los profesores **2.** Trabajar con los niños **3.** Llevar a los niños a actividades específicas	**1.** Ser parte del equipo de control de fuegos **2.** Ser bombero **3.** Realizar quemas	**1.** Ayudar a los maestros **2.** Estar con los niños **3.** Ayudar con el equipo multimedia **4.** Tomar fotos y videos
4. ¿Qué aprendió durante su servicio?	Ciertas habilidades que puede usar en su carrera	Aprendió sobre el ambiente, el clima, las plantas y los animales	A ser más independiente, más ordenada con la plata (el dinero), más paciente y tolerante

10.31 Un programa para tu comunidad. Vas a crear un programa de servicio para tu comunidad con un/a compañero/a de clase. Answers will vary.

Paso 1: Contesta las siguientes preguntas para formar tu programa.

- ¿Cuál es el servicio que vas a ofrecer?
- ¿Quiénes se van a beneficiar del servicio?
- ¿Cómo vas a ayudar a la población que quieres servir?
- ¿Cómo vas a reclutar voluntarios para el servicio?
- ¿Hay alguna organización que ya ofrezca ayuda para estas personas? ¿Qué vas a añadir?
- ¿Podría formar parte de una clase el servicio que vas a ofrecer?
- ¿Cómo contribuiría este servicio a tu desarrollo profesional, como miembro de la comunidad, personal, etc.?

Paso 2: Ahora con tu compañero/a, comparte tu programa con otros dos grupos de la clase.

Note for 10.31: Remember that these service programs that the students create could be uploaded to your learning management system discussion board or given as presentations in class. Also, students could be asked to give a certain number of service hours to a local community serving the Hispanic population.

Página informativa

Siete razones por las que hacer voluntariado

10.32 Servir a los demás. El siguiente artículo describe las diferentes razones por las que merece la pena ser voluntario/a en tu comunidad. Completa los siguientes **Pasos** antes de la lectura.

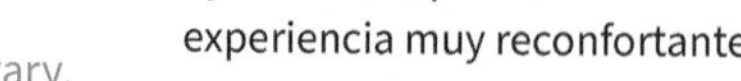

David Litschel / Alamy Stock Photo

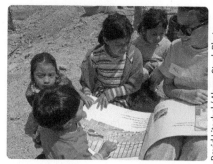

Ayudar a los que más lo necesitan es una experiencia muy reconfortante.

Antes de leer

Paso 1: Con un/a compañero/a, habla de una experiencia positiva que hayas tenido al dar servicio a otra persona o grupo. Answers will vary.

Paso 2: Escribe en inglés lo que crees que significan las siguientes palabras. Después de leer el artículo, verifica las definiciones según el contexto del artículo. Si todavía no las puedes definir, consulta un diccionario electrónico.

1. el esfuerzo the effort
2. un granito de arena do your bit
3. remunerar to pay
4. otorgarse to award, to give

Paso 3: Antes de leer el artículo, escribe una lista con las tres razones más importantes para ser voluntario/a bajo tu punto de vista. Luego, compara tu lista con la de un/a compañero/a de clase. Answers will vary.

Siete razones por las que hacer voluntariado

Hacer voluntariado es bueno para los demás, pero sobre todo para uno mismo. Según un estudio del departamento de Psicología de la Universidad de British Columbia, en Canadá, el voluntariado es bueno para el corazón de los que lo realizan. A continuación vas a leer siete razones con las que te identificarás, si eres voluntario, y que te animarán a serlo, en el caso de que no lo seas.

1. Para ayudar a los que más nos necesitan. Seguramente sea la principal razón por la que una gran cantidad de personas se apunta a un voluntariado, pero no es la única.
2. Mejora nuestra autoestima. Ayudar a los demás no solo te hará sentir bien, sino que verás cómo las personas a las que ayudas y los nuevos compañeros que conozcas te valorarán de otra forma debido a tu esfuerzo.
3. Formar parte de la historia. Cada vez que se apruebe una ley, o se tome una nueva medida que ayude a los desfavorecidos, te reconfortará saber que tú has puesto tu granito de arena para que eso se haga realidad.
4. Cuidar el medio ambiente. No solo existe voluntariado para ayudar a las personas, también para mejorar la naturaleza.
5. Mejorar tus relaciones sociales. En un voluntariado conocerás a gente nueva, y si tienes problemas con las relaciones personales, esta experiencia te ayudará a abrirte a los demás. También te ayudará para hacer futuros trabajos en grupo.
6. Introducirte en el mercado laboral. Aunque el voluntariado no está remunerado, puedes realizar tareas que tengan relación con tu carrera u oficio, y gracias a ello adquirirás práctica para futuros trabajos.
7. Desarrollar la empatía. La empatía debería ser esencial en nuestra educación. Sin embargo, todavía no se le otorga la importancia que realmente debería tener. Una magnífica oportunidad que te brinda el voluntariado es aprender a ser más empático con los demás.

Después de leer

Paso 4: El artículo que has leído da siete razones sobre los beneficios de ser voluntario/a. Escríbelas en el orden de importancia según tu opinión. Answers will vary.

Paso 5: Con un/a compañero/a de clase, compara tu lista e intenta convencerle de que el orden que has indicado tú es realmente el correcto según la importancia. Answers will vary.

Estrategia de lectura: Inferring The Meaning of Vocabulary from Text

When you are reading in Spanish, you will come across unfamiliar vocabulary words. Rather than using the dictionary every time you find a word you do not know, you can learn one of the quickest and most effective ways of dealing with words you don't know by gathering clues from the text to infer the meaning of the unknown vocabulary. Here are suggested steps to apply this strategy:

- Make a think sheet and label four columns: unfamiliar vocabulary, inferred meaning, clue, and sentence.
- As you read, when you encounter a word or phrase that you do not know, write it under the 'unfamiliar' vocabulary column.
- Try to guess the meaning of the word. You may do this by reading on, rereading, looking for context clues like visuals or related words.
- Fill in the column marked inferred meaning with what you think the word or phrase means.
- Fill in the clue column with the way in which you inferred the meaning of the word or phrase.
- Create a new sentence that incorporates the unfamiliar word or phrase in the last column labeled sentence.

Página literaria

Quince Duncan

10.33 Quince Duncan, autor de la identidad afrocostarricense. Quince Duncan nació en Costa Rica y es el primer escritor costarricense afrocaribeño que escribe en español. Es autor de más de 30 libros que incluyen novelas, cuentos, ensayos y textos educativos. Sigue los siguientes **Pasos** para aprender más sobre la población afrocaribeña que vive en la costa caribeña de Costa Rica, especialmente alrededor de Puerto Limón.

©Erin Skoczylas/The Tico Times

Quince Duncan, autor afrocostarricense.

Antes de leer

Paso 1: *La pantera* es un relato sobre las injusticias que sufren los afrocaribeños. En la siguiente lista marca las ideas que piensas encontrar en el fragmento. Answers will vary.

_____ el dilema de las decisiones éticas

_____ la resistencia de las mujeres afrocostarricenses

_____ el sueño de una vida libre e independiente

_____ el trabajo en el ferrocarril

_____ las víctimas de la opresión

_____ una descripción de cómo movilizar a la población afrocaribeña

_____ una búsqueda de mejores condiciones salariales

_____ las consecuencias de trabajar demasiado

Paso 2: El siguiente pasaje es una descripción de la mala suerte de los jamaicanos en Costa Rica. Lee cada oración y marca las que creas que son ciertas. Possible answers:

- ☐ Solamente trabajan en el cultivo de bananas.
- ☐ Después del primer año, pueden comprar una casa humilde.
- ☑ Los dueños de las empresas solo piensan en las ganancias.
- ☑ Los indios y los negros sufren pobreza en la costa caribeña de Costa Rica.
- ☑ Creen que el país de sus sueños está en Europa.
- ☐ Solo tienen que trabajar duro cinco veces al año durante la cosecha.

Paso 3: Marca los cognados que encuentres y después lee el fragmento.

La pantera

Muy joven Marcus, siguiendo a su tío, se fue de Jamaica, para establecerse en Costa Rica, en un lugar llamado, vamos a ver, llamado Limón. Un puerto bananero que queda en alguna parte de Centroamérica, en la costa caribeña. Allí su tío, como un hombre educado y emprendedor que era, tenía una buena posición en la Northern Railway Company, lo que le permitió colocar bien a su sobrino en las oficinas como planillero[4].

Así que el joven Marcus tuvo la oportunidad de ver la suerte de los jamaicanos que habían emigrado a Centroamérica. Y no le gustó lo que vio.

Está, por ejemplo, el caso de José. Marcus me contó la historia. José escuchó hablar de Limón y decidió aventurarse para tratar de hacer dinero. Eso era posible para los que trabajaban duro, les explicó el agente de la compañía que reclutaba los trabajadores para Costa Rica. Su sueño era trabajar por unos años y regresar a Jamaica, comprarse una pequeña propiedad, construir una casa y encontrarse una buena esposa y ver crecer a sus hijos de conformidad con los nuevos tiempos, libres e independientes.

Todo iba muy bien al principio. Pero un día José, en un esfuerzo por salvar a un compañero que estaba en peligro, perdió el control y una de las plataformas de carga se descarriló. Fue algo sencillo, de esas cosas que pasan en un santiamén. José estaba frenando el carro y la plataforma colapsó. Creo que fue eso. No sé mucho de trenes, de modo que tengo que atenerme[5] a lo que Marcus me dijo. Como consecuencia, uno de los trabajadores estaba suspendido sobre el acantilado[6], aferrándose a la vida. Por supuesto que la acción de José, al salvar de manera espontánea la vida de su compañero, fue calificada como un acto heroico por los trabajadores. Pero el descarrilamiento tomó energía y tiempo. De modo que la compañía perdió dinero en la operación y despidió a José. Fue así de sencillo. Las autoridades lo despidieron por anteponer la vida humana a sus obligaciones de defender la integridad de la propiedad de la empresa. Porque prevalecían en esto las ganancias de los dueños allá en Boston y el beneficio de los consumidores que podían disfrutar de un "banana glasse" en un restaurante francés en Londres.

Después de escuchar la historia de José, decidí que Costa Rica no era lugar para un joven jamaicano. Yo quería hacer mi propia fortuna, pero tampoco había muchas oportunidades en Jamaica. Así que me alegró acompañar a Marcus a Europa, tras el regreso de su insólita aventura centroamericana. No le dije nada, pero tenía la esperanza de que una vez en la "Madre Patria" yo pudiera encontrar las respuestas de mis modestos sueños. Porque Marcus había estado en Panamá, en Colombia, en Ecuador, en Nicaragua, en Honduras, y en todas partes se había encontrado con la misma vieja historia de la pobreza de los indios y de los negros, víctimas de la opresión. Para ellos, independencia y libertad no tenían sentido.

Pero mientras estuvo en Costa Rica, Marcus comenzó a devolver los golpes[7]. Su familia local no estaba muy contenta con esto. Pero él había sido golpeado toda su vida. Comenzó a trabajar duro, publicando sus ideas en periódicos como *The Nation* en Limón y *The Press* en Bocas del Toro, tratando de movilizar a la población negra en defensa de sus derechos. Estaba preocupado por el hecho de que en todos los lugares en que había vivido, había visto a los negros creando riqueza para la población blanca y mestiza. Así que planeó el viaje a Europa, en busca del país del negro, con empresas controladas por negros, con escuelas que enseñasen la historia del negro.

[© *Un mensaje de Rosa*, escrito por Quince Duncan/Editorial de la Universidad Estatal a Distancia, 2007]

Después de leer

Answers for 10.33, Paso 4 and 5: Answers will vary.

Paso 4: Vuelve al **Paso 2** para verificar tus respuestas.

Paso 5: La justicia social. Conversa con tu compañero/a sobre las ideas de Quince Duncan.

1. ¿Por qué reclutaban trabajadores de Jamaica?
2. ¿Qué insinúa el autor sobre las injusticias de trabajar con la empresa de ferrocarriles?
3. ¿Qué hizo Marcus tras ver cosas que no le gustaron en Limón?

[4]**planillero:** timekeeper [5]**atenerme a:** to abide by [6]**acantilado:** cliff [7]**comenzó a devolver los golpes:** began to return the blows

4. ¿Qué explica el autor sobre la opresión de los indios y los negros/afrocaribeños?
5. Según el autor, ¿por qué no le gustó a Marcus lo que vio en Limón?
6. ¿Habrías hecho lo mismo que José si hubieras estado en una situación semejante? Explica tu respuesta.

El aprendizaje a través del servicio

Cultura y sociedad

10.34 Servicio en EE. UU. Vas a leer un artículo sobre unos programas que enseñan a los extranjeros más de lo que se aprende en el salón de clase. Antes de leer, completa la actividad. Answers will vary.

Hill Street Studios / DigitalVision / Getty Images

Muchos extranjeros vienen a Estados Unidos para aprender y dar servicio.

Antes de leer

Revisa el artículo y lee la primera oración de cada párrafo con un/a compañero/a de clase. Después de leer las oraciones, decide cuál va a ser el enfoque de cada párrafo. Al leer el artículo entero, compara lo que pensabas que iba a ser el enfoque con el enfoque actual.

El aprendizaje a través del servicio

El aprendizaje a través del servicio comunitario combina la educación formal del salón de clase con la participación en un servicio comunitario relacionado. En Estados Unidos la educación a menudo se extiende más allá de los libros y los salones universitarios para incluir experiencias fuera del aula. El aprendizaje a través del servicio es una experiencia educativa de trabajo práctico y voluntario que puede incorporar estudios académicos y casi siempre resulta gratificante y educativa. Los estudiantes aplican sus conocimientos para mejorar las vidas de otras personas en sus comunidades y reciben créditos académicos por su servicio en combinación con los estudios formales de su salón de clase.

Hay muchas ventajas para los estudiantes internacionales al participar en los programas de aprendizaje-servicio. Los programas de servicio comunitario revelan otras subculturas de Estados Unidos que no siempre son fáciles de encontrar en un entorno universitario o en el mundo empresarial. Quizás interactúen con gente que vive en la pobreza o conversen con miembros de comunidades que luchan por sus derechos civiles.

La educación comunitaria transformará en realidad los conceptos abstractos que hayan aprendido en clase. Adquirirán los valores y las habilidades que les ayudarán cuando, al retornar a su país, enfrenten desafíos tales como la pobreza, contaminación, cambio climático y destrucción de hábitats. "La gente es muy parecida en cualquier parte, no importa las circunstancias que hayan tenido que superar o el medio en el que vivan. El aprendizaje mediante el servicio comunitario te hace darte cuenta de que tienes el poder de lograr un cambio", dice Tiro Daenuwy, un estudiante de la Universidad de Marquette proveniente de Indonesia que espera llevar lo que ha aprendido a su país y usarlo para mejorar las condiciones de vida.

En la Universidad de California, Irvine, a los estudiantes de los niveles superiores del programa intensivo de inglés como segundo idioma se les ofrece una clase optativa de Aprendizaje a través del Servicio, en la que se les exige realizar 20 horas de servicio durante el trimestre. Los estudiantes que asisten a esta clase generalmente comentan que ha sido una de las mejores experiencias de su vida, tanto por mejorar su inglés como por expandir sus experiencias de vida. Uno de los proyectos que generalmente eligen los estudiantes involucra la asistencia a un hogar local para ancianos, donde los estudiantes participan en numerosas actividades que incluyen mantener conversaciones, jugar al ajedrez y cantar con residentes ancianos que se encuentran restringidos a una cama o a una silla de ruedas. Los ancianos adoran esta oportunidad de tener contacto con jóvenes estudiantes internacionales. En otros proyectos, los alumnos brindan ayuda en el centro de guardería infantil del campus. Los estudiantes les leen cuentos a los niños y juegan con ellos. A los niños les encantan esos momentos con sus "amigos" internacionales. Entre las demás oportunidades de servicio se incluyen la limpieza de la plaza local con estudiantes universitarios locales, servir alimentos en un refugio para personas sin hogar, y muchas otras. Estas experiencias no solamente ayudan a las personas en Estados Unidos, sino que contribuyen a un mayor entendimiento entre las personas de todos los países.

Después de leer

10.35 Oportunidades múltiples. Los estudiantes internacionales tienen múltiples oportunidades para practicar inglés en EE. UU. Completa los siguientes **Pasos** para examinar las diferentes oportunidades. Answers will vary.

Paso 1: Basándote en la lectura, escribe una lista con las oportunidades que tuvieron los estudiantes internacionales para practicar su inglés en los diferentes programas de aprendizaje a través del servicio.

Paso 2: Con un/a compañero/a de clase, piensa en otras cuatro oportunidades que haya en tu comunidad que no mencionaron en el artículo que serían buenas para aprender inglés y ofrecer servicio a la comunidad.

Suggestion for 10.36: Students could also be asked to contact the service learning office on campus and actually interview international students who have participated in such a program. This would make the experience more authentic. If real international students are interviewed, then the students could report back as a class or in small groups on what they learned from the interviews.

10.36 Una entrevista. Vas a entrevistar a una persona de Honduras que ha participado en un programa de aprendizaje-servicio. Answers will vary.

Paso 1: Escribe cinco preguntas que te gustaría hacer a este/a estudiante para saber más sobre su experiencia.

Paso 2: Vas a hacer un juego de roles con un/a compañero/a de clase. Túrnense para hacerse preguntas y contestarlas lo mejor posible. Sean creativos.

Película

Living on One Dollar

10.37 ***Living on One Dollar.*** Lee la descripción de la película y sigue los **Pasos** para aprender más. Answers will vary.

Cartel de la película *Living on One Dollar*.

Esta película es la historia de un grupo de cuatro amigos que decidió pasar dos meses en Guatemala para experimentar cómo sobrevive cada día la mayoría de la gente en las áreas rurales del país con sólo un dólar para sus necesidades básicas. Dejando atrás todas sus comodidades, los cuatro suben al avión con sus mochilas y una mezcla de ansiedad y emoción por la nueva aventura que cambiará su vida para siempre.

Durante las ocho semanas que viven en Peña Blanca, los jóvenes sufren hambre, contagios por parásitos, y se enfrentan al trabajo duro y circunstancias muy difíciles. Por ejemplo, ven que es difícil encontrar agua potable, cocinar sin un microondas o estufa, y sobrevivir a los desastres naturales. Como no hay trabajo formal en el pueblo, mucha gente tiene solo dos opciones: vivir día a día trabajando su pequeño pedazo de tierra o migrar a la ciudad en busca de trabajo. Un día, durante un partido informal de fútbol con los niños de Peña Blanca, se dan cuenta de que hay niños que no pueden asistir a la escuela por falta de dinero o porque tienen que ayudar a su familia con los quehaceres de la casa. De esta forma, no pueden aprender español ni mejorar sus vidas a través de oportunidades educativas.

La experiencia de 56 días en Guatemala transforma a los jóvenes. Experimentan muchos retos, pero también conocen la esperanza y generosidad de sus nuevos amigos en la comunidad. Vuelven a Estados Unidos con empatía por los demás, y una nueva motivación para ayudar a sus amigos y cambiar el mundo a través de nuevos proyectos.

Paso 1: Busca en Internet un avance de la película. Míralo, y con tu compañero/a, contesta las siguientes preguntas.

1. ¿Por qué decidieron viajar a Guatemala los cuatro amigos?
2. ¿Qué llevan con ellos para hacer el viaje?
3. ¿Cómo viajan?
4. ¿Qué aprendieron los jóvenes sobre la pobreza?
5. ¿Por qué tomó tanto tiempo cocinar los frijoles?
6. ¿Cuáles son las circunstancias del pueblo Peña Blanca?
7. ¿Qué problemas causaron las pulgas?
8. ¿Por qué es tan importante escuchar y pasar tiempo durante una experiencia de inmersión?
9. ¿Qué importancia tuvieron las relaciones personales con la gente local durante la experiencia de los jóvenes?
10. Si tuvieras 56 días libres, ¿los pasarías como los cuatro amigos en la película? ¿Por qué sí/no?

Estrategia de escritura: Writing a Letter

Although the basic structure of the body of a letter is similar to a letter that you write in English, there are some unique phrases that you should include in Spanish.

- Greetings: Don't forget that you should include the date. Be sure to list the day first, then the month and then the year to avoid confusion. Next, include your name and address with the title **Remite** as the sender. Include a greeting in your letter. If your letter is formal, begin with **Estimado/a** and the name of the person. Include the person's title, such as **Señor (Sr.), Señora (Sra.), Licenciado/a (Ldo./Lda.)** (someone with a degree) or **Ingeniero/a**[8] **(Ing.)**.
- Introduction and body: Greet the person further, by stating **Espero que todo vaya bien** for a formal letter or **¿Cómo te va?** for an informal letter. Next, clearly state the purpose of your letter, details regarding your purpose and your request.
- Closing: To conclude your letter, you will need to include a respectful phrase before signing your name. For a business letter, sign **Atentamente** and your name. For an informal letter, **Saludos** works fine.

Paso 2: Tras ver el proyecto de Zach, Chris, Sean y Ryan, escribe un correo electrónico dirigido a los cuatro integrantes del grupo de amigos describiendo tu opinión sobre su uso de una película y una página en Internet para crear conciencia sobre la pobreza en el mundo. ¿Estás de acuerdo con ellos? ¿Por qué sí/no? Si tuvieras otras ideas sobre cómo crear conciencia sobre una causa importante en el mundo, ¿qué harías? Sube tu carta al foro de clase.

10.38 El cuaderno electrónico. Abre tu cuaderno electrónico y empieza una nueva página. Answers will vary.

Technology tip for 10.38: Have your students use the tool of their choice to compile their electronic notebook. This is a great way to keep students organized as they create a portfolio of photos and material regarding the countries presented throughout the book.

Paso 1: Utilizando tu libro de texto e Internet, sigue estos **Pasos**:

1. Escribe información básica de los países que has estudiado en este capítulo: Costa Rica, Nicaragua, la República Dominicana y El Salvador.
2. Incluye un mapa de los cuatro países.
3. Selecciona dos lugares que te gustaría ver de esos países y explica por qué los seleccionaste.
4. Escribe información sobre los lugares que quieras visitar.
5. Sube dos fotos de cada país.
6. Incluye información básica sobre los temas del capítulo.
7. Escribe tres hechos nuevos que aprendiste.
8. Escribe tres temas adicionales que te interese investigar.

Paso 2: Lee y comenta en el foro de clase la información de dos compañeros.

[8]**ingeniero:** engineer

REPASOS

Repaso de objetivos

Teaching tip for Repaso de objetivos: Although this self-assessment is designed for the students to evaluate their progress, teachers might poll students informally as a group to gauge how students are feeling about the material. This could be done orally with eyes closed and hands raised or by simply asking students to leave a slip with their answers at the end of class.

Check off the objectives you have accomplished.

I am able to...

	Well	Somewhat
• tell what I would have done in various situations.	☐	☐
• identify the challenges and successes of community work.	☐	☐
• analyze the advantages and disadvantages of service learning.	☐	☐
• compare various options for engaging in the Spanish-speaking community both domestically and abroad.	☐	☐

Repaso de vocabulario

WileyPLUS
Go to WileyPLUS to review these vocabulary words and practice their pronunciation.

Los programas sociales y las agencias de alivio ***Social programs and relief agencies***

el analfabetismo *illiteracy*
la asistencia social *social assistance*
los derechos civiles *civil rights*
los derechos humanos *human rights*
el desempleo *unemployment*
la discapacidad *disability*
elegir *choose*
el empleo *employment*
emprender *to carry out*
el entrenamiento *training*
la equidad de género *gender equality*
la fuerza laboral *work force*
la ley *law*
la libertad de prensa *freedom of press*
la organización no gubernamental (ONG) *non-governmental organization*
la organización sin fines de lucro *non-profit organization*
la pobreza *poverty*
recaudar fondos *to collect funds*
la tasa delictiva *criminal rate*
la vivienda *housing*

Los cognados

el activismo juvenil
el/la activista
la campaña
coordinar
el consumismo
la crisis económica/fiscal
donar
la justicia social
las oportunidades de voluntariado
la posición
el servicio comunitario

Los buenos modales ***Good manners***

abnegado/a *self-sacrificing*
alentador/a *encouraging*
el bienestar *well-being*
brindar *to offer*
capaz *capable*
colaborar *to collaborate*
compasivo/a *understanding*
comprometerse *to be committed to*
compromiso *commitment*
confiar *to trust*
contribuir *to contribute*
cualificado/a *qualified*
denunciar *to report*
desesperante *infuriating*
durar *to last*
egoísta *selfish*
empático/a *empathetic*
encargarse de *to be in charge of*
esforzarse *to make an effort*
el esfuerzo *effort*
la ética *ethic*
las expectativas *expectations*
el fortalecimiento *strengthening*
fuerte *strong*
impedir *to prevent*
impulsar *to promote, to encourage*
hacer/marcar la diferencia *to make a difference*
mejorar *to improve*
poderoso/a *powerful*
proveer *to provide*
saber trabajar sin supervisión directa *to know how to work without direct supervision*
la solidaridad cívica *civic solidarity*
tener iniciativa propia *to take own initiative*

Los cognados

competente
humilde
la injusticia
justo
violento/a

Repaso de gramática

Future and conditional perfect

Future perfect

Similar to the present perfect and past perfect, the future perfect is formed using **haber** + past participle. In this case the verb **haber** is changed to the future tense:

yo - habré	nosotros/nosotras - habremos
tú - habrás	vosotros/vosotras - habráis
él/ella, usted - habrá	ellos/ellas, ustedes - habrán

Remember, the past participle in **-ar** verbs is formed by dropping the **-ar** and adding **-ado**. The past participle for **-er** and **-ir** verbs is formed by dropping the **-er** and adding **-ido** to -**er** verbs or the **-ir** and adding **-ido** to **-ir** verbs.

hablar (*to speak*)	**hablado** (*spoken*)
trabajar (*to work*)	**trabajado** (*worked*)
comer (*to eat*)	**comido** (*eaten*)
vivir (*to live*)	**vivido** (*lived*)

Keep an eye out for the irregular participles that we touched on in Chapter 7 that do not follow this pattern:

Variations of the past participle

decir	d**icho**	cubrir	cub**ierto**
hacer	h**echo**	ver	v**isto**
poner	p**uesto**	morir	m**uerto**
volver	v**uelto**	escribir	escr**ito**
abrir	ab**ierto**	romper	r**oto**

Future actions

The future perfect generally is used in a sentence to identify an action that will have taken place by a specified point in the future:

- Al terminar mi carrera universitaria, **yo habré participado** en bastantes actividades de aprendizaje-servicio.
  Upon completion of my university degree, <u>I will have participated</u> in a lot of community service.

Conditional perfect

Like the future perfect and the other perfect tenses, the conditional perfect uses **haber** + past participle, but in this case the conditional forms of the verb **haber**.

yo - habría	nosotros/nosotras - habríamos
tú - habrías	vosotros/vosotras - habríais
él/ella, usted - habría	ellos/ellas, ustedes - habrían

Conditions

Unlike the future perfect tense that presents actions that will have taken place by a certain time in the future, the conditional perfect present actions that would have taken place given certain conditions.

Sometimes a hypothetical condition is presented using a construction such as "**De** + infinitive verb", and the hypothetical result is presented in the conditional perfect.

Probability

Both the future perfect and the conditional perfect can be used to express probability or to conjecture. The future perfect is used to conjecture, or propose an educated guess, about events in the recent past that are still relevant to the present.

Future perfect to conjecture about events in the recent past:

- Sofía: ¿**Habrá mejorado** la equidad de género en los países latinoamericanos?

  (I wonder if) gender equality has improved in Latin American countries?
- Marcos: **Habrá mejorado** algo por la cantidad de campañas hechas por los activistas.

  It might have improved because of the many campaigns done by the activists.

Conditional perfect to conjecture about past events:

- Sofía: ¿Por qué la inflación **habría empeorado** durante la crisis financiera de los noventa en la Argentina?

  (I wonder) why inflation had gotten worse during the economic crisis of the 90s in Argentina?
- Marcos: **Habría empeorado** por la corrupción en el gobierno en esa época.

  It probably got worse due to all of the corruption in the government at that time.

Past perfect subjunctive

The last perfect tense we discussed was the past perfect of the subjunctive, sometimes called the pluperfect subjunctive. This tense is formed by using the imperfect subjunctive form of **haber** + past participle.

In Chapter 9 you learned that the imperfect subjunctive is formed by using the third person plural of the preterit, removing all the letters after the final **-r,** and then adding the imperfect subjunctive endings [**-a (yo), -as (tú), -a (él/ella/usted), -amos (nosotros), -ais (vosotros), -an (ellos/ustedes)**].

In the case of **haber** the formation would be as follows:

- **haber** > **hubieron** (3rd p.p. of preterit) > **hubier-** >

hubiera (yo)	hubiéramos (nosotros/as)
hubieras (tú)	hubiérais (vosotros/as)
hubiera (él/ella/usted)	hubieran (ellos/ellas/ustedes)

Hypotheticals

One of the most common uses of the past perfect subjunctive is to present hypothetical situations that are not reflective of reality:

- Si **hubiéramos pasado** más tiempo en el extranjero, habríamos desarrollado más sensibilidad cultural.

  If we had spent more time abroad, we would have developed more cultural sensitivity.

CAPÍTULO 11

Actividades artísticas y musicales

John Parra / Getty Images

Jesse y Joy en 2012.

Note for Chapter 11: World Readiness Standards addressed in this chapter include:
Communication: All three modes
Culture: Examining media and entertainment in Spain and Mexico.
Connections: Connecting with the disciplines of history, communications, music and theatre.
Comparisons: Comparing and contrasting music and art in various Spanish-speaking countries.
Communities: Acquiring the life-long skills of investigating, reading, and reporting on a given topic in the target language.

Contesta a las siguientes preguntas basadas en la foto.

1. ¿Reconoces a estos artistas?
2. ¿A qué forma de arte se dedican?
3. ¿Cuál es la relación entre ellos?
4. ¿Son parecidos a otros artista que conozcas de tu país?

OBJETIVOS COMUNICATIVOS

By the end of this chapter, you will be able to...

- express hypothetical and unreal events and things.
- describe statements without a specific subject.

OBJETIVOS CULTURALES

By the end of this chapter, you will be able to...

- identify different types of entertainment.
- analyze perspectives related to positive role models in the media.
- examine the role of the media in the lives of Spanish speakers.

ENCUENTROS

Video: Sofía sale a la calle a preguntar

Conozcamos a... Lidia Sánchez Molina

EXPLORACIONES

Exploremos el vocabulario
La industria del cine y la música
Los medios de comunicación

Exploremos la gramática
Summary of the subjunctive
Passive voice and uses of *se*

EXPERIENCIAS

Manos a la obra: Actividades artísticas y musicales

Experiencias profesionales: Una reflexión

El blog de Sofía: Juan Magán en concierto

Cortometraje: *El vendedor de sueños*

Página informativa: La industria musical

Página literaria: María Amparo Escandón

Cultura y sociedad: El papel de la mujer en la industria del cine

Película: *Volver*

ENCUENTROS

Video

WileyPLUS
Go to WileyPLUS to watch this video.

Sofía sale a la calle a preguntar

11.1 Entrando en el tema.

Paso 1: Antes de preguntar a cuatro compañeros de clase sobre la música y el cine, indica tus gustos en la segunda columna de la siguiente tabla. Usa una escala del 1 al 5, siendo 1 (no me gusta nada) y 5 (me gusta mucho). Answers will vary.

Gusto de las personas según una escala del 1 al 5	Yo	Estudiante 1	Estudiante 2	Estudiante 3	Estudiante 4	El promedio
Tipos de música						
Country						
Pop						
Alternativa						
Electrónica						
Heavy metal						
Ópera						
Hip hop						
Blues						
Punk						
Jazz						
Clásica						
Tipos de cine						
Comedia						
Suspense						
Drama						
Acción						
Romance						
Terror						
Musical						
Documental						
Ciencia ficción						
Total						

Paso 2: Calcula el promedio de cada fila para determinar cuáles son los tipos de música y de cine preferidos. Compara tus resultados con los de un/a compañero/a e identifiquen cualquier tendencia que vean. ¿Qué tipo de música y cine parece el más favorito del grupo? ¿Cuál es el menos preferido de todos? ¿Por qué?

11.2 Sofía sale a la calle. Sofía entrevista a cuatro personas sobre la música y el cine: Gastón, Patricia, Steve y Dan.

Paso 1: WP En la siguiente tabla hay tres columnas. La primera tiene distintos tipos de música, y la segunda tiene los nombres de varios artistas a cuyos conciertos han asistido los entrevistados. La tercera tiene varias películas internacionales. Escucha bien a los entrevistados y empareja en la segunda tabla el nombre del individuo con su música favorita, el concierto al que asistió y su película internacional favorita. Hay una sola respuesta correcta por persona y por cada categoría.

Música favorita	Concierto	Película internacional favorita
A. La música de los ochenta y setenta	**L.** Taylor Swift	**W.** *Noviembre*
B. La música electrónica	**M.** La oreja de Van Gogh	**X.** *La vita è bella*
C. La música pop	**N.** Lady Gaga	**Y.** *Amélie*
D. La música ranchera	**O.** Vicente Fernández	**Z.** *La llamada*

Persona	Música	Concierto	Película
Gastón	C	N	Z
Patricia	B	M	Y
Dan	D	O	X
Steve	A	L	W

Paso 2: Revisando los gustos de los entrevistados, ¿quién tiene gustos parecidos a los tuyos? ¿Quién parece tener gustos muy diferentes a los tuyos? Comparte tus conclusiones con tu compañero/a y pregúntale cuáles son sus preferencias y quiénes son los entrevistados que más o menos se parecen a él/ella. Answers will vary.

11.3 ¿Qué piensas? Algunos de los entrevistados mencionan por qué les gusta cierto tipo de música o por qué les gusta ir al cine. Aunque los gustos son muy personales, todos tenemos alguna explicación de por qué nos gusta cierto tipo de música o cierto tipo de películas. Con tu compañero/a, completa los siguientes **Pasos**: Answers will vary.

Paso 1: Identifica qué tipo de entretenimiento te gusta más entre la música y el cine, y explícale por qué.

Paso 2: Identifica tu música favorita, y explica por qué te gusta tanto. Si ese tipo de música te trae recuerdos de algún tipo, descríbeselos a tu compañero/a.

Paso 3: Identifica tu película favorita. Indica por qué te gusta tanto, y cuándo fue la primera vez que la viste.

Estrategia de estudio: Learning a Language through Music

How can music help us to learn languages?

Our brains react to the fun melodies of music by connecting words to memory in a magical way. I think that music is a fun way to interact with another language and culture. You can listen to and analyze popular songs or listen to traditional holiday tunes. Here are some tips for including music into your strategy:

1. Look up a popular song with a tune that you really like. Learning the lyrics of the song helps you to expand your vocabulary and teaches you some slang and common phrases. You can find many song lyrics online.
2. You can use music and singing to help you learn to speak essential phrases for communication.
3. Look up the music video to the song. See if there are closed captions so that you can follow along with the lyrics. Make a note of new words in your vocabulary notebook.
4. If you like a song, listen often and pay attention to the pronunciation, sentence rhythms, and tones. Try to mimic these as you sing along.
5. You can take music with you anywhere and learn and practice it on the move in your car or on your phone. Be sure to pay attention to the words so that you can learn something about the language.
6. You don't have to have a good singing voice to sing in Spanish and enjoy yourself.

WileyPLUS
Go to WileyPLUS to watch this video.

Conozcamos a...

Answers for 11.4: 1. Es música popular y folclórica de México; 2. guitarra, guitarrón mexicano, violín, trompeta, acordeón; 3. En México; 4. Answers will vary.

Suggestion for 11.5: For hybrid or flipped classes, you may want to assign students to listen to the audio and complete this activity prior to the class session.

Audioscript for 11.5: Mi nombre es Lidia Sánchez Molina y soy de un pueblo llamado La Colorada. Mi pueblo está en el estado de Sonora, México, y está a 45 kilómetros de la ciudad de Hermosillo. Crecer en un pueblito me impulsó a salir de allí y conocer el mundo. No había mucho que hacer en el pueblo, así que pasaba mucho tiempo escuchando a los grandes cantantes de la música ranchera como Vicente Fernández, Pepe Aguilar, Rocío Dúrcal y muchos más. Lo que más me apasionó de ellos fue su gran dedicación y su habilidad de poder capturar a su público. Con solo ocho años, me puse a cantar para mis familiares y un poco más tarde en eventos en mi pueblo y en varios pueblos cercanos. Fue durante este tiempo que aprendí a tocar el requinto. Es muy parecido a una guitarra, pero más pequeño, lo cual me ayudó cuando era niña. Cuando tenía 12 años, me mudé con mi familia a Hermosillo y allí es donde conocí a Benjamín Prieto Ramírez. Descubrí que él no solamente cantaba, sino que también tocaba la guitarra y la trompeta. Formamos un grupo en esa época que se llamaba Los Coyotes del Norte y cantábamos en las fiestas de nuestros amigos y en la fiesta quinceañera de mi prima. En esa fiesta de quince años conocimos a Rubén Castillo Pérez, y se integró en nuestro grupo. Él cantaba y tocaba el acordeón. Al añadirle, decidimos cambiar el nombre del grupo a Banda Ariel. Fue en un evento de Hermosillo donde conocimos a nuestro promotor y desde ese momento, hemos estado cantando para más y más gente. El concierto más grande que hemos dado fue en Guadalajara y llegaron más de 50.000 fans de todas partes para escucharnos. Hasta ahora solamente nos conocen en México, pero tenemos planes para empezar a dar conciertos en Estados Unidos. Ninguno de nosotros habla inglés, pero estamos aprendiendo y hay un gran número de hispanohablantes en todo Estados Unidos, así que no nos preocupa. Ojalá que nos hagamos tan famosos como las estrellas que yo escuchaba en mi pueblo cuando era niña.

Lidia Sánchez Molina

Katharine Andriotis / Alamy Stock Photo

Lidia es la integrante principal de un grupo de músicos mexicanos llamado Banda Ariel.

Antes de escuchar

11.4 La música ranchera. Con un/a compañero/a, busca información sobre la música ranchera y contesta las siguientes preguntas.

1. ¿Cómo es la música ranchera?
2. ¿Cuáles son los instrumentos que se usan para cantar este tipo de música?
3. ¿Dónde se originó esta música?
4. ¿Quiénes son los grandes cantantes de esta música?

Mientras escuchas

11.5 ¿Qué tocan? En la siguiente tabla, escribe qué instrumento tocan los siguientes artistas, y si cantan o no.

Artista	Instrumento	¿Puede cantar?
Lidia Sánchez Molina	requinto	sí
Benjamín Prieto Ramírez	guitarra, trompeta	sí
Rubén Castillo Pérez	acordeón	sí
Vicente Fernández	-	sí

Después de escuchar

11.6 La vida de Lidia. Alguien no escuchó bien lo que dijo Lidia y por eso las siguientes oraciones son falsas. Con tu compañero/a, corrige las oraciones para que sean ciertas.

1. Lidia nació en Hermosillo, México. En La Colorada
2. Empezó a cantar cuando tenía 12 años. 8 años
3. Su primera banda se llamaba Banda Ariel. Los Coyotes del Norte
4. Tiene 4 integrantes en su banda. 3 integrantes incluyéndole a ella
5. El concierto más grande que dio fue en la Ciudad de México. En Guadalajara
6. Sabe hablar inglés y español. Sabe hablar español, pero está aprendiendo hablar inglés
7. Desea mudarse a EE. UU. algún día. Quiere dar conciertos en EE. UU.

¿Qué sabes de España y México?

WP **Repasa los mapas, las estadísticas y las descripciones de España y México en WileyPLUS.**

Personas interesantes

Paul Buck / EPA / Shutterstock

La cantante mexicana Carla Morrison ganó dos Grammy Latinos en 2012 y fue nominada para uno más en 2018. Carla escribe sus propias canciones de música alternativa y dice que intenta que su música toque el alma, transforme la mente y promueva el amor y la compasión.

Michelle Quance / Variety / Shutterstock

Gael García Bernal es un actor, director y productor mexicano. Es hijo de dos actores mexicanos.

Suggestion for ¿Qué sabes de España y México?: Use the statistics and maps found in WileyPLUS to elicit country comparisons. Students can review basic information, such as size, type of government, languages, population, etc. You can recycle comparisons at the same time by comparing countries to one another and to the United States.

TCD / Prod.DB / Alamy Stock Photo

Adriana Ugarte, actriz española, es protagonista, junto con Emma Suárez, de la película *Julieta* de Pedro Almodóvar.

11.7 Datos interesantes de España y México. Estás investigando la situación actual en España y México. Examina los datos de cada país. Luego habla con un/a compañero/a y contesta las siguientes preguntas.

Datos interesantes: España	Datos interesantes: México	Datos interesantes: Estados Unidos
Número de películas: 241 solo en el año 2017	Número de películas: 175 solo en el año 2017	Número de películas: Más de 250 en 2018
Número de cantantes: 26 cantantes del momento	Número de cantantes: 50 en 2016	Número de cantantes: Más de 100 en 2019
Número de actrices en películas recientes: 188 solo en películas del año 2019	Número de actrices en películas recientes: 36 solo en películas del año 2019	Número de actrices en películas recientes: Más de 200 solo en el año 2019
Número de actores en películas recientes: 306 solo en películas del año 2019	Número de actores en películas recientes: 40 solo en películas del año 2019	Número de actores en películas recientes: Más de 500 solo en el año 2019
Número de cines: 3520 en 2018	Número de cines: 6742 en 2018	Número de cines: 40 431 en 2018

1. ¿En qué país hay más cines? ¿Por qué crees que es así? En EE. UU. porque es el país más grande de los tres.
2. ¿Cómo se comparan estos datos con los de EE. UU.?
3. ¿Por qué algunos países producen más películas que otros? Answers will vary.
4. Compara las tasas de cada país. ¿Qué conclusiones puedes sacar de estos datos?

Cultura viva

El cine en España

En España, la gente va menos al cine que antes porque ahora con Internet hay más opciones para ver películas. En la televisión, si uno quiere ver una película siempre está doblada. En los cines, la gran mayoría de películas están dobladas también. Y a veces ponen películas en versión original para los más cinéfilos. Aparecen con este rótulo debajo: "V.O.S.E" (versión original subtitulada en español). Ahora con las televisiones inteligentes, uno puede elegir el idioma en el que quiere ver una película siempre y cuando esté doblada.

Peter Horree / Alamy Stock Photo

En España, ir al cine ya no es tan popular como antes.

Estrategia de estudio: Listening to Music *by Katie Kennedy*

WileyPLUS
Go to WileyPLUS to watch this video.

Courtesy of Katie Kennedy

One of my favorite things to do in Spanish is to listen to Spanish music outside of class. It's a good way for me to learn new vocabulary and also study the culture and even if I don't know what they are saying most of the time, their beats are really catchy and it gets me more comfortable with the language which helps me become a better Spanish speaker and listener.

EXPLORACIONES

La industria del cine y la música

Exploremos el vocabulario 1

WileyPLUS
Go to WileyPLUS to review these vocabulary words and practice their pronunciation.

Teaching tip for Exploremos el vocabulario 1: Encourage students to guess the meaning of cognates to eliminate the need to memorize these vocabulary items. Also, remind them to focus on the differences in their spelling.

philipimage / Istock / Getty Images

La industria del cine está compuesta por muchos elementos: desde los **camarógrafos** hasta las **estrellas del cine**. Su función principal es **entretener** al público.

La industria del cine y la música	*Cinema and music industries*	Los cognados
la actuación	*performance*	la comedia
la actualidad	*present*	la coreografía
el anuncio comercial	*commercial*	la crítica
apto para toda la familia	*suitable for the entire family*	el documental
el argumento	*plot*	el drama
la banda sonora	*soundtrack*	los efectos especiales
el boleto	*ticket*	filmar
la butaca	*seat*	el misterio
la cartelera	*billboard*	producir
los dibujos animados	*cartoons*	el/la protagonista
doblaje	*dubbed*	la reacción crítica
entretenido	*entertained*	los subtítulos
la escena	*scene*	
el espectáculo	*show*	
estrenar	*to premiere*	
el estreno	*premiere*	
la grabación	*recording*	
interpretar el papel de…	*to play the role of…*	
el personaje	*character*	
el premio	*prize*	
la reseña	*review*	

11.8 Cine Súper en México. Estás en el coche con tu amigo en Cuernavaca, México, y escuchas un anuncio comercial en la radio del Cine Súper. Completa los **Pasos** para conversar sobre las opciones de ir al cine con tu amigo.

Suggestion for 11.8: For hybrid or flipped classes, you may want to assign students to listen to the audio and complete Pasos 1 and 2 prior to the class session.

Audioscript for 11.8: Cine Súper es la tercera cadena de cines más grande del mundo. Establecida en el año 2000, el nuevo concepto transformará tu experiencia en el cine con varias opciones.

Nuestra opción de cine elegante tiene salas con butacas más grandes y mucho más cómodas. Hay una bandeja para tu comida, un lugar para tu bebida y un sillón con reposacabezas. Además, nuestros meseros están dispuestos a ofrecerte nuestros postres, palomitas, nachos, quesadillas y bebidas. Hasta pueden llevártelos directo a tu butaca. Las salas premium son únicas en México, un concepto exclusivo de Cine Súper. Disfruta tu experiencia única.
Otra opción es nuestra experiencia de 4D, en la cual puedes transportarte directamente al medio de la acción del argumento de tu película favorita y experimentar sensaciones reales. Producimos movimientos en sincronía con la banda sonora y las escenas de la película. Además, compartirás el viento y el aire de las mismas tormentas que experimentan los protagonistas. Compra tu boleto para el cine 4D y estarás entretenido al máximo.
Con el cine extremo, disfrutarás cada momento de tu película preferida con una pantalla gigante y una proyección digital que te entretiene con todos los detalles visuales del trabajo de los camarógrafos. Te ofrecemos un audio de alta calidad y definición en cada detalle. Las butacas en el cine extremo son ergonómicas para que puedas vivir tu experiencia con el máximo grado de comodidad.
Ahora tu cédula de identidad de estudiante te ayuda a recibir un descuento de lunes a viernes en la sala tradicional del Cine Súper. Visita nuestro sitio en Internet para ver las carteleras de las películas que te ofrecemos por tan solo 45 pesos con la cédula de estudiante.

WileyPLUS
Go to WileyPLUS to watch this video.

Suggestion for 11.9: Remind students of typical expressions that they can use to make recommendations: **Es necesario, Es importante**, etc.

Paso 1: WP Decide si cada oración es **Cierta** (**C**) o **Falsa** (**F**) según lo que escuchas.

F **1.** El Cine Súper es la quinta cadena más grande del mundo.
F **2.** El cine elegante es más cómodo, pero los boletos cuestan el doble.
F **3.** En el cine elegante, puedes pedir comida y bebidas por la computadora en tu butaca.
C **4.** En el cine 4D puedes sentir movimientos en sincronía con las escenas.
F **5.** En la experiencia 4D, puedes mojarte, ya que te salpicará con agua en sincronía con las tormentas en la película.
F **6.** Con el cine intenso, el protagonista sale de la escena para darte la mano.
C **7.** La experiencia del audio en el cine intenso es de alta definición.
C **8.** Con tu carnet de estudiante, puedes comprar un boleto por 45 pesos para el cine tradicional.

Paso 2: Para organizar mejor la información sobre cada opción del Cine Súper, completa la tabla con las características más interesantes de cada una. Answers will vary.

Características	Elegante	4D	Extremo
Característica 1			
Característica 2			
Característica 3			

Paso 3: Conversa con tu compañero/a sobre la mejor opción para ir al cine este fin de semana.

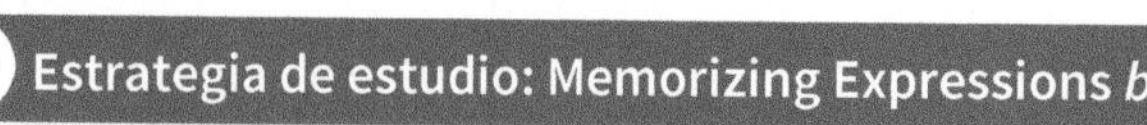

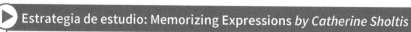

Estrategia de estudio: Memorizing Expressions *by Catherine Sholtis*

Courtesy of Catherine Sholtis

I try to memorize a structure or an expression as a 'chunk.' And it's a lot easier than trying to memorize based on like individual words. And that way I can free up space in my brain and my memory to remember vocab or important grammar points.

11.9 Recomendaciones. El Centro de Estudios Internacionales te pidió ayudar en una sesión especial para los estudiantes extranjeros y las oportunidades de entretenimiento de tu comunidad. Necesitas preparar una lista de recomendaciones de actividades para entregársela a este centro. Completa los **Pasos** para preparar tu presentación.

Paso 1: Completa la siguiente tabla con tus ideas. Answers will vary.

Actividades	Dirección del lugar	Costo	Más información
1.			
2.			
3.			
4.			
5.			

Paso 2: Compara tu tabla con la de tu compañero/a. Una vez que tengas una lista completa, prepara tu presentación con fotos.

Teaching tip for 11.09, Paso 2: The presentations could be uploaded to your learning management system or shared during the next class session.

11.10 El mercadeo. Para tu curso de negocios, el profesor te pide que prepares una portada para patrocinar tu película favorita. Sigue los **Pasos** para completar la tarea. Answers will vary.

Paso 1: Contesta las siguientes preguntas sobre la película que selecciones.

1. ¿Cuál es el título?
2. ¿Qué tipo de película es?
3. ¿Dónde tiene lugar?
4. ¿Es apta para toda la familia? ¿Por qué?
5. ¿Cuántos personajes hay?
6. ¿Qué tiene de interés?
7. ¿Cuándo se estrenó por primera vez?
8. ¿Quién es el/la directora/a?
9. ¿Ha ganado algún premio?

Paso 2: Usa tu creatividad para crear una portada sobre tu película preferida.

11.11 ¿Eres adicto/a al cine? Para determinar si eres cinéfilo/a, sigue los **Pasos**. Answers will vary.

Suggestion for 11.11: For hybrid or flipped classes, you may want to assign students to complete Paso 1 prior to the class session.

Paso 1: Lee el cuestionario y marca el recuadro de cada oración que mejor te describa.

- ☐ Has leído 4 libros sobre cine este año.
- ☐ Guardas una lista de títulos de películas en tu computadora, con los datos extras y el director de cada una.
- ☐ Has asistido a un festival de cine.
- ☐ Tienes una colección de películas en DVD o en línea.
- ☐ Te gusta tomar fotos de las portadas de las películas.
- ☐ Eres miembro/a de un cineclub.
- ☐ Compraste un proyector para ver en tu casa tus películas favoritas en grande.
- ☐ Ves más de una película a la semana.
- ☐ Tienes un blog relacionado con el mundo del cine.
- ☐ Guardas los boletos de entrada al cine de las películas que has visto.
- ☐ Has intentado escribir tu propio guion.
- ☐ Has visto una película más de 10 veces y te sabes de memoria el diálogo.
- ☐ Tienes una butaca preferida en el cine más cercano a tu casa.
- ☐ De vez en cuando te quedas dormido/a viendo una película a pesar de que tienes una clase a las 8:00 al día siguiente.
- ☐ Lees las novelas en las que se basan las películas que ves en línea o en el cine.

Paso 2: Compara tus respuestas con las de tu compañero/a. ¿Cuántas han marcado? ¿Te consideras cinéfilo/a? ¿Por qué?

11.12 El español cerca de ti. En diversas comunidades de Estados Unidos hay festivales de cine con películas en español. Investiga si tu comunidad ofrece algo parecido, tal vez en tu universidad. Si no, busca en Internet la comunidad más cercana en tu estado donde haya un festival de cine. ¿Qué películas van a estrenar? ¿Cuándo es el festival? ¿Cuánto cuestan los boletos? ¿Es posible que puedas ver alguna de las películas? ¿Qué película te gustaría ver? Answers will vary.

Suggestion for 11.12: For flipped or hybrid courses, students can prepare this activity outside of class. During the next class session, they can share their findings with a partner or with the class.

Exploremos la gramática 1

WileyPLUS

Go to WileyPLUS to review this grammar point with the help of the Animated Grammar Tutorial and the Verb Conjugator.

Suggestion for Exploremos la gramática 1: Summary of the Subjunctive: Explain to students that though the subjunctive is usually not fully and accurately integrated into second language learners' speech and writing until advanced levels of proficiency, it can be helpful for intermediate students to be exposed early on to the form and its uses and to work on recognizing it in normal language use.

Summary of the subjunctive

Remember, the subjunctive is contrasted with the indicative and has different verb endings. In Chapter 2 we used the word *mode* to refer to the subjunctive and indicative. When you want to express desire, need, doubt, uncertainty, disbelief, probability, or emotion about something or someone, you should use the subjunctive mode in the dependent clause.

Recycle In Chapter 2 we presented the following information about the verb endings in the subjunctive:

	Present indicative			Present subjunctive		
Subject pronouns	**-ar**	**-er**	**-ir**	**-ar**	**-er**	**-ir**
yo	-o	-o	-o	-e	-a	-a
tú	-as	-es	-es	-es	-as	-as
él/ella, usted	-a	-e	-e	-e	-a	-a
nosotros/as	-amos	-emos	-imos	-emos	-amos	-amos
vosotros/as	-ais	-eis	-ís	-éis	-áis	-áis
ellos/as, ustedes	-an	-en	-en	-en	-an	-an

The present subjunctive has a change in the vowel of the verb ending. In the chart notice the use of the vowel *e* with "-ar" verbs, the vowel *a* with "-er" and "-ir" verbs. In almost all cases the present subjunctive formation is based on the present indicative **yo** form of the verb: remove the "o" of the *yo* form and replace it with the endings indicated in the chart. Here are some examples from a variety of verbs:

hablar → habl~~o~~ → hable	correr → corr~~o~~ → corra	discutir → discut~~o~~ → discuta
tener → teng~~o~~ → tenga	crecer → crezc~~o~~ → crezca	pedir → pid~~o~~ → pida

Don't forget that some verbs are exceptions and have a different stem:

dar	~~doy~~	→	dé, des, dé, demos, deis, den
estar	~~estoy~~	→	esté, estés, esté, estemos, estéis, estén
ir	~~voy~~	→	vaya, vayas, vaya, vayamos, vayáis, vayan
haber	~~he~~	→	haya, hayas, haya, hayamos, hayáis, hayan
saber	~~sé~~	→	sepa, sepas, sepa, sepamos, sepáis, sepan
ser	~~soy~~	→	sea, seas, sea, seamos, seáis, sean

WileyPLUS

Go to WileyPLUS to watch this video.

Estrategia de estudio : Using Pneumonic Devices *by Vincent DiFrancesco*

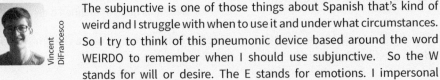

Vincent DiFrancesco

The subjunctive is one of those things about Spanish that's kind of weird and I struggle with when to use it and under what circumstances. So I try to think of this pneumonic device based around the word WEIRDO to remember when I should use subjunctive. So the W stands for will or desire. The E stands for emotions. I impersonal expressions, R recommendations, D doubt, desire and denial and O Ojalá (God willing). So remembering a pneumonic device like this for subjunctive you could make up your own too and for any other kind of grammar in Spanish where you just have to remember certain set of rules or circumstances, really can help.

In Chapters 2 – 7, you learned several uses of the subjunctive, most of which are summarized in the following tables. In most cases, the subjunctive form of the verb generally appears after the word **que**. Some use acronyms to remember the sorts of clauses that require the subjunctive after que, like W.E.I.R.D.O., as Vincent explained, or W.E.D.D.I.N.G. as displayed in the table. Some like to use acronyms to remember the sorts of clauses that require the subjunctive after **que**, such as W.E.D.D.I.N.G. as displayed in the table, or W.E.I.R.D.O. These acronyms might help you remember when to use the subjunctive mode.

Suggestion for Exploremos la gramática 1: It might help students learn the uses of the subjunctive by asking them to come up with their own unique acronym or referring them to the "What works for me" Sofia strategy aside included.

Function	Verb in indicative	que	Verb in subjunctive
Wants, **W**ishes, **W**ill	Los actores desean/prefieren/necesitan/ recomiendan	que	la cartelera **tenga** sus nombres.
Emotion	Se alegran/Se emocionan los aficionados	que	la banda sonora **esté** disponible.
Doubt	Los críticos dudan/no creen	que	esa actriz **gane** el Óscar.
Denial	Los vendedores ambulantes niegan	que	**tengan** copias ilegales de la película.
Impersonal expressions; **I**mplied future actions	Es necesario/importante/ bueno/lamentable/probable/dudoso La película se estrenará después/para/a fin de	que que	**produzcan** más comedias. los críticos la **vean**.
Negation **N**on-existent/ **N**ot defined	No creen/piensan No conozco a/No hay nadie/Busco a alguien	que que	**doblen** el diálogo. **actúe** tan bien como él.
God	Ojalá (*may God grant*)	que	las butacas del teatro **sean** cómodas.

Some words that express a hypothetical condition imply probability or future action and are followed by subjunctive.

Function	Key phrases	Verb in subjunctive
probability	Quizás, Tal vez, Quizá	la película no **tenga** muchos efectos especiales.
hypothetical condition	Si	**fuera** estrella del cine, tendría mucho dinero.
implied future actions	Cuando/En cuanto	**salga** la película tendrá mucho éxito.

Remember that when you are faced with a decision to choose the subjunctive or indicative in the second clause, the subjunctive is generally used to refer to actions or states that are not for certain, are hypothetical, or are projected to occur in the future:

Los productores buscan a una actriz que **es** alta.
(*An actress of this description is known to them, but they can't find her.*)

Los productores buscan a una actriz que **sea** alta.
(*An actress of this description has not been identified yet and they are still looking.*)

Es dudoso/improbable que los camarógrafos **estén** de huelga.
(*It is not known for sure but is doubtful that the camera operators are on strike.*)

Es cierto/seguro que los camarógrafos **están** de huelga.
(*It is known that they are on strike.*)

Audioscript for 11.13:
Queridos amigos, ¿Qué tal? ¿Cómo están? Espero que estén bien y con ánimo de conocer lo mucho que ofrece el cine contemporáneo. Les saluda el día de hoy Francisco Villas, del programa "Cine a lo grande". En este programa revisamos lo último de Hollywood y también del cine hispano internacional. No hay ningún otro programa que les ofrezca mejor crítica y mejor información sobre todas las novedades del mundo del cine que el nuestro. Hoy decidimos empezar el programa hablando un poco de uno de los actores mexicanos más destacados del cine contemporáneo que se está haciendo cada vez más conocido entre las grandes figuras y los grandes estudios de Hollywood. ¿De quién hablo? Nada más y nada menos que de Gael García Bernal, quien interpretó el papel de Héctor en el éxito internacional *Coco*, una película animada de Disney. *Coco* trata de la aventura de un niño mexicano de 12 años que anhela tocar la guitarra como su ídolo Ernesto de la Cruz, pero al final se encuentra envuelto en una aventura con su perro que lo lleva al mundo misterioso y mágico de sus antepasados muertos. Aunque no refleje del todo bien la cultura mexicana y el Día de los Muertos, recomiendo que la vean simplemente para apreciar el talento de Bernal y su interpretación del pícaro encantador Héctor. No creo que se queden desilusionados, pero si quieren ver más de García Bernal es imprescindible que descarguen una copia de una de sus películas que salió hace más de quince años llamada *Diarios de motocicleta*. Para que puedas disfrutar al máximo de la película será necesario que estudies un poco la vida de Ernesto "Che" Guevara, cuyo viaje por Sudamérica se representa a lo largo de la película. Por más logradas que sean, las otras películas en las que sale García Bernal, como *Amores Perros* y *Y tú mamá, también*, no ofrecen el nivel de entretenimiento que hace que te mantengas pendiente de cada escena y ansioso por ver la evolución de los protagonistas. Me alegro de que Gael haya ganado varios premios por su talentosa actuación. Se ganó el premio al Mejor Actor en los premios Golden Globe en 2016 por su participación en *Mozart en la jungla*. Si quisieran aprender más de Gael y ver una lista de todas sus obras y premios, pueden navegar por nuestra página web. Cuando visiten la página, no se olviden de dejarnos sus comentarios y opiniones sobre nuestro programa y la página web. Bueno eso es todo por hoy, nos veremos la semana que viene a la misma hora en el próximo episodio de "Cine a lo grande". Gracias por acompañarnos, amigos cinéfilos.

Cuando se **estrena** una nueva película, los boletos están a la venta unas semanas antes. (*It is routine that when a movie comes out the tickets go on sale a few weeks before.*)

Cuando se **estrene** la nueva película de Gael García Bernal, los boletos se acabarán rápido. (*When this particular movie comes out, a time frame which is unknown, the tickets will sell out quickly.*)

In some cases, deciding on the subjunctive takes little thought as certain adverbial conjunctions that imply the result of a future action or provide additional information about the verb ALWAYS take the subjunctive: **para que, a fin de que, antes de que, con tal de que**.

- Los actores memorizan las líneas del guion **para que** los directores no **se enojen** con ellos.
- La banda sonora se incluye en el avance de la película **con tal de que obtengan** permiso de los artistas.
- La coreografía de cada escena se determina **antes de que contraten** a los actores.

11.13 Cine a lo grande: Gael García Bernal. WP Escucha al conductor de un programa de cine hablar sobre el actor Gael García Bernal y su carrera. Con base en lo que escuches en el programa de cine, contesta las siguientes preguntas.

1. El conductor dice que no existe otro programa que...
   a. entreviste a tantas estrellas del cine.
   (b.) tenga mejor información sobre el cine.
   c. sea a la misma hora.

Suggestion for 11.13: For hybrid or flipped classes, you may want to assign students to listen to the audio and complete this activity prior to the class session.

2. Parece que tal vez la película *Coco*...
   (a.) no represente bien la cultura mexicana.
   b. no sea la mejor actuación de Gael García Bernal.
   c. gane muchos premios por la calidad de la animación.
3. El conductor recomienda que los televidentes...
   (a.) vean *Coco* por el trabajo de Bernal.
   b. eviten *Coco* por los estereotipos que tiene.
   c. lean sobre la vida de Ernesto "Che" Guevara antes de ver *Coco*.
4. Para los que quieren ver *Diarios de motocicleta* es necesario que primero...
   a. hagan un viaje en motocicleta.
   b. visiten varios países de América Latina.
   (c.) lean sobre la vida de Guevara.
5. El conductor está contento de que...
   a. Bernal haya celebrado el Día de los Muertos toda su vida.
   b. Bernal haya decidido trabajar en la película *Amores Perros*.
   (c.) Bernal haya recibido tantos premios.

11.14 Recomendaciones. Un estudiante internacional de México te dice que va al cine por primera vez en Estados Unidos y te pide consejo. Ofrécele algunas recomendaciones sobre los comportamientos aceptables y no aceptables en los cines norteamericanos. Utiliza las imágenes del siguiente dibujo para ayudarte a crear seis recomendaciones. Piensa en, al menos, tres recomendaciones que no estén representadas en el mismo. Answers will vary.

Technology tip for 11.14: You can remind students to utilize the following phrases to make their recommendations: **(no) recomendar, (no) ser preciso, (no) aconsejar, (no) sugerir, (no) ser importante** , **(no) ser aceptable.**

Suggestion for 11.14: For flipped or hybrid courses, students can prepare this activity outside of class. During the next class session, they can share their recommendations with a partner or with the class.

11.15 Mi película favorita. Identifica tu película favorita y completa las siguientes oraciones con la forma correcta del subjuntivo de un verbo de tu elección para expresar tu opinión sobre la película. Answers will vary.

Suggestion for 11.15: For flipped or hybrid courses, students can prepare this activity outside of class.

Película favorita: ______________________

1. No hay otra película que ______________________.
2. Me alegro de que esta película ______________________.
3. Los críticos recomiendan que ______________________.
4. Es lamentable que esta película ______________________.
5. Tal vez esta película ______________________.
6. Recomiendo que ______________________.
7. No me gustaría tanto la película si ______________________.

11.16 Opiniones. En grupos de tres, comparte tus opiniones sobre tu película favorita con dos compañeros y contesta las preguntas que te hagan. Después, escucha las opiniones de los otros estudiantes y hazles preguntas sobre sus opiniones para que las justifiquen. Answers will vary.

11.17 Situaciones. Haz el papel de **A** o **B** con tu compañero/a para participar en la conversación. Answers will vary.

Suggestion for 11.17: For flipped or hybrid courses, students can prepare this activity outside of class. During the next class session, they can practice and present their situation to the class.

A- Eres un/a amante del cine y te encanta la experiencia de estar en una sala de cine viendo una película en una pantalla grande con cincuenta o cien personas más. Aunque cueste mucho más ir al cine que alquilar una película en DVD o en línea, te parece que el hecho de ver una película debe ser un acto social compartido con otras personas. Conversas con un/a amigo/a que tiene una opinión totalmente diferente ya que él/ella prefiere ver las películas en su tableta o teléfono, o en el televisor en casa. Expresa tu opinión sobre los beneficios de ir al cine (*Creo/No creo que…, Es crucial/importante que…, Voy al cine para que…*) y hazle recomendaciones para que aprenda a valorar la experiencia (*Sugiero que…*).

B- Te gusta ver películas, pero te parece que los boletos del cine son demasiado caros. También crees que no es muy conveniente ir al cine cuando puedes descargar películas en tu dispositivo electrónico. Para ti, lo más importante es ver la película y no necesariamente compartir la experiencia con otros o verla en cierto lugar. Al conversar con un/a amigo/a que solo ve películas en el cine, explica por qué prefieres no ir al cine (*Estoy seguro/a/No estoy seguro/a de que…, Dudo que…, Es imposible que…*) y ofrécele algunas sugerencias para poder disfrutar del cine no solo en la sala de cine.

Exploremos el vocabulario 2

WileyPLUS
Go to WileyPLUS to review these vocabulary words and practice their pronunciation.

Los medios de comunicación

Matilde Gattoni / arabianEye / Getty Images

Los **medios de difusión** afectan las opiniones de los **televidentes**. Los **periodistas** a través de sus **mensajes** impactan en nuestra visión de la **realidad**. Es importante escuchar diferentes **cadenas** o **emisoras de radio** para formar nuestra propia opinión de una **noticia**.

Los medios de comunicación	*Media*	Los cognados
abarcar	*to encompass*	el episodio
actualizar	*to update*	el/la presentador/a
apagar	*to turn off*	el público
el canal	*channel*	
en vivo	*live*	
grabar	*to record*	
el/la locutor/a	*announcer*	
el noticiero	*news*	
el periódico	*newspaper*	
el programa de	*program*	
• **concursos**	• *gameshow*	
• **entrevistas**	• *interviews*	
el reportaje	*report*	
la revista	*magazine*	
la telenovela	*soap opera*	
la trama	*plot*	

Suggestion for 11.18: For hybrid or flipped classes, you may want to assign students to listen to the audio and complete this Pasos 1 and 2 prior to the class session.

11.18 Emisoras variadas. Para tu clase de comunicaciones, investigas cuatro emisoras de radio. Escucha las descripciones y completa los **Pasos** para aprender más sobre la programación de las cuatro.

Paso 1: WP Decide si cada oración es **Cierta** (**C**) o **Falsa** (**F**) según lo que escuches.

F 1. Radio Cultura transmite las 24 horas del día.
F 2. Radio Cultura produce entrevistas, concursos y programas de realidad.
C 3. Radio Universal ofrece música tropical de Latinoamérica.
F 4. Hay 2 emisoras totalmente deportivas: Radio 925 AM y Radio 970 AM.
C 5. Dos emisoras tienen presencia en Internet: Radio Cultura 99.5 y Radio Latina 103 FM.
C 6. Si uno quiere escuchar un partido de fútbol, puede buscar la emisora 925 AM.

Paso 2: Después de escuchar los anuncios para cada emisora, sientes curiosidad y decides investigar más. Completa la tabla con tus ideas sobre cada tipo de emisora. Answers will vary.

Emisora	Programación	¿24 horas?	¿Presencia en línea?

Paso 3: Compara tu tabla con la de tu compañero/a y conversa con él/ella sobre las emisoras. ¿Cuál es tu emisora preferida? ¿Por qué? Answers will vary.

11.19 ¿Noticias falsas? En la sociedad contemporánea a veces se puede leer o escuchar noticias falsas sin querer y por eso la gente tiende a dudar. Lee las siguientes oraciones y habla con tu compañero/a para expresar tu reacción. Answers will vary.

1. El presidente dice que la economía está mucho mejor que antes.
2. Un ciberladrón sacó información personal de miles de personas en línea.
3. Las enfermedades infantiles han sido erradicadas completamente.
4. Varias grandes estrellas de cine han donado su dinero para erradicar el hambre en el mundo.
5. Los médicos en Latinoamérica han encontrado una cura en la selva amazónica para el cáncer.
6. Dos personas han muerto después de un accidente causado por un coche sin conductor.
7. Tres adolescentes han inventado un nuevo medio de comunicación.
8. Las noticias en EE. UU. han sido censuradas por muchos años.
9. Han descubierto un anciano de 120 años en Costa Rica.
10. Piensan ofrecer boletos gratis para el concierto de Juan Magán en Barcelona este verano.

11.20 Opiniones. Exprésale a un/a compañero/a tu opinión sobre las siguientes oraciones. Justifica tu respuesta. No te olvides de utilizar las siguientes expresiones: **creo que, no creo que, dudo que/dudo de que, pienso que, estoy seguro/a de que, ser cierto/evidente/verdad/obvio que.** Answers will vary.

1. Hoy día, Internet es el medio de difusión más importante.
2. Los canales de televisión ofrecen una excelente variedad de programas, como los dibujos animados, los concursos, las telenovelas y las noticias.
3. La censura no existe en mi país.
4. Es ilegal grabar una película y ponerla en línea.
5. Normalmente leo el periódico en línea.
6. Las entrevistas en vivo son mucho más interesantes que las entrevistas grabadas.
7. Apago la televisión una hora antes de acostarme.
8. Los medios de comunicación nos presentan una amplia visión de las noticias en el mundo.

Audioscript for 11.18:
Número 1: Radio Cultura 99.5 es una emisora que se puede escuchar en las frecuencias 99.5 FM y 850 AM. Somos una emisora muy cultural con temas actuales de debate. Nuestra programación incluye todo tipo de música, reportajes y las noticias más actualizadas con los locutores más talentosos de la ciudad. Radio Cultura tiene su presencia en línea, donde compartimos información importante y actualizada sobre los temas más relevantes para tu vida: la política, la diplomacia, el bienestar y la literatura.
Número 2: Radio Universal 970 AM. Somos una emisora que transmite música durante las 24 horas del día, con géneros variados, pero especialmente ritmos tropicales de Latinoamérica.
Número 3: Radio 925 AM, en directo, es una emisora totalmente deportiva que transmite las 24 horas. Presentamos un equipo de locutores profesionales con el cual uno puede seguir en directo toda la actualidad deportiva, entrevistas, reportajes, partidos de fútbol en directo, baloncesto, tenis y mucho más.
Número 4: Radio Latina 103 FM es para la gente con gustos diversos de los éxitos musicales actuales, como la música latina, pop, electro latina, salsa y merengue. Esta emisora transmite desde el sur de España las 24 horas al día. Búscanos en Internet: LatinoFM.

Cultura viva

Las telenovelas

Las telenovelas son series de televisión muy populares en Latinoamérica, sobre todo en México. Normalmente las series duran seis meses y tratan de drama y romance apasionado con mensajes socioculturales. Empezaron en los años 50 y hoy día hay millones de televidentes que siguen las historias cada tarde.

CORTESÍA / NOTIMEX / Newscom

Las telenovelas son muy populares en México.

Suggestion for 11.21: For hybrid or flipped classes, you may want to assign students to complete **Paso 1** prior to the class session.

Technology tip for 11.21: Since this chapter deals with movies and music, have the heritage learners interview their parents or grandparents and ask them for the name of a singer who was famous that they liked to listen to in their youth. You can find many of these singers on the Internet. It would be fun to show some of these songs or listen to them and tell where the singers are from. This activity can also be extended to the non-heritage students as well and all students can compare the differences and similarities between their music tastes and their parents'.

11.21 El español cerca de ti. Muchas veces la música es un puente que une a la gente que habla distintos idiomas o que son de diferentes culturas. Investiga si hay una emisora de radio en español en tu comunidad. Si no, es posible que haya una en tu estado. Encuéntrala y escúchala. ¿Qué tipo de música emite? ¿Hay palabras o expresiones que reconozcas? Sigue los **Pasos** para analizarlas. Answers will vary.

Paso 1: Completa la siguiente tabla con la información sobre dos canciones o dos anuncios.

Canciones	Título	Cantante	Expresión nueva
Canción #1			
Canción #2			

Paso 2: Compara la información que encontraste con la de tu compañero/a. ¿Crees que la música crea un puente entre culturas? ¿Por qué sí/no?

Gerald Martineau / The Washington Post / Getty Images

Dos locutores de "Radio Fiesta".

Exploremos la gramática 2

Passive voice and uses of *se*

WileyPLUS
Go to WileyPLUS to review this grammar point with the help of the Animated Grammar Tutorial.

Passive voice

In Spanish, like English, there are times when we don't want to include the person or thing doing the action of the verb because it is not important to us or we simply don't know who or what did it. In these cases, it can be helpful to use the passive voice—a common strategy in English. For example, in the sentence *The theater lights were turned off,* the reader is not told who or what turned the theater lights off, just that they were turned off.

There are two ways to express the passive voice in Spanish:

1. Using the verb **ser** + *past participle*:
   - La película **fue** (*3rd person singular/past tense*) **completada** (*past participle-singular/feminine*) el verano pasado.

     The movie was completed last summer.

Teaching tip for Exploremos la gramática 2: Passive Voice: In language accessible to students, point out to them that a grammatical subject

With the passive voice, the thing that would normally be considered the object of the verb, or the thing receiving the action, becomes the subject, or doer, of the verb **ser** and the past participle agrees with it in number and gender.

- Normalmente los subtítulos **son** (*3rd pers. plural/present tense*) **traducidos** (*past participle-plural/masculine*) inmediatamente después de filmar.

  Normally subtitles are translated immediately following filming.

In cases when you want to identify the person or thing doing the action, it appears after the word por: **por** + *subject/doer*.

- La película fue completada el verano pasado **por la empresa de producción**.

  The movie was completed last summer by the production company.

- Normalmente los subtítulos son traducidos inmediatamente después de filmar **por traductores profesionales**.

  Normally subtitles are translated immediately after filming by professional translators.

2. Spanish offers another form you can use when you don't know or want to identify the subject, but this time the pronoun **se** is used. What has been called the "passive **se**" is very common, used possibly more than the passive with **ser**.

   Instead of stating the doer of the verb, the pronoun **se** is inserted before the verb.

   - **Se compuso** (*3rd pers. singular/past tense*) la música para la película antes del guion.

     The music was composed for the movie before the script.

   In the last example, the music did not do the composing, but was composed. We do not know who composed the music, just that it was composed before the script.

   - Los premios **se entregaron** en el espectáculo de los Óscar en Hollywood.

     The awards were given during the Oscars show in Hollywood.

is different from a semantic agent. With the passive **se** and passive with **ser**, the verbs have a grammatical subject, but not a semantic agent, meaning that no identifiable object or person is doing the action of the verb in the real-world sense. Be sure to point out that the verb must agree with the grammatical subject even though it is not the semantic agent. Also, point out that since awards cannot turn themselves over to people the **se** in the second example could not be considered the reflexive use of **se** and translated as "the awards turned themselves in …".

¿Qué observas?

1. In the last two examples, look closely at the verb endings and determine which word(s) served as the grammatical subject for the verb.
2. Where were the words that served as the subject for the verb placed in each case?
3. Why is the second example not a reflexive use of **se**?

Answers for ¿Qué observas? box:

1. la música (se compuso); los premios (se entregaron)
2. after in "Se compuso la música…" and before in "Los premios se entregaron…"
3. Because awards cannot turn themselves in or over to the winners. They are inanimate objects and require that someone/something else hand them over.

Uses of 'se'

Recycle There are four other uses of **se** worth reviewing, three of which were saw earlier in Chapter 3 (unplanned occurrences) and Chapter 4 (double object pronouns), and one we examined in Chapter 6 of the first volume of this textbook series, i.e., the reflexive pronoun **se**.

1. To indicate that something unexpected and unplanned occurred to someone, the passive **se** can be combined with an indirect object pronoun, which indicates the unfortunate victim in the following order **se** + indirect object pronoun + verb

   - **Se** le quedaron los guiones a la directora en la oficina. (le = a la directora)

     The scripts were left behind (on her) in the office.

2. In cases where the indirect pronoun **le** or **les** would normally appear before any of the direct object pronouns, e.g., **lo, la, te, me, se** is used as a replacement.

   - Las estrellas del cine rechazaron los premios para protestar así que no **se** los dieron. (se = les; los = los premios)

     The movie stars rejected the awards in protest so they were not given to them.

3. Probably the most well-known use of **se** is to express the true reflexive in which the subject of the verb doing the action is also the object receiving the action.
    - Los presentadores **se** graban al ensayar en preparación para un espectáculo. (se = los presentadores)

      The hosts record themselves while rehearsing in preparation for a show.
4. Another common use of **se** is called the impersonal **se** and is often translated using the generic subject "one", "you" or "they". This is nearly always used in the third person singular form and does not have an identifiable subject or object:
    - **Se** vive bien en las telenovelas de la televisión.

      One lives (You/They live) well in soap operas.
    - **Se** está mucho más cómodo viendo el noticiero de casa.

      One is (You/They are) much more comfortable watching the news from home.
    - **Se** habla mucho de política en la televisión en América Latina.

      They talk a lot about politics on TV in Latin America.

11.22 "A tu gusto". WP Escucha a la cocinera Rosa Gómez del programa "A tu gusto" hablar de la preparación de las empanadas y luego contesta las siguientes preguntas.

1. El programa se enfoca en...
   a. cómo se preparan los platos tradicionales de México.
   b. las comidas que se pueden servir con las empanadas.
   (c.) cómo se preparan platos típicos pero sabrosos de Latinoamérica en casa.
2. Se sabe que la clave para una buena empanada es...
   a. el tamaño de los discos cortados de la masa.
   (b.) la masa que se usa para hacer la empanada.
   c. la calidad de los ingredientes que se usan.
3. Para hacer las empanadas primero...
   (a.) se mezclan la harina y la sal.
   b. se mezclan el agua y la sal.
   c. se mezclan la harina y el agua.
4. Al mezclar los ingredientes para la masa...
   a. se hace bastante duro.
   b. se forman cubos de masa.
   (c.) se hacen bolitas suaves.
5. En el segundo episodio de "A tu gusto" se hablará de...
   (a.) la preparación del relleno de la empanada.
   b. las bebidas que se toman con las empanadas.
   c. las diferencias entre las empanadas de cada país.

Suggestion for 11.22: For hybrid or flipped classes, you may want to assign students to listen to the audio and complete this activity prior to the class session.

Audioscript for 11.22: Bienvenidos al programa de cocina más popular de la televisión hispanohablante, "A tu gusto". Soy Rosa Gómez y tengo el privilegio de llevarlos por un viaje divertido y emocionante lleno de sabores y olores que terminará en su cocina con un plato exquisito. En este programa se habla de las recetas más sabrosas y tentadoras para el paladar latino, pero al mismo tiempo las más fáciles de preparar en casa. Como todos ustedes saben, se come muy bien en el mundo latino y hoy les vamos a demostrar cómo hacerlo. Hoy nos toca preparar una comida que muchos reconocerán: la empanada. Cuando se habla de las comidas más típicas de América Latina, sin duda se mencionan las empanadas ya que son típicas en casi todos los países de América Latina con varias diferencias sutiles. Aunque las empanadas compradas pueden ser buenas, las que se hacen en casa son las mejores y las más deliciosas. ¿A qué no saben cuál es la clave para una empanada perfecta? ¡Prepárense! Es bien sabido por los buenos cocineros que la masa es la clave para preparar una empanada riquísima y deliciosa. Anímense, amigos, que ya pronto tendrán sus propias empanadas caseras. Los ingredientes que se necesitan son 3 tazas de harina, media cucharadita de sal, 6 onzas de mantequilla, un huevo y un poco de agua o leche. Primero, se mezcla la harina y la sal en una procesadora de alimentos, o con las manos si no se tiene procesadora, y se le agrega a la mezcla un poco de agua o leche hasta que se formen bolitas de masa suave. Luego, se separa la masa en varias bolitas pequeñas de 4 centímetros de ancho y con el rodillo se estiran para formar varios discos de alrededor de 10-12 centímetros de diámetro. Si la masa fue preparada de forma apropiada les espera una verdadera delicia, se lo digo en serio. Que no se les escape el próximo episodio porque hablaremos de cómo se prepara el relleno para las empanadas, cómo se sella la masa con el relleno dentro y también hablaremos sobre las ventajas y desventajas de las empanadas fritas u horneadas. Muchas gracias amigos por acompañarnos hoy en "A tu gusto" y, recuerda, exige siempre las comidas "A tu gusto". ¡Hasta pronto!

11.23 Programas de televisión. Reflexiona sobre dos o tres de tus programas favoritos de televisión y sus características principales. Answers will vary.

Suggestion for 11.23: For hybrid or flipped classes, you may want to assign students to listen to prepare **Paso 1** prior to the class session.

Paso 1: Anota el nombre del programa y después utiliza el 'se' pasivo y el 'se' impersonal para anotar al menos 4 características generales de cada programa sin especificar los protagonistas que hacen la acción:

Modelo: *"En este programa... se ven los problemas de la gente común, se debate mucho sobre la política., se aprende sobre..., se habla del crimen, se pelea mucho, se cuenta la historia de los novios prohibidos".*

Nombre del programa 1: ______________________

Característica 1: ______________________

Característica 2: ______________________

Característica 3: ______________________

Característica 4: ______________________

Nombre del programa 2: ______________________

Característica 1: ______________________

Característica 2: ______________________

Característica 3: ______________________

Característica 4: ______________________

Paso 2: Sin mencionar el nombre del programa, descríbele a un/a compañero/a los dos programas del **Paso 1** con las cuatro características y después contesta las preguntas que te haga tu compañero/a utilizando el 'se' pasivo y el 'se' impersonal. Cuando tu compañero/a termine de hacer sus preguntas, deja que adivine el nombre del programa. Después, cambien de papel y sigan los mismos **Pasos**.

11.24 Una película. Con un/a compañero/a elige un evento de entretenimiento que quieran describir paso por paso. Explica el proceso que hay que seguir para preparar el evento (p.ej., *un programa de televisión, un festival de música*, etc.). No hace falta especificar quién se encarga de cada paso, por ello debes utilizar el 'se' impersonal y el 'se' pasivo para describir el proceso lo mejor que puedas: "Primero se escribe el guion/se ensaya mucho con la música", etcétera. Answers will vary.

Evento de entretenimiento: ______________________

Primer paso: ______________________

Segundo paso: ______________________

Tercer paso: ______________________

Cuarto paso: ______________________

11.25 Conocer España y México. Primero, decidan quién va a hacer las siguientes preguntas y quién va a contestar cada pregunta sobre España y México (**Estudiante A**: 1, 3, 5, 7; **Estudiante B**: 2, 4, 6). Cada compañero debe buscar con su dispositivo las respuestas de las preguntas que le va a hacer al otro. Una vez que cada uno tenga las respuestas anotadas, túrnense haciéndose las preguntas sin permitir que el/la que contesta use un dispositivo electrónico. Deben contestar las preguntas con la voz pasiva con "**ser + participio pasado + por + agente**". Si tu compañero/a de clase contesta mal una pregunta, corrígele usando la voz pasiva.

Estudiante A: *¿Quién interpretó el papel de Antón Chigurh en* No Country for Old Men?

Estudiante B: *El papel de Antón Chigurh fue interpretado por Javier Bardem.*

Estudiante A: *Correcto. El papel fue interpretado por Javier Bardem.*

1. ¿Quién dirigió *Roma*?
   Respuesta: La película *Roma* fue dirigida por Alfonso Cuarón.

2. ¿Quién hizo el papel de Zorro en la película de 2005?
   Respuesta: El papel de Zorro fue hecho por Antonio Banderas.

3. ¿Quiénes son los tres directores mexicanos de cine que han ganado los Oscar en los últimos años?
   Respuesta: Los tres directores son Alejandro González Iñárritu, Alfonso Cuarón y Guillermo del Toro.

4. ¿Qué país ganó la Copa Mundial en 2010?
   Respuesta: La Copa Mundial en 2010 fue ganada por España.

5. ¿Quién dirigió el primer grito de Dolores (independencia) en México el 16 de septiembre de 1810?
   Respuesta: El primer grito de Dolores fue dirigido por el cura Hidalgo.

6. ¿Quién escribió *Como agua para chocolate*?
   Respuesta: *Como agua para chocolate* fue escrita por Laura Esquivel.

7. ¿Qué tenista español ganó el torneo de Roland Garros nueve veces?
   Respuesta: El torneo de Roland Garros fue ganado nueve veces por Rafael Nadal.

Suggestion for 11.26: For flipped or hybrid courses, students can prepare this activity outside of class. During the next class session, they can practice and present their situation to the class.

11.26 Situaciones. Haz el papel de **A** o **B** con tu compañero/a para participar en la conversación. Answers will vary.

A- Eres una estrella de cine muy famoso/a y tienes un estilo de vida bastante diferente al de la gente común. Casi nunca estás solo/a ya que hay gente a tu lado siempre ayudándote con todo. De hecho, en muchos casos no tienes que hacer las cosas por ti mismo/a. Estás conversando con un/a amigo/a sobre lo difícil que es ser famoso/a y te quejas sobre lo poco que te dejan hacer por ti mismo/a. Puedes hablar sobre la rutina diaria utilizando el 'se' reflexivo en casos necesarios, pero, como persona famosa, algunas cosas las hacen por ti. Describe a tu compañero/a lo que te hacen y lo que te dejan hacer por ti mismo (*levantarse, peinarse, comprarse la comida, arreglarse, levantarse, maquillarse, vestirse, coordinar el horario,* etc.). También, identifica los mitos que la gente cree sobre la vida de los famosos usando el 'se' impersonal (*Se dice que…, Se cree que…,* etcétera).

B- Tienes un/a amigo/a muy famoso/a y conversando con él/ella, te das cuenta de que tienes mucha más libertad que él/ella. Explícale tu rutina diaria usando el 'se' reflexivo para identificar las cosas que haces por ti mismo/a que tal vez él/ella no pueda hacer (*levantarse, peinarse, comprarse la comida, arreglarse, levantarse, maquillarse, vestirse, coordinar el horario,* etc.). Cuéntale a tu amigo/a algunos de los rumores que hay sobre los famosos y su estilo de vida con el 'se' impersonal (*Se dice que…, Se cree que…,* etc.).

Estrategia de estudio: Using Music as a Learning Tool *by Anton Mays*

WileyPLUS
Go to WileyPLUS to watch this video.

Courtesy of Anton Mays

For me, music has been a huge tool in learning Spanish. Personally, I play saxophone and bass guitar, so I'm always looking for ways to apply music to my learning. With that being said, by looking up lyrics to songs, or for words that I don't know or songs that I don't know in Spanish, it has been helpful to me for learning new words and just being exposed to new cultures of the language in relation to music.

EXPERIENCIAS

Actividades artísticas y musicales

Manos a la obra

11.27 Video musical. Hay una aplicación que te permite hacer fácilmente un video sincrónicamente con una canción. Sigue los **Pasos** para grabar tu propio video acompañado de la canción en español que más te guste. Answers will vary.

Paso 1: Selecciona la canción que más te guste de la música en español.

Paso 2: Analiza la letra de la canción para decidir cómo quieres representarla.

Paso 3: Filma escenas en tu teléfono o cámara para acompañar la música.

Paso 4: Busca la mejor herramienta tecnológica para sincronizar tus escenas filmadas con la música.

Paso 5: Presenta tu video a la clase.

Suggestion for 11.27 and 11.28: Students could form groups to complete this activities. They could also be assigned to prepare the initial pasos outside of class and either present to small groups or to the entire class.

11.28 Reseña de una película. ¿Has leído alguna vez las reseñas de películas en Internet antes de verlas? Para el club de español, la presidenta le pide a cada miembro subir una reseña de una película en español a la página web del club. Así los miembros podrán seleccionar las películas según sus gustos. Sigue los **Pasos** para cumplir este trabajo. Answers will vary.

Paso 1: Elige una película que te guste.

Paso 2: Mírala y toma apuntes sobre el argumento.

Paso 3: Escribe un resumen del contenido y una crítica o un juicio valorativo.

Paso 4: Comparte tu reseña con un/a compañero/a de la clase.

Experiencias profesionales Una reflexión

11.29 Una reflexión. En la sección **Experiencias profesionales** del capítulo 10 visitaste un sitio relacionado con tu área de interés. En este capítulo, vas a escribir una reflexión sobre tu experiencia hasta este punto en el semestre. Completa los siguientes **Pasos.** Answers will vary.

Paso 1: Con un/a compañero/a de clase, contesta las siguientes preguntas sobre tu experiencia profesional. Usa la información de esta conversación para completar el **Paso 2**.

1. ¿Qué has aprendido sobre tu área de interés profesional gracias a esta sección del libro?
2. ¿Cuál fue tu actividad favorita? ¿Por qué?
3. ¿Cuál fue la parte más difícil de todas las experiencias profesionales de este libro?
4. ¿Cómo puedes usar el español en tu carrera profesional en el futuro?
5. ¿Cómo te ayudaría en tu carrera profesional si sigues estudiando español?

Suggestion for 11.29, Paso 1: You may want to encourage students to write down their ideas from **Paso 1**. This will help give them an outline for writing their reflection.

Paso 2: Escribe una reflexión de entre 250 y 300 palabras en español que incluya lo que has aprendido sobre la cultura hispana y el español, lo que has aprendido sobre tu área de interés profesional y el uso del español en esa área, y tus planes para el futuro estudio y uso del español. Esta reflexión debería basarse en todas las experiencias del semestre incluyendo la entrevista por Internet, la visita al sitio, el evento cultural, etc. Si ya escribiste una reflexión para el primer semestre, describe si tus opiniones han cambiado o no.

Paso 3: Sube tu reflexión al foro de la clase.

El blog de Sofía

Juan Magán en concierto

Noticias Información Fotos Amigos Archivos

Miquel Benitez / Redferns / Getty Images

Juan Magán en un concierto en Barcelona, España

Technology tip for 11.30: Assign students to create a blog using any web application. Students will utilize this blog and post items to it for every chapter of Experiencias. You may ask your students to share the link to that blog on your learning management system discussion board. Then in class, ask students to compare their information.

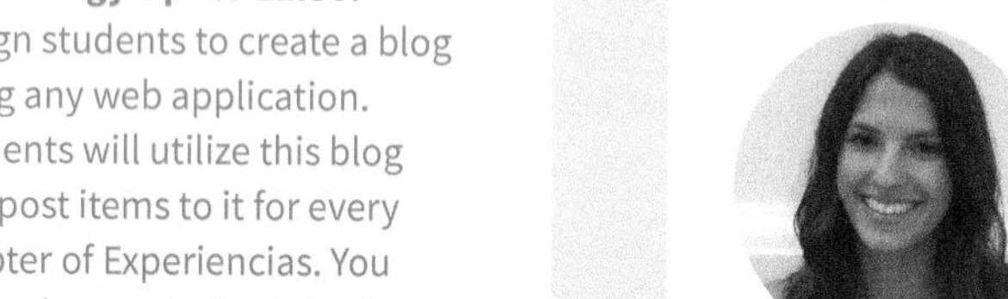

11.30 Mi propio blog. Sigue los siguientes **Pasos.**

Paso 1: Lee el blog de Sofía. Answers will vary.

La última vez que estuve en España, fui a un concierto del catalán Juan Magán en Barcelona. Magán es productor, discográfico, mezclador, disyóquey (DJ), compositor, letrista y cantante que se ha dedicado a la música desde el año 1995. Hace pocos años, se convirtió en una figura internacional, primero por su trabajo *Suave* en el dúo llamado Magán & Rodríguez, y luego como solista. Hoy día vive en la República Dominicana, pero nació y creció en Badalona, España. Hace unos años se casó con la dominicana Mariah Elisa Peralta, y los dos tienen tres hijos nacidos en la República Dominicana. En mayo de 2015, el cantante adquirió la ciudadanía dominicana y cuenta que se siente tan dominicano como español.

Durante su concierto de música latina electrónica, un género que creó Magán, reconocí varias de sus canciones, como "Verano azul", "Mariah", "Bailando por ahí", "Love me", "Bailando por el mundo" o "Se vuelve loca". El público se puso a bailar con pasión cuando Magán tocó y cantó su éxito "He llorado", con casi 300 millones de reproducciones en YouTube. Para muchos, su música es terapia para el cuerpo, la mente y el alma; es una cura para el mundo nuestro, lleno de estrés y caos. La música de Magán es tan poderosa que cuando muchos la oyen les puede transportar a un momento especial, y por un instante la gente se llena de pasión y alegría.

Después del concierto, estoy convencida de que Juan se ha convertido en una de las figuras más conocidas de la escena de música latina internacional. Creo que estoy de acuerdo en que es el rey del sonido electro latino.

Paso 2: Usa Internet y haz una búsqueda de las canciones de Magán. ¿Qué canciones has escuchado? ¿Cuáles te gustan más?

Paso 3: Selecciona una canción de Juan Magán y busca la letra. Escribe una explicación para justificar tu selección. Copia la letra de la canción e intenta traducirla al inglés. ¿La letra en inglés va en sincronía con la música original? Después, comparte tu trabajo con el de tu compañero/a.

Paso 4: En tu propio blog, escribe sobre tu cantante preferido/a. Puede ser una estrella de música hip hop, R&B, reggaetón u otro género. ¿De dónde es? ¿Cómo se llaman sus canciones más conocidas? ¿Qué significan las letras de sus canciones para ti? ¿Has ido a su concierto alguna vez? ¿Cómo fue la experiencia? ¿Por qué lo/la consideras importante para ti? Puedes incluir fotos del/de la cantante y videos de su música.

Technology for 11.30, Paso 4: Assign students to create a blog using any web application. They are instructed to post specific items for each chapter and to review and comment on their classmates' postings.

Cortometraje

El vendedor de sueños

Antes de ver el cortometraje

11.31 Los sueños. Contesta las siguientes preguntas con un/a compañero/a de clase. Answers will vary.

1. ¿Por qué es importante soñar?
2. ¿Te acuerdas de los sueños que tienes por la noche?
3. ¿Cuál ha sido el sueño más interesante que has tenido?
4. ¿Se ha cumplido algún sueño que hayas tenido? ¿Qué pasó?
5. ¿Sueles soñar despierto? ¿Sobre qué sueñas?
6. ¿Alguna vez has pedido un deseo al echar una moneda en una fuente? ¿Se cumplió?
7. Si encontraras una lámpara mágica que te concediera tres deseos para tres personas en tu vida, ¿qué pedirías y para quién? ¿Por qué?

RAUL ARBOLEDA / AFP / Getty Images

Los vendedores ambulantes en los autobuses son muy comunes en Latinoamérica.

Mientras ves el cortometraje

11.32 Palabras nuevas. Usa tu buscador favorito para ver este cortometraje. Mientras lo ves, adivina el significado de las diferentes expresiones y palabras a continuación. Answers will vary.

1. Luchándola: getting by
2. Un dedal: thimble
3. Tres pesitos: three pesos
4. Muy bien ya estoy ahí con vos: Very good, I will be with you in a second
5. Colectivo: bus
6. Bancarse: to put up with
7. Bondi: tram
8. Anhelar: to long for
9. Pibe: kid
10. Che: hey

Paso 2: Comparte tus definiciones con un/a compañero/a de clase. Compara las diferentes definiciones.

Suggestion for 11.32, Paso 2: Many of these words and expressions are regional in their use. Talk with students about some of the differences across Latin America. You can also have them talk about regional words and phrases that the students use in English.

Después de ver el cortometraje

11.33 Análisis y aplicación. Con un/a compañero/a de clase, contesta las siguientes preguntas. **Answers for 11.33:** 1. Desinteresadas, no le prestaban atención; 2–6. Answers will vary.

1. ¿Cómo era la conducta de las personas que viajaban en el autobús?
2. ¿Cómo viajamos por la vida? ¿Somos indiferentes, estamos ausentes o creemos y confiamos, por ejemplo, en que nuestros sueños se pueden hacer realidad?
3. ¿Cómo relacionas el concepto de salir de la zona de confort con el video *El vendedor de sueños*?
4. La abuela dice que la tecnología nos hace pasar por la vida sin sueños, ¿estás de acuerdo? ¿Por qué?
5. ¿Crees que las personas usan demasiado la tecnología para entretenerse? ¿Por qué?
6. ¿Cómo aplicarías este video en tu vida diaria?

11.34 Diez segundos. En el cortometraje, Pedro dice *"Les voy a vender algo que no van a conseguir en ningún lado. Les voy a vender un sueño... Esto no tiene valor monetario. Sólo tienen que pensar durante 10 segundos lo que más anhelan en sus vidas. Hablo de esos sueños que se desean con el alma, con el corazón"*. Sigue los **Pasos** a continuación. Answers will vary.

Suggestion for 11.34, Paso 1: You can do this activity as a class and have the whole class close their eyes for 10 seconds to determine what it is that they most want. You can also invite a few students to share what they wrote with the whole class. The ideas are likely to vary from profound to funny.

Paso 1: Completa las siguientes actividades.

- Cierra tus ojos durante 10 segundos y piensa en lo que más anhelas en la vida.
- Escribe tu deseo en un papel.
- Describe por qué quieres que suceda lo que pensaste durante esos diez segundos. ¿A quién le va a beneficiar? ¿Es algo que puedes conseguir de verdad? ¿Necesitas más de un deseo?

Paso 2: Ahora comparte tu deseo con dos compañeros de clase y explícales por qué es tan importante para ti tu deseo.

Página informativa

La industria musical

11.35 La industria musical. Este artículo describe un festival creado para reunir a los diferentes músicos que todavía no se han hecho famosos con expertos de la industria. Completa los siguientes **Pasos** antes de hacer la lectura. Answers will vary.

PeopleImages / Getty Images

La Feria Internacional de la Música Profesional (FIMPRO) reúne músicos independientes con promotores y representantes de sellos discográficos.

Antes de leer

Paso 1: Habla brevemente con un/a compañero/a sobre unos grupos musicales que conozcas pero que todavía no sean muy famosos. ¿Cómo los conociste? ¿Qué tipo de música cantan? ¿De dónde son?

Estrategia de lectura: Using capitalized words

To help you get a head start on comprehending a reading, try finding all of the proper nouns or all of the capitalized words in a reading. Underline or highlight each one as you look over the text. Then, use the words that you have identified to see if they give you a picture of what the text is about. Where does it take place? Who are the main people involved? Use this information to help you form an idea about what you are about to read. Once you read the text a few times, you can decide if your predictions were correct.

Paso 2: Ahora, lee el artículo y selecciona los nombres de las personas, lugares o eventos mencionados en el artículo. Busca información en Internet sobre tu selección.

Paso 3: Después, comparte lo que encontraste sobre la persona, el lugar o el evento que seleccionaste con un/a compañero/a de clase.

La industria musical crece en México

La industria musical cambia a una velocidad abrumadora. Es por ello por lo que un gran número de promotores se citaron en la tercera jornada de la Feria Internacional de la Música Profesional (FIMPRO), que tuvo lugar del 25 al 28 de mayo en Guadalajara, México. La venta de discos físicos se ha reducido drásticamente en todo el mundo; por ello, la producción de espectáculos necesita adaptarse a esta nueva tendencia global.

En el caso de México, las ciudades más importantes como Monterrey, Ciudad de México o Guadalajara ya albergan espectáculos y conciertos. Andrés Sánchez, el productor de Rock en Español cuenta que según la revista *Pollstar Ocesa*, México se encuentra en la tercera posición en lo que se refiere a venta internacional de boletos. Asimismo, afirmó que "Las bandas aprovechan los festivales como un empujón, pero el trabajo que hagan después es cosa de ellos. Nosotros si vemos calidad entonces apostamos para negociar con cada uno".

Un problema que destaca Chucky García, que trabaja como programador en el aclamado festival "Rock al Parque", en Colombia, es la falta de *headliners* en los principales eventos musicales a nivel mundial. Según dijo: "El público tiene expectativas y sentido de pertenencia con el festival, en cada decisión están ahí para respaldarla o cuestionarla. Pienso que es un tema de repertorio (la falta de *headliners*) y todo esto de las redes sociales es positivo, pero también hay que seguir haciendo el trabajo de la vieja escuela porque hay una competencia con el meme".

Durante la FIMPRO también se habló sobre la nueva moda de los artistas para conectar más rápidamente con los fans. Como no podía ser de otra forma, la creación de perfiles en las redes sociales hace que plataformas como Spotify o Music Plus puedan segmentar sus anuncios y dirigirlos al público adecuado según su país y ciudad de referencia, su edad y su estilo musical preferido o más escuchado. Bajo la opinión de Valerie Miranda, trabajadora de Spotify: "Yo si fuera artista y me dijeran que tengo que desarrollar un perfil en cinco distintas redes sociales no me gustaría. Creo que no es necesario estar en todas, sino que de acuerdo al perfil de mi público elegir la que más sea acorde y ser el mejor en ella, compartir con mis fans con un discurso y una estrategia bien desarrollada".

Después de leer

Paso 4: Con un/a compañero/a de clase, contesta las siguientes preguntas.

1. ¿Cómo es la industria musical en México? México se encuentra en la tercera posición en lo que se refiere a venta internacional de boletos.
2. ¿Cuáles son las ciudades más importantes en México para los festivales musicales? Monterrey, Ciudad de México y Guadalajara
3. ¿Cuál es uno de los problemas relacionados con los festivales a nivel mundial? La falta de *headliners*
4. ¿Por qué son tan importantes los perfiles en las redes sociales para los músicos? Answers will vary.

Paso 5: Busca información sobre uno/a de tus músicos favoritos. Puedes usar las redes sociales o Internet. Contesta las siguientes preguntas sobre tu músico/a favorito.

- ¿Cuál es la imagen que quiere dar esta persona?
- ¿Cómo se expresa en las redes sociales?
- ¿Qué tipo de público quiere atraer?
- ¿Cómo se conecta con sus fans?

Answers for 11.35, Pasos 5-7: Answers will vary.

Paso 6: Describe un talento que tengas. ¿Qué es? ¿Cómo lo aprendiste? ¿Por qué te interesaste en ese talento? Basándote en lo que viste de tu músico/a favorito/a, decide cómo puedes crear un perfil para vender tu talento. ¿Qué tipo de imágenes usarías? ¿Cómo describirías tu talento? ¿Quiénes van a ser el público para tu talento? ¿Qué harías para atraer a tus fans?

Suggestion for 11.35, Paso 6: Have the students upload their talent profile to your learning management system discussion board. They can include pictures and a description of their talent.

Paso 7: Comparte la información sobre tu talento con dos compañeros/as de clase.

Página literaria

María Amparo Escandón

11.36 María Amparo Escandón, autora de realismo mágico. María Amparo Escandón nació en México, pero se mudó a Los Ángeles para empezar una vida nueva. Sigue los **Pasos** para aprender cómo utilizó su imaginación para crear la novela *Santitos* y un guion para una película.

Ken Hively / Los Angeles Times via Getty Images

María Amparo Escandón, autora mexicana.

Suggestion for 11.36: The concept of a patron saint is one that is common in the Spanish-speaking world in large part due the influence of the Catholic religion. Many of the heritage learners are likely Catholic or have family members who are. Have them ask one of their relatives who is Catholic or familiar with the patron saints of the towns where they are from to describe the patron saint of that town and what role that saint plays in the community. This will help other students to understand the importance of this religious and cultural icon in individual communities throughout the Spanish-speaking world.

Antes de leer

Paso 1: La siguiente selección es parte de una narrativa sobre la búsqueda de Esperanza Díaz, una joven viuda, por su hija desaparecida, Blanca. Esperanza tiene una colección de estatuas de santos y les pide favores. En México, la gente devota reza a sus santos a través de sus estatuas en las iglesias y en pequeños altares en sus casas. Lee rápidamente la selección para encontrar los santos mencionados. Answers are underlined within text.

Paso 2: La novela tiene lugar en varias ciudades en México y Estados Unidos. Usa Internet y haz una búsqueda de mapas para encontrar las ciudades mencionadas en *Santitos*: Tlacotalpan y Tijuana, México, y San Diego y Los Ángeles, Estados Unidos. ¿Cuáles son las distancias que viaja el personaje principal, Esperanza, entre esas ciudades? Answers will vary.

Paso 3: Marca los cognados y después lee la selección.

—Ya ves —le susurró a su santito—. Ahora estoy igual de negrita que tú. —Sonrió y el lodo de sus mejillas se cuarteó—. Mira, san Martín, tú que eres tan bueno, tan milagroso, por favor dale este recado a san Judas Tadeo: dile que tenía razón. Dile que Blanca, mi hija, no está en su tumba. Pregúntale qué debo hacer ahora. Yo misma se lo preguntaría, pero no quiero ir a su nicho, allá enfrente, en este estado. Toda la gente me miraría y se distraería de la misa.

San Martín de Porres permaneció quieto, pero Esperanza vio que sus ojos miraban en dirección a san Antonio de Padua, al otro lado de las bancas. Esperanza supo en ese momento con qué santo debía hablar y agradeció a san Martín su ayuda. De puntillas se acercó a san Antonio, patrono de la gente perdida, e invocado por mujeres que desean conseguir marido.

San Antonio de Padua vestía una túnica de terciopelo azul, descolorida y rasgada. Docenas de fotos de novios y jovencitas listas para el casamiento colgaban de ella prendidas con alfileres. Por unos novios de azúcar, de los que adornan los pasteles de bodas, subía una hilera de hormigas que llegaba hasta el pelo de chocolate de la novia. En la pared que había detrás de la figura del santo, algunos retablos y devotos mostraban ilustraciones de niños perdidos, o de viejas solteronas que al fin se habían casado. San Antonio de Padua cargaba al Niño Jesús en el brazo derecho y sostenía una lila de cera polvorienta y desgastada en la mano izquierda. Esperanza sacó de su cartera, mojada y cubierta de lodo, una foto tamaño pasaporte de Blanca y la prendió a la túnica del santo con un segurito que encontró en el suelo.

—San Antonio —le dijo al santo en voz baja—, yo sé que tú, que eres tan milagroso, puedes encontrar un grano de sal en el desierto, así que ayúdame a encontrar a Blanca.

A continuación encendió una veladora y metió una moneda por la ranura de la caja de limosna. En ese momento, como si hubiera sido activado por la moneda como un cochecito de feria, san Antonio de Padua volvió la mirada hacia Esperanza. Su tez brillaba. La cera que cubría la flor se derritió y debajo apreció una lila natural salpicada de rocío que despedía un aroma imposible de identificar, quizá porque en Tlacotalpan no había lilas. Las voces gangosas de las viejitas que cantaban a toda nariz y los demás ruidos de la iglesia se esfumaron de pronto y dejaron a Esperanza sola con su santo hasta que el padre Salvador pronunció las últimas palabras.

—En el nombre del Padre, del Hijo y del Espíritu Santo, Amén. Podéis ir en paz, que la misa ha terminado. Pueden irse a amarse los unos a los otros.

El padre hizo la señal de la cruz en el aire con el fin de abarcar a todos los fieles de una vez y desapareció detrás de la puerta lateral. Esperanza se arrodilló en el reclinatorio y se cubrió la cara, como si estuviera muy concentrada en un rezo, para que no la vieran. No quería alarmar a nadie. Cuando dejó de oír pasos, se levantó. Estaba sola, rodeada únicamente de estatuas que representaban a santos estoicos y sufrientes.

—Gracias por darme tanta fuerza, san Antonio. Ya la siento recorrer mi cuerpo. Tenías razón. Blanca es un granito de sal en el desierto, pero tú me vas a ayudar —le dijo emocionada—. Es más —agregó dirigiéndose a los demás santos—, todos ustedes me van a acompañar.

Los ojos de san Antonio de Padua volvieron a ser de mármol. Su lila se cubrió de cera. Esperanza le dio un beso en el dedo gordo del pie y corrió en busca del padre Salvador.

Después de leer

Paso 4: Con tu compañero/a contesta las siguientes preguntas sobre *Santitos*.

1. ¿Por qué hay tantas fotos de novios y jóvenes prendidas a la túnica del santo?
2. ¿Por qué metió Esperanza una moneda en la caja?
3. ¿Qué prendió Esperanza a la túnica del santo?
4. ¿Qué indica la autora sobre la importancia de los santos en la vida de algunos mexicanos?
5. ¿Qué comparación hace la autora en la narración?
6. ¿Qué magia describe en la selección?
7. ¿Por qué le pide ayuda Esperanza al santo?

Answers for 11.36, Paso 4: 1. Porque el santo es patrono invocado por mujeres que desean conseguir marido; 2. Answers will vary; 3. Una foto tamaño pasaporte de Blanca; 4-7. Answers will vary.

Estrategia de escritura: Composing the First Draft

When you are writing a first draft, be sure to keep in mind that it is an imperfect document. Accepting this imperfection will free you to be more creative and to feel less constrained by hidden rules and anxiety. Getting your thoughts freely on to the page and allowing your creativity to take over is a good thing. Then, let your first draft rest. When it comes time to edit, you will tackle this process more efficiently due to the fact that certain issues become more obvious with the passing of time between composing the first draft and the editing process.

Paso 5: La creatividad de la autora María Amparo Escandón es divertida y apasionada. Utiliza la estrategia de escritura para escribir una conclusión a la escena de *Santitos* que acabas de leer. ¿Encontrará a su hija Esperanza? ¿A dónde viajará para encontrarla? ¿Qué tendrá que hacer para encontrarla? ¿Qué papel harán los santos en la búsqueda de Blanca? Cuando termines de escribir, toma un descanso. Después, lee y edita tu trabajo. Añade fotos de Internet y sube tu conclusión al foro de la clase. Answers will vary.

El papel de la mujer en la industria del cine

Cultura y sociedad

11.37 La mujer en la industria del cine. Las mujeres tienen un papel importante en la industria del cine. Completa los **Pasos** para aprender más.

C Olivera / Getty Images for LA Times Latinos de Hoy Awards

Celebridades hispanas de la música, el cine y el teatro.

Antes de leer

Paso 1: La industria del cine. Vas a leer un artículo sobre el papel de la mujer en el cine. Antes de leer, completa la siguiente actividad. Con un/a compañero/a, contesta las siguientes preguntas. Answers will vary.

1. ¿Quién es tu actriz favorita? ¿Por qué?
2. ¿Cuál fue la última película protagonizada por una mujer?
3. Piensa en cinco actrices famosas de hoy en día. ¿Cómo son ellas? ¿Cuántos años tienen más o menos? ¿Cuáles son los papeles que realizan en el cine o la televisión?
4. ¿Quién es la actriz hispana que más conoces? ¿Cómo es ella?
5. ¿Cuáles son los desafíos de ser actriz de cine en tu opinión?

El papel de la mujer en la industria del cine

El papel de las mujeres en el cine no refleja los cambios que han ocurrido en la sociedad, particularmente en cuanto a las mujeres hispanas. En toda la historia de los Óscar, ninguna mujer hispana ha ganado el Óscar a la mejor actriz y solamente dos han ganado un Óscar como mejor actriz secundaria, Rita Moreno en *West Side Story* (1961), y Penelope Cruz en *Vicky Christina Barcelona* (2009). Aparte de los premios, las mujeres todavía siguen estando relegadas a ciertas actividades tanto en el mundo del cine, como de la televisión y la música. Los papeles que tienen las mujeres en el cine suelen ser de esposa, hermana, novia, amante, etc. con pocas de ellas siendo más que un adorno. En un estudio realizado en 2015 por ONU Mujeres sobre la industria cinematográfica alrededor del mundo, encontraron que "Pese a que las mujeres representan poco más de la mitad de la población mundial, menos de una tercera parte de los personajes con líneas de diálogo en las películas son mujeres. Menos de una cuarta parte de la fuerza laboral ficticia que aparece en pantalla son mujeres (22,5 %) y, por lo general, cuando se contrata a mujeres, estas no personifican puestos influyentes". Lo triste es que, durante ese mismo año, solamente el 4 % de todas las mujeres en el cine y en la televisión eran hispanas.

El otro problema con la situación de las mujeres en el cine es que, al llegar a cierta edad, los papeles para ellas desaparecen.

(continuación)

(continuación)

Una investigación realizada por la Universidad del Sur de California descubrió que entre 2014 y 2015, el 75 % de los papeles para las personas mayores de 40 años eran para hombres. Además, encontraron en el estudio que "el 34,3 % de las mujeres en pantalla aparecieron en 'ropa sexy', frente al 7,6 % de los actores masculinos".

Hay muchas cosas que se pueden hacer para mejorar la situación en el cine mundial. Primeramente, hay necesidad de más directores que sean mujeres y que tomen decisiones en cuanto al cine y los actores y las actrices que van a aparecer allí. Segundo, tiene que haber una igualdad en cuanto a los salarios entre los actores y las actrices. Sigue habiendo una desigualdad tremenda que se puede equilibrar. Finalmente, el público que participa y patrocina el mundo del cine y la televisión tiene que demandar más mujeres protagonistas en los papeles importantes y no solamente de adorno. Si hacemos estos cambios, podemos mejorar la situación para las actrices por todo el mundo.

Después de leer

Paso 2: Para entender los números. Con un/a compañero/a de clase, busca los siguientes números en el texto y escribe un breve resumen de su significado con la información correspondiente de la lectura.

1. 34,3 % Porcentaje de mujeres que aparecen en ropa sexy
2. 1961 Año en que Rita Moreno ganó un Óscar a la mejor actriz secundaria
3. 33 % Porcentaje de mujeres en el cine con líneas de diálogo
4. 4 % Porcentaje de mujeres hispanas en el cine o la televisión
5. 22,5 % Porcentaje de la fuerza laboral ficticia en el cine
6. 75 % Porcentaje de hombres vs. mujeres mayores de 40 años
7. 0 Número de mujeres hispanas que ha ganado un Óscar a la mejor actriz

Teaching tip for 11.37, Paso 3: Have students share their movie idea with other groups and then ask those with the most creative suggestions to share in front of the class.

Suggestion for 11.37, Paso 3: For flipped or hybrid courses, students can prepare this activity outside of class. During the next class session, they can practice and present their situation to the class.

Paso 3: Situaciones. Haz el papel de **A** o **B** con tu compañero/a para participar en la conversación. Answers will vary.

A- Eres un/a director/a de cine y quieres hacer una película con un/a superhéroe. En la mayoría de las películas, el papel del protagonista se ha dado a un hombre con unas características específicas. Quieres que tu película sea exitosa para que ganes mucho dinero, pero no puedes decidir qué hacer y a quién escoger para el papel de protagonista. Habla con tu amigo/a para pedirle ideas sobre lo que deberías hacer. También, dale algunos detalles sobre el contenido de tu película.

B- Tu amigo/a quiere hacer una película de superhéroes y quieres convencerle para que una mujer sea la protagonista. Convence a tu amigo/a para que asigne a una mujer para este papel. También, ofrécele varias sugerencias de quién sería una buena actriz para su película y por qué. Finalmente, puedes ofrecerle a tu amigo/a unas ideas para mejorar su película.

Película — *Volver*

11.38 *Volver.* Lee la descripción de la película y sigue los **Pasos** para aprender más. Answers will vary.

La película *Volver* es una historia de supervivencia, de mujeres que luchan por sobrevivir a pesar de muchos retos en su vida. Raimunda es madre de una hija adolescente. Es atractiva y emprendedora, pero con una situación económica muy precaria, ya que su esposo está en paro y por eso ella tiene varios trabajos. Es una mujer fuerte y luchadora, pero a la vez frágil a causa de un terrible secreto que guarda desde hace

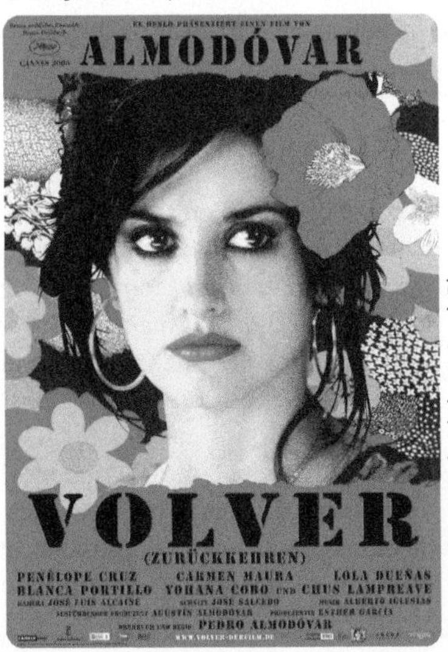

United Archives GmbH / Alamy Stock Photo

Póster de la película *Volver*.

muchos años. Su hermana se llama Sole y es peluquera. Su esposo la abandonó y ahora vive sola. Hace años, se supone que los padres de las dos mujeres murieron en un incendio en su pueblo natal. Paula, la tía de ambas mujeres, es muy mayor y vive sola en el mismo pueblo manchego donde nació toda la familia.

Un domingo primaveral, Sole llama a Raimunda para decirle que Agustina (una vecina del pueblo) le ha comunicado por teléfono que su tía Paula ha muerto. Raimunda adoraba a su tía, pero no puede ir al entierro porque momentos antes de recibir la llamada de su hermana, cuando volvía de uno de sus trabajos, ha encontrado a su marido muerto en la cocina, con un cuchillo clavado en el pecho.

Paso 1: Avance en español de la película. Busca en Internet un avance en español de la película. Míralo y contesta las siguientes preguntas con tu compañero/a.

1. ¿Reconoces a las distintas mujeres/personajes de la película?
2. Cuando Agustina aparece en el programa de televisión, ¿qué anuncia al mundo? ¿Por qué piensas que lo anuncia en público?
3. Describe la casa donde vive la familia.
4. ¿Por qué se enfada Raimunda con su familia?
5. ¿Qué hace Raimunda con otra mujer al lado del río? ¿Qué crees que hay en la caja?
6. ¿Por qué se esconde la mamá debajo de la cama?
7. ¿Por qué le pregunta Agustina a Sole si ha visto a su mamá?
8. ¿Quién es la asistente rusa de Sole?
9. La madre de Raimunda dice que es muy doloroso que una hija no quiera a su madre. ¿Estás de acuerdo? ¿Por qué?

Paso 2: Tras ver algunos retos en la vida de los personajes principales de la película, escribe cinco predicciones sobre lo que pasará en la misma. Por ejemplo, ¿Raimunda podrá sobrevivir económicamente? ¿Revelará su terrible secreto? ¿Qué será? Piensa en todas las posibilidades.

Paso 3: Conversa con tu compañero/a para contarle sobre una película de drama con situaciones familiares que te guste. ¿Quiénes son los personajes principales? ¿Qué sucede en la película? ¿Por qué te gusta? ¿Se la recomiendas a tu compañero/a?

11.39 El cuaderno electrónico. Abre tu cuaderno electrónico y empieza una nueva página. Answers will vary.

Technology tip for 11.39: Have your students use the tool of their choice to compile their electronic notebook. This is a great way to keep students organized as they create a portfolio of photos and material regarding the countries presented throughout the book.

Paso 1: Utilizando tu libro de texto e Internet, sigue estos **Pasos**:

1. Escribe información básica de los países que has estudiado en este capítulo: España y México.
2. Incluye un mapa de los países.
3. Selecciona dos lugares que te gustaría ver de esos países y explica por qué los seleccionaste.
4. Escribe información sobre los lugares que quieras visitar.
5. Sube dos fotos de cada país.
6. Incluye información básica sobre los temas del capítulo.
7. Escribe tres hechos nuevos que aprendiste.
8. Escribe tres temas adicionales que te interese investigar.

Paso 2: Lee y comenta sobre la información de dos compañeros.

REPASOS

Repaso de objetivos

Teaching tip for Repaso de objetivos: Although this self-assessment is designed for the students to evaluate their progress, teachers might poll students informally as a group to gauge how students are feeling about the material. This could be done orally with eyes closed and hands raised or by simply asking students to leave a slip with their answers at the end of class.

Check off the objectives you have accomplished.

I am able to...

	Well	Somewhat
• express hypothetical and unreal of events and entities.	☐	☐
• describe statements without a specific subject.	☐	☐
• identify different types of entertainment.	☐	☐
• analyze perspectives related to positive role models in the media.	☐	☐
• examine the role of the media in the lives of Spanish speakers.	☐	☐

Repaso de vocabulario

WileyPLUS
Go to WileyPLUS to review these vocabulary words and practice their pronunciation.

La industria del cine y la música ***Cinema and music industry***

la actuación *performance*
la actualidad *present*
el anuncio comercial *commercial*
apto para toda la familia *suitable for the entire family*
el argumento *plot*
la banda sonora *soundtrack*
el boleto *ticket*
la butaca *seat*
el/la camarógrafo/a *camera operator*
la cartelera *billboard*
los dibujos animados *cartoons*
doblaje *dubbed*
entretener *to entertain*
entretenido *entertained*
la escena *scene*
el espectáculo *show*
la estrella de cine *movie star*
estrenar *to premiere*
el estreno *premiere*
la grabación *recording*
interpretar el papel de... *to play the role of...*
el personaje *character*
el premio *prize*
la reseña *review*

Los cognados

la comedia
la coreografía
la crítica
el documental
el drama
los efectos especiales
filmar
el misterio
producir
el/la protagonista
la reacción crítica
los subtítulos

Los medios de comunicación ***Media***

abarcar *to encompass*
actualizar *to update*
apagar *to turn off*
la cadena *television channel*
el canal *channel*
la emisora de radio *radio station*
en vivo *live*
grabar *to record*
el/la locutor/a *announcer*
los medios de difusión *broadcast media*
el mensaje *message*
las noticias *news*
el noticiero *news*
el periódico *newspaper*
el/la periodista *reporter*
el programa de *program*
- realidad • *reality*
- concursos • *gameshow*
- entrevistas • *interviews*

el reportaje *report*
la revista *magazine*
la telenovela *soap opera*
el/la televidente *viewer*
la trama *plot*

Los cognados

el episodio
el/la presentador/a
el público

Repaso de gramática

Summary of the subjunctive

	Present indicative			Present subjunctive		
Subject pronouns	**-ar**	**-er**	**-ir**	**-ar**	**-er**	**-ir**
yo	-o	-o	-o	-e	-a	-a
tú	-as	-es	-es	-es	-as	-as
él/ella, usted	-a	-e	-e	-e	-a	-a
nosotros/as	-amos	-emos	-imos	-emos	-amos	-amos
vosotros/as	-ais	-eis	-ís	-éis	-áis	-áis
ellos/as, ustedes	-an	-en	-en	-en	-an	-an

In almost all cases the present subjunctive formation is based on the present indicative **yo** form of the verb: remove the "o" of the **yo** form and replace it with the endings indicated in the chart. Here are some examples from a variety of verbs:

hablar → habl~~o~~ → hable	correr → corr~~o~~ → corra	discutir → discut~~o~~ → discuta
tener → teng~~o~~ → tenga	crecer → crezc~~o~~ → crezca	pedir → pid~~o~~ → pida

Don't forget that some verbs are exceptions and have a different stem:

dar	~~doy~~	→	dé, des, dé, demos, deis, den
estar	~~estoy~~	→	esté, estés, esté, estemos, estéis, estén
ir	~~voy~~	→	vaya, vayas, vaya, vayamos, vayáis, vayan
haber	~~he~~	→	haya, hayas, haya, hayamos, hayáis, hayan
saber	~~sé~~	→	sepa, sepas, sepa, sepamos, sepáis, sepan
ser	~~soy~~	→	sea, seas, sea, seamos, seáis, sean

Function	Verb in indicative	que	Verb in subjunctive
Wants, **W**ishes, **W**ill	Los actores desean/prefieren/necesitan/ recomiendan	que	la cartelera **tenga** sus nombres.
Emotion	Se alegran/Se emocionan los aficionados	que	la banda sonora **esté** disponible.
Doubt	Los críticos dudan/no creen	que	esa actriz **gane** el Óscar.
Denial	Los vendedores ambulantes niegan	que	**tengan** copias ilegales de la película.
Impersonal expressions; **I**mplied future actions	Es necesario/importante/ bueno/lamentable/probable/dudoso La película estrenará después/para/a fin de	que que	**produzcan** más comedias. los críticos la **vean**.
Negation **N**on-existent/ **N**ot defined	No creen/piensan No conozco a/No hay nadie/Busco a alguien	que que	**doblen** el diálogo. **actúe** tan bien como él.
God	Ojalá (*may God grant*)	que	las butacas del teatro **sean** cómodas.

Some words that express a hypothetical condition imply probability or future action and are followed by subjunctive.

Function	Key phrases	Verb in subjunctive
probability	Quizás, Tal vez, Quizá	la película no **tenga** muchos efectos especiales.
hypothetical condition	Si	**fuera** estrella del cine, tendría mucho dinero.
implied future actions	Cuando/En cuanto	**salga** la película tendrá mucho éxito.

Passive voice and uses of *se*

Passive voice

There are two ways to express the passive voice in Spanish:

1. Using the verb **ser** + *past participle*.
2. Spanish offers another form you can use when you don't know or want to identify the subject, but this time the pronoun **se** is used. What has been called the "passive **se**" is very common, used possibly more than the passive with **ser**.

   Instead of stating the doer of the verb, the pronoun **se** is inserted before the verb.

   - **Se compuso** (*3rd pers. singular/past tense*) la música para la película antes del guion.

     The music was composed for the movie before the script.

Uses of '*se*'

1. To indicate that something unexpected and unplanned occurred to someone, the passive **se** can be combined with an indirect object pronoun, which indicates the unfortunate victim in the following order **se** + indirect object pronoun + verb
2. In cases where the indirect pronoun **le** or **les** would normally appear before any of the direct object pronouns, e.g., **lo, la, te, me, se** is used as a replacement.
3. Probably the most well-known use of **se** is to express the true reflexive in which the subject of the verb doing the action is also the object receiving the action.
4. Another common use of **se** is called the impersonal **se** and is often translated using the generic subject "one", "you" or "they". This is nearly always used in the third person singular form and does not have an identifiable subject or object.

Diversas experiencias

Note for Chapter 12: World Readiness Standards addressed in this chapter include:
Communication: All three modes
Culture: Examining the role of culture and culture shock in study abroad experiences.
Connections: Connecting with the disciplines of communications, sociology and anthropology.
Comparisons: Comparing and contrasting communication practices in various Spanish-speaking countries.
Communities: Acquiring the life-long skills of investigating, reading and reporting on a given topic in the target language.

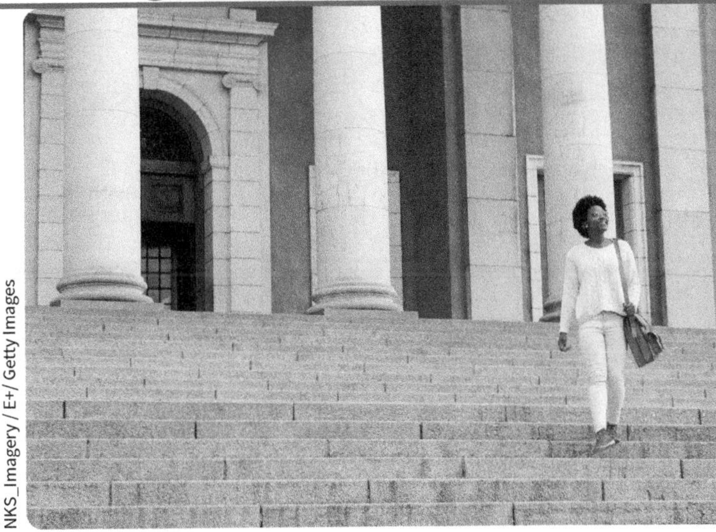

NKS_Imagery / E+/ Getty Images

Estudiar en el extranjero es una aventura que tiene muchas ventajas.

Contesta las siguientes preguntas basadas en la foto.

1. ¿Estás interesado/a en estudiar en el extranjero? ¿Por qué? ¿A dónde preferirías viajar y por cuánto tiempo?
2. ¿Qué percepciones o estereotipos crees que tendrá el/la estudiante norteamericano/a sobre la gente local y sus costumbres?
3. ¿Qué percepciones crees que tendrá la gente local sobre los estudiantes norteamericanos?
4. ¿Cuál es la mejor manera de aprender sobre la cultura de un país al estudiar en el extranjero?

OBJETIVOS COMUNICATIVOS

By the end of this chapter, you will be able to...

- talk about the advantages of studying abroad.
- reduce redundancy when you communicate both orally and in writing.
- expand your capacity to express yourself in Spanish to include more culturally specific expressions.
- reflect on your goals for language learning.

OBJETIVOS CULTURALES

By the end of this chapter, you will be able to...

- analyze the advantages and disadvantages of various types of study abroad and immersion programs.
- compare the role of language learning in your life and the lives of Spanish speakers across the globe.

ENCUENTROS

Video: Sofía sale a la calle a preguntar

Conozcamos a... Elena Menéndez Pelayo

EXPLORACIONES

Exploremos el vocabulario

Los estudios en el extranjero

Expresiones idiomáticas

Exploremos la gramática

Uses of the infinitive

Relative pronouns

EXPERIENCIAS

Manos a la obra: Diversas experiencias

Experiencias profesionales: Una presentación

El blog de Sofía: Estudiar en el extranjero

Cortometraje: *¿Por qué decidiste estudiar en el extranjero?*

Página informativa: ¿Por qué estudiar en el extranjero?

Página literaria: Isabel Allende

Cultura y sociedad: El choque cultural

Película: *Salsipuedes*

ENCUENTROS

Video

WileyPLUS

Go to WileyPLUS to watch this video.

Sofía sale a la calle a preguntar

12.1 Entrando en el tema. El concepto "cultura" puede significar muchas cosas diferentes y la interpretación de su significado varía entre las personas. Answers will vary.

Paso 1: Rellena los óvalos del segundo nivel con los elementos que creas que son esenciales de una cultura en la siguiente gráfica. Agrega más detalles relacionados con la cultura en los óvalos más pequeños del tercer nivel.

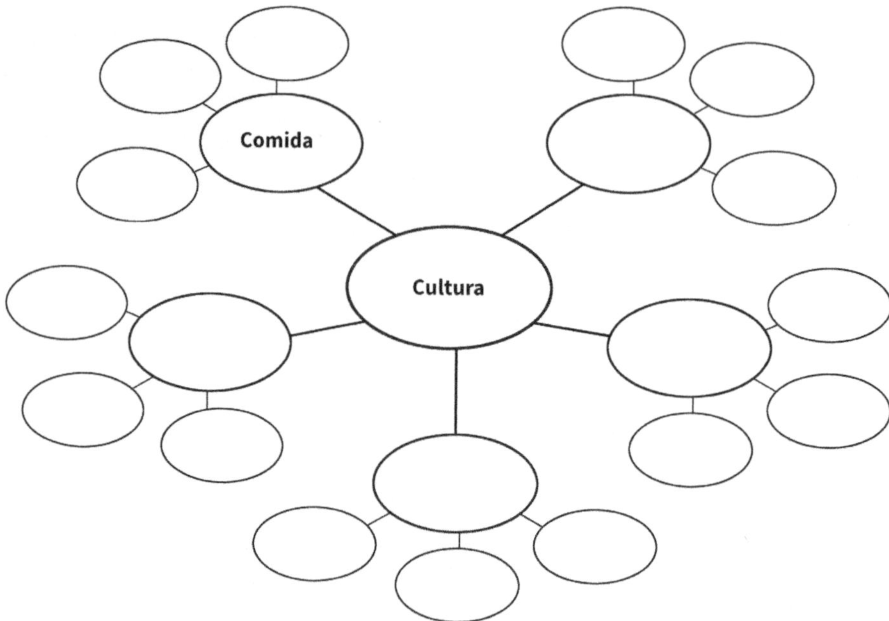

Paso 2: En esta gráfica, rellena los óvalos del segundo nivel con las que creas que son las principales culturas estadounidenses. En los círculos del tercer nivel escribe las principales características de esa cultura, bajo tu punto de vista.

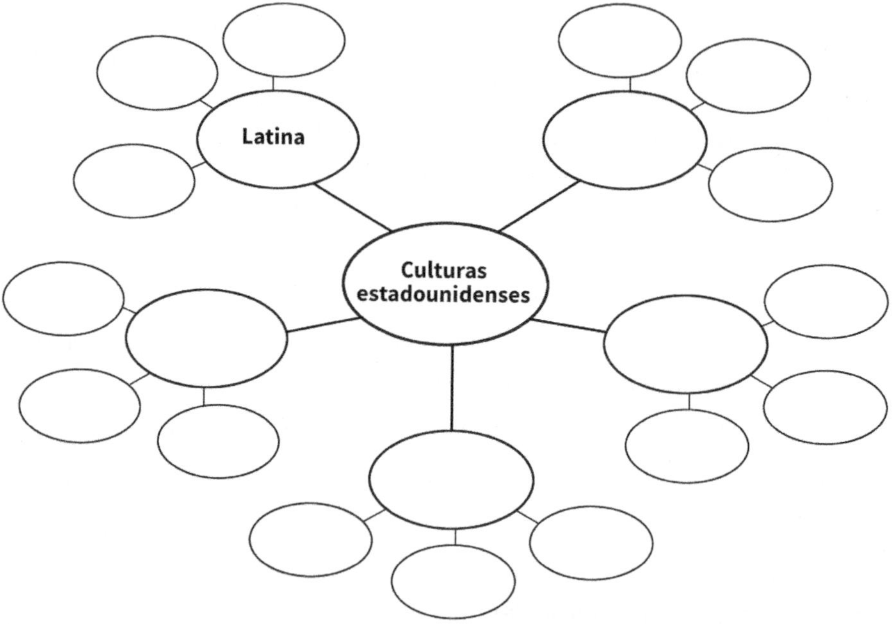

Paso 3: Compara tus gráficas con las de tu compañero/a e identifiquen similitudes y diferencias. Conversen sobre la validez de las características anotadas en el **Paso 2** e identifiquen cuáles son los atributos o cualidades que están basados en estereotipos.

12.2 Sofía sale a la calle. Sofía entrevista a Viviana, Gastón y Michelle sobre sus opiniones con respecto a la cultura y cómo el viajar nos puede ayudar a apreciar otras culturas.

Paso 1: WP Completa los espacios en blanco con las palabras y frases de la siguiente tabla para describir los choques culturales experimentados por los entrevistados.

En __C__ Michelle experimentó un choque cultural cuando __D__.

En __E__, a Gastón le chocó __F/G__ y también le sorprendió __G/F__.

Al llegar a __H__, a Viviana le costó adaptarse a __B__ en comparación con __A__.

A. Bolivia	**E.** Los Ángeles
B. el nivel de libertad de las mujeres	**F.** el olor y sabor de la comida mexicana
C. las tiendas de productos internacionales	**G.** el tamaño del desayuno
D. la gente le empujaba	**H.** los Estados Unidos

Paso 2: WP Todos los entrevistados consideraron viajar al extranjero como algo positivo. Empareja el beneficio citado con la persona que lo dijo. Después, compara tus respuestas con las de tu compañero/a:

__B__ **1.** Gastón	**A.** "Empezamos a aprender todo sobre esos países"
__C__ **2.** Viviana	**B.** "Uno entiende que el posicionamiento que uno tiene es único"
__A__ **3.** Michelle	**C.** "Puedes ver realmente por qué las personas hacen ciertas cosas"

Paso 3: Con tu compañero/a del **Paso 2**, indica si estás de acuerdo con los entrevistados y los beneficios que citan, y explica por qué. Answers will vary.

12.3 ¿Qué piensas? Sofía menciona que hay muchas semejanzas entre culturas y especula que la globalización nos hará más tolerantes. Answers will vary.

Paso 1: Reflexiona sobre una experiencia en la que hayas tenido un choque cultural en tu propio país o ciudad, o en otro país. Cuéntale a tu compañero/a todos los detalles de lo que pasó contestando preguntas como: ¿Cuándo y dónde ocurrió?; ¿Qué pasó?; ¿Por qué lo calificas como "choque cultural"?; ¿Qué culturas y personas se involucraron?; ¿Cómo te sentiste durante el episodio? ¿Y después?; ¿Qué aprendiste de la experiencia?

Paso 2: Tanto Sofía como los entrevistados parecen indicar que el viajar a otro país puede ser una experiencia positiva, pero depende de muchos factores. Comparte con tu compañero/a tu opinión sobre cómo los estudiantes universitarios pueden sacar el máximo provecho cultural de un viaje al extranjero.

Estrategia de estudio: Considering Study Abroad

Have you thought about studying abroad?

When I was in college, I learned that there are many options for studying abroad, but not enough students take advantage of them. Here is a list of some of the options for you to consider:

1. Short-term immersion. Immersion programs are sometimes 10 days to three weeks. They focus on family stays, interacting with locals, service opportunities like teaching English in local schools and generally, immersing you in language and culture.

WileyPLUS
Go to WileyPLUS to watch this video.

(continuación)

(continuación)

2. Summer programs. Lasting from 4 to 8 weeks, these programs can be run by a professor from your university or an outside company. They can include some elements of immersion, but some do not.
3. Semester programs. A semester-long program is a great way to really get to know the culture well and to improve your Spanish proficiency. These programs can be organized by a university or by a study abroad provider.
4. University exchanges. Universities often sign agreements for the exchange of students and professors. These agreements allow you to pay local tuition and enroll in classes at the university abroad. Many agreements also include assistance with housing and orientation to the culture. You can take classes with local students as well.

For me, the time I spent abroad on a university exchange turned out to be one of the most rewarding semesters of my academic career. And it was well worth it. I met many new friends, many of whom I still contact regularly. Being immersed in another culture was challenging, but I learned so much about myself and the world. I hope you can participate in an international learning experience too!

Conozcamos a...

Elena Menéndez Pelayo

Audioscript for 12.5: Mi nombre es Elena Menéndez Pelayo y soy de la Ciudad de Panamá. Todo el mundo conoce mi ciudad por el canal que conecta al océano Atlántico con el océano Pacífico, pero este país ofrece mucho más. Soy viuda desde hace 9 años, después de estar 40 años casada. Lo bueno es que no vivo sola, sino que tengo unos compañeros de casa que van cambiándose de vez en cuando. Me explico. Cuando murió mi marido, me quedé sola durante dos años y estaba muy triste con una casa grande y vacía. Un día cuando fui al mercado, me encontré con una amiga que tenía varios estudiantes de Estados Unidos viviendo en su casa. Me dijo que ella participaba en un programa de estudios en el extranjero donde estudiantes de todo el mundo venían a Panamá para estudiar español y conocer el país. Estos estudiantes necesitaban un lugar para alojarse y alimentarse mientras estaban en el país. Me dio la información de la señora que se encargaba del alojamiento de los estudiantes y así empecé. Todavía me acuerdo de mis primeras dos chicas de Orlando. Eran muy simpáticas y nos mantenemos en contacto por las redes sociales hasta el día de hoy. Desde entonces, he alojado en mi casa a cientos de estudiantes de todos los países imaginables: China, Corea del Sur, Suecia, Suiza, Alemania y, por supuesto, muchos de Estados Unidos. Les doy un lugar seguro y limpio donde pueden vivir durante su tiempo en Panamá, así como unas buenas comidas típicas de la región y a cambio recibo un dinero extra y la compañía de estos jóvenes maravillosos. Me ha encantado alojar a estos estudiantes y muchos han vuelto con sus padres u otros familiares para visitarme. Siempre llegan con muchas ganas de ver los diferentes lugares turísticos en Panamá. Casi siempre van un fin de semana a Bocas del Toro, que es una serie de islas tropicales en el mar Caribe cerca de la costa este del país. Dicen que esa área es la mejor de la región para practicar buceo. La otra cosa que hacen los estudiantes es ir en el original y primer ferrocarril

Jose Luis Pelaez Inc / DigitalVision / Getty Images

Elena es una anfitriona que ha recibido a muchos estudiantes durante los últimos años en su casa en Panamá.

Antes de escuchar

12.4 La hospitalidad. Con un/a compañero/a, contesta las siguientes preguntas.

Answers will vary.

1. ¿Cuál es la parte más difícil de tener invitados en tu casa/apartamento?
2. ¿Quiénes son las personas que más te visitan?
3. ¿Qué es lo que las personas esperan de ti cuando te visitan?
4. Al viajar, ¿con quién/es te quedas?
5. ¿Has tenido alguna vez en tu casa un/a estudiante de intercambio de otro país?

Mientras escuchas

Suggestion for 12.5: For hybrid or flipped classes, you may want to assign students to listen to the audio and complete this activity prior to the class session.

12.5 ¡Qué interesante! **WP** Nombra los tres lugares que visitan los estudiantes en Panamá y escribe una breve descripción de cada sitio.

Lugares	Descripción
1. Bocas del Toro	Una serie de islas tropicales en el mar Caribe cerca de la costa este del país.
2. Ferrocarril transcontinental	Vistas preciosas del canal y de las selvas que lo rodean.
3. Canal de Panamá	Ver el canal y un buen lugar para hacer compras.

Después de escuchar

Suggestion for 12.6: For hybrid or flipped classes, you may want to assign students to listen to the audio and complete this activity prior to the class session.

12.6 La vida de Elena. Con tu compañero/a de clase, contesta las siguientes preguntas.

1. ¿Dónde nació Elena? La Ciudad de Panamá
2. ¿Cuándo murió su marido? Hace 9 años
3. ¿Cómo se sentía después de su muerte? Muy sola con la casa grande y vacía
4. ¿Cómo supo del programa con los estudiantes? Se encontró con una amiga al ir al mercado y ella le contó.
5. ¿Cómo ayuda a los estudiantes? Les da una casa limpia y segura y comida de la región.
6. ¿De dónde provienen los estudiantes que se quedan con ella? De China, Corea del Sur, Suecia, Suiza, Alemania y EE. UU.
7. ¿Qué dos cosas recibe a cambio de alojar a los estudiantes? Un dinero extra y su compañía
8. ¿Cuándo piensa dejar de hospedar a los estudiantes en su casa? Cuando no pueda más

transcontinental. Este ferrocarril fue inaugurado en 1855 y fue construido por los viajeros que iban a California en su búsqueda de oro. Se puede viajar de un océano al otro en solamente 90 minutos en ferrocarril. Mientras viajan, pueden disfrutar de unas vistas preciosas del canal y de la selva tropical que lo rodea. Finalmente, todos van a la zona del canal y allí sacan sus fotos y hacen compras ya que es la zona con mayor población. Tengo pensado seguir alojando a los estudiantes hasta que no pueda más. Doy gracias cada día a mi amiga por haber compartido conmigo esta gran oportunidad.

¿Qué sabes de Chile, Cuba y Panamá?

WP Repasa el mapa, las estadísticas y las descripciones de Chile, Cuba y Panamá en WileyPLUS.

Sitios interesantes

pawopa3336 / iStock / Getty Images

El teleférico del Parque Metropolitano de Santiago, Chile, ofrece vistas panorámicas de la ciudad y de los Andes.

Julio Castillo / Getty Images

Panamá ofrece la oportunidad de estudiar en uno de los países con la mayor biodiversidad del mundo. En él se puede aprender sobre una gran variedad de ecosistemas.

Lebelmont / Shutterstock

Suggestion for "¿Qué sabes de Chile, Cuba y Panamá?": Use the statistics and map provided in WileyPLUS to elicit country comparisons. Students can review basic information, such as size, type of government, languages, population, etc. You can recycle comparisons at the same time by comparing countries to one another and to the United States.

La Universidad de la Habana es la universidad más antigua y prestigiosa del país y está situada en el casco histórico del centro de la capital.

12.7 Datos interesantes de Chile, Cuba y Panamá. Estás investigando los programas de estudio en el extranjero. Examina los datos de cada país. Luego habla con un/a compañero/a y contesta las siguientes preguntas.

1. ¿En qué país hay más universidades públicas? ¿Por qué crees que es así? En Estados Unidos; Answers will vary.
2. ¿Cómo se comparan estos datos con los de EE. UU.? Answers will vary.
3. ¿Dónde hay más academias de inglés? ¿Por qué crees que es así? Chile; Answers will vary.
4. Compara el número de universidades privadas. ¿Qué conclusiones puedes sacar de estos datos? Answers will vary.

Datos interesantes: Chile

Número de universidades públicas: 18

Número de universidades privadas: 31

Número de programas para estudiantes extranjeros: 124

Número de academias de inglés: 89

Datos interesantes: Cuba

Número de universidades públicas: 25

Número de universidades privadas: 10

Número de programas para estudiantes extranjeros: 18

Número de academias de inglés: 6

Datos interesantes: Panamá

Número de universidades públicas: 7

Número de universidades privadas: 22

Número de programas para estudiantes extranjeros: 3

Número de academias de inglés: 14

Datos interesantes: Estados Unidos

Número de universidades públicas: 1652

Número de universidades privadas: 2937

Número de programas para estudiantes extranjeros: 8774

Número de academias de lenguas: 61

Cultura viva

Estudiar inglés en Cuba

Desde que, en 2015, se firmara la apertura de las embajadas de los gobiernos de EE. UU. y Cuba, se ha despertado un gran interés entre los cubanos por aprender el idioma inglés. El gobierno cubano agregó inglés a la lista de materias prioritarias durante el año escolar 2015-2016 y ha aumentado el número de clases privadas de inglés que se ofrecen.

Kyodo / AP Images

En la actualidad tomar clases de inglés se ha puesto muy de moda en Cuba.

WileyPLUS
Go to WileyPLUS to watch this video.

Estrategia de estudio: Making Friends with Native Speakers
by Rubina Ghasletwala

Rubina Ghasletwala

I have made several friends with Spanish native speakers. One of them is from Puerto Rico and another is from Venezuela. I have another friend who was born in the United States but his parents were born in Mexico. Whenever we would hang out they would end up speaking in Spanish, and at first I never understood the conversation, but now I am a part of it. Learning Spanish has become a lot more fun because I am with friends.

EXPLORACIONES

Los estudios en el extranjero

AleksandarNakic / E+/ Getty Images

Es importante que tengas tu **pasaporte vigente** si decides estudiar en el extranjero. También necesitarás un **seguro médico**, ponerte **vacunas**, y **hacer las maletas** antes de viajar.

Los estudios en el extranjero	*Studying abroad*	Los cognados
aclarar	*to clarify*	la aventura
agobiado/a	*overwhelmed*	el campamento
el albergue (juvenil)	*(youth) hostel*	cancelar
alojarse	*to stay*	el criterio
el aprendizaje	*learning*	el destino
el aviso	*notice*	incluido/a
el buceo	*diving*	el itinerario
caber	*to fit*	reservar
caprichoso/a	*capricious/whimsical*	la visa
cerrado/a	*closed*	
chismear	*to gossip*	
estar lleno/a	*to be full*	
exigente	*demanding*	
lejano/a	*far*	
el malentendido	*misunderstanding*	
un montón	*a lot*	
el ocio	*leisure*	
el pasaje/ boleto/billete de ida y vuelta	*round trip*	
quedarse	*stay*	
la temporada alta/baja	*high season/low season*	

Exploremos el vocabulario 1

WileyPLUS
Go to WileyPLUS to review these vocabulary words and practice their pronunciation.

Teaching tip for Exploremos el vocabulario 1: Encourage students to guess the meaning of cognates to eliminate the need to memorize these vocabulary items. Also, remind them to focus on the differences in their spelling.

Audioscript for 12.8:
Estudiar en el extranjero tiene sus ventajas. Pero después de tomar esta gran decisión, debes estar preparado, especialmente si decides ir por un semestre. En esta grabación, ofrezco mi apoyo con los trámites y les cuento lo que he aprendido a través de mis propias experiencias.
Algunos países exigen un visado, además de tu pasaporte. Debes investigar los requisitos del país, ya que para algunos hay que presentarse personalmente en el consulado más cercano, por ejemplo, en Washington, Nueva York, Chicago, San Francisco, Miami u otra ciudad donde haya un consulado del país donde piensas ir. Para tu estadía en el extranjero, tienes que comprobar que estés cubierto por un seguro médico. Antes de solicitar la visa, investiga qué tipo de seguro es necesario. Hablando de salud, otro aviso importante es consultar con tu doctor o doctora lo más pronto posible acerca de qué vacunas y medicamentos vas a necesitar. Busca un alojamiento antes de llegar a tu destino. No tiene que ser un lugar de lujo, puede ser un albergue juvenil o una habitación individual en una casa particular. Lo importante es llegar unos días antes de que empiece tu programa para orientarte un poco, conocer la ciudad y descansar. Compra tu pasaje de ida y vuelta con mucha anticipación para obtener el mejor precio. Viaja en temporada baja si es posible, porque todo cuesta menos en los lugares turísticos. En tu maleta, lleva menos de lo que creas que vas a necesitar. Estarás menos agobiado en los aeropuertos y aviones si llevas pocas maletas. Sigue mis consejos para tener unas experiencias inolvidables en el extranjero.

WileyPLUS
Go to WileyPLUS to watch this video.

Suggestion for 12.8: For hybrid or flipped classes, you may want to assign students to listen to the audio and complete this activity prior to the class session.

Suggestion for 12.9: For flipped or hybrid courses, students can prepare this activity outside of class.

12.8 Cómo prepararte para estudiar en el extranjero. En el siguiente audio una estudiante ofrece consejos para estudiar en el extranjero. Escucha las instrucciones para verificar si son correctas o no. Completa los **Pasos** para empezar tus preparativos.

Paso 1: WP Escucha el *podcast* e indica cuáles de los siguientes consejos se mencionan en el audio.

__✓__ Investiga si el país exige un visado.
_____ Lleva por lo menos tres maletas grandes para quedarte por un semestre entero.
_____ Haz una reserva en un hotel de lujo en el centro de la ciudad.
__✓__ Consulta con tu doctor/a sobre las vacunas necesarias.
_____ Lleva una tarjeta de crédito para sacar dinero en efectivo de un cajero automático.
__✓__ Saca un seguro médico para tu estadía.
_____ Regístrate en el consulado de tu país una vez que llegues.
__✓__ Compra un pasaje de ida y vuelta con mucha anticipación.
_____ Viaja durante la temporada alta.

Paso 2: Conversa con un/a compañero/a sobre la idea de estudiar en el extranjero. Menciona las razones por las que lo harías. ¿Cuáles son las desventajas? ¿A qué país te gustaría viajar?

Estrategia de estudio: Conversing outside of Class *by Katie Kennedy*

Katie Kennedy

Meet new people in your class and make friends with other Spanish majors or native speakers because they have other ways of speaking Spanish. And you can also speak with them outside of class which is a more relaxed way to practice the language.

12.9 Investigaciones. En la oficina de estudios internacionales de tu universidad, puedes encontrar una variedad de información acerca de los programas de estudios o estadías en el extranjero. Completa los **Pasos** para aprender más. Answers will vary.

Paso 1: Investiga tres programas y completa la tabla con la información que encuentres.

Criterios	Programa #1	Programa #2	Programa #3
Duración			
Precio			
Fechas			
Ciudad			
Tipo de alojamiento			
Horario de clases			
Excursiones incluidas			

Paso 2: Comparte la información que hayas encontrado con tu compañero/a. Decide qué programa es mejor para cada uno.

12.10 Adaptaciones. Asistes a la sesión de orientación del Centro de Estudios Internacionales de tu universidad. Ellos hablaron del choque cultural y de las diversas adaptaciones que hay que hacer cuando se viaja al extranjero. Completa los siguientes **Pasos** para reforzar tu aprendizaje sobre las adaptaciones culturales. Answers will vary.

Paso 1: Evalúa la intensidad de la ansiedad que sientes en cada una de las siguientes situaciones. ¿Cómo te puede afectar cada una en el extranjero?

Factores	Baja intensidad 1	2	3	4	Alta intensidad 5
Parece que tuviste un malentendido con la familia y no sabes cómo explicarlo en español.					
Tu profesor de lengua es muy exigente, mucho más que los profesores de tu universidad en los EE. UU.					
La mamá de la familia te sirve alimentos desconocidos para la cena. Los has probado, pero te sirve otro plato y no quieres comer más.					
Hiciste tres maletas enormes. La familia viene al aeropuerto a recogerte, pero tienen un coche muy pequeño y tus maletas no caben en el maletero del coche.					
Cuando vas a clase el primer día, te das cuenta de que hay un montón de expresiones nuevas que no conoces y no entiendes mucho lo que dicen en clase.					
Haces planes con un/a compañero/a de clase para tomar un café, pero él/ella llega media hora tarde y tienes otro compromiso en media hora.					

Paso 2: ¿Eres una persona que puede adaptarse fácilmente a un nuevo ambiente? ¿Qué harías en cada una de las situaciones anteriores? Explícale tu respuesta a tu compañero/a, tomando en cuenta tus respuestas en la tabla.

Suggestion for 12.11: For flipped or hybrid courses, students can prepare this activity outside of class. During the next class session, they can present their findings to the class.

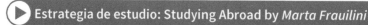

12.11 El español cerca de ti. Ve al Centro de Estudios Internacionales de tu universidad para conocer a un/a estudiante internacional. Habla con él/ella sobre sus adaptaciones culturales al llegar a EE. UU. ¿Qué diferencias notó en cuanto a la comida, el tiempo, los horarios de clases, el comportamiento en clase y las normas culturales en general? ¿Fue difícil adaptarse? ¿Cómo cambiaron sus impresiones de EE. UU. después de vivir aquí por un mes? ¿Qué ayudó a adaptarse? Answers will vary.

WileyPLUS

Go to WileyPLUS to watch this video.

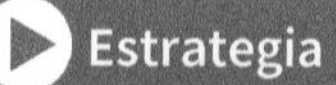

Estrategia de estudio: Studying Abroad by *Marta Frauilini*

Maria Fraulini

I highly recommend studying abroad. You can go to the center for international education at your university and they can help you find the program that best fits you. There's no better way to learn a language than to be immersed in the culture and to live in the country that speaks Spanish. Not only is it a great learning opportunity, but it's also an experience of a lifetime!

Exploremos la gramática 1

Uses of the infinitive

WileyPLUS

Go to WileyPLUS to review this grammar point with the help of the Animated Grammar Tutorial.

Suggestion for Exploremos la gramática 1: Uses of the infinitive: You may want to use "dictionary form" to refer to the infinitive and mention that one doesn't look for "runs" when looking up the definition for the verb "to run". Some students will understand "base form" but it may help others to use "dictionary form".

Teaching tip for Exploremos la gramática 1. Uses of the infinitive: 1. Two Verbs: Point out that there are a few exceptions like "**tener que** + *infinitive*". However, encourage students to focus on the pattern and help them understand that it should be easy to memorize the exception of "**tener que** + *infinitive*" since it is such a high-frequency phrase.

Teaching tip for Exploremos la gramática 1. Uses of the infinitive: 2. After Prepositions: Remind students that often prepositions appear in multi-word phrases with adverbs to complete their meaning: **después de, antes de, a causa de, a fin de**, etc. Point out that in the English phrase "After studying abroad…" there is no preposition, but rather an adverb followed by the gerund form of the verb. In contrast, both the adverb and the preposition are needed in Spanish "**Después de estudiar…**". The phrase **después de** could be considered a phrasal preposition comprised of an adverb (**después**) followed by a preposition (**de**).

One notable difference between English and Spanish grammar is the way in which the base form of a verb, or infinitive, can be used. The infinitive form is simply a verb that has not been changed to match a subject. For example, the infinitive in Spanish **correr** would be roughly equivalent to the English infinitive "to run" since the person doing the running is not mentioned. There are several key uses of the infinitive in Spanish that are manifested differently in English:

1. **Two Verbs**. The infinitive form in Spanish often occurs immediately after another verb that has already been matched to the subject. In these cases, the verb in the infinitive expresses an action done by the subject of the first verb and combines with it to complete the meaning of the sentence:
   - Mi amiga piensa **alojarse** con una familia durante el semestre de estudios en Panamá.
     My friend plans <u>to stay</u> with a family during her semester abroad in Panama.
   - Marisa decidió **cancelar** su programa de estudio en Chile.
     Marisa decided <u>to cancel</u> her study abroad program to Chile.
2. **After Prepositions**. Unlike English, Spanish uses the infinitive form of the verb after prepositions **[preposition** + *infinitive***]**:
   - **Por estudiar [preposition** + *infinitive***]** tanto en el extranjero, el español de Héctor mejoró mucho.
     <u>From (due to) studying</u> [preposition/adverb + '-ing' form] *abroad for so long, Héctor's Spanish improved a lot.*
3. **Infinitive as Noun**. A very similar issue arises when a speaker wants to turn a verb into a noun form. In Spanish we use the infinitive while English uses the '-ing', or gerund, form:
   - **(El) ver** es creer.
     <u>Seeing</u> is believing.

Note that the masculine singular article **el** may appear before the infinitive form of the verb, but is not required. Also, notice that the noun form of **ver** is considered singular as can be seen from the fact that **ser** is conjugated in the singular **es** in the previous example.

If **Al** (**a + el**) is placed before the infinitive verb, there is a slight change in meaning focusing on the point when the action started as in *Upon + verb…*:

- **Al visitar** ciertos barrios en La Habana, los estudiantes vieron bastante pobreza.
  Upon visiting certain neighborhoods in La Habana, the students saw a lot of poverty.

4. **Impersonal Command**. A common use of the infinitive in Spanish is to make impersonal commands often found on public signs that are directed to a general audience.
   - **Ceder** el paso.
     Yield the right of way.
   - No **fumar**.
     No smoking.

Teaching tip for Exploremos la gramática 1: Uses of the infinitive: 4. Impersonal Command: If students ask about when to use the traditional command forms and the infinitive command form, you might explain that the infinitive command is reserved for commands targeting a general audience, typical for warning and caution signs in public spaces.

Once again, the form in English is the gerund, *-ing*, but the infinitive is used in Spanish.

12.12 Estudiar en el extranjero. Escucha al representante de las universidades nacionales de Cuba describir los beneficios de estudiar español en el extranjero, específicamente en Cuba.

Suggestion for 12.12: For hybrid or flipped classes, you may want to assign students to listen to the audio and complete this activity prior to the class session.

Paso 1: WP Contesta las preguntas con base en el discurso del representante de las universidades cubanas.

1. Hoy en día el viajar a Cuba…
   a. sigue prohibido para los ciudadanos norteamericanos que no hablen inglés.
   b. se permite solo a los que tienen familia en Cuba.
   (c.) está permitido a estudiantes universitarios norteamericanos.
2. Al estudiar en Cuba, los estudiantes podrán…
   a. vivir con otros estudiantes internacionales para practicar el español.
   (b.) pasar tiempo con familias en las que nadie habla inglés.
   c. tener al menos un hablante del inglés en la casa con ellos.
3. Al ser minoría lingüística, los estudiantes norteamericanos aprenden a…
   a. valorar su propia lengua y el poder que tiene el inglés en el mundo.
   b. hacer gestos y usar expresiones idiomáticas para comunicarse con la gente local.
   (c.) desarrollar más paciencia al comunicarse en inglés con hablantes de otra lengua.
4. El representante enfatiza la importancia de…
   a. aprender las grandes obras literarias y artísticas de Cuba.
   (b.) estudiar lo lindo y lo feo de Cuba en los cursos.
   c. comparar las economías de Cuba y los Estados Unidos.
5. Para ser ciudadanos globales es importante…
   (a.) conocer la cultura y las lenguas de los países cercanos al nuestro.
   b. familiarizarnos con nuestra propia cultura antes de aprender otras.
   c. reconocer las imperfecciones y malas decisiones de nuestro gobierno.

Paso 2: Completa cada oración con tus propias reacciones y sentimientos sobre la posibilidad de estudiar en Cuba.

Answers for 12.12, Paso 2: Answers will vary but the verb must be in the third person singular form.

1. (El) viajar a Cuba ____________________
2. (El) visitar los lugares pobres de La Habana ____________________
3. (El) estudiar en otro país ____________________

Audioscript for 12.12:
Mis queridos amigos de los Estados Unidos: me dirijo tanto a los estudiantes como a los profesores de español, y también a todos aquellos que son amantes de la lengua española y las diversas culturas asociadas a ella. Como ustedes saben, tanto el gobierno norteamericano como el cubano habían prohibido que sus ciudadanos viajaran entre sus países desde hace 60 años. Era como si hubieran levantado un cartel de aviso diciendo "No entrar" en las fronteras de ambos países. Después de una larga espera, los gobernantes de nuestros países han firmado un acuerdo que permite viajar libremente entre Cuba y los Estados Unidos a los ciudadanos de los dos países, incluyendo a los estudiantes universitarios. Quiero hablarles hoy no solo de por qué deben viajar al extranjero como estudiantes universitarios, sino también sobre por qué deben ir a Cuba. Con toda honestidad, en el siglo XXI no estudiar en otro país no es una opción para el individuo que realmente quiera adquirir otra lengua, que quiera dominar la comunicación tanto interpersonal como profesional en un mercado cada vez más globalizado, y que quiera adquirir los conocimientos culturales necesarios para apreciar la gran diversidad en el mundo. Primero voy a hablar de los beneficios lingüísticos. Como señalan los expertos en el tema, aprender otra lengua se hace de manera más eficiente si la persona está inmersa en la cultura y en la lengua. Todos los programas que tenemos ofrecen a los estudiantes la oportunidad de vivir con familias en las que nadie habla inglés. En segundo lugar, las empresas del siglo XXI no solo quieren contratar a candidatos que sean capaces de hablar una segunda lengua, sino que también desean que tengan habilidades en la comunicación en general, especialmente en contextos internacionales y multiculturales. La capacidad de comunicarse y demostrar sensibilidad en la lengua nativa de personas de otras culturas es una destreza clave que casi todas las empresas multinacionales valoran. Tener la experiencia en carne propia de ser la minoría lingüística en Cuba es el primer paso para desarrollar esa sensibilidad. Por último, estar en otro país ayuda al estudiante a conocer la historia del lugar y la riqueza cultural del pueblo y sus instituciones, desde lo más noble y admirable hasta lo más feo y lamentable. A pesar de los mitos que circulan en los Estados Unidos, los dirigentes de los programas para extranjeros nos han autorizado a debatir sobre cualquier aspecto de la historia y la política de Cuba, y no intentan censurar el contenido de los cursos que ofrecemos. De hecho, nos dejan llevar a estudiantes extranjeros a las zonas más pobres y a lugares anteriormente restringidos. Para ser ciudadanos mundiales, es esencial que sepamos los pormenores de las sociedades y las culturas de nuestros vecinos para formar una idea más realista del impacto de las decisiones de nuestros gobiernos. Por todas estas razones y más, les sugiero que consideren uno de los muchos programas educativos para estudiantes internacionales que se ofrecen en diversas universidades cubanas. Estoy seguro de que la experiencia será inolvidable y dará fruto tanto en el ámbito profesional como en el personal.

4. (El) vivir con una familia cubana ______________________________

5. (El) mejorar el español ______________________________

6. (El) ser una minoría lingüística ______________________________

7. (El) estar en un país comunista ______________________________

12.13 Cartel de aviso. Es muy común encontrarse con carteles de aviso en lugares públicos. Sigue las siguientes instrucciones para crear carteles de aviso que correspondan a las situaciones representadas en los dibujos. Answers will vary.

Paso 1: Un/a estudiante describe los primeros tres dibujos (1-3) en detalle mientras el/la otro/a estudiante mantiene el libro cerrado pero escucha atentamente y toma notas. Después, los estudiantes cambian de papel y el/la segundo/a describe los dibujos 4-6 mientras el/la primero/a escucha con el libro cerrado tomando notas de la descripción. Cada estudiante debería tapar con una hoja de papel los dibujos que no le corresponden mientras escucha la descripción del/de la otro/a.

1.

2.

3.

4.

5.

6.

Paso 2: El/La compañero/a que escuchó la descripción tiene que crear al menos dos carteles de aviso con el infinitivo apropiado según el contexto (*No + verbo infinitivo*) y explicar por qué (*La gente quiere/querrá... + verbo infinitivo diferente al que aparezca en el cartel de aviso*). Al final, el/la compañero/a que escuchó la descripción debe abrir el libro o destapar las imágenes para poder ver la imagen de la situación.

12.14 Situaciones. Haz el papel de **A** o **B** con tu compañero/a para participar en la siguiente conversación. Answers will vary.

A- En tu último año de la universidad, por fin has decidido viajar a otro país y estudiar en el extranjero para terminar los requisitos de tu carrera en español. Crees que al estudiar fuera podrás aprender y hacer cosas que no son posibles en los Estados Unidos. Te encuentras con un/a amigo/a que no sabe cuáles son los beneficios de estudiar en el extranjero y lo considera una mala idea. Explícale por qué quieres viajar al extranjero, cuáles son los beneficios, y lo que vas a aprender allí que no puedes aprender en los Estados Unidos (*Quiero..., Puedo..., Voy a...*).

B- Tu amigo/a te informa de que durante el último semestre de su último año de la universidad ha decidido participar en un programa de estudios en otro país. Aunque entiendes el deseo de tu amigo/a de estudiar en el extranjero, no estás seguro/a de que sea buena idea. Explícale a tu compañero/a todas las cosas que no puede hacer si pasa el último semestre en otro país. También dile qué debería hacer en su último semestre de la universidad y por qué.

Suggestion for 12.14: For flipped or hybrid courses, students can prepare this activity outside of class. During the next class session, they can practice and present their situation to the class.

Expresiones idiomáticas

Odua Images / Shutterstock

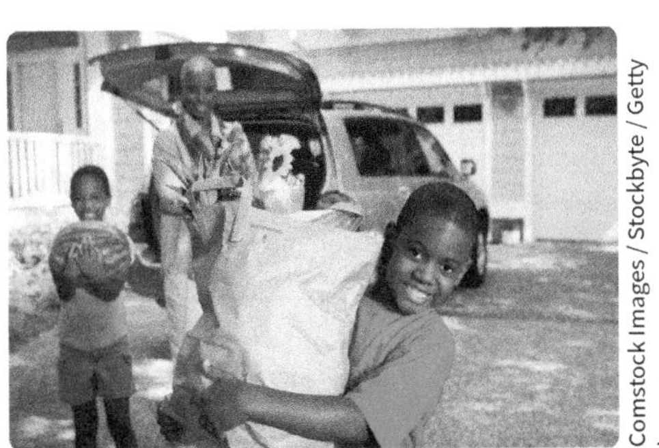
Comstock Images / Stockbyte / Getty Images

Estas fotos representan la expresión **Echar una mano**.

Exploremos el vocabulario 2

WileyPLUS

Go to WileyPLUS to review these vocabulary words and practice their pronunciation.

Suggestion for Exploremos el vocabulario 2: Expresiones idiomáticas: This chapter has a focus on different idiomatic expressions. Idiomatic expressions vary greatly by region and even the meaning of some common expressions can change. Have the heritage learners in your class ask family members for some common expressions for their region of the Spanish-speaking world. You can also ask them if they have used any expressions or if they have heard some that they can share with the class. You can also contrast this with the non-heritage students who can share some of the expressions that their family members use in English.

Expresiones idiomáticas	*Idiomatic expressions*
andarse por las ramas	*to beat around the bush / not get to the point*
costar un ojo de la cara	*expensive*
chuparse los dedos	*scrumptious, delicious*
dar en el clavo	*to hit the nail on the head / to be on spot*
dejar (a alguien) plantado	*to leave (someone) hanging*
echar una mano	*to lend a hand / to help out*
entre la espada y la pared	*between a rock and a hard place / to be in a difficult position*
estar de baja	*to be on sick leave*
estar mal visto	*to look bad*
estar pachucho/a / estar un poco enfermo/a	*to feel weak / feeble*
hablar por los codos	*to talk too much*
hacer la vista gorda	*to look the other way*
hacerle caso (a alguien)	*to pay attention to*
matar dos pájaros de un tiro	*to kill two birds with one stone*
meter la pata	*to mess up*
no pegar ojo	*to be wide awake / unable to sleep*
ponerse las pilas	*to get your act together / to get going*
quedar en ridículo	*embarrassing / to look like a fool*
saltarse las lágrimas	*to bring tears to one's eyes*
sentirse fatal	*to feel terrible*
tener agujetas/estar adolorido/a	*to feel stiff*

Cultura viva

Los maestros panameños estudian en el extranjero

Recientemente, el gobierno panameño creó el programa Panamá Bilingüe y empezó a mandar a maestros al exterior para fortalecer su competencia en inglés. Los maestros reciben capacitaciones en Estados Unidos, Canadá, Reino Unido y Barbados. Se espera que los maestros vuelvan a su país con una mejor competencia lingüística e intercultural para poder compartir sus conocimientos nuevos con sus estudiantes.

Jack Hollingsworth / DigitalVision / Getty Images

El gobierno panameño reconoce la importancia del aprendizaje de inglés, tanto para los maestros como para los estudiantes.

12.15 ¿Hablas el lenguaje de modismos? Marta Ramírez ha producido este *podcast* sobre los modismos en español. Escucha la opinión de Marta y completa los **Pasos**.

Paso 1: WP ¿Cuántos modismos utilizó Marta en su pequeño monólogo sobre el ejercicio? Marca los que escuchaste.

✓ costar un ojo de la cara	✓ dejar plantado a alguien
✓ andarse por las ramas	____ echar una mano
____ chuparse los dedos	✓ estar entre la espada y la pared
____ no pegar ojo	✓ matar dos pájaros de un tiro
✓ dar en el clavo	____ estar pachucho/a
____ meter la pata	✓ ponerse las pilas
____ hacer la vista gorda	✓ hacerle caso
____ estar de baja	____ hablar por los codos
✓ quedar en ridículo	✓ sentirse fatal
✓ estar adolorido/a	____ saltarse las lágrimas

Paso 2: WP Para aclarar la opinión de Marta, decide si las siguientes oraciones son **Ciertas** (**C**) o **Falsas** (**F**).

C **1.** Según el médico de Marta, la mejor manera de evitar un ataque cardíaco es hacer ejercicio aeróbico todos los días.

F **2.** A Marta le gusta mucho el club de salud donde hace ejercicio.

F **3.** Marta quiere buscar un entrenador nuevo.

C **4.** Para Marta, es difícil empezar una rutina porque le duele todo el cuerpo después de hacer ejercicio.

F **5.** Marta siempre cumple con sus citas con el entrenador.

F **6.** Según el entrenador de Marta, hacer ejercicio le puede ayudar a dormir mejor.

Paso 3: Tomando en cuenta la opinión de Marta, conversa con tu compañero/a sobre su experiencia con los gimnasios y el ejercicio. ¿Tienes una rutina de ejercicio? ¿Cuál es? ¿Cuántas veces la haces a la semana? ¿Notas los resultados en otros aspectos de tu vida? Explica tus respuestas. Answers will vary.

12.16 Juego de *Taboo*. En equipos de dos personas, juega a *Taboo* con otro equipo. Intenta explicarle a tu compañero/a una situación que ejemplifique uno de los modismos que acabas de aprender. Igual que en las reglas de *Taboo*, no puedes utilizar ninguna palabra del modismo en tu explicación. Si tu compañero/a adivina correctamente el modismo, tu equipo gana un punto. Gana el equipo que más modismos acierte. GAME

12.17 El español cerca de ti. Entrevista a través de Internet o en persona a un hispanohablante de tu comunidad y pregúntale sobre su uso de modismos y dichos. ¿Reconoce los dichos que aparecen en este capítulo? ¿Los utiliza en su habla cotidiana? Pídele que te explique cómo se usan y algunos contextos en los que se usarían. ¿Qué dichos y expresiones usa más frecuentemente? ¿Qué otros dichos o expresiones te recomienda que aprendas? ¿Qué significan? ¿Son parecidas a expresiones que conoces en inglés? Answers will vary.

Suggestion for 12.17: For flipped or hybrid courses, students can prepare this activity outside of class. During the next class session, they can present their findings to the class.

Suggestion for 12.15: For hybrid or flipped classes, you may want to assign students to listen to the audio and complete this activity prior to the class session.

Audioscript for 12.15:
Para muchos latinos, los dichos, modismos y expresiones populares están llenos de imágenes, dobles sentidos y metáforas. Creo que por eso nos encanta utilizarlos en el habla cotidiana. En nuestro idioma existe una gran cantidad de expresiones que aportan un tono de humor, crítica o sarcasmo a la conversación y forman parte de nuestras culturas. Para las personas que aprenden otro idioma, estas expresiones populares pueden resultar confusas ya que, en muchas ocasiones, no tienen una traducción literal entre los dos idiomas.
Por ejemplo, después de ir al gimnasio, estoy adolorida y a veces al día siguiente me siento fatal porque me duele todo el cuerpo. Como me cuesta llegar al gimnasio para hacer ejercicio, no quiero quedar en ridículo, así que debo ponerme las pilas y hacerle caso a mi médico que me dice que haga por lo menos 30 minutos de actividad aeróbica todos los días. Él no se anduvo por las ramas cuando me dijo que tendría un ataque cardíaco pronto si no le tomo en serio. El club de salud del que soy socia me cuesta un ojo de la cara, pero estoy entre la espada y la pared porque me gusta mucho el entrenador que trabaja allí. Una vez, sin motivación para seguir, le dejé plantado y no fui a la sesión de entrenamiento. Pero él dio en el clavo cuando me dijo que podría matar dos pájaros de un tiro porque además de mejorar mi salud y bajar de peso, puedo bajar el nivel del estrés y la ansiedad que sufro. Así que he decidido invertir el dinero y el tiempo en mí misma.
[pausa] Como han podido comprobar tras escuchar mi pequeño monólogo, es posible utilizar muchos modismos y expresiones durante una conversación. Pensando en los que aprenden español y quieren interactuar con nuestra cultura, vale la pena entender algunos de ellos, ya que es una buena manera de ampliar su vocabulario, entender otra cultura y ayudarles a alcanzar un nivel más alto de comprensión del idioma.

Exploremos la gramática 2

WileyPLUS

Go to WileyPLUS to review this grammar point with the help of the Animated Grammar Tutorial.

Suggestion for Exploremos la gramática 2: Relative pronouns: Help students recognize that **que** is replacing **los estudiantes**, which is the subject of **reciben**. Therefore, **que** is a relative pronoun functioning as a subject. This will help them later when they learn that **que** can also function as an object. Finally, point out that **que** is invariable as a relative pronoun in that it does not agree in number or gender with the noun it replaces.

Answers for ¿Qué observas? box: 1. Sentence 2 serves as the main clause ("Los estudiantes están muy entusiasmados.") and Sentence 1 ("Los estudiantes reciben el itinerario mañana.") serves as the dependent clause in Sentence 3.
2. "que", replaces "los estudiantes"
3. "Los estudiantes que están muy entusiasmados reciben el itinerario mañana."

Suggestion for Exploremos la gramática 2: Relative pronouns: Highlight for students the fact that **que** remains invariable but that the pronominal element before **que** (**el/los/la/las**) agrees in number and gender and that **cual** only agrees in number (**cual/cuales**). You may also want to explain that there is no set rule for when to use **el/la que** instead of **el/la cual** and that it depends on dialect and register.

Relative pronouns

As you may remember, a pronoun replaces a previously mentioned noun:

- Juan viaja a la Argentina para estudiar. **Él** estará allá por 6 semanas.

In this example, the subject pronoun **Él** replaced **Juan** in the second sentence instead of repeating **Juan**. Another type of pronoun, relative pronouns, also replace something already mentioned, but in addition they introduce into the sentence another clause with another conjugated verb:

1. Los estudiantes reciben el itinerario mañana.
2. Los estudiantes están muy entusiasmados.
3. Los estudiantes **que** reciben el itinerario mañana están muy entusiasmados.

¿Qué observas?

1. Which sentence (1 or 2) serves as the main clause and which serves as the dependent clause in sentence 3? Mark the imbedded, or subordinate, clause and select the main, or independent, clause.
2. What word appears at the beginning of the subordinate clause and what does it replace?
3. How would you reorganize sentence 3 to make the imbedded clause the main clause and vice versa?

As we saw in the mentioned examples, the relative pronoun **que** functioned as the subject of the verb in the subordinate clause, but it can also function as the object:

1. Vi al hombre.
2. El hombre era el guía turístico.
3. El hombre **que** vi era el guía turístico.

In sentence 3, **que** is representing the direct object of **vi**, or **al hombre**.

While **que** can be used to replace people and objects in subject or object position, **quien** and **quienes** can not only appear in subject or object position but also as the object of a preposition.

1. María viajó con unas amigas en el avión.
2. Las amigas eran de la misma universidad.
3. Las amigas **con quienes** (las que/las cuales) María viajó en el avión eran de la misma universidad.

The relative pronouns **el/la que**, **los/las que**, **el/la cual**, **los/las cuales** can also be used to replace people or objects that may or may not be the object of a preposition.

4. Las amigas con **las que/las cuales** María viajó en el avión eran de la misma universidad.

While the previously mentioned pronouns are used to refer to concrete nouns, the neutered pronoun **lo** is used with **que** and **cual** (**lo que, lo cual**) to make reference to previously mentioned abstract and collective events or ideas not identifiable by one word:

- Las expresiones idiomáticas son comunes en Cuba, **lo que/lo cual** significa que voy a tener que estudiarlas mucho antes de irme.

In this sentence **lo que/lo cual** refers to the entire idea that idiomatic expressions are common in Cuba.

The pronoun **lo que** can be used to refer to something that has not been mentioned previously and can appear at the beginning of the sentence or the middle and is loosely translated as "that which":

- **Lo que** siempre se olvida Rosaura es su pasaporte vigente.
- El profesor siempre se olvida de **lo que** enseñó la semana pasada.

The question word and adverb **donde** can also function as a relative pronoun to indicate location and can replace **en que** or **en el que**:

- El campamento **donde** tendrá lugar el programa de estudio para los estudiantes internacionales está lejos de la ciudad.

Finally, the relative pronoun **cuyo/a(s)** is used to indicate possession by the person or thing it replaced, and can be translated into English as "whose". It agrees in number and gender with what is possessed not the number and gender of the possessor(s):

- La vacuna, **cuyos** efectos secundarios son molestos, está disponible para todos los estudiantes.

Relative pronouns

Antecedent Type/Function	People only	People & Things	Collective/ Abstract ideas	Things & Places
Subject	quien(es)	que; el/la que; los/las que; el/la cual; los/las cuales	lo que/lo cual	
Object	quien(es)	que; el/la que; los/las que; el/la cual; los/las cuales	lo que	
Object of Preposition	quien(es)		lo que/lo cual	donde (en que)
Possession		cuyo/a(s)	cuyo/a(s)	cuyo/a(s)

12.18 Vivir en el extranjero. Becky está en Chile participando en un programa de estudios y ha tenido varios problemas con el profesor Rivera adaptándose a la cultura universitaria de Chile, especialmente a la naturaleza de la enseñanza y la comunicación entre estudiantes y profesores. Decide ponerse en contacto con la decana de la facultad de estudios internacionales, la Dra. Carmen Velasco, para ver qué se puede hacer.

Paso 1: Identifica al menos 2 expectativas en cuanto a la enseñanza y al aprendizaje que difieren entre Becky y el Prof. Rivera. Possible answers:

Las expectativas de Becky	Las expectativas del Prof. Rivera
1. Resolución de dudas por correo electrónico fuera del horario de clase. 2. Compasión por parte del profesor. 3. 4.	1. Los profesores norteamericanos asumen más responsabilidades. 2. La responsabilidad del aprendizaje cae sobre el estudiante. 3. Su manera de enseñar es tradicional. 4.

Suggestion for 12.18: For hybrid or flipped classes, you may want to assign students to listen to the audio and complete this activity prior to the class session.

Audioscript for 12.18:
Becky: Hola, Dra. Velasco. Vengo por unos problemas que he tenido con un profesor aquí en la universidad, los cuales me han causado mucha ansiedad y angustia. Lo que quiero decir es que me está costando mucho trabajo acostumbrarme a la naturaleza de la relación entre los estudiantes universitarios y los profesores. Noto que el sistema universitario aquí es bastante diferente en comparación con el que tenemos en los Estados Unidos. También las expectativas que los profesores y los estudiantes mantienen entre sí en cuanto a sus respectivos papeles parecen ser muy diferentes, lo cual me está frustrando bastante. No sabía con quién debía hablar para resolver mis dudas, pero pensé que podía empezar con usted como decana.
Dra. Velasco: Efectivamente, soy la persona con quien tienes que hablar cuando tienes dudas o problemas de este tipo. Lo que has identificado es cierto en el sentido de que el típico profesor chileno tiene unas expectativas de su papel y el papel de los estudiantes que difieren bastante del típico profesor norteamericano, quien asume más responsabilidad por la comunicación directa con los estudiantes, por el éxito académico individual e incluso por la salud mental y emocional de ellos. Un profesor chileno que no haya tenido mucha experiencia con estudiantes norteamericanos tal vez parezca más frío o menos comunicativo, pero es solo una cuestión de cultura y no es nada personal. ¿Te puedo preguntar a quién te estás refiriendo?
Becky: La persona de la que hablo es el profesor Rivera, quien dicta el curso de gramática avanzada para estudiantes internacionales. Uno de los problemas es que no nos ha distribuido un temario con el contenido de cada clase a lo largo del semestre y a veces no responde a mis correos electrónicos cuando tengo preguntas adicionales que no le pude hacer durante la clase. Y cuando le mencioné un dilema personal con el que estoy lidiando no demostró mucha compasión ya que no ajustó la fecha límite para un trabajo que tenía que entregar. Toda la nota se basa en solo dos exámenes, no nos deja hablar

mucho durante la clase, y casi nunca trabajamos en parejas, lo cual a mí me ayuda mucho. Y, por último, usa muchísimas expresiones idiomáticas como "Andarse por las ramas" y "Hacer la vista gorda", por ejemplo, y no modifica su habla para que le entendamos mejor.
Dra. Velasco: Muy bien, Becky. Ahora entiendo lo que está pasando y déjame ofrecerte algunas explicaciones, las cuales te ayudarán a entender un poco mejor al profesor Rivera, pero que no te solucionarán todos los problemas. Primero, al Dr. Rivera, cuya área de especialidad es la literatura medieval, no le entusiasmaba mucho dar un curso sobre gramática a estudiantes internacionales de nivel intermedio. De hecho, el área del programa donde menos le gusta enseñar es lengua, pero todos los profesores de lingüística, a quienes les encanta enseñar gramática, o están de año sabático o tienen otros compromisos, lo cual me obligó a asignar al profesor Rivera en el curso de gramática para estudiantes internacionales. Otra cosa que hay que tener en cuenta es que el profesor Rivera, con quien muchos se llevan bien a nivel personal, nunca ha enseñado un curso para estudiantes internacionales y está a punto de jubilarse. Lo que eso significa es que él es un profesor sumamente tradicional en su manera de enseñar y cree que la responsabilidad del aprendizaje cae esencialmente en el estudiante y no tanto en el profesor, cuya responsabilidad principal es impartir la información y no asegurarse que se haya aprendido. Pero no te preocupes que yo misma hablaré con él y también estaré a tu disposición para cualquier duda o pregunta.
Becky: Gracias, Dra. Velasco. Creo que es cuestión de simplemente perseverar y hacer mi mejor esfuerzo.

Suggestion for 12.19: Answers will vary but must include a relative pronoun that correctly matches the antecedent **la expresión** and its function in the subordinated clause, e.g., subject, object, etc.

Paso 2: Completa las siguientes oraciones según tu opinión respecto a la enseñanza y el aprendizaje. Ten en cuenta que tendrás que incluir un verbo conjugado para completar la oración, pero ten cuidado de usar el sujeto apropiado. **Answers for 12.18, Paso 2:** Answers will vary.

1. La buena enseñanza es la que ________________.
2. Un/a buen/a profesor/a es aquel/aquella que ________________.
3. Las actividades de las que aprendo mucho ________________.
4. Las clases en las que me siento (in)cómodo/a ________________.
5. El estilo de enseñanza que *no* me gusta ________________.
6. Lo que espero del/la profesor/a es que ________________.
7. El lenguaje de un/a buen/a profesor/a ________________.

12.19 Expresiones idiomáticas. Repasa el significado de cada expresión idiomática antes de terminar las siguientes oraciones de forma personalizada con un pronombre relativo. Trata de usar una variedad de pronombres relativos y preposiciones de la siguiente tabla.

Preposiciones	Pronombres relativos
a	el/lo/los que
de	la/las cual(es)
por	quien(es)
para	cuyo/a(s)
en	que
con	el/los que
	la/las que

Modelo: *dar en el clavo*. "*Esta es la expresión* ***cuyo*** *significado siempre recuerdo porque es muy similar al inglés*". Answers will vary.

1. *dejar (a alguien) plantado*: "Esta es la expresión... ________________
2. *hablar por los codos*: "Esta es la expresión... ________________
3. *hacer la vista gorda*: "Esta es la expresión... ________________
4. *hacerle caso (a alguien)*: "Esta es la expresión... ________________
5. *meter la pata*: "Esta es la expresión... ________________
6. *ponerse las pilas*: "Esta es la expresión... ________________
7. *costar un ojo de la cara*: "Esta es la expresión... ________________
8. *estar mal visto*: "Esta es la expresión... ________________

12.20 La autoevaluación. Como estudiante de español, a veces es importante hacer una autoevaluación de nuestro progreso y analizar cómo va el proceso de aprendizaje. Descríbele a un/a compañero/a cómo vas avanzado con cada elemento o destreza de la lengua, utilizando la estructura "**Lo que + (verbo conjugado)**". También debes explicarle por qué hiciste la evaluación que hiciste, ya sea positiva o negativa. Puedes incluir algunos verbos útiles del siguiente cuadro azul. Después, contesta cualquier pregunta de tu compañero/a y hazle preguntas también. Answers will vary.

Modelo: *la comprensión auditiva. "Lo que quiero mejorar es la comprensión auditiva porque a veces no entiendo a la profesora en clase."*

Verbos útiles: aprender, mejorar, dominar, comprender, practicar, hacer falta, necesitar, perfeccionar, enfocarse, manejar

1. la expresión oral
2. las expresiones idiomáticas
3. la escritura
4. la comprensión lectora
5. el habla rápida
6. las referencias culturales

12.21 Situaciones. Haz el papel de **A** o **B** con tu compañero/a para participar en la siguiente conversación. Answers will vary.

Suggestion for 12.21: For flipped or hybrid courses, students can prepare this activity outside of class. During the next class session, they can practice and present their situation to the class.

A- Estás en un curso de español y se aproxima el examen final y el final del semestre. Mientras almuerzan tu amigo/a y tú, hablan de la profesora del curso que tienen en común y su manera de enseñar. En tu opinión, la profesora es bastante efectiva y crees que has aprendido mucho con ella, pero tu amigo/a tiene otra opinión. Explica por qué te has beneficiado tanto de la enseñanza de la profesora refiriéndote específicamente a ella (*La profesora es alguien con/de/a quien…*), a sus actividades y técnicas de enseñanza (*Las actividades que usa la profesora…*), al ambiente en la clase (*La atmósfera que establece…*), a la relación entre ella y los estudiantes (*La manera en que habla con los estudiantes…*) y a lo que te gusta en general (*Lo que más me gusta…*).

B- Te gusta estudiar español como carrera universitaria debido a que aprendes sobre variedad de campos como la literatura, la historia, la cultura y la lingüística, entre otros. En general, te han tocado buenos profesores, pero un curso en particular ha sido difícil para ti por culpa de la profesora. No la consideras muy efectiva y su estilo de enseñanza no te ha ayudado mucho. La experiencia de tu amiga/o ha sido la opuesta y juntos/as conversan sobre la profesora, su forma de ser y su estilo de enseñanza. Explica por qué no has aprendido mucho de la profesora refiriéndote a ella (*La profesora es alguien con/de/a quien…*), a sus actividades y técnicas de enseñanza (*Las actividades que usa la profesora…*), al ambiente en la clase (*La atmósfera que establece…*), y a la relación entre ella y los estudiantes (*La manera en que habla con los estudiantes…*).

EXPERIENCIAS

Manos a la obra

Suggestion for 12.22: This is a task-based activity divided into four steps in order to support the students with step-by-step strategies for completion. You may choose to assign all steps outside of class, with students posting their summary to your learning management system.

Suggestion for 12.23: This is a task-based activity divided into three steps. You may choose to assign the first two steps outside of class for a flipped classroom and have students present for 2-3 minutes in class. Alternatively students could present via video and post online.

Suggestion for heritage learners in 12.23: Heritage learners are a valuable resource to the class and have a specific set of skills that can be developed and benefit them greatly in the future. Encourage these learners to continue their studies of the Spanish language through more advanced classes or through study abroad. Many times, these students do not see the benefits of studying abroad since they have family members who speak Spanish. They can learn a lot about the language and Hispanic culture by going abroad to the country where their family is from or to other areas of the Spanish-speaking world.

Suggestion for 12.24, Paso 2: If you do not have time for in-class presentations, you can have students record these and upload them to your learning management system discussion board. The other students can then be required to view a certain number of them and comment on them.

Diversas experiencias

12.22 Entrevista. Parte de tu investigación sobre tu futuro inmediato es la decisión de estudiar en el extranjero. Haz una entrevista con un/a estudiante que haya estudiado en España o Latinoamérica. Sigue los **Pasos** para organizar tu investigación. Answers will vary.

Paso 1: Crea una lista de entre 8 y 10 preguntas.

Paso 2: Busca al/a la estudiante en el departamento de lenguas o en línea.

Paso 3: Haz la entrevista y toma apuntes.

Paso 4: Escribe un reportaje sobre los datos del programa que hizo y lo que aprendió en su experiencia.

12.23 El viajero/a vs. el/la turista Los antropólogos hacen una distinción entre un/a viajero/a y un/a turista. El/La viajero/a intenta integrarse en la sociedad y cultura. Al/A la turista solo le interesa enriquecer su vida, pero no le interesa cambiar su forma de ser a través de sus viajes. El/La viajero/a, en contraste, interactúa con la otra cultura de una manera más profunda. Como piensas estudiar en el extranjero, debes considerar las estrategias para ser un/a viajero/a en vez de portarte solo como un/a turista. Prepara una lista de estrategias para presentar en clase. Answers will vary.

Paso 1: Con tu compañero/a, haz una red de ideas de diferentes estrategias.

Paso 2: Haz una presentación con dibujos, fotos y gráficas junto con tu compañero/a.

Paso 3: Describe tus ideas a la clase.

Experiencias profesionales Una presentación

12.24 Una presentación. En la sección **Experiencias profesionales** del capítulo 11 escribiste una reflexión sobre tu experiencia profesional en tu área de interés. Para este capítulo, vas a preparar y hacer la presentación que se detalla a continuación. Completa los siguientes **Pasos**. Answers will vary.

Paso 1: Vas a preparar una presentación para tu clase de español. Sigue estas instrucciones:

- Es una presentación de entre 2 y 3 minutos en español.
- Explica cuál fue tu área de interés profesional y por qué la elegiste.
- Explica lo que aprendiste de la visita al sitio relacionado con tu área de interés.
    - Habla de cómo esta y las otras actividades culturales que hiciste influyeron en tu comprensión de las culturas hispanas.
- Explica cómo la asistencia a la clase avanzada y la actividad cultural de la comunidad te ayudaron a aprender más sobre el idioma.
- ¿Qué palabras o frases nuevas aprendiste durante tus experiencias profesionales?
- ¿Cuáles son tus planes futuros con el español?

Paso 2: Muestra tu presentación en clase y/o súbela al foro de la clase.

El blog de Sofía

Estudiar en el extranjero

Noticias Información Fotos Amigos Archivos

12.25 Mi propio blog. Completa los siguientes **Pasos**.

Paso 1: Lee el blog de Sofía.

A estas alturas ya me conocen. Soy amiga de la lengua española y los países donde la hablan. Si no he sido capaz de convencerte para que estudies en el extranjero, ¿qué más puedo hacer? Aun así, todavía me falta darte varias recomendaciones para aprender lo máximo de tu experiencia una vez que estés en el país. Sigue leyendo para conocer mis ideas.

1. Apúntate para conseguir un/a compañero/a de conversación. De esta forma, podrás conocer a alguien del lugar y practicar la lengua con él/ella.
2. No salgas siempre con los estudiantes de tu país. Será una lástima no interactuar y conversar al máximo con personas nativas durante tu experiencia en el extranjero.
3. Busca oportunidades para prestar servicio en la comunidad. Es una buena manera de integrarte en ella y practicar el idioma.
4. Investiga si el programa ofrece puestos para enseñar inglés. Así puedes ganar dinero y conocer a nuevas personas.
5. Escribe tus ideas y reflexiones en un diario. La mejor manera de aprender es reflexionando sobre tus experiencias.
6. Quédate con una familia. Las familias te prepararán los platos típicos del país. Compartirán las normas y prácticas de la vida cotidiana. Es una buena manera de aprender sobre la cultura.

¡No lo dudes más! Estudiar en el extranjero es la mejor experiencia que puedes tener durante tus estudios universitarios.

Paso 2: Completa la tabla con las recomendaciones que menciona Sofía. ¿Estás de acuerdo con sus ideas? Después, compara tu tabla con la de tu compañero/a.

Sugerencias de Sofía	Tus ideas	Las ideas de tu compañero/a
1. Conseguir un/a compañero/ de conversación.		
2. Salir con estudiantes de otros países.		
3. Buscar oportunidades para hacer servicio en la comunidad.	Answers will vary.	Answers will vary.
4. Investigar si el programa ofrece algún puesto para enseñar inglés.		
5. Escribir las ideas y reflexiones en un diario.		
6. Quedarse con una familia.		

Technology tip for 12.25, Paso 3: Assign students to create a blog using any web application. Students will utilize this blog and post items to it for every chapter of **Experiencias**. You may ask your students to share the link to that blog on your learning management system discussion board. Then in class, ask students to compare their information.

Paso 3: En tu propio blog, escribe tus pensamientos sobre la idea de estudiar en el extranjero. ¿Has investigado las posibilidades? ¿Cuáles son los costos? ¿Qué podrías pagar por la experiencia? ¿A qué país puedes viajar y estudiar? ¿Te gustaría vivir con una familia? ¿Qué clases te gustaría tomar? ¿Pedirías un/a compañero/a nativo/a para conversar? ¿Ofrecen posibilidades de prácticas? ¿Qué opina tu familia? ¿Qué recomendaciones tienes para otras personas que quieran estudiar en el extranjero? Answers will vary.

Cortometraje

¿Por qué decidiste estudiar en el extranjero?

Antes de ver el cortometraje

12.26 Estudiar en el extranjero. Contesta las siguientes preguntas con un/a compañero/a de clase. Answers will vary.

Caiaimage / Sam Edwards / Getty Images

Una joven chilena, habla de por qué decidió estudiar en el extranjero.

1. ¿Cuáles son las razones principales que impiden que los estudiantes estudien en el extranjero?
2. ¿Has estudiado en el extranjero? ¿Cómo fue? Si no lo has hecho, ¿por qué no?
3. ¿Cuáles son los lugares que más te interesarían para estudiar español? ¿Por qué?
4. ¿Hay algo que te preocupe de estudiar en el extranjero?
5. ¿Qué puedes hacer durante tu tiempo en el extranjero para aprovechar al máximo la experiencia allí?

Mientras ves el cortometraje

12.27 ¿Por qué Canadá? Usa tu buscador favorito para ver este cortometraje. Mientras lo ves, escribe una oración con una de las razones por las cuales estos estudiantes decidieron estudiar en Canadá.

1. Gabriela: La escuela que mejor le convino. Un lugar seguro, limpio y saludable.
2. Óscar: La ciudad ofrece muchas oportunidades; la calidad de la escuela.
3. Daniella: Están grabando muchas películas; hay muchas oportunidades; la calidad de la escuela; hay estudiantes de todo el mundo.
4. Aide: El país es bonito; La gente es muy linda.

Después de ver el cortometraje

12.28 Las diferencias. Escribe una diferencia que estos estudiantes han notado entre Canadá y su ciudad y país natal. Compara tus respuestas con las de un/a compañero/a de clase.

1. Gabriela: El clima; Nieva mucho; Hace mucho frío; Usan más transporte público en Canadá.
2. Óscar: Diferentes actividades; el clima
3. Daniella: Las personas son más limpias y amables en la calle.
4. Aide: La educación, los medios de transporte; la limpieza

12.29 Tu agencia de viajes para el estudio en el extranjero. Vas a formar una agencia de viajes para aprender español en el extranjero con un/a compañero/a de clase. Completa los siguientes **Pasos**. Answers will vary.

Suggestion for 12.29, Paso 2: If you want to do this activity in class, you could have students write a description of their program and share it with their classmates.

Paso 1: Decide en qué país vas a crear tu agencia e investígalo en Internet. Si lo prefieres, puedes enfocarte en una región en particular del país.

- ¿Cuáles son las actividades populares de la región?
- ¿Cuáles son los lugares más interesantes para visitar?
- ¿Por qué es un buen lugar para estudiar español?
- ¿Cómo es el clima de la región?

Paso 2: Ahora con tu compañero/a, hagan un video de entre 1 y 2 minutos explicando su programa. En el video, hablen de los beneficios de su agencia y por qué los estudiantes deberían estudiar con ella. Recuerden que quieren convencer a los estudiantes para que utilicen sus servicios y que vayan al país con la ayuda de tu negocio.

Página informativa

¿Por qué estudiar en el extranjero?

12.30 ¿Por qué estudiar en el extranjero? Este artículo describe las diez razones por las cuales todos los estudiantes deberían estudiar en el extranjero. Completa el **Paso 1** antes de leer el fragmento.

Onfokus / iStockUnreleased

Más de 300 000 estudiantes de EE. UU. estudian en el extranjero cada año.

Antes de leer

Paso 1: Habla brevemente con un/a compañero/a sobre los beneficios de estudiar una segunda lengua en otro país. Answers will vary.

Diez razones para estudiar en el extranjero

Conocer otra cultura, mejorar el idioma, independizarse, experimentar y mejorar la confianza son algunas de las razones para estudiar en el extranjero.

Existen muchos motivos por los que tomar la decisión de estudiar en el extranjero, tanto a nivel personal como académico-profesional, probablemente tantos como personas que deciden hacerlo. Aun así, te presentamos aquellos que consideramos más representativos y que deberías tener en cuenta.

1. **Vivir una aventura.** Dicen que la vida empieza allí donde acaba nuestra zona de confort. Lo desconocido estimula el cerebro, amplía horizontes y te proporciona nuevos recursos para enfrentarte a la realidad.
2. **Aprender a ser autosuficiente.** Inscribirte en el censo de residentes, abrir una cuenta corriente o firmar un contrato de alquiler son algunas de las gestiones que debes hacer como estudiante extranjero. Se reduce el ámbito de protección familiar y, por tanto, eres responsable de cumplir con las obligaciones que asumes y de entender las normas a las que estás sujeto.
3. **Aprender otro idioma.** Comunicarte en otra lengua en las interacciones diarias o estudiar en otro idioma son experiencias que catalizan el aprendizaje. Además de adquirir un mejor acento y mayor fluidez, aprender un idioma *in situ* es la mejor manera de sentirlo como propio.
4. **Conocer otra cultura.** Cruzar en bicicleta el antiguo muro de Berlín, brindar con mezcal en el Día de Muertos en México o celebrar el año nuevo en China son maneras únicas e inolvidables de ampliar horizontes. Pero conocer otra cultura implica también entender y respetar sus normas: no reciclar en Alemania o copiar en un examen en Estados Unidos tienen consecuencias mucho más graves que en España.
5. **Un CV que destaca.** Un arquitecto que estudia un semestre en Chicago, una economista que hace prácticas de verano en Londres o un hostelero formado en Suiza destacan en un proceso de selección por haber estudiado en la cuna de su disciplina. Pero también destaca el que aprende sueco durante su Erasmus en Linköping y la que organiza eventos durante su máster en Los Ángeles, pues demuestran su disposición a integrarse en culturas ajenas y dar a conocer la propia.
6. **Adquirir habilidades nuevas.** Las personas que han estudiado en el extranjero desarrollan las habilidades necesarias para triunfar en el mercado de trabajo del siglo XXI: flexibilidad, capacidad de adaptación y de gestión de la incertidumbre.
7. **Establecer una red de contactos internacional.** Desde contactos profesionalmente relevantes hasta amistades sólidas y duraderas, los lazos que se crean en el extranjero superan todo tipo de fronteras. Además, la tecnología facilita mucho mantener el contacto (ya sea a través de Skype, Facebook, WhatsApp o e-mail).
8. **Viajar.** Descubrir los volcanes de Hawái o las playas de Filipinas requieren una colosal inversión de tiempo y dinero para alguien que reside en Barcelona. Sin embargo, un intercambio en San Francisco o en Singapur convierte el lujo exótico en una escapada cercana.
9. **Aprender sobre ti mismo.** Estudiar en el extranjero es una experiencia de crecimiento personal. Al tomar decisiones en un entorno nuevo, te pones a prueba y aprendes tanto de tus aciertos como de tus errores.
10. **Volver.** Ya lo dijo Proust: "*La verdadera experiencia en el extranjero no es la de descubrir nuevos paisajes sino la de adquirir una mirada nueva sobre el mundo que ya conocíamos*".

Después de leer

Paso 2: WP A continuación, encontrarás una lista con los diferentes lugares mencionados en el artículo. Intenta identificar su lugar en el mapa. Dibuja una flecha desde cada una de las ciudades a su región en el mapa para saber dónde se ubican. Si no sabes dónde están en el mapa, usa Internet para situar estas ciudades.

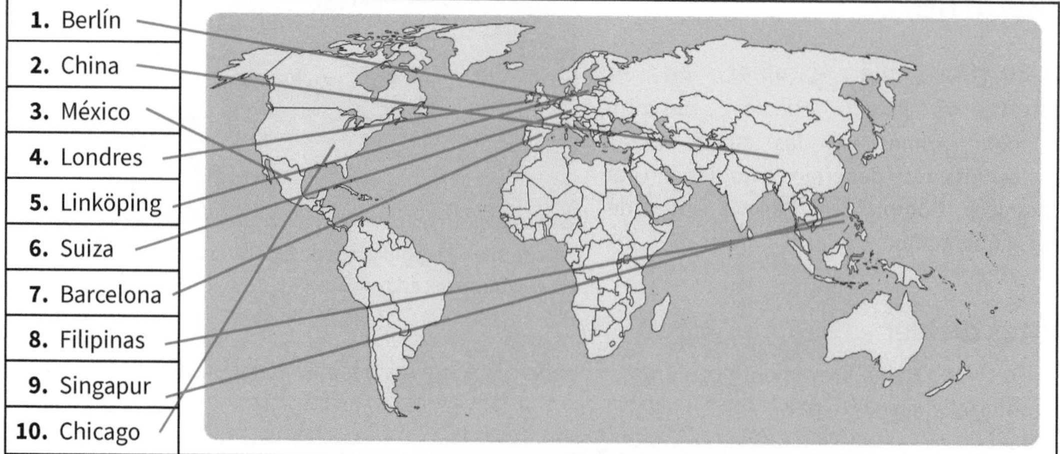

Paso 3: Ahora, compara tu mapa con el de tu compañero/a de clase. Answers will vary.

Paso 4: Contesta las siguientes preguntas según lo que dice la lectura con un/a compañero/a de clase.

1. ¿Cuál es la mejor forma de conocer otra cultura? Entender y respetar sus normas
2. ¿Cómo te ayuda a ser más autosuficiente? Te obliga a hacer ciertas actividades solo/a y se reduce el ámbito familiar.
3. ¿Cómo te ayuda con tu CV? Te permite hacer ciertas actividades que no podrías hacer si no estuvieras en otro país.
4. ¿Cómo te ayuda para aprender de ti mismo/a? Puedes aprender mucho de los aciertos y más todavía de tus errores.
5. ¿Por qué es difícil viajar a ciertos lugares? Porque es muy costoso o son lugares muy lejanos.

Paso 5: El artículo da 10 razones sobre por qué estudiar en el extranjero. Decide cuáles son las tres más importantes y escríbelas en orden de preferencia, siendo 1 la más importante y 3 la menos importante. Answers will vary.

Paso 6: Compara tu lista con la de un/a compañero/a de clase. Intenta convencerle de que tu orden es el correcto. Answers will vary.

Estrategia de escritura: Circunlocución

You have read about circumlocution as a speaking strategy. Circumlocution is also a helpful strategy when you are writing. As you express your ideas in writing you may come to a roadblock, unable to think of a word in Spanish. Instead of relying on the dictionary and translating, utilize the circumlocution strategy. Circumlocution is when you think of another way to say something, other words to describe what you mean when you can't think of the word you need. It forces you to keep thinking in Spanish. This is a helpful strategy for writing so that you can focus on what you would like to say in Spanish and continue writing your essay.

Paso 7: En tu universidad ofrecen becas para realizar estudios en el extranjero. No cubren todos los gastos, pero las cantidades pueden ayudar con el costo de los vuelos. Escribe una carta de solicitud para una beca. En la carta, debes incluir las razones por las cuales quieres estudiar en el extranjero. ¿Cómo te puede ayudar con tu carrera profesional? Debes incluir todos los detalles para convencer al comité de que mereces la beca. Debido al alto gasto que supone, explica los costos del programa, el dinero que tienes ahorrado y tus intenciones de trabajar y ahorrar cierta cantidad más. Luego, explícale al comité por qué necesitas una beca para poder estudiar en el extranjero. Answers will vary.

Página literaria

Isabel Allende

12.31 Isabel Allende muestra una creatividad única. Isabel Allende es una autora destacada por sus novelas creativas que enseñan hechos históricos a la vez que entretienen con historias intrigantes. Sigue los **Pasos** para aprender más sobre una de sus novelas.

Oscar Gonzalez / NurPhoto via Getty Images

Isabel Allende ha escrito más de 20 obras, traducidas en 35 idiomas.

Suggestion for 12.31: For flipped or hybrid courses, students can prepare this activity outside of class. During the next class session, they can present their findings to the class.

Antes de leer

Paso 1: En *El cuaderno de Maya*, Allende describe el pasado complicado y oscuro de una muchacha estadounidense de 20 años que huye a la isla de Chilote, en Chile. En la siguiente lista, marca las ideas que crees que podrás encontrar en la selección. Answers will vary.

____ la familia de Maya
____ por qué la persiguen la FBI y una mafia criminal de Las Vegas
____ la casa original de Maya
____ el procesamiento de drogas en Chile
____ la vida diaria de los habitantes de Chilote
____ una descripción de la cultura en la isla
____ el cuento de los inmigrantes a la isla
____ lo que ha hecho Maya para integrarse a la cultura

Estrategia de lectura: El aprendizaje anterior

Recalling previous knowledge on a topic prior to reading a passage can support your comprehension. New ideas make sense in our brains only when they connect to previously learned information. Thinking about what you are about to read first will help your brain prepare for the task. For instance, in the excerpt of Isabel Allende's novel you are going to read, we know that it is set in Chile and the 20-year-old female main character has had a troubled past. You might ask yourself what you already know about the country of Chile. Did you know that there were islands off the coast of Chile? What might it be like to live on an island? What troubled past might you imagine a 20-year-old from the U. S. could have? What are some adjustments that she might have to make when she moves from the U. S. to Chile? Giving yourself a chance to think about what you know about the topic prepares you for the reading task ahead.

Suggestion for 12.31, Paso 2: If you are working with students in class, you can have them review **Paso 2** to check which items they chose were correct, after reading the selection.

Paso 2: Marca los cognados y, a continuación, lee la selección.

El cuaderno de Maya

En la tarde, una vez terminado mi trabajo con Manuel, me voy al pueblo trotando; la gente me mira extrañada y más de uno me ha preguntado adónde voy tan apurada. Necesito ejercicio o me pondré redonda, estoy comiendo demasiados carbohidratos, pero no se ven obesos por ninguna parte, debe de ser por el esfuerzo físico, aquí hay que moverse mucho. Azucena Corrales está un poco gorda para sus trece años y no he logrado que salga a correr conmigo, le da vergüenza, "qué va a pensar la gente", dice. Esta muchacha lleva una vida muy solitaria, porque hay pocos jóvenes en el pueblo, solo algunos pescadores, media docena de adolescentes ociosos y volados con marihuana, y el chico del café-internet, donde el café es Nescafé y la señal de Intenet es caprichosa, y donde yo procuro ir lo menos posible para evitar la tentación del correo electrónico. Las únicas personas en esta isla que viven incomunicadas somos doña Lucinda y yo, ella por anciana y yo por fugitiva. Los demás habitantes del pueblo cuentan con sus celulares y con las computadoras del café-internet…

Los vecinos del pueblo me han abierto sus puertas, aunque eso es una manera de hablar, ya que las puertas están siempre abiertas. Como mi español ha mejorado bastante, podemos conversar a tropezones. Los chilotes tienen un acento cerrado y usan palabras y giros gramaticales que no figuran en ningún texto y según Manuel provienen del castellano antiguo, porque Chiloé estuvo aislado del resto del país por mucho tiempo. Chile se independizó de España en 1810, pero Chiloé no lo hizo hasta 1826, fue el último territorio español en el cono sur de América.

Manuel me había advertido que los chilotes son desconfiados, pero esa no ha sido mi experiencia: conmigo son muy amables. Me invitan a sus casas, nos sentamos frente a la estufa a charlar y tomar mate, una infusión de hierba verde y amarga, servida en una calabaza, que pasa de mano en mano, todos chupando de la misma bombilla. Me hablan de sus enfermedades y las enfermedades de las plantas, que pueden ser causadas por la envidia de un vecino. Varias familias están peleadas por chismes o sospechas de brujería; no me explico cómo se las arreglan para seguir enemistados, ya que sólo somos alrededor de trescientas personas y vivimos en un espacio reducido, como pollos en un gallinero. Ningún secreto se puede guardar en esta comunidad, que es como una familia grande, dividida, rencorosa y obligada a convivir y prestarse ayuda en caso de necesidad.

Hablamos de las papas — hay cien variedades o "calidades", papas rojas, moradas, negras, blancas, amarillas, redondas, alargadas, papas y más papas —, de cómo se plantan en luna menguante y nunca en domingo, de cómo se dan gracias a Dios al plantar y cosechar la primera y cómo se les canta cuando están dormidas bajo tierra. Doña Lucinda, con ciento nueve años cumplidos, según calculan, es una de las cantoras que romancea a la cosecha: "Chilote cuida tu papa, cuida tu papa chilote, que no venga otro de afuera y te la lleve, chilote". Se quejan de las salmoneras, culpables de muchos males, y de las fallas del gobierno, que promete mucho y cumple poco, pero coinciden en que Michelle Bachelet es el mejor presidente que han tenido, aunque sea mujer. Nadie es perfecto.

[Isabel Allende. Fragmento de *EL CUADERNO DE MAYA* © 2011, Isabel Allende]

Después de leer

Paso 3: Prácticas, productos y perspectivas. Maya describe varias observaciones culturales de los chilotes. Completa la tabla con la información que Maya comparte según sus experiencias de inmersión.

Categorías	Observaciones culturales
Productos	el mate, las papas, el café-internet
Prácticas/costumbres	tomar mate, cultivar papas de diferentes colores, creer en la brujería
Perspectivas	desconfían de muchas personas, los secretos no son secretos, el gobierno no cumple, las mujeres no deben ser presidente
Historia	Chiloé se independizó de España en 1826, 16 años después que Chile

Paso 4: Conversa con tu compañero/a sobre las observaciones. Utiliza las siguientes preguntas como guía.

1. ¿Cómo sabes que Maya no es hispana parlante? Dice que su español ha mejorado.
2. Según Maya, ¿cómo es el español de los chilotes? No es como el español de los libros de texto.
3. ¿Por qué corre Maya al pueblo por la tarde? Para hacer ejercicio.
4. ¿Qué es un café-internet? Un lugar donde puedes tomar café. Hay computadores conectados a Internet.
5. ¿Qué prácticas de Maya son distintas a las tuyas? Answers will vary.
6. ¿Qué opinan los chilotes de su presidenta? Es la mejor presidenta que han tenido, pero es una mujer.

Cultura y sociedad

El choque cultural

12.32 El choque cultural. Vas a leer un artículo sobre el choque cultural. Completa los **Pasos** para aprender más.

Bill Bachmann / Science Source

Las ciudades cubanas son muy coloridas, y tienen una mezcla de lo antiguo y lo nuevo.

Antes de leer

Paso 1: Antes de leer, contesta las siguientes preguntas con un/a compañero/a.

1. ¿Te gusta viajar? ¿Por qué?
2. ¿Has viajado fuera del país? ¿A dónde? ¿Cuál es tu lugar favorito en el mundo?
3. ¿Qué es lo más difícil de viajar?
4. ¿Te gusta viajar solo/a o con alguien? ¿Por qué? Answers will vary.
5. ¿Quién es el/la mejor compañero/a de viaje?

El choque cultural

Hay miles de estudiantes que van a diferentes países para estudiar, pero muchos, poco después, se dan cuenta de que han dejado todo lo conocido y pueden pasarlo bastante mal hasta que se acostumbran al nuevo lugar. Cuando estudias en el extranjero, tu rutina diaria, tu cultura y las actitudes de las personas a tu alrededor ya no son familiares y esto te puede dejar un poco inquieto a la hora de procesar toda la información nueva. Las etapas de reconocimiento, comprensión y adaptación a estos cambios son parte del proceso que se conoce como "choque cultural". Normalmente, las personas que van a un sitio nuevo pasan por cuatro fases de adaptación cultural.

La primera fase es de euforia y también se conoce con el nombre de "luna de miel". Tras llegar por primera vez a un nuevo lugar, te quedas maravillado por todas las cosas nuevas. Hay nuevos sonidos, costumbres, personas, comidas y tradiciones. Todo te parece maravilloso y uno pasa todo el tiempo sacando fotos y hablando con amigos de lo interesante que es el viaje. Después llega la siguiente fase, una de irritación. Poco a poco, la euforia va disminuyendo. Las cosas pequeñas empiezan a molestarte. Te das cuenta de todas las diferencias y echas de menos lo conocido del país de origen. Empiezas a decir cosas como "En mi país no se hace así". Te sientes abrumado con todas las cosas a las que tienes que adaptarte y puedes sentirte irritado u obligado a hacer las cosas como se hacen en el nuevo país. En la tercera fase, empiezas a entender un poco más las razones tras las acciones de los habitantes del país. En lugar de sentirte irritado, estás comprendiendo las diferencias y los porqués. Comienzas a tener una perspectiva más positiva y tienes más interés en aprender más sobre tu país anfitrión, y en hacer más esfuerzo para formar parte de la nueva cultura. La cuarta fase es de adaptación. El orden de las cosas tiene sentido, puedes hablar con las personas del país con facilidad, así como entender los matices culturales. Tu rutina es más natural y te sientes más cómodo en el lugar. Todavía echas de menos a tus amigos y familiares, pero tus nuevos amigos y actividades se han convertido en una parte importante de tu vida cotidiana.

Hay muchas cosas que puedes hacer para minimizar el choque cultural: 1) Aprende, de antemano, mucho sobre el país para que sepas qué es lo que te espera; 2) Haz nuevos amigos entre las personas locales; 3) Mantén un diario con todos tus pensamientos para que puedas reconocer las diferentes fases del choque cultural; 4) Involúcrate en la comunidad. Al servir a los demás, puedes olvidar tus propios problemas; y finalmente, aprende la lengua local porque te va a ayudar a entender mejor las perspectivas de las personas que te rodean. Si haces estas cosas, vas a disfrutar al máximo tu estancia en otro país.

Después de leer

Paso 2: Con un/a compañero/a de clase, completa la siguiente tabla describiendo las cuatro fases del choque cultural y añadiendo tres adjetivos que caractericen a cada una de ellas. Answers will vary for the three adjectives.

Fase del choque cultural	Descripción y tres adjetivos
1ª fase	Una fase de euforia
2ª fase	Una fase de irritación
3ª fase	Una fase de comprensión
4ª fase	Una fase de adaptación

Suggestion for 12.32, Paso 3: For flipped or hybrid courses, students can prepare this activity outside of class. During the next class session, they can practice and present their situation to the class.

Paso 3: Situaciones. Haz el papel de **A** o **B** con tu compañero/a para participar en la siguiente conversación. Answers will vary.

A- Vas a ir a Cuba para estudiar durante dos meses y estás nervioso/a. Nunca has estado fuera de tu país y tienes miedo de que no te vaya a salir bien. Tu amigo/a ha viajado mucho y esperas que te pueda dar buenos consejos. Pregúntale sobre sus experiencias y las cosas que necesitas hacer para prepararte ante el choque cultural.

B- Tu amigo/a quiere viajar y va a pasar el verano en Cuba. Nunca ha salido del país y estás un poco preocupado/a por él/ella. Dale consejos sobre cómo debe de prepararse para el viaje. No te olvides de incluir las ideas de la lectura, así como tus propias ideas basadas en los viajes que has hecho. Intenta consolar a tu amigo/a para que esté cómodo/a con la idea de viajar.

Película *Salsipuedes*

12.33 ***Salsipuedes.*** Lee la descripción de la película y sigue los **Pasos** para aprender más.

El drama panameño *Salsipuedes* trata de conflictos humanos, rupturas de una familia, amor y pasión. La película es el resultado de un proyecto dirigido por Ricardo Aguilar Navarro y

Manolito Rodríguez. Es una historia inspirada en las canciones de Rubén Blades, originalmente creada como una serie con 30 episodios para la televisión. El protagonista, Andrés, se mudó al estado de Washington cuando tenía 10 años de edad, pero cuando tenía 20 años decidió volver a su barrio en la ciudad de Panamá tras el funeral de su abuelo.

Viceversa Productions, S. A.

Durante el transcurso de la película, conocemos la relación entre tres hombres panameños: abuelo, padre e hijo. También conocemos ejemplos únicos de la cultura, sobre todo la del barrio Chorrillo, en la ciudad de Panamá. "Salsipuedes" es el nombre de una calle real de este barrio. La intención de los directores de esta película es mostrar y reconocer el orgullo de ser de un barrio popular y marginado, y nunca olvidar que, aunque uno se vaya de su pueblo, nunca debe olvidar su identidad original. *Salsipuedes* es una película que trata importantes temas de justicia social: la pérdida de valores, la falta de educación adecuada, la corrupción del gobierno y cómo rescatar con urgencia a la sociedad.

Paso 1: Busca en Internet un avance en español de la película. Míralo y contesta las siguientes preguntas con tu compañero/a. Answers will vary.

1. ¿Qué profesión tiene el padre de Andrés?
2. ¿Qué pasó con su padre?
3. ¿Por qué decidió la madre de Andrés mandarlo a Washington?
4. ¿Qué pasó cuando volvió a Panamá a su barrio?
5. ¿Cuál será el destino de Andrés?

Paso 2: Algunos dicen que es obligación de todos proteger nuestro talento: los atletas, artistas y científicos. En tu opinión, ¿es nuestra responsabilidad hacer eso? ¿Qué podemos hacer para protegerlo? Explica tu respuesta.

Paso 3: Comparte tus ideas con tu compañero/a. ¿Llegaron a las mismas conclusiones? ¿Qué detalles son diferentes?

12.34 El cuaderno electrónico. Abre tu cuaderno electrónico y empieza una nueva página. Answers will vary.

Technology tip for 12.34: Assign students to create a blog using any web application. Students will utilize this blog and post items to it for every chapter of *Experiencias*. You may ask your students to share the link to that blog on your learning management system discussion board. Then in class, ask students to compare their information.

Paso 1: Utilizando tu libro de texto e Internet, sigue estos **Pasos**:

1. Escribe información básica de los países que has estudiado en este capítulo: Chile, Cuba y Panamá.
2. Incluye un mapa de los tres países.
3. Selecciona dos lugares que te gustaría ver de esos países y explica por qué los seleccionaste.
4. Escribe información sobre los lugares que quieras visitar.
5. Sube dos fotos de cada país.
6. Incluye información básica sobre los temas del capítulo.
7. Escribe tres hechos nuevos que aprendiste.
8. Escribe tres temas adicionales que te interese investigar.

Paso 2: Lee y comenta la información de dos compañeros en el foro de la clase.

REPASOS

Repaso de objetivos

Check off the objectives you have accomplished.

I am able to...

	Well	Somewhat
• talk about the advantages of studying abroad.	☐	☐
• reduce redundancy when I communicate both orally and in writing.	☐	☐
• expand my capacity to express myself in Spanish to include more culturally specific expressions.	☐	☐
• reflect on my goals for language learning.	☐	☐
• analyze the advantages and disadvantages of various types of study abroad and immersion programs.	☐	☐
• compare the role of language learning in my life and the lives of Spanish-speakers across the globe.	☐	☐

Teaching tip for Repaso de objetivos: Although this self-assessment is designed for the students to evaluate their progress, teachers might poll students informally as a group to gauge how students are feeling about the material. This could be done orally with eyes closed and hands raised or by simply asking students to leave a slip with their answers at the end of class.

Repaso de vocabulario

WileyPLUS
Go to WileyPLUS to review these vocabulary words and practice their pronunciation.

Los estudios en el extranjero ***Studying abroad***

aclarar *to clarify*
agobiado/a *overwhelmed*
el albergue (juvenil) *(youth) hostel*
alojarse *to stay*
el aprendizaje *learning*
el aviso *notice*
el buceo *diving*
caber *to fit*
caprichoso/a *capricious/whimsical*
cerrado/a *closed*
el criterio *criteria*
chismear *to gossip*
el destino *destiny*
estar lleno/a *to be full*
exigente *demanding*
hacer las maletas *to pack one's suitcases*
lejano/a *far*
el malentendido *misunderstanding*
un montón *a lot*
el ocio *leisure*
el pasaje/ boleto/ billete de ida y vuelta *round trip*
el pasaporte vigente *valid passport*
quedarse *stay*
el seguro médico *medical insurance*
la temporada alta/baja *high season/low season*
la vacuna *vaccine*

Los cognados

la aventura
el campamento
cancelar
el criterio
el destino
incluido/a
el itinerario
reservar
la visa

Expresiones idiomáticas ***Idiomatic expressions***

andarse por las ramas *to beat around the bush / not get to the point*
costar un ojo de la cara *expensive*
chuparse los dedos *scrumptious, delicious*
dar en el clavo *to hit the nail on the head / to be on spot*
dejar (a alguien) plantado *to leave (someone) hanging*
echar una mano *to lend a hand, to help out*
entre la espada y la pared *between a rock and a hard place / to be in a difficult position*
estar de baja *to be on sick leave*
estar mal visto *to look bad*
estar pachucho/a / estar un poco enfermo/a *to feel weak / feeble*
hablar por los codos *to talk too much*
hacer la vista gorda *to look the other way*
hacerle caso (a alguien) *to pay attention to*
matar dos pájaros de un tiro *to kill two birds with one stone*
meter la pata *to mess up*
no pegar ojo *to be wide awake / unable to sleep*
ponerse las pilas *to get your act together / to get going*
quedar en ridículo *embarrassing / to look like a fool*
saltarse las lágrimas *to bring tears to one's eyes*
sentirse fatal *to feel terrible*
tener agujetas/ estar adolorido/a *to feel stiff*

Repaso de gramática

Uses of the infinitive

The infinitive form is simply a verb that has not been changed to match a subject. There are several key uses of the infinitive in Spanish that are manifested differently in English:

- **Two Verbs.**

  Mi amiga piensa **alojarse** con una familia durante el semestre de estudios en Panamá.

  Marisa decidió **cancelar** su programa de estudio en Chile.

- **After Prepositions.**

  Por estudiar [preposition + *infinitive*] tanto en el extranjero, el español de Héctor mejoró mucho.

- **Infinitive as Noun.**

  (El) ver es creer.

  Al visitar ciertos barrios en La Habana, los estudiantes vieron bastante pobreza.

- **Impersonal Command.** A common use of the infinitive in Spanish is to make impersonal commands often found on public signs that are directed to a general audience.

  Ceder el paso.

  No **fumar**.

Relative pronouns

Antecedent Type/Function	People only	People & Things	Collective/ Abstract ideas	Things & Places
Subject	quien(es)	que; el/la que; los/las que; el/la cual; los/las cuales	lo que/lo cual	
Object	quien(es)	que; el/la que; los/las que; el/la cual; los/las cuales	lo que	
Object of Preposition	quien(es)		lo que/lo cual	donde (en que)
Possession		cuyo/a(s)	cuyo/a(s)	cuyo/a(s)

Syllable (Word-level) Stress and Written Accent Marks in Spanish

Every word in Spanish with two or more syllables has at least one syllable that is stressed by the speaker's voice slightly more than the others. In some cases, the meaning of the word can actually change depending on the syllable you stress as in "**Escucho**" (I listen) as compared to "**Escuchó**" (S/he listened) or "**esta**" (this) and "**está**" (is). The stress is placed on the vowel in the corresponding syllable, which would be the "u" in "**Escucho**" and the "**o**" in "**Escuchó**".

You can hear the location of the stress in a word because the vowel is pronounced slightly louder, with a higher pitch, and is lengthened just a bit. Only a very small number of words in Spanish have two stressed syllables while many multi-syllabic words in English have one syllable with primary stress and another with secondary stress. Though English does not use written accent marks to indicate which syllable is stressed, Spanish does under certain circumstances. The use of written accent marks follows certain patterns and by learning those patterns you can make sure your writing and speaking are understood correctly.

The first notion to keep in mind when you encounter a new word in Spanish that you don't know how to pronounce is that if you see a written accent mark above a vowel (**á, é, í, ó, ú**), that tells you that it is the syllable to stress and you do not need to worry about applying any further rules.

To use accent marks accurately in your own writing, or to know where to stress a new word without a written accent, here are the two most important rules and conditions for their use:

1. No accent mark is needed if the second-to-last syllable is stressed AND the word ends in a vowel (**a, e, i, o, u**) OR "**n**" or "**s**". Examples:

    mesa: mE-sa, *table*, ends in a vowel and the stress falls on the next to the last syllable.

    hermanas: her-mA-nas, *sisters*, ends in an '**s**' and the stress falls on the next to the last syllable

    amaron: a-mA-ron, *they loved*, ends in an '**n**' and the stress falls on the next to the last syllable.

2. No accent mark is needed if the last syllable is stressed AND the word ends in a consonant OTHER than "**n**" or "**s**". Examples:

    papel: pa-pEl, *paper*, ends in the consonant '**l**' and the stress falls on the last syllable.

    correr: co-rrEr, *to run*, ends in the consonant '**r**' and the stress falls on the last syllable.

    pared: pa-rEd, *wall*, ends in the consonant '**d**' and the stress falls on the last syllable.

If these guidelines are not followed, then a written accent mark is needed to indicate which syllable to stress:

1. Use a written accent mark if the word ends in a vowel (**a, e, i, o, u**) or '**n**' or '**s**' and the stress falls on the last syllable. Examples:

    habló: ha-blÓ, *s/he spoke*, ends in a vowel and the stress falls on the last syllable. A written accent is needed on the **ó**.

    limón: li-mÓn, *lemon*, ends in an 'n' and the stress falls on the last syllable. A written accent is needed on the **ó**.

hablarás: ha-bla-rÁs, *you will speak*, ends in an '**s**' and the stress falls on the last syllable. A written accent is needed on the **á** of the last syllable.

2. Use a written accent mark if the word ends in a consonant other than '**n**' or '**s**' and the stress is on the next to the last syllable. Examples:

   lápiz: lá-piz, *pen*, ends in a consonant other than '**n**' or '**s**' and the stress falls on the next to the last syllable. A written accent is needed on the á of the first syllable.

   árbol: ár-bol, *tree*, ends in a consonant other than '**n**' or '**s**' and the stress falls on the next to the last syllable. A written accent is needed on the á of the first syllable.

3. Use a written accent mark if the stress falls on any vowel more than two syllables from the end of the word. Examples:

   trágico: trÁ-gi-co, *tragic*, is stressed on the third syllable from the end of the word.

   música: mÚ-si-ca, *music*, is stressed on the third syllable from the end of the word.

4. Use a written accent mark if the stress falls on a weak vowel (**i** or **u**) that occurs immediately before or after a strong vowel (**a**, **e**, **o**). Examples:

   día: dÍ-a, *day*; the stress falls on an **i** which is immediately followed by an **a**.

   maíz: ma-Íz, *corn*; the stress falls on an **i** which is immediately following an **a**.

Ask yourself: Does the word end in **a, e, i, o, u, n**, or **s**?

If your answer is "**yes**" and the word is **not** stressed on the **next-to-the-last syllable**, then you should use a written accent.

If your answer is "**no**" and the word is **not** stressed on the **last syllable**, then you should use a written accent.

Accent marks are required on some words to distinguish them from otherwise identically spelled words. There are two groups of these word pairs.

1. Exclamation and question words use written accent marks, while the corresponding relative pronouns or connecting words are not.

¿adónde?	*(to) where?*	**adonde**	*(to) where*
¿cómo?	*how?*	**como**	*as, like, because*
¿cuál?	*which?*	**cual**	*which, as*
¿cuándo?	*when?*	**cuando**	*when*
¿cuánto(s)?	*how much, how many?*	**cuanto(s)**	*as much, as many*
¿dónde?	*where?*	**donde**	*where*
¿qué?	*what, how?*	**que**	*which, that*
¿quién(es)?	*who, whom?*	**quien(es)**	*who, whom*

Examples:

¿Adónde vas?	*Where are you going?*
¿Cuánto cuesta?	*How much does it cost?*
¡Qué interesante!	*How interesting!*
Cuando vengan, iremos al cine.	*When they come, we'll go to the movies.*
Dice que no es verdad.	*S/he says that it's nott true.*
La mujer de quien hablas es la directora.	*The woman you're talking about is the director.*

2. Several pairs of one-syllable words use a written accent mark to distinguish their meaning since they sound the exact same.

dé	*give* (subjunctive of **dar** or a command)	**de**	*of, from*
él	*he, him*	**el**	*the*
más	*more, most*	**mas**	*but*
mí	*me*	**mi**	*my*
sé	*I know* (**saber**), *be* (this is a command/imperative form of **ser**)	**se**	*himself, herself,* etc.
sí	*yes, indeed*	**si**	*if, whether*
té	*tea*	**te**	*you, yourself or to you*
tú	*you*	**tu**	*your*

Spanish-English Glossary

The words that don't have translations are cognates. A cognate is easy to remember because it looks and means the same thing as a word you already know.

(bien) educado/a well behaved 2
(re)utilizar 4

A

la (des)igualdad (in) equality 1
a tiempo on time 6
abarcar to encompass 11
abnegado/a self-sacrificing 10
el abono (orgánico) (organic) fertilizer 7
abordar to board 6
acceder to access 9
accesible 9
aclarar to clarify 12
activar 9
la actividad física 3
el activismo juvenil 10
el/la activista 10
la actuación performance 11
la actualidad present 11
actualizar to update 11
las acuarelas watercolors 5
el acuerdo agreement 7
adaptarse to adapt 1
adjuntar to attach 9
la adopción 2
adornar decorate 5
agobiado/a overwhelmed 12
agotado/a exhausted 1
el/la agricultor/a farmer 7
la agricultura 7
el agroturismo 6
ahorrar to save 7
alarmante alarming 8
el albergue (juvenil) (youth) hostel 12
alcanzar to reach a goal, achieve literacy 8
los alebrijes wooden, colorful animal carvings 5
alentador/a encouraging 10
la alergia 3
la alfabetización teaching to read and write 8
la alimentación food 3
el alojamiento lodging 6
alojarse to stay 12
alucinante amazing, awesome 5
el alumnado student body 8
la amenaza threat 4
amenazar to threaten 4
el analfabetismo iliteracy 8, 10
el/la analfabeto/a illiterate 8
andarse por las ramas to beat around the bush / not get to the point 12
animado/a animated 1
el aniversario anniversary 2
ansioso/a anxious 1
el/la antepasado/a ancestor 1
anunciar to announce, to publicize 7
el anuncio comercial commercial 11
apagar to turn off 11
la aplicación 9
el apodo nickname 2
apoyar to support 6, 7
el aprendizaje learning 12
aprobar to pass/to approve 8
apto para toda la familia suitable for the entire family 11
los apuntes notes 8
el archivo file 9
la arcilla clay 5
el argumento plot 11
arrastrar to drag 9
arreglar to fix 8
la artesanía folk art 5
el/la artista artist 5
la ascendencia ancestry 1
el asiento de pasillo aisle seat 6
el asiento de ventanilla window seat 6
la asistencia social social assistance 10
el/la asistente de vuelo flight attendant 6
la aspiración 8
aspirar a 8
asustado/a afraid 1
aterrizar to land 6
los audífonos headphones 9
el aula classroom 8
aumentar to increase 2
el aumento de sueldo salary increase 2
el auto sin conductor self-driving car 9
la autoestima self-esteem 2
el autorretrato self portrait 5
la aventura 12
aventurarse to venture out 6
el aviso notice 12
azúcares sugars 3

B

bajar/descargar to download 9
la banda sonora soundtrack 11
la basura garbage 4
el bautizo christening 2
la beca scholarship 8
la bendición blessing 2
el beso kiss 2
el/la bibliotecario/a librarian 8
bicultural 1
el bienestar well-being 10
bilingüe 1
la biodiversidad 4
el/la bisabuelo/a great grandfather/great grandmother 2
el boleto ticket 11
borroso/a blurry 5
el bricolaje do-it-yourself project 5
brillante 5
brindar to offer 10
el brindis toast 2
la bronquitis 3
el buceo diving 12
la butaca seat 11

C

caber to fit 12
la cadena television channel 11
la cadera hip 3
el/la cafetalero/a coffee grower 7
el calentamiento global global warming 4
la cámara digital 9
la cámara web 9
el/la camarógrafo/a camera operator 11
el cambio climático climate change 4
la camioneta pick-up truck 7
el campamento 12
la campaña 10
el campo countryside/field 7
el campo/área de estudio field of study 8
el canal channel 11
las canastas baskets 5
el canasto basket 7
cancelar 12
el/la candidato/a 2
capacitarse to train 8
capaz capable 10
caprichoso/a capricious/whimsical 12
la cara face 3
los carbohidratos 3
la carencia de... lack of 8
cargar to load 9
el cariño affection 2
carnes types of meat 3
la carrera major 8
la cartelera billboard 11
castigar to punish 2
la catarata waterfall 4
el catarro/el resfriado cold 3
la cédula/el documento de identidad identification card 8

la celebración 1
la cerámica ceramic 5
cereales, granos y tubérculos cereals, grains and tubers 3
el cerebro brain 3
cerrado/a closed 12
chatear 9
chismear to gossip 12
chuparse los dedos scrumptious, delicious 12
la cifra figure (in statistics) 8
el cinturón de seguridad seat belt 6
la ciudadanía citizenship 1
la clavícula clavicle/collarbone 3
el/la cliente/a 2
el codo elbow 3
colaborar to collaborate 10
la colección 5
el colegio primary/elementary school 8
el combustible fósil 4
la comedia 11
comentar 9
el comercio justo fair trade 4
el compartimento superior upper compartment 6
compartir to share 1
compasivo/a understanding 10
competente 10
el comportamiento behavior 6
el compostaje composting 4
comprometerse to be committed to 10
compromiso commitment 10
la computadora portátil laptop 9
conceder una beca/un préstamo to grant a scholarship/a loan 8
la conciencia awareness 6
conectar 9
la conexión (escala) 6
la conferencia 8
confiar to trust 10
los conflictos generacionales 1
consciente aware of/conscious of 6
conseguir/ganar/obtener una beca to get/win a scholarship 8
conservar 1, 4
consultar al médico to consult with the doctor 3
el consultorio doctor's office 3
el/la consumidor/a consumer 7
consumir 4, 7
el consumismo 10
el consumo de energía 4
la contaminación 4
contener to contain 7
la contraseña password 9
el contrato 2
contribuir to contribute 10
la cooperativa 7
coordinar 10
el corazón heart 3
la coreografía 11
el correo electrónico email 9
cortar y pegar to cut and paste 9
la cosecha harvest 7
cosechar to pick 7
coser to sew 5
costar un ojo de la cara expensive 12
las costillas ribs 3
las costumbres traditions 1
el coyote person hired to arrange border crossing 1
el cráneo skull 3
crecer to grow 1, 2
criar to raise 2
la crisis económica/fiscal 10
el criterio 12
la crítica 11
cruzar to cross 1
el cuadro painting 5
cualificado/a qualified 10
el cuello neck 3
el cuero leather 5
el cuerpo body 3
cuidarse to take care of oneself 3
cultivar to harvest 4, 7
el cultivo farming, crops 7
la custodia 2

D

dañino/a harmful 4
dar en el clavo to hit the nail on the head / to be on spot 12
el deber assignment 8
el decano dean 8
la deforestación 4
dejar (a alguien) plantado to leave (someone) hanging 12
dejar de to stop, to quit 8
la demora delay 6
denunciar to report 10
deprimente depressing 5
los derechos rights 7
los derechos civiles civil rights 10
los derechos humanos human rights 10
desarrollar to develop 4
el desarrollo development 4
el desastre 4
el desempleo unemployment 2, 10
desesperante infuriating 10
desmayarse to faint 3
desordenado/a unorganized 2
despedir to fire 2
despegar to take off (airplane) 6
desperdiciar to waste 6
el destino 12
destruir to destroy 4
la diarrea 3
los días feriados/festivos holidays 8
el/la dibujante cartoonist 5
dibujar draw 5
el dibujo drawing 5
los dibujos animados cartoons 11
los dientes teeth 3
la dieta 3
el dióxido de carbono 4
la discapacidad disability 10
disciplinar to discipline 2
el disco duro hard drive 9
discriminar 1
discutir to discuss/argue 2
diseñar to design 5
disminuir to reduce 6
el dispositivo device 9
la diversidad 1
doblaje dubbed 11
el doctorado 8
el documental 11
doler to hurt 3
donar 10
el drama 11
el dron 9
el/la dueño/a owner 7
durar to last 10

E

la ebanistería woodworking 5
echar una mano to lend a hand, to help out 12
la ecología 4
el ecosistema 4
la educación 2
la educación bilingüe 8
la educación preescolar 8
la educación primaria 8
el efecto invernadero greenhouse effect 4
los efectos especiales 11
egoísta selfish 10
elegir to choose 10
embarazada pregnant 2
el embarazo pregnancy 2
emigrar 1
la emisora de radio radio station 11
emocionante exciting 5
empático/a empathetic 10
el empleo employment 10
emprender to carry out 10
la empresa company 2, 7
en línea online 9
en vivo live 11
encargarse de to be in charge of 10
la energía 4
la energía solar 4
enfermarse to get sick 3
enfrentar to confront, to face 1, 8
el enlace link 9
el ensayo essay 8
entre la espada y la pared between a rock and a hard place / to be in a difficult position 12
el entrenamiento training 10
entrenar to train 2
entretener to entertain 11
entretenido entertained 11
entrevistarse (con alguien) to interview 2
los envases retornables reciclable packaging 6
enviar to send 9
el episodio 11
la equidad de género gender equality 10
el equipaje (de mano) (carry on) luggage 6
la erosión 4

erradicar 6, 7
escapar de to escape from 1
escasez shortage 8
la escena scene 11
esculpir to sculpt 5
el/la escultor/a sculptor 5
la escultura sculpture 5
esforzarse to make an effort 10
el esfuerzo effort 8, 10
especializarse en to specialize in 8
la especie amenazada/en peligro de extinción endangered species 4
el espectáculo show 11
la esperanza hope 1
el esqueleto skeleton 3
establecerse en to establish 1
la estancia stay 6
estar congestionado/a to be congested 3
estar de baja to be on sick leave 12
estar lleno/a to be full 12
estar mal visto to look bad 12
estar pachucho/a / estar un poco enfermo/a to feel weak / feeble 12
estar unidos/ distanciados to be close knit/ distant, occasional contact 2
el estereotipo 1
el estómago stomach 3
estornudar to sneeze 3
la estrella de cine movie star 11
estrenar to premiere 11
el estreno premiere 11
el estrés 3
la ética ethic 10
evitar to avoid 4
la excursión 6
la exhibición exhibition 5
exhibir exhibit 5
exigente demanding 12
el/la exiliado/a exiled 1
las expectativas expectations 1, 10
la exposición 5
extinguirse to become extinct, to die out 4
el/la extranjero/a foreigner 1

F

la fábrica factory 2
facturar check in 6
el/la farmaceútico/a pharmacist 3
la farmacia pharmacy 3
el fertilizante 7
la figura 5
filmar 11
la finca orgánica organic farm 7
fomentar to promote 8
la formación training 8
formarse to train, educate 8
el fortalecimiento strengthening 10
el/la fotógrafo/a photographer 5
fracasar to fail 8
fracturarse to fracture 3
la frente forehead 3
la frontera border 1
frutas fruits 3
la fuente (renovable) (renewable) source 4
fuerte strong 10
la fuerza laboral work force 10

G

la galería de arte 5
el ganado cattle 7
la garganta throat 3
el/la gerente manager/director 2
la gestión management 7
la grabación recording 11
el grabado engraving, print 5
grabar to record 11
graduarse to graduate 8
el granero barn 7
la granja farm 7
el grano bean, coffee bean 7
grasas fats 3
grave serious 6
la gripe flu 3
guardar to save 9
la guerra war 1
el/la guía de turismo tourist guide 6
el/la guía del museo museum guide 5

H

la habilidad 8
hablar por los codos to talk too much 12
hacer clic / clicar / cliquear to click 9
hacer gárgaras to gargle 3
hacer la vista gorda to look the other way 12
hacer las maletas to pack one's suitcases 12
hacer/marcar la diferencia to make a difference 10
hacerle caso (a alguien) to pay attention to 12
hacerse un análisis de sangre to do a blood analysis 3
la herencia heritage 1
la herramienta tool 9
híbrido/a 4
la hierba grass 7
hierbas y verduras vegetables 3
el hígado liver 3
el horario schedule 6
la huelga strike 2
la huella de carbono carbon footprint 4
la huerta land laid ready to cultivate, agricultural field 7
el huerto small garden, vegetable gaden 7
los huesos bones 3
las humanidades humanities 8
humilde 10

I

el icono 9
identificarse con to identify oneself with 1
ilustrar 5
la imagen 2
impedir to prevent 10
el impresionismo 5
impulsar to promote, to encourage 10
la incertidumbre uncertainty 1
incluido/a 12
la infección de... 3
influir to influence 5
la injusticia 10
inmigrar 1
innovador/a 4
los insecticidas 7
insoportable unbearable 2
instalar 9
el/la intermediario/a middle man/woman 7
interpretar el papel de... to play the role of... 11
el invernadero greenhouse 4
ir a la sala de emergencias to go to the emergency room 3
el itinerario 6, 12

J

jubilarse to retire 2
el juego interactivo interactive game 9
la justicia social 10
justo 10

L

los labios lips 3
los lápices de colores colored pencils 5
leche y derivados / los productos lácteos dairy products 3
el lector electrónico electronic reader 9
lejano/a far 12
la lengua tongue 3
el lenguaje de chat texting language 9
la ley law 10
las leyes laws 1
la libertad 1
la libertad de prensa freedom of press 10
la librería bookstore 8
el liceo high school 8
el lienzo canvas 5
llamativo/a striking 5
la llegada arrival 6
la lluvia ácida acid rain 4
el/la locutor/a announcer 11
lograr to achieve 1
el lujo luxury 6, 7

M

la madrina/el padrino godmother, godfather 2
el/la maestro/a teacher 8
maleducado/a bad-mannered 2
el malentendido misunderstanding 12
el malestar ailments/discomforts 3
la maleta suitcase 6
malgastar to waste 4
la mandíbula jaw 3
mandón/mandona bossy 2
mantener contacto con to maintain contact with 1
mantenerse sano/a maintain good health 3
las máscaras folclóricas folkloric masks 5
la mascota pet 2
matar dos pájaros de un tiro to kill two birds with one stone 12
matricularse to enroll 8

la mayoría majority 1
los medios de difusión broadcast media 11
mejorar to improve 10
el mensaje message 11
el mensaje instantáneo instant messaging 9
el/la mestizo/a mixed ancestry 1
la meta goal 1
meter la pata to mess up 12
el metro 6
la mezcla mixture 1
microproductores microproducers 7
mimar to spoil 2
minimizar 6
la minoría minority 1
el misterio 11
el/la modelo model 5
el monitor 9
el mostrador counter 6
mudarse to move, to relocate 1
la muñeca doll 5
la muñeca wrist 3
los músculos muscles 3
el muslo thigh 3

N

el nacimiento birth 2
la naturaleza muerta still life 5
las náuseas 3
negociar 2
la netiqueta netiquette 9
el nivel level 8
no pegar ojo to be wide awake / unable to sleep 12
las notas grades 8
las noticias news 11
el noticiero news 11
la nube cloud 9
la nuera/el yerno daughter-in-law, son-in-law 2
la nutrición 3

O

la obra de arte work of art 5
el ocio leisure 12
la oferta de trabajo job offer 2
el oído inner ear 3
el óleo oil painting 5
el/la operador/a 6
las oportunidades de voluntariado 10
la organización no gubernamental (ONG) non-governmental organization 10
la organización sin fines de lucro non-profit organization 10
el orgullo pride 1

P

pagar la matrícula pay tuition 8
la página de inicio homepage 9
el país en vías de desarrollo developing country 6
la paleta pallet 5
la pantalla táctil touch screen 9
la pantorrilla calf 3
la parasitosis intestinal parasitic infection 3
parecerse a to look like someone else 2
parecido/a a resembles someone 2
la pared wall 5
el pasaje/ boleto/ billete de ida y vuelta round trip 12
el pasaporte 1
el pasaporte vigente valid passport 12
el pasillo del avión aisle of the plane 6
el/la patrocinador/a donor 5
el pecho chest 3
el peligro danger 4
la pérdida loss 4
el perfil profile 9
el periódico newspaper 11
el/la periodista reporter 11
el personaje character 11
las pestañas eyelashes 3
el pesticida 4
el petróleo 4
el pie foot 3
la piel skin 3
el/la piloto/a 6
el pincel paint brush 5
el/la pintor/a painter 5
la pintura painting 5
el plagio plagiarism 8
el planeta 4
la planta 7
pobreza poverty 10
poderoso/a powerful 7, 10
poner una inyección to give an injection to someone 3
ponerle hielo to put ice on someone 3
ponerle/tener un vendaje to put a bandage on someone 3
ponerle/tener un yeso to put a a cast on someone 3
ponerse gotas en los ojos to put eye drops in your eyes 3
ponerse las pilas to get your act together / to get going 12
portarse bien/mal to behave well/badly 2
la posición 10
potable drinkable 3
la práctica laboral internship 2
el prejuicio prejudice 1
el premio prize 11
la presa dam 4
el/la presentador/a 11
la preservación 4
preservar 4
producir 11
el producto descartable/desechable disposable product 4
el/la productor/a producer 7
el profesorado faculty 8
el programa de program 11
- **realidad** • reality
- **concursos** • gameshow
- **entrevistas** • interviews

promover to promote 6, 7
el/la protagonista 11
proteger to protect 3, 4
protegido/a protected 4
las proteínas 3
proveer to provide 4, 7, 10
el público 11
la puerta gate 6
el puesto position 2
los pulmones lungs 3

Q

quedar en ridículo embarrassing / to look like a fool 12
quedarse stay 12
quejarse to complain 2

R

las raíces roots 1
el ratón mouse 9
las razones reasons 1
la reacción crítica 11
recaudar fondos to collect funds 10
la receta perscription 3
el reciclaje 4
reciclar 4
recordar to remember 1
el recuerdo memory, recollection 2
las redes sociales/los medios sociales social networks 9
la reducción 4
reducir 4
la reforestación 4
el/la refugiado/a 1
regañar to reprimand/scold 2
regar to water 7
el reloj interactivo interactive watch 9
renovable renewable 4
el reportaje report 11
la reseña review 11
la reserva 4
reservar 12
la residencia estudiantil dorm 8
respetar 1, 2
respirar to breathe 3
la responsabilidad 8
el retrato portrait 5
la reunión meeting 2
reunirse to meet 2
revisar to check, to review 1
la revista magazine 11
el riesgo risk 1
los riñones kidneys 3
la rodilla knee 3
los rotuladores/marcadores felt tipped markers 5
rural 7

S

saber mejor to taste better 7
saber trabajar sin supervisión directa to know how to work without direct supervision 10
sacar sangre to draw blood 3
sacar una radiografía to take an xray 3
la sala de emergencias emergency room 3
la sala de espera waiting area 6
la salida departure 6
salir adelante to get ahead 1

saltarse las lágrimas to bring tears to one's eyes 12
saludable healthy 3
la sangre blood 3
la secundaria/el instituto secondary/high school 8
el seguro (de vida/ dental/médico) insurance (life/dental/health) 2
el seguro médico medical insurance 12
el sello seal 7
sembrar to plant 4, 7
las semillas seeds 7
la señal/el sistema wifi 9
sensible sensitive 6
sentirse fatal to feel terrible 12
sentirse mal to feel badly 3
la sequía drought 4
el servicio comunitario 10
la siembra seedling 7
socializar 2
el/la socio/a partner 2
solicitar to apply 2
la solidaridad cívica civic solidarity 10
sombrío/a dark 5
sostener to support 4
sostenible sustainable 4
la subasta auction 5
subir to upload 9
los subtítulos 11
el/la suegro/a mother-in-law, father-in-law 2
el sueldo salary 2
la supervivencia survival 4
surrealista surreal 5

T

la tableta 9
el taller workshop 5
la tarea/los deberes homework 8
la tarifa rate, price 6
la tarjeta de embarque boarding pass 6
la tarjeta de residencia residence card 1
la tasa rate 8
la tasa delictiva criminal rate 10
el teclado keyboard 9
tejer to weave 5
los tejidos weavings 5
el teléfono inteligente 9
el teléfono móvil 9
la telenovela soap opera 11
el/la televidente viewer 11
la temporada alta/baja high season/low season 12
tener agujetas/estar adolorido/a to feel stiff 12
tener dolor de estómago to have a stomach ache 3
tener el brazo fracturado to have a broken arm 3
tener el tobillo hinchado to have a swollen ankle 3
tener éxito to be successful 1
tener fiebre to have fever 3
tener iniciativa propia to take own initiative 10
tener la nariz tapada/congestionada to have a stuffy, congested nose 3
tener tos to have a cough 3
tener una herida to have a wound 3
el terreno land 4, 7
tiempo parcial/completo part time/full time 2
la tierra soil 7
la tinta ink 5
tirar to throw away 4
el título degree 8
la tiza chalk 5
el tobillo ankle 3
tomar jarabe para la tos to take cough syrup 3
tomar medicinas: aspirinas, antibióticos, antiinflamatorios, antihistamínicos to take medicine 3
la torre de señal communication tower 9
el tractor 7
la trama plot 11
el transporte público 6
el trasplante 7
la trinchera trench 4
el tronco trunk 3
los tubos de óleos oil paints 5
tuitear to tweet 9
el tuiteo/tuit tweet 9

U

un montón a lot 12
las uñas nails 3
usar muletas to use crutches 3
usar un bastón to use a cane 3
el usuario username 9

V

la vacuna vaccines 12
el valor value 7
los valores values 1
las venas veins 3
la venta sale 2
las ventas sales 7
las vértebras vetebrae 3
el/la viajero/a traveler 6
violento/a 10
la visa/el visado 1, 12
el vivero garden center 7
la vivienda housing 10
el voluntariado 6
el vuelo flight 6

English-Spanish Glossary

(carry on) luggage el equipaje (de mano) 6
(in) equality la (des)igualdad 1
(organic) fertilizer el abono (orgánico) 7
(renewable) source la fuente (renovable) 4
(youth) hostel el albergue (juvenil) 12

A

a lot un montón 12
acid rain la lluvia ácida 4
affection el cariño 2
afraid asustado/a 1
agreement el acuerdo 7
ailments/discomforts el malestar 3
aisle of the plane el pasillo del avión 6
aisle seat el asiento de pasillo 6
alarming alarmante 8
amazing, awesome alucinante 5
ancestor el/la antepasado/a 1
ancestry la ascendencia 1
animated animado/a 1
ankle el tobillo 3
anniversary el aniversario 2
announcer el/la locutor/a 11
anxious ansioso/a 1
arrival la llegada 6
assignment el deber 8
auction la subasta 5
aware of/conscious of consciente 6
awareness la conciencia 6

B

bad-mannered maleducado/a 2
barn el granero 7
basket el canasto 7
baskets las canastas 5
bean, coffee bean el grano 7
behavior el comportamiento 6
between a rock and a hard place / to be in a difficult position entre la espada y la pared 12
billboard la cartelera 11
birth el nacimiento 2
blessing la bendición 2
blood la sangre 3
blurry borroso/a 5
boarding pass la tarjeta de embarque 6
body el cuerpo 3
bones los huesos 3
bookstore la librería 8
border la frontera 1
bossy mandón/mandona 2
brain el cerebro 3
broadcast media los medios de difusión 11

C

calf la pantorrilla 3
camera operator el/la camarógrafo/a 11
canvas el lienzo 5
capable capaz 10
capricious/whimsical caprichoso/a 12
carbon footprint la huella de carbono 4
cartoonist el/la dibujante 5
cartoons los dibujos animados 11
cattle el ganado 7
ceramic la cerámica 5
cereals, grains and tubers cereales, granos y tubérculos 3
chalk la tiza 5
channel el canal 11
character el personaje 11
check in facturar 6
chest el pecho 3
choose elegir 10
christening el bautizo 2
citizenship la ciudadanía 1
civic solidarity la solidaridad cívica 10
civil rights los derechos civiles 10
classroom el aula 8
clavicle/collarbone la clavícula 3
clay la arcilla 5
climate change el cambio climático 4
closed cerrado/a 12
cloud la nube 9
coffee grower el/la cafetalero/a 7
cold el catarro/el resfriado 3
colored pencils los lápices de colores 5
commercial el anuncio comercial 11
commitment compromiso 10
communication tower la torre de señal 9
company la empresa 2, 7
composting el compostaje 4
consumer el/la consumidor/a 7
counter el mostrador 6
countryside/field el campo 7
criminal rate la tasa delictiva 10

D

dairy products leche y derivados / los productos lácteos 3
dam la presa 4
danger el peligro 4
dark sombrío/a 5
daughter-in-law, son-in-law la nuera/el yerno 2
dean el decano 8
decorate adornar 5
degree el título 8
delay la demora 6
demanding exigente 12
departure la salida 6
depressing deprimente 5
developing country el país en vías de desarrollo 6
development el desarrollo 4
device el dispositivo 9
disability la discapacidad 10
disposable product el producto descartable/desechable 4
diving el buceo 12
doctor's office el consultorio 3
do-it-yourself project el bricolaje 5
doll la muñeca 5
donor el/la patrocinador/a 5
dorm la residencia estudiantil 8
draw dibujar 5
drawing el dibujo 5
drinkable potable 3
drought la sequía 4
dubbed doblaje 11

E

effort el esfuerzo 8, 10
elbow el codo 3
electronic reader el lector electrónico 9
email el correo electrónico 9
embarrassing / to look like a fool quedar en ridículo 12
emergency room la sala de emergencias 3
empathetic empático/a 10
employment el empleo 10
encouraging alentador/a 10
endangered species la especie amenazada/en peligro de extinción 4
engraving, print el grabado 5
entertained entretenido 11
essay el ensayo 8
ethic la ética 10
exciting emocionante 5
exhausted agotado/a 1
exiled el/la exiliado/a 1
expectations las expectativas 1, 10
expensive costar un ojo de la cara 12
exposition la exposición 5
eyelashes las pestañas 3

F

face la cara 3
factory la fábrica 2
faculty el profesorado 8
fair trade el comercio justo 4
far lejano/a 12
farm la granja 7
farmer el/la agricultor/a 7
farming, crops el cultivo 7
fats grasas 3
field of study el campo/área de estudio 8
figure (in statistics) la cifra 8
file el archivo 9
flight attendant el/la asistente de vuelo 6
flight el vuelo 6

flu la gripe 3
folk art la artesanía 5
folkloric masks las máscaras folclóricas 5
food la alimentación 3
foot el pie 3
forehead la frente 3
foreigner el/la extranjero/a 1
freedom of press la libertad de prensa 10
fruits frutas 3

G

garbage la basura 4
garden center el vivero 7
gate la puerta 6
gender equality la equidad de género 10
global warming el calentamiento global 4
goal la meta 1
godmother, godfather la madrina/el padrino 2
grades las notas 8
grass la hierba 7
great grandfather/great grandmother el/la bisabuelo/a 2
greenhouse el invernadero 4
greenhouse effect el efecto invernadero 4

H

hard drive el disco duro 9
harmful dañino/a 4
harvest la cosecha 7
headphones los audífonos 9
healthy saludable 3
heart el corazón 3
heritage la herencia 1
high school el liceo 8
high season/low season la temporada alta/baja 12
hip la cadera 3
holidays los días feriados/festivos 8
homepage la página de inicio 9
homework la tarea/los deberes 8
hope la esperanza 1
housing la vivienda 10
human rights los derechos humanos 10
humanities las humanidades 8

I

identification card la cédula/el documento de identidad 8
iliteracy el analfabetismo 8, 10
illiterate el/la analfabeto/a 8
influence influir 5
infuriating desesperante 10
ink la tinta 5
inner ear el oído 3
instant messaging el mensaje instantáneo 9
insurance (life/dental/health) el seguro (de vida/ dental/médico) 2
interactive game el juego interactivo 9
interactive watch el reloj interactivo 9
internship la práctica laboral 2
intestinal parasitic infection la parasitosis 3

J

jaw la mandíbula 3
job offer la oferta de trabajo 2

K

keyboard el teclado 9
kidneys los riñones 3
kiss el beso 2
knee la rodilla 3

L

lack of la carencia de… 8
land el terreno 4, 7
land laid ready to cultivate, agricultural field la huerta 7
laptop la computadora portátil 9
law la ley 10
laws las leyes 1
learning el aprendizaje 12
leather el cuero 5
leisure el ocio 12
level el nivel 8
librarian el/la bibliotecario/a 8
link el enlace 9
lips los labios 3
live en vivo 11
liver el hígado 3
lodging el alojamiento 6
loss la pérdida 4
lungs los pulmones 3
luxury el lujo 6, 7

M

magazine la revista 11
maintain good health mantenerse sano/a 3
major la carrera 8
majority la mayoría 1
management la gestión 7
manager/director el/la gerente 2
medical insurance el seguro médico 12
meeting la reunión 2
memory, recollection el recuerdo 2
message el mensaje 11
microproducers microproductores 7
middle man/woman el/la intermediario/a 7
minority la minoría 1
misunderstanding el malentendido 12
mixed ancestry el/la mestizo/a 1
mixture la mezcla 1
mother-in-law, father-in-law el/la suegro/a 2
mouse el ratón 9
movie star la estrella de cine 11
muscles los músculos 3
museum guide el/la guía del museo 5

N

nails las uñas 3
neck el cuello 3
netiquette la netiqueta 9
news el noticiero/las noticias 11
newspaper el periódico 11
nickname el apodo 2
non-governmental organization la organización no gubernamental (ONG) 10
non-profit organization la organización sin fines de lucro 10
notes los apuntes 8
notice el aviso 12

O

oil painting el óleo 5
oil paints los tubos de óleos 5
on time tiempo 6
online en línea 9
organic farm la finca orgánica 7
overwhelmed agobiado/a 12
owner el/la dueño/a 7

P

paint brush el pincel 5
painter el/la pintor/a 5
painting el cuadro/la pintura 5
pallet la paleta 5
part time/full time tiempo parcial/completo 2
partner el/la socio/a 2
password la contraseña 9
performance la actuación 11
perscription la receta 3
person hired to arrange border crossing el coyote 1
pet la mascota 2
pharmacist el/la farmaceútico/a 3
pharmacy la farmacia 3
pick-up truck la camioneta 7
plagiarism el plagio 8
plot el argumento, la trama 11
portrait el retrato 5
position el puesto 2
poverty pobreza 10
powerful poderoso/a 7, 10
pregnancy el embarazo 2
pregnant embarazada 2
prejudice el prejuicio 1
premiere el estreno 11
present la actualidad 11
pride el orgullo 1
primary/elementary school el colegio 8
prize el premio 11
producer el/la productor/a 7
profile el perfil 9
program el programa de 11
  reality realidad 11
  gameshow concursos 11
  interviews entrevistas 11
protected protegido/a 4

Q

qualified cualificado/a 10

R

radio station la emisora de radio 11
rate la tasa 8
rate, price la tarifa 6
reasons las razones 1
reciclable packaging los envases retornables 6
recording la grabación 11
renewable renovable 4
report el reportaje 11
reporter el/la periodista 11
resembles someone parecido/a a 2
residence card la tarjeta de residencia 1
review la reseña 11

ribs las costillas 3
rights los derechos 7
risk el riesgo 1
roots las raíces 1
los rotuladores/marcadores felt tipped markers 5
round trip el pasaje/ boleto/ billete de ida y vuelta 12

S

salary el sueldo 2
salary increase el aumento de sueldo 2
sale la venta 2
sales las ventas 7
scene la escena 11
schedule el horario 6
scholarship la beca 8
scrumptious, delicious chuparse los dedos 12
sculptor el/la escultor/a 5
sculpture la escultura 5
seal el sello 7
seat la butaca 11
seat belt el cinturón de seguridad 6
secondary/high school la secundaria/el instituto 8
seedling la siembra 7
seeds las semillas 7
self portrait el autorretrato 5
self-driving car el auto sin conductor 9
self-esteem la autoestima 2
selfish egoísta 10
self-sacrificing abnegado/a 10
sensitive sensible 6
serious grave 6
shortage escasez 8
show el espectáculo 11
skeleton el esqueleto 3
skin la piel 3
skull el cráneo 3
small garden, vegetable gaden el huerto 7
soap opera la telenovela 11
social assistance la asistencia social 10
social networks las redes sociales/los medios sociales 9
soil la tierra 7
soundtrack la banda sonora 11
stay la estancia 6
still life la naturaleza muerta 5
stomach el estómago 3
strengthening el fortalecimiento 10
strike la huelga 2
striking llamativo/a 5
strong fuerte 10
student body el alumnado 8
sugars azúcares 3
suitable for the entire family apto para toda la familia 11
suitcase la maleta 6
survival la supervivencia 4
sustainable sostenible 4

T

teacher el/la maestro/a 8
teaching to read and write la alfabetización 8
teeth los dientes 3
television channel la cadena 11
texting language el lenguaje de chat 9
thigh el muslo 3
threat la amenaza 4
throat la garganta 3
ticket el boleto 11
to access acceder 9
to achieve lograr 1
to adapt adaptarse 1
to announce, to publicize anunciar 7
to apply solicitar 2
to attach adjuntar 9
to avoid evitar 4
to be close knit/distant, occasional contact estar unidos/ distanciados 2
to be committed to comprometerse 10
to be congested estar congestionado/a 3
to be full estar lleno/a 12
to be in charge of encargarse de 10
to be on sick leave estar de baja 12
to be successful tener éxito 1
to be wide awake / unable to sleep no pegar ojo 12
to beat around the bush / not get to the point andarse por las ramas 12
to become extinct, to die out extinguirse 4
to behave well/badly portarse bien/mal 2
to board abordar 6
to breathe respirar 3
to bring tears to one's eyes estar con lágrimas en los ojos 12
to carry out emprender 10
to check, to review revisar 1
to clarify aclarar 12
to click hacer clic / clicar / cliquear 9
to collaborate colaborar 10
to collect funds recaudar fondos 10
to complain quejarse 2
to confront, to face enfrentar 1, 8
to consult with the doctor consultar al médico 3
to contain contener 7
to contribute contribuir 10
to cross cruzar 1
to cut and paste cortar y pegar 9
to design diseñar 5
to destroy destruir 4
to develop desarrollar 4
to discipline disciplinar 2
to discuss/argue discutir 2
to do a blood analysis hacerse un análisis de sangre 3
to download bajar/descargar 9
to drag arrastrar 9
to draw blood sacar sangre 3
to encompass abarcar 11
to enroll matricularse 8
to entertain entretener 11
to escape from escapar de 1
to establish establecerse en 1
to fail fracasar 8
to faint desmayarse 3
to feel badly sentirse mal 3
to feel stiff tener agujetas/ estar adolorido/a 12
to feel terrible sentirse fatal 12
to feel weak / feeble estar pachucho/a / estar un poco enfermo/a 12
to fire despedir 2
to fit caber 12
to fix arreglar 8
to fracture fracturarse 3
to gargle hacer gárgaras 3
to get ahead salir adelante 1
to get sick enfermarse 3
to get your act together / to get going ponerse las pilas 12
to get/win a scholarship conseguir/ganar/ obtener una beca 8
to give an injection to someone poner una inyección 3
to go to the emergency room ir a la sala de emergencias 3
to gossip chismear 12
to graduate graduarse 8
to grant a scholarship/a loan conceder una beca/un préstamo 8
to grow crecer 1, 2
to harvest cultivar 4, 7
to have a broken arm tener el brazo fracturado 3
to have a cough tener tos 3
to have a stomach ache tener dolor de estómago 3
to have a stuffy, congested nose tener la nariz tapada/ congestionada 3
to have a swollen ankle tener el tobillo hinchado 3
to have a wound tener una herida 3
to have fever tener fiebre 3
to hit the nail on the head / to be on spot dar en el clavo 12
to hurt doler 3
to identify oneself with identificarse con 1
to improve mejorar 10
to increase aumentar 2
to interview entrevistarse (con alguien) 2
to kill two birds with one stone matar dos pájaros de un tiro 12
to know how to work without direct supervision saber trabajar sin supervisión directa 10
to land aterrizar 6
to last durar 10
to leave (someone) hanging dejar (a alguien) plantado 12

to lend a hand, to help out echar una mano 12
to load cargar 9
to look bad estar mal visto 12
to look like someone else parecerse a 2
to look the other way hacer la vista gorda 12
to maintain contact with mantener contacto con 1
to make a difference hacer/marcar la diferencia 10
to make an effort esforzarse 10
to meet reunirse 2
to mess up meter la pata 12
to move, to relocate mudarse 1
to offer brindar 10
to pack one's suitcases hacer las maletas 12
to pass/to approve aprobar 8
to pay attention to hacerle caso (a alguien) 12
to pay tuition pagar la matrícula 8
to pick cosechar 7
to plant sembrar 4, 7
to play the role of… interpretar el papel de… 11
to premiere estrenar 11
to prevent impedir 10
to promote promover, fomentar 6, 7, 8
to promote, to encourage impulsar 10
to protect proteger 3, 4
to provide proveer 4, 7, 10
to punish castigar 2
to put a a cast on someone ponerle/tener un yeso 3
to put a bandage on someone ponerle/tener un vendaje 3
to put eye drops in your eyes ponerse gotas en los ojos 3
to put ice on someone ponerle hielo 3
to raise criar 2
to reach a goal, achieve literacy alcanzar 8
to record grabar 11
to reduce disminuir 6
to remember recordar 1
to report denunciar 10
to reprimand/scold regañar 2
to respect respetar 1, 2
to retire jubilarse 2
to save ahorrar 7, 9
to sculpt esculpir 5
to send enviar 9
to sew coser 5
to share compartir 1
to sneeze estornudar 3
to specialize in especializarse en 8
to spoil mimar 2
to stay alojarse 12
to stay quedarse 12
to stop, to quit dejar de 8
to support apoyar 6, 7
to support sostener 4
to take an xray sacar una radiografía 3
to take care of oneself cuidarse 3
to take cough syrup tomar jarabe para la tos 3
to take medicine tomar medicinas: aspirinas, antibióticos, antiinflamatorios, antihistamínicos 3
to take off (airplane) despegar 6
to take own initiative tener iniciativa propia 10
to talk too much hablar por los codos 12
to taste better saber mejor 7
to threaten amenazar 4
to throw away tirar 4
to train entrenar, capacitarse 2, 8
to train, educate formarse 8
to trust confiar 10
to turn off apagar 11
to tweet tuitear 9
to update actualizar 11
to upload subir 9
to use a cane usar un bastón 3
to use crutches usar muletas 3
to venture out aventurarse 6
to waste desperdiciar 4, 6
to water regar 7
to weave tejer 5
toast el brindis 2
tongue la lengua 3
tool la herramienta 9
touch screen la pantalla táctil 9
tourist guide el/la guía de turismo 6
traditions las costumbres 1
training el entrenamiento, la formación 8, 10
traveler el/la viajero/a 6
trench la trinchera 4
trunk el tronco 3
tweet el tuiteo/tuit 9
types of meat carnes 3

U

unbearable insoportable 2
uncertainty la incertidumbre 1
understanding compasivo/a 10
unemployment el desempleo 2, 10
unorganized desordenado/a 2
upper compartment el compartimento superior 6
username el usuario 9

V

vaccines la vacuna 12
valid passport el pasaporte vigente 12
value el valor 7
values los valores 1
vegetables hierbas y verduras 3
veins las venas 3
vetebrae las vértebras 3
viewer el/la televidente 11

W

waiting area la sala de espera 6
wall la pared 5
war la guerra 1
watercolors las acuarelas 5
waterfall la catarata 4
weavings los tejidos 5
well behaved (bien) educado/a 2
well-being el bienestar 10
window seat el asiento de ventanilla 6
wooden, colorful animal carvings los alebrijes 5
woodworking la ebanistería 5
work force la fuerza laboral 10
work of art la obra de arte 5
workshop el taller 5
wrist la muñeca 3

Index

A
abrir, past participle, 217, 307
accent marks, 68
adverbial conjunctions, subjunctive with, 186–187
advice, subjunctive for giving, 45
Alarcón, Daniel, 96
Allende, Isabel, 387
almorzar, indicative versus subjunctive forms of, 78
Álvarez, Julia, 224
a menos que, 186
antes (de) que, 186, 187
Argentina, 106, 109
art, 144, 151, 156–157
-ar verbs
  past participle, 247, 306–307
  present indicative, 45, 340
  present subjunctive, 45, 340
  preterit tense, 14

B
Balboa Boneke, Juan, 196
Barreto Burgos, Chiquita, 290
body, parts of, 72–73
Bolivia, 70, 71, 83
Botero, Fernando, 164, 165
buscar, indicative versus subjunctive forms of, 78

C
Cardenal, Fernando, 251–252
cerrar, indicative versus subjunctive forms of, 78
Chávez, César, 28
Chile, 171, 173, 194, 235, 367, 368
Cisneros, Sandra, 256
Colombia, 152, 159, 235, 236, 246
commands
  formal, 83–84
  impersonal, 373
  informal, 240–241
  negative, 84
completed actions, adverbial conjunctions expressing, 187
conditional, 278–279
  with hypotheticals, 282, 341
  uses of, 279
conditional perfect, 307–308
conditions, future perfect tense with, 308
conjunctions, subjunctive with, 46
conocer, indicative versus subjunctive forms of, 78
con tal (de) que, 186
Costa Rica, 169, 171, 173, 174, 185, 192, 302, 303
creer, preterit tense, 14
cuando, 187
Cuba, 34, 38, 39, 58–61, 367, 368
cubrir, past participle, 217
cultural identity, 6
cuyo/a(s), 379

D
dar, subjunctive form of, 78, 340
decir
  informal commands, 240
  past participle, 217, 307
denial, subjunctive for expressing, 46, 341
depués (de) que, 187
desires, expressing, 50, 341
Diarios de motocicleta (film), 133
direct object pronouns, 112, 113
  word order with, 114–115
disbelief, subjunctive for expressing, 46
doler, 76
double object pronouns, 112–113
doubt, subjunctive for expressing, 46, 120, 341
Dueñas, María, 161
Duncan, Quince, 323

E
ecology, 117
Ecuador, 141
education, 237, 244
El Salvador, 206, 207, 215, 302
emotion, subjunctive for expressing, 46, 153, 341
en caso de que, 186
en cuanto, 187
entregar, indicative versus subjunctive forms of, 78
Entre maestros (film), 260
-er verbs
  past participle, 247, 306–307
  present indicative, 45, 340
  present subjunctive, 45, 340
  preterit tense, 14
Escandón, María Amparo 355
escoger, indicative versus subjunctive forms of, 78
escribir, past participle, 217
es posible que..., 210
es probable que..., 211
Estados Unidos, 11
  ciudadanía infantil de, 5
  ciudadanía naturalizada de, 13
  datos interesantes, 5, 39, 71, 109, 143, 174, 207, 269, 303, 336, 368
estar
  present subjunctive, 45
  subjunctive form of, 340
exigir, indicative versus subjunctive forms of, 78

F
family, 40
farming, 208
Feguibox (film), 199
film, 337
food and beverages, 81, 207
formal commands, 83–84
  present subjunctive in, 83
future
  adverbial conjunctions expressing, 187
  to express probability, 180
  formation of, 180
  with irregular verbs, 181
future perfect, 306–308

G
García, Cristina, 59
García Bernal, Gael, 335
gestures, 171
Guatemala, 71, 85, 91, 92, 214
Guinea Ecuatorial, 173, 185, 195
gustar, expressing thoughts with verbs like, 147–148

H
haber
  in conditional perfect, 307
  in future perfect, 306
  past participle with, 217
  in past perfect, 247
  in past perfect subjunctive, 313–314
  in present perfect, 216
  present subjunctive, 45
  subjunctive form of, 340
habitual actions, adverbial conjunctions expressing, 187
hacer
  conditional, 279
  future, 181
  informal commands, 240
  past participle, 217, 307
hasta que, 187
health and medicine
  illnesses and symptoms, 74–75
  parts of body, 72–73
Honduras, 268
hypotheticals
  imperfect subjunctive + conditional to express, 282, 341
  past perfect subjunctive to express, 314

I
idiomatic expressions, 376
imperfect indicative
  of regular verbs, 15
  together with preterit, 16
imperfect (past) subjunctive, 281–282
impersonal commands, 373
impersonal expressions, subjunctive with, 77–78, 341
impersonal **se,** 348
indicative versus subjunctive, 43, 50
indirect object pronouns, 113
  word order with, 114–115
infinitive
  subjunctive versus, 153
  uses of the, 372–373
informal commands, 240–241
interrogative words, 10
ir
  formal commands, 84
  imperfect form, 15
  informal commands, 240
  present subjunctive, 45

preterit tense, 14
subjunctive form of, 78, 340
irregular verbs
future tense, 181
present indicative, 8–9
-ir verbs
past participle, 247, 306–307
present indicative, 45, 340
present subjunctive, 45, 340
preterit tense, 14
Islas Vírgenes, 5

L

El laberinto del fauno (film), 166
leer, preterit tense, 14
le to **se,** 114
likes and dislikes, 147–148
Living on One Dollar (film), 326
lo que, 378–379

M

Magán, Juan, 352
media, 344, 346
medicine, 74–75
México, 11, 22, 27, 142, 235, 236, 336, 346, 355
La misma luna (film), 30
morir, past participle, 217
Morrison, Carla, 335
music, 352, 354–355

N

needs, expressing, 50
negative commands, 84
Nicaragua, 206, 207, 235, 236, 251–252
No se aceptan devoluciones (film), 293
noun, infinitive as, 372–373
nutrition, 81

O

oír, preterit tense, 14
opinions, expressing
subjunctive for, 45
with verbs like **gustar,** 147–148

P

Panamá, 367, 368
Paraguay, 108, 109, 131, 132
para que, 186
passive voice with **se,** 347–348
past participle, 216–217
past perfect, 247
past perfect subjunctive, 313–314
past subjunctive, with **si** clauses, 273
Perú, 70, 71, 83, 97, 108, 109, 116, 258
poder
conditional, 279
future, 181
poner
conditional, 279
future, 181
indicative versus subjunctive forms of, 78
informal commands, 240
past participle, 217, 307
posiblemente, 211
possibility, using subjunctive to express, 210
prepositions, infinitive following, 372
present indicative, 8–9, 44, 78, 340
present perfect, 216–217
with **si** clauses, 273
present subjunctive, 340
expressing wants and needs, 50, 341
in formal commands, 83
formation of irregular verbs, 45
formation of regular verbs, 45
formation of stem-changing verbs, 45
usage, 44, 45
preterit tense
imperfect together with, 16
regular verbs, 14
probability
using future perfect and conditional perfect to express, 308
using future to express, 180
using subjunctive to express, 210, 341
pronouns
direct object pronouns, 112, 113
double object, 112–113
indirect object pronouns, 113
le to **se,** 114
relative, 378–379
pronunciation, 105
puede ser que…, 211
Puerto Rico, 5

Q

que, 378
querer
conditional, 279
future, 181
questions, asking, 10
quizás, 210

R

recommendations, subjunctive for giving, 77
relative pronouns, 378–379
República Dominicana, 206, 207, 218, 302
Rodríguez Cabral, Cristina, 129
romper, past participle, 217

S

saber
conditional, 279
future, 181
present subjunctive, 45
subjunctive form of, 340
salir
conditional, 279
future, 181
informal commands, 240
Salsipuedes (film), 390–391
se
impersonal, 348
as indirect object pronoun, 114, 347
in passive voice, 346–347
as true reflexive, 348
for unplanned occurrences, 88, 347
uses of, 347–348
ser
formal commands, 84
imperfect form, 15
informal commands, 240
passive voice, 346–347
present subjunctive, 45
preterit tense, 14
subjunctive form of, 78, 340
si clauses, 273, 282
sin que, 186
social programs, 304
Spain, 138, 142, 143, 158, 161, 171, 231, 236, 336
stem-changing verbs
in present subjunctive, 45
preterit tense, 14
subjunctive, 43–46. *See also* present subjunctive
with adverbial conjunctions, 186–187
with conjunctions, 46
expressing doubt, 46, 120, 341
expressing emotion, 46, 153, 341
expressing wants and needs, 50, 341
to express possibility and probability, 210, 341
giving suggestions and recommendations, 77
imperfect (past) subjunctive, 281–282
with impersonal expressions, 77–78, 341
indicative versus, 43, 50
infinitive versus, 153
past perfect subjunctive, 313–314
summary of, 340–342
uses of, 45–46, 50
suggestions, subjunctive for giving, 77

T

tal vez, 211
También la lluvia (film), 100
tan pronto como, 187
technology, 270, 276–277
tener
conditional, 279
future, 181
indicative versus subjunctive forms of, 78
informal commands, 240
thoughts, expressing, 147–148
travel, 175

U

Ugarte, Adriana, 335
unknown, subjunctive with the, 46, 50
unplanned occurrences, **se** for, 88, 347
Uruguay, 108, 109, 124, 127, 128

V

Venezuela, 38, 55
venir
conditional, 279
future, 181
informal commands, 240
ver
formal commands, 84
imperfect form, 15
past participle, 217
Viva Cuba (film), 63
Voces inocentes (film), 227
volver
indicative versus subjunctive forms of, 78
past participle, 217, 307
Volver (film), 358–359

W

wants, expressing, 50, 341
word order
conjunctions, 46
object pronouns, 114–115
work, 48